Hansmeli mit herzlichen Grüssen
Jolanta

Bern, 12. März 2012

JOLANTA KREN KOSTKIEWICZ
Schuldbetreibungs- und Konkursrecht

Jolanta Kren Kostkiewicz

Schuldbetreibungs- und Konkursrecht

unter Mitarbeit von Dr. iur. Dominik Milani
und MLaw Ilija Penon

Schulthess § 2012

Bibliografische Information der Deutschen Nationalbibliothek
Die Deutsche Nationalbibliothek verzeichnet diese Publikation in der Deutschen National-
bibliografie; detaillierte bibliografische Daten sind im Internet über http://dnb.d-nb.de abrufbar.

Alle Rechte, auch die des Nachdrucks von Auszügen, vorbehalten. Jede Verwertung ist ohne
Zustimmung des Verlages unzulässig. Dies gilt insbesondere für Vervielfältigungen, Übersetzungen,
Mikroverfilmungen und die Einspeicherung und Verarbeitung in elektronische Systeme.

© Schulthess Juristische Medien AG, Zürich · Basel · Genf 2012
   ISBN 978-3-7255-6470-5

www.schulthess.com

Vorwort

Das vorliegende Lehrbuch hat vor allem zum Ziel, den Studierenden prägnant und in selbsterklärender Art das gesamte für das Studium und die Prüfungen erforderliche Wissen über das schweizerische Schuldbetreibungs- und Konkursrecht zu vermitteln. Den in der Praxis Wirkenden möge dieses Werk eine einfache und rasche Orientierung in der Materie bieten.

Die Publikation berücksichtigt die seit dem 1. Januar 2011 in Kraft getretene Zivilprozessordnung und das revidierte Lugano-Übereinkommen sowie die damit verbundenen Anpassungen anderer Bundesgesetze wie das BGG, das ZGB, das OR und das IPRG.

Um den Fussnotenapparat nicht zu überfüllen, wird dort auf Literaturhinweise verzichtet und nur auf die Rechtsprechung des Bundesgerichts (Stand Ende Oktober 2011) Bezug genommen. Die wörtlich übernommenen Passagen sind kursiv bzw. in Anführungszeichen markiert. Die erläuternden Beispiele sowie die Grafiken sollen die Verständlichkeit des vermittelnden Stoffes fördern.

Mein Dank gebührt dem Schulthess Verlag und insbesondere dem Verleger Herrn Marco Gianini für die Aufnahme dieses Buches in das Verlagsprogramm und für das mir entgegengebrachte Vertrauen.

Pfäffikon SZ, im Januar 2012

Inhaltsübersicht

Vorwort		V
Inhaltsverzeichnis		XI
Abkürzungsverzeichnis		XXV
Literaturverzeichnis		XXXI

§ 1 Einführung 1
I.	Rechtsverfolgung	1
II.	Unterschied zwischen Realvollstreckung und Schuldbetreibung	3
III.	Rechtsquellen	4
IV.	Übersicht zum Schuldbetreibungsverfahren	11

§ 2 Allgemeine Bestimmungen 17
I.	Organisation der Betreibungs- und Konkursbehörden	17
II.	Haftung	29
III.	Einsichtsrecht	34
IV.	Betreibungsrechtliche Beschwerde	37
V.	Fristen im SchKG	48

§ 3 Grundsätze des Schuldbetreibungsverfahrens 55
I.	Geltungsbereich der einzelnen Betreibungsarten	55
II.	Betreibungsorte	64
III.	Betreibungshandlungen	85
IV.	Parteien und weitere Beteiligte des Betreibungsverfahrens	91
V.	Betreibungskosten	95
VI.	Zustellung von Betreibungsurkunden	98

§ 4 Einleitungsverfahren 111
I.	Zweck	111
II.	Betreibungsbegehren	114
III.	Zahlungsbefehl	121
IV.	Rechtsvorschlag	126
V.	Gerichtliche Aufhebung oder Einstellung des Verfahrens	146
VI.	Rückforderungsklage	149
VII.	Fortsetzung der Betreibung	151

§ 5 Betreibung auf Pfändung 153
I.	Fortsetzung der Betreibung auf Pfändung	153
II.	Pfändungsverfahren	154
III.	Rechtsstellung Dritter	197
IV.	Anschlusspfändung	205
V.	Verwertung	210

§ 6	Betreibung auf Pfandverwertung	241
I.	Grundsätzliches	241
II.	Begriff des Pfandes	241
III.	Ablauf	246
IV.	Besondere Bestimmungen über Miete und Pacht	257

§ 7	Betreibung auf Konkurs	263
I.	Voraussetzungen des Konkurses	263
II.	Arten des Konkursverfahrens im Allgemeinen	265
III.	Materielles Konkursrecht	297
IV.	Formelles Konkursrecht	331

§ 8	Arrest	367
I.	Begriff	367
II.	Zweck	367
III.	Voraussetzungen	368

§ 9	Besondere Bestimmungen bei Trustverhältnissen	385
I.	Allgemeines	385
II.	Begriff	385
III.	Passive Betreibungsfähigkeit	386
IV.	Betreibungsort	386
V.	Ausscheidung des Trustvermögens aus dem Vermögen des Trustee	387
VI.	Konkurs eines Trustee	387

§ 10	Anfechtung	389
I.	Wesen	389
II.	Anfechtungstatbestände	389
III.	Legitimation	394
IV.	Verfahren	396
V.	Wirkungen	397

§ 11	Nachlassverfahren	401
I.	Grundsätzliches	401
II.	Sanierungsrechtliche Normen	402
III.	Nachlassstundung	403
IV.	Bewilligung der Nachlassstundung (sog. Bewilligungsverfahren)	406
V.	Nachlassvertrag im Allgemeinen	418
VI.	Ordentlicher Nachlassvertrag	425
VII.	Nachlassvertrag mit Vermögensabtretung	426
VIII.	Nachlassvertrag im Konkurs	431

§ 12 Einvernehmliche private Schuldenbereinigung ... 433
- I. Grundsätzliches ... 433
- II. Verfahren ... 433
- III. Sachwalter ... 434
- IV. Wirkungen des Entscheides ... 434
- V. Bereinigungsvorschlag des Schuldners ... 434
- VI. Folgen ... 435

§ 13 Notstundung ... 437

Sachregister ... 439

Inhaltsverzeichnis

Vorwort	V
Inhaltsübersicht	VII
Abkürzungsverzeichnis	XXV
Literaturverzeichnis	XXXI

§ 1 Einführung 1

I.	Rechtsverfolgung		1
II.	Unterschied zwischen Realvollstreckung und Schuldbetreibung		3
III.	Rechtsquellen		4
	A.	Bundesgesetz über Schuldbetreibung und Konkurs	4
		1. Entstehungsgeschichte und Revisionen	4
		2. Anwendungsbereich	5
		2.1 Sachlicher Anwendungsbereich	5
		2.2 Räumlicher Anwendungsbereich	9
	B.	Bestimmungen anderer Bundesgesetze	9
	C.	Ergänzende bundesrechtliche Nebenerlasse zum SchKG	10
	D.	Kantonale Bestimmungen	10
	E.	Schuldbetreibungsrechtliche Bestimmungen im IPRG	11
	F.	Rechtsprechung	11
	G.	Lehre	11
IV.	Übersicht zum Schuldbetreibungsverfahren		11
	A.	Einleitungsverfahren	12
	B.	Fortsetzungsverfahren	13
	C.	Betreibungsarten	13
		1. Spezialexekution (Einzelexekution)	13
		1.1 Betreibung auf Pfändung	14
		1.2 Betreibung auf Pfandverwertung	14
		2. Generalexekution	14
		2.1 Ordentliche Konkursbetreibung	15
		2.2 Wechselbetreibung	15

§ 2 Allgemeine Bestimmungen 17

I.	Organisation der Betreibungs- und Konkursbehörden		17
	A.	Betreibungs- und Konkursämter	17
	B.	Betreibungs- und Konkursbeamte	18
	C.	Aufsichtsbehörden	21
	D.	Gerichte	22
		1. Verfahrensarten	23
		1.1 Ordentliches Verfahren	24
		1.2 Vereinfachtes Verfahren	24
		1.3 Summarisches Verfahren	25
		2. Rechtsmittel gegen Entscheide der erstinstanzlichen kantonalen Zivilgerichte	25

			2.1	Berufung	26
			2.2	Beschwerde	27
			2.3	Revision	28
			2.4	Weiterziehung ans Bundesgericht	28
		E.	Weitere Organe		29
	II.	Haftung			29
		A.	Disziplinarische Verantwortlichkeit		29
		B.	Strafrechtliche Verantwortlichkeit		31
		C.	Zivilrechtliche Verantwortlichkeit		31
	III.	Einsichtsrecht			34
		A.	Grundsätzliches		34
		B.	Arten der Betreibungsregisterauszüge		36
	IV.	Betreibungsrechtliche Beschwerde			37
		A.	Funktion		37
		B.	Abgrenzung zu anderen Rechtsbehelfen		39
		C.	Anfechtungsobjekt		39
		D.	Beschwerdegründe		41
		E.	Beschwerdelegitimation		43
		F.	Beschwerdefristen		44
		G.	Verfahren		44
	V.	Fristen im SchKG			48
		A.	Grundsätzliches		48
		B.	Arten		49
			1.	Verfahrensfristen	50
			1.1	Ordnungsfristen	50
			1.2	Zustandsfristen	50
			1.3	Bedenkfristen	50
			1.4	Verwirkungsfristen	51
			2.	Materiellrechtliche Fristen	51
			2.1	Verjährungsfristen	51
			2.2	Verwirkungsfristen	51
		C.	Wiederherstellung		52

§ 3 Grundsätze des Schuldbetreibungsverfahrens ... 55

I.	Geltungsbereich der einzelnen Betreibungsarten			55
	A.	Betreibung auf Pfändung		56
	B.	Betreibung auf Pfandverwertung		57
	C.	Ordentliche Konkursbetreibung		62
	D.	Wechselbetreibung		64
II.	Betreibungsorte			64
	A.	Grundsätzliches		64
	B.	Ordentlicher (allgemeiner) Betreibungsort		69
	C.	Besondere Betreibungsorte		74
		1.	Betreibungsort des Aufenthalts	74
		2.	Betreibungsort der Erbschaft	75
		3.	Betreibungsort der inländischen Geschäftsniederlassung	77

		4. Betreibungsort des Spezialdomizils	79
		5. Betreibungsort der gelegenen Sache	81
		6. Betreibungsort des Arrestes	82
		7. Konkursort bei flüchtigem Schuldner	84
III.	Betreibungshandlungen		85
	A. Begriff		85
	B. Schonzeiten		87
		1. Geschlossene Zeiten	88
		2. Betreibungsferien	88
		3. Rechtsstillstand	89
		3.1 Allgemeiner Rechtsstillstand	89
		3.2 Besonderer Rechtsstillstand	89
		4. Rechtsfolgen	90
IV.	Parteien und weitere Beteiligte des Betreibungsverfahrens		91
	A. Grundsätzliches		91
	B. Mitbetriebene		94
	C. Gewillkürte Vertretung		94
V.	Betreibungskosten		95
	A. Grundsätzliches		95
	B. Unentgeltliche Rechtspflege		96
VI.	Zustellung von Betreibungsurkunden		98
	A. Formen des amtlichen Verkehrs		98
		1. Mitteilung	98
		2. Öffentliche Bekanntmachung	99
		3. Formelle Zustellung	100
	B. Zustellungsorgane		102
	C. Zustellungsempfänger		104
	D. Rechtsfolgen bei mangelhafter Zustellung von Betreibungsurkunden ..		108

§ 4 Einleitungsverfahren 111

I.	Zweck		111
	A. Grundsatz: Keine Betreibung ohne Einleitungsverfahren		111
	B. Ausnahmen		112
		1. Auf Antrag des Gläubigers	112
		2. Auf Antrag des Schuldners	113
		3. Auf behördliche Anordnung	114
II.	Betreibungsbegehren		114
	A. Wesen (Begriff)		114
	B. Form		115
	C. Inhalt		116
	D. Wirkungen		120
III.	Zahlungsbefehl		121
	A. Grundsätzliches		121
	B. Inhalt		122
	C. Ausfertigung		122
	D. Zeitpunkt der Zustellung		124

	E.	Form der Zustellung	124
	F.	Wirkungen der Zustellung des Zahlungsbefehls	125
	G.	Gebühren	126
	H.	Vorlage der Beweismittel	126
IV.	Rechtsvorschlag		126
	A.	Erhebung des Rechtsvorschlags	126
		1. Grundsätzliches	126
		2. Form	128
		3. Legitimation	129
		4. Frist	129
		5. Begründung	130
		6. Mitteilung an den Gläubiger	131
		7. Wirkungen	131
		8. Behandlung des verspäteten Rechtsvorschlags	132
		9. Nachträglicher Rechtsvorschlag	132
		10. Rechtsvorschlag in der Wechselbetreibung im Besonderen	134
		11. Verhältnis zu den anderen Rechtsbehelfen	135
	B.	Beseitigung des Rechtsvorschlags	136
		1. Im ordentlichen Verfahren (Anerkennungsklage)	136
		2. Im Rechtsöffnungsverfahren	138
		2.1 Durch definitive Rechtsöffnung	139
		2.2 Durch provisorische Rechtsöffnung	143
		3. Aberkennungsklage	145
V.	Gerichtliche Aufhebung oder Einstellung des Verfahrens		146
	A.	Im summarischen Verfahren	147
	B.	Im ordentlichen bzw. vereinfachten Verfahren	148
VI.	Rückforderungsklage		149
VII.	Fortsetzung der Betreibung		151

§ 5 Betreibung auf Pfändung 153

I.	Fortsetzung der Betreibung auf Pfändung		153
II.	Pfändungsverfahren		154
	A.	Zuständigkeit	154
	B.	Zeitpunkt des Pfändungsvollzugs	157
	C.	Pfändungsankündigung	157
		1. Grundsätzliches	157
		2. Wirkung der Pfändungsankündigung	158
	D.	Pfändungsvollzug	158
		1. Pflichten des Schuldners und Dritter	158
		2. Verfahren	160
	E.	Gegenstand der Pfändung	161
		1. Grundsatz	161
		2. Ausnahmen	163
		2.1 Absolute Unpfändbarkeit	163
		2.1.1 Kompetenzgut der Hausgemeinschaft	164
		2.1.2 Haustiere	165

		2.1.3	Religiöse Erbauungsbücher und Kultusgegenstände	165
		2.1.4	Werkzeuge zur Berufsausübung	166
		2.1.5	Für den Unterhalt des Schuldners und seiner Familie notwendige Tiere	168
		2.1.6	Nahrungs- und Feuerungsmittel	168
		2.1.7	Vermögenswerte besonderer Natur	168
	2.2	Beschränkt pfändbares Einkommen		170
		2.2.1	Erwerbseinkommen und dessen Surrogate	171
		2.2.2	Unterhaltsbeiträge und deren Surrogate	172
		2.2.3	Nutzniessung und deren Erträge	173
		2.2.4	Leibrente	174
	2.3	Pfändung von Früchten vor der Ernte		174
	2.4	Ermittlung des beschränkt pfändbaren Einkommens		174
	2.5	Fallbeispiele		184
		2.5.1	Fall 1	184
		2.5.2	Fall 2	184
		2.5.3	Sonderfälle	185
F.	Reihenfolge der Pfändung			188
	1.	Bewegliches Vermögen		189
	2.	Unbewegliches Vermögen		189
	3.	Verarrestierte Vermögenswerte		190
	4.	Vermögensstücke mit Drittansprüchen		190
	5.	Forderungen gegenüber dem Ehegatten bzw. eingetragenen Partner		190
	6.	Anteile an Gemeinschaftsvermögen		190
G.	Wirkungen der Pfändung			190
	1.	Für den Schuldner		191
	2.	Für den Gläubiger		192
	3.	Für Dritte		192
H.	Umfang der Pfändung			193
I.	Sicherungsmassnahmen			195
	1.	Bewegliche Sachen		195
	2.	Gewöhnliche Forderungen		196
	3.	Erhaltung von Rechten/Forderungseinzug		196
	4.	Grundstücke		196
	5.	Gemeinschaftsrechte		197
III. Rechtsstellung Dritter				197
A.	Grundsätzliches			197
B.	Widerspruchsverfahren			198
	1.	Anwendungsbereich		198
	2.	Vorverfahren		201
		2.1	Widerspruchsverfahren bei ausschliesslichem Gewahrsam des Schuldners im Besonderen	203
		2.2	Widerspruchsverfahren bei Allein- oder Mitgewahrsam des Dritten im Besonderen	203
	3.	Widerspruchsprozess		204

IV.	Anschlusspfändung	205
	A. Voraussetzungen im Allgemeinen	205
	1. Ordentliche Anschlusspfändung im Besonderen	205
	2. Privilegierte Anschlusspfändung im Besonderen	207
	B. Ablauf des Verfahrens	208
V.	Verwertung	210
	A. Allgemeines	210
	B. Verwertungsbegehren	211
	1. Legitimation	211
	2. Form und Inhalt	211
	3. Fristen	212
	4. Wirkungen	213
	5. Spezialfälle: Notverkauf und Verwertungsaufschub	213
	C. Umfang der Verwertung	215
	D. Verwertungsgrundsätze	216
	1. Zuständigkeit	216
	2. Versilberungsprinzip	216
	3. Deckungsprinzip	217
	4. Überbindungsprinzip	218
	5. Prinzip des Doppelaufrufs	219
	E. Verwertung von beweglichen Sachen und Forderungen	221
	1. Grundsätzliches	221
	2. Grundsatz der öffentlichen Versteigerung	221
	3. Besondere Verwertungsformen	223
	3.1 Freihandverkauf	223
	3.2 Forderungsüberweisung	224
	4. Besondere Verwertungsverfahren, insb. die Verwertung von Anteilen an Gemeinschaftsvermögen	226
	F. Verwertung von Grundstücken	227
	1. Grundsätzliches	227
	2. Verwertungsfristen	228
	3. Steigerungsbedingungen	228
	4. Steigerungspublikation	229
	5. Lastenverzeichnis und Lastenbereinigung	230
	6. Steigerungsverfahren	231
	7. Freihandverkauf	232
	G. Verteilung	233
	1. Zeitpunkt	233
	2. Grundsätze der Erlösverteilung	234
	H. Kollokationsverfahren	235
	1. Bedeutung	235
	2. Anfechtung	236
	I. Pfändungsverlustschein	237
	1. Provisorischer Verlustschein	237
	2. Definitiver Verlustschein	238

§ 6 Betreibung auf Pfandverwertung ... 241
I. Grundsätzliches ... 241
II. Begriff des Pfandes ... 241
III. Ablauf ... 246
    A. Besonderheiten im Einleitungsverfahren ... 246
        1. Betreibungsbegehren ... 246
        2. Zahlungsbefehl ... 247
        3. Rechtsvorschlag/Rechtsöffnung ... 249
    B. Besonderheiten im Fortsetzungsverfahren ... 251
        1. Verwertungsbegehren ... 251
        2. Durchführung der Verwertung ... 252
        3. Verteilung ... 255
        4. Pfandausfallschein ... 256
IV. Besondere Bestimmungen über Miete und Pacht ... 257
    A. Grundsätzliches ... 257
    B. Retentionsforderung ... 258
    C. Retentionsgegenstand ... 259
    D. Keine anderweitige Sicherheitsleistung durch den Schuldner ... 259
    E. Ablauf des Retentionsverfahrens ... 260

§ 7 Betreibung auf Konkurs ... 263
I. Voraussetzungen des Konkurses ... 263
    A. Formelle Konkursvoraussetzungen ... 263
    B. Materielle Konkursvoraussetzungen ... 264
II. Arten des Konkursverfahrens im Allgemeinen ... 265
    A. Ordentliche Konkursbetreibung ... 265
        1. Konkursandrohung ... 265
            1.1 Zeitpunkt ... 265
            1.2 Inhalt ... 266
            1.3 Zustellung ... 266
        2. Sicherungsmassnahmen ... 267
            2.1 Grundsätzliches ... 267
            2.2 Anordnung ... 267
            2.3 Vollzug ... 268
            2.4 Wirkungen ... 269
        3. Konkursbegehren ... 270
            3.1 Grundsätzliches ... 270
            3.2 Wirkungen des Konkursbegehrens ... 271
        4. Konkurserkenntnis ... 271
            4.1 Grundsätzliches ... 271
            4.2 Abweisungsentscheid ... 272
            4.3 Aussetzungsentscheid ... 273
            4.4 Gutheissender Entscheid ... 275
        5. Rechtsmittel ... 275
            5.1 Gegen das Konkurserkenntnis ... 275

			5.1.1 Grundsätzliches	275
			5.1.2 Novenrecht	276
		5.2	Gegen den Entscheid der kantonalen Rechtsmittelinstanz	277
	6.	Konkurseröffnung		277
		6.1	Zeitpunkt	277
		6.2	Wirkungen	278
B.	Wechselbetreibung			279
	1.	Grundsätzliches		279
	2.	Betreibungsbegehren		279
	3.	Zahlungsbefehl		280
	4.	Rechtsvorschlag		281
	5.	Konkursbegehren		284
	6.	Konkurserkenntnis		285
C.	Konkurseröffnung ohne vorgängige Betreibung			285
	1.	Grundsätzliches		285
	2.	Konkurseröffnung auf Antrag des Gläubigers		286
		2.1	Grundsätzliches	286
		2.2	Sofortige Konkurseröffnung über jeden beliebigen Schuldner	286
		2.3	Sofortige Konkurseröffnung nur über einen konkursfähigen Schuldner	287
		2.4	Verfahren	288
	3.	Konkurseröffnung auf Antrag des Schuldners		289
		3.1	Insolvenzerklärung	289
			3.1.1 Grundsätzliches	289
			3.1.2 Verfahren	290
		3.2	Überschuldungsanzeige bei Kapitalgesellschaften und Genossenschaften	291
			3.2.1 Grundsätzliches	291
			3.2.2 Verfahren	291
	4.	Konkurseröffnung über eine ausgeschlagene oder überschuldete Erbschaft		293
		4.1	Grundsätzliches	293
		4.2	Verfahren	294
D.	Konkurswiderruf			294
	1.	Grundsätzliches		294
	2.	Allgemeiner Konkurswiderruf		295
		2.1	Voraussetzungen	295
		2.2	Frist	295
		2.3	Wirkungen	295
	3.	Konkurswiderruf der Konkurseröffnung gegen eine ausgeschlagene oder überschuldete Erbschaft		296
	4.	Verfahren		296
III. Materielles Konkursrecht				297
A.	Grundsätzliches			297
B.	Konkursmasse			298

	1.	Grundsätzliches	298
	2.	Örtliche Begrenzung	298
	3.	Zeitliche Begrenzung	300
	4.	Sachliche Begrenzung	301
C.	Wirkungen des Konkurses auf das Vermögen des Schuldners		303
	1.	Grundsätzliches	303
	2.	Stellung des Schuldners gegenüber der Konkursmasse	303
		2.1 Grundsätzliches	303
		2.2 Beschränkung des Verfügungsrechts des Schuldners	304
		2.2.1 Verfügungsunfähigkeit des Schuldners	304
		2.2.2 Unfähigkeit des Schuldners zur Entgegennahme von Zahlungen	305
		2.2.3 Einschränkung des Prozessführungsrechts des Schuldners	305
	3.	Stellung des Schuldners gegenüber den Gläubigern	306
D.	Wirkungen des Konkurses auf die Rechte der Gläubiger		307
	1.	Grundsätzliches	307
	2.	Forderungen im Konkurs des Gemeinschuldners	308
	3.	Konkursforderungen im Besonderen	310
		3.1 Grundsätzliches	310
		3.2 Zeitliche Begrenzung	310
		3.2.1 Grundsätzliches	310
		3.2.2 Fälligkeit der Forderungen zum Zeitpunkt der Konkurseröffnung	310
		3.2.3 Bedingte Forderungen	311
		3.3 Sachliche Begrenzung	313
		3.3.1 Grundsätzliches	313
		3.3.2 Grundsatz der Unverzinslichkeit	314
		3.3.3 Behandlung von Realforderungen	314
	4.	Verrechnung nach Konkurseröffnung	315
		4.1 Grundsätzliches	315
		4.2 Gleichartigkeit und Fälligkeit	315
		4.3 Verrechnungsverbote	316
		4.4 Anfechtbarkeit der Verrechnung	317
	5.	Mitverpflichtungen des Schuldners im Besonderen	317
		5.1 Forderungen aus Bürgschaften des Konkursiten	317
		5.2 Gleichzeitiger Konkurs mehrerer Mitverpflichteter	318
		5.3 Teilzahlungen von Mitverpflichteten	319
		5.4 Konkurs von Kollektiv- und Kommanditgesellschaften und ihren Teilhabern	319
		5.4.1 Grundsätzliches	319
		5.4.2 Gleichzeitiger Konkurs von Gesellschaft und Gesellschafter	320
		5.4.3 Ausschliesslicher Teilhaberkonkurs	320
		5.4.4 Ausschliesslicher Gesellschaftskonkurs	320
	6.	Reihenfolge der Befriedigung der Gläubiger	320

		6.1	Grundsätzliches	320
		6.2	Vorrangige Befriedigung der Pfandgläubiger	321
		6.3	Ungesicherte Forderungen	322
			6.3.1 Grundsätzliches	322
			6.3.2 Erstklassforderungen	322
			6.3.3 Zweitklassforderungen	323
			6.3.4 Privilegierte Einlagen im Bankenkonkurs	324
			6.3.5 Sonderklasse	324
			6.3.6 Fristverlängerungen bei den befristeten Konkursprivilegien	324
			6.3.7 Drittklassforderungen	325
	E.	Rechtsstellung Dritter		325
		1.	Grundsätzliches	325
		2.	Aussonderung	326
			2.1 Zivilrechtliche Aussonderungsrechte	326
			2.2 Konkursrechtliche Aussonderungsrechte	327
		3.	Verfahren	328
			3.1 Grundsätzliches	328
			3.2 Vorverfahren	328
			3.3 Aussonderungsklage	329
			3.4 Aussonderungsprozess	330
		4.	Admassierung	330
			4.1 Admassierungsklage	330
			4.2 Admassierungsprozess	330
IV.	Formelles Konkursrecht			331
	A.	Grundsätzliches		331
	B.	Organe des Konkursverfahrens		331
	C.	Feststellung der Aktivmasse		332
		1.	Grundsätzliches	332
		2.	Inventaraufnahme	332
			2.1 Grundsätzliches	332
			2.2 Präsenz-, Auskunfts- und Herausgabepflichten	333
			2.3 Inhalt des Konkursinventars	334
			2.4 Anerkennung des Konkursinventars	335
		3.	Sicherungsmassnahmen	335
	D.	Bestimmung des Konkursverfahrens		336
		1.	Grundsätzliches	336
		2.	Einstellung des Konkursverfahrens mangels Aktiven	337
			2.1 Grundsätzliches	337
			2.2 Einstellung des Konkursverfahrens mangels Aktiven bei juristischen Personen und bei ausgeschlagener Erbschaft	338
		3.	Ordentliches Konkursverfahren	339
			3.1 Konkurspublikation	339
			3.1.1 Zeitpunkt	339
			3.1.2 Zweck	339
			3.1.3 Inhalt	339

		3.2	Verwaltung der Aktivmasse	340
			3.2.1 Grundsätzliches	340
			3.2.2 Gläubigerversammlung	341
			3.2.3 Gläubigerausschuss	343
			3.2.4 Konkursverwaltung	344
		3.3	Erwahrung der Konkursforderungen	345
		3.4	Kollokation der Gläubiger	347
			3.4.1 Inhalt des Kollokationsplans	347
			3.4.2 Rangordnung	348
			3.4.3 Lastenverzeichnis	348
			3.4.4 Auflegung des Kollokationsplans	348
			3.4.5 Anfechtung des Kollokationsplans	350
		3.5	Verwertung	353
			3.5.1 Öffentliche Versteigerung	354
			3.5.2 Freihandverkauf	355
			3.5.3 Abtretung von Rechtsansprüchen	356
		3.6	Verteilung	358
			3.6.1 Grundsätzliches	358
			3.6.2 Abschlagszahlungen	359
		3.7	Konkursverlustschein	360
		3.8	Feststellung neuen Vermögens	361
			3.8.1 Grundsätzliches	361
			3.8.2 Zum Begriff des «neuen Vermögens»	361
			3.8.3 Folgen des Entscheides über den Rechtsvorschlag mangelnden neuen Vermögens	362
		3.9	Schluss des Konkursverfahrens	363
		3.10	Nachkonkurs	364
	4.	Summarisches Konkursverfahren		365
		4.1	Grundsätzliches	365
		4.2	Ablauf	365

§ 8 Arrest ... 367

I.	Begriff	367
II.	Zweck	367
III.	Voraussetzungen	368
	A. Arrestforderung	368
	B. Arrestgründe	369
	C. Arrestgegenstand	372
	D. Verfahren	373
	1. Arrestbegehren	373
	2. Glaubhaftmachen	374
	3. Arrestbewilligung	374
	4. Arrestbefehl	375
	5. Arrestvollzug	375
	6. Arrestwirkungen	376
	6.1 Für den Schuldner	376

		6.2	Für den Gläubiger	377
		6.3	Für einen Dritten	377
	7.	Arrestprosequierung		378
		7.1	Prosekution mittels Betreibung	378
		7.2	Prosekution mittels gerichtlicher Klage	379
		7.3	Prosekutionsort	379
		7.4	Sonderfall: Prosekution bei hängiger Forderungsklage im Ausland	379
	8.	Rechtsbehelfe gegen den Arrestbefehl		380
		8.1	Einsprache	380
		8.2	Betreibungsrechtliche Beschwerde	381
		8.3	Widerspruchsverfahren	381
		8.4	Schadenersatzklage	382
		8.5	Exkurs: Schutzschrift	383

§ 9 Besondere Bestimmungen bei Trustverhältnissen 385

I.	Allgemeines	385
II.	Begriff	385
III.	Passive Betreibungsfähigkeit	386
IV.	Betreibungsort	386
V.	Ausscheidung des Trustvermögens aus dem Vermögen des Trustee	387
VI.	Konkurs eines Trustee	387

§ 10 Anfechtung 389

I.	Wesen	389
II.	Anfechtungstatbestände	389
	A. Schenkungsanfechtung	391
	B. Überschuldungsanfechtung	391
	C. Absichtsanfechtung	392
	D. Exkurs: Anfechtung bei Gleichwertigkeit der Leistungen	394
III.	Legitimation	394
IV.	Verfahren	396
V.	Wirkungen	397
	A. Grundsätzliches	397
	B. Verwertung des Gegenstandes	400

§ 11 Nachlassverfahren 401

I.	Grundsätzliches	401
II.	Sanierungsrechtliche Normen	402
III.	Nachlassstundung	403
	A. Arten	403
	B. Legitimation	404
	C. Gesuch um Nachlassstundung	405
	D. Zuständigkeit	406
IV.	Bewilligung der Nachlassstundung (sog. Bewilligungsverfahren)	406
	A. Einleitung des Verfahrens	406

	B.	Massnahmen des Nachlassgerichts	406
	C.	Provisorische Nachlassstundung im Besonderen	407
	D.	Verhandlung vor dem Nachlassgericht	408
	E.	Verfahren	409
	F.	Entscheid über das Gesuch um Nachlassstundung	409
	G.	Sachwalter	410
	H.	Weiterzug des Entscheides über das Gesuch um Nachlassstundung	412
	I.	Kosten des Nachlassverfahrens	412
	J.	Wirkungen der Nachlassstundung	413
		1. Grundsätzliches	413
		2. Auf die Rechte der Gläubiger	413
		3. Auf die Verfügungsbefugnis des Schuldners	414
		3.1 Grundsätzliches	414
		3.2 Erlaubte Handlungen	415
		3.3 Gesetzlich verbotene Handlungen	415
		3.4 Ermächtigung zur Vornahme verbotener Handlungen durch das Nachlassgericht	416
		3.5 Ermächtigung des Sachwalters	416
		3.6 Folgen der Ermächtigung bzw. fehlender Ermächtigung	416
		4. Widerruf der Nachlassstundung	417
V.	Nachlassvertrag im Allgemeinen		418
	A.	Grundsätzliches	418
	B.	Annahmeverfahren	419
		1. Grundsätzliches	419
		2. Zeitpunkt und Form der Stimmabgabe der Nachlassgläubiger	420
		3. Gläubigerrechte bei Annahme und bei Ablehnung des Nachlassvertrages	421
	C.	Bestätigungsverfahren	421
	D.	Wirkungen des Entscheids über den Nachlassvertrag	422
	E.	Weiterzug	424
	F.	Widerruf des Nachlassvertrages	424
	G.	Exkurs: Pfandstundung im Besonderen	424
VI.	Ordentlicher Nachlassvertrag		425
VII.	Nachlassvertrag mit Vermögensabtretung		426
	A.	Grundsätzliches	426
	B.	Liquidation des Vermögens	428
		1. Liquidationsorgane	428
		2. Liquidationsverfahren	428
		3. Verwertung	429
		4. Verteilung	430
VIII.	Nachlassvertrag im Konkurs		431

§ 12 Einvernehmliche private Schuldenbereinigung ... 433

I.	Grundsätzliches	433
II.	Verfahren	433
III.	Sachwalter	434

IV.	Wirkungen des Entscheides	434
V.	Bereinigungsvorschlag des Schuldners	434
VI.	Folgen	435

§ 13 Notstundung ... 437

Sachregister ... 439

Abkürzungsverzeichnis

a	in Verbindung mit einer Gesetzesabkürzung: ausser Kraft getretene Fassung einer Norm oder eines Erlasses (z.B. aBV)
AB	Aufsichtsbehörde
Abs.	Absatz
AG	Aktiengesellschaft
AGB	Allgemeine Geschäftsbedingungen
AlkG	Bundesgesetz über die gebrannten Wasser vom 21. Juni 1932 (Alkoholgesetz; SR 680)
AlkV	Verordnung zum Alkohol- und Hausbrennereigesetz vom 12. Mai 1999 (Alkoholverordnung; SR 680.11)
a.M.	anderer Meinung
Art.	Artikel
AS	Amtliche Sammlung des Bundesrechts
ATSG	Bundesgesetz über den Allgemeinen Teil des Sozialversicherungsrechts vom 6. Oktober 2000 (SR 830.1)
AVIG	Bundesgesetz über die obligatorische Arbeitslosenversicherung und die Insolvenzentschädigung (Arbeitslosenversicherungsgesetz; SR 837.0)
AVIV	Verordnung über die obligatorische Arbeitslosenversicherung und die Insolvenzentschädigung (Arbeitslosenversicherungsverordnung; SR 837.02)
BankG	Bundesgesetz über Banken und Sparkassen vom 8. November 1934 (Bankengesetz, SR 952.0)
BBl	Bundesblatt
BGE	Amtliche Sammlung der Entscheidungen des Schweizerischen Bundesgerichts
BGer	(Schweizerisches) Bundesgericht
BGG	Bundesgesetz über das Bundesgericht vom 17. Juni 2005 (Bundesgerichtsgesetz; SR 173.110)
BGS	Bereinigte Gesetzessammlung des Kantons Solothurn
BGSR	Bundesgesetz über das Schiffsregister vom 28. September 1923 (SR 741.11)
BJ	Bundesamt für Justiz
BKV-FINMA	Verordnung der Eidgenössischen Finanzmarktaufsicht über den Konkurs von Banken und Effektenhändlern vom 30. Juni 2005 (Bankenverordnung-FINMA; SR 952.812.32)
BSG	Bernische Systematische Gesetzessammlung
bspw.	beispielsweise

BV	Bundesverfassung der Schweizerischen Eidgenossenschaft vom 18. April 1999 (SR 101)
bzw.	beziehungsweise
CHF	Schweizer Franken
DBG	Bundesgesetz über die direkte Bundessteuer vom 14. Dezember 1990 (SR 642.11)
d.h.	das heisst
E-	in Verbindung mit einer Gesetzesabkürzung: Entwurf
E.	Erwägung
EBK	Eidgenössische Bankenkommission
EG SchKG	Einführungsgesetz zum SchKG
EG ZGB	Einführungsgesetz zum ZGB
EigVV	Verordnung betreffend die Eintragung der Eigentumsvorbehalte vom 19. Dezember 1910 (SR 211.413.1)
EMKG	Bundesgesetz über die Kontrolle des Verkehrs mit Edelmetallen und Edelmetallwaren vom 20. Juni 1933 (Edelmetallkontrollgesetz; SR 941.31)
EMRK	Konvention zum Schutze der Menschenrechte und Grundfreiheiten vom 4. November 1950 (SR 0.101)
ESTV	Eidgenössische Steuerverwaltung
etc.	et cetera
evtl.	eventuell
f.	und folgende
ff.	und fortfolgende
FINMA	Eidgenössische Finanzmarktaufsicht
GBV	Verordnung betreffend das Grundbuch vom 22. Februar 1910 (SR 211.432.1)
GebV SchKG	Gebührenverordnung zum Bundesgesetz über Schuldbetreibung und Konkurs vom 23. September 1996 (SR 281.35)
GV	Generalversammlung
HfG/ZH	Gesetz über die Haftung des Staates und der Gemeinden sowie ihrer Behörden und Beamten vom 14. September 1969 (Haftungsgesetz; LS 170.1).
HRegV	Handelsregisterverordnung vom 17. Oktober 2007 (SR 221.411)
HTÜ	Übereinkommen über das auf Trusts anzuwendende Recht und über ihre Anerkennung vom 1. Juli 1985 (SR 0.221.371)
i.e.S.	im engeren Sinne
insb.	insbesondere

IPRG	Bundesgesetz über das Internationale Privatrecht vom 18. Dezember 1987 (SR 291)
i.S.v.	im Sinne von
i.V.m.	in Verbindung mit
KAG	Bundesgesetz über die kollektiven Kapitalanlagen vom 23. Juni 2006 (Kollektivanlagengesetz; SR 951.31)
KMU	Kleine und mittlere Unternehmungen
KOV	Verordnung über die Geschäftsführung der Konkursämter vom 13. Juli 1911 (SR 281.32)
KS	Kreisschreiben
KVG	Bundesgesetz über die Krankenversicherung vom 18. März 1994 (SR 832.10)
LBG	Bundesgesetz über das Luftfahrzeugbuch vom 7. Oktober 1959 (SR 748.217.1)
lit.	litera
LS	Loseblattsammlung des Kantons Zürich
LU	Luzern
LVG	Bundesgesetz über die wirtschaftliche Landesversorgung (Landesversorgungsgesetz; SR 531)
m.a.W.	mit anderen Worten
MWSTG	Bundesgesetz über die Mehrwertsteuer vom 12. Juni 2009 (Mehrwertsteuergesetz; SR 641.20)
N	(Rand-)Note
Nr.	(Rand-)Nummer
OAV-SchKG	Verordnung betreffend die Oberaufsicht über Schuldbetreibung und Konkurs vom 22. November 2006 (SR 281.11)
OR	Bundesgesetz betreffend die Ergänzung des Schweizerischen Zivilgesetzbuches, Fünfter Teil: Obligationenrecht vom 30. März 1911 (SR 220)
p.a.	per anno
PartG	Bundesgesetz über die eingetragene Partnerschaft gleichgeschlechtlicher Paare vom 18. Juni 2004 (Partnerschaftsgesetz; SR 211.231)
PfG	Pfandbriefgesetz vom 25. Juni 1930 (SR 211.423.4)
POG	Bundesgesetz über die Organisation der Postunternehmung des Bundes vom 30. April 1997 (Postorganisationsgesetz; SR 783.1)
Pra	Die Praxis (Basel)
Rz.	Randziffer/n
S.	Seite/n oder Ständerat
SBBG	Bundesgesetz über die Schweizerischen Bundesbahnen vom 20. März 1998 (SR 742.31)

SchGG	Bundesgesetz über die Schuldbetreibung gegen Gemeinden und andere Körperschaften des kantonalen öffentlichen Rechts vom 4. Dezember 1947 (SR 282.11)
SchKG	Bundesgesetz über Schuldbetreibung und Konkurs vom 11. April 1889 (SR 281.1)
SHAB	Schweizerisches Handelsamtsblatt (Bern)
SHAB-VO	Verordnung über das Schweizerische Handelsamtsblatt vom 15. Februar 2006 (Verordnung SHAB; SR 221.415)
SKOS	Schweizerische Konferenz für Sozialhilfe
sog.	sogenannt/e
SR	Systematische Sammlung des Bundesrechts
StG	Bundesgesetz über die Stempelabgaben vom 27. Juni 1973 (SR 641.10)
StPO	Schweizerische Strafprozessordnung vom 5. Oktober 2007 (Strafprozessordnung; SR 312.0)
SVAG	Bundesgesetz über eine leistungsabhängige Schwerverkehrsabgabe vom 19. Dezember 1997 (Schwerverkehrsabgabegesetz; SR 641.81)
SVAV	Verordnung über eine leistungsabhängige Schwerverkehrsabgabe vom 6. März 2000 (Schwerverkehrsabgabeverordnung; SR 641.811)
u.a.	unter anderem (anderen)
ÜbV	Verordnung über die elektronische Übermittlung im Rahmen von Zivil- und Strafprozessen sowie von Schuldbetreibungs- und Konkursverfahren vom 18. Juni 2010 (Übermittlungsverordnung; SR 272.1)
UNO	United Nations Organization
UNO-Pakt II	Internationaler Pakt über bürgerliche und politische Rechte vom 16. Dezember 1966 (SR 0.103.2)
u.U.	unter Umständen
v.	vom
v.a.	vor allem
VABK	Verordnung über die Aufbewahrung der Betreibungs- und Konkursakten vom 5. Juni 1996 (SR 281.33)
VAG	Bundesgesetz betreffend die Aufsicht über Versicherungsunternehmen vom 17. Dezember 2004 (Versicherungsaufsichtsgesetz; SR 961.01)
VFRR	Verordnung über die im Betreibungs- und Konkursverfahren zu verwendenden Formulare und Register sowie die Rechnungsführung vom 5. Juni 1996 (SR 281.31)
VG	Bundesgesetz über die Verantwortlichkeit des Bundes sowie seiner Behörendenmitglieder und Beamten (SR 170.32)
VGeK	Verordnung des Bundesgerichts über den Genossenschaftskonkurs vom 20. Dezember 1937 (SR 281.52)
vgl.	vergleiche

VPAV	Verordnung betreffend die Pfändung, Arrestierung und Verwertung von Versicherungsansprüchen nach dem Bundesgesetz vom 2. April 1908 über den Versicherungsvertrag vom 10. Mai 1910 (SR 281.51)
VR	Verwaltungsrat
VStG	Bundesgesetz über die Verrechnungssteuer vom 13. Oktober 1965 (Verrechnungssteuergesetz; SR 642.21)
VStV	Verordnung über die Verrechnungssteuer vom 19. Dezember 1966 (Verrechnungssteuerverordnung; SR 642.211)
VVAG	Verordnung des Bundesgerichts über die Pfändung und Verwertung von Anteilen an Gemeinschaftsvermögen vom 17. Januar 1923 (SR 281.41)
VVG	Bundesgesetz über den Versicherungsvertrag vom 2. April 1908 (Versicherungsvertragsgesetz, SR 221.229.1)
VZEG	Bundesgesetz über Verpfändung und Zwangsliquidation von Eisenbahn- und Schifffahrtsunternehmen (SR 742.211)
VZG	Verordnung des Bundesgerichts über die Zwangsverwertung von Grundstücken vom 23. April 1920 (SR 281.42)
z.B.	zum Beispiel
ZG	Zollgesetz vom 18. März 2005 (SR 631.0)
ZGB	Schweizerisches Zivilgesetzbuch vom 10. Dezember 1907 (SR 210)
Ziff.	Ziffer
ZPO	Schweizerische Zivilprozessordnung vom 19. Dezember 2008 (Zivilprozessordnung; SR 272)
ZV	Zollverordnung vom 1. November 2006 (SR 631.01)
ZV-EFD	Zollverordnung des EFD vom 4. April 2007 (SR 631.011)

Literaturverzeichnis

1. Materialien

Botschaft über die Änderung des Bundesgesetzes über Schuldbetreibung und Konkurs (SchKG) vom 8. Mai 1991, BBl 1991 III 1 ff.

Botschaft zur Schweizerischen Zivilprozessordnung (ZPO) vom 28. Juni 2006, BBl 2006 7221 ff.

Botschaft zum Bundesbeschluss über die Genehmigung und die Umsetzung des revidierten Übereinkommens von Lugano über die gerichtliche Zuständigkeit, die Anerkennung und die Vollstreckung gerichtlicher Entscheidungen in Zivil- und Handelssachen vom 18. Februar 2009, BBl 2009 1777 ff.

2. Gesetzestexte

Kren Kostkiewicz Jolanta (Hrsg.), IPRG/LugÜ, Internationales Privat- und Verfahrensrecht, Zürich 2009

Kren Kostkiewicz Jolanta/Markus Alexander R./Ryter Marianne/Tag Brigitte (Hrsg.), ZPO/StPO, Schweizerisches Prozessrecht inkl. SchKG und Verwaltungsverfahrensrecht des Bundes, Zürich 2011

Spühler Karl (Hrsg.), SchKG – Bundesgesetz über Schuldbetreibung und Konkurs, Mit Nebenerlassen und weiteren Erlassen inkl. internationalem Konkursrecht, Zürich 2011

Staehelin Daniel (Hrsg.), Texto SchKG/ZPO, Schweizerische Zivilprozessordnung, Bundesgesetz über Schuldbetreibung und Konkurs und Nebenerlasse, 3. Auflage, Basel 2011

3. Lehrbücher

Amonn Kurt/Walther Fridolin, Grundriss des Schuldbetreibungs- und Konkursrechts, 8. Auflage, Bern 2008

Blumenstein Ernst, Handbuch des schweizerischen Schuldbetreibungsrechts, Bern 1911

Brosset Georges/Brosset Didier, Schuldbetreibung und Konkurs – Tafeln, 2. Auflage, Basel 2010

Fritzsche Hans/Walder-Bohner Hans Ulrich, Schuldbetreibung und Konkurs nach schweizerischem Recht, Bd. I und II, 3. Auflage, Zürich 1984 und 1993

Gilliéron Pierre-Robert, Poursuite pour dettes, faillite et concordat, 4. Auflage, Basel 2005

Giroud Roger, SchKG, Schemen und Abläufe, 2. Auflage, Zürich 2011

Hirt Thomas/Rudin Johann Christoph, Schuldbetreibungs- und Konkursrecht, Ein Lehrgang für die Praxis, 3. Auflage, Zürich 2006

LORANDI FRANCO, Schuldbetreibung und Konkurs (SchKG) in a nutshell, Zürich/St. Gallen 2011

MARCHAND SYLVAIN, Poursuite pour dettes et faillite, Du palais de justice à la salle des ventes, Zürich 2008

NÜNLIST GUIDO, Wegleitung zum neuen Schuldbetreibungs- und Konkursrecht (SchKG), Bern 1997

SIEGEN PETER F./BUSCHOR ANDREA, Vom alten zum neuen SchKG, Ein Leitfaden durch den revidierten Gesetzestext, Zürich 1997

SPRECHER THOMAS/JETZER ROLF P., Einführung in das neue Schuldbetreibungs- und Konkursrecht der Schweiz, Zürich 1997

SPÜHLER KARL, Schuldbetreibungs- und Konkursrecht I, 5. Auflage, Zürich 2011

SPÜHLER KARL/DOLGE ANNETTE, Schuldbetreibungs- und Konkursrecht II, 5. Auflage, Zürich 2011

SPÜHLER KARL/KREN KOSTKIEWICZ JOLANTA/SUTTER-SOMM THOMAS/GEHRI MYRIAM, Fälle im Zivilprozessrecht sowie im Schuldbetreibungs- und Konkursrecht, Zürich 2009

STOFFEL WALTER A./CHABLOZ ISABELLE, Voies d'exécution, Poursuite pour dettes, exécution de jugements et faillite en droit suisse, 2. Auflage, Bern 2010

WALDER HANS ULRICH/JENT-SØRENSEN INGRID, Tafeln zum Schuldbetreibungs- und Konkursrecht, 6. Auflage, Zürich 2008

4. Kommentare

BAKER & MCKENZIE (Hrsg.), Schweizerische Zivilprozessordnung (ZPO), Bern 2010

BOHNET FRANÇOIS/HALDY JACQUES/JEANDIN NICOLAS/SCHWEIZER PHILIPPE/TAPPY DENIS, CPC, Code de procédure civile commenté, Basel 2011

BUCHER ANDREAS (Hrsg.), Commentaire romand de la Loi fédérale sur le droit international privé (LDIP) et la Convention de Lugano (CL), Basel 2011

DALLÈVES LOUIS/FOËX BENEDICT/JEANDIN NICOLAS (Hrsg.), Commentaire romand de la Loi fédérale sur la poursuite pour dette et la faillite ainsi que des articles 166 à 175 de la Loi fédérale sur le droit international privé, Basel 2005

GILLIÉRON PIERRE-ROBERT, Commentaire de la loi fédérale sur la poursuite pour dettes et la faillite, Bd. I–V, Lausanne 1999, 2000, 2001 und 2003

HUNKELER DANIEL (Hrsg.), Kurzkommentar zum Bundesgesetz über Schuldbetreibung und Konkurs, Basel 2009

JAEGER CARL/WALDER-RICHLI HANS ULRICH/KULL THOMAS/KOTTMANN MARTIN, Bundesgesetz über Schuldbetreibung und Konkurs, Bd. I–III, 4. Auflage, Zürich 2001

JAEGER CARL/WALDER-RICHLI HANS ULRICH/KULL THOMAS, Bundesgesetz über Schuldbetreibung und Konkurs, Art. 89–158, 5. Auflage, Zürich 2006

KONFERENZ DER BETREIBUNGS- UND KONKURSBEAMTEN DER SCHWEIZ (Hrsg.), Gebührenverordnung, Wädenswil 2008

KONFERENZ DER BETREIBUNGS- UND KONKURSBEAMTEN DER SCHWEIZ (Hrsg.), Kurzkommentar VZG, Wädenswil 2011

OBERHAMMER PAUL/DASSER FELIX, Kommentar zum Lugano Übereinkommen (LugÜ), 2. Aufl., Bern 2011

OETIKER CHRISTIAN/WEIBEL THOMAS, Basler Kommentar zum LugÜ, Basel 2011

PETER HANSJÖRG, Edition annotée de la loi fédérale sur la poursuite pour dettes et la faillite, Bern 2010

STAEHELIN ADRIAN/BAUER THOMAS/STAEHELIN DANIEL (Hrsg.), Basler Kommentar zum Bundesgesetz über Schuldbetreibung und Konkurs I und II, 2. Auflage, Basel 2010

STAEHELIN ADRIAN/STAEHELIN DANIEL/GROLIMUND PASCAL, Zivilprozessrecht, Zürich 2008

STOFFEL WALTER A., Loi fédérale annotée et législation secondaire en matière de poursuites pour dettes et faillite, Code de procédure civile et Loi sur le Tribunal fédéral, Zürich 2011

WALDER HANS ULRICH, Kommentar SchKG, 17. Auflage, Zürich 2007

5. Weiterführende Literatur

BRAND EDUARD, Die betreibungsrechtliche Zwangsverwertung von Grundstücken im Pfandverwertungsverfahren, Ein Handbuch für die Praxis, Zürich 2008

BRUNNER ALEXANDER/REUTTER MARK A., Kollokations- und Widerspruchsklagen nach SchKG, 2. Auflage, Bern 2002

JENT-SØRENSEN INGRID, Die Rechtsdurchsetzung bei der Grundstückverwertung in der Spezialexekution, Habilitation, Zürich 2003

MEIER ISAAK, Das Verwaltungsverfahren vor den Schuldbetreibungs- und Konkursbehörden, Zürich 2002

§ 1 Einführung

I. Rechtsverfolgung

Die menschliche Gemeinschaft kann nicht ohne Verhaltensregeln bestehen. Diese Verhaltensregeln manifestieren sich in Form von Rechten und Pflichten. Sie bilden m.a.W. das *materielle* Recht. Die aus den Rechten bzw. Ansprüchen eines Rechtssubjektes resultierenden Pflichten eines anderen werden im Allgemeinen freiwillig respektiert bzw. erfüllt. Ist dies nicht der Fall, so bietet der Staat Gewähr dafür, dass die entsprechenden Pflichten (d.h. die entsprechenden Rechtsnormen) dennoch befolgt werden. Wie er dabei vorgeht, ist im *formellen* Recht geregelt.

Der Staat soll jedermann, der sich in seinen Rechten durch einen anderen verletzt fühlt, Rechtsschutz in dem Sinne gewähren, dass über den behaupteten Anspruch definitiv entschieden wird. Das Verfahren der autoritativen Feststellung dieser Ansprüche nennt man das Erkenntnisverfahren; es bezweckt, Bestand und Umfang eines bestrittenen Anspruchs verbindlich festzulegen. Massgebend dafür ist das Zivilprozessrecht i.e.S. Ist das Erkenntnis gefällt und endgültig *(rechtskräftig)*, verpflichtet es die unterlegene Partei, ihm Folge zu leisten. Es bildet ferner die Grundlage einer allfälligen späteren zwangsweisen Durchsetzung des Anspruchs.

> *Anmerkung:* Unter *Rechtskraft* ist die *Verbindlichkeit* einer gerichtlichen oder behördlichen Entscheidung zu verstehen. Es kann zwischen formeller und materieller Rechtskraft unterschieden werden. *Formelle Rechtskraft* bedeutet nichts anderes, als dass gegen eine gerichtliche oder behördliche Entscheidung kein *ordentliches* Rechtsmittel mehr zur Verfügung steht. Sie ist Voraussetzung für den Eintritt der *materiellen Rechtskraft*. Diese äussert sich in der sog. *res iudicata*-Wirkung: Ein materiell rechtskräftiger Entscheid ist sowohl für mit Folgefragen befasste Rechtspflegeinstanzen als auch für die Parteien in persönlicher, sachlicher und zeitlicher Hinsicht bindend; d.h., dass nicht noch einmal über denselben Streitgegenstand zwischen denselben Parteien entschieden werden kann.

Der Zwangsvollstreckung im Sinne des Zivilprozessrechts sind ausschliesslich Entscheide zugänglich, die Ansprüche auf eine positive oder negative Leistung zum Gegenstand haben (sog. Leistungsentscheide). Solche Leistungsentscheide können den Schuldner entweder zu einer *Realleistung*, d.h.

- zu einem *Tun* (z.B. ein Bild herausgeben),
- zu einem *Unterlassen* (z.B. eine drohende Persönlichkeitsverletzung unterlassen; vgl. Art. 28a Abs. 1 Ziff. 1 ZGB) oder
- zu einem *Dulden* (z.B. landwirtschaftliche Immissionen ertragen),

oder zu einer *Geldleistung* verpflichten. Ein Leistungsentscheid ist das Ergebnis einer sog. Leistungsklage gemäss Art. 84 ZPO.

4 Im Unterschied zum Leistungsentscheid sind Gestaltungs- und Feststellungsentscheide einer Zwangsvollstreckung *nicht* zugänglich.

5 *Gestaltungsentscheide* sind Entscheide, die ein Recht oder Rechtsverhältnis begründen, ändern oder aufheben (vgl. Art. 87 ZPO). Hierzu gehören u.a. auch die Kollokationsklagen gemäss Art. 148[1] bzw. Art. 250[2] SchKG, welche als verfahrensrechtliche Gestaltungsklagen qualifiziert werden.[3] Andere Beispiele für Gestaltungsentscheide des materiellen Rechts sind etwa Entscheide über die Ehescheidung (Art. 111 ZGB) oder über die Anfechtung eines Generalversammlungsbeschlusses (Art. 706 OR).

6 *Feststellungsentscheide* sind Entscheide, die autoritativ feststellen, dass ein Recht oder ein Rechtsverhältnis besteht oder nicht besteht (vgl. Art. 88 ZPO), z.B., dass ein zwischen den Parteien geschlossener Vertrag nichtig i.S.v. Art. 20 OR ist.

Anmerkung: Auch im SchKG finden sich Klagen, welche zu Feststellungsentscheiden führen. Zu nennen sind hier etwa die Aberkennungsklage nach Art. 83 Abs. 2 SchKG (Rz. 551 f.), die negativen Feststellungsklagen gemäss Art. 85 und 85a SchKG (Rz. 553 ff.), bei welchen der Schuldner Nichtbestand, Tilgung oder Stundung der Schuld geltend machen kann, oder die negative Feststellungsklage gemäss Art. 265a Abs. 4 SchKG, bei welcher der Schuldner im ordentlichen Verfahren bestreitet, zu neuem Vermögen gekommen zu sein (Rz. 1421 ff.).

Tatsachen können demgegenüber nicht Gegenstand eines Feststellungsentscheides sein (z.B., ob ein Schriftstück [Urkunde] echt oder nicht echt ist). Ein Feststellungsentscheid verändert die materielle Rechtslage nicht, sondern stellt sie nur fest. Er gibt dem Kläger keinen durchsetzbaren Leistungsanspruch, kann aber u.U. Rechtsgrundlage für einen späteren Leistungsentscheid bilden.[4] Denn das eine spätere Leistungsklage beurteilende Gericht ist zufolge der *materiellen Rechtskraft*[5] des Feststellungsentscheides an die in dessen Dispositiv (sog. Urteilsformel, vgl. Art. 238 lit. d ZPO) enthaltenen Feststellungen gebunden.

7 Erfüllt der Schuldner auch nach Fällung eines gerichtlichen Entscheids oder einer behördlichen Verfügung nicht freiwillig, so darf der Gläubiger nicht einfach zum Mittel der Selbsthilfe greifen, um seinen Anspruch durchzusetzen. Er ist wiederum auf staatliche Mitwirkung angewiesen. Die Durchsetzung seines Anspruchs vollzieht sich im sog. *Vollstreckungsverfahren*.

---

1 Rz. 893.
2 Rz. 1369.
3 BGer v. 31.8.2000, 5C.155/2000 E. 2.
4 BGer v. 17.8.2004, 4C.147/2004 E. 2.
5 Rz. 2.

Das Erkenntnisverfahren und das Vollstreckungsverfahren bilden schliesslich gemeinsam den Inhalt des *Zivilprozessrechts im weiteren Sinne*.

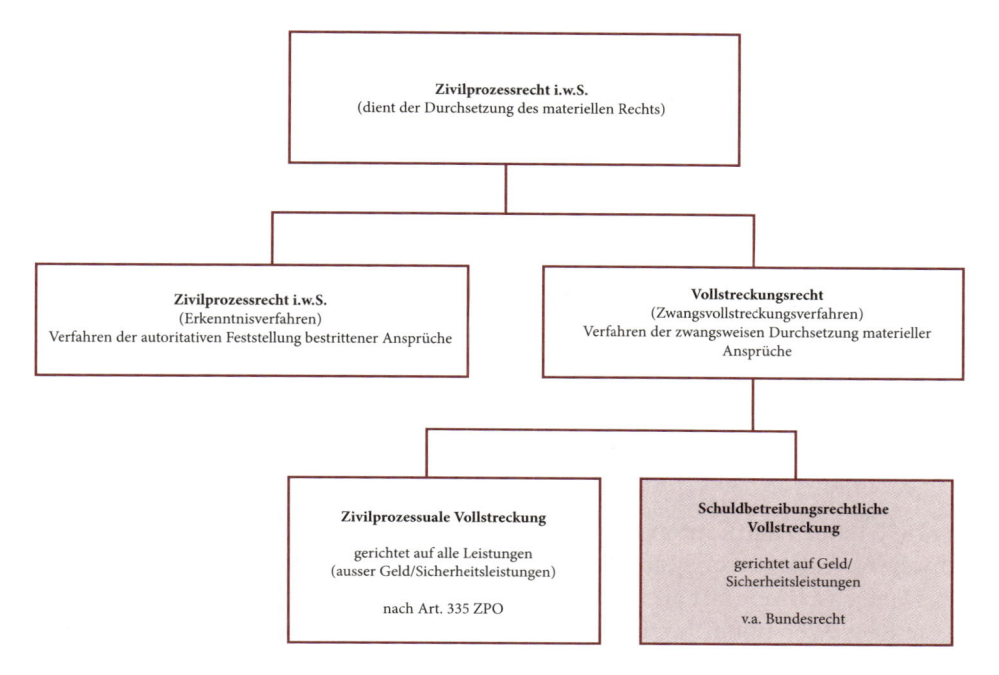

8

```
                    ┌─────────────────────────────────────┐
                    │        Zivilprozessrecht i.w.S.     │
                    │ (dient der Durchsetzung des         │
                    │        materiellen Rechts)          │
                    └─────────────────────────────────────┘
                         │                            │
        ┌────────────────┴──────────┐    ┌────────────┴──────────────────┐
        │   Zivilprozessrecht i.w.S.│    │      Vollstreckungsrecht       │
        │     (Erkenntnisverfahren) │    │   (Zwangsvollstreckungs-       │
        │ Verfahren der autoritativen│   │         verfahren)              │
        │  Feststellung bestrittener │   │ Verfahren der zwangsweisen     │
        │         Ansprüche          │   │ Durchsetzung materieller       │
        │                            │   │         Ansprüche              │
        └────────────────────────────┘   └────────────────────────────────┘
                                              │                   │
                                    ┌─────────┴────────┐ ┌────────┴─────────┐
                                    │  Zivilprozessuale│ │Schuldbetreibungs-│
                                    │   Vollstreckung  │ │rechtliche        │
                                    │                  │ │Vollstreckung     │
                                    │ gerichtet auf    │ │                  │
                                    │  alle Leistungen │ │ gerichtet auf    │
                                    │ (ausser Geld-/   │ │ Geld-/           │
                                    │ Sicherheits-     │ │ Sicherheits-     │
                                    │ leistungen)      │ │ leistungen       │
                                    │                  │ │                  │
                                    │ nach Art. 335 ZPO│ │ v.a. Bundesrecht │
                                    └──────────────────┘ └──────────────────┘
```

II. Unterschied zwischen Realvollstreckung und Schuldbetreibung

Sobald ein Anspruch bzw. ein allfälliger Entscheid auf *Geld- oder Sicherheitsleistung*[6] lautet, erfolgt seine Durchsetzung auf dem Weg der Schuldbetreibung und nicht auf dem Weg der Realexekution (so explizit Art. 335 Abs. 2 ZPO). Die Schuldbetreibung ist zur Hauptsache im Bundesgesetz über Schuldbetreibung und Konkurs (SchKG) geregelt.[7] Da die für die Schuldbetreibung zuständigen Behörden den Verfahrensbeteiligten in hoheitlicher Weise begegnen, bildet das SchKG einen Teil des *öffentlichen Rechts*. Dies gilt ungeachtet der Frage, auf welcher Rechtsgrundlage der Anspruch beruht. Es werden sowohl *privat-* als auch *öffentlich-rechtliche* Ansprüche auf dem Wege der Schuldbetreibung vollstreckt.[8]

9

---

6   Rz. 17 ff.
7   Rz. 12 ff.
8   BGE 134 I 293 E. 3.2.

10 Entscheide, welche auf eine Realleistung⁹ lauten, werden demgegenüber mithilfe der Gerichte nach Massgabe der ZPO vollstreckt. Einschlägig sind Art. 335 ff. ZPO. Zu beachten ist, dass eine Realleistung (ein Tun, Unterlassen oder Dulden), die nicht erzwungen werden kann, auf Verlangen der obsiegenden Partei in eine Geldleistung (z.B. Schadenersatz) umgewandelt wird (vgl. Art. 345 ZPO), welche dann ihrerseits auf dem Weg der Schuldbetreibung durchzusetzen ist.

11 Im Ergebnis kann festgehalten werden, dass das Schuldbetreibungs- und Konkursrecht – wie auch die Vollstreckung anderer Ansprüche – im Dienste der Rechtsverfolgung steht und insoweit gleichermassen der Durchsetzung des materiellen Rechts dient.

III. Rechtsquellen

A. Bundesgesetz über Schuldbetreibung und Konkurs

1. Entstehungsgeschichte und Revisionen

12 Bis 1892 hatte jeder Kanton sein eigenes Betreibungsrecht. Während in der Westschweiz vor allem das System der Pfändungsbetreibung vorherrschte, waren in der Deutschschweiz fast alle Systemvarianten (Pfändung und Konkurs) vertreten. Diese Rechtszersplitterung bildete ein Hemmnis für die sich rasch entwickelnde Wirtschaft. Hauptsächlich aus Wirtschaftskreisen wurde deswegen eine Vereinheitlichung des Betreibungs- und Handelsrechts gefordert. Die Revision der Bundesverfassung von 1874 verlieh dem Bund in Art. 64 aBV schliesslich die entsprechende Kompetenz. Mehrere hierauf dem Volk vorgelegte Gesetzesentwürfe für ein einheitliches Betreibungsrecht scheiterten jedoch an der Urne.

13 Erst der 1881 erarbeitete Entwurf eines Schweizerischen Obligationenrechts (inklusive Handelsrecht) bildete die Grundlage für einen Kompromiss im Schuldbetreibungs- und Konkursrecht. Die darin gemachte Unterscheidung zwischen Kaufleuten und Nichtkaufleuten wurde auch in den Entwurf eines Schuldbetreibungs- und Konkursgesetzes von 1885 übernommen, welcher für Kaufleute die Betreibung auf Konkurs, für Nichtkaufleute die Betreibung auf Pfändung vorsah. Dieser Entwurf wurde 1889 mit bescheidenem Mehr durch das Volk angenommen. In Kraft trat das Bundesgesetz über Schuldbetreibung und Konkurs am 1. Januar 1892.

14 Zwischen 1892 bis 1996 erfolgten verschiedene Teilrevisionen punktueller Art, wie die Übertragung der Oberaufsicht über das Schuldbetreibungs- und Konkurswesen vom Bundesrat auf das Bundesgericht, Anpassungen an das ZGB und die Einführung der Notstundung.

---

9 Rz. 3.

Am 16. Dezember 1994 wurde das SchKG einer umfassenden Teilrevision unterzogen, welche am 1. Januar 1997 in Kraft trat. Trotz des quantitativ grossen Umfangs – von den 364 Artikeln sind äusserlich ganz wenige völlig verschont geblieben – handelte es sich um eine Revision von Einzelheiten. Denn der Leitgedanke der Revisionsarbeiten war: Das Bewährte soll bleiben. Die Änderungen bezogen sich dementsprechend auf die formelle Kodifikation bundesgerichtlicher Erkenntnisse, auf die blosse Übernahme einiger Bestimmungen von Ausführungsverordnungen oder Kreisschreiben in das Gesetz sowie auf rein sprachliche Korrekturen.

15

Seit Inkrafttreten dieser «Totalrevision» ist das SchKG aber nicht von weiteren Änderungen verschont geblieben. Hervorzuheben sind in dieser Hinsicht primär die Änderungen, die das SchKG infolge des Inkrafttretens der eidgenössischen ZPO am 1. Januar 2011 erfahren hat. Diese betreffen u.a. die Abschaffung des beschleunigten Verfahrens, die bundesweite Vereinheitlichung des erstinstanzlichen Verfahrens[10] und der Rechtsmittel[11] sowie die Schaffung der vollstreckbaren öffentlichen Urkunde[12]. Zu erwähnen sind ferner das auf Anfang 2001 neu eingefügte Konkursprivileg zugunsten der Sozialversicherungen (Art. 219 Abs. 4 Zweite Klasse SchKG)[13] sowie die notwendigen Anpassungen des SchKG infolge des Inkrafttretens des PartG, des BGG, des revidierten LugÜ sowie der Ratifizierung des HTÜ.

16

2. Anwendungsbereich

2.1 Sachlicher Anwendungsbereich

Das Schuldbetreibungs- und Konkursrecht befasst sich in abschliessender Weise mit der Durchsetzung von Ansprüchen auf eine *Geldleistung*. Es kann sich dabei sowohl um *private* als auch *öffentliche* Geldforderungen (z.B. Steuern oder Bussen) handeln; die Kantone sind nicht befugt, hierfür eigene Vollstreckungsmassnahmen vorzusehen.[14]

17

Ebenfalls nach dem SchKG zu vollstrecken sind die auf eine ausländische Währung lautenden Forderungen (z.B. Forderungen in Euro oder Dollar).[15] Diese müssen aber in gesetzliche Schweizer Währung umgerechnet werden (Art. 67 Abs. 1 Ziff. 3 SchKG). Ausnahmsweise bleibt eine Umrechnung dann ausgeschlossen, wenn eine sog. *Geldsortenschuld* («Effektiv»-Klausel) vereinbart wurde (Art. 84 Abs. 2 OR). Diesfalls ist eine bestimmte Währung geschuldet, deren Vollstreckung

18

---

10 Rz. 80 ff.
11 Rz. 90 ff.
12 Rz. 538.
13 Rz. 1258.
14 BGE 134 I 293, E. 3.2; BGE 108 II 180 E. 2.a (Pra 71 [1982] Nr. 300); BGE 86 II 291 E. 2.
15 BGE 134 III 151 E. 2.3.

nicht auf dem Betreibungsweg, sondern auf dem Weg der Realexekution nach der ZPO erfolgt.[16]

19 Auf dem Weg der Betreibung können zudem Ansprüche auf eine *Sicherheitsleistung* durchgesetzt werden (Art. 38 Abs. 1 SchKG). Hierbei handelt es sich jedoch nicht um eine besondere Art der Betreibung, sondern um eine ordentliche Betreibung mit einem besonderen Zweck. Es geht um die Sicherstellung der Vollstreckung einer Leistung des Betriebenen, die den Betreibenden zwar nicht direkt befriedigt, ihm aber die Erfüllung seines Anspruchs sichern soll. Der Gegenstand der Betreibung auf Sicherheitsleistung ist nicht auf eine Geldzahlung beschränkt (z.B. Mietzinskautionen in Geld gemäss Art. 257e OR). Vielmehr können auch andere Realsicherheiten Gegenstand der Betreibung sein (z.B. Faustpfand nach Art. 884 ff. ZGB).

Beispiel: K und V schliessen einen Kaufvertrag. Zur Sicherstellung der Kaufpreisforderung verpflichtet sich K, V seine goldene Uhr als Faustpfand zu übergeben. Nachdem K die Übergabe der Uhr schuldig geblieben ist, stellt V das Betreibungsbegehren auf Sicherheitsleistung.

Auf die Sicherheit kann aber erst dann gegriffen werden, wenn der Schuldner seiner (primären) Pflicht nicht nachkommt.

20 Nicht unter den sachlichen Geltungsbereich des SchKG fallen hingegen sog. *WIR-Geld*-Schulden.[17]

Anmerkung: Beim WIR-Geld handelt es sich um die Komplementärwährung der Wirtschaftsring-Genossenschaft, welche durch Paul ZIMMERMANN und andere Personen 1914 gegründet wurde und 1936 den Bankenstatus erhielt. Die Teilnehmer der Genossenschaft können ihre Guthaben von Buchungsaufträgen, die einem Check nahe kommen, austauschen. Der Wert des WIR ist an den Schweizer Franken gebunden (1 WIR = 1 CHF). Ein Hauptmerkmal ist die Zinsfreiheit, was bedeutet, dass die Guthaben auf den Konten nicht verzinst werden. Damit wird den Anreiz geschaffen, das Geld schnell wieder auszugeben und unter den Teilnehmern – in der Regel kleine und mittlere Unternehmen (KMUs) in der Schweiz – für Umsatz zu sorgen. WIR-Geld ist nur innerhalb der Wirtschaftsring-Genossenschaft ohne Einschränkung zu gebrauchen, weshalb es ausserhalb meistens nur mit einem entsprechenden Zuschlag entgegengenommen wird. Wer der Genossenschaft nicht selbst angehört, sollte mit der Annahme von WIR-Geld vorsichtig sein.

21 Der Anwendungsbereich des SchKG ist ferner durch bestimmte *Vorbehalte* begrenzt.

22 Er erstreckt sich zum einen *nicht* auf die Betreibung gegen Kantone, Bezirke und Gemeinden, sofern hierfür spezielle eidgenössische und kantonale Vorschriften existieren (Art. 30 Abs. 1 SchKG).

---

16 BGer v. 4.6.2002, 4P.47/2002 E. 2.2.
17 BGer v. 14.2.2003, 5C.268/2002 E. 2.3; BGE 94 III 74 E. 3.

Für die Zwangsvollstreckung *gegen die Kantone* ist grundsätzlich kantonales Recht massgebend. Enthält es keine speziellen Bestimmungen, gelangt sekundär das SchKG zur Anwendung. Ein Konkurs gegen einen Kanton kann jedoch auf keinen Fall angeordnet werden. 23

Was die Betreibung *gegen Bezirke und Gemeinden* betrifft, so gilt das SchGG. Dieses Gesetz schliesst die Anwendung des SchKG nicht vollständig aus, sondern sieht bloss einzelne Einschränkungen vor (Art. 1 Abs. 1 SchGG). 24

> *Anmerkung:* So kann insbesondere nur die Betreibung auf Pfändung[18] und Pfandverwertung[19] durchgeführt werden; der Konkurs,[20] die Wechselbetreibung,[21] und der Arrest[22] werden dagegen explizit durch Art. 2 Abs. 1 und 2 SchGG ausgeschlossen. Darüber hinaus enthält das SchGG einzelne Bestimmungen betreffend die Verlustscheine, die Anfechtungsmöglichkeiten und den Nachlassvertrag. In Art. 7 ff. SchGG unterscheidet der Gesetzgeber sodann zwischen dem (unbeschränkt) pfändbaren Vermögen (sog. Finanzvermögen, wozu Vermögenswerte gehören, die nur mittelbar durch ihren Ertrag öffentlichen Zwecken dienen), dem bedingt pfändbaren Vermögen (Anstalten und Werke, die öffentlichen Zwecken dienen, sowie öffentliche Waldungen, Weiden und Alpen) und dem unpfändbaren Vermögen (Verwaltungsvermögen, Steuerforderungen). Die Bestimmungen von Art. 28 ff. SchGG regeln die Anordnung und die Wirkungen einer Beiratschaft insbesondere gegen ein Gemeinwesen, welches sich zahlungsunfähig erklärt hat, für den Fall, dass keine genügende administrative Zwangsverwaltung des kantonalen Rechts durchgeführt wird.

Die Zwangsvollstreckung *gegen die Eidgenossenschaft* (samt ihrer öffentlichen Anstalten) richtet sich grundsätzlich nach den Bestimmungen des SchKG (Art. 30 Abs. 2 SchKG e contrario).[23] Allerdings ist auch hier die Betreibung auf Konkurs ausgeschlossen. 25

Der Anwendungsbereich des SchKG wird durch weitere *Spezialerlasse* eingeschränkt (Art. 30 Abs. 2 SchKG). Dazu gehören unter anderem: 26

– Alkoholgesetz (AlkG) und Alkoholverordnung (AlkV);
– Bundesgesetz über den Allgemeinen Teil des Sozialversicherungsrechts (ATSG);
– Arbeitslosenversicherungsgesetz (AVIG) und Arbeitslosenversicherungsverordnung (AVIV);
– Bankgesetz (BankG) und Bankenverordnung-FINMA (BKV-FINMA);

> *Anmerkung:* Das BankG gilt für die Schweizerische Nationalbank und die Pfandbriefzentralen nur soweit, als dies ausdrücklich gesagt wird (Art. 1 Abs. 5 BankG). Betreibungsrechtliche Spezialbestimmungen wurden nicht aufgestellt.

---

18 Rz. 49 und 586 ff.
19 Rz. 50 f. und 905 ff.
20 Rz. 54 und 988 ff.
21 Rz. 55 und 1060 ff.
22 Rz. 1448 ff.
23 BGE 135 III 229 E. 3.2 (Pra 98 [2009] Nr. 123); BGE 103 II 227 E. 4.

§ 1 Einführung

- Bundesgesetz über Verpfändung und Zwangsliquidation von Eisenbahn- und Schifffahrtsunternehmungen (VZEG);
- Landesversorgungsgesetz (LVG) und die Verordnung über das Aussonderungs- und das Pfandrecht des Bundes an Pflichtlagern vom 6. Juli 1983 (SR 531.212);
- Bundesgesetz über die direkte Bundessteuer (DBG);
- Mehrwertsteuergesetz (MWSTG);
- Pfandbriefgesetz (PfG);
- Schwerverkehrsabgabegesetz (SVAG) und Schwerverkehrsabgabeverordnung (SVAV);
- Bundesgesetz über die Stempelabgaben (StG);
- Strafprozessordnung (StPO);
- Versicherungsaufsichtsgesetz (VAG);
- Verrechnungssteuergesetz (VStG) und Verrechnungssteuerverordnung (VStV);
- Versicherungsvertragsgesetz (VVG);
- Zollgesetz (ZG), Zollverordnung (ZV) und Zollverordnung des EFD (ZV-EFD).

27 Zu erwähnen sind auch *Art. 44 SchKG,* der für die Verwertung von Gegenständen, welche aufgrund strafrechtlicher oder fiskalischer Gesetze mit Beschlag belegt sind, die Anwendung entsprechender eidgenössischer (z.B. Art. 263 ff. StPO betreffend die Beschlagnahme) oder kantonaler Vorschriften vorbehält, sowie *Art. 45 SchKG,* wonach für die Geltendmachung von Forderungen der Pfandleihanstalten Art. 910 ZGB gilt.

Anmerkung: Art. 910 ZGB bezieht sich auf das in der Praxis wenig praktizierte Versatzpfand (Art. 907 ff. ZGB). Dieses wird durch die Übergabe eines Pfandgegenstandes an eine durch den Kanton bewilligte Pfandleihanstalt begründet. Das Versatzpfand seinerseits dient der Sicherung eines durch diese Anstalt ausgegebenen Darlehens. Bei Nichtbegleichung der Darlehensschuld ist die Pfandleihanstalt befugt, sich in einem in Art. 910 ff. ZGB geregelten Verfahren aus dem Pfand zu befriedigen.

28 *In internationalen Verhältnissen* ist insbesondere der Vorbehalt von *Art. 30a SchKG* zu beachten, wonach das Völkerrecht (Staatsverträge und Gewohnheitsrecht) und das IPRG dem SchKG vorgehen.

Anmerkung: Das Vorliegen eines internationalen Verhältnisses i.S.v. Art. 1 Abs. 1 IPRG hängt je nach dem zu beurteilenden Rechtsverhältnis von unterschiedlichen Kriterien ab. Dies können der Wohnsitz, der Sitz, der gewöhnliche Aufenthalt oder die Staatsangehörigkeit einer oder mehrerer Parteien sein, ferner die Belegenheit des Streitgegenstandes, der Erfüllungsort vertraglicher Verpflichtungen sowie der Handlungsort unerlaubter Handlungen.

Das SchKG kommt somit nur dann zur Anwendung, wenn weder das Völkerrecht noch das IPRG dem SchKG widersprechende Vorschriften enthalten. Eine Einschränkung der Zwangsvollstreckung ergibt sich z.B. aus der vollstreckungsrechtlichen Immunität ausländischer Staaten. So kann generell nur dasjenige Vermögen in die Zwangsvollstreckung gegen einen ausländischen Staat einbezogen werden, das nicht *immun* ist, d.h. nicht der Erfüllung hoheitlicher Aufgaben dient.

Anmerkung: Vgl. hierzu das Europäische Übereinkommen über die Staatenimmunität v. 16.5.1972 (SR 0.273.1), das Übereinkommen der Vereinten Nationen v. 2.12.2004 über die Immunität der Staaten und ihres Vermögens von der Gerichtsbarkeit (von der Schweiz am 19.9.2006 unterzeichnet, aber noch nicht ratifiziert; abrufbar unter: www.admin.ch/ch/d/ff/2009/1721.pdf), das Wiener Übereinkommen über diplomatische Beziehungen v. 18.4.1961 (SR 0.191.01) sowie das Wiener Übereinkommen über konsularische Beziehungen v. 24.4.1963 (SR 0.191.02).

2.2 Räumlicher Anwendungsbereich

In räumlicher Hinsicht regelt das SchKG sämtliche Zwangsvollstreckungen in Geld, welche in der Schweiz zu vollziehen sind. Dies ergibt sich aus dem *Territorialitätsprinzip,* welches staatliche Zwangsmassnahmen auf fremdem Staatsgebiet nicht zulässt.

B. Bestimmungen anderer Bundesgesetze

Zahlreiche besondere schuldbetreibungs- und konkursrechtliche Vorschriften enthalten auch andere Bundesgesetze.

Anmerkung: Zu den Wichtigsten gehören:
- Art. 236 Abs. 1 ZGB (im Ehegüterrecht);
- Art. 375 Abs. 2, 397 Abs. 3, 435 Abs. 3, 440 Abs. 2 ZGB (im Vormundschaftsrecht);
- Art. 524, 586 Abs. 1, 597 ZGB (im Erbrecht);
- Art. 656 Abs. 2, 665 Abs. 2 ZGB (im Sachenrecht);
- Art. 35 Abs. 1 OR (betreffend Vollmacht);
- Art. 83 Abs. 1 OR Zurückbehaltungsrecht bei Konkurs oder fruchtloser Pfändung beim Schuldner;
- Art. 123 OR (betreffend Verrechnung);
- Art. 135 Ziff. 2 OR (betreffend Verjährung);
- Art. 229 ff. OR (betreffend Zwangsversteigerung);
- Art. 250 Abs. 2 OR (im Schenkungsrecht);
- Art. 266h OR (im Mietrecht);
- Art. 297a OR (im Pachtrecht);
- Art. 337a OR (im Arbeitsrecht);
- Art. 401 Abs. 2, 405 Abs. 1 OR (im Auftragsrecht);
- Art. 725a, 764 Abs. 2, 817, 903 OR (im Gesellschaftsrecht);
- Art. 1150 OR (im Wechselrecht);
- Art. 99 Abs. 1 lit. b ZPO (im Zivilprozessrecht).

§ 1 Einführung

C. Ergänzende bundesrechtliche Nebenerlasse zum SchKG

31 Die Oberaufsicht im Schuldbetreibungs- und Konkurswesen steht nach der gesetzlichen Ordnung dem Bundesrat zu (Art. 15 Abs. 1 SchKG). Dieser hat sie mittels Verordnung dem BJ übertragen (Art. 1 OAV-SchKG). Zur Beratung des BJ wurde die Eidgenössische Kommission für Schuldbetreibung und Konkurs geschaffen (Art. 3 OAV-SchKG).

32 Der Bundesrat (bzw. das BJ) erlässt die zur Vollziehung des SchKG erforderlichen Verordnungen und Reglemente (Art. 15 Abs. 2 SchKG, Art. 1 Satz 2 lit. a OAV-SchKG). Oft geschieht dies in Form von Kreisschreiben an die kantonalen Aufsichtsbehörden.

33 Zu den wichtigsten Nebenerlassen gehören:
– Gebührenverordnung zum Bundesgesetz über Schuldbetreibung und Konkurs (GebV SchKG);
– Verordnung betreffend die Pfändung, Arrestierung und Verwertung von Versicherungsansprüchen nach dem Bundesgesetz vom 2. April 1908 über den Versicherungsvertrag (VPAV);
– Verordnung betreffend die Eintragung der Eigentumsvorbehalte (EigVV);
– Verordnung des Bundesgerichts über die Pfändung und Verwertung von Anteilen an Gemeinschaftsvermögen (VVAG);
– Verordnung über den Genossenschaftskonkurs (VGeK);
– Verordnung über die Aufbewahrung der Betreibungs- und Konkursakten (VABK);
– Verordnung über die Geschäftsführung der Konkursämter (KOV);
– Verordnung über die elektronische Übermittlung im Rahmen von Zivil- und Strafprozessen sowie von Schuldbetreibungs- und Konkursverfahren (ÜbV);
– Verordnung über die im Betreibungs- und Konkursverfahren zu verwendenden Formulare und Register sowie die Rechnungsführung (VFRR);
– Verordnung über die Zwangsverwertung von Grundstücken (VZG).

D. Kantonale Bestimmungen

34 Die Kantone sind von Bundesrechts wegen zum einen Teil dazu verpflichtet, Ausführungsbestimmungen zum SchKG zu erlassen; zum anderen Teil sind sie bloss ermächtigt, gewisse Bereiche des Schuldbetreibungs- und Konkursrechts selber zu regeln.

35 Gestützt auf Art. 1–3, 13, 23 und 24 SchKG obliegt den Kantonen zwingend die Organisation der zuständigen Stellen im Betreibungs- und Konkurswesen. Die massgebenden Bestimmungen finden sich regelmässig in kantonalen Einführungsgesetzen zum SchKG (EG SchKG).

Art. 23 SchKG (vgl. auch Art. 3 f. ZPO) verpflichtet die Kantone ferner, die richterlichen Behörden zu bezeichnen, welche für jene Entscheidungen zuständig sind, die das SchKG einem Gericht zuweist. Mit Inkrafttreten der ZPO finden sich die massgebenden Bestimmungen hierzu regelmässig in kantonalen Gerichtsorganisationsgesetzen oder Einführungsgesetzen zur ZPO.

Gemäss Art. 24 SchKG bezeichnen die Kantone zudem die Anstalten, die gehalten sind, in den vom Gesetz vorgesehenen Fällen Depositen anzunehmen.

Art. 5 Abs. 3 SchKG ermächtigt die Kantone schliesslich zum Erlass von Vorschriften betreffend Rückgriff bei der Staatshaftung.

E. Schuldbetreibungsrechtliche Bestimmungen im IPRG

Im IPRG sind für die Schuldbetreibung Art. 25 ff. IPRG (Anerkennung und Vollstreckung ausländischer Entscheidungen) sowie für den Konkurs Art. 166 ff. IPRG (Anerkennung ausländischer Konkurserkenntnisse)[24] von Bedeutung.

F. Rechtsprechung

Für die Rechtsfortbildung ist vor allem die Rechtsprechung des Bundesgerichts in Beschwerdesachen von grosser Bedeutung, da sie die einheitliche Rechtsanwendung des SchKG gewährleistet. Aber auch die kantonale Praxis leistet dazu einen wesentlichen Beitrag.

G. Lehre

Die Lehre bildet im SchKG – anders als im ZGB nach Art. 1 Abs. 3 – keine eigentliche Rechtsquelle, jedoch gibt sie der Rechtsprechung wichtige Impulse.

IV. Übersicht zum Schuldbetreibungsverfahren

Das Schuldbetreibungsverfahren lässt sich grob in zwei Verfahrensabschnitte gliedern: das *Einleitungsverfahren*[25] und das *Fortsetzungsverfahren*[26] (eigentliches Zwangsvollstreckungsverfahren).

---

24 Rz. 988 und 1155 ff.
25 Rz. 43 und 432 ff.
26 Rz. 44 und 586 ff.

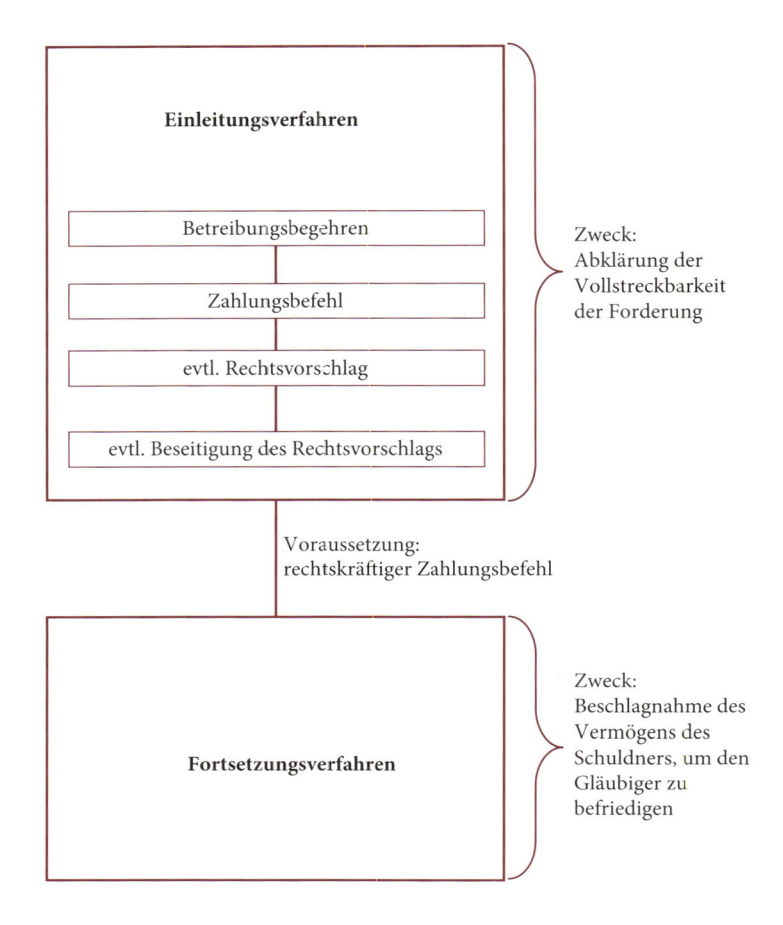

```
┌─────────────────────────────────────┐
│        Einleitungsverfahren         │
│                                     │     Zweck:
│   ┌───────────────────────────┐     │     Abklärung der
│   │    Betreibungsbegehren    │     │     Vollstreckbarkeit
│   ├───────────────────────────┤     │     der Forderung
│   │       Zahlungsbefehl      │     │
│   ├───────────────────────────┤     │
│   │    evtl. Rechtsvorschlag  │     │
│   ├───────────────────────────┤     │
│   │ evtl. Beseitigung des     │     │
│   │    Rechtsvorschlags       │     │
│   └───────────────────────────┘     │
└─────────────────────────────────────┘
            Voraussetzung:
       rechtskräftiger Zahlungsbefehl

┌─────────────────────────────────────┐
│                                     │     Zweck:
│                                     │     Beschlagnahme des
│                                     │     Vermögens des
│        Fortsetzungsverfahren        │     Schuldners, um den
│                                     │     Gläubiger zu
│                                     │     befriedigen
│                                     │
└─────────────────────────────────────┘
```

A. Einleitungsverfahren

43 Das *Einleitungsverfahren* bildet den ersten Abschnitt des Betreibungsverfahrens. In diesem geht es darum, die *Vollstreckbarkeit* des geltend gemachten Anspruchs *abzuklären*. Es dient somit der Vorbereitung des eigentlichen Zwangsvollstreckungsverfahrens. Das Einleitungsverfahren verläuft mit Ausnahme der Wechselbetreibung im Wesentlichen für alle Betreibungsarten gleich. Es lässt sich in vier Stadien unterteilen:

1. Betreibungsbegehren des Gläubigers (Art. 67 SchKG);[27]
2. Zahlungsbefehl des Betreibungsamts an den Schuldner (Art. 69 SchKG);[28]

---

27 Rz. 440 ff.
28 Rz. 456 ff.

3. evtl. Rechtsvorschlag des Schuldners (Art. 74 SchKG);[29]
4. evtl. Beseitigung des Rechtsvorschlags im ordentlichen Verfahren (Anerkennungsklage, Art. 79 SchKG) oder durch definitive bzw. provisorische Rechtsöffnung (Art. 80 bzw. 82 SchKG).[30]

B. Fortsetzungsverfahren

Das *Fortsetzungsverfahren* bildet den zweiten Abschnitt des Betreibungsverfahrens. Es setzt einen rechtskräftigen[31] Zahlungsbefehl voraus. Nachdem im ersten Verfahrensabschnitt über die Vollstreckbarkeit des Anspruchs entschieden wurde, geht es hier darum, auf Begehren des Gläubigers schuldnerische Vermögenswerte zu beschlagnahmen und sie zur Befriedigung des Gläubigers zu verwerten. Erst im Fortsetzungsverfahren kommen die Unterschiede zwischen den einzelnen Betreibungsarten zum Vorschein.

C. Betreibungsarten

Das schweizerische Schuldbetreibungsrecht gliedert sich in zwei Hauptsysteme: in die *Spezialexekution* und in die *Generalexekution*. Welches der beiden im Einzelfall durchgeführt wird, ist grundsätzlich von der Person des Schuldners abhängig. Jedes dieser beiden Hauptsysteme kennt wiederum eine *Haupt-* und eine *Sonderart,* die nur bei bestimmten Forderungen zur Anwendung kommt.

Die Voraussetzungen für die Anwendung der verschiedenen Betreibungsarten sind im Gesetz genau umschrieben. Über die Betreibungsart entscheidet der Betreibungsbeamte, nachdem der Gläubiger das Fortsetzungsbegehren gestellt hat (Art. 38 Abs. 3 SchKG). Dies gilt allerdings nur für die Hauptarten. Sofern eine der Sonderarten zur Anwendung gelangt, hat der Betreibungsbeamte bereits bei der Zustellung des Zahlungsbefehls die massgebliche Betreibungsart festzulegen.

1. Spezialexekution (Einzelexekution)

Bei der Spezialexekution werden nur so viele Vermögensstücke des Schuldners in das Verfahren miteinbezogen, wie für die Tilgung der in Betreibung gesetzten Forderungen erforderlich sind. Nur diejenigen Gläubiger werden befriedigt, welche eine Betreibung gegen den Schuldner anstrengen.

Die Spezialexekution kennt folgende zwei Verfahrensarten:
– die Betreibung auf Pfändung (als Hauptart) sowie
– die Betreibung auf Pfandverwertung (als Sonderart).

---

29 Rz. 476 ff.
30 Rz. 522 ff.
31 Rz. 2.

1.1 Betreibung auf Pfändung

49 Bei der *Betreibung auf Pfändung* werden einzelne Vermögensgegenstände des Schuldners gepfändet (d.h. amtlich beschlagnahmt). Sind mehrere Gläubiger vorhanden, greifen sie unabhängig voneinander auf das Vermögen des Schuldners. Es gilt das sog. *Windhundprinzip:* «First come, first served» bzw. «Wer zuerst kommt, mahlt zuerst». D.h., dass die Gläubiger grundsätzlich nach Massgabe der zeitlichen Reihenfolge befriedigt werden.

Anmerkung: Eine Ausnahme hiervon bildet das Anschlussverfahren.[32]

1.2 Betreibung auf Pfandverwertung

50 Eine *Betreibung auf Pfandverwertung* beschränkt sich auf die Verwertung der dem Gläubiger haftenden Pfänder. Sie wird durchgeführt, wenn die Forderung durch ein Grund-, Faust- oder Forderungspfand sichergestellt ist. Diese Betreibungsart hängt grundsätzlich nicht davon ab, ob der Schuldner der Betreibung auf Pfändung oder dem Konkurs unterliegt.

51 Als eine Sonderart der Betreibung auf Pfandverwertung gilt die Miet- bzw. Pachtzinsbetreibung, welche vom Vermieter bzw. Verpächter für verfallene Miet- oder Pachtzinsen verlangt werden kann (Art. 283 SchKG) und auf die Verwertung der durch die Retentionsurkunde näher bezeichneten Gegenstände abzielt.[33]

2. Generalexekution

52 Im Unterschied zur Spezialexekution handelt es sich hier nicht um eine Zwangsvollstreckung in einzelne Vermögensteile des Schuldners, sondern es wird das gesamte schuldnerische Vermögen in einem besonderen Verfahren (dem Konkurs) zur Vollstreckung herangezogen. Im Rahmen der Generalexekution werden sämtliche Gläubiger des Schuldners befriedigt, auch wenn nur ein einziger Gläubiger die Betreibung einleitet und bis zur Konkurseröffnung weiterverfolgt. Alle bestehenden Forderungen werden liquidiert und je nach Forderungsgrund in verschiedene Klassen aufgeteilt. Die Gläubiger werden in der Reihenfolge dieser Klassen befriedigt. Nur ein allfälliger Überschuss geht an den Schuldner zurück.

53 Das System der Generalexekution lässt sich in folgende Verfahrensarten unterteilen:
- die ordentliche Konkursbetreibung (als Hauptart) und
- die Wechselbetreibung (als Sonderart).

---

32 Rz. 763 ff.
33 Rz. 966 ff.

2.1 Ordentliche Konkursbetreibung

Gegen im Handelsregister eingetragene Schuldner (natürliche oder juristische Personen) wird grundsätzlich eine *ordentliche Konkursbetreibung* durchgeführt (Art. 39 SchKG).

54

2.2 Wechselbetreibung

Eine *Wechselbetreibung* findet statt für Forderungen, die auf einem Wechsel oder Check beruhen, sofern der Schuldner der Konkursbetreibung unterliegt (Art. 39 SchKG). Sie wird in einem abgekürzten Verfahren durchgeführt.

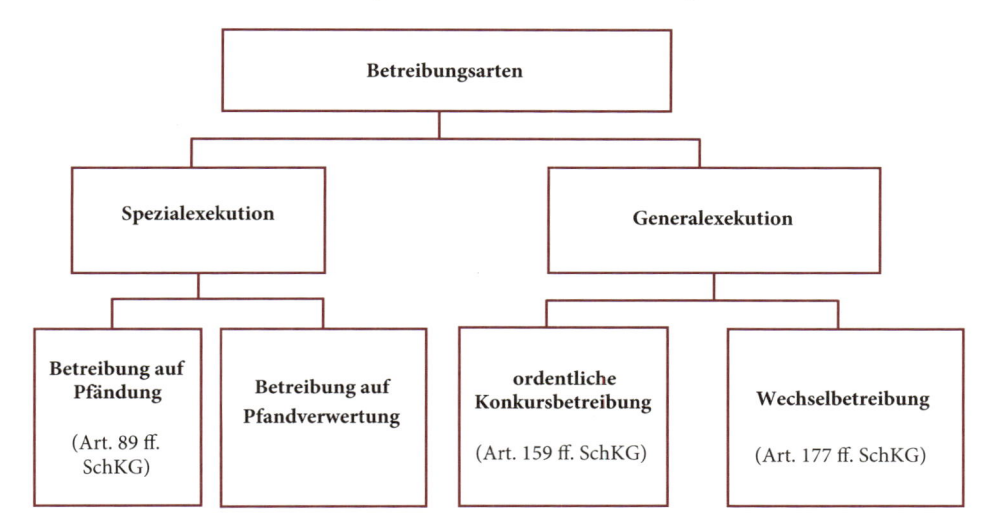

55

```
                          Betreibungsarten
                 ┌──────────────┴──────────────┐
            Spezialexekution              Generalexekution
            ┌────┴────┐                    ┌────┴────┐
      Betreibung   Betreibung         ordentliche   Wechsel-
      auf          auf                Konkurs-      betreibung
      Pfändung     Pfandverwertung    betreibung
      (Art. 89 ff.                    (Art. 159 ff. (Art. 177 ff.
      SchKG)                          SchKG)        SchKG)
```

§ 2 Allgemeine Bestimmungen

I. Organisation der Betreibungs- und Konkursbehörden

A. Betreibungs- und Konkursämter

Unter der Organisation der Betreibungs- und Konkursbehörden ist Folgendes zu verstehen:

- die genaue Bezeichnung der *Ämter*, denen die Durchführung des Betreibungsverfahrens obliegt,
- die Festlegung ihrer *Kompetenzen* und *Aufgaben* sowie
- die Zuweisung von *personellen*, *sachlichen* und *finanziellen Mitteln*.

Das SchKG äussert sich nur rudimentär in Art. 1 f. zur Organisation der Betreibungs- und Konkursämter. Diese ist grundsätzlich *kantonal* geregelt. Das Bundesrecht macht den Kantonen diesbezüglich nur minimale Vorgaben. Dadurch soll unabhängig von den kantonalen Eigenheiten eine widerspruchsfreie, gesetzmässige, einfache und rasche Durchführung der Zwangsvollstreckung von Geldforderungen gewährleistet werden.

Gemäss Art. 1 Abs. 2 SchKG ist jeder Kanton verpflichtet, das gesamte Kantonsgebiet in *Betreibungs- und Konkurskreise* zu unterteilen. In Bezug auf die Kreiseinteilung haben die Kantone einen grossen Spielraum. Sie bestimmen die Zahl und die Grösse dieser Kreise (Art. 1 Abs. 2 SchKG). Diese Regelungszuständigkeit der Kantone steht unter dem allgemeinen Vorbehalt, dass die Einteilung der Kreise die betreibungskonforme Durchführung der Schuldbetreibungen und Konkurse nicht beeinträchtigen darf.[34]

Hinsichtlich der Organisation der Betreibungs- und Konkursämter bestimmen die Kantone insbesondere:

- das *Wahlverfahren* (die Wählbarkeitsvoraussetzungen und das Wahlorgan);
- die *Amtsdauer*;
- die *Zulässigkeit von Nebenbeschäftigungen*;
- die *Entschädigung* sowie
- die *Organisation der Aufsichtsbehörden*.

---

[34] BGer v. 16.6.2009, 5C_1/2009 E. 3.2; BGE 114 III 1 E. 2.a.

§ 2 Allgemeine Bestimmungen

60 Von Bundesrechts wegen ist auch bestimmt, dass ein Konkurskreis mehrere Betreibungskreise umfassen kann, nicht aber umgekehrt (vgl. Art. 1 Abs. 3 SchKG).

61 In jedem *Betreibungskreis* (Art. 2 Abs. 1–3 SchKG) besteht ein Betreibungsamt, in jedem *Konkurskreis* ein Konkursamt. Diesen Ämtern hat jeweils ein *Betreibungs- bzw. ein Konkursbeamter* vorzustehen, der das Amt leitet. Dies bedeutet aber nicht, dass den Kantonen untersagt ist, zwei oder mehrere Betreibungs- oder Konkursbeamte zu bestimmen. Jedem Betreibungs- und Konkursbeamten ist ein Stellvertreter beigeordnet, der ihn im Falle des Ausstands[35] oder der Verhinderung ersetzt.

62 Betreibungs- und Konkursämter können *zusammengelegt* und von den gleichen Beamten geleitet werden (Art. 2 Abs. 4 SchKG). Obwohl in der Praxis diese Zusammenlegung oft vorkommt, darf nicht vergessen werden, dass es sich um verschiedene Ämter mit ganz unterschiedlichen Aufgaben handelt.

B. Betreibungs- und Konkursbeamte

63 Die *Rechte und Pflichten der Beamten* sind dem SchKG und im Einzelnen den (kantonalen) Nebengesetzen, Verordnungen sowie Kreisschreiben zu entnehmen.

64 Dem *Betreibungsamt* obliegt im Allgemeinen die Durchführung der Betreibungen. Es ist diejenige Amtsstelle, welche auf Verlangen des Gläubigers dem Schuldner den Zahlungsbefehl zustellt und später die Zwangsverwertung in der Spezialexekution vorbereitet und durchführt. Daneben hat das Betreibungsamt die Pflicht zur Führung des Eigentumsvorbehaltsregisters (Art. 715 Abs. 2 ZGB; Art. 1 Abs. 1 EigVV).

65 Das *Konkursamt* wird (unter dem Vorbehalt der Einsetzung einer ausseramtlichen Konkursverwaltung[36]) tätig, wenn der Richter über den Schuldner den Konkurs eröffnet hat. In der Folge handelt es – im Rahmen der gesetzlichen Bestimmungen – weitgehend von sich aus und unternimmt ohne besondere Aufforderung der Gläubiger alles Nötige für die Liquidation der gesamten Vermögenswerte des Schuldners.

66 Nach Art. 8 SchKG sind sowohl das Betreibungs- als auch das Konkursamt verpflichtet, über ihre Amtsverrichtungen und die bei ihnen eingehenden Begehren in vorgeschriebener Weise *Protokolle und Register* zu führen. Die Akten werden im Allgemeinen während 10 Jahren aufbewahrt; die entsprechenden Vorschriften finden sich in der Verordnung über die Aufbewahrung der Betreibungs- und Konkursakten (VABK), in der Verordnung über die im Betreibungs- und Konkursver-

---

35 Rz. 69 ff.
36 Rz. 1335 und 1343 f.

fahren zu verwendenden Formulare und Register sowie die Rechnungsführung (VFRR) und auch in der Verordnung über die Geschäftsführung der Konkursämter (KOV).

Die Betreibungsämter sind verpflichtet, *Zahlungen* des Schuldners für Rechnung des betreibenden Gläubigers entgegenzunehmen und an ihn weiterzuleiten. Die Schuld erlischt mit der Zahlung an das Amt (Art. 12 SchKG). 67

Die Betreibungs- und Konkursämter bilden insbesondere in den Städten teilweise grosse Verwaltungsabteilungen mit viel Personal, das vom Kanton oder von den Gemeinden entlöhnt wird. In ländlichen Gebieten wird die Funktion des Betreibungsbeamten oft nebenamtlich ausgeübt und mittels eingezogenen Gebühren nach GebV SchKG (sog. *Sportelsystem*) honoriert. Art. 3 SchKG überlässt die konkrete Ausgestaltung des Besoldungssystems für die Betreibungs- und Konkursbeamten den Kantonen. 68

Anmerkung: Bei der Sportel handelt es sich um eine Diener- bzw. Beamtengebühr, welche im Sinne einer Verwaltungsgebühr dem jeweiligen Beamten als unmittelbare Vergütung für seine Tätigkeit zukommt.

Gemäss Art. 10 SchKG müssen der Betreibungs- und Konkursbeamte, andere Angestellte des Betreibungs- und Konkursamtes sowie die Mitglieder der Aufsichtsbehörden – unter *Benachrichtigung* des Gläubigers – in *Ausstand* treten und das Begehren ihrem Stellvertreter zur Erledigung überweisen, wenn sie oder eine ihnen nahestehende Person am Zwangsvollstreckungsverfahren beteiligt sind. Damit soll die *Unabhängigkeit* und folglich auch die *gleichmässige Wahrung der Gläubiger- und Schuldnerinteressen* gewährleistet werden. 69

Art. 10 Abs. 1 SchKG zählt in Ziff. 1–4 verschiedene Situationen auf, in denen eine Pflicht zum Ausstand besteht. Danach ist ein Beamter, ein Angestellter oder ein Mitglied einer Aufsichtsbehörde ausstandspflichtig, wenn: 70

– er *selbst* Betreibungspartei (Schuldner oder Gläubiger) ist;
– sein *Ehegatte, sein eingetragener Partner und im Falle eines Konkubinatsverhältnisses auch der Lebenspartner* als Betreibungspartei am Verfahren beteiligt ist;
– sein *Verlobter, Verwandter oder Verschwägerter* am Vollstreckungsverfahren als Partei auftritt;

Anmerkung: Die Zählung der Grade in auf- und absteigender sowie in der Seitenlinie (bis und mit dem dritten Grad) bedeutet, dass Nichten und Neffen (ersten Grades) miterfasst sind. Die durch die Ehe begründete Schwägerschaft dauert auch nach der Auflösung fort (vgl. Art. 21 ZGB). Zu den Verwandten gehören auch die Adoptierten, die Halbgeschwister und die Stiefverwandten.

– eine Person, deren *gesetzlicher Vertreter* (unmündiges Kind oder Bevormundeter), *Bevollmächtigter* (auch Organ einer juristischen Person) oder Angestellter er ist, am Verfahren als Gläubiger oder als Schuldner teilnimmt;

— er aus anderen Gründen *befangen* sein kann (z.B. Drittansprecher im Widerspruchsverfahren oder wegen Vorbefassung).

Anmerkung: Ganz allgemein ist von Befangenheit zu sprechen, wenn Umstände vorliegen, die geeignet sind, Misstrauen in die Unparteilichkeit eines Sachverständigen zu erwecken. Dabei genügt es, wenn Umstände vorliegen, die den Anschein der Befangenheit und die Gefahr der Voreingenommenheit objektiv zu begründen vermögen.[37] Bei der Vorbefassung geht es um die Frage, ob ein Angestellter oder ein Mitglied der Aufsichtsbehörde sich durch seine Mitwirkung an einer früheren Entscheidung zur gleichen Streitsache in einzelnen Punkten bereits in einer Art festgelegt hat, welche ihn nicht mehr als unvoreingenommen und das Verfahren dementsprechend als nicht mehr offen erscheinen lassen.[38]

71 Dieselbe Ausstandspflicht trifft auch den *Sachwalter*[39] (Art. 295 Abs. 3 SchKG), den *ausseramtlichen Konkursverwalter*[40] (Art. 241 SchKG), den *Liquidator im Nachlassvertrag mit Vermögensabtretung*[41] (Art. 320 Abs. 3 SchKG) sowie die *Mitglieder des Gläubigerausschusses*[42]. Die Aufzählung ist abschliessend; *nicht erfasst* sind somit die *Gerichtsbehörden,* die in Angelegenheiten des Schuldbetreibungs- und Konkursrechts tätig werden. Die Ausstandspflicht dieser Organe richtet sich nach Art. 47 ff. ZPO.

Anmerkung: Die Ausstandspflicht der Gerichtsbehörden richtet sich auch dann nach Art. 47 ff. ZPO, wenn diese eine rein betreibungsrechtliche Streitigkeit zu entscheiden haben.

72 Eine weitere Pflicht statuiert Art. 11 SchKG. Gemäss dieser Bestimmung ist es den Beamten im Sinne einer allgemeinen Pflicht im öffentlichen Dienst untersagt, bezüglich einer von ihrem Amt einzutreibenden Forderung oder eines von ihm zu verwertenden Gegenstandes, auf eigene Rechnung Rechtsgeschäfte abzuschliessen (sog. *Selbstkontrahierungsverbot*). Solche Rechtshandlungen sind nichtig (vgl. Art. 11 SchKG). Diese Bestimmung dient einer nicht von persönlichen Interessen beeinflussten Behandlung des Verfahrens durch die Vollstreckungsorgane. Das Selbstkontrahierungsverbot gilt nach der Rechtsprechung nicht nur für die eigentlichen Beamten und Angestellten eines Betreibungs- oder Konkursamtes, sondern auch für die von einem solchen zur Erfüllung seiner Aufgaben allenfalls beigezogenen Hilfspersonen, soweit diese als Träger staatlicher Funktionen erscheinen.[43] Zu beachten bleibt, dass ein Amtsträger nicht vom Selbstkontrahierungsverbot enthoben wird, wenn er eine Art. 11 SchKG unterliegende Amtshandlung durch einen Dritten (sog. *Strohmann*) tätigt.[44]

---

37 BGer v. 29.4.2010, 5A_81/2010 E. 5.2.
38 BGer v. 29.11.2007, 5A_411/2007 E. 3.1.
39 Rz. 1620 ff.
40 Rz. 1335 und 1343 f.
41 Rz. 1702.
42 Rz. 1339 ff.
43 BGE 127 III 229 E. 7.a.
44 BGer v. 19.3.2002, 7B.283/2001 E. 4.d.aa.

Amtshandlungen, welche in Verletzung der Ausstandspflicht vorgenommen werden, sind in der Regel *nicht nichtig*, sondern nur *mittels Beschwerde* gemäss Art. 17 SchKG anfechtbar.

C. Aufsichtsbehörden

Von Bundesrechts wegen (Art. 13 SchKG) hat jeder Kanton zur Überwachung der Betreibungs- und Konkursämter eine *Aufsichtsbehörde* zu bezeichnen. Es steht den Kantonen aber auch frei, für einen oder mehrere Kreise untere Aufsichtsbehörden zu bestellen.

Gegenüber richterlichen Behörden, wozu auch die Rechtsöffnungs-, Arrest- und Nachlassbehörden gehören, können die Aufsichtsbehörden jedoch keine Aufsicht ausüben. Hierfür ist die jeweilige kantonale Rechtsmittelinstanz zuständig (vgl. Art. 308 ff. [Berufung] und Art. 319 ff. ZPO [Beschwerde])[45].

Die Aufgaben der Aufsichtsbehörden sind in Art. 13, 14, 17 und 22 SchKG geregelt. Dazu gehören insbesondere:

- die Überwachung der Ämter in Bezug auf gesetzmässige Verwaltung (Art. 13 Abs. 1 SchKG);
- eine mindestens einmal jährlich stattfindende Prüfung der Geschäftsführung (administrative, rechtliche und technische Aufsicht, Art. 14 Abs. 1 SchKG);
- der Erlass von Disziplinarmassnahmen[46] (Art. 14 Abs. 2 SchKG);
- der Erlass von Weisungen und Kreisschreiben (Art. 15 Abs. 3 SchKG);
- die Berichterstattung an das BJ (Art. 15 Abs. 3 SchKG i.V.m. Art. 2 OAV-SchKG) sowie die Erstellung von Betreibungsstatistiken;
- die Entscheidfällung über betreibungsrechtliche Beschwerden[47] (Art. 17 SchKG);
- die Aufhebung nichtiger Verfügungen von Amtes wegen (Art. 22 SchKG).

Die *Oberaufsicht* über das Schuldbetreibungs- und Konkurswesen kommt gemäss Art. 15 Abs. 1 SchKG dem Bundesrat zu.[48] Dadurch soll für die gleichmässige Anwendung des SchKG gesorgt werden. Mittels Verordnung wurde diese Kompetenz an das BJ (bzw. an die Dienststelle für Oberaufsicht SchKG) delegiert (Art. 1 OAV-SchKG). Ferner wurde dem Bundesrat in Art. 15 Abs. 5 SchKG die Kompetenz betreffend die Koordination der elektronischen Kommunikation zwischen den Betreibungs- und Konkursämtern, den Grundbuch- und Handelsregisterämtern, den Gerichten und dem Publikum übertragen. Diese hat er mit der Verordnung über die elektronische Übermittlung im Rahmen von Zivil- und Straf-

---

45 Rz. 90 ff.
46 Rz. 111 ff.
47 Rz. 147 ff.
48 Rz. 31 ff.

§ 2 Allgemeine Bestimmungen

prozessen sowie von Schuldbetreibungs- und Konkursverfahren (ÜbV) bereits wahrgenommen.

D. Gerichte

78 Als Vollstreckungsorgane amten darüber hinaus die *Gerichte*. In aller Regel handelt es sich hierbei um erstinstanzliche Zivilgerichte. Allerdings kommen – v.a. in denjenigen Fällen, in denen öffentlich-rechtliche Forderungen infrage stehen – auch Verwaltungsjustizorgane als Vollstreckungsorgane in Betracht.

Beispiel: Gemäss Art. 86 Abs. 3 MWSTG ist die Eidgenössische Steuerverwaltung (ESTV) für die Beseitigung des Rechtsvorschlages im Verfügungs- und Einspracheverfahren zuständig.

79 Die richterliche Tätigkeit im Schuldbetreibungsrecht ist mit der *Eigenart* des schweizerischen Schuldbetreibungsrechts begründet. Weil die Zwangsvollstreckung *ohne jede autoritative Ermächtigung* eingeleitet werden kann, muss es in einem späteren Zeitpunkt möglich sein, die materielle Berechtigung der Vollstreckung zu überprüfen. Aus diesem Grund räumt das SchKG den Gerichten in speziellen, vom Gesetz ausdrücklich vorgesehenen Fällen die ausschliessliche Entscheidungskompetenz ein. So beurteilen die Gerichte:

– *wichtige Fälle (rein) betreibungsrechtlicher Streitigkeiten;* das Gericht befindet hier über Fragen betreffend das Betreibungsverfahren;

Beispiele: Bewilligung des nachträglichen Rechtsvorschlags (Art. 77 SchKG); Rechtsöffnung (Art. 80–84 SchKG), Aufhebung oder Einstellung der Betreibung (Art. 85 SchKG), Rechtsvorschlag in der Wechselbetreibung (Art. 181–185 SchKG), Rechtsvorschlag in der Betreibung aufgrund eines Konkursverlustscheins (Art. 265a SchKG).

– *(rein) materiellrechtliche Streitigkeiten;* das Gericht befindet hier über materielle Rechtsfragen im Zusammenhang mit der Vollstreckung;

Beispiele: Anerkennungsklage (Art. 79, Art. 153 Abs. 4, Art. 184 Abs. 2 und Art. 186 SchKG); Einstellung oder Aufhebung der Betreibung im ordentlichen oder vereinfachten Verfahren (Art. 85a SchKG).

– *betreibungsrechtliche Streitigkeiten mit Reflexwirkung auf das materielle Recht;* das Gericht befindet hier zwar über betreibungsrechtliche Streitigkeiten, muss dafür aber vorfrageweise die materielle Rechtslage abklären.

Beispiele: Widerspruchsklage (Art. 109 SchKG), Kollokationsklage (Art. 148, 157, 250 SchKG), Klage um Zulassung zur privilegierten Anschlusspfändung (Art. 111 SchKG), betreibungsrechtliche Anfechtungsklagen (Art. 214, 285 ff. SchKG); Aussonderungsklage im Konkurs (Art. 242 SchKG).

1. Verfahrensarten

Das gerichtliche Verfahren vor den kantonalen Instanzen bestimmt sich nach der ZPO (Art. 1 lit. c ZPO). 80

Erstinstanzlich können folgende Verfahren unterschieden werden: 81

- das *ordentliche* Verfahren (Art. 219 ff. ZPO),
- das *vereinfachte* Verfahren (Art. 243 ff. ZPO) und
- das *summarische* Verfahren (Art. 248 ff. ZPO).

Das ordentliche und das vereinfachte Verfahren sind die Formen des einlässlichen Prozesses. D.h., sie unterliegen weder Beweis- noch Kognitionsbeschränkungen. Beim summarischen Verfahren handelt es sich demgegenüber regelmässig um ein Verfahren, das sich durch Raschheit, eingeschränkten Beweis (vgl. Art. 254 Abs. 1 ZPO) sowie eingeschränkte Beweisstrenge (vgl. Art. 77, 82 Abs. 2, 182 Ziff. 1–4, 265a Abs. 2, 272 SchKG) auszeichnet. 82

Grundsätzlich findet vor sämtlichen Entscheidverfahren ein Schlichtungsversuch statt (Art. 197 ZPO). Dieser verfolgt den Zweck, die Parteien zu einer gütlichen Einigung hinsichtlich der im Streit liegenden Sache zu bewegen. Allerdings sind für die gerichtlichen Angelegenheiten des Schuldbetreibungs- und Konkursrechts Art. 198 lit. a und e Ziff. 1–8 ZPO zu beachten. Das Schlichtungsverfahren entfällt demnach einerseits im summarischen Verfahren und andererseits für folgende Klagen des SchKG: 83

- Aberkennungsklage (Art. 83 Abs. 2 SchKG),[49]
- Feststellungsklage (Art. 85a SchKG),[50]
- Widerspruchsklage (Art. 106–109 SchKG),[51]
- Anschlussklage (Art. 111 SchKG),[52]
- Aussonderungs-[53] und Admassierungsklage[54] (Art. 242 SchKG),
- Kollokationsklage (Art. 148 und 250 SchKG),[55]
- Klage auf Feststellung neuen Vermögens (Art. 265a SchKG),[56]
- Klage auf Rückschaffung von Retentionsgegenständen (Art. 284 SchKG).[57]

Der Ausschluss des Schlichtungsverfahrens lässt sich damit begründen, dass der Gesetzgeber für diese Streitigkeiten eine beförderliche Behandlung gewährleisten wollte. 84

---

49 Rz. 551 f.
50 Rz. 560 ff.
51 Rz. 758 ff.
52 Rz. 784 ff.
53 Rz. 1279 ff.
54 Rz. 1284 ff.
55 Rz. 893 ff. und 1369 ff.
56 Rz. 1428 ff.
57 Rz. 981.

85 Durchzuführen ist ein Schlichtungsverfahren grundsätzlich in folgenden Angelegenheiten des SchKG:

- Schadenersatzklagen (Art. 5, 24 und 273 SchKG),[58]
- Anerkennungsklagen (Art. 79, 153 Abs. 4, 184 Abs. 2 und 186 SchKG),[59]
- Rückforderungsklagen (Art. 86 und 187 SchKG),[60]
- Arrestprosequierungsklagen (Art. 279 SchKG),[61]
- Anfechtungsklagen (Art. 289 SchKG).[62]

Anmerkung: Auf das Schlichtungsverfahren können beide Parteien oder kann auch eine Partei bei gegebenen Voraussetzungen nach Art. 199 Abs. 1 und 2 ZPO gemeinsam oder einseitig verzichten.

1.1 Ordentliches Verfahren

86 Das *ordentliche Verfahren* nach Art. 219 ff. ZPO bildet den Grundtypus des Zivilprozesses. In SchKG-Angelegenheiten gelangt es immer dann zur Anwendung, wenn eine vermögensrechtliche Streitigkeit vorliegt, die einen Streitwert über CHF 30 000.00 aufweist (vgl. Art. 243 Abs. 1 ZPO e contrario) und nicht im summarischen Verfahren oder streitwertunabhängig i.S.v. Art. 243 Abs. 2 ZPO im vereinfachten Verfahren zu behandeln ist.

Anmerkung: Eine vermögensrechtliche Streitigkeit liegt nach ständiger bundesgerichtlicher Rechtsprechung dann vor, wenn der Rechtsgrund eines Anspruchs im Vermögensrecht ruht und mit dem Begehren letztlich und überwiegend ein wirtschaftlicher Zweck verfolgt wird.[63]

87 Es wird vom Verhandlungsgrundsatz (Art. 55 Abs. 1 ZPO), dem Dispositionsgrundsatz (Art. 58 Abs. 1 ZPO) sowie dem Grundsatz der Schriftlichkeit (Art. 220 i.V.m. Art. 130 ZPO) beherrscht.

1.2 Vereinfachtes Verfahren

88 Das *vereinfachte Verfahren* ist der *Alltagsprozess* vor den ersten kantonalen Instanzen. Dies, weil es zum einen für sämtliche vermögensrechtlichen Streitigkeiten bis zu einem Streitwert von CHF 30 000.00 gilt (Art. 243 Abs. 1 ZPO) und zum anderen für gewisse in Art. 243 Abs. 2 ZPO aufgeführten Sachmaterien ohne Rücksicht auf den Streitwert Anwendung findet. Im Unterschied zum ordentlichen Verfahren charakterisiert sich das vereinfachte Verfahren durch den stark abgeschwächten Verhandlungsgrundsatz (vgl. Art. 247 Abs. 1 ZPO) und die teil-

---

58 Rz. 118 ff. und 1507 ff.
59 Rz. 523 ff. und 1083.
60 Rz. 566 ff.
61 Rz. 1490 f.
62 Rz. 1557 ff.
63 BGer v. 13.3.2009, 4A_584/2008 E. 1.1; BGE 118 II 528 E. 2.c.

weise Geltung des beschränkten Untersuchungsgrundsatzes (vgl. Art. 247 Abs. 2 ZPO). Überdies sind im Zusammenhang mit den selbständigen Klagen betreffend Kinderbelange in familienrechtlichen Angelegenheiten (z.B. Unterhaltsklagen) der uneingeschränkte Untersuchungsgrundsatz (vgl. Art. 296 Abs. 1 ZPO) und der Offizialgrundsatz (vgl. Art. 296 Abs. 3 ZPO) anwendbar. Ferner zu beachten ist, dass dieses Verfahren weitgehend vom Grundsatz der Mündlichkeit getragen wird. Dies zeigt sich v.a. darin, dass die Klage nebst den Formen von Art. 130 ZPO sowohl mittels Formular eingereicht als auch mündlich beim Gericht zu Protokoll gegeben werden kann (vgl. Art. 244 Abs. 1 und 400 Abs. 2 ZPO).

1.3 Summarisches Verfahren

Der Anwendungsbereich des *summarischen Verfahrens* ist mit Blick auf das SchKG vielfältig. So werden insbesondere sämtliche Entscheide, die vom Rechtsöffnungs-, Konkurs-, Arrest- und Nachlassgericht getroffen werden, in dieser Verfahrensart behandelt (Art. 251 lit. a ZPO). Darüber hinaus gilt das summarische Verfahren gemäss Art. 251 lit. b–e ZPO ebenfalls in folgenden Angelegenheiten: 89

- Bewilligung des nachträglichen Rechtsvorschlags (Art. 77 Abs. 3 SchKG),[64]
- Bewilligung des Rechtsvorschlags in der Wechselbetreibung (Art. 181 SchKG),[65]
- Aufhebung oder Einstellung der Betreibung (Art. 85 SchKG),[66]
- Entscheid über das Vorliegen neuen Vermögens (Art. 265a Abs. 1–3 SchKG),[67]
- Anordnung der Gütertrennung (Art. 68b SchKG).

2. Rechtsmittel gegen Entscheide der erstinstanzlichen kantonalen Zivilgerichte

Die Entscheidungen der erstinstanzlichen Gerichte können zur Überprüfung an die kantonalen Rechtsmittelinstanzen weitergezogen werden. Die Ausnahme bildet der Entscheid über den Rechtsvorschlag mangelnden neuen Vermögens, gegen welchen gemäss Art. 265a Abs. 1 SchKG kein Rechtsmittel zulässig ist. Den Parteien stehen gegen die Entscheide der erstinstanzlichen kantonalen Gerichte grundsätzlich folgende Rechtsmittel zur Verfügung: 90

- die *Berufung* (Art. 308 ff. ZPO),
- die *Beschwerde* (Art. 319 ff. ZPO) und
- die *Revision* (Art. 328 ff. ZPO).

64	Rz. 508 ff.
65	Rz. 1073 ff.
66	Rz. 556 ff.
67	Rz. 1421 ff.

§ 2 Allgemeine Bestimmungen

2.1 Berufung

91 Bei der *Berufung* handelt es sich um das ordentliche Rechtsmittel. Sie steht offen gegen erstinstanzliche End- und Zwischenentscheide und erstinstanzliche Entscheide über vorsorgliche Massnahmen, wobei für den Fall, dass eine vermögensrechtliche Streitigkeit vorliegt, die Berufung nur dann zulässig ist, wenn der Streitwert der zuletzt aufrechterhaltenen Rechtsbegehren mindestens CHF 10 000.00 beträgt (vgl. Art. 308 ZPO).

Beispiele: Widerspruchsklage (Art. 109 SchKG), Kollokationsklage (Art. 148, 157, 250 SchKG), Klage um Zulassung zur privilegierten Anschlusspfändung (Art. 111 SchKG), betreibungsrechtliche Anfechtungsklagen (Art. 214, 285 ff. SchKG); Aussonderungsklage im Konkurs (Art. 242 SchKG).

92 Als Berufungsgründe kommen die unrichtige Rechtsanwendung sowie die unrichtige Feststellung des Sachverhalts infrage (Art. 310 lit. a und b ZPO).

93 Allerdings muss beachtet werden, dass der Anwendungsbereich der Berufung durch Art. 309 lit. b ZPO stark eingeschränkt wird. Sie ist in folgenden Angelegenheiten des SchKG unzulässig:

- Aufhebung des Rechtsstillstands (Art. 57d SchKG);
- Bewilligung des nachträglichen Rechtsvorschlags (Art. 77 Abs. 3 SchKG);[68]
- Rechtsöffnung (Art. 80–84 SchKG);[69]
- Aufhebung oder Einstellung der Betreibung im summarischen Verfahren (Art. 85 SchKG);[70]
- Bewilligung des Rechtsvorschlags in der Wechselbetreibung (Art. 185 SchKG);[71]
- Entscheide, die nach SchKG in die Zuständigkeit des Konkurs- oder des Nachlassgerichts fallen.

94 Das Berufungsverfahren beginnt mit der schriftlich und begründet eingereichten Berufungsschrift. Die Frist zur Berufung beträgt 30 Tage seit Zustellung des begründeten erstinstanzlichen Entscheids bzw. seit der nachträglichen Zustellung der Entscheidbegründung (Art. 311 Abs. 1 ZPO). Gegen einen Entscheid, der im summarischen Verfahren gefällt worden ist, beträgt die Berufungsfrist lediglich zehn Tage (Art. 314 Abs. 1 ZPO).

Beispiel: Die zehntägige Berufungsfrist gilt im Falle der Anordnung der Gütertrennung nach Art. 68b SchKG.

95 Der Berufung kommt grundsätzlich suspensive, d.h. aufschiebende Wirkung zu. Diese betrifft sowohl die Rechtskraft als auch die Vollstreckbarkeit (Art. 315

---

68 Rz. 508 ff.
69 Rz. 529 ff.
70 Rz. 556 ff.
71 Rz. 1073 ff.

Abs. 1 ZPO). Nach Art. 315 Abs. 2 ZPO kann die Rechtsmittelinstanz eine vorzeitige Vollstreckung bewilligen, sodass auch ein noch nicht rechtskräftiger Entscheid vollstreckt werden kann.

2.2 Beschwerde

Die *Beschwerde* ist ein ausserordentliches Rechtsmittel. Mit Blick auf das SchKG ist ihr Anwendungsbereich weit grösser als derjenige der Berufung. Sie gelangt zur Anwendung, wenn ein erstinstanzlicher Entscheid wegen eines zu geringen Streitwerts oder von Gesetzes wegen nicht berufungsfähig ist sowie in Fällen von Rechtsverzögerung (Art. 319 ZPO). Demnach fallen nicht zuletzt auch jene Entscheide in den Anwendungsbereich der Beschwerde, welche Art. 309 ZPO explizit ausschliesst (Art. 319 lit. a ZPO). Darüber hinaus sind insbesondere auch die vermögensrechtlichen Streitigkeiten, deren zuletzt aufrechterhaltener Streitwert unter CHF 10 000.00 liegt, mit Beschwerde anzufechten (Art. 308 Abs. 2 ZPO e contrario).

96

Rechtsnatur der Beschwerde nach Art. 319 ff. ZPO:

97

- *devolutiv* (an das obere Gericht);
- *kassatorisch* (Aufhebung des vorinstanzlichen Entscheids) oder *reformatorisch* (neuer Entscheid);
- *ausserordentlich* (Rechtskraft im Zeitpunkt der Entscheidfällung);
- *unvollkommen* (unrichtige Feststellung des Sachverhalts nur in qualifizierten Fällen rügbar [Art. 320 lit. b ZPO]);
- in Bezug auf die Vollstreckbarkeit – *nicht hingegen auf die Rechtskraft* – bedingt *suspensiv* (aufschiebende Wirkung nur auf spezielle Anordnung hin [Art. 174 Abs. 3 SchKG i.V.m. Art. 325 Abs. 2 ZPO]).

Mit der Beschwerde kann die unrichtige Rechtsanwendung sowie die offensichtlich unrichtige, d.h. willkürliche Feststellung des Sachverhalts gerügt werden (Art. 320 lit. a und b ZPO).

98

Das Beschwerdeverfahren entspricht in seinem Ablauf im Wesentlichen dem Berufungsverfahren. Die Frist zur Beschwerde beträgt gemäss Art. 321 Abs. 1 ZPO grundsätzlich 30 Tage. Gegen einen im summarischen Verfahren gefällten Entscheid und gegen eine prozessleitende Verfügung beträgt die Beschwerdefrist zehn Tage (Art. 321 Abs. 2 ZPO). Wegen Rechtsverzögerung kann jederzeit Beschwerde geführt werden (Art. 321 Abs. 4 ZPO).

99

Im Gegensatz zur Berufung kommt der Beschwerde von Gesetzes wegen keine suspensive Wirkung zu. Die kantonale Rechtsmittelinstanz kann jedoch gemäss Art. 325 Abs. 2 ZPO die Vollstreckbarkeit aufschieben.

100

Anmerkung: Vollstreckbarkeit und formelle Rechtskraft sind nicht identisch. So kann ein mit Beschwerde angefochtener erstinstanzlicher Entscheid zwar rechtskräftig, jedoch nicht vollstreckbar sein. Bei Gutheissung der Beschwerde wird die Rechtskraft des angefochtenen Entscheids aufgehoben.

2.3 Revision

101 Wie die Beschwerde stellt die *Revision* ein ausserordentliches Rechtsmittel dar. Mit der Revision wird die Verwirklichung materieller Gerechtigkeit bezweckt, indem die Korrektur eines rechtskräftigen, aber falschen Entscheides ermöglicht wird.

102 Die Revisionsgründe finden sich in Art. 328 ZPO. Eine Revision kann verlangt werden, wenn:

- erst nachträglich erhebliche Tatsachen erfahren oder entscheidende Beweismittel gefunden werden, die zwar bereits während des ursprünglichen Prozesses vorhanden waren, aber aus entschuldbaren Gründen nicht geltend gemacht werden konnten (Abs. 1 lit. a; sog. *unechte Noven*);
- der Ausgang des ursprünglichen Prozesses durch eine Straftat beeinflusst wurde (Abs. 1 lit. b);
- geltend gemacht wird, dass die Klageanerkennung, der Klagerückzug oder der gerichtliche Vergleich unwirksam ist (Abs. 1 lit. c);
- der Entscheid die EMRK verletzt, die Verletzung nicht mit einer Entschädigung ausgeglichen werden kann und die Revision notwendig ist, um die Verletzung zu beseitigen (Abs. 2).

103 Das Revisionsgesuch ist laut Art. 329 ZPO innert 90 Tagen seit Entdeckung des Revisionsgrundes schriftlich und begründet beim Gericht einzureichen, das als letztes über die Sache befunden hat.

104 Dem Gesuch kommt gemäss Art. 331 Abs. 1 ZPO keine aufschiebende Wirkung zu. Wie bei der Beschwerde kann das Gericht allerdings nach Art. 331 Abs. 2 ZPO die Vollstreckung aufschieben. Dies setzt aber natürlich voraus, dass der Entscheid noch nicht bereits vollstreckt wurde.

2.4 Weiterziehung ans Bundesgericht

105 Das Bundesgericht amtet ausschliesslich als Rechtsmittelinstanz. Der Beschwerde in Zivilsachen unterliegen gemäss Art. 72 Abs. 2 lit. a BGG u.a. auch Entscheide in Schuldbetreibungs- und Konkurssachen. Das Bundesgericht beurteilt zum einen Entscheide der Aufsichtsbehörden über betreibungsrechtliche Beschwerden[72] und zum anderen gerichtliche Entscheide in Angelegenheiten des Schuldbetreibungs- und Konkursrechts[73].

---

72 Rz. 147 ff.
73 Rz. 79.

E. Weitere Organe

Neben den Betreibungs- und Konkursämtern, Aufsichtsbehörden und Gerichten können noch weitere Organe im Laufe eines Vollstreckungsverfahrens tätig sein. Es wird dabei zwischen

– *Hilfsorganen* und
– *atypischen Organen* unterschieden.

Zur ersten Gruppe gehören die von den Kantonen zu bestellenden Depositenanstalten (Art. 24 SchKG), Grundbuchämter, Handelsregisterämter und in *Notfallsituationen* die Polizei.

Nicht als Hilfsorgan, sondern als *Hilfspersonen* gelten die Postangestellten, welche die Zustellung von Betreibungsurkunden und anderen Mitteilungen vornehmen.[74]

Als *atypische Organe* werden bezeichnet:

– die Gläubigerversammlung im Konkurs (Art. 235 ff., 252 ff. SchKG),[75]
– der Gläubigerausschuss (Art. 237, 318 SchKG),[76]
– der Sachwalter im Nachlassstundungsverfahren (Art. 295, 298 SchKG)[77] und
– die Liquidatoren beim Nachlassvertrag mit Vermögensabtretung (Art. 317 ff. SchKG).[78]

II. Haftung

Die Betreibungs- und Konkursorgane unterliegen einer dreifachen Verantwortlichkeit: einer *disziplinarischen,* einer *strafrechtlichen* und einer *zivilrechtlichen*.

A. Disziplinarische Verantwortlichkeit

Die disziplinarische Verantwortlichkeit ist in Art. 14 SchKG geregelt. Die kantonale Aufsichtsbehörde kann gegen einen fehlbaren Beamten oder Angestellten eine der in Art. 14 SchKG vorgesehenen Disziplinarmassnahmen treffen: Rüge, Geldbusse, Amtseinstellung oder Amtsentsetzung (Art. 14 Abs. 2 Ziff. 1–4). Es handelt sich hierbei um blosse Administrativmassnahmen und nicht um Strafen im Rechtssinne. In erster Linie verfolgen diese Massnahmen einen *Ordnungszweck*. Die Aufzählung der Disziplinarmassnahmen ist *abschliessend*.[79]

---

74 BGE 119 III 8 E. 2.b.
75 Rz. 1328 ff. und 1380 ff.
76 Rz. 1339 ff.
77 Rz. 1620 ff.
78 Rz. 1702.
79 BGer v. 7.5.2009, 5A_112/2009 E. 2.1; BGE 128 III 156 E. 1.c (Pra 91 [2002] Nr. 194).

§ 2 Allgemeine Bestimmungen

112 Der disziplinarischen Verantwortlichkeit sind nicht nur die im Gesetz namentlich erwähnten Beamten und Angestellten der Betreibungs- und Konkursämter unterworfen, sondern auch die anderen Zwangsvollstreckungsorgane wie die ausseramtliche Konkursverwaltung[80], der Sachwalter oder die Liquidatoren im Nachlassverfahren.[81]

Anmerkung: Die Amtseinstellung gemäss Art. 14 Ziff. 3 SchKG ist für ausseramtliche Konkursverwaltungen ausgeschlossen (vgl. Art. 241 SchKG).

113 Das SchKG beschränkt sich nur auf die Bestimmung der Aufsichtsbehörden als Disziplinarbehörde. Deren Organisation sowie das Disziplinarverfahren werden von den Kantonen festgelegt. Die entsprechenden Bestimmungen finden sich in den Einführungsgesetzen zum SchKG und in kantonalen Beamten-, Verantwortlichkeits- und Verwaltungsverfahrensgesetzen.

114 Die Befugnis zur Ausübung der Disziplinargewalt steht nur den kantonalen Aufsichtsbehörden und *nicht* dem die Oberaufsicht[82] ausübenden Bundesrat zu.[83] Das Disziplinarverfahren wird entweder von Amtes wegen oder auf Anzeige Dritter (v.a. der Betreibungsparteien) hin eingeleitet. Die Dritten haben aber keinen Anspruch auf disziplinarische Ahndung und darüber hinaus keine Parteirechte im Rahmen eines Disziplinarverfahrens.[84] Ihnen steht lediglich ein Verzeigungsrecht zu.[85]

115 Der Disziplinarentscheid kann nur durch den Betroffenen mittels Beschwerde gemäss Art. 18 SchKG an eine allfällige obere kantonale Aufsichtsbehörde und anschliessend an das Bundesgericht weitergezogen werden. Während die kantonalen Aufsichtsbehörden eine umfassende Prüfungsbefugnis besitzen, hat das Bundesgericht nur eine beschränkte Kognition.[86] So können mit der Beschwerde nur die Rügegründe von Art. 95 ff. BGG vorgebracht werden. Die Rüge der Unangemessenheit der Disziplinarmassnahme ist dagegen ausgeschlossen.

Anmerkung: In diesem Zusammenhang fallen folgende Rügegründe in Betracht: die Verletzung von Bundesrecht (lit. a) sowie die Verletzung von kantonalen verfassungsmässigen Rechten (lit. c). Ferner kann der Rügegrund von Art. 97 BGG, d.h. die unrichtige Feststellung des Sachverhalts, angerufen werden.

---

80 BGer v. 31.10.2005, 5P.313/2005 E. 4.1.
81 BGer v. 6.6.2005, 7B.62/2005 E. 2.1.
82 Rz. 31 ff.
83 BGer v. 29.5.2009, 5A_280/2009 E. 3.
84 BGer v. 22.2.2010, 5A_45/2010 E. 1.2; BGer v. 2.7.2008, 5A_9/2008 E. 4; BGer v. 24.7.2002, 7B.122/2002; BGE 94 III 55 E. 3.
85 BGE 91 III 41 E. 6.
86 BGer v. 7.5.2009, 5A_112/2009 E. 2.3; BGer v. 28.10.2002, 5P.51/2002 E. 4.1; BGE 128 III 156 E. 1.a (Pra 91 [2002] Nr. 194); BGE 112 III 67 E. 2.a.

Art. 14 SchKG ist nicht auf die Mitglieder der Gerichts- und der Aufsichtsbehörden anwendbar. Hier gelten die Bestimmungen des kantonalen Disziplinarrechts.

116

B. Strafrechtliche Verantwortlichkeit

Die strafrechtliche Verantwortlichkeit ist im SchKG nicht geregelt. Sie kommt in Betracht, wenn die *Amtspflichtverletzung* einen Straftatbestand gemäss Art. 312–322^{octies} StGB erfüllt. Die Sanktion ist hier eine Strafe im Rechtssinne. Die Strafverfolgung richtet sich nach der StPO und obliegt den Kantonen.

117

Beispiel: Amtsmissbrauch gemäss Art. 312 StGB oder ungetreue Amtsführung nach Art. 314 StGB.

C. Zivilrechtliche Verantwortlichkeit

Gemäss Art. 5 SchKG haftet der Kanton primär und kausal (d.h. unabhängig vom Verschulden des Fehlbaren) für den *Schaden,* den Beamte und Angestellte, ihre Hilfspersonen, atypische Organe,[87] die Aufsichts- und Gerichtsbehörden sowie die Polizei bei der Erfüllung der ihnen zugewiesenen Aufgaben *widerrechtlich* verursachen. Nicht unter Art. 5 SchKG fallen Postangestellte. Sie gelten zwar als Betreibungsgehilfen[88]; da die Post aber hinsichtlich ihrer Organisation sowie der Auswahl, Instruktion und Überwachung ihres Personals autonom ist, haben nicht die Kantone für diese einzustehen, sondern die Post selbst nach den für sie massgebenden Bestimmungen.

118

Anmerkung: Für die Haftung der Postangestellten ist laut Art. 16 Abs. 2 POG das Verantwortlichkeitsgesetz (VG) massgebend.

Die Aufzählung der Subjekte, für welche der Kanton haftet, ist insofern *nicht abschliessend,* als auch diejenigen Personen, welche sich in keiner dienstlichen Stellung befinden, aber dennoch Vollstreckungsaufgaben erfüllen (sog. *funktioneller Beamtenbegriff*), von der Bestimmung erfasst werden.

119

Beispiele: Ein Auktionshaus bei der Schätzung und Verwertung von Kunstgegenständen oder ein Immobilienhändler bei der Schätzung und Verwertung von Grundstücken.

Wo die Schwere der Verletzung es rechtfertigt, besteht zudem ein Anspruch auf *Genugtuung* (Art. 5 Abs. 4 SchKG). Ob der Staat ein *Rückgriffsrecht* auf den fehlbaren Beamten oder Angestellten hat, entscheidet sich hingegen nach kantonalem Recht (Art. 5 Abs. 3 SchKG). In der Regel sehen die kantonalen Gesetze ein solches Rückgriffsrecht des Kantons für vorsätzlich oder grobfahrlässig verursachten Schaden vor.

120

---

87   Rz. 109.
88   BGE 119 III 8 E. 2b.

Beispiel: Verursacht der Sachwalter im zürcherischen Nachlassstundungsverfahren einen Schaden, kann hierfür ein Rückgriff infrage kommen. Die entsprechenden Voraussetzungen ergeben sich aus § 15 Abs. 1 HfG/ZH.

121 Sofern die Voraussetzungen der Staatshaftung erfüllt sind, kann der Geschädigte seinen Anspruch nie direkt gegenüber dem Fehlbaren geltend machen (Art. 5 Abs. 2 SchKG). Es gilt insoweit die Exklusivität der Staatshaftung.

122 Einzelne Voraussetzungen für die Zusprechung von Schadenersatz sind:
- ein Schaden;
- eine adäquat kausale Verursachung des Schadens durch ein in Art. 5 Abs. 1 SchKG genanntes Organ bzw. durch andere Personen, die Vollstreckungsaufgaben erfüllen;
- ein funktioneller Zusammenhang (Konnex) zwischen Verhalten und Schaden; an diesem Konnex fehlt es, wenn der Schaden bloss *bei Gelegenheit* verursacht worden ist;
- Widerrechtlichkeit.

Beispiele: Eine Haftung des Kantons fällt mangels eines funktionellen Zusammenhangs ausser Betracht, wenn der Betreibungsbeamte anlässlich der Pfändung bei einem Velohändler ein Fahrrad für seinen Sohn stiehlt. Verursacht der Betreibungsbeamte dagegen beim Abtransport eines gepfändeten Motorrads daran einen Lackschaden, ist die Konnexität gegeben und die Haftungsvoraussetzung des funktionellen Zusammenhangs erfüllt.

123 Was die Grundsätze in Bezug auf die einzelnen Tatbestandmerkmale von Art. 5 Abs. 1 SchKG betrifft, so sind für den Schaden, den Kausalzusammenhang und die Widerrechtlichkeit die Bestimmungen des Obligationenrechts sinngemäss anwendbar.[89]

Anmerkung: Schaden ist folglich die ungewollte Verminderung des Reinvermögens, wobei für deren Ermittlung auf die Differenz zwischen dem gegenwärtigen – nach dem schädigenden Ereignis festgestellten – Vermögensstand und dem Stand, den das Vermögen ohne das schädigende Ereignis hätte, abgestellt wird.[90] Der auf diese Weise definierte Schadensbegriff muss alsdann adäquat kausale Folge einer Handlung durch ein in Art. 5 Abs. 1 SchKG genanntes Organ sein, wobei dieses in seiner Funktion als Amtsorgan gehandelt haben muss. Das Verhalten des Organs muss m.a.W. nach dem gewöhnlichen Lauf der Dinge und der allgemeinen Lebenserfahrung geeignet gewesen sein, einen Erfolg von der Art des eingetretenen herbeizuführen.[91] Die Amtshandlung hat schliesslich widerrechtlich zu sein, was der Fall ist, wenn sie in Verletzung eines absoluten Rechtsgutes (z.B. Eigentum) oder einer einschlägigen Schutznorm bzw. einer Amtspflichtverletzung erfolgt ist (sog. *objektive Widerrechtlichkeitstheorie*).[92]

---

[89] BGer v. 30.4.2008, 5A_54/2008 E. 4.1; BGer v. 24.7.2000, 5P.119/2000 E. 4.c.aa; BGE 80 III 41 E. 3.
[90] BGer v. 16.3.2010, 4A_462/2009 E. 2.1
[91] BGE 80 III 41 E. 7.
[92] BGer v. 14.7.2009, 5A_229/2009 E. 5; BGE 120 Ib 248 E. 2.b.

Bei der Haftung der Kantone handelt es sich nicht um eine Gefährdungshaftung, sondern um eine *Organisationshaftung,* die in der Geschäftsherrenhaftung (vgl. Art. 55 OR) wurzelt. Der Kanton hat für den *ordnungsgemässen Betriebsablauf* einzustehen und haftet somit nur für sog. *Betriebsfehler.*

124

Beispiele: Tätlichkeiten bei der Vorführung des Schuldners, Sachbeschädigung bei der Pfändung, Verletzung von Sicherungspflichten (Art. 98 ff., 170, 223, 284 SchKG), Versäumen eines Notverkaufs (Art. 124 Abs. 2 SchKG).

Die *Gerichtsbehörden* unterstehen der zivilrechtlichen Verantwortlichkeit gemäss Art. 5 SchKG nur dann, wenn sie als eigentliche Vollstreckungsorgane gehandelt haben. Dies trifft auf diejenigen Fälle zu, in denen die Gerichte rein betreibungsrechtliche Streitigkeiten (z.B. über einen nachträglichen Rechtsvorschlag) zu beurteilen haben;[93] nicht dagegen, wenn sie als Zivilgerichte tätig werden. Im letzten Fall kommt das kantonale Verantwortlichkeitsrecht zur Anwendung.

125

Beispiel: Das Gericht versäumt es im Prozess nach Art. 79 SchKG – trotz Vorliegens der Voraussetzungen – die (definitive) Rechtsöffnung zu erteilen; zum Zeitpunkt, in dem dies von der Rechtsmittelinstanz nachgeholt wird, hat der Gläubiger den Anschluss an eine frühere Pfändungsgruppe nicht wahrnehmen können und kommt zu Verlust.

Die *Verjährungsfrist* ist abschliessend durch das Bundesrecht geregelt (Art. 6 SchKG):[94] Die relative Frist beträgt ein Jahr (seit Kenntnis der Schädigung), die absolute 10 Jahre seit der effektiven Schädigung. Diese Verjährungsfrist kann unterbrochen werden.[95]

126

Das Verfahren zur Geltendmachung des Anspruchs richtet sich nach kantonalem Recht.

127

Der letztinstanzliche kantonale Entscheid über die Staatshaftung ist mit Beschwerde in Zivilsachen an das Bundesgericht weiterziehbar, sofern der massgebliche Streitwert mindestens CHF 30 000.00 beträgt (Art. 72 Abs. 2 lit. a, 74 Abs. 1 lit. b BGG).[96] Wurde der Schaden durch eine obere kantonale Aufsichtsbehörde oder durch ein oberes kantonales Nachlassgericht verursacht, so ist das Bundesgericht als einzige Instanz (sog. *Direktprozess*) zuständig (Art. 7 SchKG i.V.m. Art. 120 BGG).

128

---

93 In Zusammenhang mit der Konkurseröffnung BGE 120 Ib 248 E. 2.
94 BGer v. 29.3.2004, 5P.471/2003 E. 1.1.
95 BGE 112 II 231 E. 3.e.aa.
96 BGer v. 11.3.2010, 5D_38/2010 E. 1.1.

III. Einsichtsrecht

A. Grundsätzliches

129 Art. 8a SchKG gibt Dritten unter bestimmten Voraussetzungen das Recht, die von den Betreibungs- und Konkursämtern geführten Register und Protokolle einzusehen.

> *Anmerkung:* Art. 8 Abs. 1 SchKG verpflichtet die Betreibungs- und Konkursämter über ihre Amtstätigkeiten Protokolle und Register zu führen. Das Betreibungsamt führt folgende Register (Art. 8 VFRR): Eingangsregister (Art. 9 VFRR), Betreibungsbuch (Art. 10 VFRR), Tagebuch und Agenda (Art. 13 VFRR), Kassabuch (Art. 14 VFRR) und Kontokorrentbuch (Art. 15 VFRR). Die Führung eines Gruppenbuchs (Art. 11 VFRR) und eines Personenregisters (Art. 12 VFRR) ist freiwillig. Das Konkursamt führt folgende Register (Art. 1 KOV): Konkursverzeichnis (Art. 4 KOV), Konkursprotokoll (Art. 8 KOV), Kassabuch (Art. 16 KOV), Kontokorrentbuch (Art. 17 KOV) und Bilanzheft (Art. 19 KOV).

130 Dieses Einsichtsrecht ist mit Blick auf den *Datenschutz* nicht unproblematisch. Zwar brachte die Revision des SchKG von 1994[97] in Bezug auf das Einsichtsrecht gewisse Verbesserungen des Datenschutzes zugunsten des Schuldners. So darf unter dem neuen Recht *keine Auskunft* über Betreibungen erteilt werden, die *zu Unrecht* erfolgt sind (sachliche Schranke) oder zeitlich weit zurückliegen (zeitliche Schranke). Gleichwohl stellen Betreibungsregister im Grunde *moderne Pranger* dar. Ein Eintrag ins Betreibungsregister wirkt sich auf alle Fälle kreditschädigend aus, auch dann, wenn die Betreibung bloss schikanös erfolgte, d.h. die betriebene Forderung gar nicht bestand und die Betreibung deshalb nicht fortgesetzt werden konnte.

131 Nach Art. 8a Abs. 1 SchKG kann jede Person, die ein Interesse *glaubhaft* macht, die Protokolle und Register der Betreibungs- und Konkursämter einsehen und sich Auszüge daraus geben lassen. Gemäss Praxis des Bundesgerichts muss es sich um ein *besonderes* und *gegenwärtiges* Interesse handeln, das *nicht finanzieller Art* zu sein braucht; ein rechtliches Interesse ist ausreichend.[98]

132 Art. 8a Abs. 2 SchKG legt in allgemeiner Weise fest, wann das *Erfordernis der Glaubhaftmachung* erfüllt ist. Danach liegt ein glaubhaft gemachtes Interesse namentlich dann vor, wenn das Auskunftsgesuch in unmittelbarem *Zusammenhang* mit dem Abschluss oder der Abwicklung eines *Vertrages* erfolgt.[99] Es ist dabei kein strenger Nachweis erforderlich, wohl aber ernsthafte Indizien für das Bestehen des behaupteten Interesses.

133 Zur Einsicht berechtigt sind in erster Linie die Betreibungsparteien, insbesondere die *betreibenden* Gläubiger. Die Gläubiger *im Konkursverfahren* können nicht nur

---

97 Rz. 15.
98 BGE 115 III 81 E. 2; 105 III 38 E. 1; 99 III 41 E. 3; 94 III 43 E. 1 und 2; 93 III 4 E. 1.
99 BGE 135 III 503 E. 3.

die amtlichen Akten und Register einsehen, sondern auch alle sich im Besitze des Amtes befindlichen Akten, darunter auch Geschäftsakten (wie Buchhaltung und Geschäftsbücher);[100] dies gilt auch im Konkurs einer Bank.

Das Einsichtsrecht steht auch den *ausgewiesenen* Gläubigern zu, die den Schuldner (noch) nicht betrieben haben; diese haben wegen der Anschlussfristen von Art. 110 f. SchKG[101] ein berechtigtes Interesse an der Akteneinsicht. 134

Zur Einsicht in die Betreibungsakten sind ferner *potenzielle* Gläubiger legitimiert. Es handelt sich hier um Gläubiger, mit welchen der Schuldner erst Vertragsverhandlungen aufgenommen hat und welche die Bonität ihres künftigen Schuldners abklären wollen. Einsichtsrecht haben auch *Bürgen* und *Prozessgegner* des Schuldners (z.B. in einem Forderungsstreit) sowie die *Gerichts-* und *Verwaltungsbehörden* im Rahmen der Erfüllung ihrer Aufgaben. 135

Beispiele: Die Untersuchungsbehörde, welche die finanziellen Verhältnisse des Angeschuldigten zwecks Bestimmung der Höhe einer Geldstrafe abklärt; die Verwaltungsbehörde, welche über die Erteilung eines Anwalts- oder Wirtepatents befindet; der Anwalt zur Abschätzung der Prozessaussichten.

Gegenstand des Einsichtsrechts sind nicht bloss die eigentlichen Protokolle und Register (vgl. Art. 8 SchKG), sondern grundsätzlich alle Akten und Belege. 136

Allgemein kann gesagt werden, dass kein Einsichtsrecht besteht, wenn dadurch einer Person im Gesellschafts- oder Geschäftsleben *ungerechtfertigte Nachteile* erwachsen könnten. Da in gewissen Protokollen bestimmte persönlichkeitsrelevante Daten aufgenommen werden, welche unter dem in Art. 13 BV festgelegten Schutz der Privatsphäre des Schuldners stehen (z.B. Pfändungsprotokoll, welches Auskunft über die familiäre Situation des Schuldners gibt), können die Einsichtsberechtigten *nicht immer alle Einträge* einsehen. Ob und gegebenenfalls in welchem Umfang einer Person das Einsichtsrecht gewährt wird, entscheidet sich jeweils nach den konkreten Umständen des Einzelfalls anhand einer Interessenabwägung.[102] 137

In Präzisierung dieser Regel setzt Art. 8a Abs. 3 SchKG *sachliche* Schranken des Einsichtsrechts auf. Danach sind für die amtsexterne Öffentlichkeit nicht einsehbar: 138

- nichtige Betreibungen,
- Betreibungen, die aufgrund einer Beschwerde oder eines Entscheides aufgehoben wurden,
- Betreibungen, bei denen der Schuldner nachträglich erfolgreich einen Rückforderungsprozess führte,

---

100 BGE 93 III 4 E. 1; 91 III 94 E. 1; 85 III 118, 120.
101 Rz. 771 und 777.
102 BGE 135 III 503 E. 3.

§ 2 Allgemeine Bestimmungen

– zurückgezogene Betreibungen,
– irrtümlich eingeleitete Betreibungen.[103]

139 *Keine* Auskunft kann auch erteilt werden über Betreibungen, welche *mehr als 5 Jahre zurückliegen* (Art. 8a Abs. 4 SchKG). *Ausgenommen* von dieser Frist sind die *Verlustscheine;* über diese darf bis zur Verjährung oder Tilgung der Forderung Auskunft erteilt werden (vgl. Art. 149a SchKG). Die zeitliche *Schranke von 5 Jahren gilt zum einen nicht für Gerichts- und Verwaltungsbehörden,* die im Interesse eines hängigen Verfahrens weiterhin Auszüge verlangen können. Zum andern können die einstigen Parteien die Verfahrensakten einsehen, solange noch keine Vernichtung stattgefunden hat.[104]

140 Gegen *grundlos angehobene* Betreibungen kann sich der Betriebene mit der *allgemeinen Feststellungsklage* gemäss Art. 88 ZPO wehren, sofern er über ein rechtserhebliches tatsächliches oder rechtliches Feststellungsinteresse verfügt. Da der Eintrag im Betreibungsregister den Betriebenen – insbesondere bei namhaften Beträgen – erheblich in seiner wirtschaftlichen Bewegungsfreiheit behindert, ist beim Vorliegen einer grundlos angehobenen Betreibung *stets* von einem rechtsgenüglichen Feststellungsinteresse des Schuldners auszugehen.[105] Dies gilt insbesondere auch dann, wenn die Fortsetzung der Betreibung durch den Rechtsvorschlag des Schuldners blockiert ist.[106]

141 Die Verweigerung der Einsichtnahme oder Auskunft ist mittels betreibungsrechtlicher Beschwerde nach Art. 17 SchKG an die kantonale Aufsichtsbehörde möglich. Entscheide der letzten kantonalen Instanz können mit der Beschwerde gemäss Art. 72 Abs. 2 lit. a BGG streitwertunabhängig ans Bundesgericht weitergezogen werden.

B. Arten der Betreibungsregisterauszüge

142 Im Betreibungsregisterauszug einer Person sind alle Amtshandlungen des Betreibungsamtes gegenüber dieser Person vermerkt. Er enthält bloss die Einträge des Betreibungsamtes, welches das Register führt. Wechselt der Schuldner seinen Wohnsitz, so legt das neu zuständige Betreibungsamt ein neues Register an, in dem wiederum nur die Amtshandlungen dieses Betreibungsamtes vermerkt werden.

143 Was die Arten der Betreibungsregisterauszüge angeht, so wird in der Praxis zwischen einem summarischen und einem detaillierten Betreibungsregisterauszug unterschieden.

---

103 BGE 121 III 81 E. 4.a.
104 BGE 130 III 42 E. 3.2.
105 BGer v. 25.3.2010, 4A_459/2009 E. 2.1; BGE 120 II 20 E. 3.b.
106 BGE 128 III 334, 335 (Pra 91 [2002] Nr. 195); 125 III 149 E. 2.d; BGE 120 II 20 E. 3.b.

Der *summarische* Betreibungsregisterauszug gibt lediglich eine grobe Übersicht über die Kreditwürdigkeit des Schuldners. In der Regel erfasst er die letzten drei Jahre.

144

Dem *detaillierten* Betreibungsregisterauszug sind demgegenüber präzise Angaben zur Kreditwürdigkeit des Schuldners zu entnehmen. So äussert sich dieser zu den Namen der Gläubiger sowie gegebenenfalls deren Vertretern, zum Eingangsdatum des Betreibungsbegehrens, zur Betreibungsnummer, zur Höhe der Forderungen ohne allfällige Zins- sowie Betreibungskosten und zum Status des Verfahrens (siehe hierzu auch Art. 10 VFRR).[107]

145

Für die Gebühren der Akteneinsicht und Auskunft ist auf Art. 12 GebV SchKG abzustellen. Danach beträgt die Gebühr für die Vorlegung von Akten oder für Auskünfte aus Akten CHF 9.00. Werden schriftliche Betreibungsregisterauskünfte erteilt, beträgt die Gebühr gemäss Art. 12a Abs. 1 GebV SchKG unabhängig von der Seitenzahl pauschal CHF 17.00.

146

IV. Betreibungsrechtliche Beschwerde

A. Funktion

Die betreibungsrechtliche Beschwerde (Art. 17 ff. SchKG) stellt ein *spezifisch zwangsvollstreckungsrechtliches* Institut verwaltungsrechtlicher Natur dar, welches im Interesse der am Verfahren Beteiligten eine einheitliche und richtige Anwendung des Betreibungs- und Konkursrechts gewährleisten soll.

147

Ihre *Funktion* besteht darin, *den gesetzmässigen Zustand wiederherzustellen* bzw. die im Vollstreckungsverfahren entstandenen verfahrensmässigen Fehler zu korrigieren. Um diesen Zweck zu erfüllen, muss sie sich gegen eine Handlung oder Unterlassung richten, auf welche ein Zurückkommen überhaupt noch möglich ist. Da die betreibungsrechtliche Beschwerde einem *praktischen Verfahrenszweck* dient,[108] ist sie unzulässig, wenn mit ihr nur eine blosse Feststellung einer Pflichtwidrigkeit bezweckt wird (z.B. die Beschwerde um Feststellung, dass durch das Unterlassen des Konkursamtes, nach Art. 223 Abs. 1 SchKG Geld und Wertschriften in Verwahrung zu nehmen, die Gläubiger geschädigt wurden) oder wenn ein Zurückkommen nicht möglich ist. Ein Zurückkommen auf einen Verfahrensfehler ist dann ausgeschlossen, wenn eine Amtshandlung zwar verspätet, aber trotzdem noch erfolgt ist. Solche Sachverhalte sind einer betreibungsrechtlichen Beschwerde mangels aktuellen Interesses nicht mehr zugänglich. Durchaus denkbar ist diesfalls hingegen eine Vorgehensweise nach Art. 5 SchKG (Staatshaftung).[109]

148

---
107 BGE 135 III 503 E. 3.1; 115 III 81 E. 3.b.
108 BGer v. 25.9.2002, 7B.143/2002 E. 1.
109 Rz. 118 ff.

§ 2 Allgemeine Bestimmungen

149 Auf Bundesebene ist die Beschwerde in Art. 17–21 und Art. 36 SchKG sowie in Art. 72 ff. BGG geregelt. Für das Verfahren vor den kantonalen Aufsichtsbehörden gilt es das kantonale Recht zu beachten.

150 Bei der betreibungsrechtlichen Beschwerde handelt es sich um ein:
– ordentliches,
– devolutives,
– vollkommenes,
– reformatorisches oder kassatorisches Rechtsmittel,
– dem *nur auf besondere Anordnung hin* Suspensivwirkung zukommt (Art. 36 SchKG).

151 Ein *devolutives Rechtsmittel* ist – wie erwähnt – ein Rechtsmittel, über welches eine höhere Instanz entscheidet (bei der betreibungsrechtlichen Beschwerde sind dies die [unteren und oberen] kantonalen Aufsichtsbehörden bzw. das Bundesgericht).

152 Ein *vollkommenes Rechtsmittel* liegt dann vor, wenn die Rechtsmittelinstanz den Fall insgesamt überprüfen kann, d.h. sowohl auf richtige Tatsachenfeststellungen als auch auf richtige Rechtsanwendung sowie auf die Ermessensausübung. Die betreibungsrechtliche Beschwerde ist nur im Verfahren vor den kantonalen Aufsichtsbehörden ein vollkommenes Rechtsmittel. Die Kognition des Bundesgerichts ist dagegen beschränkt (Art. 19 SchKG i.V.m. Art. 95 ff. BGG). Das Bundesgericht kann nämlich im Beschwerdeverfahren weder Disziplinarmassnahmen[110] verfügen noch das Ermessen der kantonalen Aufsichtsbehörde überprüfen (Ausnahme Ermessensmissbrauch oder Willkür).

Beispiel: Das Bundesgericht darf das Ermessen der kantonalen Aufsichtsbehörde hinsichtlich der Höhe des Existenzminimums gemäss Art. 93 SchKG nicht überprüfen.

153 Ausnahmsweise kann mit der Beschwerde ans Bundesgericht aber auch Unangemessenheit gerügt werden, nämlich dann, wenn die Konkursverwaltung im Genossenschaftskonkurs mit Zustimmung der Gläubigerversammlung – ausserhalb eines Prozesses – nach Aufstellung einer provisorischen Verteilungsliste über die Haftung oder die Nachschusspflicht Vergleiche mit allen oder einzelnen Genossenschaftern abschliesst (Art. 4 Abs. 1 VGeK).

Anmerkung: Die Statuten einer Genossenschaft können Haftungs- oder Nachschusspflichten enthalten, welche im Konkurs durch die Konkursverwaltung einzufordern sind (vgl. Art. 869 Abs. 2, 870 Abs. 3 und 871 Abs. 4 OR).

Der Ermächtigungs- oder Genehmigungsbeschluss der Gläubigerversammlung kann diesfalls durch diejenigen Gläubiger angefochten werden, die ihre Zustimmung zu den Vergleichen verweigert haben (Art. 4 Abs. 3 VGeK).

---

110 Rz. 115.

Im Beschwerdeverfahren vor Bundesgericht kann auch die Verletzung verfassungsmässiger Rechte gerügt werden. Diese gelten als *Bundesrecht* i.S.v. Art. 95 lit. a BGG.

154

Beschwerdegegenstand nach Art. 19 SchKG i.V.m. Art. 72 Abs. 2 lit. a BGG bildet einzig der Entscheid der (oberen) Aufsichtsbehörde.[111] Das Bundesgericht ist grundsätzlich an die tatsächlichen Feststellungen der Aufsichtsbehörde gebunden. Allerdings kann gemäss Art. 97 Abs. 1 BGG die unrichtige Feststellung des Sachverhalts gerügt werden, wenn sie offensichtlich unrichtig ist oder auf einer Rechtsverletzung i.S.v. Art. 95 BGG beruht und wenn die Behebung des Mangels für den Ausgang des Verfahrens entscheidend sein kann.

155

Reformatorische Rechtsmittel führen zur Fällung eines neuen Entscheides der Rechtsmittelinstanz, *kassatorische* bewirken hingegen nur die Aufhebung des angefochtenen Entscheides und die Rückweisung an die untere Instanz zu einer neuen Entscheidung. Der Beschwerdeentscheid kann sowohl kassatorisch als auch reformatorisch sein.

156

Ein *Rechtsmittel mit suspensiver Wirkung* hemmt regelmässig den Eintritt der Rechtskraft und die Vollstreckbarkeit des angefochtenen Entscheides. Die betreibungsrechtliche Beschwerde hat in der Regel keinen Suspensiveffekt; ein solcher kann ihr jedoch auf besondere Anordnung der Aufsichtsbehörde zuerkannt werden (Art. 36 SchKG).

157

Beispiel: Im Rahmen des Pfändungsvollzugs durch den zuständigen Betreibungsbeamten wurde die Bibel des strengreligiösen S mit dem Pfändungsbeschlag belegt. Hiergegen gelangte S mit betreibungsrechtlicher Beschwerde an die Aufsichtsbehörde. Diese gewährte der Beschwerde auf Antrag von S aufschiebende Wirkung.

B. Abgrenzung zu anderen Rechtsbehelfen

Die betreibungsrechtliche Beschwerde ist möglich gegen jede Verfügung eines Betreibungs- oder Konkursorgans, mit Ausnahme derjenigen Fälle, in welchen das SchKG ausdrücklich den Weg der gerichtlichen Klage vorschreibt (z.B. Kollokationsklage nach Art. 250 SchKG[112]). Die betreibungsrechtliche Beschwerde ist damit *subsidiär* zu den im SchKG vorgesehenen Klagen.

158

C. Anfechtungsobjekt

Anfechtungsobjekt ist eine *ergangene,* eine *zu spät ergangene* oder eine *zu Unrecht unterbliebene* Verfügung eines Vollstreckungsorgans (des Betreibungs- oder

159

---

111 BGer v. 30.9.2005, 7B.106/2005 E. 1.
112 Rz. 1369 ff.

Konkursamtes) oder eines der atypischen Organe.[113] Verfügungen von Hilfsorganen[114] können ebenfalls mittels Beschwerde angefochten werden, wenn die Verfügung auf Delegation des Amtes hin erfolgte.

Beispiel: Ein Schreiben der Stadtpolizei Zürich, in welchem diese die Beschwerdeführerin auffordert, bis zu einem bestimmten Termin auf dem Betreibungsamt zu erscheinen, ansonsten eine polizeiliche Vorführung erfolge, gilt als beschwerdefähige Verfügung.[115]

160 Unter *Verfügung* ist sodann nicht bloss ein bestimmter formeller amtlicher Erlass, sondern jede amtliche Massregel zu verstehen, soweit sie einseitig kraft Amtsgewalt und mit Wirkungen nach aussen erlassen wird. Was die Form der Verfügungen betrifft, so sind diese grundsätzlich schriftlich zu erlassen, was sich einerseits aus Art. 34 SchKG ergibt und andererseits auf Rechtssicherheitsüberlegungen abstützen lässt. Verfügungen müssen im Grundsatz begründet werden. Die Begründung hat dabei in einem Umfang zu erfolgen, dass die betroffene Person zur sachgerechten Anfechtung im Stande ist.[116] Dies ist dann nicht mehr gewährleistet, wenn sich dem Verfügungsinhalt nicht entnehmen lässt, welche Wirkungen der hoheitliche Akt hinsichtlich des gestellten Antrags zeitigt. Wird allerdings eine Verfügung erlassen, welcher nach Treu und Glauben entnommen werden kann, dass dem gestellten Begehren nicht entsprochen wird, so liegt nie ein Fall von einer unter Art. 17 Abs. 3 SchKG fallenden formellen Rechtsverweigerung[117] vor, und zwar unbekümmert der Frage, wie lapidar die Begründung konkret ausgefallen ist. Vielmehr ist die Verfügung hier gegebenenfalls mittels Beschwerde wegen Gesetzesverletzung innert der Frist von 10 Tagen anzufechten. Es ist im Ergebnis also weder auf den Wortlaut noch auf das formale äussere Erscheinungsbild der Mitteilung der Vollstreckungsbehörde abzustellen, sondern auf den darin wiedergegebenen tatsächlichen rechtlichen Gehalt.[118]

161 Es muss sich stets um eine – einen Verfahrensabschnitt abschliessende – Verfügung oder Unterlassung (Rechtsverweigerung bzw. -verzögerung) der *Vollstreckungsorgane* handeln; Handlungen des Schuldners, des Gläubigers oder Dritter können mittels Beschwerde nicht angefochten werden.

162 Damit eine Verfügung ein Anfechtungsobjekt sein kann, ist ferner notwendig, dass sie auf irgendeine Weise rechtlich auf das Betreibungsverfahren einwirkt, d.h. eine rechtliche Veränderung herbeiführt.

Beispiele: Ausstellung eines Zahlungsbefehls, Pfändungsankündigung; Aufforderung zur Leistung eines Kostenvorschusses.

---

113 Rz. 109.
114 Rz. 107 f.
115 BGer v. 29.4.2004, 7B.72/2004 E. 2.2.
116 BGE 124 II 146, E. 2.a.
117 Rz. 173.
118 BGer v. 6.7.2006, 7B.75/2006 E. 2.2.2.

IV. Betreibungsrechtliche Beschwerde

Nicht anfechtbar sind dagegen *allgemeine Amtstätigkeiten* als solche, *blosse Meinungsäusserungen, Absichtserklärungen, einfache Mitteilungen* oder *Berichte über den Stand des Verfahrens*.[119] 163

Gleichsam nicht mittels betreibungsrechtlicher Beschwerde angefochten werden können allfällige Verfehlungen (z.B. Rechtsverzögerung) von *Gerichten,* welche sich im Rahmen ihrer sachlichen Zuständigkeit mit gerichtlichen Angelegenheiten des Schuldbetreibungs- und Konkursrechts zu befassen haben (vgl. Art. 1 lit. b ZPO).[120] Diesfalls stehen dem Betroffenen gemäss ZPO sowohl das ordentliche Rechtsmittel der Berufung (vgl. Art. 308 ff. ZPO) als auch das ausserordentliche Rechtsmittel der Beschwerde (vgl. Art. 319 ff. ZPO) offen. 164

Zwischenentscheide, die in einem kantonalen Beschwerdeverfahren erlassen werden, können nur dann Beschwerdeobjekt bilden, falls sie einen *nicht wieder gutzumachenden Nachteil* bewirken können (Art. 93 Abs. 1 lit. a und lit. b BGG) oder wenn sie die Frage der Zuständigkeit oder das Ausstandsbegehren betreffen (Art. 92 Abs. 1 BGG). Ein nicht wieder gutzumachender Nachteil liegt dann vor, wenn er durch einen späteren günstigen Entscheid nicht oder nicht mehr vollständig behoben werden kann (z.B. die Verweigerung der unentgeltlichen Rechtspflege)[121]. 165

D. Beschwerdegründe

Verfügungen sind wegen *Gesetzesverletzung* oder *Unangemessenheit* anfechtbar, *Unterlassungen* wegen *Rechtsverweigerung* oder *Rechtsverzögerung*. 166

In jedem Fall können lediglich *Verfahrensfehler* gerügt werden;[122] über materiellrechtliche Fragen wird im Beschwerdeverfahren grundsätzlich nicht entschieden.[123] Nur *ausnahmsweise* sind materiellrechtliche Fragen im Beschwerdeverfahren zu prüfen, nämlich vorfrageweise, wenn sie eine Grundlage für das Betreibungsverfahren bilden. 167

Beispiele: Rechts- und Handlungsfähigkeit bei der Abklärung der Partei- und Betreibungsfähigkeit; Vorhandensein des Wohnsitzes.

Gesetzesverletzung im Sinne von Art. 17 SchKG meint die Verletzung sowohl bundes- als auch kantonalrechtlicher Normen. Hierunter fallen das Verfassungsrecht, die EMRK, der UNO-Pakt II, das SchKG und andere Bundes- und Kantonsgesetze sowie Verordnungen, Staatsverträge und Völkergewohnheitsrecht (unrichtige 168

---

119 BGer v. 13.12.2005, 7B.189/2005 E. 1.1; BGE 123 III 335 E. 1.
120 BGer v. 18.11.2010, 5A_576/2010 E. 3.1; BGer v. 21.3.2011, 5A_760/2010 E. 4.2.
121 BGer v. 15.4.2010, 5A_27/2010 E. 1.1.
122 BGer v. 5.3.2002, 7B.11/2002 E. 3.c; in Zusammenhang mit der Anfechtung eines Kollokationsplanes BGer v. 6.8.2008, 5A_141/2008 E. 3.
123 BGer v. 5.3.2002, 7B.11/2002 E. 3.a.

oder unvollständige Feststellung des Sachverhalts durch die kantonale Aufsichtsbehörde).

> *Beispiele:* Einleitung einer falschen Betreibung (hier wird u.U. allerdings Nichtigkeit angenommen[124]); nicht gehörige Zustellung einer Betreibungsurkunde; Nichtzulassung einer Rechtsvertretung mit luzernischem Sachwalterpatent vor der Aufsichtsbehörde des Kantons Luzern (vgl. § 9 lit. b EG-SchKG/LU).

169 *Unangemessenheit* setzt voraus, dass der verfügenden Behörde überhaupt Ermessensfreiheit zusteht. Wo keine solche besteht, die Behörde sich diese aber anmasst, liegt eine Rechtsverletzung vor (Ermessensüberschreitung). Analoges gilt für die Ermessensunterschreitung, wenn sich die Behörde mithin als gebunden betrachtet, obwohl ihr das Gesetz einen Ermessensspielraum einräumt. Keine blosse Unangemessenheit liegt schliesslich beim Ermessensmissbrauch vor; dieser ist anzunehmen, wenn die Behörde im Rahmen des ihr eingeräumten Ermessens bleibt, sich aber von unsachlichen, dem Zweck der massgebenden Vorschriften fremden Erwägungen leiten lässt oder gegen allgemeine Rechtsprinzipien (z.B. Willkürverbot, Gebot von Treu und Glauben) verstösst.[125]

170 Reine Ermessensfehler können vor den kantonalen Aufsichtsbehörden (diese übt die Ermessenskontrolle aus), grundsätzlich aber nicht vor Bundesgericht geltend gemacht werden; Rechtsmissbrauch und Ermessensmissbrauch der kantonalen Aufsichtsbehörden können dagegen beim Bundesgericht angefochten werden.[126]

> *Beispiel:* Ermessenskontrolle durch die kantonale Aufsichtsbehörde bei der Gewährung des Rechtsstillstandes gemäss Art. 61 SchKG.

171 In Abgrenzung zur Gesetzesverletzung bedingen Fälle von *Rechtsverweigerung* und *Rechtsverzögerung* zunächst das Nichtvorhandensein einer schriftlichen Verfügung.

172 Von *Rechtsverzögerung* ist auszugehen, wenn ein Vollstreckungsorgan die gebotene Amtshandlung nicht innerhalb der durch das Gesetz vorgesehenen Frist vornimmt. In einem solchen Fall kann nicht mit letzter Gewissheit darauf geschlossen werden, dass die Amtshandlung nie erfolgen wird und demnach eine Rechtsverweigerung darstellt.

> *Beispiel:* Die Konkursverwaltung erstellt den Kollokationsplan erst 80 Tage nach Ablauf der Eingabefrist (vgl. Art. 247 Abs. 1 SchKG, wonach die Konkursverwaltung verpflichtet ist, innert 60 Tagen nach Ablauf der Eingabefrist einen Kollokationsplan zu erstellen).

173 Dagegen handelt es sich um eine *Rechtsverweigerung,* wenn sich ein Vollstreckungsorgan ausdrücklich oder stillschweigend weigert, die gebotene Amtshandlung vorzunehmen, ohne dies aber in der Form einer Verfügung anzuzeigen. Ge-

---

124 Rz. 461.
125 BGE 130 III 611 E. 1.2 (Pra 94 [2005] Nr. 66).
126 BGer v. 13.12.2005, 7B.189/2005 E. 1.2; BGer v. 9.2.2004, 7B.3/2004.

meint ist hier also eine *formelle Rechtsverweigerung*, d.h. eine Untätigkeit des Vollstreckungsorgans.

Beispiel: Da S einen Betrag in Höhe von CHF 1000.00 dem G gegenüber schuldig blieb, gelangte Letzterer an das zuständige Betreibungsamt und stellte mündlich ein Betreibungsbegehren, worauf ihm der Betreibungsbeamte entgegnete, er nehme sein Betreibungsbegehren unter keinen Umständen an die Hand.

Die Unterscheidung von Rechtsverweigerung und Rechtsverzögerung ist nicht leichthin möglich, zumal es sich bei der Rechtsverzögerung um einen Teilaspekt der Rechtsverweigerung handelt. 174

Die Beschwerdemöglichkeit wegen Rechtsverweigerung und Rechtsverzögerung gründet sowohl auf der BV (Art. 29 Abs. 1 BV) als auch auf der EMRK (Art. 6 Ziff. 1 EMRK) als Teilgehalt des Anspruchs auf ein gerechtes Verfahren. 175

E. Beschwerdelegitimation

Aktivlegitimiert zur Einreichung einer betreibungsrechtlichen Beschwerde ist, wer durch eine Verfügung oder Unterlassung eines Vollstreckungsorgans in seinen rechtlich geschützten oder tatsächlichen Interessen betroffen und dadurch beschwert ist und deshalb ein schutzwürdiges Interesse an der Aufhebung oder Abänderung der Verfügung bzw. der Anordnung einer solchen hat.[127] Dieses schutzwürdige Interesse hat aktuell und praktisch zu sein, was immer dann der Fall ist, wenn der erlittene Nachteil im Zeitpunkt des Entscheids der Aufsichtsbehörde nach wie vor besteht und durch diese behoben werden kann. 176

Zur Beschwerdeführung können demnach legitimiert sein: 177
- der Schuldner,
- allfällige Mitbetriebene,[128]
- die Gläubiger,
- aber auch Dritte, deren Interessen durch eine Amtshandlung verletzt werden (z.B. Eigentümer gepfändeter Sachen).

Gemäss Praxis kann überdies auch die durch das Betreibungsamt beauftragte Hilfsperson als aktivlegitimierter Dritter gelten (z.B. der mit der Verwaltung von Grundstücken beauftragte Dritte).[129]

---

127 BGer v. 24.5.2005, 7B.60/2005 E. 2.1; BGer v. 16.4.2003, 7B.39/2003 E. 3.1; BGE 120 III 42 E. 3.
128 Rz. 354.
129 BGE 129 III 400 E. 1.3 (Pra 93 [2004] Nr. 87).

§ 2 Allgemeine Bestimmungen

178 *Passivlegitimiert* ist dasjenige Vollstreckungsorgan, das die angefochtene Verfügung erliess oder hätte erlassen sollen. Als Beschwerdegegner kommen infrage:
- das Betreibungsamt,
- das Konkursamt (allenfalls in der Funktion als amtliche Konkursverwaltung),
- die ausseramtliche Konkursverwaltung,
- die Gläubigerversammlung,
- ein allfälliger Gläubigerausschuss,
- der Sachwalter oder
- die Liquidatoren im Nachlassverfahren.

F. Beschwerdefristen

179 Die *Beschwerdefrist* beträgt grundsätzlich 10 Tage seit Kenntnis der Verfügung (Art. 17 Abs. 2, 18 Abs. 1 SchKG; Art. 100 Abs. 2 lit. a BGG). Ausnahmen bestehen in Bezug auf die Wechselbetreibung und Beschlüsse der ersten Gläubigerversammlung im Konkurs. In beiden Fällen beträgt die Beschwerdefrist bloss 5 Tage (Art. 20, 239 Abs. 1 SchKG; Art. 100 Abs. 3 lit. a BGG).

180 Die Beschwerde wegen formeller Rechtsverweigerung bzw. -verzögerung ist dagegen an keine Frist gebunden (Art. 17 Abs. 3, 18 Abs. 2 SchKG; Art. 100 Abs. 7 BGG).

181 Die Beschwerdefristen nach Art. 17 Abs. 2 SchKG und Art. 19 SchKG i.V.m. Art. 100 Abs. 2 lit. a BGG sind (betreibungsrechtliche) Verwirkungsfristen,[130] weshalb verspätete Anträge, Begründungen oder Beschwerdeergänzungen unbeachtlich sind.

G. Verfahren

182 Die Beschwerde wird von der jeweiligen kantonalen Aufsichtsbehörde entschieden. Das Verfahren richtet sich nach Art. 17–21 SchKG sowie den ergänzenden kantonalen Bestimmungen. Bestehen in einem Kanton auch untere Aufsichtsbehörden, so kann die Beschwerde an die obere Aufsichtsbehörde weitergezogen werden (Art. 18 Abs. 1 SchKG). Die Weiterziehungsgründe vor der oberen Aufsichtsbehörde werden durch das kantonale Recht bestimmt, wobei zu beachten ist, dass die unmittelbare Vorinstanz des Bundesgerichts mindestens die Rügen nach Art. 95–98 BGG prüfen können muss (Art. 111 Abs. 3 Satz 1 BGG).

183 Nach Erschöpfung des kantonalen Instanzenzugs besteht die Möglichkeit des Weiterzugs an das Bundesgericht mittels Beschwerde in Zivilsachen (Art. 19 SchKG i.V.m. Art. 72 ff. BGG). Zuständig für die Behandlung von Beschwerden in Zi-

---

[130] BGer v. 9.2.2007, 7B.228/2006 E. 2.2; BGer v. 30.11.2006, 7B.163/2006 E. 2; BGer v. 31.10.2005, 7B.174/2005 E. 2.1; Rz. 210.

vilsachen und subsidiären Verfassungsbeschwerden betreffend das SchKG ist gemäss Art. 32 Abs. 1 lit. c des Reglements für das Bundesgericht vom 20. November 2006 (SR 173.110.131) die zweite zivilrechtliche Abteilung. Gemäss Art. 20 Abs. 1 BGG entscheidet die Abteilung in der Regel in Dreierbesetzung.

Die betreibungsrechtliche Beschwerde ist – wie oben erwähnt – ein *devolutiver* Rechtsbehelf.[131] Solange aber die Beschwerdefrist noch läuft oder das Vollstreckungsorgan zu einer eingelegten Beschwerde noch keine Vernehmlassung erstattet hat, kann es die angefochtene Verfügung in Wiedererwägung ziehen. Die Beschwerde wird aber erst dann gegenstandslos, wenn allen im Beschwerdeverfahren gestellten Begehren vom entsprechenden Vollstreckungsorgan entsprochen wird (Art. 17 Abs. 4 SchKG). 184

Die betreibungsrechtliche Beschwerde zeitigt nur auf besondere Anordnung hin einen *Suspensiveffekt* (Art. 36 SchKG),[132] wobei dieser regelmässig bloss auf einen entsprechenden Parteiantrag hin gewährt wird. Ausnahmsweise, wenn öffentliche Interessen infrage stehen, kann die kantonale Aufsichtsbehörde den Suspensiveffekt ex officio gewähren. 185

Beispiel: Die Pfändung eines Korans bleibt einstweilen in Kraft, bis über eine wegen Verletzung von Art. 92 Abs. 1 Ziff. 2 SchKG eingereichte Beschwerde rechtskräftig entschieden ist. Der angerufenen Aufsichtsbehörde steht es aber offen, der Beschwerde die aufschiebende Wirkung zu erteilen, womit der Beschwerdeführer grundsätzlich wieder über seine Schrift verfügen darf.

Das Beschwerdeverfahren vor den kantonalen Aufsichtsbehörden ist grundsätzlich *kostenlos*. Diese Kostenlosigkeit bezieht sich auf die Gerichtskosten (z.B. die Spruchgebühr). Eine Ausnahme besteht für den Fall böswilliger oder mutwilliger Prozessführung. So dürfen diesfalls einer Partei oder ihrem Vertreter Bussen bis zu CHF 1500.00 sowie die Gebühren und Auslagen auferlegt werden (Art. 20a Abs. 2 Ziff. 5 SchKG). 186

In Zusammenhang mit sog. Parteientschädigungen, welche durch Beizug einer Parteivertretung entstehen, ist auf Art. 62 Abs. 2 GebV SchKG zu verweisen. Danach darf im Beschwerdeverfahren dem Grundsatz nach *keine Parteientschädigung* zugesprochen werden. 187

Anmerkung: Das SchKG kennt keine Bestimmung zur *unentgeltlichen Rechtspflege*. Diese ist zwar nicht grundsätzlich ausgeschlossen; angesichts der tiefen Ansätze in der GebV SchKG und der Tatsache, dass die Durchführung des Verfahrens ganz allgemein relativ einfach und weitgehend formlos ist, ist jedoch eine gewisse Zurückhaltung bei der Gewährung des Rechts auf unentgeltliche Rechtspflege zu postulieren.[133]

---

131 Rz. 150 f.
132 Rz. 157.
133 BGE 122 I 8 E. 2.c; Rz. 361.

188 *Art. 20a Abs. 2 SchKG* statuiert einige Prozessmaximen für das Verfahren vor den kantonalen Aufsichtsbehörden, insbesondere den Untersuchungsgrundsatz (Ziff. 2),[134] den Grundsatz der freien richterlichen Beweiswürdigung (Ziff. 3) sowie die Dispositionsmaxime (Ziff. 3). Ferner ist der Beschwerdeentscheid zu begründen (Ziff. 4), wodurch wiederum ein Teilgehalt von Art. 29 Abs. 2 BV (Begründungspflicht) zum Ausdruck kommt.

> *Anmerkung:* Die Dispositionsmaxime gilt nicht hinsichtlich nichtiger Verfügung. Die Nichtigkeit wird von Amtes wegen festgestellt (Art. 22 SchKG).

189 Der Beschwerdeentscheid kann auf

- *Nichteintreten* (Prozessentscheid),
- *Gutheissung* oder
- *Abweisung* (Sachentscheide) lauten.

190 Der *Natur* der betreibungsrechtlichen Beschwerde[135] entsprechend kann der Entscheid sowohl *reformatorisch* als auch *kassatorisch*[136] ausfallen.

191 Für das Beschwerdeverfahren auf Bundesebene ist das BGG massgebend; Art. 19 SchKG enthält einen entsprechenden Verweis. Vor Bundesgericht ist die Beschwerde in Zivilsachen gemäss Art. 72 ff. BGG zu erheben. Dies gilt aufgrund der weiten Umschreibung des Anwendungsbereichs in Art. 72 Abs. 2 lit. a BGG insbesondere auch für die Beschwerde im Rahmen der Vollstreckung von Geldforderungen öffentlich-rechtlicher Natur. Die Beschwerde gegen Entscheide der kantonalen Aufsichtsbehörden und gegen Entscheide der Konkurs- und Nachlassgerichte ist streitwertunabhängig (Art. 74 Abs. 2 lit. c und d BGG).

192 Ans Bundesgericht können nur Entscheide der oberen (oder einzigen) kantonalen Aufsichtsbehörde gezogen werden (Art. 75 Abs. 1 BGG). Als Anfechtungsobjekte kommen sowohl End- und Teilentscheide (Art. 90 f. BGG) als auch bestimmte Vor- und Zwischenentscheide (Art. 92 f. BGG) infrage.

193 Nach Art. 99 Abs. 1 BGG dürfen neue Tatsachen und Beweismittel (Noven) nur so weit vorgebracht werden, als *erst* der Entscheid der Aufsichtsbehörde dazu Anlass gegeben hat; inwieweit dies der Fall ist, ist in der Beschwerdeschrift darzutun.[137] Ausgeschlossen sind jedoch neue Begehren (Art. 99 Abs. 2 BGG).

194 Für das Beschwerdeverfahren vor Bundesgericht werden – im Gegensatz vor den kantonalen Aufsichtsbehörden – die Kosten gemäss Art. 62 ff. BGG auferlegt.

---

134 BGer v. 16.2.2011, 5A_781/2010 E. 2.1 f.
135 Rz. 147 ff.
136 Rz. 156.
137 BGE 133 III 393 E. 3.

IV. Betreibungsrechtliche Beschwerde

Verfahren

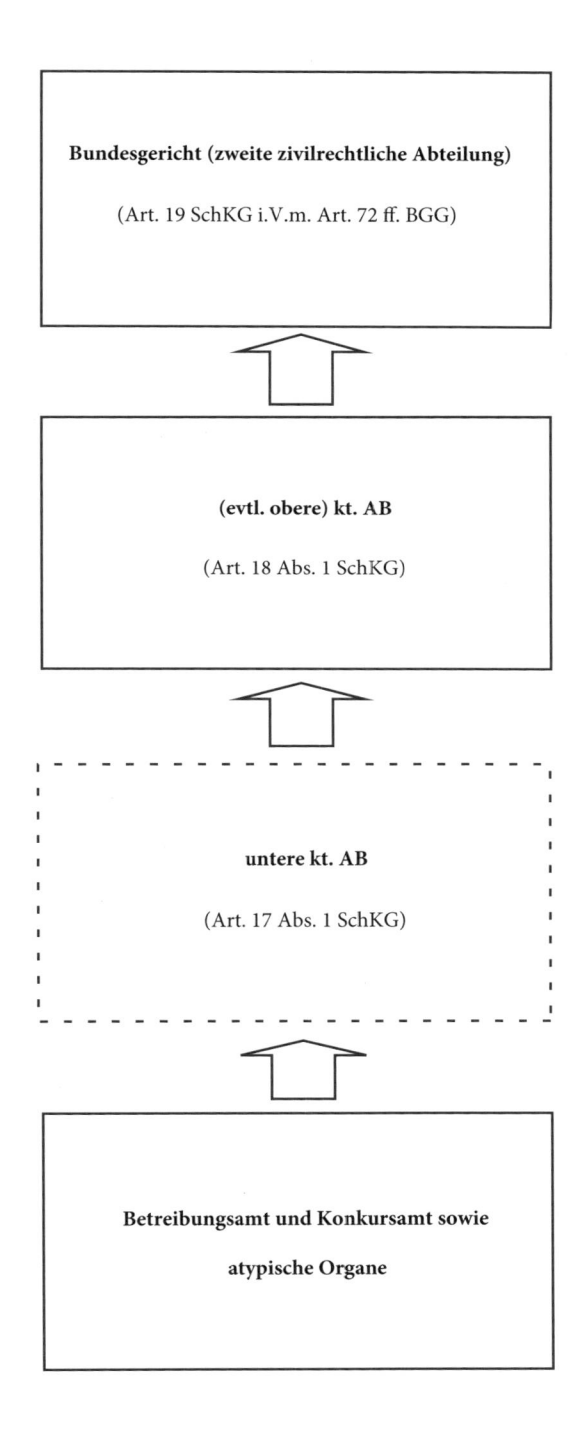

Bundesgericht (zweite zivilrechtliche Abteilung)

(Art. 19 SchKG i.V.m. Art. 72 ff. BGG)

⬆

(evtl. obere) kt. AB

(Art. 18 Abs. 1 SchKG)

⬆

untere kt. AB

(Art. 17 Abs. 1 SchKG)

⬆

Betreibungsamt und Konkursamt sowie atypische Organe

V. Fristen im SchKG

A. Grundsätzliches

195 Im Schuldbetreibungsrecht können grundsätzlich zwei Arten von Fristen unterschieden werden:

– *Verfahrensfristen,* die das Betreibungsverfahren betreffen, und
– *materiellrechtliche Fristen,* die das materielle Recht betreffen.

196 Die Fristen werden zum Teil durch das Gesetz vorgeschrieben, zum Teil durch eine Verfügung der Vollstreckungsorgane angesetzt.

197 Die im SchKG aufgestellten Fristen sind grundsätzlich zwingend und können vertraglich nicht abgeändert werden (Art. 33 Abs. 1 SchKG). Eine Partei kann aber darauf verzichten, die Nichteinhaltung einer ausschliesslich in ihrem Interesse aufgestellten Frist geltend zu machen, wodurch verfrüht oder verspätet vorgenommene Handlungen wirksam bleiben (Art. 33 Abs. 3 SchKG).

198 An die im SchKG vorgesehenen Fristen sind nicht nur die Betreibungsparteien bzw. berechtigte Dritte, sondern auch die Vollstreckungsbehörden gebunden. Letztere dürfen aber, wenn ein am Verfahren Beteiligter im Ausland wohnt oder sein Wohnort unbekannt ist, die Fristen entsprechend verlängern (Art. 33 Abs. 2 SchKG). Ob eine Fristverlängerung im konkreten Einzelfall gewährt wird, liegt im Ermessen der zuständigen Vollstreckungsbehörde.[138]

199 Was die Bemessung der Dauer der Fristverlängerung betrifft, so ist die Frist nach bundesgerichtlicher Rechtsprechung grundsätzlich um so viele Tage zu erstrecken, als es der normalen Beförderungsdauer vom entsprechenden Staat in die Schweiz entspricht.[139] Dabei ist auf die konkreten Umstände abzustellen.[140] In einigen Fällen sieht auch das SchKG selbst gewisse gesetzliche Verlängerungsmöglichkeiten vor.

Beispiele: Art. 247 Abs. 4 SchKG für die Erstellung bzw. Genehmigung des Kollokationsplanes; Art. 295 Abs. 4 SchKG für die Nachlassstundung; Art. 334 Abs. 2 SchKG für die Stundung bei der einvernehmlichen privaten Schuldenbereinigung.

200 Die Fristberechnung und Einhaltung lehnt sich grundsätzlich an die Regelung im ZPO an (Art. 31 SchKG).

201 Was die *Berechnung* der Fristen angeht, so ist Art. 142 ZPO einschlägig. Nach Art. 142 Abs. 1 ZPO beginnen Fristen, welche durch eine Mitteilung oder den Eintritt eines Ereignisses ausgelöst werden, am folgenden Tag zu laufen. Sofern sich

---

[138] BGE 136 III 575 E. 4.1.
[139] BGer v. 26.4.2005, 7B.44/2005 E. 3.2; BGer v. 9.12.2002, 7B.188/2002 E. 2.2; BGE 106 III 1 E. 2.
[140] BGE 136 III 575 E. 4.1.

eine Frist nach Monaten berechnet, endet sie im letzten Monat an dem Tag, der dieselbe Zahl trägt wie der Tag, an dem die Frist zu laufen begann. Bei Fehlen dieses Tages endet die Frist am letzten Tag des Monats (Art. 142 Abs. 2 ZPO). Fällt der letzte Tag einer Frist auf einen Samstag, einen Sonntag oder einen am Ort der tätigen Behörde vom Bundesrecht oder vom kantonalen Recht anerkannten Feiertag, so endet die Frist am nächsten Werktag (vgl. Art. 142 Abs. 3 ZPO).

Für die *Einhaltung* der Fristen ist Art. 143 ZPO einschlägig. Gemäss Abs. 1 dieser Bestimmung müssen Eingaben spätestens am letzten Tag der Frist bei der Behörde oder zu deren Handen der Schweizerischen Post oder einer diplomatischen oder konsularischen Vertretung übergeben worden sein. Es gilt das sog. *Expeditionsprinzip*. Für den Fall, dass der Rechtsverkehr auf dem Weg der elektronischen Übermittlung vorgenommen wird (vgl. Art. 33a SchKG sowie die ÜbV), ist Art. 143 Abs. 2 ZPO massgebend. Danach ist eine Frist eingehalten, wenn der Empfang bei der Zustelladresse des Vollstreckungsorganes spätestens am letzten Tag der Frist durch das betreffende Informatiksystem bestätigt worden ist. Hier gilt das sog. *Empfangsprinzip*.

Eine eigene Regelung sieht das SchKG aber für die Fristwahrung durch Anrufung eines unzuständigen Betreibungs- oder Konkursamtes vor. So bestimmt Art. 32 Abs. 2 SchKG, dass in jenen Fällen, in denen eine Eingabe bei einem unzuständigen Betreibungs- oder Konkursamt eingereicht wird, dieses unverzüglich eine Überweisung derselben an das zuständige Amt zu tätigen hat. Die Überweisung erfolgt nach Eintrag im Tagebuch (Art. 13 VFRR).[141]

Diese Regelung weicht von jener in Art. 63 ZPO ab, wonach Klagen, die bei einem unzuständigen Gericht eingereicht werden, nicht von Amtes wegen an das zuständige Gericht überwiesen werden. In diesem Fall ist die klagende Partei vielmehr gehalten, die Klage selbst beim zuständigen Gericht einzureichen, wozu sie für all jene Fälle, in denen das SchKG keine kürzere Klagefrist als die ZPO vorsieht (vgl. Art. 63 Abs. 3 ZPO; z.B. 20-tägige Frist zur Erhebung der Kollokationsklage nach Art. 250 SchKG), einen Monat Zeit hat, um die Wirkungen der Rechtshängigkeit aufrechtzuerhalten (Art. 63 Abs. 1 ZPO).

B. Arten

Die einzelnen Fristen im SchKG lassen sich in die folgenden Unterarten einteilen:

---

141 BGE 127 III 567 E. 3.a.

1. Verfahrensfristen

1.1 Ordnungsfristen

206 Es handelt sich hierbei um Fristen, die das Gesetz den Vollstreckungsorganen im Sinne einer *Richtlinie,* binnen welcher eine bestimmte Amtshandlung vorgenommen werden sollte, vorschreibt.

Beispiele: Der Rechtsöffnungsrichter hat seinen Entscheid binnen 5 Tagen nach Eingang der Stellungnahme des Schuldners zu eröffnen (Art. 84 Abs. 2 SchKG); dem Schuldner wird die Pfändung spätestens am vorhergehenden Tag angekündigt (Art. 90 SchKG); Grundstücke werden frühestens einen Monat und spätestens drei Monate nach Eingang des Verwertungsbegehrens öffentlich versteigert (Art. 133 Abs. 1 SchKG);[142] die Konkursverwaltung erstellt innert 60 Tagen nach Ablauf der Eingabefrist den Kollokationsplan (Art. 247 Abs. 1 SchKG).

207 Werden solche Fristen nicht eingehalten, so wirkt sich dies auf die Gültigkeit der vorgenommenen Handlung nicht aus. Der durch die Handlung Betroffene kann sich aber mit betreibungsrechtlicher Beschwerde wegen Rechtsverzögerung zur Wehr setzen. Es kann sich u.U. auch die Frage der Staatshaftung gemäss Art. 5 ff. SchKG stellen.[143]

1.2 Zustandsfristen

208 Es handelt sich hier nicht um eigentliche Fristen, sondern um betreibungsrechtliche Zeitspannen, binnen welchen ein bestimmter Rechtszustand herrscht.

Beispiel: Die Nachwirkungsfrist des Handelsregistereintrags, während der die Konkursfähigkeit einer Person fortbesteht (Art. 40 SchKG); die Verdachtsperioden von einem bzw. fünf Jahren bei der paulianischen Anfechtung gemäss Art. 286 ff. SchKG.

1.3 Bedenkfristen

209 Diese Fristen sollen dem Schuldner die Gelegenheit bieten, allenfalls doch noch freiwillig zu erfüllen, bevor das Zwangsvollstreckungsverfahren gegen ihn fortgesetzt wird. Gegen Handlungen, die vor dem betreffenden Zeitpunkt gegen ihn vorgenommen werden, kann sich der Schuldner mit betreibungsrechtlicher Beschwerde wehren.

Beispiel: Nach der Zustellung des Zahlungsbefehls hat der Schuldner 20 Tage Zeit, den Gläubiger für die in Betreibung gesetzte Forderung zu befriedigen. Wehrt er sich nicht gegen die angehobene Betreibung, kann der Gläubiger frühestens nach Ablauf von 20 Tagen das Fortsetzungsbegehren stellen (Art. 88 Abs. 1 SchKG).

---

142 BGE 135 III 28 E. 3.2 (Pra 98 [2009] Nr. 68).
143 BGer v. 6.3.2002, 7B.279/2001 E. 2.a; Rz. 118 ff.

1.4 Verwirkungsfristen

Diese Fristen werden vom Gesetz den Parteien des Betreibungsverfahrens oder Dritten zur Vornahme bestimmter Handlungen gesetzt. Ist eine solche Frist verwirkt, kann die betreffende Handlung grundsätzlich nicht mehr nachgeholt werden. Immerhin kann sich noch die Frage der Wiederherstellbarkeit der Frist[144] stellen. Der Rechtsverlust wirkt sich aber nur auf die hängige Betreibung aus, d.h., das Versäumnis zeitigt keine materiellrechtlichen Auswirkungen.

Beispiel: Frist zur Erhebung des Rechtsvorschlags (Art. 74 Abs. 1 SchKG); Beschwerdefrist gemäss Art. 17 SchKG bzw. Art. 19 SchKG i.V.m. Art. 100 Abs. 3 lit. a BGG; Frist zur Stellung des Fortsetzungsbegehrens (Art. 88 Abs. 2 SchKG).

2. Materiellrechtliche Fristen

2.1 Verjährungsfristen

Bezüglich solcher Fristen sind die Bestimmungen des OR anwendbar, d.h., die Verjährung wird nur auf Einrede hin berücksichtigt und bewirkt nicht das Erlöschen der Forderung, sondern lediglich die Aufhebung der Klagbarkeit.

Beispiele: Schadenersatzansprüche aus Staatshaftung (Art. 6 SchKG); Forderungen aus einem Pfändungs- bzw. Konkursverlustschein (Art. 149a Abs. 1, 265 Abs. 2 SchKG).

Bei Schadenersatzforderungen gegen den Arrestgläubiger (Art. 273 SchKG) gelten die obligationenrechtlichen Verjährungsfristen nach Art. 60 OR, da der Schadenersatzanspruch deliktischer Natur ist. Dies ist er deshalb, weil das Verfügungsrecht des Schuldners am jeweiligen Eigentumsgegenstand eingeschränkt wird und die Massnahme somit in absolut geschützte Rechtspositionen eingreift. Die Frist beginnt mit Dahinfallen des Arrestes wegen mangelnder Prosequierung oder Abweisung der Prosequierungsklage (Art. 280 SchKG)[145] bzw. wegen Gutheissung der Einsprache (Art. 278 SchKG)[146].

2.2 Verwirkungsfristen

Die Verwirkung von Rechtsansprüchen ist von Amtes wegen zu berücksichtigen. Sie führt im Gegensatz zur Verjährung zum vollständigen und endgültigen Rechtsverlust.

Beispiel: Betreibungsrechtlicher Rückforderungsanspruch gemäss Art. 86 SchKG.

---

144 Rz. 214.
145 Rz. 1488.
146 Rz. 1497 ff.

C. Wiederherstellung

214 Wurde eine Frist verpasst, kann unter den Voraussetzungen von Art. 33 Abs. 4 SchKG die Aufsichtsbehörde oder – im Fall einer versäumten Klagefrist – das zuständige Gericht, um Wiederherstellung der Frist ersucht werden. Diese Bestimmung geht Art. 148 ZPO als *lex specialis* vor. Eine solche kommt aber nur infrage, wenn die Frist durch ein unverschuldetes Hindernis versäumt wurde und es sich um kurze Eingabefristen des Betreibungsverfahrens handelt. Keinen Wiederherstellungsgrund bilden in jedem Fall blosse Beweisschwierigkeiten.

Beispiele: unerwartete schwere Krankheit, Militär- oder Zivildienst.

215 Nicht wiederherstellbar sind folgende Fristen:

- verfahrensrechtliche Ordnungs-, Zustands- und Bedenkfristen;
- verfahrensrechtliche Verwirkungsfristen, wenn das Gesetz dies ausdrücklich vorsieht;
- materiellrechtliche Verjährungsfristen.

216 Mit dem Wiederherstellungsgesuch ist die versäumte Rechtshandlung bei der zuständigen Behörde nachzuholen.

Beispiel: Wird der Schuldner durch einen Verkehrsunfall davon abgehalten, fristgerecht Rechtsvorschlag gemäss Art. 74 SchKG zu erheben, kann er ein Gesuch um Wiederherstellung an die Aufsichtsbehörde stellen und beim Betreibungsamt den Rechtsvorschlag erklären.

217 Sowohl das Gesuch als auch die Nachholung der versäumten Rechtshandlung haben grundsätzlich innert der gleichen Frist wie die verpasste zu geschehen. Massgebend für den Fristbeginn ist der Moment, ab welchem es dem Gesuchsteller wieder zumutbar ist, die notwendigen Handlungen selber vorzunehmen oder durch einen Vertreter vornehmen zu lassen.

Fristen

betreibungsrechtliche (= Verfahrensfristen)	materiellrechtliche
Ordnungsfristen (Art. 84 Abs. 2 SchKG)	**Verjährungsfristen** Schadenersatzansprüche aus Staatshaftung (Art. 6 SchKG) *Forderungen Pfändungs-/Konkursverlustschein* *(Art. 149a Abs. 1 bzw. Art. 265 Abs. 2 SchKG)*
Zustandsfristen Verdachtsperiode (Art. 286 ff. SchKG)	**Verwirkungsfristen** Rückforderungsanspruch (Art. 86 bzw. 187 SchKG)
Bedenkfristen Fortsetzungsbegehren (Art. 88 Abs. 1 SchKG)	
Verwirkungsfristen Rechtsvorschlag (Art. 69 Abs. 2 Z. 3 und 4 bzw. 179 SchKG) Fortsetzungsbegehren (Art. 88 Abs. 2 SchKG) Beschwerdefrist (Art. 17 SchKG)	

§ 3 Grundsätze des Schuldbetreibungsverfahrens

I. Geltungsbereich der einzelnen Betreibungsarten

Im schweizerischen Betreibungsrecht kommen zwei Vollstreckungssysteme vor: die Spezialexekution und die Generalexekution. Beide Arten können je in eine Haupt- und in eine Sonderart unterteilt werden.[147] Grundsätzlich entscheidet der *Betreibungsbeamte, in welcher Form* die Betreibung im Einzelfall durchzuführen ist (Art. 38 Abs. 3 SchKG). Die Prüfung, ob sie auf dem Weg der Pfändung oder auf dem Weg des Konkurses fortzusetzen ist, erfolgt von Amtes wegen. 218

Von der *Person des Schuldners* hängt grundsätzlich ab, ob die Betreibung in Form einer *Spezial- oder einer Generalexekution* stattfindet. Massgebendes Kriterium bildet dabei der Handelsregistereintrag (Art. 39 Abs. 1 SchKG). Ob die im Handelsregister vermerkten Eintragungen gerechtfertigt sind, hat der Betreibungsbeamte jedoch nicht zu prüfen. 219

Von der *Art der Forderung* hängt dagegen ab, ob eine *Haupt- oder eine Sonderart* der Betreibung durchgeführt werden kann. Die Sonderart der Spezialexekution (Betreibung auf Pfandverwertung) bedingt eine pfandgesicherte Forderung; die Sonderart der Generalexekution (Wechselbetreibung) bedingt eine auf einem Wechsel beruhende Forderung. 220

Für die Einleitung der Betreibung auf Pfandverwertung ist allein das Begehren[148] des Gläubigers massgebend. Das Betreibungsamt hat sich an dieses zu halten. Bei der Wechselbetreibung ist es ebenfalls dem Gläubiger überlassen, ob er eine solche anstrengen will. Ausnahmsweise hat der Gläubiger somit ein begrenztes Wahlrecht, welche Betreibungsart zur Anwendung kommen soll. 221

Umgekehrt kann auch der Schuldner in gewisser Weise die anzuwendende Betreibungsart beeinflussen; namentlich dann, wenn er bei einer zu Unrecht erhobenen Pfändungsbetreibung die Einrede der Vorauswertung des Pfandes unterlässt.[149] 222

---

147 Rz. 45 ff.
148 Rz. 440 ff.
149 Rz. 234.

A. Betreibung auf Pfändung

223 Die Betreibung auf Pfändung, bei der nur so viel vom schuldnerischen Vermögen beschlagnahmt wird, als notwendig ist, um den oder die betreibenden Gläubiger zufriedenzustellen,[150] findet grundsätzlich Anwendung auf alle Schuldner, die nicht der Konkursbetreibung unterliegen.

224 Darüber hinaus findet die Betreibung auf Pfändung – unabhängig davon, ob der Schuldner der Konkursbetreibung unterliegt oder nicht – immer dann Anwendung, wenn eine der in Art. 43 SchKG abschliessend aufgezählten Forderungen in Betreibung gesetzt wird. Seinem Zweck entsprechend geht es bei Art. 43 SchKG darum, den Schuldner für öffentlich-rechtliche Forderungen und familienrechtliche Unterhalts- sowie Unterstützungsverpflichtungen nicht der Generalexekution zu unterstellen. Er soll nicht bei jeder bestehenden Verpflichtung gegenüber dem Gemeinwesen sowie gegenüber ihm nahestehenden Personen mit einer folgenschweren Konkurseröffnung rechnen müssen. Art. 43 SchKG gewährt aber auch dem öffentlichrechtlichen Gläubiger Vorteile, als dieser in den Genuss des Windhundprinzips[151] kommt und folglich nicht mit allfälligen Konkursgläubigern konkurrieren muss.

225 Von Art. 43 SchKG werden demnach erfasst:

- *öffentlich-rechtliche Forderungen* (Ziff. 1) wie Steuern und öffentliche Abgaben, Gebühren, Sporteln, Bussen und andere im öffentlichen Recht begründete Leistungen an öffentliche Kassen oder an Beamte, sofern der Gläubiger nach öffentlichem Recht konstituiert ist (Subordinationsverhältnis zwischen Gemeinwesen und Bürger);[152]

    Beispiel: X, Inhaber einer Einzelfirma (vgl. Art. 39 Abs. 1 Ziff. 1 SchKG), weigert sich, die leistungsabhängige Schwerverkehrsabgabe (vgl. Art. 3 SVAG) der Eidgenössischen Zollverwaltung zu entrichten. Die entsprechende Verfügung ist in Rechtskraft erwachsen. In Anbetracht der Tatsache, dass die Eidgenössische Zollverwaltung ihre rechtliche Grundlage in einem öffentlich-rechtlichen Erlass findet (Art. 91 ZG) und die Forderung hoheitlich mittels Verfügung festgelegt wurde, ist die Konkursbetreibung ausgeschlossen. Die Eidgenössische Zollverwaltung muss die leistungsabhängige Schwerverkehrsabgabe auf dem Weg der Betreibung auf Pfändung vollstrecken lassen.

- *Prämien der obligatorischen Unfallversicherung* (Ziff. 1bis); im Unterschied zu den öffentlich-rechtlichen Forderungen nach Ziff. 1 darf für Prämienforderungen der obligatorischen Unfallversicherung auch dann kein Konkurs eröffnet werden, wenn eine Privatversicherung die Unfallversicherung anbietet;

---

[150] Rz. 715 ff.
[151] Rz. 49.
[152] BGE 129 III 554 E. 3; 94 III 65 E. 3.

Beispiel: Für die Einforderung der Prämien der obligatorischen Unfallversicherung ist die Konkursbetreibung nicht nur dann ausgeschlossen, wenn die SUVA (als öffentlich-rechtliche Anstalt, vgl. Art. 61 Abs. 1 UVG) diese geltend macht, sondern auch dann, wenn die PUBLISANA als Verein (Art. 68 Abs. 1 lit. c UVG i.V.m. Art. 12 Abs. 1 KVG) diese Prämien einzufordern versucht.

– *periodische familienrechtliche Unterstützungs- und Unterhaltsleistungen* (Ziff. 2);

Beispiel: Verlangt die geschiedene Ehefrau von ihrem früheren Gatten nachehelichen Unterhalt gemäss Art. 125 ZGB, so ist eine Konkursbetreibung deswegen nicht zulässig, selbst wenn der Zahlungspflichtige – bspw. als Komplementär (Art. 39 Abs. 1 Ziff. 3 SchKG) – dieser an sich unterliegen würde. Der Betreibungsbeamte hat dagegen eine Konkursbetreibung durchzuführen, sofern es sich beim geltend gemachten nachehelichen Unterhalt um eine Abfindung i.S.v. Art. 126 Abs. 2 ZGB handelt.

– *Ansprüche auf Sicherheitsleistung* (Ziff. 3);

Beispiel: Die S AG verkauft K eine Industriemaschine. Zugleich verpflichtet sie sich, innert 10 Tagen nach Vertragsabschluss eine Sicherheit in Höhe der Hälfte des Kaufpreises auf ein Sperrkonto zu bezahlen, womit ein allfälliger aus einem Lieferverzug der S AG resultierender Schaden von K gedeckt werden soll. Wird die Sicherheit nicht fristgerecht geleistet, darf hierfür – trotz der Konkursfähigkeit der S AG – nur eine Betreibung auf Pfändung stattfinden.

– *für grundpfandgesicherte Zinsen oder Annuitäten, falls der Gläubiger die Betreibung auf Pfändung verlangt* (Art. 41 Abs. 2 SchKG).

Beispiel: Leitet Grundpfandgläubiger G gegen seinen Schuldner S gestützt auf Art. 41 Abs. 2 SchKG für die offenen Zinsen eine Betreibung auf Pfändung ein, so wäre es widersinnig, wenn das Betreibungsamt hierfür die Konkursbetreibung anordnen könnte.

B. Betreibung auf Pfandverwertung

Für die Anwendung dieser Betreibungsart – als Sonderart der Spezialexekution[153] – ist nicht die Person des Schuldners, sondern die Eigenschaft der Forderung ausschlaggebend. Diese muss durch ein Pfand gesichert sein. Ist dies der Fall, so wird die Betreibung auf Pfandverwertung durchgeführt, unabhängig davon, ob der Schuldner konkursfähig ist oder nicht. 226

Es handelt sich hier um die Zwangsvollstreckung in zum Voraus bestimmte Vermögensstücke des betriebenen Schuldners. Der betreibende Gläubiger wird aus dem Vermögenserlös seines Pfandes befriedigt. 227

Beispiel: Uhrmacher U stellt für P dessen wertvolle Pendule instand. Da P in der Folge die Rechnung nicht bezahlt, behält U den reparierten Gegenstand bei sich und macht ein Retentionsrecht i.S.v. Art. 895 ff. ZGB geltend. Das Retentionsrecht ist das Recht des Gläubigers, sich in seinem Besitz befindliche, aber im Eigentum des Schuldners stehende bewegliche Sachen und Wertpapiere zurückzubehalten und wie ein Faustpfand zu verwerten, falls

---

[153] Rz. 48.

der Schuldner einer Forderung des Gläubigers nicht nachkommt, die fällig ist und ihrer Natur nach mit dem Gegenstand der Retention zusammenhängt (Art. 895 ZGB). Dieses Recht verschafft U die Möglichkeit, die Uhr verwerten zu lassen, um gegebenenfalls aus dem Erlös Befriedigung zu erhalten.

228 Grundsätzlich hat der Pfandgläubiger zunächst sein Pfandrecht zur Vollstreckung zu bringen, ehe er auf das restliche Vermögen des Schuldners greifen kann. Eine Ausnahme hiervon besteht für das Inkasso von Zinsen oder Annuitäten für grundpfandgesicherte Forderungen (Art. 41 Abs. 2 SchKG). Hier hat der Gläubiger – wie bereits erwähnt – ein *Wahlrecht* zwischen der Betreibung auf Pfandverwertung und derjenigen auf Pfändung bzw. Konkurs.

Anmerkung: Annuitäten i.S.v. Art. 41 Abs. 2 SchKG sind periodische Abzahlungen der Kapitalschuld, die in Form von Zinszuschlägen entrichtet werden müssen; dabei sind Zins und Tilgungsrate zu einem einheitlichen Betrag zusammengefasst.[154]

Beispiel: G besitzt gegen S eine zu einem Satz von 7% zu verzinsende Forderung über CHF 100 000.00, die mit einem Schuldbrief auf dem Grundstück der S gesichert ist. Kommt S ihrer Zinszahlungspflicht nicht nach, kann G das Grundstück seiner Schuldnerin im Rahmen einer Betreibung nach Art. 151 ff. SchKG verwerten lassen, muss es aber nicht. Stattdessen kann er auch eine gewöhnliche Pfändungsbetreibung anheben. Dies ist G insb. dann zu empfehlen, wenn S auf ihr Grundstück dringend angewiesen ist und für die Deckung der offenen Zinsschuld ausreichend übriges pfändbares Vermögen besitzt. Dagegen kann für die Kapitalforderung nur eine Betreibung auf Pfandverwertung durchgeführt werden.

229 Ein Wahlrecht hat der Gläubiger auch dann, wenn es sich bei der in Betreibung gesetzten Forderung um eine pfandgesicherte Wechsel- oder Checkforderung handelt und der Schuldner konkursfähig ist. Hier stehen ihm die Betreibung auf Pfandverwertung[155] und die Wechselbetreibung[156] zur Verfügung (Art. 177 SchKG).

Beispiel: G lässt sich von der Kollektivgesellschafterin der im Handelsregister eingetragenen S & Co. einen Eigenwechsel ausstellen. Zudem vereinbaren die Parteien, dass die betreffende Forderung durch ein Pfandrecht auf dem Sportwagen der S gesichert sein soll, welcher unmittelbar danach auch in den Besitz des G übergeht. Aufgrund der Konkursfähigkeit der S kann der Gläubiger in diesem Fall zwischen einer Betreibung auf Pfandverwertung und einer Wechselbetreibung wählen.

230 Die Pfandverwertungsbetreibung wird nur eingeleitet, wenn es der Gläubiger *ausdrücklich* verlangt. Art. 41 Abs. 1 SchKG ist somit nicht zwingender Natur. Eine trotz Bestehens eines Pfandrechts nicht auf Pfandverwertung gerichtete Betreibung ist demzufolge auch nicht nichtig nach Art. 22 SchKG.[157] Der Betreibungsbeamte muss nicht untersuchen, ob die Betreibung auf die Verwertung eines Pfandes hätte gerichtet sein müssen.

---

154 BGE 63 III 125, 127.
155 Rz. 905 ff.
156 Rz. 1060 ff.
157 BGE 120 III 105 E. 1.

Der Schuldner kann jedoch die Einrede der Vorausverwertung (sog. *Einrede des*   231
beneficium excussionis realis; Art. 41 Abs. 1bis SchKG) erheben, was bedeutet, dass er *mittels Beschwerde gemäss Art. 17 SchKG* verlangen darf, dass vorerst das Pfand in Anspruch genommen wird.[158] Er hat dabei die Pfandsicherung glaubhaft zu machen.

Voraussetzung eines gültigen (zulässigen) *beneficium excussionis realis* ist aber,   232
dass das Pfand im Zeitpunkt der Anhebung der Betreibung bereits besteht. Wird das Pfandrecht erst begründet, *nachdem* der Zahlungsbefehl rechtskräftig geworden ist, ist dem Schuldner die Einrede der Vorausverwertung verwehrt.[159]

Hat der Schuldner die Einrede des *beneficium excussionis realis* nicht rechtzeitig,   233
d.h. nicht innert der zehntägigen Frist von Art. 17 Abs. 2 SchKG, geltend gemacht, so ist diese *verwirkt*[160] und die Betreibung wird auf dem Wege der Pfändung oder des Konkurses weitergeführt.

Der Schuldner kann auf die Geltendmachung des *beneficium excussionis realis*   234
verzichten und sich auf die vom Gläubiger eingeleitete Betreibungsart einlassen. Der Verzicht kann sowohl nachträglich als auch im Voraus erklärt werden; Letzteres ist sowohl in AGB als auch formlos möglich. Ein Vorausverzicht innerhalb von AGB unterliegt allerdings stets der Inhaltskontrolle, insbesondere der Unklarheiten- und Ungewöhnlichkeitsregel.[161]

Beispiel: S nahm bei der Bank G ein Darlehen über 2 000 000.00 auf, welches durch ein Grundpfand gesichert wurde. In den AGB, welche einen integrierenden Bestandteil des Darlehensvertrages bildeten, fand sich ein verklausulierter Verzicht auf die Erhebung des beneficium excussionis realis. Als G ohne ausdrücklichen Verweis auf das Grundpfand die Betreibung gegen S einleitete, gelangte Letzterer mit der Einrede der Vorausverwertung an die Aufsichtsbehörde. Diese wies die Beschwerde mit der Begründung ab, dass ein genereller Verzicht auf das beneficium excussionis realis möglich sei und im Rahmen von AGB einer Bank nicht als ungewöhnlich gelte.

Anmerkung: Die Parteien können auch vereinbaren, dass das Pfand bloss subsidiär zur persönlichen Haftung des Schuldners verwertet werden soll (sog. *beneficium excussionis personalis*). Solche Abreden werden in der Praxis meistens zwischen dem Gläubiger und dem Drittpfandbesteller getroffen.

Der Gläubiger kann *ausdrücklich* auf sein Pfand *verzichten*. In materiellrechtli-   235
cher Hinsicht handelt es sich dabei um einen – einseitig möglichen – *Verzicht auf ein dingliches Recht*. Ein Verzicht auf das Pfandrecht ist etwa dann sinnvoll, wenn die Verwertung der Pfandsache schon zum Vornherein keinen genügenden Erlös verspricht, der Schuldner im Übrigen aber über anderes Vermögen verfügt. Der Umweg über die Betreibung auf Pfandverwertung lässt sich durch den Ver-

---

158 BGE 106 III 5 E. 1; 104 III 8 E. 2; 93 III 11 E. 1.
159 BGE 121 III 483 E. 2.
160 BGE 101 III 18 E. 2.a.
161 BGer v. 7.1.2004, 7B.249/2003 E. 3 und 5.

zicht auf das Pfandrecht vermeiden. Verzichtet der Gläubiger auf das Pfand, so hat der Schuldner kein Recht mehr darauf, sich gegen die ordentliche Betreibung zur Wehr zu setzen. Bevor ein Grundpfandrecht infolge Verzichts untergeht, muss es gemäss Art. 801 Abs. 1 ZGB im Grundbuch gelöscht werden. Bei Faustpfandrechten (Art. 884 ff. ZGB) ist ein Verzicht dagegen bereits vor der Rückgabe des Pfandgegenstands an den Pfandbesteller zulässig. Der Schuldner ist jedoch spätestens bei Zustellung des Zahlungsbefehls über den Verzicht auf das Pfandrecht zu informieren.[162]

Beispiel: Nach einem allgemeinen Kurssturz an der Börse besitzen die Aktien des nicht im Handelsregister eingetragenen Schuldners S, an welchen seine Gläubigerin G zur Sicherung ihrer Forderung gegen S ein Pfandrecht besitzt, nur noch einen Bruchteil des ursprünglichen Werts bei der Begründung des Pfandrechts. G verzichtet infolgedessen auf ihr Pfandrecht und betreibt S bei Fälligkeit ihrer Forderung auf Pfändung.

Beispiel: G leitete gegen S für CHF 950 000.00 die Betreibung ein. S erhob in der Folge fristgerecht die Einrede der Vorausverwertung mit der Begründung, dass die in Betreibung gesetzte Forderung durch zwei Inhaberschuldbriefe gesichert sei. Die Aufsichtsbehörde hiess die Beschwerde in einem Umfang von CHF 250 000.00 gut. Sie begründete dies damit, dass zwar seinerzeit zwei Inhaberschuldbriefe errichtet worden seien, G jedoch in seiner Stellungnahme zur Beschwerde darauf hingewiesen habe, dass er einen der Inhaberschuldbriefe im Umfang von CHF 700 000.00 bereits zurückgegeben und demnach auf sein Pfandrecht verzichtet habe.[163]

236 Private Vereinbarungen zwischen Gläubiger und Schuldner, dass Ersterer ein Faustpfand ausseramtlich verkaufen darf, d.h., keine Betreibung zur Liquidation desselben anzuheben hat, sind zulässig. Beim solchen *Selbstverkaufsrecht* geht – im Unterschied zur verbotenen *lex commissoria* (Verfallsklausel, Art. 894 ZGB) – das Eigentum nicht auf den Gläubiger über, sondern dieser wird bloss dazu ermächtigt, den Gegenstand in eigener Regie zu verwerten und den Erlös zu behalten.

Anmerkung: Vereinbaren die Parteien ein Selbstverkaufsrecht (und den Ausschluss einer Betreibung), ist der Gläubiger nicht mehr berechtigt, für die betreffende Forderung die Anhebung einer Betreibung zu verlangen. Will die Schuldnerin den Gläubiger zwingen, den Gegenstand privat zu verwerten (bzw. verwerten zu lassen), hat sie Rechtsvorschlag gemäss Art. 74 ff. SchKG zu erheben.[164]

Beispiel: Gläubiger G lässt sich zur Sicherung eines Darlehens den Luxuswagen des Schuldners S verpfänden. Die beiden treffen im Pfandvertrag die Abrede, dass im Falle des Ausbleibens der Rückzahlung der G berechtigt sei, den Wagen selber zu verkaufen. Die Abrede, dass im gleichen Fall das Eigentum am Wagen auf G überginge, wäre hingegen, infolge des Verbots der Verfallsklausel gemäss Art. 894 ZGB, nichtig.

---

[162] BGE 104 III 8 E. 2.
[163] BGer v. 19.3.2008, 5A_46/2008.
[164] BGE 122 III 295 E. 1; 77 III 100 E. 1.

I. Geltungsbereich der einzelnen Betreibungsarten

Anmerkung: Die Verfallsklausel ist allerdings nur dann unzulässig, wenn sie vor Fälligkeit der gesicherten Forderung vereinbart wird. Nach Eintritt der Fälligkeit ist eine Verfallsklausel zulässig; sie stellt diesfalls eine Leistung an Zahlungs statt dar.

Will ein fälschlicherweise nicht auf Pfandverwertung betriebener Schuldner die Forderung als solche bestreiten, so steht ihm hierfür der Rechtsvorschlag gemäss Art. 74 SchKG zur Verfügung. Dies gilt sowohl für grund- als auch für faustpfandgesicherte Forderungen; Art. 85 VZG besitzt insofern einen weiteren Anwendungsbereich. Hat der Schuldner wegen der Betreibungsart gleichzeitig Beschwerde nach Art. 41 Abs. 1bis SchKG erhoben, so kann der Gläubiger gleichwohl den Klageweg nach Art. 79 Abs. 1 Satz 2 SchKG beschreiten. Das Rechtsöffnungsverfahren ist aber zu sistieren, wenn der Beschwerde gemäss Art. 36 SchKG aufschiebende Wirkung verliehen wird. 237

Bestehen mehrere Pfänder für dieselbe Forderung, kann der Gläubiger mangels anderer Abrede auch nur ein einzelnes davon nach seiner Wahl zur Verwertung bringen lassen. 238

Die Bestimmung von Art. 41 SchKG bezieht sich nur auf den Pfandschuldner, d.h. auf den Schuldner der pfandgesicherten Forderung. Ob er selbst oder ein Dritter das Pfand bestellt hat, ist nicht entscheidend. 239

Beispiel: D ist Eigentümer einer Liegenschaft in Freiburg. Seine mittellose Freundin S beantragt bei der Bank G ein Darlehen in der Höhe von CHF 200 000.00 zwecks Eröffnung einer Informatikberatungsfirma. Da G Sicherheiten für das Darlehen verlangt, errichtet D zu ihren Gunsten auf seiner Liegenschaft eine Grundpfandverschreibung im 1. Rang. Nach Auszahlung der Darlehenssumme kann S schon bald die vereinbarten Zinsraten nicht mehr begleichen. G kann S – unter Bezeichnung des Grundstücks des D als Pfandobjekt – gemäss Art. 151 ff. SchKG betreiben.

Eine gegen den Solidarbürgen (und natürlich umso weniger eine gegen den einfachen Bürgen) einer pfandgesicherten Forderung gerichtete Betreibung auf Pfandverwertung ist ausgeschlossen. 240

Beispiel: B hat sich zugunsten seiner Schwester S bei deren Gläubiger G für die Erfüllung einer Geldschuld solidarisch verbürgt. Auch wenn diese Forderung mittels eines Pfands gesichert ist, kann G gegen B keine Betreibung nach Art. 151 f. SchKG anstrengen. Davon zu unterscheiden ist die Frage, wann ein Bürge überhaupt zur Zahlung angehalten werden kann (vgl. dazu Art. 495 f. OR).

Im Fall einer Wechselverpflichtung bleibt das Pfand bestehen, auch wenn der Gläubiger sich nach Art. 177 Abs. 1 SchKG für die Wechselbetreibung entschieden hat. Dies gilt auch dann, wenn der Gläubiger nur Zinsen eintreiben will. 241

Beispiel: S bezahlt beim Betreibungsamt nach Erhalt des Zahlungsbefehls in der Wechselbetreibung einen Teil ihrer Schuld – samt Zinsen und Kosten – gegenüber ihrem Gläubiger G; dadurch erlischt die Betreibung im entsprechenden Umfang (vgl. Art. 12 Abs. 2 SchKG). Da S überdies für den noch offenen Betrag eine Bürgschaft ihres Bruders B offeriert, willigt G ein, die Wechselbetreibung zurückzuziehen. Da seine Forderung zudem pfandgesichert ist, kann G in einer allfälligen späteren neuen Betreibung für den Restbetrag wiederum zwischen der Wechselbetreibung und der Pfandverwertungsbetreibung wählen.

C. Ordentliche Konkursbetreibung

242 Die Betreibung auf Konkurs führt zur Generalexekution, d.h. zur Zwangsvollstreckung *in das gesamte Vermögen* des Schuldners.

243 Unabhängig davon, wer die Konkursbetreibung wegen welchen Forderungsbetrags (beachte hier aber Art. 43 SchKG)[165] veranlasst hat, soll eine Auseinandersetzung mit *sämtlichen* Gläubigern des betriebenen Schuldners stattfinden. Bei der Konkursbetreibung wird, selbst wenn sie nur auf Verlangen eines einzigen Gläubigers erfolgt, mit Ausnahme der un- bzw. bloss beschränkt pfändbaren Gegenstände (Art. 92 f. SchKG) das gesamte Vermögen des Schuldners versilbert, um alle Gläubiger prozentual (d.h. im Verhältnis zur Höhe ihrer Forderungen) gleichmässig zufriedenzustellen. Es gilt insoweit das Gläubigergleichbehandlungsprinzip *(pars conditio creditorum),* von welchem es zugunsten einzelner zivil- oder konkursrechtlich privilegierter Forderungen allerdings bestimmte Ausnahmen gibt.[166]

244 Die Betreibung auf Konkurs findet Anwendung auf *alle* Schuldner, die gemäss Art. 39 Abs. 1 SchKG in einer dort erwähnten Eigenschaft *im Handelsregister eingetragen* sind. Neben Kaufleuten und Handelsgesellschaften unterliegen der Konkursbetreibung auch die Genossenschaft, der Verein und die Stiftung.

Anmerkung: Auf Konkurs zu betreiben sind seit Inkrafttreten des KAG auch Investmentgesellschaften mit variablem Kapital gemäss Art. 36 KAG und die Kommanditgesellschaft für kollektive Kapitalanlagen nach Art. 98 KAG (Art. 39 Abs. 1 Ziff. 13 und 14 SchKG).

Anmerkung: Ein Verein – unabhängig davon, ob er gemäss Art. 61 Abs. 2 ZGB ins Handelsregister eingetragen werden muss oder nicht – unterliegt *vor der Eintragung* nicht der Konkursbetreibung. Ein nicht eingetragener Verein kann somit nur auf Pfändung oder auf Pfandverwertung betrieben werden. Nach der Eintragung kann gegen ihn entweder die ordentliche Konkursbetreibung oder die Wechselbetreibung durchgeführt werden. Der Gläubiger eines eintragungspflichtigen Vereins kann aber beim Handelsregisteramt Anzeige machen, dass eine Eintragung von Amtes wegen gemäss Art. 152 ff. HRegV vorgenommen wird, und zwar auch dann, wenn er bereits das Einleitungsverfahren absolviert hat. Eine Konkursbetreibung ohne Eintragung ist hingegen möglich, wenn die in Art. 190 Abs. 1 Ziff. 1 SchKG genannten materiellen Konkursvoraussetzungen erfüllt sind.

Beispiel: Der FC S, ein Fussballverein in der viertobersten Regionalliga, verpflichtet Goalgetter G, um mittelfristig den Sprung in eine nationale Liga zu schaffen. Für den geeigneten Rahmen soll ein neues Stadion sorgen. Die Erwartungen des Vorstands erfüllen sich jedoch nicht vollumfänglich: Zwar werden durch das gestiegene Publikumsinteresse erheb-

---

[165] Rz. 224 f.
[166] Rz. 1244 ff.

liche Mehreinnahmen erzielt. Allerdings kostet der Stadionumbau doch viel mehr als ursprünglich budgetiert. Der Verein sieht sich bald ausserstande, seinen einzigen Profi zu bezahlen. Obwohl der FC S mittlerweile ein nach kaufmännischer Art geführtes Gewerbe i.S.v. Art. 934 Abs. 1 OR i.V.m. Art. 91 HRegV betreibt, kann G – solange keine materielle Konkursvoraussetzung (Art. 190 Abs. 1 Ziff. 1 und 3 SchKG) vorliegt – seinen Arbeitgeber nicht auf Konkurs betreiben, falls der Vorstand es versäumt hat, den Verein ins Handelsregister eintragen zu lassen.

Die Konkursfähigkeit beginnt *am Tag nach* der Veröffentlichung der Eintragung im SHAB und dauert noch *während sechs Monaten* seit der Veröffentlichung ihrer Streichung an (Art. 39 Abs. 3 und 40 Abs. 1 SchKG). 245

Anmerkung: Gemäss Art. 9 SHAB-VO ist die elektronische Fassung des SHAB massgebend.

Bei einer Betreibung einer nicht im Handelsregister eingetragenen Kollektivgesellschaft hat das Betreibungsamt die Frage der Eintragungspflicht den Handelsregisterbehörden von Amtes wegen vorzulegen. Unterlassen darf es dies nur, wenn die Eintragungspflicht *zuverlässig* ausser Frage steht. Das Verfahren der zwangsweisen Eintragung in das Handelsregister richtet sich sodann nach Art. 152 ff. HRegV. 246

In zwei Fällen kann es bei Schuldnern, die an sich nur der Betreibung auf Pfändung unterstehen würden, zum Konkurs kommen: 247

– *auf Verlangen des Gläubigers* gemäss Art. 190 SchKG;[167]

Anmerkung: Der Gesetzgeber umschreibt in Art. 190 Abs. 1 Ziff. 1 und 3 SchKG verschiedene Tatbestände, bei welchen eine Konkurseröffnung (ohne vorgängige Betreibung) infolge Gefährdung einer späteren Vollstreckung auch gegen einen nicht konkursfähigen Schuldner zulässig ist.

Beispiel: Einige Zeit nach einer Betreibung auf Pfändung gegen Student S erfährt Gläubigerin G aus gut informierten Quellen, dass dieser kurz vor der – schliesslich fruchtlos gebliebenen – Pfändung einen wertvollen, nur wenig vorher geerbten Oldtimer verkauft hat. Auf Nachfrage des Betreibungsbeamten beim Pfändungsvollzug hatte S indessen zu Protokoll gegeben, mittellos zu sein. G kann deswegen beim Gericht gestützt auf Art. 190 Abs. 1 Ziff. 1 in fine SchKG die sofortige Konkurseröffnung gegen S verlangen.

– bei der *Insolvenzerklärung* gemäss Art. 191 SchKG;[168]

Beispiel: S hat trotz seiner abgebrochenen Lehre als Sattler eine gute Stelle bei einem Kürschnereibetrieb gefunden. Da er aber auf allzu grossem Fuss lebt, zahlt er seine Miete nur noch unregelmässig. Im Rahmen der durch den Vermieter V eingeleiteten Betreibung auf Pfändung wird der Lohn des S gepfändet. Da S diesen Einschnitt nur schwer verkraftet, beschliesst er, mit seinen finanziellen Schwierigkeiten aufzuräumen und einen Neubeginn in Angriff zu nehmen. Zu diesem Zweck beantragt er beim Konkursgericht gemäss Art. 191 SchKG die Konkurseröffnung.

---

167   Rz. 1094 ff.
168   Rz. 1102 ff.

D. Wechselbetreibung

248 Bei der Wechselbetreibung handelt es sich um eine Sonderart der Betreibung auf Konkurs. Diese ist nur bei Schuldnern möglich, die der *Konkursbetreibung* unterliegen, und nur für Forderungen, die auf einem *Wechsel* oder *Check* gründen.

249 Der Gläubiger hat unter den vorgenannten Voraussetzungen ein Wahlrecht zwischen der ordentlichen Konkursbetreibung und der viel rascheren Wechselbetreibung (Art. 177 SchKG). Ebenso können pfandgesicherte Wechsel- und Checkforderungen durch Wechselbetreibung durchgesetzt werden, wenn der Schuldner konkursfähig ist (Art. 39 SchKG).

> *Beispiel:* G gewährt der arbeitslosen A ein Darlehen von CHF 1000.00. Im Gegenzug stellt sie ihrem Gläubiger einen Eigenwechsel über den Betrag von CHF 1050.00 aus. Kurz nach Auszahlung des Darlehens verstirbt die Darlehensnehmerin. Ihr Nachlass geht an ihre als Inhaberin einer Einzelfirma im Handelsregister eingetragene Mutter E als Alleinerbin. G verlangt in der Folge vom Betreibungsamt die Durchführung einer Wechselbetreibung gegen E. Diesem Begehren ist zu entsprechen. Der (konkursfähige) Erbe kann auch dann mittels Wechselbetreibung belangt werden, wenn der den Wechsel ausstellende Erblasser selber nicht der Konkursbetreibung unterlag.[169]

II. Betreibungsorte

A. Grundsätzliches

250 Unter dem Betreibungsort (auch Betreibungsstand) versteht man denjenigen Ort, an dem eine Betreibung durchgeführt wird.

251 Das Gesetz kennt einen *ordentlichen Betreibungsort* (Art. 46 SchKG) und mehrere *besondere Betreibungsorte* (Art. 48–52 SchKG). Die Durchführung eines Betreibungsverfahrens ist nur an einem Betreibungsort zulässig.[170] Die Aufzählung der möglichen Betreibungsorte ist *abschliessend*. Für die Frage, ob eine Betreibung in der Schweiz durchgeführt werden kann, ist einzig das SchKG heranzuziehen.[171]

252 Die Vorschriften betreffend die Betreibungsorte sind *zwingender* Natur. Eine entgegenstehende Parteivereinbarung *(prorogatio fori)* bzw. eine Einlassung seitens des Schuldners – wie dies die ZPO vorsieht (vgl. Art. 9 f. ZPO) – ist somit grundsätzlich unwirksam.[172] Die zwingende Natur der Normen hat im Übrigen zur Folge, dass sie *von Amtes wegen zu beachten sind*.

> *Anmerkung:* Eine Ausnahme vom Grundsatz, dass die Bestimmung des Betreibungsortes nicht im Belieben der Parteien steht, bildet Art. 50 Abs. 2 SchKG; diesem zufolge kann der

---

169 BGE 55 III 1.
170 BGer v. 21.9.2006, 7B.55/2006 E. 2.2.
171 BGE 124 III 505 E. 3.a.
172 BGE 112 III 81 E. 3.

Schuldner mit Wohnsitz im Ausland erklären, bezüglich bestimmter (oder bestimmbarer) Forderungen an einem Ort in der Schweiz eine Betreibung gegen sich zuzulassen (*Spezialdomizil*).

Am unrichtigen Ort vorgenommene Betreibungshandlungen sind aber *nur nichtig* i.S.v. Art. 22 SchKG, wenn die Verletzung der Zuständigkeitsordnung öffentliche Interessen oder diejenigen der am Verfahren nicht beteiligten Personen berührt.   253

Beispiele: Nichtig sind insbesondere folgende Handlungen, wenn sie von einer räumlich unzuständigen Stelle vorgenommen wurden:
- Betreibung eines im Ausland wohnenden Schuldners, sofern auch der Gläubiger seinen Wohnsitz im Ausland hat;[173]

    Anmerkung: Die Nichtigkeit tritt jedoch nur ein, wenn der Schuldner einen einwandfreien Auslandwohnsitz besitzt und eine Betreibung im Inland geradezu missbräuchlichen Charakter aufweisen würde.[174]

- Pfändung, sofern nicht ausgeschlossen ist, dass sich Dritte gemäss Art. 110 f. SchKG anschliessen könnten;[175]
- Konkursandrohung;[176]
- in Verletzung von Art. 4 Abs. 2 Satz 2 SchKG vorgenommene Handlungen eines unzuständigen Betreibungsamtes.

    Anmerkung: Den ausdrücklich in Art. 4 Abs. 2 Satz 2 SchKG aufgezählten Handlungen sind verschiedene weitere gleichgestellt (z.B. Arrestvollzug[177]; Aufnahme eines Retentionsverzeichnisses[178]).

Die Nichtigkeit einer Handlung des Betreibungsamtes ist gemäss Art. 22 Abs. 1 Satz 2 SchKG *von Amtes wegen,* d.h. unabhängig davon, ob Beschwerde geführt wurde oder nicht, durch die Aufsichtsbehörde festzustellen.[179]   254

Beispiel: Nimmt der unerfahrene Betreibungsbeamte irrtümlicherweise ausserhalb seines örtlichen Zuständigkeitsbereichs eine Pfändung vor, so kann sich der betroffene Schuldner auch dann noch mittels Anzeige (sog. *Aufsichtsanzeige*) an die Aufsichtsbehörde wenden, wenn die Beschwerdefrist gemäss Art. 17 Abs. 2 SchKG längst abgelaufen ist. Erhält die Aufsichtsbehörde auf andere Weise Kenntnis von diesem Fehler, kann sie die Nichtigkeit der Pfändung auch von sich aus feststellen.

Wird eine Vorschrift über die Bestimmung der örtlichen Zuständigkeit nicht eingehalten und werden dadurch nur die Interessen der Betreibungsparteien oder   255

---

173 BGE 63 III 114, 114 f.
174 BGer v. 4.10.2002, 7B.132/2002 E. 2; BGE 68 III 33, 37.
175 BGer v. 20.10.2009, 5A_460/2009 E. 2.1; BGer v. 6.6.2007, 7B.17/2007 E. 6.3; BGE 130 III 652 E. 2.1; 105 III 60 E. 1.
176 BGer v. 2.8.2001, 7B.161/2001 E. 2; BGE 118 III 4 E. 2.a.
177 BGE 118 III 7 E. 4.
178 BGer v. 12.7.2005, 7B.43/2005 E. 4.3.
179 BGer v. 6.8.2009, 5A.205/2009 E. 3; BGE 131 III 448 E. 2.1.

bekannter Dritter tangiert, so sind die angehobenen Betreibungen dagegen nicht nichtig, sondern mit Beschwerde nach Art. 17 SchKG[180] *anfechtbar.*

Beispiele: Bloss anfechtbar sind folgende von einer räumlich unzuständigen Stelle vorgenommenen Rechtshandlungen:

- Zustellung eines Zahlungsbefehls;[181]
- Einleitung einer Pfandverwertungsbetreibung;

    Anmerkung: Dies ergibt sich daraus, dass bei einer Pfandverwertungsbetreibung ein Anschluss von Dritten von vornherein nicht möglich ist. Dies gilt auch bezüglich der Verwertung eines Grundpfandes.[182]

- Bewilligung einer Nachlassstundung.[183]

256 Im Vollstreckungsverfahren nach SchKG gilt der Grundsatz der *Einheit des Betreibungsortes,* was bedeutet, dass der Schuldner nur an einem bestimmten Ort betrieben werden kann. Damit soll den Parteien und allfälligen Dritten ein einheitlicher Verfahrensablauf gewährleistet werden. Eine Durchbrechung dieses Grundsatzes ist nur in besonderen Fällen möglich.

Beispiele:

- Betreibung auf Pfandverwertung (am Ort der gelegenen Sache)[184] und Betreibung auf Pfändung (am Wohnsitz des Schuldners)[185], da verschiedene Forderungen bestehen.
- Mehrere Betreibungen gegen einen im Ausland wohnhaften Schuldner, sofern dieser mehrere Geschäftsniederlassungen in der Schweiz besitzt, da der Betreibungsort der Geschäftsniederlassung voraussetzt, dass die betreffenden Schulden auf deren Rechnung eingegangen sind (Art. 50 Abs. 1 SchKG).[186]

257 Der *Konkurs* gegen denselben Schuldner in der Schweiz darf gleichzeitig nur an einem Ort eröffnet werden (Art. 55 SchKG). Es gilt der sog. Grundsatz der *Einheit des Konkurses.* Dieser wird jedoch durchbrochen, wenn ein im Ausland domizilierter Schuldner in der Schweiz mehrere eingetragene Zweigniederlassungen besitzt und aufgrund von Art. 50 Abs. 1 SchKG ausnahmsweise mehrere Sonderkonkurse durchgeführt werden.

258 Ändert der Schuldner seinen Wohnsitz bzw. Sitz, nachdem ein Betreibungsverfahren gegen ihn eingeleitet worden ist, so sind für spätere Betreibungsschritte grundsätzlich die Behörden des neuen Wohnsitz- bzw. Sitzortes zuständig. Das bedeutet aber nicht, dass die Betreibung am neuen Ort erneut eingeleitet werden

---

180 Rz. 147 ff.
181 BGer v. 24.7.2003, 7B.90.2003 E. 1.3; BGer v. 18.7.2003, 7B.100/2003 E. 1.2; BGE 96 III 89 E. 2 und 3.
182 BGer v. 24.3.2000, 7B.64/2000 E. 1b; BGE 105 III 60 E. 1.
183 BGE 98 III 37 E. 2.
184 Rz. 313 ff.
185 Rz. 267 ff.
186 Rz. 299 ff.

muss; vielmehr sind die am früheren Betreibungsstand vorgenommenen Handlungen weiterhin wirksam. Der Gläubiger kann unter Vorlegung des Doppels des Zahlungsbefehls die bisherige Betreibung einfach fortsetzen.

Beispiel: Schuldner S wird von Gläubiger G in Bern betrieben. Nach der Zustellung des Zahlungsbefehls und der gleichzeitigen Erhebung des Rechtsvorschlags zieht S zu seiner Freundin nach St. Gallen. Zur Beseitigung des Rechtsvorschlags ist G gezwungen, den neuen Betreibungsort zu eruieren, da für das Rechtsöffnungsverfahren nach Art. 84 Abs. 1 SchKG das Gericht am Betreibungsort zuständig ist.

Fällt ein Betreibungsort weg, so sind dort keine weiteren Betreibungsschritte mehr zulässig.

259

Anmerkung: Dies gilt selbst dann, wenn der Betriebene die Schweiz verlässt und danach mangels eines inländischen Betreibungsstandes gar keine Betreibung mehr stattfinden kann. Eventuell sind aber in einem solchen Fall die Voraussetzungen der materiellen Konkursvoraussetzung von Art. 190 Abs. 1 Ziff. 1 SchKG erfüllt.[187]

Der Grundsatz der Einheit des Betreibungsortes wird immerhin dadurch gemildert, dass eine Frist auch dann als gewahrt gilt, wenn vor ihrem Ablauf ein unzuständiges Betreibungs- oder Konkursamt angerufen wird, wobei dieses die Eingabe unverzüglich dem zuständigen Amt zu überweisen hat (Art. 32 Abs. 2 SchKG).

Anmerkung: Dies gilt jedoch nicht, wenn ein *unzuständiges Gericht* angerufen wird. Dabei ist unbeachtlich, ob dieses als Vollstreckungsbehörde (z.B. über ein Rechtsöffnungsgesuch) oder als Sachgericht (z.B. über eine Anerkennungsklage) entscheidet. Damit die Eingabe rechtshängig bleibt, ist sie innert Monatsfrist bzw. innert der kürzeren Klagefrist nach SchKG beim zuständigen Gericht nochmals einzureichen (Art. 63 Abs. 1 und 3 ZPO).

Diese – von dem im Zivilprozess geltenden Grundsatz der *perpetuatio fori* (vgl. Art. 64 Abs. 1 lit. b ZPO) abweichende – Regel erfährt in einigen Fällen Ausnahmen, in dem Sinne, dass ab einem bestimmten Zeitpunkt der Betreibungsort *fixiert* wird. Das Gesetz legt in Art. 53 SchKG diesen Zeitpunkt ausdrücklich fest. Es ist dies:

260

– bei der Betreibung auf Pfändung der *Zeitpunkt der Pfändungsankündigung;*

Anmerkung: Die Pfändung muss ordnungsgemäss angekündigt worden sein, damit eine Fixierung des Betreibungsortes eintritt.[188]

– bei der ordentlichen Konkursbetreibung der *Zeitpunkt der Konkursandrohung;*
– bei der Wechselbetreibung der *Zeitpunkt der Zustellung des Zahlungsbefehls* (da hier keine Konkursandrohung erfolgt).

---

187 BGer v. 23.8.2000, C.380/99 E. 3.
188 BGer v. 6.3.2006, 7B.241/2005 E. 3.3.

261 Ebenfalls am bisherigen Ort fortgesetzt wird:

- die Betreibung auf Pfandverwertung nach der *Zustellung des Zahlungsbefehls*, da hier die Pfändungsankündigung durch den Zahlungsbefehl ersetzt wird[189] sowie
- der Konkurs ohne vorgängige Betreibung gemäss Art. 190 f. SchKG nach der *Zustellung der Vorladung zur Konkursverhandlung*.[190]

262 Der Zeitpunkt der Fixierung des Betreibungsortes ist von Amtes wegen von der zuständigen Behörde (Betreibungsamt oder Gericht) zu ermitteln.[191]

263 Werden die den Betreibungsort fixierenden Betreibungshandlungen[192] trotz Wohnsitzwechsels am alten Betreibungsort vorgenommen, sind sie nichtig und zwar auch dann, wenn der Schuldner seine Wohnsitzänderung dem Amt nicht angezeigt und den Erlass der betreffenden Betreibungsurkunde nicht innert Beschwerdefrist angefochten hat.

Beispiel: Nachdem S (mit Wohnsitz in Bern) im Rechtsöffnungsverfahren endgültig unterlegen ist, kauft er sich in Basel eine Wohnung und zieht dort sogleich mit seiner Familie ein. Der Gläubiger verlangt indes vom Berner Betreibungs- und Konkursamt die Fortsetzung der Betreibung. Die Behörden am ehemaligen Wohnsitz erlassen sodann die Pfändungsankündigung, welche S an der alten Adresse zufällig persönlich in Empfang nehmen kann. Die Pfändungsankündigung ist nichtig.

264 Nachdem der Betreibungsort fixiert worden ist, hat das für das Fortsetzungsverfahren zuständige Amt die entsprechenden Handlungen (z.B. Pfändungsvollzug gemäss Art. 89 SchKG oder Inventaraufnahme nach Art. 221 Abs. 1 SchKG) entweder mit Zustimmung des örtlich zuständigen Amtes selbst vorzunehmen oder durch Letzteres vornehmen zu lassen (Art. 4 Abs. 2 SchKG). Dasjenige Amt, welches ein anderes um Rechtshilfe ersucht, wird als *requirierendes* (ersuchendes), dasjenige Amt, welches um Rechtshilfe ersucht wird, als *requiriertes* (ersuchtes) Amt bezeichnet.

265 Der Requisitionsweg muss dann *nicht* beschritten werden, wenn Mitteilungen oder Betreibungsurkunden durch die Post erfolgen (Art. 4 Abs. 2 SchKG).[193]

266 Die Unterscheidung zwischen der Zuständigkeit für die Anordnung der Pfändung und jener für den eigentlichen Pfändungsvollzug ist wichtig vor allem im Hinblick auf eine allfällige *betreibungsrechtliche Beschwerde* nach Art. 17 SchKG. Je nach Anfechtungsgrund kann entweder das requirierende oder das requirierte Betreibungsamt Beschwerdegegner sein:

---

[189] BGE 116 III 1 E. 2.
[190] BGE 134 III 417 E. 4; 121 III 13 E. 1.b.
[191] BGer v. 6.3.2006, 7B.241/2005 E. 3.3; BGE 120 III 110 E. 1.a; 80 III 99 E. 1.
[192] Rz. 260 f.
[193] BGE 73 III 118 E. 1.

– wird die Anordnung der Massnahme angefochten, hat sich die Beschwerde gegen das anordnende Amt zu richten.

Beispiel: G stellte 8 Tage vor Ablauf der 20-tägigen Bedenkfrist das Fortsetzungsbegehren beim zuständigen Betreibungsamt. Daraufhin ersuchte das Betreibungsamt das örtlich zuständige Betreibungsamt um requisitionsweise Pfändung des Grundstücks des S. Will S die Anordnung der Pfändung mittels betreibungsrechtlicher Beschwerde anfechten, ist diese gegen das Betreibungsamt, das die Pfändung angeordnet hat, zu richten.

– wird dagegen die Art und Weise der Durchführung der Massnahme beanstandet, muss sich die Beschwerde gegen das requirierte Amt richten.

Beispiel: G beantragte fristgerecht Fortsetzung beim zuständigen Betreibungsamt. Das örtlich zuständige Betreibungsamt pfändete auf Ersuchen hin den Lohn des im Ausland wohnenden Schuldners beim Arbeitgeber desselben. G erhob betreibungsrechtliche Beschwerde gegen den Ermessensentscheid des Betreibungsamts bezüglich Berechnung des Existenzminimums.

B. Ordentlicher (allgemeiner) Betreibungsort

Art. 46 SchKG regelt den ordentlichen Betreibungsort für:

267

– natürliche Personen,
– im Handelsregister eingetragene und nicht eingetragene Gesellschaften,
– Gemeinderschaften und

Anmerkung: Gemeinderschaft ist eine durch öffentliche Beurkundung geschaffene Gütergemeinschaft. Sie wird durch Verwandte (im weiten Sinne) gebildet, die sich darauf einigen, entweder eine Erbschaft ganz oder zum Teil als Gemeinderschaftsgut fortbestehen zu lassen oder Vermögen zu einer Gemeinderschaft zusammenzulegen (Art. 336 ZGB).

– Stockwerkeigentümergemeinschaften.

Der ordentliche Betreibungsort für Schulden eines Trustvermögens[194] ist demgegenüber in Art. 284a Abs. 2 SchKG i.V.m. Art. 21 Abs. 3 IPRG geregelt.

Der ordentliche Betreibungsort *natürlicher Personen* befindet sich an deren (schweizerischem) Wohnsitz (Art. 46 Abs. 1 SchKG). Massgebend für die Bestimmung des Wohnsitzes sind Art. 23 ff. ZGB und bei internationalen Sachverhalten Art. 20 f. IPRG.[195] Danach hat eine handlungsfähige natürliche Person an demjenigen Ort Wohnsitz, an dem sie sich mit der Absicht dauernden Verbleibens aufhält und den sie zu ihrem Lebensmittelpunkt macht oder zu machen beabsichtigt. Für die Annahme des Wohnsitzes ist dabei nicht auf den subjektiven (in-

268

---

[194] Rz. 1515 ff.
[195] BGer v. 8.9.2010, 5A_403/2010 E. 2.1; BGer v. 30.8.2010, 5A_349/2010 E. 2.2; BGE 125 III 100 E. 3; 120 III 7 E. 2.a.

neren) Willen des Schuldners, sondern auf die für Dritte objektiv erkennbaren Umstände, die auf eine solche Absicht schliessen lassen, abzustellen.[196]

269 Als Indizien für die Annahme des Wohnsitzes dienen:
- die Hinterlegung der Schriften,[197]
- das Bezahlen von Steuern,
- die Ausübung des Stimmrechts sowie
- das Unterhalten intensiver familiärer, gesellschaftlicher und beruflicher Beziehungen.[198]

Beispiele: Eine blosse Postfachadresse begründet keinen Wohnsitz, wenn der Schuldner nicht dort wohnt. Daran ändert auch eine Wohnsitzbestätigung der betreffenden Gemeinde nichts. Ein im Handelsregister eingetragener Inhaber einer Einzelfirma ist an seinem Wohnsitz und nicht am Geschäftssitz zu betreiben.

270 Keine Anwendung im Betreibungsrecht findet Art. 24 ZGB über den fiktiven Wohnsitz.[199] Hat jemand seinen Wohnsitz faktisch aufgegeben und keinen neuen begründet, gilt nicht der alte, zivilrechtlich noch bestehende Wohnsitz als Betreibungsort, sondern der Schuldner muss an seinem schweizerischen *Aufenthaltsort* betrieben werden (Art. 48 SchKG). Der letzte (fiktive) Wohnsitz ist nur dann relevant, wenn über einen flüchtigen Schuldner der Konkurs eröffnet wird (Art. 54 SchKG) oder wenn sich der Schuldner ins Ausland begibt, ohne einen neuen Wohnsitz oder Aufenthalt zu begründen.

Beispiel: S hat beschlossen, sich nach seiner Kündigung seinen Lebenstraum zu erfüllen und mit dem Wohnwagen durch die Schweiz zu ziehen. Er will mal hier und mal da Halt machen und seine – über das ganze Land verstreuten – Angehörigen und Freunde besuchen. Sein bisheriges Haus in Zürich verkauft er wie auch seine sämtliche weitere Habe. Ein halbes Jahr später will ihn Gläubigerin G betreiben; das Verfahren ist am jeweiligen Aufenthaltsort des S durchzuführen, da der frühere Wohnsitz in Zürich als aufgehoben gelten muss.

271 Bei verheirateten Personen wird der Wohnsitz und Betreibungsort selbständig für jeden Ehegatten bestimmt.

272 Der Betreibungsort handlungsunfähiger Personen bestimmt sich nach Art. 25 ZGB (sog. *abgeleiteter Wohnsitz*). Danach sind unmündige Kinder am Wohnsitz der Eltern, bevormundete Personen am Sitz der Vormundschaftsbehörde zu betreiben.

---

196 BGer v. 12.5.2005, 7B.19/2005 E. 2; BGer v. 18.7.2003, 7B.100/2003 E. 3.2.
197 BGer v. 9.7.2009, 5A_5/2009 E. 3.
198 BGer v. 12.5.2005, 7B.19/2005 E. 2.1.
199 BGer v. 30.8.2010, 5A_349/2010 E. 2.2; BGE 119 III 51 E. 2.a.

Gemäss Art. 26 ZGB wird *kein Wohnsitz* begründet: 273
- durch den Besuch einer Lehranstalt;[200]
- durch die Unterbringung in einer Heil- oder Strafanstalt.

Beispiel: S konsumiert seit Längerem ein Übermass an Alkohol und anderen Drogen; infolge seiner Sucht hat er Arbeit und Familie verloren. Um von den Rauschgiften loszukommen, begibt er sich aus eigenem Antrieb – mit der Absicht, bis zum Ende der allenfalls längere Zeit dauernden Behandlung in der Anstalt zu bleiben – in ein Entwöhnungsheim in Stäfa.

Mangels eines Wohnsitzes besteht kein ordentlicher Betreibungsort. Beim schweizerischen *Aufenthalt* kann aber ein Betreibungsort gemäss *Art. 48 SchKG* begründet werden.[201] 274

Der *freiwillige* Eintritt in ein Alters- oder Behindertenheim für längere Zeit kann dagegen einen Wohnsitz begründen.[202] 275

Juristische Personen und Personengesellschaften, die im *Handelsregister* eingetragen sind, haben ihren ordentlichen Betreibungsort – zwingend und ausschliesslich – an ihrem im Handelsregister eingetragenen (statutarischen) Sitz.[203] Bei Kollektiv- und Kommanditgesellschaften ist der Handelsregistereintrag deklaratorischer Natur. Sind sie – trotz gesetzlicher Eintragungspflicht gemäss Art. 552 Abs. 2 bzw. Art. 594 Abs. 3 OR – nicht im Handelsregister eingetragen, so gilt als Betreibungsort der Ort ihrer tatsächlichen Verwaltung (Art. 46 Abs. 2 SchKG). Der Ort einer Zweigniederlassung kann grundsätzlich nie Betreibungsort sein, auch wenn diese im Handelsregister eingetragen ist. Eine Ausnahme besteht bezüglich im Ausland domizilierter Schuldner; diese können für Verbindlichkeiten, die mit einer Schweizer Geschäftsniederlassung im Zusammenhang stehen, an deren Ort betrieben werden (Art. 50 Abs. 1 SchKG).[204] Im umgekehrten Fall, d.h., wenn eine ausländische Zweigniederlassung einer in der Schweiz domizilierten Gesellschaft Verbindlichkeiten eingegangen ist, ist eine Betreibung am Sitz der schweizerischen Hauptniederlassung ebenfalls zulässig.[205] 276

Beispiel: Die französische Supermarktkette S betreibt in Freiburg eine Filiale, welche zwar in rechtlicher Hinsicht Teil des ausländischen Unternehmens bildet, jedoch in wirtschaftlicher und betrieblicher Hinsicht tatsächlich über grosse Autonomie verfügt: So besitzt die Filiale insb. eine eigene Einkaufsabteilung und ist befugt, selbständig ein den Bedürfnissen der Schweizer Konsumenten angepasstes Sortiment zu führen. Der Einkäufer der Freiburger Filiale erwirbt *auf Rechnung der Filiale* bei einem Thurgauer Obstbauern eine Ladung Äpfel. Infolge Qualitätsmängel weigert sich die Geschäftsleitung der Filiale, die entspre-

---

200 BGE 82 III 12.
201 Rz. 284 ff.
202 BGer v. 18.7.2003, 7B.100/2003 E. 3.3.
203 Betreffend eine AG BGE 131 V 196 E. 4.2.2.
204 Rz. 299 ff.
205 BGE 81 I 52 E. 3.

chende Rechnung des Lieferanten zu bezahlen. Dieser reicht gegen S in Freiburg eine Betreibung ein.

277 *Nicht eingetragene* juristische Personen (vgl. Art. 52 Abs. 2 ZGB) wie juristische Personen des öffentlichen Rechts, Vereine, die nicht wirtschaftliche Zwecke verfolgen, sowie Kirchen- und Familienstiftungen sind immer am *Hauptsitz ihrer tatsächlichen Verwaltung* zu betreiben.

> *Anmerkung:* Eine Familienstiftung ist eine Stiftung i.S.v. Art. 80 ff. ZGB, deren Destinatäre Angehörige einer bestimmten Familie sind. Es handelt sich dabei um eine Rechtsfigur des Familienrechts, bei der ein Vermögenskomplex nach vorgegebenem Erfolg unveränderlich mit einer Familie verbunden wird, um die Zersplitterung durch Erbteilung zu verhindern. In Art. 335 Abs. 1 ZGB werden die zulässigen Zwecke der Familienstiftung abschliessend aufgezählt: Möglich ist die Errichtung einer Familienstiftung zur Befriedigung materieller Bedürfnisse, die sich in einer bestimmten Lebenslage ergeben können (z.B. während eines Studiums an der Universität). Sog. Unterhaltsstiftungen, welche die Destinatäre ohne besondere Voraussetzungen begünstigen, verletzen dagegen das Verbot von Familienfideikommissen in Art. 335 Abs. 2 ZGB.

> *Beispiel:* S, ein Verein gemäss Art. 60 ff. ZGB (mit statutarischem Sitz in Lugano und einem Büro in Zürich), bezweckt die Erhaltung der Schmetterlingsarten in der Schweiz und die Verbreitung des Wissens über diese Tiere. Der Verein führt regelmässig Vorträge in verschiedenen Schweizer Städten durch. Im Nachgang zu einer in Bern durchgeführten Veranstaltung entbrennt ein Streit über die Höhe der Saalmiete. Der vermietende Restaurateur hat eine entsprechende Betreibung in Zürich anzuheben, da aufgrund des dortigen Büros des S anzunehmen ist, dass die Geschäfte von Zürich aus geführt werden. Dass in den Statuten Lugano als Sitz festgelegt ist, ist nicht relevant.

278 Für *Gemeinderschaften*[206] gilt als Betreibungsort primär der Wohnsitz des zur Vertretung bestimmten Gemeinders, subsidiär der Ort der gemeinsamen wirtschaftlichen Tätigkeit (Art. 46 Abs. 3 SchKG). Dieser ergibt sich entweder aus dem Gründungsvertrag oder aus den Umständen.

> *Beispiel:* E hinterlässt ihrem Ehemann M (mit Wohnsitz in Murten) und ihrer (volljährigen) Tochter T (mit Wohnsitz in Thun) nach ihrem Tod einen kleinen Sattlereibetrieb in Freiburg. M und T einigen sich, dass T das Gewerbe (samt dem dazugehörigen Grundstück) alleine weiterführen soll. M soll als Gemeinder lediglich gemäss Art. 347 ZGB jährlich einen Anteil vom Reingewinn erhalten. Wird eine Warenlieferung zugunsten des Betriebs nicht bezahlt, ist eine Betreibung in Thun als Wohnsitz der als Vertreterin bzw. Übernehmerin bezeichneten T anzuheben. Da für Gemeinderschaftsschulden solidarisch gehaftet wird (Art. 342 Abs. 2 ZGB), kann auch M an diesem Ort betrieben werden.

279 *Stockwerkeigentümergemeinschaften* sind für Schulden der Gemeinschaft am Ort der gelegenen Sache zu betreiben (Art. 46 Abs. 4 SchKG). Unerheblich ist der Wohnsitz der einzelnen Stockwerkeigentümer.

> *Anmerkung:* Die Stockwerkeigentümergemeinschaft ist eine Rechtsgemeinschaft, welche auf dem gemeinschaftlichen Eigentum an einem zu Stockwerkeigentum gemäss Art. 712a ff.

---

206 Rz. 267.

ZGB aufgeteilten Grundstück beruht. Sie ist insoweit betreibungsfähig, als ein funktioneller Zusammenhang mit der gemeinschaftlichen Verwaltung des betreffenden Grundstücks besteht (Art. 712l Abs. 2 ZGB).

Beispiel: Die drei Stockwerkeigentümer einer Liegenschaft in Lyss wohnen in Zürich, Uster und Basel. Dem die Liegenschaft im Auftrag der Stockwerkeigentümergemeinschaft betreuenden Hauswart G wurde seit Monaten kein Lohn mehr ausbezahlt. Eine Betreibung der Stockwerkeigentümergemeinschaft hat in Lyss zu erfolgen.

Der ordentliche Betreibungsort für die Betreibung eines Trustvermögens[207] bestimmt sich nach Art. 284a Abs. 2 SchKG i.V.m. Art. 21 Abs. 3 IPRG. Danach liegt der primäre Betreibungsort am aktuellen schriftlich bezeichneten bzw. textlich nachgewiesenen *Sitz* des Trusts in der Schweiz. Fehlt ein schriftlich oder textlich nachgewiesener Sitz, so kann am tatsächlichen Verwaltungsort in der Schweiz betrieben werden. Allerdings ist die Betreibung nicht gegen das Trustvermögen als solches – diesem kommt keine Parteifähigkeit zu –, sondern gegen den Trustee zu richten.

280

Beispiel: G unterhielt geschäftliche Beziehungen mit einem Trust, welcher jeweils durch den Trustee vertreten wurde. Die Abwicklung der Geschäfte geschah in Basel-Stadt. Der Trustee selbst hatte Wohnsitz in Chur. Nachdem ein Rechnungsbetrag in Höhe von CHF 30 000.00 nicht bezahlt wurde, stellte G das Betreibungsbegehren in Basel-Stadt. Nach Empfang des Zahlungsbefehls legte der Trustee ein Schriftstück vor, mit welchem er dokumentierte, dass sich der Sitz des Trusts nicht in Basel-Stadt, sondern in Lugano befindet. Namens des Trusts gelangte der Trustee mittels betreibungsrechtlicher Beschwerde an die Aufsichtsbehörde und rügte die ungesetzliche Zustellung des Zahlungsbefehls.

Gemäss Art. 67 Abs. 1 Ziff. 2 SchKG hat der Gläubiger im Betreibungsbegehren u.a. den Wohnort des Schuldners anzugeben. Damit stellt das Gesetz grundsätzlich eine Obliegenheit des Gläubigers auf, dem Betreibungsamt diese Information zu liefern.[208] Dies entspricht auch der Dispositionsmaxime, welcher das Betreibungsverfahren unterliegt. In diesem Zusammenhang geht das Bundesgericht – hinsichtlich mangelhafter Bezeichnung des Vertreters einer juristischen Person – davon aus, dass eigene Nachforschungen des Betreibungsamts *systemwidrig* wären. Der Gläubiger ist jedoch aufzufordern, die notwendigen Angaben nachzuliefern.[209]

281

Das Betreibungsamt hat aber *zwecks Bestimmung der Zuständigkeit* festzustellen, ob die im Betreibungsbegehren enthaltenen Angaben stimmen.[210] Hierfür können auch Nachforschungen nötig werden. Vor einer Zustellung des Zahlungsbefehls durch öffentliche Bekanntmachung (sog. Ediktalzustellung)[211] wegen un-

282

---

207 Rz. 1515 ff.
208 BGer v. 2.10.2007, 5A_215/2007 E. 2.1; BGE 112 III 6 E. 4.
209 BGE 118 III 10 E. 3.a; 109 III 4 E. 1.a und b.
210 BGer v. 8.9.2010, 5A_403/2010 E. 2.2; BGer v. 6.6.2007, 7B.17/2007 E. 6.2; BGE 120 III 110 E. 1.a.
211 Rz. 419 ff.

bekannten Wohnorts sind zudem auch vom Betreibungsamt Erkundigungen einzuziehen.

283 Zu beachten ist im Übrigen, dass das Betreibungsbegehren von Amtes wegen weitergeleitet werden muss, wenn die Angaben das räumlich zuständige Betreibungsamt erkennen lassen (Art. 32 Abs. 2 SchKG).

C. Besondere Betreibungsorte

1. Betreibungsort des Aufenthalts

284 Schuldner, die weder in der Schweiz noch im Ausland einen festen Wohnsitz haben, sind an ihrem *Aufenthaltsort* in der Schweiz zu betreiben (Art. 48 SchKG). Diese Regelung gilt auch für die Betreibung auf Konkurs.[212] Erforderlich ist dabei, dass ein qualifizierter Aufenthalt im Sinne von Art. 24 Abs. 2 ZGB vorliegt, d.h. das *Verweilen* an einem bestimmten Ort, wobei eine bloss zufällige Anwesenheit nicht ausreicht, um einen Betreibungsort zu begründen.[213] Auch die Tatsache allein, dass das Betreibungsamt dem Schuldner einen Zahlungsbefehl zustellen konnte, genügt nicht für die Annahme eines Aufenthalts. Am Aufenthaltsort sind auch jene Schuldner zu betreiben, die ihren letzten Wohnsitz aufgegeben und keinen neuen begründet haben.[214] Zivilrechtlich gesehen (Art. 24 Abs. 1 ZGB) behalten sie zwar ihren (fiktiven) Wohnsitz, können aber dort nicht mehr betrieben werden.[215] Auch wenn ein Schuldner ein Zustelldomizil bezeichnet hat, kann er trotzdem am Aufenthaltsort betrieben werden.

285 Die Betreibung am Aufenthaltsort wird vor allem bei Personen durchgeführt, die von Ort zu Ort herumziehen, was entweder berufsbedingt ist oder eine Lebenseinstellung bedeutet. Plastisch ausgedrückt geht es um Betreibungen gegen einen Schuldner, der gewissermassen *nomadisiert*.

Beispiele:
- Personal auf Meerschiffen,[216]
- Strassenmusikanten,
- Hausierer,
- Personen, welche sich infolge ihrer Erwerbstätigkeit dauernd weltweit an unterschiedlichen Adressen aufhalten,[217]
- fahrendes Volk,
- Personen, welche ihre Wohnverhältnisse offensichtlich verschleiern.

---

212 BGer v. 2.8.2001, 7B.161/2001 E. 3; BGE 119 III 51 E. 2.c.
213 BGer v. 5.10.2006, 7B.143/2006 E. 2.4; BGer v. 31.10.2005, 7B.174/2005 E. 4.3; BGE 119 III 54 E. 2.d.
214 BGE 72 III 38 E. 3.
215 BGer v. 31.10.2005, 7B.174/2005 E. 4.3; BGE 119 III 54 E. 2.a und c.
216 BGer v. 31.10.2005, 7B.174/2005 E. 4.3.
217 BGer v. 2.8.2001, 7B.161/2001 E. 3.a.

Wechselt der Schuldner den Aufenthaltsort nach der Zustellung des Zahlungsbefehls, aber vor der Zustellung der Pfändungsankündigung bzw. Konkursandrohung, ist die Betreibung am neuen Ort fortzusetzen. Wird das Fortsetzungsbegehren am früheren Aufenthaltsort gestellt, hat das unzuständige Betreibungsamt dieses gemäss Art. 32 Abs. 2 SchKG dem örtlich zuständigen Betreibungsamt zu überweisen.[218]

286

Verlegt der Schuldner den Aufenthalt ins Ausland, ist die Fortsetzung – unter Vorbehalt der Arrestbetreibung sowie der Konkurseröffnung gemäss Art. 54 SchKG bzw. Art. 190 SchKG – nicht mehr möglich.

287

Wird ein Schuldner, der einen festen Wohnsitz in der Schweiz oder im Ausland hat, am Aufenthaltsort betrieben, kann er sich mittels Beschwerde gemäss Art. 17 SchKG zu Wehr setzen, ist aber verpflichtet, den festen Wohnsitz zu beweisen.[219] Wird eine gewisse Zeitdauer des Aufenthaltes in der Schweiz überschritten, darf angenommen werden, dass der ausländische Wohnsitz aufgegeben wurde.

288

Beispiel: S hält sich in der Schweiz seit zwei Jahren auf, wobei er zwischen den Hotels in St. Gallen, Zürich, Bern, Genf und Lugano pendelt.

2. Betreibungsort der Erbschaft

Eine Erbschaft kann gemäss Art. 49 SchKG für *Erbschaftsschulden* und für *Erbgangsschulden* am *letzten Betreibungsort des Erblassers* in der auf diesen anwendbaren Betreibungsart betrieben werden, solange sie noch nicht geteilt, keine vertragliche Gemeinderschaft (Art. 634 ZGB) gebildet oder eine amtliche Liquidation nach Art. 593 ff. ZGB angeordnet worden ist. Mit dieser Bestimmung räumt das SchKG der Erbschaft trotz fehlender Rechtspersönlichkeit die Betreibungsfähigkeit[220] ein.[221] Eine Betreibung gegen die Erbschaft i.S.v. Art. 49 SchKG fällt *ausser Betracht,* wenn der Nachlass von einem *Alleinerben* erworben wird.

289

Anmerkung: Bei *Erbschaftsschulden* handelt es sich um Schulden, die der Erblasser zu Lebzeiten begründet hat (wie Gläubigeransprüche aus Verträgen oder unerlaubten Handlungen, dingliche Ansprüche Dritter an Erbschaftssachen, Schulden aus Ehegüterrecht); bei *Erbgangsschulden* handelt es sich dagegen um Verpflichtungen, die nach dem Tode des Erblassers zulasten der Erbengemeinschaft entstanden sind (wie Begräbniskosten, Auslagen für die Abwicklung der Erbschaft, Weiterführung eines Betriebes auf Rechnung der Erbengemeinschaft).

In der Regel wird der Betreibungsort der letzte Wohnsitz des Erblassers in der Schweiz sein, allenfalls sein letzter Aufenthaltsort bzw. die Betreibungsorte ge-

290

---

218 Rz. 203.
219 BGE 120 III 110 E. 1.b.
220 Rz. 352 f.
221 BGE 102 II 385 E. 2.

mäss Art. 50–52 SchKG. Im Falle von Art. 52 SchKG ist es aber notwendig, dass ein Arrest[222] gegen den Erblasser bereits zu seinen Lebzeiten gelegt worden ist.

291 Eine zu Lebzeiten des Erblassers angehobene Betreibung kann gemäss Art. 59 Abs. 2 SchKG unter den Voraussetzungen von Art. 49 SchKG gegen die Erbschaft fortgesetzt werden. Eine solche kann sich stets nur auf Erbschaftsschulden beziehen.

Beispiel: G reichte gegen S (mit Wohnsitz in Zürich) für eine Schadenersatzforderung am 8.2.2011 ein Betreibungsbegehren ein. Am 13.3.2011 verstirbt E, nachdem er es zu Lebzeiten unterlassen hat, sich gegen die Betreibung zu wehren. Den Nachlass erwerben seine beiden (volljährigen) Kinder (beide mit Wohnsitz in Basel) durch ausdrücklichen Verzicht auf eine Ausschlagung. G kann die Betreibung gegen die Erbschaft des S in Zürich fortsetzen.

292 Eine erst nach dem Tod des Erblassers angehobene Betreibung richtet sich gegen die Erbschaft.

Beispiel: Bangerten/BE, die Wohnsitzgemeinde des S, besitzt gegen diesen eine Forderung, weil S den von der Gemeinde angeordneten Winterdienst nicht geleistet hat. Bevor die Gemeinde jedoch die Betreibung einleiten kann, verstirbt S. Als Erben kommen nur die Kinder des S infrage, die in Basel und Zermatt wohnen. Der Gemeinde steht es offen, für ihre Forderung beim örtlichen Betreibungsamt eine Betreibung gegen die Erbschaft anzuheben.

293 Wird aufgrund von Art. 49 SchKG betrieben, so richtet sich die Betreibung nur gegen die Vermögenswerte der Erbschaft und nicht gegen das übrige Vermögen der Erben. Dem Erbschaftsgläubiger bleibt es jedoch unbenommen, aufgrund der Universalsukzession und Solidarhaftung der Erben (Art. 602 Abs. 1 und Art. 603 Abs. 1 ZGB) für die Erbschaftsschulden jeden einzelnen Erben an dessen Betreibungsstand zu betreiben.

Anmerkung: Es muss aber beachtet werden, dass sich eine allfällige Anerkennungsklage nach Art. 79 SchKG[223] stets gegen sämtliche einer Erbengemeinschaft angehörigen Erben zu richten hat. Diese bilden im Prozess eine sog. notwendige Streitgenossenschaft (Art. 70 ZPO), weil ihnen die unverteilte Erbschaft *zu gesamter Hand* zusteht.

294 Auch die Fortsetzung einer gegen den Erblasser eingeleiteten Betreibung gegen die Erben persönlich ist zulässig unter der Voraussetzung, dass die gegen den Erblasser gerichtete Betreibung eine solche auf Pfandverwertung ist oder bei der Betreibung auf Pfändung, die in Art. 110 f. SchKG vorgesehenen Anschlussfristen bereits abgelaufen sind (Art. 59 Abs. 3 SchKG). Nur die auf Konkurs gerichtete Betreibung gegen den Erblasser kann nicht gegen einen Erben persönlich fortgesetzt werden, unabhängig davon, ob dieser der Konkursbetreibung unterliegt oder nicht.

295 Das Betreibungsamt ist verpflichtet abzuklären, ob eine Betreibung gegen die Erbschaft oder gegen den Erben persönlich gewollt ist.

---

222 Rz. 1448 ff.
223 Rz. 523 ff.

Beispiel: Wenn im Betreibungsbegehren als Schuldner allgemein die «Erben von X» angegeben werden, ist dieses zurückzuweisen und der Gläubiger muss genau erklären, ob er die Erbschaft als solche oder einen einzelnen Erben zu betreiben gedenke. Im ersten Fall muss der Gläubiger denjenigen Erben bezeichnen, der i.S.v. Art. 65 Abs. 3 SchKG als Vertreter der Erbschaft zu behandeln ist. Im zweiten Fall ist der betriebene Erbe aufzuführen.

Darüber hinaus muss von Amtes wegen geprüft werden, ob der Nachlass bereits amtlich liquidiert ist (vgl. Art. 593 ff. ZGB), nicht hingegen, ob er anderweitig geteilt worden ist. 296

Anmerkung: Die amtliche Liquidation verfolgt den Zweck, die Erbschaftsschulden zu tilgen. Hierzu wird ein Erbschaftsliquidator eingesetzt, der den Nachlass verwaltet und soweit notwendig liquidiert. Dabei hat er vornehmlich die Interessen der Erbschaftsgläubiger sowie diejenigen der Erben zu wahren. Nach Art. 596 Abs. 1 ZGB sind zum Zwecke der Liquidation die laufenden Geschäfte des Erblassers zu beendigen, seine Verpflichtungen zu erfüllen, seine Forderungen einzuziehen, die Vermächtnisse nach Möglichkeit auszurichten, die Rechte und Pflichten des Erblassers, soweit nötig, gerichtlich festzustellen und sein Vermögen zu versilbern.[224]

Richtet sich die Betreibung gegen mehrere Erben, müssen einzelne Betreibungen eingeleitet werden und die Zahlungsbefehle sind jedem einzelnen, gleichzeitig betriebenen und persönlich haftenden Erben gesondert zuzustellen. 297

Der Unterschied zwischen den beiden Betreibungen besteht darin, dass bei der Betreibung gegen die Erbschaft gemäss Art. 49 SchKG die Erbschaftsaktiven unmittelbar beschlagnahmt werden können; im zweiten Fall steht für die Pfändung hingegen das Liquidationsbetreffnis sowie das übrige Vermögen des betriebenen Erben zur Verfügung. 298

Beispiel: Gläubiger G geht nach Art. 49 SchKG vor und lässt ein wertvolles Bild pfänden, das sich im Eigentum des Erblassers befand und nach dessen Tod in die Erbschaftsmasse fiel. Dies birgt den Nachteil, dass G nicht auf das sonstige Vermögen der einzelnen Erben greifen kann.

3. Betreibungsort der inländischen Geschäftsniederlassung

Schuldner mit Wohnsitz oder Sitz im Ausland können *am Ort ihrer Geschäftsniederlassung* in der Schweiz betrieben werden, sofern die betreffende Forderung mit dem Geschäftsbetrieb *in Zusammenhang* steht (Art. 50 Abs. 1 SchKG). Für die Frage, ob eine Geschäftsniederlassung besteht, sind die Verhältnisse im Zeitpunkt der Betreibungseinleitung entscheidend.[225] 299

Anmerkung: Die Geschäftsniederlassung selbst ist aber *nicht* partei- und somit auch nicht betreibungsfähig; sie begründet lediglich einen Betreibungsstand gegen ihren Inhaber.

---

224 BGE 130 III 97 E. 2.2.
225 BGer v. 3.12.2010, 5A_695/2010 E. 2.

300 Der Begriff *Geschäftsniederlassung* wird durch das schweizerische Recht bestimmt. Für die Begriffsbestimmung ist der Terminus *Zweigniederlassung* im Sinne von Art. 935 Abs. 2 OR heranzuziehen.

301 Unter Zweigniederlassung ist ein kaufmännischer Betrieb zu verstehen, der rechtlich Teil einer Hauptunternehmung (d.h. ohne eigene Rechtspersönlichkeit) ist und deren wirtschaftlichem Zweck er dient. Er übt zwar eine gleichartige Tätigkeit wie die Hauptniederlassung aus, ist aber räumlich von ihr getrennt. Er muss auch über eine eigene Organisation sowie eine gewisse wirtschaftliche Unabhängigkeit verfügen.[226]

Beispiel: S ist eine Herstellerin von Spielwaren (AG mit Sitz in Wien). Zwecks Förderung des Vertriebs in der Schweiz stellt S ein 2-köpfiges Team an. Ein Vertreter hat sämtliche Verkäufe direkt nach Wien zu melden, wo auch die Personalangelegenheiten verwaltet werden. Eine weitere Angestellte der S betreut – nach Weisungen der ausländischen Zentrale – in Teilzeitarbeit ein kleines Lager der S in Schönbühl/BE. Ein Betreibungsverfahren gegen die S kann in der Schweiz gestützt auf Art. 50 Abs. 1 SchKG nicht stattfinden, da die inländische Organisation der S mangels ausreichender Organisation und wirtschaftlicher Unabhängigkeit nicht als Zweigniederlassung qualifiziert werden kann.

302 Nach herrschender Auffassung geht der Begriff der Geschäftsniederlassung zwar weiter als jener der Zweigniederlassung. Wie die Zweigniederlassung bedingt die Geschäftsniederlassung jedoch auch eine *eigene Betriebsleitung* und eine *gewisse Selbständigkeit*.

Beispiele:
– Führung der Geschäfte durch einen ständigen Vertreter;
– Unterhalten von Geschäftsräumen;
– Anstellung von Personal;
– Praxis;
– Werkstatt oder
– Fabrik.

Anmerkung: Verkaufsbüros genügen für die Annahme einer Geschäftsniederlassung. Nicht genügend sind aber die blosse Eintragung der Adresse in einem Adressbuch, die Miete eines Hotelzimmers zum Geschäftsbetrieb für längere Zeit oder der alleinige Umstand, dass eine Verpflichtung in der Schweiz eingegangen wurde.

303 Unerheblich für die Qualifikation als Geschäftsniederlassung ist der Handelsregistereintrag,[227] die Art und der Umfang der Geschäftstätigkeit, die persönliche Anwesenheit des Schuldners in der Schweiz sowie die Tatsache, ob es sich um eine Hauptniederlassung oder bloss um eine Filiale handelt.

304 Der Betreibungsstand von Art. 50 Abs. 1 SchKG gilt nur für Schulden, die *aus dem Betrieb der Geschäftsniederlassung* resultieren. Diese müssen effektiv und originär gegenüber der Niederlassung begründet worden sein. Auf den Rechtsgrund

---
226 BGE 117 II 85 E. 3.
227 BGE 114 III 6 E. 1.c und d (Pra 77 [1988] Nr. 206).

kommt es aber nicht an. Insbesondere bezieht sich der Betreibungsort der Geschäftsniederlassung nicht allein auf vertragliche Ansprüche.[228] Der Wohnsitz des Gläubigers ist dabei unerheblich.

Beispiele:
- Forderungen aus Vertragsverhältnissen mit Kunden oder Lieferanten;
- Forderungen aus Finanzierungsverträgen;
- Forderungen aus Arbeitsverträgen;
- ausservertragliche Ansprüche und
- Steuerforderungen.

Die Fortsetzung der Betreibung bestimmt sich danach, ob die Geschäftsniederlassung im Handelsregister eingetragen ist oder nicht. Bei im Handelsregister eingetragenen Geschäftsniederlassungen kann auf Konkurs erkannt werden. Der Konkurs ist diesfalls auf die Geschäftsniederlassung beschränkt. Nicht im Handelsregister eingetragene Geschäftsniederlassungen unterliegen dagegen bloss der Pfändungsbetreibung. 305

4. Betreibungsort des Spezialdomizils

Art. 50 Abs. 2 SchKG statuiert eine Ausnahme vom Grundsatz, dass die Parteien keinen Betreibungsort vereinbaren können.[229] 306

Im Ausland wohnhafte Schuldner sowie Schuldner, die überhaupt keinen festen Wohnsitz oder gewöhnlichen Aufenthalt haben, können – falls sie zwecks Erfüllung der Verbindlichkeiten gegenüber bestimmten Gläubigern in der Schweiz ein *Spezialdomizil* gewählt haben – an diesem Ort betrieben werden (Art. 50 Abs. 2 SchKG). 307

Gegenüber Art. 48 SchKG ist Art. 50 Abs. 2 SchKG *subsidiärer Natur*. Er gilt nur für bestimmte bzw. bestimmbare Forderungen, für welche das Spezialdomizil gewählt wurde. Deshalb sind an diesem Betreibungsort keine Anschlusspfändungen (Art. 110 f. SchKG) und keine Konkurseröffnungen möglich.[230] 308

Ob tatsächlich ein Betreibungsort am Spezialdomizil begründet wurde, beurteilt sich nach dem ausdrücklichen oder sich aus den Umständen ergebenden *Parteiwillen*. Die Auslegung des Parteiverhaltens ist nach Massgabe des Vertrauensprinzips zu beurteilen.[231] Von Bedeutung ist insbesondere, ob sich der Schuldner mit der Wahl eines Spezialdomizils einer allfälligen Zwangsvollstreckung in der Schweiz unterziehen wollte. 309

---

228 BGE 47 III 14 E. 2.
229 Rz. 252.
230 BGE 119 III 51 E. 2.c; 107 III 53 E. 4.a (Pra 71 [1982] Nr. 47).
231 BGer v. 21.9.2006, 5P.136/2006 E. 3.2.

310 Die diesbezüglichen Vereinbarungen bedürfen keiner speziellen Form. Sie können auch in einem Formularvertrag getroffen werden und müssen nicht die Bezeichnung eines Domizilträgers als Empfänger von Betreibungsurkunden enthalten.

311 *Kein* Spezialdomizil im Sinne eines Betreibungsortes liegt vor, bei:

– einer blossen Vereinbarung eines Erfüllungsortes (anders bei der Angabe eines Zahlungsortes auf einem Inhabertitel oder Wechsel für die Betreibung des Ausstellers, Akzeptanten oder Wechselbürgen[232]);

Beispiel: S (mit Wohnsitz in Moskau) und G (mit Wohnsitz in Buenos Aires) vereinbaren die Rückzahlung eines Darlehens auf ein Konto bei einer Bank in Lugano. Ansonsten enthält der Sachverhalt keinen weiteren Bezug zu der Tessiner Stadt. Eine Betreibung des S in Lugano kann somit nicht gestützt auf Art. 50 Abs. 2 SchKG erfolgen.

– einer blossen Gerichtsstandsvereinbarung (der Fall liegt allenfalls anders, wenn der Schuldner gleichzeitig am Ort des vereinbarten Gerichtsstandes Vermögenswerte zwecks Erfüllung bereit gestellt hat);

Beispiel: Spengler S (mit Wohnsitz in Paris) bestellt bei der Händlerin G (AG mit Sitz in Genf) eine Ladung Spenglereiartikel, indem er das vom Internet heruntergeladene Bestellformular ausfüllt und G per Fax zukommen lässt. Auf dem Formular ist – den gesetzlichen Erfordernissen entsprechend – eine Gerichtsstandsklausel enthalten. Allein gestützt auf diese Zuständigkeitsvereinbarung wird noch kein Betreibungsstand in der Schweiz geschaffen.

– einer Bezeichnung einer Zustelladresse zwecks Entgegennahme von Betreibungsurkunden.

Beispiel: S (mit Wohnsitz in Bukarest) beschädigt in Rumänien das Auto der G (mit Wohnsitz in Luzern). Um die Folgen seiner Unvorsicht zu regeln, gibt S der G für allfällige Korrespondenzen die Adresse seines Freundes F in Freiburg an. Ein Spezialdomizil i.S.v. Art. 50 Abs. 2 SchKG hat S dadurch nicht geschaffen.

312 Die soeben erwähnten Tatbestände reichen für sich allein nicht aus, um den Betreibungsort des Spezialdomizils zu begründen. Vielmehr müssen besondere Umstände hinzutreten.[233]

Beispiele für besondere Umstände, welche ein Spezialdomizil begründen können:
– Vereinbarung eines in der Schweiz gelegenen Zahlungsortes in einem Vergleich, zu einem Zeitpunkt, in dem der Schuldner noch Wohnsitz in der Schweiz hatte; regelmässiger Kontakt des Schuldners zu seinem bisherigen Wohnort; anzunehmende fehlende Bereitschaft der Gegenpartei, einem Vergleich zuzustimmen, wenn in der Schweiz keine Zwangsvollstreckungsmöglichkeit bestünde;[234]

---

[232] BGer v. 21.9.2006, 5P.136/2006 E. 2.2; BGer v. 12.7.2001, 7B.154/2001 E. 2.b; BGE 119 III 54 E. 2.f; 89 III 1, 4 f.
[233] BGE 119 III 54 E. 2.f.
[234] BGE 68 III 61, 63.

– Klausel in einer Bürgschaftsurkunde: «Für die Abwicklung aller aus gegenwärtiger Bürg- und Zahlerschaftsverpflichtung entstehenden Verhältnisse erwähle ich Domizil bei der Rhätischen Bank (vormals Bank für Davos) in Arosa und unterwerfe mich den bündnerischen Gesetzen und dem Gerichtsstand Arosa.»[235]
– auf einem Inhabertitel enthaltene Klausel «Kapital und Zinsen bei Bank X in Y zahlbar.»

5. Betreibungsort der gelegenen Sache

Art. 51 SchKG sieht einen weiteren *besonderen Betreibungsort* vor, nämlich den Ort der gelegenen Sache für pfandgesicherte Forderungen. Dieser Betreibungsstand gilt *nur* für die Betreibung auf Pfandverwertung (Art. 151 ff. SchKG). 313

Das Gesetz unterscheidet zwischen faustpfand-[236] und grundpfandgesicherten[237] Forderungen. Keine Anwendung findet Art. 51 SchKG in folgenden Fällen: 314

– *Versatzpfand*[238] (vgl. Art. 45 SchKG mit Verweis auf Art. 910 ZGB);

Das SchKG ist hier nicht anwendbar, da die Pfandleihanstalt bei Nichteinlösung des Pfandes auf den vereinbarten Termin dieses nach öffentlicher Aufforderung amtlich verkaufen kann.

– *Freihandverkauf* durch den Pfandgläubiger;
– *Selbsteintritt* des Pfandgläubigers.

Ist die Forderung durch ein Faustpfand gesichert, gewährt Art. 51 Abs. 1 SchKG dem Gläubiger ein *Wahlrecht* hinsichtlich des Betreibungsortes. Er kann die Betreibung entweder an dem für den betreffenden Schuldner geltenden Betreibungsstand oder an dem Ort, wo sich das Pfand oder dessen wertvollster Teil befindet, einleiten. 315

Dieses Wahlrecht steht dem Gläubiger auch bei Geltendmachung des Retentionsrechts gemäss Art. 895 und 898 ZGB zu, nicht hingegen beim Retentionsrecht des Vermieters bzw. des Verpächters von Geschäftsräumen (Art. 268 ff. und 299c OR), da hier der Betreibungsstand am Ort der gelegenen Sache ausschliesslich ist. 316

Als *bewegliche Sachen* werden auch *Forderungen* behandelt, die in einem *Wertpapier* verkörpert sind. Der Lageort eines verpfändeten Wertpapiers befindet sich dort, wo die Bank das Depotkonto führt, und zwar ungeachtet des tatsächlichen Lageortes der Papiere.[239] 317

---

235 BGE 50 III 168 E. 2.
236 Rz. 916.
237 Rz. 911 f.
238 Rz. 27.
239 BGE 105 III 117 E. 2.c.

Beispiel: S (mit Wohnsitz in Neuenburg) schuldet G (mit Wohnsitz in Genf) den Betrag von CHF 5000.00. Zur Sicherung hat S seiner Gläubigerin sein Wertpapierdepot bei der Bank B (AG mit Sitz in Basel) verpfändet. Die sich im Depot befindenden Wertpapiere werden zentral in Zürich gelagert. Das Begehren auf Pfandverwertungsbetreibung ist beim Betreibungsamt in Basel einzureichen.

318 Bei verpfändeten Forderungen, die nicht in einem Wertpapier verkörpert sind, gilt als Ort der gelegenen Sache der Wohnsitz des Pfandgläubigers.[240]

Beispiel: S (mit Wohnsitz in Bern) möchte bei der Grossbank G (AG mit Sitz in Zürich) ein Darlehen aufnehmen. Da Letztere Sicherheiten verlangt, bittet S seinen Freund X (mit Wohnsitz in Thun), der G seine Forderung gegen Y (mit Wohnsitz in Chur) zur Sicherung der Darlehensforderung zu verpfänden. S, G und X schliessen einen entsprechenden Vertrag. Eine Pfandverwertungsbetreibung ist beim Betreibungsamt in Zürich zu verlangen.

319 Bei der Betreibung auf Grundpfandverwertung kommt *ausschliesslich und zwingend* der Ort der gelegenen Sache als Betreibungsort infrage (Art. 51 Abs. 2 SchKG). Nur wenn der Gläubiger für Zinsen und Annuitäten die gewöhnliche Betreibung auf Pfändung oder Konkurs wählt, muss er an einem Betreibungsort gemäss Art. 46–50 SchKG vorgehen.

Anmerkung: Was die Betreibung auf Pfandverwertung von registrierten Schiffen angeht, so ist hierfür das Betreibungsamt am Ort des Schiffregisters zuständig (Art. 55 Abs. 1 BGSR). Gleiches gilt im Zusammenhang mit ausländischen Seeschiffen, welche sich auf Schweizer Territorium befinden.[241]

Anmerkung: Für die Pfandverwertung eines schweizerischen Luftfahrzeuges oder Ersatzteillagers ist das Betreibungsamt desjenigen Ortes zuständig, der im Luftfahrzeugbuch als Wohnsitz des Eigentümers eingetragen ist (Art. 53 LBG). Demgegenüber ist für die Pfandverwertung eines ausländischen Luftfahrzeugs oder von Ersatzteillagern ausländischer Unternehmungen das schweizerische Betreibungsamt zuständig, in dessen Kreis sich das Luftfahrzeug oder das Ersatzteillager befindet (Art. 54 LBG und KS BGer [Plenum] Nr. 35 vom 16.10.1961 [BGE 87 III 41]).

6. Betreibungsort des Arrestes

320 Forderungen, für welche *Arrest*[242] gelegt wurde, können wahlweise am ordentlichen Betreibungsort des Schuldners oder auch dort eingetrieben werden, wo sich der Arrestgegenstand befindet (Art. 52 Satz 1 SchKG).

321 Der Betreibungsort des Arrestes ist nur zulässig für:

– die Arrestprosequierung nach vollzogenem Arrest (Art. 279 SchKG). Wird der Arrest aufgehoben, fällt dieser Betreibungsort dahin.[243]

---

240 BGE 105 III 117 E. 2.a.
241 BGE 73 III 4 E. 2.
242 Rz. 1448 ff.
243 BGE 115 III 28 E. 4.b.

– den Arrestgläubiger und nur für die im Arrestbefehl genannte Arrestforderung, weshalb eine Anschlusspfändung (Art. 110 SchKG) oder Konkurseröffnung ausgeschlossen ist. Der Betreibungsort des Arrestes ist auch nicht anwendbar, wenn dem Arrestschuldner gegen den Arrestgläubiger eine Forderung zusteht.

   Anmerkung: Etwas Anderes gilt jedoch, wenn der Arrestort mit dem ordentlichen Betreibungsort zusammenfällt oder dort ein anderer Betreibungs- bzw. Konkursort besteht.[244]

   Beispiel: Am *2.3.2007* reichte G (mit Wohnsitz in Vaduz) beim Betreibungsamt Solothurn ein Betreibungsbegehren gegen ihren Schuldner S ein. Das Betreibungsamt stellte S den Zahlungsbefehl an dessen Wohnsitz in Solothurn persönlich zu. Daraufhin erhob S Beschwerde wegen Unzuständigkeit des Betreibungsamtes mit der Begründung, er habe für seine Forderung gegen G am 5.4.2007 in Genf einen Arrest bewirkt und die Betreibung von G gegen ihn hätte somit zweckmässigerweise dort eingeleitet werden müssen. Die Beschwerde ist abzuweisen, weil der Arrest den Betreibungsort des Arrestes in Genf nur für die Arrestforderung des S gegen G eröffnet (Art. 52 SchKG). Der Arrest gegen S erlaubt G aber nicht, S vorgängig anderswo als an dessen schweizerischem Wohnsitz zu betreiben (Art. 46 Abs. 1 SchKG).[245]

– verarrestierte Vermögenswerte;
– für eine Betreibung auf Pfändung (keine Konkursbetreibung am Arrestort möglich).

Massgeblicher Arrestort ist der Lageort der Arrestgegenstände im Zeitpunkt des Arrestvollzuges. 322

Der Betreibungsstand des Arrestes ist insbesondere in internationalen Rechtsverhältnissen relevant, und zwar für im Ausland wohnhafte Schuldner, die in der Schweiz weder über ein Geschäfts- noch ein Spezialdomizil, dafür aber über Vermögenswerte verfügen. 323

Nach Art. 4 IPRG begründet der Arrestort auch einen Gerichtsstand. Im räumlichen Anwendungsbereich des LugÜ gilt dieser Gerichtsstand jedoch als *exorbitant* und kommt somit nicht zur Anwendung (Art. 3 Ziff. 2 i.V.m. Anhang I LugÜ). Zulässig ist aber auch unter der Geltung des LugÜ die Einleitung einer *Prosquierungsbetreibung* druch Ausstellung eines Zahlungsbefehls. 324

Beispiel: Das Betreibungsamt in Zürich vollzog am 15.3.2007 den von G (mit Wohnsitz in Chur) tags zuvor gegen seine Schuldnerin S (mit Wohnsitz in Stockholm) erwirkten Arrestbefehl. In der zur Prosequierung des Arrestes eingeleiteten Betreibung wurde am 23.3.2007 der Zahlungsbefehl erlassen und anschliessend gemäss Art. 66 Abs. 3 SchKG von den schwedischen Behörden dem S an seinem Wohnort zugestellt. S erhob bei der Zürcher Aufsichtsbehörde Beschwerde, da dem Betreibungsamt die räumliche Zuständigkeit zur Ausstellung eines Zahlungsbefehls gefehlt habe. Die Beschwerde ist abzuweisen, da der Erlass des Zah-

---

244 BGE 115 III 28 E. 4.b.
245 BGE 112 III 81 E. 3.

lungsbefehls als Bestandteil eines Verfahrens um einstweiligen Rechtsschutz zu verstehen ist, wofür Art. 31 LugÜ ausdrücklich einen Vorbehalt zugunsten des betreffenden Staates enthält.[246] M.a.W. fällt der Erlass eines Zahlungsbefehls zwecks Arrestprosequierung nicht unter das Verbot exorbitanter Gerichtsstände i.S.v. Art. 3 Ziff. 2 LugÜ.

7. Konkursort bei flüchtigem Schuldner

325 Als Ausnahme vom Grundsatz, dass im Betreibungsrecht keine fiktiven Wohnsitze existieren, statuiert Art. 54 SchKG einen *Konkursort am letzten Wohnsitz des flüchtigen Schuldners*. In einem solchen Fall wird der Konkurs ohne vorgängige Betreibung eröffnet (Art. 190 Abs. 1 Ziff. 1 SchKG[247]), und zwar auch gegen Schuldner, die an sich nicht dem Konkurs unterliegen würden. Bei unbekanntem letztem Wohnsitz des Schuldners in der Schweiz kommt subsidiär sein letzter schweizerischer Aufenthalt[248] zum Zug. Dieser Betreibungsstand findet auch Anwendung gegenüber einem Schuldner, dessen Wohn- oder Aufenthaltsort im Ausland unbekannt sind.

326 Unter dem Begriff *flüchtiger Schuldner* ist gemäss Art. 190 Abs. 1 Ziff. 1 SchKG ein Schuldner zu verstehen, der die Flucht ergriffen hat, um sich seinen Verbindlichkeiten zu entziehen. Voraussetzung für die Annahme dieses Konkursorts ist die Zahlungsflucht, was bedeutet, dass der Flüchtige Schulden hinterlassen hat. Keine Zahlungsflucht liegt vor, wenn der Schuldner *in der Schweiz* einen neuen festen Wohnsitz bzw. einen neuen gewöhnlichen Aufenthaltsort begründet hat. Ist der Aufenthaltsort oder Wohnsitz im Ausland bekannt, so begründet Art. 54 SchKG nur dann einen Konkursort, wenn die Zahlungsflucht offenkundig ist.

Anmerkung: Flucht bedeutet «Ausweichen vor einer drohenden Gefahr durch schnellen Ortswechsel».[249] Von Zahlungsflucht ist auszugehen bei physischem Entfernen der Person und/oder von Vermögenswerten, welches darauf ausgerichtet ist, diese dem Zugriff der Zwangsvollstreckung zu entziehen – letztlich also, um sich vor der Erfüllung eigener Verbindlichkeiten zu drücken.[250] Ein gewichtiges Indiz für die Fluchtabsicht ist etwa der Wegzug ins Ausland unter Ausserachtlassung des üblichen Abmeldeprozederes. Ob eine Zahlungsflucht vorliegt, beurteilt sich jedoch unabhängig vom Verhalten der Gläubiger.[251]

---

246 BGE 120 III 92 E. 4.b (noch zu Art. 24 LugÜ).
247 Rz. 1095.
248 Rz. 284 ff.
249 BGer v. 19.12.2008, 5A_583/2008 E. 6.2.
250 BGer v. 6.3.2006, 7B.241/2005 E. 4.1.
251 BGer v. 6.3.2006, 7B.241/2005 E. 4.3.2.

Betreibungsorte

Ordentliche Betreibungsorte (Art. 46 SchKG)	Besondere Betreibungsorte (Art. 48–52 SchKG)	
Natürliche Personen: Wohnsitz i.S.v. Art. 23 ff. ZGB (Art. 48 SchKG schliesst die Annahme eines fiktiven Wohnsitzes nach Art. 24 ZGB aus) **im HReg eingetragene juristische Personen und Gesellschaften:** Sitz **im HReg nicht eingetragene juristische Personen:** Hauptsitz der Verwaltung **Schulden aus einer Gemeinderschaft:** Wohnsitz des zur Vertretung bestimmten Gemeinders, subsidiär Ort der gemeinsamen wirtschaftlichen Tätigkeit **Stockwerkeigentümergemeinschaft:** Ort der gelegenen Sache **Trusts:** Sitz gem. Art. 21 Abs. 3 IPRG, subsidiär Ort, an dem der Trust tatsächlich verwaltet wird (Art. 284a Abs. 2 SchKG)	**Betreibungsort des Aufenthaltes** (Art. 48 SchKG): Schuldner ohne festen Wohnsitz	
	Betreibungsort der unverteilten Erbschaft (Art. 49 SchKG): Letzter Wohnsitz des Erblassers	
	Betreibungsort des im Ausland wohnenden Schuldners (Art. 50 SchKG):	
	Geschäftsniederlassung in CH (Art. 50 Abs. 1 SchKG)	Spezialdomizil in CH (Art. 50 Abs. 2 SchKG)
	Betreibungsort der gelegenen Sache (Art. 51 SchKG): Wahlrecht bei Faustpfand zwingend bei Grundpfand (Ausnahme: Wahlrecht bei Betreibung auf Pfändung bzw. Konkurs gemäss Art. 41 Abs. 2 Satz 1 SchKG)	
	Betreibungsort des Arrestes (Art. 52 SchKG): Wahlrecht	

Die dunkelgrau schattierten Betreibungsorte begründen keinen Konkursort.

III. Betreibungshandlungen

A. Begriff

Der in Art. 56 SchKG verwendete Begriff der *Betreibungshandlungen* ist im Gesetz nicht definiert. Nicht jede im Laufe des Betreibungsverfahrens vorgenommene

327

Handlung fällt darunter. Als Betreibungshandlung werden nur jene Handlungen qualifiziert, die sich durch zwei wesentliche Merkmale auszeichnen:

- die Handlung muss eine *Amtshandlung* sein, d.h. von einer Vollstreckungsbehörde ausgehen;

Beispiele:
- Handlungen der Betreibungs- und Konkursämter;
- Aufsichtsbehörden;

Anmerkung: Die Aufsichtsbehörden können Urheberinnen von Betreibungshandlungen sein, wenn die Vorkehren selbständig in das Verfahren eingreifen und dem Betreibungsbeamten die Vornahme einer Betreibungshandlung vorschreiben. Entscheiden die Aufsichtsbehörden hingegen bloss über die Begründetheit einer Beschwerde, liegt keine Betreibungshandlung vor.[252]

- Gerichte.[253]

Anmerkung: Die Beurteilung materiellrechtlicher Streitigkeiten fällt jedoch nicht darunter, da die Gerichte in diesem Rahmen nicht als Vollstreckungsbehörden tätig werden.

- bei der betreffenden Handlung muss es sich um eine *eigentliche Vollstreckungsmassnahme* handeln, d.h. eine Handlung, die auf die Befriedigung des Gläubigers aus dem Vermögen des Schuldners hinzielt, m.a.W. in die Rechtsstellung des Betriebenen eingreift.[254]

Beispiele:
- Zustellung des Zahlungsbefehls (Art. 71 SchKG);
- Rechtsöffnung (Art. 80 ff. SchKG);
- Pfändungsankündigung (Art. 90 SchKG);
- Pfändung (Art. 89 ff. SchKG);
- Fristansetzung im Widerspruchsverfahren oder nach privilegierter Anschlusspfändung (Art. 107/108, 111 SchKG);
- Verwertung (Art. 116 ff. SchKG);
- Ausstellung eines Verlustscheins (Art. 149 SchKG);
- Konkursandrohung (Art. 159 f. SchKG);
- Konkurseröffnung (Art. 171 SchKG).

328 *Keine* Betreibungshandlungen sind:

- *interne Amtshandlungen* (z.B. die Ausfertigung eines Zahlungsbefehls);

Beispiel: Das Betreibungsamt fertigte am 21.12.2006 in der Betreibung des G gegen S einen Zahlungsbefehl aus. Nach mehreren erfolglosen Versuchen konnte das Dokument S einen Monat später zugestellt werden. S erhob daraufhin Beschwerde mit der Begründung, der Zahlungsbefehl sei während der Betreibungsferien erlassen worden. Damit ist er nicht zu hören. Die Ausfertigung eines Zahlungsbefehls allein ist keine Betrei-

---

252 BGer v. 6.10.2005, 7B.149/2005 E. 2.2; BGE 117 III 4 E. 3; 115 III 11 E. 1.b.
253 Rz. 78 ff.
254 BGE 121 III 88 E. 6.c.aa; 120 III 9 E. 1.

bungshandlung i.S.v. Art. 56 SchKG, da der Gläubiger damit seinem Ziel noch nicht näher gebracht wird und kein Eingriff in die Rechtsstellung des Schuldners erfolgt; erst die Zustellung des Zahlungsbefehls stellt eine Betreibungshandlung dar.[255]

- Handlungen des Betreibungsamtes *nach durchgeführter Verwertung*, da sobald die Steigerung durchgeführt wurde, der Zugriff auf das Vermögen des Schuldners abgeschlossen worden ist;
- Handlungen, welche *nach der Konkurseröffnung* vom Konkursamt oder von der Konkursverwaltung vorgenommen werden, da mit der Konkurseröffnung der Gemeinschuldner die Verfügungsmacht über die Vermögensmasse, welche der Befriedigung der Gläubiger dient, verloren hat;
- *Sicherungsmassnahmen*, die nicht auf Vollstreckung gerichtet sind, sondern bloss der einstweiligen Sicherung von Vollstreckungssubstrat dienen;

Beispiele:
- Arrestbefehl;
- Arrestvollzug (nicht aber die Zustellung der Arresturkunde);[256]
- Sicherungsmassnahmen im Rahmen der Pfändung (Art. 98 ff. SchKG);
- vorzeitige Verwertung gemäss Art. 124 Abs. 2 SchKG;
- Aufnahme eines Retentionsverzeichnisses (Art. 283 SchKG);
- Rückschaffung heimlich oder gewaltsam entfernter Retentionsgegenstände (Art. 284 SchKG);
- Aufnahme eines Güterverzeichnisses (Art. 83 Abs. 1 und 162 ff. SchKG);
- Sicherungsmassnahmen nach Eingang des Konkursbegehrens (Art. 170 SchKG).
- Handlungen der Betreibungsparteien.

B. Schonzeiten

Während gewisser Zeiträume verbietet das SchKG grundsätzlich die Vornahme jeglicher Betreibungshandlungen (sog. Schonzeiten; auch Betreibungsstillstand oder Sperrzeit genannt). 329

Dieses Verbot bezieht sich entweder 330

- ganz generell auf *alle Schuldner* (Art. 56 Abs. 1 lit. a–b sowie Art. 62 SchKG) oder
- beim Vorliegen bestimmter Sachverhalte nur auf *einzelne Schuldner* (Art. 57–57e SchKG).

Anmerkung: Neben dem Schuldner kommt gemäss Art. 88 Abs. 3 VZG auch der Dritteigentümer in den Genuss eines individuellen Rechtsstillstandes gemäss Art. 57 ff. SchKG, sofern die entsprechenden Voraussetzungen erfüllt sind.

---

255 BGer v. 9.7.2009, 5A_5/2009 E. 3; BGE 121 III 284 E. 2.a; 120 III 9 E. 1.
256 BGE 108 III 3 E. 1.

331 Neben diesen Bestimmungen im SchKG gilt – für den Fall einer Betreibung auf Grundpfandverwertung – auch die Dauer des öffentlichen Inventars (Art. 586 ZGB) als Schonzeit (Art. 86 VZG).

332 Der Zweck derartiger Ruhephasen des Betreibungsverfahrens liegt darin, dem Schuldner in gewissen Situationen die Möglichkeit der Erholung in wirtschaftlicher und persönlicher Hinsicht zu gewähren.[257]

333 Da Art. 56 SchKG nicht nach der Person des Schuldners differenziert, gelten die Schonzeiten *mutatis mutandis* auch für juristische Personen sowie für Schuldner mit Sitz oder Wohnsitz im Ausland.

334 Im SchKG sind drei verschiedene, nachstehend zu behandelnde Schonzeiten vorgesehen:
– die geschlossenen Zeiten (Art. 56 Abs. 1 lit. a SchKG),
– die Betreibungsferien (Art. 56 Abs. 1 lit. b SchKG) und
– der Rechtsstillstand (Art. 56 Abs. 1 lit. c SchKG).

1. Geschlossene Zeiten

335 Während *geschlossenen Zeiten* sollen ganz generell alle Schuldner von Betreibungshandlungen verschont bleiben. Als geschlossene Zeiten gelten die Zeit zwischen 20.00 Uhr und 7.00 Uhr, Sonntage und staatlich anerkannte Feiertage.

Beispiel: Ein Zahlungsbefehl darf nicht um 21.00 Uhr zugestellt werden. Dies gilt auch dann, wenn der Schuldner jeden Tag erst spätabends heimkehrt.

336 Art. 31 SchKG i.V.m. Art. 142 Abs. 3 ZPO ist hier nicht anwendbar, soweit er die Verlängerung der an einem Samstag ablaufenden Frist betrifft. M.a.W. können an einem Samstag ohne Weiteres Betreibungshandlungen vorgenommen werden, während eine betreibungsrechtliche Frist an einem Samstag nicht enden kann.[258]

337 Als vom Bundesrecht staatlich anerkannter Feiertag gilt der 1. August (Art. 110 Abs. 3 BV). Die anderen Feiertage können die Kantone festlegen. Massgeblich ist das kantonale Recht des Ortes, wo die Betreibungshandlung vorzunehmen ist.

2. Betreibungsferien

338 Während der Betreibungsferien sind Betreibungshandlungen ebenfalls nicht erlaubt. Betreibungsferien dauern je sieben Tage vor und nach Ostern und Weihnachten sowie in der Zeit vom 15. bis 31. Juli. Die Gerichtsferien richten sich demgegenüber nach Art. 145 ZPO.

---

257 BGE 96 III 74 E. 1; 73 III 92 E. 2.
258 BGE 114 III 55 E. 1.b; 94 III 83 E. 1; Rz. 348 f.

Anmerkung: In Zusammenhang mit Art. 56 SchKG in der Fassung gemäss Anhang 1 Ziff. II 17 der ZPO ist zu beachten, dass dieser nicht per 1.1.2011 in Kraft gesetzt wurde (AS 2010 1739 ff., 1836).

Keine Betreibungsferien gibt es in der Wechselbetreibung (Art. 56 Abs. 2 SchKG) sowie im Konkursverfahren (nach der Konkurseröffnung).[259]

339

3. Rechtsstillstand

Neben geschlossenen Zeiten und Betreibungsferien gibt es noch Fälle, in welchen die laufenden Betreibungen *ruhen* bzw. keine neuen eingeleitet werden können. Man spricht hier vom sog. Rechtsstillstand. Das Gesetz unterscheidet dabei zwischen allgemeinem und besonderem Rechtsstillstand.

340

3.1 Allgemeiner Rechtsstillstand

Im Falle einer Epidemie oder eines Landesunglücks sowie in Kriegszeiten kann der Bundesrat oder mit seiner Zustimmung die Kantonsregierung für ein bestimmtes Gebiet oder für bestimmte Teile der Bevölkerung einen allgemeinen Rechtsstillstand beschliessen, der – wie die geschlossenen Zeiten und die Betreibungsferien – auf *sämtliche Schuldner* Anwendung findet (Art. 62 SchKG).

341

3.2 Besonderer Rechtsstillstand

In gewissen vom Gesetz vorgesehenen Fällen kommt der Rechtsstillstand nur einem *bestimmten Schuldner* zugute:

342

– während des Militär- oder Schutzdienstes des Schuldners (Art. 57 SchKG) bzw. seines gesetzlichen Vertreters (Art. 57e SchKG) und bei dreissigtägigem oder längerem Dienst auch noch während der zwei auf die Entlassung oder Beurlaubung folgenden Wochen. Dieser Rechtsstillstand kann in den Fällen von Art. 57d SchKG jedoch auf Antrag eines Gläubigers allgemein oder für einzelne Forderungen mit sofortiger Wirkung durch den Rechtsöffnungsrichter aufgehoben werden;
– wegen eines Todesfalls in der Familie des Schuldners während zwei Wochen vom Todestag an (Art. 58 SchKG);
– beim Tod des Schuldners (Art. 59 SchKG) während zwei Wochen seit dem Todestag sowie während der für den Antritt oder die Ausschlagung der Erbschaft eingeräumten Frist (gemäss Art. 567 ZGB drei Monate seit Kenntnis des Todesfalls);
– wegen Verhaftung des Schuldners bis zur Bestellung eines Vertreters (Art. 60 SchKG);

---

259 BGer v. 17.2.2006, 7B.20/2006 E. 2.2; BGE 96 III 74 E. 1.

- wegen schwerer Erkrankung des Schuldners nach Ermessen des Betreibungsbeamten für eine bestimmte Zeit (Art. 61 SchKG).

343 Weitere Fälle eines Rechtsstillstands *i.w.S.* sind:

- die provisorische (Art. 293 Abs. 3 SchKG) und die ordentliche (Art. 295 SchKG) Nachlassstundung (mit Ausnahmen);
- die einvernehmliche private Schuldenbereinigung (Art. 334 SchKG);
- die Notstundung (Art. 337 ff. SchKG);[260]

   Anmerkung: Dieses praktisch kaum relevante Rechtsinstitut verhindert aber nicht, dass Betreibungen angehoben und bis zur Pfändung oder Konkursandrohung fortgesetzt werden (Art. 343 Abs. 1 SchKG); Verwertungen bzw. die Konkurseröffnungen sind jedoch untersagt.

- die Massnahmen bei Insolvenzgefahr gem. Art. 29–32 BankG;
- Klagen gemäss Art. 85a SchKG (vgl. Abs. 2);
- der Konkursaufschub i.S.v. Art. 725a Abs. 1 OR, welcher allerdings anlässlich der Revisionsarbeiten zum Sanierungsrecht aufgehoben und ins Nachlassverfahrensrecht integriert werden soll;
- die Einstellung der gegen den Bürgen gerichteten Betreibung gegen Leistung von Realsicherheiten (Art. 501 Abs. 2 OR).

344 Die Wirkungen dieser Rechtsinstitute auf das jeweilige Betreibungsverfahren können verschieden sein. Aus diesem Grunde kann auch nur von Rechtsstillstand *i.w.S.* die Rede sein. Art. 56 SchKG ist in diesem Zusammenhang nicht zu berücksichtigen, sondern nur die jeweiligen Spezialbestimmungen.

4. Rechtsfolgen

345 Werden während der Betreibungsferien oder während eines Rechtsstillstandes Betreibungshandlungen vorgenommen, so sind diese grundsätzlich weder nichtig noch anfechtbar. Vielmehr entfalten sie ihre Rechtswirkungen erst *nach Ablauf* der Schonzeit.[261] Diese Rechtsprechung bezieht sich aber *nicht* auf die geschlossenen Zeiten.[262]

346 Die Praxis ist allerdings nicht einheitlich; so gelten Betreibungshandlungen während des Rechtsstillstands nach Art. 61 SchKG als anfechtbar.[263] Betreibungshandlungen während Militär- oder Zivildienstleistungen des Schuldners leiden sogar an einem Nichtigkeitsmangel,[264] denn solche Schonzeiten sollen nicht allein

---

260 Rz. 1726 ff.
261 BGE 132 II 153 E. 3.3; 121 III 284 E. 2.b.
262 BGE 114 III 55 E. 2.a.
263 BGer v. 1.7.2003, 7B.80/2003 E. 3.3.
264 BGer v. 25.5.2005, 7B.76.2005 E. 3; BGE 127 III 173 E. 3.b.

den Schuldner schützen, sondern auch das öffentliche Interesse daran, dass die zu erbringende Dienstleistung nicht beeinträchtigt wird.

Eine bereits laufende Frist wird durch die Schonzeiten nicht gehemmt, doch wird ihr Ablauf bis zum dritten Werktag nach Ablauf der Schonfrist *verlängert*, wobei Samstage, Sonntage und staatlich anerkannte Feiertage nicht mitgezählt werden (Art. 63 SchKG). 347

Obwohl im Bundesgesetz über den Fristenlauf an Samstagen vom 21.6.1963 (SR 173.110.3) der Samstag einem anerkannten Feiertag gleichgestellt wird, ist dies für die Schonzeiten ohne Bedeutung. Dieses Gesetz regelt nämlich nur Fristen, d.h. Zeiträume, innert welcher eine am Betreibungsverfahren beteiligte Person eine bestimmte Handlung vornehmen muss. Die Schonzeiten sind hingegen Zeitabschnitte, innerhalb welcher keine Betreibungshandlungen ausgeführt werden dürfen. Die Gleichstellung des Samstags mit einem staatlich anerkannten Feiertag beeinflusst nur das Ende, nicht aber den Beginn der Fristen. 348

Der Samstag gilt somit nicht als Feiertag, weshalb eine an diesem Tag vorgenommene bzw. vorgesehene Betreibungshandlung gültig ist. 349

Beispiel: In der Betreibung gegen S stellt das Betreibungsamt am Mittwoch, 16.11.2011, dem S die Pfändungsankündigung zu. Der Pfändungsvollzug wird darin auf Samstag, 19.11.2011, 17.00 Uhr festgesetzt. S erhebt Beschwerde mit der Begründung, die Pfändungsankündigung und die Pfändung seien aufzuheben, da die Ansetzung des Zeitpunktes des Pfändungsvollzugs auf einen Samstagabend nicht zulässig sei. Die Beschwerde ist als unbegründet abzuweisen.[265]

Anmerkung: Bei der Berechnung der Beschwerdefrist für die Anfechtung von an Samstagen erfolgten Verfügungen gilt der folgende Sonntag als erster mitzurechnender Tag.[266]

IV. Parteien und weitere Beteiligte des Betreibungsverfahrens

A. Grundsätzliches

Parteien des Betreibungsverfahrens sind stets der *Gläubiger* und der *Schuldner*. Als Gläubiger gilt auch, wer bloss *behauptet*, einen Anspruch auf Geldzahlung zu haben. Als Schuldner gilt demgegenüber diejenige Person, gegen die sich der behauptete Anspruch richtet. Nicht erforderlich ist somit der Nachweis der *Sachlegitimation*, um als Partei im Betreibungsverfahren aufzutreten. 350

Auch im SchKG bildet – gleich wie im Zivilprozessrecht (hierzu Art. 66 ZPO) – die *Parteifähigkeit* das Äquivalent zur Rechtsfähigkeit (Art. 11 ZGB), d.h., Partei 351

---

[265] BGE 114 III 55 E. 1.a.
[266] BGE 114 III 55 E. 2.b.

des Betreibungsverfahrens kann grundsätzlich nur sein, wer auch rechtsfähig ist. Darüber hinaus erkennt der Gesetzgeber gewissen nicht rechtsfähigen Gebilden ausnahmsweise betreibungsrechtliche Parteifähigkeit zu:

– der *unverteilten Erbschaft* (nur als Betriebene), solange keine vertragliche Gemeinderschaft gebildet und die amtliche Liquidation nicht angeordnet worden ist (Art. 49 SchKG);[267]
– der *Konkursmasse* (Art. 240 SchKG)[268] oder der *Nachlassmasse beim Liquidationsvergleich* (Art. 319 Abs. 4 Satz 1 SchKG);
– der *Stockwerkeigentümergemeinschaft* (Art. 712l ZGB);
– der *Kollektiv-* (Art. 562, 568 Abs. 3 Satz 1, 570 f. OR) und *Kommanditgesellschaft* (Art. 602, 604 OR; vgl. auch Art. 218 Abs. 1 und 3 SchKG) sowie der Kommanditgesellschaft für kollektive Kapitalanlagen (Art. 98 ff. KAG).

352 Verfahrens- bzw. betreibungsfähig ist dagegen nur, wer auch befugt ist, seine Interessen im Betreibungsverfahren selbständig wahrzunehmen oder durch einen von ihm selbst bestellten Vertreter wahrnehmen zu lassen. Diese Eigenschaft erfordert Handlungsfähigkeit (Art. 12 ZGB) seitens des betreffenden Subjekts.[269] Mangelt es daran, ist eine gesetzliche Vertretung erforderlich. Im Zivilprozessrecht ist in diesem Zusammenhang von der Prozessfähigkeit die Rede (Art. 67 ZPO).

353 Die *aktive und passive Betreibungsfähigkeit* kommt zu:

– *natürlichen Personen,* die handlungsfähig sind;
  • Natürliche Personen, die *handlungsunfähig* sind, bleiben zwar Partei, sie können aber nur durch ihren gesetzlichen Vertreter (z.B. Vormund) handeln.
  • Soweit *urteilsfähige unmündige* Personen zur Ausübung eines eigenen Berufes oder Gewerbes ermächtigt sind, können sie für daraus erwachsende Forderungen selbständig betreiben. Gleiches gilt für Minderjährige in Bezug auf ihr selbstverwaltetes Kindesvermögen. Bezüglich ihrer passiven Betreibungsfähigkeit ist jedoch zu beachten, dass die Betreibungsurkunden jeweils auch ihrem gesetzlichen Vertreter zuzustellen sind (Art. 68c Abs. 2 SchKG).

  Anmerkung: Art. 68d Ziff. 1 SchKG spricht noch von elterlicher Gewalt. Gemeint ist nach nun geltendem Recht die *elterliche Sorge* i.S.v. Art. 296 ff. ZGB.

  • Personen unter *Mitwirkungsbeiratschaft* können selbständig betreiben und betrieben werden.

  Anmerkung: Durch die Mitwirkungsbeiratschaft wird die Handlungsfähigkeit des Verbeirateten in der Weise beschränkt, dass dieser eine Reihe von Rechtshandlungen

---

267 BGE 116 III 4 E. 2.a.
268 BGer v. 19.9.2000, 5C.29/2000 E. 1.b.
269 BGer v. 6.8.2009, 5A_440/2009 E. 5.

bzw. Rechtsgeschäften nur unter Mitwirkung eines Beirates gültig vornehmen kann. Ohne dessen Mitwirkung sind die Rechtshandlungen des Verbeirateten ebenso ungültig wie die ohne Zustimmung des Vormunds eingegangenen Verpflichtungen eines Bevormundeten. Die Zustimmung des Beirates ist nach Art. 395 Abs. 1 Ziff. 1 ZGB erforderlich für die Prozessführung, mithin auch für die Führung von Steuerprozessen. Im (nichtstreitigen) Steuerveranlagungsverfahren hat der Beirat dagegen nicht mitzuwirken. Der Mitwirkungsbeirat ist nicht gesetzlicher Vertreter des Verbeirateten. Bei Vorliegen einer Mitwirkungsbeiratschaft verkehren daher die Steuerbehörden weiterhin direkt mit dem Steuerpflichtigen.

- Personen unter *Verwaltungsbeiratschaft* können Forderungen, die sich auf ihren Vermögensertrag und das Arbeitseinkommen beziehen, selbständig eintreiben. Werden solche Personen aber betrieben, so sind die Betreibungsurkunden auch dem Beirat zuzustellen, sofern der Gläubiger nicht nur aus dem Arbeitserwerb und dem Vermögensertrag, sondern auch aus aus dem übrigen Vermögen Befriedigung verlangt (Art. 68c Abs. 3 SchKG).

  Anmerkung: Bei der Verwaltungsbeiratschaft wird die Verwaltung des Vermögens dem Verbeirateten entzogen, während dieser über die Erträgnisse die freie Verfügung behält. Der Beirat ist daher im Bereich der Vermögensverwaltung gesetzlicher Vertreter des Verbeirateten, welcher diesbezüglich praktisch entmündigt ist. Sind Rechtsgeschäfte zu tätigen, die über die gewöhnliche Verwaltung hinausgehen, hat der Beirat um eine Ermächtigung im Sinne von Art. 419 Abs. ZGB nachzusuchen. Diese kann nur von der Vormundschaftsbehörde, nicht aber vom Verbeirateten selbst erteilt werden. Da Steuerschulden die Vermögenssubstanz belasten, für welche dem Verbeirateten die Handlungsfähigkeit entzogen ist, kommt dem Verwaltungsbeirat im Steuerveranlagungsverfahren – anders als bei der Mitwirkungsbereitschaft – die Stellung eines gesetzlichen Vertreters zu. Bei Vorliegen einer Verwaltungsbeiratschaft gelten daher die gleichen Vertretungsgrundsätze wie bei einer Vormundschaft.

- Handlungsfähige, *auf eigenes Begehren verbeiständete* Personen (Art. 394 ZGB) können ihre Forderungen selbständig eintreiben; desgleichen können sie selbständig betrieben werden. Nach Art. 392 und 393 ZGB verbeiständete Personen werden ebenfalls selbständig betrieben, sind aber i.d.R. durch ihren Beistand zu vertreten. Werden verbeiständete Personen betrieben, sind die Betreibungsurkunden jeweils auch dem Beistand zuzustellen,[270] sofern dessen Ernennung veröffentlicht oder dem Betreibungsamt mitgeteilt wurde (Art. 68d SchKG).

– *juristischen Personen* sowie Kollektiv- und Kommanditgesellschaften, wobei diese durch ihre gesetzlichen oder statutarischen Organe bzw. durch die mit der Geschäftsführung betrauten Gesellschafter handeln.

---

270 BGer v. 4.10.2005, 5C.127/2005 E. 2.1.

B. Mitbetriebene

354 In bestimmten Fällen können neben dem Schuldner auch Drittpersonen, die weder als vormundschaftliche Organe noch als gesetzliche Vertreter des Schuldners handeln, mitbetrieben werden. Sie können aus eigenem Recht Rechtsvorschlag erheben. Es sind dies:

- der in Gütergemeinschaft mit dem Schuldner lebende *Ehegatte* (Art. 68a SchKG);
- der *Dritteigentümer* eines Pfandes sowie der *Drittpfandbesteller* in der Betreibung auf Pfandverwertung (Art. 153 Abs. 2 lit. a SchKG);

   Anmerkung: Beim Drittpfandbesteller handelt es sich um diejenige Person, welche zur Sicherung einer Forderung des Schuldners ein Pfandrecht begründet. Ob der Drittpfandbesteller auch Eigentümer der zu Pfand begebenen Sache ist, ist nicht entscheidend. Liegt allerdings ebenfalls das Eigentum bei ihm, ist er zudem Drittpfandeigentümer. Der Begriff des Drittpfandbestellers ist somit weiter gefasst als jener des Drittpfandeigentümers.

- der Ehegatte oder eingetragene Partner des Schuldners oder des Dritten in der Betreibung auf Pfandverwertung eines Grundstücks, das als *Familienwohnung* gem. Art. 169 ZGB oder als gemeinsame Wohnung nach Art. 14 PartG dient (Art. 153 Abs. 2 SchKG).

C. Gewillkürte Vertretung

355 Es steht den Parteien frei, sich im Zwangsvollstreckungsverfahren vertreten zu lassen. Dem Vertreter kommt dabei, da er nicht seine eigenen, sondern die Interessen der vertretenen Partei vertritt, keine eigene Parteistellung zu. Beim Innenverhältnis, d.h. bei der Rechtsbeziehung zwischen dem Verfahrensbeteiligten und dessen Parteivertretung, handelt es sich um einen Auftrag (Art. 394 ff. OR).

356 Im Verfahren vor dem Betreibungs- und Konkursamt gilt weder ein Anwaltszwang noch ein Anwaltsmonopol. Insofern ist es unter Vorbehalt von kantonalen Ausführungsbestimmungen zu Art. 27 SchKG jedem Verfahrensbeteiligten unbenommen, das Betreibungsverfahren selbst oder unter Beizug einer ihm genehmen Vertrauensperson zu führen. Gleiches gilt grundsätzlich auch für Verfahren vor den gerichtlichen Instanzen, solange die entsprechende Parteivertretung ihr Mandat nicht berufsmässig ausübt (Art. 68 Abs. 2 ZPO e contrario). Die berufsmässige Parteivertretung ist dagegen in erster Linie den Anwältinnen und Anwälten gemäss BGFA vorbehalten. Eine Besonderheit betrifft diejenigen Kantone, welche patentierte Sachwalter und Sachwalterinnen oder Rechtsagentinnen und Rechtsagenten kennen. Diese sind ebenfalls zur berufsmässigen Vertretung befugt, allerdings nur in vermögensrechtlichen Streitigkeiten des vereinfachten Verfahrens[271]

---

[271] Rz. 88.

einerseits und in Angelegenheiten des summarischen Verfahrens[272] andererseits (Art. 68 Abs. 2 lit. b ZPO).

Anmerkung: In Zusammenhang mit der gewillkürten berufsmässigen Parteivertretung ist Art. 27 SchKG zu beachten. Danach können die Kantone die gewerbsmässige Vertretung der am Zwangsvollstreckungsverfahren Beteiligten regeln. Gewerbsmässigkeit liegt dann vor, wenn diese Tätigkeit nicht nur vereinzelt und nicht unentgeltlich ausgeübt wird.[273] Die Kantone können vorschreiben, dass Personen, die diese Tätigkeit ausüben wollen, ihre berufliche Fähigkeit und ihre Ehrenhaftigkeit nachweisen müssen, eine Sicherheitsleistung verlangen und die Entschädigungen für die gewerbsmässige Vertretung festlegen (Art. 27 Abs. 1 Ziff. 1–3 SchKG). Es handelt sich dabei um eine sog. Rahmengesetzgebungskompetenz.[274] Hiervon Gebrauch gemacht hat u.a. der Kanton Genf mit dem Gesetz über den Beruf des Rechtsagenten vom 2.11.1927 (RSG E 6.20). Diese gewerbsmässigen Vertreter sind gemäss Art. 68 Abs. 2 lit. c ZPO ebenso wie die zuvor genannten Personen zur berufsmässigen Vertretung in den Angelegenheiten des summarischen Verfahrens nach Art. 251 ZPO befugt (z.B. Rechtsöffnungsverfahren), nicht aber in vermögensrechtlichen Streitigkeiten des vereinfachten Verfahrens (z.B. paulianische Klagen mit Streitwert unter CHF 30 000.00; Art. 243 Abs. 1 ZPO). Mit der Zulassungsbewilligung in einem Kanton kann in jedem anderen Kanton die Zulassung verlangt werden (Abs. 2). Dies setzt allerdings voraus, dass die berufliche und persönliche Eignung des Bewerbers in angemessener Weise überprüft worden ist.[275]

Zu beachten ist schliesslich, dass die Kosten aus einem Inkassomandat zwischen dem Gläubiger und dessen Vertreter nicht dem Schuldner überbunden werden können (Art. 27 Abs. 3 SchKG).

V. Betreibungskosten

A. Grundsätzliches

Unter den Betreibungskosten – welche der Bundesrat kraft Delegationsnorm in Art. 16 Abs. 1 SchKG abschliessend durch die GebV SchKG festsetzen kann[276] – sind zunächst *Gebühren* als Entgelt für die Beanspruchung einer staatlichen Tätigkeit zu verstehen. Ferner gelten als Betreibungskosten die im Rahmen des Betreibungsverfahrens anfallenden *Auslagen* der Vollstreckungsbehörden (Spesen des betreffenden Amts wie Porti, Telefongebühren usw.). Zu den Betreibungskosten zählen darüber hinaus die Spruchgebühren (Art. 48 GebV SchKG) und die Parteientschädigungen in betreibungsrechtlichen Summarsachen.[277] Demgegenüber handelt es sich dann nicht um Betreibungskosten, wenn die Gebühren und Aus-

357

---

272 Rz. 1.3.
273 BGE 61 III 202, 203.
274 BGE 135 I 106 E. 2.3 (Pra 98 [2009] Nr. 95).
275 BGE 124 III 428 E. 4.a.aa (Pra 88 [1999] Nr. 17).
276 BGE 119 III 63 E. 4.a.
277 BGE 133 III 687 E. 2.3; BGer v. 11.6.2003, 7B.49/2003 E. 3.

lagen von einem ordentlichen[278] oder einem vereinfachten[279] Verfahren herrühren. Dies gilt ungeachtet der Frage, ob es sich um Gerichtskosten oder Parteientschädigungen handelt. Diese richten sich kraft Verweises in Art. 96 ZPO nach den kantonalen Tarifen.

358 Die Kosten des Betreibungsverfahrens sind nach der gesetzlichen Konzeption grundsätzlich vom *Schuldner* zu tragen, jedoch hat sie der Gläubiger vorzuschiessen (Art. 68 SchKG). Kann er sie nicht auf dem Betreibungsweg beim Schuldner einholen, bleiben sie an ihm haften.[280] Welche Gebühren und Auslagen in welcher Höhe geltend gemacht werden dürfen, ist der Gebührenverordnung zum SchKG in abschliessender Weise zu entnehmen.[281]

359 Zu beachten ist, dass Betreibungskosten nicht selbständig in Betreibung gesetzt werden können.[282] Sie sind immer zusammen mit der ursprünglich auf dem Betreibungsweg geltend gemachten Forderung einzutreiben.

Beispiel: Der Gläubiger kann in einer Betreibung gegen eine AG seine Parteientschädigung im Rechtsöffnungsverfahren als betreibungsrechtlicher Summarsache (Art. 251 lit. a ZPO) nicht unabhängig von der in Betreibung gesetzten Forderung geltend machen. Vielmehr hat er diese gerichtlich zugesprochenen Beträge im Fortsetzungs- und später im Konkursbegehren aufzuführen.

B. Unentgeltliche Rechtspflege

360 Seinem Zweck entsprechend will das Institut der unentgeltlichen Rechtspflege auch der bedürftigen Partei die Möglichkeit eröffnen, Rechtsschutz im Einzelfall zu erlangen, und zwar ohne dass sie der Gefahr ausgesetzt wird, dabei ihre Existenzgrundlage anzugreifen.

361 Die spezifische Regelung des verfassungsmässigen Anspruchs auf unentgeltliche Rechtspflege (Art. 29 Abs. 3 BV) findet sich in Art. 117 ff. ZPO, soweit sie gerichtliche Verfahren vor den Zivilgerichten betrifft (z.B. die gerichtlichen Angelegenheiten des SchKG). Das SchKG selbst kennt keine solche Bestimmung, weshalb Art. 117 ff. ZPO im Betreibungsverfahren *analog* gilt. Angesichts der tiefen Ansätze in der GebV SchKG und der Tatsache, dass die Durchführung des Verfahrens ganz allgemein relativ einfach und weitgehend formlos ist, muss in diesem Zusammenhang eine gewisse Zurückhaltung bei der Gewährung der unentgeltlichen Rechtspflege postuliert werden.

---

278 Rz. 86 f.
279 Rz. 88.
280 BGer v. 4.2.2010, 5A_732/2009 E. 1.2.
281 BGE 136 III 155 E. 3.3.
282 BGer v. 11.6.2003, 7B.49/2003 E. 3.

Die Bewilligung des entsprechenden Gesuchs setzt zweierlei voraus: 362

- *Bedürftigkeit bzw. Prozessarmut* als materielle Voraussetzung (vgl. Art. 117 lit. a ZPO) und
- *keine Aussichtslosigkeit* als formelle Voraussetzung (vgl. Art. 117 lit. b ZPO).

Die unentgeltliche Rechtspflege *umfasst* sodann: 363

- die Befreiung von Vorschuss und Sicherheitsleistungen (Art. 118 Abs. 1 lit. a ZPO);
- die Befreiung von Betreibungs- und Gerichtskosten (vgl. Art. 118 Abs. 1 lit. b ZPO);
- die gerichtliche Bestellung einer Rechtsbeiständin oder eines Rechtsbeistandes, sofern dies zur Wahrung der Rechte notwendig ist, was insbesondere dann der Fall ist, wenn die Gegenpartei anwaltlich vertreten ist (vgl. Art. 118 Abs. 1 lit. c ZPO).

Das Verfahren um Erteilung der unentgeltlichen Rechtspflege richtet sich nach der ZPO. Einschlägig ist dabei Art. 119 ZPO. Nach Abs. 1 kann das Gesuch um unentgeltliche Rechtspflege vor oder nach Eintritt der Rechtshängigkeit gestellt werden. Die ansprechende Partei hat gemäss Abs. 2 sowohl ihre Prozessarmut als auch die fehlende Aussichtslosigkeit darzulegen. Ersteres bedingt eine Offenlegung der Einkommens- und Vermögensverhältnisse. 364

Da juristische Personen und Sondervermögen, wie z.B. die Konkurs- oder Liquidationsmasse, nicht bedürftig, sondern lediglich zahlungsunfähig oder überschuldet sein können, verfügen sie grundsätzlich über *keinen* Anspruch auf unentgeltliche Rechtspflege.[283] 365

Beispiel: Verlangt der Konkursverwalter im Rahmen eines Klageverfahrens gegen die Konkursmasse die Gewährung unentgeltlicher Rechtspflege, ist dieses Gesuch abzuweisen.

Die unentgeltliche Rechtspflege ist beispielsweise dann wegen Aussichtslosigkeit zu verweigern, wenn das vom Schuldner anbegehrte Konkursverfahren gemäss Art. 230 Abs. 1 SchKG mangels Aktiven sogleich eingestellt werden müsste. Nur demjenigen Schuldner, der verwertbares Vermögen besitzt, aber nicht über die notwendige Liquidität verfügt, um den in Art. 169 SchKG geforderten Kostenvorschuss zu leisten, kann unentgeltliche Rechtspflege gewährt werden.[284] 366

---

[283] BGer v. 22.6.2009, 4A_176/2009; BGer v. 22.7.2008, 2C_528/2008 E. 2.2.
[284] BGE 133 III 614 E. 5 und 6 (Pra 97 [2008] Nr. 50).

VI. Zustellung von Betreibungsurkunden

A. Formen des amtlichen Verkehrs

367 Das SchKG unterscheidet *drei verschiedene Formen* des amtlichen Verkehrs der Behörden mit den Betreibungsparteien und Dritten:[285]

- die *Mitteilung* (Art. 34 SchKG),
- die *öffentliche Bekanntmachung* (Art. 35 SchKG) und
- die *formelle Zustellung* (Art. 64 ff. SchKG).

368 Für den Verkehr der Privaten mit dem Betreibungsamt bestehen Formulare (z.B. Betreibungs- oder Fortsetzungsbegehren), deren Verwendung jedoch nicht zwingend ist.

369 Durch das Projekt «eSchKG» soll eine Infrastruktur erstellt werden, um im schweizerischen Schuldbetreibungs- und Konkurswesen den elektronischen Rechtsverkehr zu vereinheitlichen.

Anmerkung: Das Projekt eSchKG wird vom BJ geleitet. Die Vereinheitlichung des elektronischen Rechtsverkehrs wird auf drei Ebenen angestrebt: Datenformat (Struktur und Semantik der Daten), Verhalten (vom Standard vorgegebene Aktionen, Reaktionen und Optionen eines Amtes bzw. Gläubigers) sowie Datenübermittlung (Grundlagen zur technischen Einbindung in einen Verbund, bestehend aus Gläubigern und Betreibungsämtern).

1. Mitteilung

370 Als *Mitteilung* wird die Bekanntmachung von bestimmten Tatsachen, insbesondere von betreibungsrechtlichen Verfügungen, angesehen. Solche Mitteilungen werden schriftlich erlassen, mit der Unterschrift der betreffenden Amtsstelle versehen und, sofern das Gesetz nicht etwas anderes vorschreibt, durch eingeschriebenen Brief oder durch Übergabe gegen Empfangsbescheinigung zugestellt.

Beispiele gesetzlicher Ausnahmen: Art. 232 Abs. 1 SchKG (öffentliche Bekanntmachung beim Schuldenruf für Gläubiger, deren Namen und Wohnort unbekannt sind) und Art. 233 SchKG (uneingeschriebener Brief für Bekanntmachung der Konkurseröffnung an Gläubiger mit bekannten Namen und Adressen).

371 Nichteinhaltung der vorgeschriebenen Form führt nicht zur Ungültigkeit der Mitteilung, auferlegt aber dem Betreibungsamt die Beweislast dafür, dass die Mitteilung ihren Adressaten erreicht hat.

372 Die Übergabe von Mitteilungen kann im Gegensatz zur Übermittlung formell zustellungsbedürftiger Betreibungsurkunden[286] auch in der Weise erfolgen, dass eine Abholungseinladung in das Postfach des Adressaten gelegt wird. Hier gelangt

---

[285] BGer v. 16.8.2006, 5P.251/2006 E. 2.2.
[286] Rz. 379 ff.

grundsätzlich die Sieben-Tage-Regel zur Anwendung, d.h., dass die Postsendung am siebten Tag nach dem Tag des Einwurfs der Abholungseinladung in den Briefkasten des Zustellungsempfängers als zugestellt gilt, sofern der Adressat mit einer Zustellung rechnen musste (vgl. auch Art. 138 Abs. 3 lit. a ZPO).[287]

Es genügt ebenfalls, wenn der amtliche Bote oder Postbote den Brief tatsächlich dem Adressaten oder einer andern empfangsberechtigten Person[288] übergibt und von dieser eine Empfangsbescheinigung ersucht. Verweigert der Empfänger die Annahme, so gilt die Mitteilung als dem Adressaten zugegangen. 373

Neben der schriftlichen Form kann mit dem Einverständnis der betroffenen Person schliesslich auch eine Zustellung auf elektronischem Weg erfolgen (Art. 34 Abs. 2 SchKG). Was die Voraussetzung des Einverständnisses betrifft, so muss sich der Verfahrensbeteiligte auf der anerkannten Zustellplattform (vgl. hierzu Art. 2 ÜbV) – für ein konkretes Verfahren oder generell für sämtliche Verfahren vor einer bestimmten Behörde – eingetragen haben (Art. 9 Abs. 2 ÜbV). Einzelheiten zur elektronischen Übermittlung finden sich in der ÜbV oder, soweit der amtliche Verkehr mit dem Bundesgericht betroffen wird, im Reglement des Bundesgerichts über den elektronischen Rechtsverkehr mit Parteien und Vorinstanzen vom 5.12.2006 (ReRBGer; SR 173.110.29). 374

2. Öffentliche Bekanntmachung

Gewöhnliche Mitteilungen können unter besonderen Umständen auch auf dem Weg der *öffentlichen Bekanntmachung* (Ediktalweg) erfolgen. 375

Anmerkung: Ediktalzustellung bedeutet *Ersatzzustellung* durch öffentliche Bekanntmachung. Hiervon zu unterscheiden sind öffentliche Bekanntmachungen, die das Gesetz zwingend vorschreibt (wie etwa die öffentliche Bekanntmachung einer Grundstückversteigerung [Art. 138 SchKG] oder der Schuldenruf [Art. 232 SchKG]).

Die Publikation erfolgt grundsätzlich durch Ausschreibung im betreffenden *kantonalen Amtsblatt* und im *Schweizerischen Handelsamtsblatt* (SHAB). Für die Berechnung von Fristen und für die Feststellung der mit der Bekanntmachung verbundenen Rechtsfolgen ist aber allein die Veröffentlichung im SHAB massgebend (Art. 35 Abs. 1 SchKG).[289] Gemäss Art. 9 SHAB-VO ist dabei stets auf die elektronische Fassung abzustellen. 376

Die öffentliche Bekanntmachung gemäss Art. 66 Abs. 4 SchKG kommt in folgenden Fällen zum Zuge: 377

– die Mitteilung richtet sich an eine unbestimmte Anzahl von Personen;

---

287 BGer v. 28.1.2011, 5A_738/2010 E. 3.1; BGer v. 17.3.2010, 5A_2/2010 E. 3; offengelassen im Falle eines Zurückbehaltungsauftrags BGE 127 III 173 E. 1.a.
288 Rz. 395 ff.
289 BGer v. 4.9.2009, 5A_471/2009 E. 3.

> *Beispiele:* Art. 138 Abs. 1 (Bekanntmachung der öffentlichen Versteigerung), 232 (Bekanntmachung der Konkurseröffnung), 308 SchKG (Bekanntmachung des Entscheids über den Nachlassvertrag).

– der Wohnort des Schuldners ist unbekannt (Ziff. 1);

> *Anmerkung:* Wohnt der Schuldner in einer kleinen ausländischen Stadt an unbekannter Adresse, darf kein unbekannter Wohnsitz angenommen werden.[290]

– der Schuldner entzieht sich beharrlich der Zustellung (Ziff. 2);

> *Anmerkung:* Diese Bestimmung bezieht sich einzig auf den Zahlungsbefehl und die Konkursandrohung.[291]
>
> *Beispiel:* Der Schuldner verschwindet immer, wenn er den Zustellungsbeamten kommen sieht, weshalb der Zahlungsbefehl nicht persönlich übergeben werden kann.

– der Schuldner wohnt im Ausland, und eine Zustellung auf andere Weise ist innert der angemessenen Frist nicht möglich (Ziff. 3).

> *Anmerkung:* Das Bundesgericht verlangt in seiner Praxis, dass eine Zustellung ins Ausland sehr schwierig sein muss, damit zugunsten einer öffentlichen Bekanntmachung darauf verzichtet werden darf; das treffe zu, wenn der Ausgang des Begehrens ungewiss und die hierfür notwendige Dauer unbekannt sei.[292]

3. Formelle Zustellung

378 Die *formelle Zustellung* stellt im Gegensatz zur blossen Mitteilung eine *qualifizierte* Zustellungsform dar. Formell zuzustellen sind Urkunden, in denen der Schuldner unter Androhung einer bestimmten Rechtsfolge aufgefordert wird, den Gläubiger zu befriedigen (vgl. Art. 69 Abs. 2 Ziff. 2, Art. 160 Abs. 1 Ziff. 3, Art. 178 Abs. 2 Ziff. 2 und 4 SchKG). In diesem Zusmmenhang spricht man von den sog. *Betreibungsurkunden.*

379 Der Begriff *Betreibungsurkunde* wird im SchKG nicht definiert. Welche Urkunden zu dieser Kategorie zu zählen sind, ist in der Lehre umstritten.[293] Massgebend ist die *Bedeutung des Inhalts der Urkunde.* Als *formell zustellungsbedürftige Betreibungsurkunden* gelten nach einem Teil der Lehre nur der Zahlungsbefehl[294] (Art. 72, 153, 178 Abs. 3 SchKG) und die Konkursandrohung[295] (Art. 161 SchKG).

380 Die andere Meinung zählt auch andere Verlautbarungen zu den Betreibungsurkunden, sofern deren Kenntnisnahme durch den Schuldner unerlässliche gesetzliche Voraussetzung für den Fortgang des Betreibungsverfahrens bildet. Als

---

290 BGer v. 22.10.2002, 7B.164/2002 E. 2.2.
291 BGer v. 25.9.2002, 7B.143/2002 E. 3.
292 BGE 129 III 556 E. 4.
293 BGer v. 25.9.2002, 7B.143/2002 E. 3.
294 Rz. 456 ff.
295 Rz. 998 ff.

Betreibungsurkunden gelten demnach (nebst dem Zahlungsbefehl und der Konkursandrohung)

- die Pfändungsankündigung[296] (Art. 90 SchKG),
- die Pfändungsurkunde[297] (Art. 106 Abs. 1 SchKG),
- Fristansetzungen im Widerspruchsverfahren (Art. 106 Abs. 2 und Art. 107 Abs. 2 SchKG) und für die privilegierte Anschlusspfändung (Art. 111 Abs. 4 SchKG) sowie
- die Anzeige des Verwertungsbegehrens[298] (Art. 120 SchKG).

Im Einklang mit der herrschenden Lehre hat das Bundesgericht entschieden, dass jedenfalls der Zahlungsbefehl, die Konkursandrohung und die Pfändungsurkunde zu den Betreibungsurkunden gehören.[299] Die Frage, ob einer Urkunde die Qualität einer Betreibungsurkunde zukommt, besitzt jedoch bloss eine geringe praktische Bedeutung; eine in ungesetzlicher Form zugestellte Betreibungsurkunde ist nicht ungültig, sofern dem Schuldner aus der Zustellung kein Rechtsnachteil erwächst.[300]

381

Keine zustellungsbedürftige Betreibungsurkunde ist gemäss Praxis die Schätzungsurkunde. Dies deshalb, weil es sich hierbei nicht um eine Aufforderung an den Schuldner handelt, die Gläubigerin zu befriedigen.[301]

382

Betreibungsurkunden sind dem Schuldner persönlich und offen zu übergeben. Dieser Vorgang wird auf dem Original und einem Doppel der Urkunde von der zustellenden Amtsperson bescheinigt (Art. 70 Abs. 1 Satz 1, Art. 161 Abs. 2 SchKG). Diese Form der Zustellung ist zwingend, das Zustellungsorgan darf somit die Betreibungsurkunde nicht in den Briefkasten des Schuldners legen. Dies gilt selbst in den Fällen, in denen der Schuldner vor der Zustellung zu verstehen gibt, dass er die Betreibungsurkunde nicht entgegennehmen werde.[302]

383

Bei den Betreibungsurkunden handelt es sich um Schriftstücke, für welche im Verkehr mit dem Ausland die entsprechenden Haager Übereinkommen zur Anwendung gelangen: Art. 1–7 der Haager Übereinkunft über den Zivilprozess vom 1. März 1954 (SR 0.274.12) sowie das Haager Übereinkommen über die Zustellung gerichtlicher und aussergerichtlicher Schriftstücke im Ausland in Zivil- und Handelssachen vom 15. November 1965 (SR 0.274.131).[303] Voraussetzung ist aber,

384

---

296 Rz. 598 ff.
297 Rz. 613.
298 Rz. 793 ff.
299 BGer v. 25.9.2002, 7B.143/2002 E. 3.
300 Rz. 386.
301 BGE 120 III 57 E. 2.b.
302 BGer v. 28.10.2002, 7B.161/2002 E. 3.2; BGE 117 III 7 E. 3a.
303 BGE 136 III 575 E. 4.1.

dass die Betreibung eine privatrechtliche und nicht eine öffentlich-rechtliche (z.B. steuerrechtliche) Forderung betrifft.

385 Eine elektronische Übermittlung von Betreibungsurkunden nach Art. 9 ff. ÜbV fällt ausser Betracht. Dies deshalb, weil die ÜbV in Art. 9 Abs. 1 ÜbV lediglich von Mitteilungen spricht.

386 Wird die Betreibungsurkunde in ungesetzlicher Form oder an einen nicht legitimierten Empfänger[304] zugestellt, kann der Schuldner bei der Aufsichtsbehörde betreibungsrechtliche Beschwerde erheben. Dieser ist jedoch nur dann Erfolg beschieden, wenn der Schuldner an der Wiederholung der Zustellung ein Rechtsschutzinteresse hat.[305]

387 In der Praxis wird dem Schuldner, sofern er am Zustellungsdomizil nicht angetroffen wird, vom Postboten zumeist eine Abholungseinladung in den Briefkasten gelegt. Holt der Schuldner die Betreibungsurkunde auf der Poststelle nicht ab, so erwachsen ihm daraus keinerlei Nachteile. Die Betreibungsurkunde gilt diesfalls nicht als zugestellt.

388 Die dargestellten Grundsätze gelten nicht bei einer *nichtigen Zustellung*.[306]

Beispiele: Erhält der Schuldner von einem fehlerhaft zugestellten Zahlungsbefehl keine Kenntnis, so ist die Zustellung nichtig.[307] Dasselbe gilt auch für eine Vereinbarung des Betreibungsamtes mit dem Schuldner, wonach ihm Zahlungsbefehle durch das Betreibungsamt mit der Zustellungsbescheinigung versehen per A-Post zugestellt werden.

B. Zustellungsorgane

389 Die Betreibungsurkunden werden regelmässig durch die ordentlichen Zustellungsorgane überbracht. Das sind:

– Betreibungsbeamte,
– Angestellte des Betreibungsamtes und
– die Post (Art. 72 SchKG i.V.m. Art. 66 Abs. 2 SchKG).

Anmerkung: Die Post ist als sog. Betreibungsgehilfin bzw. als Hilfsperson tätig, d.h., ihre Handlungen werden dem Betreibungsamt zugerechnet; für diese Art der Zustellung sind neben dem SchKG die postinternen Vorschriften massgebend.[308]

390 Das Gesetz sieht daneben auch *ausserordentliche Zustellungsorgane* (Art. 64 Abs. 2 SchKG) vor. Als solche gelten:

---

304 Rz. 395 ff.
305 Rz. 422 ff.
306 Rz. 423 f.
307 BGE 120 III 117, E. 2c.
308 BGE 119 III 8 E. 2.b; 97 III 107 E. 2.

- Gemeindebeamte und
- Polizeibeamte.

> *Anmerkung:* Art. 64 Abs. 2 SchKG findet auch auf andere Angestellte der Gemeinde bzw. des Polizeikorps Anwendung, die keine Beamten i.e.S. sind.

Die Zustellung durch ein ausserordentliches Zustellungsorgan ist nur dann zulässig, wenn folgende Voraussetzungen kumulativ erfüllt sind: 391

- Die Zustellung an den Schuldner oder an andere Personen (Art. 64 Abs. 1 SchKG; analog bei juristischen Personen und unverteilten Erbschaften, Art. 65 SchKG) ist durch die Post oder das Betreibungsamt mehrmals versucht worden und misslungen.

  > *Anmerkung:* Gewöhnlich sind zwei Zustellungsversuche zu unternehmen.

- Es besteht die Gewissheit, dass der Schuldner noch am Betreibungsort wohnt.

Es muss allerdings beachtet werden, dass die Übergabe der Betreibungsurkunden an den Gemeinde- oder Polizeibeamten alleine noch keinen Vollzug der Zustellung darstellt. 392

Die Gemeinde- und Polizeiorgane handeln nach eigenen Vorschriften. Diese bestimmen insbesondere, inwiefern zwecks Zustellung der Betreibungsurkunden Zwang eingesetzt werden darf. Eine Beschwerde gegen die Tätigkeit der ausserordentlichen Zustellungsorgane ist folgerichtig nicht an die Aufsichtsbehörde zu richten. Diese kann nur die Zulässigkeit der Zustellung überprüfen, d.h., ob die gesetzlichen Voraussetzungen für die Übergabe des Zahlungsbefehls an die Gemeinde- oder Polizeibeamten erfüllt sind und ob die Zustellung als vollzogen zu gelten hat. Wurde die Zustellung einmal ordnungsgemäss übertragen, darf das Betreibungsamt weitere Zahlungsbefehle ohne eigenen Zustellungsversuch der Polizei übergeben.[309] 393

Im Rahmen des Betreibungsverfahrens kann es vorkommen, dass eine Betreibungshandlung ausserhalb des Betreibungskreises vorzunehmen ist (z.B. die Zustellung von Betreibungsurkunden an Mitbetriebene). Diesfalls bedarf es für die Vornahme einer solchen Amtshandlung jeweils der Zustimmung des örtlich zuständigen Amtes (Art. 4 Abs. 2 SchKG). Andernfalls ist die Handlung mittels betreibungsrechtlicher Beschwerde gemäss Art. 17 SchKG anfechtbar oder – in den Fällen von Art. 4 Abs. 2 SchKG – nichtig i.S.v. Art. 22 SchKG. Keiner Zustimmung des örtlich zuständigen Amtes bedarf es hingegen bei der postalischen Zustellung (vgl. Art. 4 Abs. 2 Satz 2 SchKG). 394

---

309 BGE 97 III 107 E. 2.

C. Zustellungsempfänger

395 Das Gesetz regelt detailliert, wo und an wen die zuzustellende Betreibungsurkunde übergeben werden darf.

396 Gemäss Art. 64 Abs. 1 Satz 1 SchKG werden Betreibungsurkunden dem Schuldner in seiner Wohnung oder am Arbeitsort zugestellt; der Betreibungsbeamte hat die Wahl zwischen beiden Orten.[310]

397 Die Zustellung von Betreibungsurkunden geschieht in erster Linie an den Schuldner persönlich. Wird dieser vom Zustellungsbeamten nicht an den genannten Orten angetroffen, kann das zuzustellende Schriftstück an eine zu seiner *Haushaltung* gehörende erwachsene Person oder an einen *Angestellten* übergeben (Art. 64 Abs. 1 Satz 2 SchKG) werden. Hierbei spricht man von einer *Ersatzzustellung*.[311] Hausgenossen und Angestellte können die Zustellung *nicht* durch Annahmeverweigerung vereiteln.[312]

398 Eine Zustellung an eine andere Person als den Schuldner ist unzulässig, wenn es sich um eine Person handelt, die zum Zeitpunkt der Zustellung nicht mit dem Schuldner in Hausgemeinschaft lebt; dies gilt selbst dann, wenn es sich um nahe Verwandte handelt (z.B. die Mutter des Schuldners).[313] Keine Hausgemeinschaft stellt eine gewöhnliche Wohngemeinschaft dar.

399 Als *erwachsene Person* i.S.v. Art. 64 Abs. 1 Satz 1 SchKG sind nicht nur volljährige Personen zu betrachten. Für eine gültige Zustellung wird aber die *Urteilsfähigkeit* der Empfangsperson verlangt.

400 Unter dem Begriff *Angestellter* gemäss Art. 64 Abs. 1 SchKG fallen sämtliche Mitarbeiter des Schuldners, ungeachtet dessen, welche hierarchische Stufe sie in der Aufbauorganisation einnehmen, solange sie zum Schuldner in einem Subordinationsverhältnis (Unterordnungsverhältnis) stehen. Dies, weil bloss hierarchisch dem Schuldner unterstellte Personen zur Weiterleitung einer Betreibungsurkunde verpflichtet sind, nicht jedoch ein Vorgesetzter oder Arbeitskollege.[314]

401 Erlangt der Schuldner im Falle der Übergabe des Zahlungsbefehls an Hausgenossen oder Angestellte von diesem unverschuldeterweise erst nach Ablauf der zehntägigen Frist von Art. 74 SchKG Kenntnis, kann er nach Art. 33 Abs. 4 SchKG vorgehen.[315]

---

[310] BGer v. 21.9.2005, 7B.137/2005 E. 3.1; BGE 91 III 41 E. 3.
[311] BGE 134 III 112 E. 3.2.
[312] BGer v. 15.1.2002, 5P.364/2001 E. 2.b; BGE 109 III 1 E. 2.b.
[313] BGer v. 11.11.2005, 7B.167/2005 E. 3.3.
[314] BGer v. 4.10.2005, 5C.127/2005 E. 2.1.
[315] BGE 107 III 11 E. 4.

VI. Zustellung von Betreibungsurkunden

Der sich wegbegebende Schuldner kann seinem zurückbleibenden Hausgenossen die Legitimation zur Entgegennahme von Betreibungsurkunden für die Zeit seiner Abwesenheit entziehen; dies trifft zumindest zu, sofern es sich um eine übliche Ferienabwesenheit handelt. 402

Anmerkung: Schuldner, die Hausgenossen hinterlassen, sollen nicht schlechter gestellt werden als Schuldner, die keine Hausgenossen haben.

Die Zustellung von Betreibungsurkunden kann auch an einen *Vertreter* erfolgen. Wie üblich ist zwischen einer gewillkürten[316] und einer gesetzlichen Vertretung zu unterscheiden. Eine Zustellung an einen gewillkürten Vertreter darf grundsätzlich nur erfolgen, wenn der Schuldner den Vertreter gegenüber dem Betreibungsamt ausdrücklich bevollmächtigt hat, wobei eine Generalvollmacht zulässig ist.[317] Sind diese Voraussetzungen nicht erfüllt, ist die Zustellung an einen Vertreter dennoch zulässig, wenn der Schuldner seine Adresse verschweigt oder über keine feste Unterkunft verfügt und das Betreibungsamt seine Adresse nicht ermitteln kann. 403

Wird die Betreibungsurkunde an eine Person zugestellt, die nicht berechtigt ist, diese für den Schuldner entgegenzunehmen, so ist die Zustellung nicht nichtig. Sie wird vielmehr wirksam, wenn die Urkunde gleichwohl dem Schuldner zugeht und dieser nicht binnen zehn Tagen gegen die vorschriftswidrige Zustellung Beschwerde einreicht.[318] 404

Steht der Schuldner unter elterlicher Sorge oder unter Vormundschaft, werden die Betreibungsurkunden dem *gesetzlichen Vertreter* bzw. der Vormundschaftsbehörde zugestellt (Art. 68c Abs. 1 SchKG). 405

Wird ein Dritter *zu Unrecht* als gesetzlicher Vertreter des Schuldners betrachtet, ist die an jenen erfolgte Zustellung nichtig. Eine nachträgliche Ernennung des Dritten zum Beistand vermag den Mangel gemäss Rechtsprechung nicht zu beheben. 406

Anmerkung: Das Bundesgericht begründet diese Praxis damit, dass es bei der Zustellung des Zahlungsbefehls um eine Handlung des Betreibungsamtes gehe. Dies im Gegensatz zur Erhebung des Rechtsvorschlags, welcher nachträglich genehmigt werden kann.[319]

Mitbetriebenen sind die Betreibungsurkunden ebenfalls zuzustellen (z.B. dem Dritten, der das Pfand bestellt oder den Pfandgegenstand zu Eigentum erworben hat gemäss Art. 153 Abs. 2 lit. a SchKG).[320] 407

---

316 Rz. 355 f.
317 BGE 112 III 81 E. 2a; 43 III 18 E. 3.
318 Rz. 425.
319 BGE 90 III 13 E. 1.
320 Rz. 354.

408 Handelt es sich beim Schuldner um eine *juristische Person* oder eine (andere) Gesellschaft, sind die Betreibungsurkunden gemäss *Art. 65 Abs. 1 Satz 1 SchKG* an deren *Vertreter* zuzustellen. Hierbei kann auf die Angaben im Handelsregister abgestellt werden. Zu beachten sind überdies spezialgesetzliche Bestimmungen (z.B. Art. 12 SBBG).

409 Als Vertreter der juristischen Person bzw. Gesellschaft gelten die in Art. 65 Abs. 1 Ziff. 1–4 SchKG aufgeführten Personen. Das Gesetz will damit sicherstellen, dass die für die juristische Person bzw. Gesellschaft bestimmte Betreibungsurkunde in die Hände jener natürlichen Personen gelangt, die in Betreibungssachen für die juristische Person bzw. Gesellschaft handeln, insbesondere Rechtsvorschlag erheben können.[321]

410 Die Zustellung von Betreibungsurkunden an diese Personen hat regelmässig im Geschäftslokal zu geschehen. Als *Geschäftslokal* kann aber nicht jede Räumlichkeit betrachtet werden, in der sich irgendein Teil des technischen Betriebes oder des Verkehrs mit den Kunden abwickelt. Nur ein Lokal, in welchem ein Mitglied der Verwaltung bzw. Geschäftsführung oder wenigstens ein Prokurist seine Tätigkeit für die Gesellschaft ausübt bzw. auszuüben pflegt, kann als Geschäftslokal gelten.[322] Allerdings braucht der Vertreter nach bundesgerichtlicher Rechtsprechung nicht an demjenigen Ort aufgesucht zu werden, an welchem er seine Tätigkeit für die Gesellschaft ausübt. Es reicht aus, wenn die Zustellung am (vom Geschäftslokal abweichenden) Wohnsitz des Vertreters erfolgt.[323]

411 Für den Fall, dass die Zustellung an die Vertreter der juristischen Personen bzw. Gesellschaften nicht ordnungsgemäss erfolgen kann, sieht das Gesetz ebenfalls eine *Ersatzzustellung* vor (Art. 65 Abs. 2 SchKG). Demnach kann auch an einen anderen Beamten oder Angestellten zugestellt werden, sofern dieser in den gleichen Räumlichkeiten wie der Vertreter der Gesellschaft arbeitet.[324] Besteht ein solcher räumlicher und zeitlicher Zusammenhang, so ist es ebenfalls zulässig, die Betreibungsurkunde einem Angestellten einer anderen Gesellschaft zu übergeben. Eine solche Ersatzzustellung darf allerdings nur stattfinden, wenn die Zustellung an den Vertreter gemäss Art. 65 Abs. 1 SchKG *erfolglos* versucht worden ist.[325]

412 Die Zustellung an nicht berechtigte Personen wird für die Gesellschaft wirksam (analog wie bei der Betreibung der natürlichen Personen), wenn das Schriftstück dem Empfangsberechtigten auch tatsächlich zugeht und dieser binnen zehn Tagen nach Kenntnisnahme keine Beschwerde einreicht.[326]

---

321 BGE 125 III 384 E. 2.a; 118 III 10 E. 3.a; 117 III 10 E. 5.a.
322 BGE 88 III 12 E. 2.
323 BGE 134 III 112 E. 3.1; 125 III 384 E. 2.b.
324 BGE 117 III 10 E. 5.a; 88 III 12 E. 2.
325 BGE 118 III 10 E. 3.b; 117 III 10 E. 5.a; 88 III 12 E. 2.
326 Rz. 425.

Art. 65 Abs. 3 SchKG regelt die Zustellung in der Betreibung gegen eine unverteilte *Erbschaft*. Die Zustellung hat hier an den für die Erbschaft bestellten Vertreter zu erfolgen, falls ein solcher ernannt worden ist. Ist ein solcher Vertreter *nicht* bekannt, so kann die Zustellung von Betreibungsurkunden an irgendeinen der Erben erfolgen. Diesen Erben hat das Betreibungsamt auch für die weitere Abwicklung der Betreibung als Vertreter der Erbschaft zu betrachten. 413

Der Gläubiger hat im Betreibungsbegehren anzugeben, ob er Zustellung an einen Vertreter oder an einen der Erben verlangt; das Betreibungsamt hat nicht selbst das Bestehen einer Vertretung abzuklären. Falls ein Willensvollstrecker eingesetzt worden ist, gilt er als zur Entgegennahme von Betreibungsurkunden legitimiert.[327] 414

Im Falle *auswärtigen Wohnsitzes des Schuldners* ist Art. 66 SchKG zu beachten. Von dieser – nicht nur in der Betreibung gegen natürliche Personen anwendbaren – Bestimmung werden insb. die Fälle umfasst, in welchen der Schuldner: 415

- nicht am Betreibungsort wohnt,
- sich wenigstens während längerer Zeit nicht am Betreibungsort befindet oder
- keinen bekannten Wohnsitz hat.

Hat der Schuldner seinen Wohnsitz im Ausland, ist in erster Linie zu prüfen, ob der Schuldner einen Zustellungsberechtigten bzw. ein Spezialdomizil nach Art. 50 SchKG bestimmt hat. 416

Anmerkung: Ein mit der Interessenwahrung in einem Verfahren betrauter Anwalt ist nicht ohne Weiteres auch zum Empfang der mit diesem Verfahren zusammenhängenden Betreibungsurkunden berechtigt.[328]

Beim Wohnsitz des Schuldners im Ausland schreibt Art. 66 Abs. 3 SchKG die Zustellung auf dem Weg der Rechtshilfe oder durch die Post vor. 417

Gemäss von Art. 30a SchKG sind bei der Zustellung ins Ausland die staatsvertraglichen Bestimmungen einzuhalten.[329] Wird eine Betreibungsurkunde in Verletzung staatsvertraglicher Bestimmungen zugestellt, so ist die Zustellung schlechthin nichtig.[330] 418

In gesetzlich abschliessend bestimmten Fällen ist eine Ersatzzustellung durch *öffentliche Bekanntmachung* zulässig (*Ediktalzustellung;* Art. 66 Abs. 4 SchKG). Zum Schutz des durch eine Publikation des Verfahrens in seinen Interessen erheblich berührten Schuldners ist eine Zustellung auf dem Ediktalweg nur als *ultima ratio* 419

---

327 BGE 102 III 1 E. 1.b.
328 BGer v. 8.2.2007, 7B.86/2006 E. 2.1.
329 Rz. 384.
330 BGE 131 III 448 E. 2.2.3; 94 III 35 E. 4; 82 III 63 E. 5; 57 III 30 E. 4.

zulässig.³³¹ Publiziert werden müssen nur die wesentlichen Inhalte einer Betreibungsurkunde. Die Form der öffentlichen Bekanntmachung bestimmt sich nach Art. 35 SchKG.

Anmerkung: Von der öffentlichen Bekanntmachung als Ersatzzustellung sind die öffentlichen Bekanntmachungen zu unterscheiden, die das Gesetz zwingend vorschreibt wie die in Art. 138 SchKG vorgeschriebene Publikation einer Grundstückversteigerung, welche eine möglichst grosse Anzahl Interessierter erreichen soll.

420 Gemäss *Art. 66 Abs. 4 SchKG* ist eine Zustellung mittels öffentlicher Bekanntmachung in folgenden Fällen möglich:

– Der Wohnsitz des Schuldners ist unbekannt;
– der Schuldner vereitelt die Zustellung;

Anmerkung: Der Schuldner muss dabei absichtlich handeln.

– Der Schuldner wohnt im Ausland und eine Zustellung gemäss Art. 66 Abs. 3 SchKG ist innert angemessener Zeit nicht möglich.

Anmerkung: Diese Bestimmung kommt insbesondere dann zur Anwendung, wenn es um die Vollstreckung von Forderungen geht, wofür regelmässig keine Rechtshilfe gewährt wird (z.B. Fiskalforderungen). Für die Entscheidung, was noch als angemessene Dauer einer Zustellung auf dem Rechtshilfeweg gilt, kann u.a. auf die Wegleitung des BJ abgestellt werden (http://www.rhf.admin.ch/rhf/de/home/zivil.html).³³²

421 Eine öffentliche Bekanntmachung gestützt auf Art. 64 Abs. 4 Ziff. 2 SchKG ist nach bundesgerichtlicher Rechtsprechung nur zulässig für Zahlungsbefehl und Konkursandrohung.³³³

D. Rechtsfolgen bei mangelhafter Zustellung von Betreibungsurkunden

422 Hinsichtlich der Rechtsfolgen einer mangelhaften Zustellung sind folgende Grundsätze zu beachten:

423 Eine mangelhafte Zustellung ist grundsätzlich mit betreibungsrechtlicher Beschwerde³³⁴ anfechtbar. Die Beschwerdefrist beginnt mit der tatsächlichen Kenntnisnahme der mangelhaften Zustellung zu laufen.³³⁵

424 Ein Zustellungsfehler zieht nur dann *Nichtigkeitsfolgen* gemäss Art. 22 SchKG nach sich, wenn der Betriebene vom Zahlungsbefehl *keine Kenntnis* erlangt hat

---

331 BGer v. 2.9.2010, 5A_830/2009 E. 5 (Pra 100 [2011] Nr. 53); BGer v. 10.7.2009, 5A_305/2009 E. 3; BGer v. 22.10.2002, 7B.164/2002 E. 2.1.
332 BGE 129 III 556 E. 4 (Pra 93 [2004] Nr. 13).
333 BGer v. 25.9.2002, 7B.143/2002 E. 3.
334 Rz. 147 ff.
335 BGE 104 III 12 E. 2.

bzw. wenn die Urkunde aufgrund der fehlerhaften Zustellung *nicht in die Hände des Schuldners gelangt ist*.[336]

Fehlt auf dem für den Schuldner bestimmten Exemplar des Zahlungsbefehls die Zustellungsbescheinigung und ist es diesem deshalb nicht möglich festzustellen, wann die Beschwerde- und die Rechtsvorschlagsfrist zu laufen begonnen haben, ist die Zustellung nichtig und muss wiederholt werden.[337]

425

Kommt der Betriebene trotz der mangelhaften Zustellung in den Besitz der Betreibungsurkunde, beginnt diese im Zeitpunkt der tatsächlichen Kenntnisnahme ihre Wirkungen zu entfalten,[338] d.h., dass in diesem Moment die Rechtsvorschlags- und Beschwerdefrist ausgelöst wird.[339] Für den Beginn der betreffenden Fristen ist notwendig, dass der Zustellungsempfänger in den Besitz der Betreibungsurkunde gelangt ist; blosse Kenntnis des Inhalts genügt nicht.[340] Ausreichend ist indes, wenn der Schuldner durch eine Kopie Kenntnis vom Inhalt der Betreibungsurkunde erlangt; dies gilt selbst dann, wenn ihm die Kopie vom Gläubiger zugeschickt[341] oder wenn ihm die Betreibungsurkunde unzulässigerweise auf dem Ediktalweg zugestellt wurde.[342]

426

Erhält der Schuldner die Betreibungsurkunde so zeitig, dass die Wahrung seiner Rechte durch den Zustellungsfehler nicht erschwert wird, ist eine Anfechtung mangels rechtlichen Interesses überhaupt ausgeschlossen.[343]

427

Beispiel: Der unerfahrene Betreibungsbeamte B folgt der Aufforderung der betriebenen S, ihr den Zahlungsbefehl doch in den Briefkasten zu legen, da sie am geplanten Zustellungstag abwesend sei. Am Folgetag nach dem Einwerfen der Betreibungsurkunde in den Briefkasten beschwert sich S schriftlich bei der Aufsichtsbehörde, da der Zahlungsbefehl ihr nicht persönlich überreicht worden sei. Stattdessen habe sie den Zahlungsbefehl im Briefkasten vorfinden müssen. Diese Beschwerde ist abzuweisen, da der Mangel in der Zustellung durch den tatsächlichen Erhalt des Zahlungsbefehls behoben wurde.

Im Anfechtungsfall trägt in erster Linie das Betreibungsamt die Beweislast für die ordnungsgemässe Zustellung von Betreibungsurkunden.[344] Dazu dient ihm insbesondere die gemäss Art. 72 Abs. 2 SchKG vorgeschriebene Bescheinigung des Zustellungsbeamten, an welchem Tag und an wen die Zustellung der Urkunde er-

428

---

336 BGer v. 12.10.2009, 5A_487/2009 E. 3.1; BGer v. 2.10.2007, 5A_215/2007 E. 2.1; BGer v. 8.4.2004, 7B.29/2004 E. 2.4; BGer v. 30.10.2003, 7B.228/2003 E. 4.2; BGE 128 III 101 E. 1.b.
337 BGE 83 III 15.
338 BGer v. 30.10.2003, 7B.228/2003 E. 4.2.
339 BGE 128 III 101 E. 2; 120 III 114 E. 3.c (Pra 84 [1995] Nr. 107).
340 BGE 110 III 9 E. 3.
341 BGE 128 III 101 E. 2.
342 BGE 75 III 81 E. 2.
343 BGE 112 III 81 E. 2.b; BGE 88 III 12 E. 1.
344 BGE 110 III 9 E. 2.

folgt ist. Als öffentliche Urkunde im Sinne von Art. 9 ZGB kommt der Bescheinigung – Gegenbeweis vorbehalten – volle Beweiskraft zu.[345]

429 Des Weiteren ist der umfangreichen Kasuistik insb. Folgendes zu entnehmen:

430 Erfolgt im Falle eines nach Art. 392 ff. ZGB verbeiständeten Schuldners die Zustellung lediglich an den Schuldner (oder umgekehrt bloss an den Beistand), ist diese bloss anfechtbar.[346]

431 Für die Zustellung auf dem Ediktalweg ist zu beachten, dass der Schuldner die Nichtigerklärung der Zustellung des Zahlungsbefehls verlangen kann, ungeachtet der Tatsache, dass er fristgerecht Rechtsvorschlag erheben konnte. Dies rechtfertigt sich angesichts der Folgen, welche aus einer öffentlichen Bekanntmachung resultieren können.[347]

---

345 BGer v. 12.10.2009, 5A_487/2009 E. 3.1; BGer v. 7.10.2005, 7B.155/2005 E. 3; BGE 120 III 117 E. 2.
346 BGer v. 4.10.2005, 5C.127/2005 E. 2.1.
347 BGE 128 III 465 E. 1 (Pra 92 [2003] Nr. 10).

§ 4 Einleitungsverfahren

I. Zweck

A. Grundsatz: Keine Betreibung ohne Einleitungsverfahren

Dem eigentlichen Vollstreckungsverfahren hat grundsätzlich ein Einleitungsverfahren vorauszugehen.

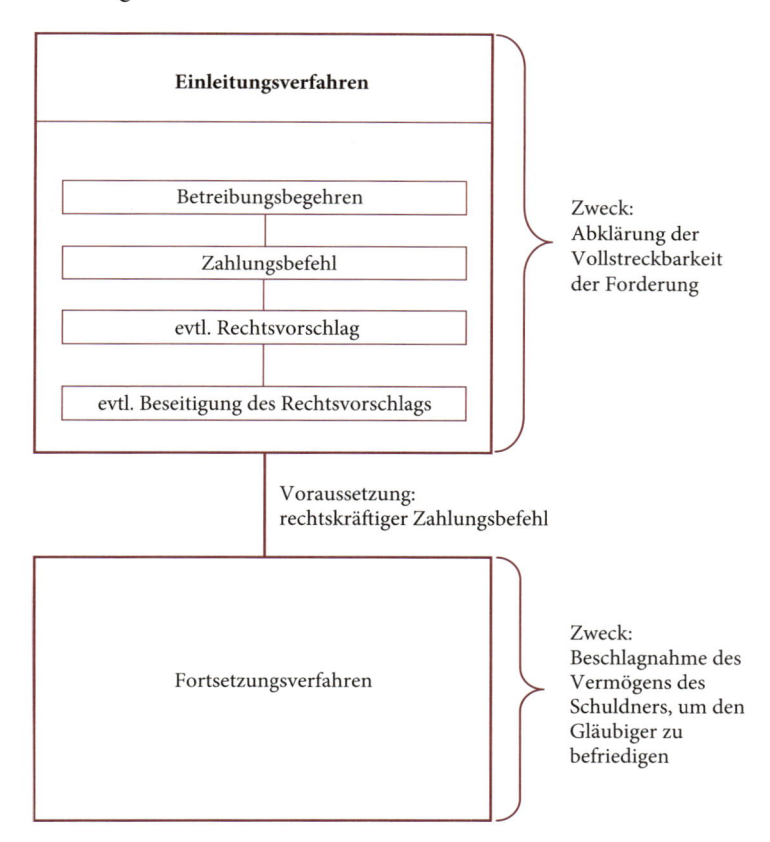

432

```
Einleitungsverfahren
    ├── Betreibungsbegehren
    ├── Zahlungsbefehl
    ├── evtl. Rechtsvorschlag
    └── evtl. Beseitigung des Rechtsvorschlags
```
Zweck: Abklärung der Vollstreckbarkeit der Forderung

Voraussetzung: rechtskräftiger Zahlungsbefehl

Fortsetzungsverfahren

Zweck: Beschlagnahme des Vermögens des Schuldners, um den Gläubiger zu befriedigen

433 Der Zweck des Einleitungsverfahrens besteht darin, Bestand, Umfang und Vollstreckbarkeit der in Betreibung gesetzten Forderung abzuklären, bevor Vermögenswerte des Schuldners beschlagnahmt und verwertet werden. Es findet ausschliesslich zwischen dem Betreibungsgläubiger und dem Betreibungsschuldner statt und ist vordergründig auf den Schutz des Schuldners ausgerichtet.[348]

B. Ausnahmen

434 Liegt eine sog. *materielle Konkursvoraussetzung* vor, ist es nicht erforderlich, das Einleitungsverfahren durchzuführen. Hier handelt es sich um – gesetzlich *abschliessend* aufgezählte – Fälle, in denen die Zwangsvollstreckung ohne Zeitverlust durchgeführt werden soll, oder um solche, in denen eine vorgängige Betreibung nicht mehr gerechtfertigt erscheint. Die Konkurseröffnung kann dabei auch Schuldner betreffen, welche normalerweise der Konkursbetreibung nicht unterliegen. Die Konkurseröffnung ohne vorgängige Betreibung kann entweder auf einen Antrag

– des *Gläubigers,*
– des *Schuldners* oder
– einer *Behörde* erfolgen.

1. Auf Antrag des Gläubigers

435 Der Gläubiger kann eine Konkurseröffnung gegen jeden Schuldner (Art. 190 Abs. 1 Ziff. 1 und 3 SchKG) beantragen, wenn

– *dessen Aufenthaltsort unbekannt ist,* wobei das blosse Fehlen eines festen Wohnsitzes nicht genügt;

  Beispiel: Der Drogenkonsum des nicht im Handelsregister eingetragenen Schuldners S hat vor ca. einem Jahr exzessive Ausmasse angenommen. Seither ist S nicht mehr bei seinen Eltern aufgetaucht, wo er bisher gewohnt hatte. Selbst unter Inanspruchnahme der Polizeiorgane am bisherigen Wohnsitz in Bern konnte der von Gläubiger G erwirkte Zahlungsbefehl für eine Forderung über CHF 1500.00 nicht zugestellt werden. Über S kann gemäss Art. 54 SchKG an dessen letztem Wohnsitz in Bern der Konkurs eröffnet werden.

– *der Schuldner die Flucht ergriffen hat, um sich seinen Verbindlichkeiten zu entziehen;*

  Beispiel: Der als Mitglied einer Kollektivgesellschaft im Handelsregister eingetragene Schuldner S hat bis vor Kurzem erfolgreich an der Börse gehandelt. Aufgrund einer verhängnisvollen Fehlinvestition sieht sich S ausserstande, eine in zwei Monaten fällig werdende Schuld seines Gläubigers G in der Höhe von CHF 1,5 Mio. zu begleichen. In aller Eile fasst S den Entschluss, sein Haus möglichst rasch zu verkaufen, um sich da-

---

[348] BGE 136 III 373 E. 3.3.

nach mit seiner vietnamesischen Frau in deren Heimat davonzumachen. Er hofft, dort vor dem Zugriff des G sicher zu sein.

– *der Schuldner betrügerische Handlungen zum Nachteile der Gläubiger begangen oder zu begehen versucht hat;*

Beispiel: Die als Inhaberin einer Einzelfirma im Handelsregister eingetragene Kunsthändlerin S hat mit dem Grossindustriellen G vereinbart, dass dessen Forderung gegen sie als getilgt gelten soll, sobald sie ihm ein beliebiges Bild von Paul Klee aus dessen Studienzeit in München verschafft haben wird. Nach Übergabe des entsprechenden Werks stellt E in einer Expertise zu Handen von G zweifelsfrei fest, dass das betreffende Werk nicht von Klee stammt, sondern «in seiner Machart eher auf eine Herkunft aus einer ostasiatischen Fälscherwerkstatt» hindeute.

– *der anlässlich einer Betreibung auf Pfändung Bestandteile seines Vermögens verheimlicht hat;*

Beispiel: Der nicht im Handelsregister eingetragene S vermag seine Krankenkassenprämien nicht mehr zu bezahlen, weshalb ihm die Pfändung angekündigt wird. Am betreffenden Termin bestreitet er auf die entsprechende Frage der Betreibungsbeamtin hin ausdrücklich das Vorhandensein weiteren Vermögens. Dass er kurz zuvor ein wertvolles Diamantencollier bei einem Freund «in Sicherheit» gebracht hat, verschweigt S. Zu beachten ist, dass ein solches Verhalten auch strafrechtlich relevant sein kann (Art. 163 StGB).

Darüber hinaus kann der Gläubiger eine Konkurseröffnung sofort verlangen gegen *einen der Konkursbetreibung* unterliegenden Schuldner, der *seine Zahlungen eingestellt hat* (Art. 190 Abs. 1 Ziff. 2 SchKG). *Zahlungseinstellung* und *Zahlungsunfähigkeit* sind nicht mit mangelndem Zahlungswillen gleichzusetzen. Es muss *objektiv* Illiquidität, d.h. ein Mangel an den erforderlichen flüssigen Mitteln, vorliegen. Vorübergehende Zahlungsschwierigkeiten genügen nicht. 436

Beispiele: Zahlungseinstellung liegt vor, wenn der Schuldner unbestrittene fällige Schulden nicht mehr bezahlt oder um einen gerichtlichen Nachlassvertrag nachsucht (hier ist aber auf Art. 173a SchKG hinzuweisen: Aussetzung des Konkurserkenntnisses). Es müssen nicht sämtliche Zahlungen eingestellt sein; es genügt, dass ein wesentlicher Teil des Geschäftsbetriebes davon betroffen ist.[349] Dies trifft insbesondere dann zu, wenn der Schuldner seine Verpflichtungen gegenüber gewissen Gläubigerkategorien (z.B. Gläubiger des öffentlichen Rechts) nicht mehr erfüllt. Schliesslich kann die Konkurseröffnung binnen 20 Tagen seit der Bekanntmachung der Ablehnung des Nachlassvertrages oder des Widerrufs der Nachlassstundung verlangt werden (Art. 309 SchKG).

2. Auf Antrag des Schuldners

Ein an sich *nicht der Konkursbetreibung* unterliegender Schuldner kann selber die Konkurseröffnung beantragen, in dem er sich beim Gericht zahlungsunfähig erklärt (sog. *Insolvenzerklärung*). In einem solchen Fall eröffnet der Richter den 437

---

[349] BGer v. 7.4.2003, 5P.91/2003 E. 3; BGE 85 III 146 E. 4.a.

Konkurs, wenn keine Aussicht auf eine einvernehmliche private Schuldenbereinigung[350] gemäss Art. 333 ff. SchKG besteht.

Beispiel: Der nicht im Handelsregister eingetragene S hat hohe Schulden, weshalb er auch schon zahlreiche Pfändungsvollzüge erdulden musste. Da er seine finanziellen Verhältnisse endlich in Ordnung bringen will – eine Verständigung mit seinen Gläubigern aber nicht zu erwarten ist –, beantragt er beim Konkursgericht die Konkurseröffnung.

438 Ein Konkurs ohne vorgängige Betreibung kann auch gegen *Kapitalgesellschaften* und *Genossenschaften* auf deren eigene Anzeige hin eröffnet werden, falls die hierfür im Obligationenrecht aufgestellten Voraussetzungen erfüllt sind (Art. 725 f. [AG], Art. 764 Abs. 2 [Kommandit-AG]; Art. 820 [GmbH] und Art. 903 OR [Genossenschaft]), d.h., wenn eine Überschuldung wahrscheinlich ist. Entsprechend ist in diesem Zusammenhang von der Überschuldungsanzeige die Rede (Art. 192 SchKG).

Beispiel: Der Verwaltungsrat der S (AG mit Sitz in Zürich) stellt fest, dass die Schulden (Fremdkapital) der S durch die der Gesellschaft zur Verfügung stehenden Mittel (Aktiven) nicht mehr gedeckt werden können. Er erstattet beim Konkursgericht Überschuldungsanzeige.

3. Auf behördliche Anordnung

439 Das Einleitungsverfahren entfällt auch bei der Konkurseröffnung auf behördliche Anordnung hin im Fall der Ausschlagung oder Überschuldung einer Erbschaft (Art. 193 SchKG).

Beispiel: Nach dem Zusammenbruch seiner in Form einer Einzelunternehmung bestehenden Spenglerei verfiel S vollends dem Alkohol. Eine Anstellung fand S nicht mehr, sodass er bis zu seinem Tod von der Sozialhilfe abhängig geblieben ist. Seinen hohen Schuldenberg konnte S nie mehr abbauen; gegen ihn lagen bei seinem Tod zahlreiche Verlustscheine vor.

II. Betreibungsbegehren

A. Wesen (Begriff)

440 Die Betreibung wird nie von Amtes wegen eingeleitet, sondern nur auf Verlangen des Gläubigers oder seines Vertreters. Sofern das Betreibungsbegehren durch einen vollmachtlosen Vertreter gestellt wird, ist es gültig, wenn dieses Vorgehen durch den Vertretenen im Beschwerdeverfahren genehmigt wird.[351]

441 Unter *Betreibungsbegehren* ist der Antrag des Gläubigers bzw. seines Vertreters an das Betreibungsamt zu verstehen, die Betreibung gegen den Schuldner zu begin-

---

350 Rz. 1715 ff.
351 BGer v. 18.12.2007, 5A.578/2007 E. 3.2; BGer v. 19.8.2005, 7B.95/2005 E. 3.2; BGE 107 III 49 E. 1 und 2.

nen. Ein Nachweis über den Bestand der Forderung ist dabei nicht erforderlich.[352] Dem Betreibungsamt fehlt die Kognition, die in Betreibung gesetzte Forderung in materiellrechtlicher Hinsicht zu überprüfen.

Grundsätzlich können für ein und dieselbe Forderung mehrere Betreibungsbegehren eingereicht werden. Dies ist jedoch dann *nicht zulässig,* wenn der Gläubiger in einer früheren Betreibung bereits das Fortsetzungsbegehren gestellt hat oder wenn er in einer hängigen Betreibung das Recht dazu hat. Ist die frühere Betreibung dahingefallen, besteht gemäss Praxis kein Grund mehr, eine erneute Betreibung zu verhindern. Dies wird damit gerechtfertigt, dass nur in denjenigen Fällen, in denen das Fortsetzungsbegehren gestellt wurde, ernsthafte Gefahr besteht, dass mehrmals für die gleiche Forderung in das schuldnerische Vermögen vollstreckt wird.[353]

442

Da der Gläubiger den Bestand der Forderung nicht begründen muss und der Betreibungsbeamte diesen auch nicht prüfen darf, sind rechtsmissbräuchliche Betreibungen in der Praxis schwer nachzuweisen.[354] Eine solche wäre etwa dann gegeben, wenn es dem Betreibenden einzig darum ginge, den Betriebenen zu schikanieren und zu bedrängen.[355]

443

B. Form

Für das Betreibungsbegehren ist keine besondere Form vorgesehen. Es kann schriftlich oder mündlich beim Betreibungsamt des Betreibungsorts gestellt werden (Art. 67 Abs. 1 SchKG). Möglich ist gemäss Art. 33a SchKG auch eine elektronische Eingabe des Betreibungsbegehrens. Wird das Betreibungsbegehren über den eSchKG-Verbund[356] eingereicht, erhebt das BJ vom betroffenen Betreibungsamt eine Gebühr von CHF 1.00 pro Betreibungsfall (Art. 15a Abs. 1 GebV SchKG). Diese Kosten können sodann nicht den Verfahrensbeteiligten überbunden werden (Art. 13 Abs. 3 lit. e GebV SchKG).

444

Bei schriftlicher Eingabe ist der Gebrauch eines amtlichen Formulars nicht zwingend, aber empfehlenswert, da dieses Gewähr für inhaltliche Vollständigkeit bietet. Hierfür kann sich der Gläubiger auch der Maske auf *www.betreibungsschalter. ch* bedienen. Es genügt, wenn der Gläubiger bei seiner Eingabe bloss die Gemeinde angibt, zu welcher der Betreibungsort (Art. 46–52 SchKG) gehört.

445

---

352 BGer v. 26.11.2009, 5A_582/2009 E. 3.1; BGer v. 21.9.2006, 7B.134/2006 E. 3.2; BGE 125 III 149 E. 2.a; 113 III 2 E. 2.b.
353 BGE 100 III 41, 42.
354 BGer v. 11.11.2005, 7B.165/2005 E. 2.1; BGE 115 III 18 E. 3.
355 BGer v. 26.11.2009, 5A_582/2009 E. 3.1.
356 Rz. 369.

Beispiel: Wohnt der Schuldner in Rüti ZH, kann der Gläubiger das Begehren «An das Betreibungsamt der Gemeinde Rüti ZH» adressieren. Die Beförderung des so adressierten Begehrens obliegt der Post.

446 Wird das Betreibungsbegehren bei einem örtlich unzuständigen Betreibungsamt gestellt, ist es von diesem von Amtes wegen an das zuständige Betreibungsamt weiterzuleiten, sofern die Angaben im Betreibungsbegehren dieses erkennen lassen (Art. 32 Abs. 2 SchKG).[357]

447 Ein mündlich gestelltes Betreibungsbegehren wird vom Betreibungsbeamten in das Formular eingetragen und dem Gläubiger zur Unterschrift übergeben (Art. 3 Abs. 2 VFRR). Mit der Unterzeichnung des Betreibungsbegehrens wird einerseits die Ernsthaftigkeit der Betreibungsabsicht kundgetan und andererseits der Betreibende identifizierbar.[358] Dem Betreibenden steht es jedoch frei, statt des Betreibungsbegehrens einzig ein Begleitschreiben zu unterzeichnen.[359]

448 Zur Beweissicherung kann der Gläubiger vom Betreibungsamt eine gebührenfreie Bescheinigung des Eingangs verlangen (Art. 67 Abs. 3 SchKG).

C. Inhalt

449 Im Betreibungsbegehren müssen sämtliche Angaben, die für die Ausstellung des Zahlungsbefehls notwendig sind, aufgeführt werden. Der Gesetzgeber zählt diese in Art. 67 bzw. Art. 151 SchKG auf. Sind die Angaben ungenügend oder mangelhaft, ist das Betreibungsamt angehalten, dem Gläubiger die Möglichkeit einzuräumen, diese zu ergänzen oder zu korrigieren (Art. 32 Abs. 4 SchKG).[360] Diese Norm ist Ausfluss des Verbots des überspitzten Formalismus (Art. 29 Abs. 1 BV). Eine amtswegige Ergänzung oder Korrektur wird grundsätzlich nicht vorgenommen.

Anmerkung: Ausgenommen sind Fälle, in welchen der Sinn der Angabe ohne Weiteres erkennbar ist. Das Betreibungsamt hat diesfalls eine Berichtigung vorzunehmen.[361]

Beispiel: S (AG mit Sitz in Basel) wird von einem dreiköpfigen Verwaltungsrat (bestehend aus X, Y und Z) geführt; daneben wurde noch P als Prokurist eingesetzt. G verzichtet auf die Nennung dieser Personen in seinem Betreibungsbegehren. Nach erfolgter Zustellung des Zahlungsbefehls an eine Angestellte erhebt S Beschwerde; diese ist gutzuheissen, da die Angabe von Name und Wohnort des gesetzlichen Vertreters nach bundesgerichtlicher Rechtsprechung für die Zustellung des Zahlungsbefehls unerlässlich ist.[362]

---

357 BGer v. 18.7.2003, 7B.100/2003 E. 1.2; BGE 127 III 567 E. 3.a; Rz. 203.
358 BGE 119 III 4 E. 4.d.
359 BGE 119 III 4 E. 5.
360 BGE 82 III 127 E. 2.
361 BGer v. 31.8.2004, 7B.150/2004 E. 2.1; BGE 114 III 62 E. 1.a; 98 III 24.
362 BGer v. 2.10.2007, 5A_215/2007 E. 2.1; BGE 118 III 10 E. 3.a.

Unterlässt es der Gläubiger, das mangelhafte Betreibungsbegehren zu ergänzen oder zu korrigieren, ist von der Nichtigkeit des Betreibungsbegehrens auszugehen. Dagegen ist dem Schuldner eine Berufung auf die Nichtigkeit einer Betreibung verwehrt, wenn der Gläubiger der Aufforderung des Betreibungsamts zur Korrektur seines Betreibungsbegehrens nachgekommen ist.[363]

450

Im Betreibungsbegehren *zwingend anzugeben* sind:

451

– *Name und Wohnort des Gläubigers* sowie seines allfälligen Vertreters;

Anmerkung: Neben dem Namen des Gläubigers ist auch die Angabe dessen Wohnorts unerlässlich, und zwar selbst in den Fällen, in denen der Schuldner die Person des Gläubigers identifizieren kann.[364] Dem Schuldner soll die Möglichkeit offenstehen, direkt an den Gläubiger zu leisten.[365] Der im Ausland wohnhafte Gläubiger bezeichnet mit Vorteil ein Zustellungsdomizil in der Schweiz, ansonsten gilt das Betreibungsamt als Zustellungsdomizil. Wird der Schuldner von mehreren Gläubigern betrieben, müssen alle mit Namen und Wohnort genannt werden. Eine Betreibung durch mehrere Gläubiger kann sowohl für Gesamt- als auch Solidarforderungen eingeleitet werden.

Beispiel: E verstarb Anfang des Jahres und hinterliess neben ihrem Ehemann M noch die gemeinsame Tochter T. S schuldete E den Betrag von CHF 10 000.00. M und T reichen gemeinsam ein Betreibungsbegehren gegen S ein. Dieser reicht dagegen eine Beschwerde ein, da M und T in ihrem Betreibungsbegehren zu Unrecht unterlassen hätten, ihre Forderung als Gesamtforderung zu kennzeichnen. Die Beschwerde ist abzuweisen.[366]

– *Name und Wohnort des Schuldners* sowie seines allfälligen Vertreters;

Anmerkung: Richtet sich die Betreibung gegen eine juristische Person, so ist der empfangsberechtigte Vertreter zu nennen. Dabei ist auf die Angaben im Handelsregister abzustellen.[367] Mit Art. 67 Abs. 1 Ziff. 2 SchKG will das SchKG sicherstellen, dass die Betreibungsurkunden in die Hände jener natürlichen Personen gelangen, die in Betreibungssachen für die Gesellschaft handeln und insbesondere Rechtsvorschlag erheben können.[368]

Beispiel: Die Aktionäre der S AG haben die Auflösung ihrer Gesellschaft beschlossen. Als Liquidator wurde durch Beschluss der GV L eingesetzt; an derselben GV wurde der bisherige einzige Verwaltungsrat V abberufen. G, der gegen die S AG noch eine Forderung zu besitzen glaubt, reicht fünf Wochen später ein Betreibungsbegehren ein. Darin bezeichnet er – in Widerspruch zum mittlerweile bereinigten Handelsregistereintrag – V als Vertreter der S AG. Da das Betreibungsamt nicht verpflichtet ist, beim Handelsregisteramt Nachforschungen über die empfangsberechtigte Person anzustellen,[369] stellt es V den Zahlungsbefehl zu. Dieser zerreisst ihn, ohne L darüber zu informieren. Als L erfährt, dass gegen die S AG ein Betreibungsverfahren läuft, erhebt er betreibungs-

---

363 BGE 114 III 62 E. 1.a.
364 BGE 87 III 54 E. 2.
365 BGE 128 III 470 E. 4.1.
366 BGE 71 III 164, 166 f.
367 BGE 84 III 72 E. 2.
368 BGer v. 2.10.2007, 5A_215/2007 E. 2.1.
369 BGE 109 III 4 E. 1.

rechtliche Beschwerde. Die Aufsichtsbehörde heisst die Beschwerde gut und erklärt den Zahlungsbefehl für nichtig.[370]

Anmerkung: Die Bezeichnung des Schuldners[371] muss unzweifelhaft sein und soll eine eindeutige Identifikation erlauben. Gegebenenfalls kann das Betreibungsamt den Schuldner mit Allianznamen bezeichnen, wenn dies dazu dient, Verwechslungen zu vermeiden.[372] Beim Allianznamen handelt es sich aber *nicht* um einen amtlichen Namen; er wird üblicherweise dadurch gebildet, dass dem Familiennamen der Name beigefügt wird, den der andere Ehegatte als ledig hatte. Bestehen Zweifel an der Identität des Schuldners, ist der darauf gestützte Zahlungsbefehl nichtig i.S.v. Art. 22 SchKG.[373]

Beispiel: Stefan Schneider, dessen Ehefrau nach deren Heimatrecht Anna Maggini heisst, schuldet seiner Gläubigerin G die Summe von CHF 2000.00. G will Stefan Schneider betreiben. Wie G weiss, wohnt im selben Haus wie ihr Schuldner auch noch dessen Sohn, der den gleichen amtlichen Vor- und Nachnamen wie sein Vater trägt. G schreibt deshalb in ihrem Betreibungsbegehren unter der Rubrik Schuldner «Stefan Schneider-Maggini». Schneider Senior reicht gegen den Zahlungsbefehl Beschwerde ein, da er mit seinem amtlichen Namen als «Stefan Schneider» bezeichnet werden will und seine Frau mit der Schuld gegenüber G nichts zu tun habe. Die Beschwerde ist abzuweisen, da die Beifügung eines Zusatzes zwecks Identifikation des Schuldners vom Bundesgericht nur als unzulässig eingestuft wird, wenn dadurch schützenswerte Interessen des Schuldners verletzt werden, wobei auch rein ideelle Interessen als genügend betrachtet werden. Im vorliegenden Fall wurde eine Verletzung dieser Interessen des Schuldners (oder aber seiner Frau) nicht ausreichend dargetan.[374]

Beispiel: G besitzt eine Forderung gegen die Stähli und Schwede AG. Aus Nachlässigkeit bezeichnet G ihre Schuldnerin im Betreibungsbegehren als «Stähli und Schwede GmbH». Eine GmbH dieses Namens gibt es jedoch nirgends. Der Verwaltungsrat der Schuldnerin verlangt bei der Aufsichtsbehörde die Feststellung der Nichtigkeit des Zahlungsbefehls. Diesem Begehren kann nicht entsprochen werden, da der wirklich gemeinte Schuldner klar erkannt werden konnte. Eine Nichtigkeit ist m.a.W. dann abzulehnen, wenn die Beteiligten durch den Mangel in der Bezeichnung der Parteien nicht irregeführt wurden.[375]

– bei Betreibungen *durch und gegen eine Erbschaft bzw. Erbengemeinschaft* oder *Gemeinderschaft* sind gemäss Kreisschreiben des BGer (Plenum) Nr. 16 vom 3. April 1925 sämtliche an der Erbschaft bzw. Gemeinderschaft beteiligten Personen im Betreibungsbegehren zu nennen.

Anmerkung: Betreibungen, die unter Missachtung dieser Vorschrift eingeleitet werden, sind nichtig und daher jederzeit von Amtes wegen aufzuheben. Von der Frage nach der Identität des Schuldners zu unterscheiden ist die Frage, an wen die Betreibungsurkun-

---

370 Rz. 423.
371 BGE 120 III 60 E. 2.a.
372 BGE 120 III 60 E. 2.b.
373 BGE 102 III 63 E. 2.
374 BGE 120 III 60.
375 BGE 102 III 63 E. 2.

den *zuzustellen* sind. Die Zustellung erfolgt in Anwendung von Art. 49 i.V.m. Art. 65 Abs. 3 SchKG an den für die Erbschaft bestellten Vertreter oder an einen der Erben.

- *Name und Wohnort des in Gütergemeinschaft mit dem Schuldner lebenden Ehegatten* (Art. 68a SchKG);
- *Forderungsbetrag in Schweizer Währung*;[376]

  Anmerkung: Auf fremde Währung lautende Forderungen sind grundsätzlich umzurechnen und ebenfalls nach dem SchKG zu vollstrecken.[377] Der Gläubiger hat dabei die Wahl, den Kurs zur Verfallzeit der Forderung oder den Kurs bei Stellung des Betreibungsbegehrens anzugeben (Art. 67 Abs. 1 Ziff. 3 SchKG). Ihm soll dadurch die Möglichkeit offenstehen, den für ihn günstigsten Moment auszuwählen, zumal die Forderung des Schuldners ja fällig ist. Im Übrigen erlaubt Art. 88 Abs. 4 SchKG dem Gläubiger eine erneute Umrechnung zum Kurs im Zeitpunkt der Stellung des Fortsetzungsbegehrens[378]. Mit Art. 67 Abs. 1 Ziff. 3 SchKG beabsichtigte der Gesetzgeber allerdings nicht, das Rechtsverhältnis zwischen den Parteien abzuändern und die auf eine ausländische Währung lautende Schuld zu novieren; vielmehr ist weiterhin die vertraglich vereinbarte Fremdwährung geschuldet.[379] D.h., dass sich der Schuldner nach wie vor durch Zahlung in der Fremdwährung befreien kann. Anders verhält es sich bei einer sog. *Geldsortenschuld*. Diese definiert sich dadurch, dass die Schuld *effektiv* in der Fremdwährung geschuldet ist (vgl. Art. 84 Abs. 2 OR). Die Zwangsvollstreckung erfolgt hier nicht auf dem Weg der Schuldbetreibung, sondern ist auf dem Weg der Realvollstreckung[380] durchzuführen.

- bei verzinslichen Forderungen der *Zinsfuss* und der *Tag,* von dem an der Zins gefordert wird;

  Anmerkung: Wenn nur für Zinsen betrieben wird, sind sie als Hauptschuld zu bezeichnen. In der Regel wird sich der Tag des Zinsenlaufs auf den Zeitpunkt der Mahnung beziehen, in welcher der Gläubiger den Schuldner in unmissverständlicher Weise zur Bezahlung der Schuld auffordert.

  Beispiel: G besitzt gegen S eine Forderung über CHF 100 000.00. Hierfür hat S jeweils per Ende Jahr einen Zins von 4% p.a. zu zahlen. Da S seine Zinszahlungspflicht für das Jahr 2006 nicht erfüllt hat, reicht G ein Betreibungsbegehren ein; unter der Rubrik «Forderung» schreibt G «Zins auf CHF 100 000.00 seit 1.1.2006». S verlangt nach Ablauf der Beschwerdefrist bei der Aufsichtsbehörde die Aufhebung des Zahlungsbefehls. Dieser Antrag ist gutzuheissen, da gemäss bundesgerichtlicher Rechtsprechung bei einer Betreibung für Zinsen einer Kapitalforderung, welche als solche nicht in Betreibung gesetzt wurde, die Zinsforderung genau zu beziffern ist. Die Angabe des zu verzinsenden Betrags, des Zinsfusses und des Beginns des Zinsenlaufs ist somit nicht ausreichend. Erlässt das Betreibungsamt einen Zahlungsbefehl, der die Angaben des mangelhaften Betreibungsbegehrens wiederholt, so ist der Zahlungsbefehl als nichtig anzusehen.[381]

---

376 BGE 94 III 74 E. 3.
377 BGer v. 3.7.2008, 5A_218/2008 E. 4; BGE 134 III 151 E. 2.3.
378 Rz. 575 ff.
379 BGE 134 III 151 E. 2.3.
380 Rz. 10.
381 BGE 81 III 49 E. 1.

– Bezeichnung der *Forderungsurkunde* («Werkvertrag», «Schuldanerkennung», Rechnung, Wechsel) und deren Datum, subsidiär, d.h. bei Fehlen einer Urkunde, der Forderungsgrund (Werklohn, Kaufpreis, Mietzins).

> *Anmerkung:* Selbst ein blosser Vermerk wie «Schadenersatz» vermag nach bundesgerichtlicher Rechtsprechung den Anforderungen von Art. 67 Abs. 1 Ziff. 4 SchKG zu genügen, sofern dem Betriebenen aus dem Gesamtzusammenhang klar wird, wofür er belangt wird.[382] Die Nennung der Forderungsurkunde bzw. des Forderungsgrundes soll dem Schuldner zusammen mit den übrigen Angaben des Zahlungsbefehls m.a.W. über den Anlass der Betreibung Auskunft geben;
>
> *Beispiel:* S ist Eigentümerin eines noch unbebauten Grundstücks. Darauf lastet im 1. Rang als einziges Grundpfandrecht ein Schuldbrief Nr. 123 über CHF 10 000.00 (verzinslich zu 8% p.a., zahlbar jeweils am 31.12. des vergangenen Jahres), welcher G gehört. Dieser kündigt S den Schuldbrief i.S.v. Art. 844 ZGB am 1.3.2010 per Ende 2010 mittels eingeschriebenen Briefs. Am 11.4.2011 reicht G mangels Zahlung ein Betreibungsbegehren (auf Pfandverwertung) ein; zur Begründung seines Betreibungsbegehrens schreibt G: «Rückzahlung des Schuldbriefs Nr. 123 in der Höhe von CHF 10 000.00 nebst Zins zu 8% seit 1.1.2011». S reicht gegen den entsprechenden Zahlungsbefehl Beschwerde ein, da G die Urkunde, welche angeblich die Fälligkeit der Forderung ausgelöst habe, nicht angegeben habe. Die Beschwerde wird abgewiesen.[383]

– bei einer *pfandgesicherten Forderung* das Pfand, der Ort, wo das Pfand liegt, Name und Adresse eines allfälligen Dritteigentümers bzw. Drittpfandbestellers (Art. 67 Abs. 2 i.V.m. Art. 151 Abs. 1 lit. a SchKG) sowie der Hinweis auf eine allfällige Verwendung des Grundpfandes als Familienwohnung (Art. 151 Abs. 1 lit. b SchKG);
– das *Spezialdomizil*,[384] sofern ein solches vereinbart worden ist;
– Nummer und Ausstelldatum der *Arresturkunde,* sofern für die Forderung bereits Arrest gelegt wurde;
– ausdrücklich die *Wechselbetreibung,* falls der Gläubiger diese verlangt; der Wechsel bzw. Check muss diesfalls beigelegt werden (Art. 177 Abs. 2 SchKG);[385]
– allenfalls das Begehren um Aufnahme eines Retentionsverzeichnisses in der Betreibung für Miet- und Pachtzinse.

D. Wirkungen

452 Das korrekt gestellte Betreibungsbegehren entfaltet *betreibungsrechtliche* und *zivilrechtliche* Wirkungen.

---

382 BGer v. 22.10.2008, 5A_586/2008 E. 3; BGer v. 4.12.2006, 5P.344/2006 E. 3.3; BGer v. 20.7.2001, 7B.112/2001 E. 3.c.bb; BGE 121 III 18 E. 2.a.
383 BGE 95 III 33 E. 1.
384 Rz. 306 ff.
385 Rz. 1062 f

Betreibungsrechtlich bewirkt das Betreibungsbegehren, dass das Betreibungsamt den Zahlungsbefehl erlässt und diesen dem Schuldner zustellt. Mit der Zustellung des Zahlungsbefehls beginnt die Schuldbetreibung (Art. 38 Abs. 2 SchKG). 453

Zivilrechtlich unterbricht die Absendung eines den wesentlichen Anforderungen des SchKG genügenden Betreibungsbegehrens die Verjährung (Art. 135 Ziff. 2 OR).[386] Das Begehren kann dabei direkt beim Betreibungsamt oder zu Handen desselben der Schweizerischen Post oder einer schweizerischen diplomatischen oder konsularischen Vertretung übergeben werden (Art. 31 SchKG i.V.m. Art. 143 Abs. 1 ZPO). Wird es elektronisch übermittelt (Art. 33a SchKG), so gilt die Verjährungsfrist erst dann als unterbrochen, wenn das Informatiksystem des ersuchten Betreibungsamtes den Eingang des Begehrens bestätigt (Art. 31 SchKG i.V.m. Art. 143 Abs. 2 ZPO).[387] Mit jeder Betreibungshandlung beginnt die Verjährungsfrist neu zu laufen (Art. 138 Abs. 2 OR). Sie wird auch im Fall der Einreichung bei einem unzuständigen Betreibungsamt unterbrochen. 454

Angesichts dieser unmittelbaren Auswirkungen auf den Lauf von Verjährungsfristen wird das Betreibungsbegehren in der Praxis vielfach rein vorsorglich gestellt, um die Unterbrechung zu erwirken (Art. 135 Ziff. 2 OR). 455

III. Zahlungsbefehl

A. Grundsätzliches

Der in (vollstreckungsrechtliche) Rechtskraft erwachsene Zahlungsbefehl bildet einen *Vollstreckungstitel* in der Betreibung gegen den Schuldner.[388] 456

Die Tatsache, dass sich die Rechtskraft des Zahlungsbefehls lediglich auf einen rein vollstreckungsrechtlichen Inhalt beschränkt, hat im Übrigen zur Folge, dass er per se nicht vom Anwendungsbereich des LugÜ erfasst wird. Er gilt mithin nicht als «Entscheidung» i.S.v. Art. 32 LugÜ. Daran vermag auch der Umstand nichts zu ändern, dass mit der Revision des LugÜ Entscheide nicht unbedingt von einer gerichtlichen Behörde, sondern ebenfalls von einer Verwaltungsbehörde – wie sie das Betreibungsamt darstellt – erlassen werden können (vgl. Art. 62 LugÜ). Dies deshalb, weil gemäss Vorgaben des LugÜ in jedem Fall ein justizförmiges Verfahren vorausgesetzt wird und das Betreibungsverfahren – mangels Prüfungskognition des Betreibungsamtes – schlechterdings nicht darunter fällt. 457

---

386 BGer v. 13.03.2007, 4C.437/2006 E. 4.1.
387 Rz. 202.
388 BGE 125 III 149 E. 2.a; 113 III 2 E. 2.b.

B. Inhalt

458 Der Zahlungsbefehl hat folgenden Inhalt aufzuweisen:

- die *Wiederholung sämtlicher im Betreibungsbegehren*[389] *enthaltenen Angaben;*
- die *Aufforderung* an den Schuldner, den Gläubiger binnen *bestimmter Frist ab Zustellung des Zahlungsbefehls* für dessen Forderung und Betreibungskosten zu befriedigen bzw. für eine bestimmte Forderung sicherzustellen;

    Anmerkung: Die Angabe betreffend die Zahlungsfrist bildet in der Praxis meistens Bestandteil der Erläuterungen zum Zahlungsbefehl. Die Frist dauert je nach Betreibungsart verschieden lang; sie beträgt bei der Betreibung auf Pfändung oder auf Konkurs 20 Tage (Art. 69 Abs. 2 Ziff. 2 SchKG), bei der Betreibung auf Faustpfandverwertung einen Monat (Art. 152 Abs. 1 Ziff. 1 SchKG), bei der Grundpfandverwertung sechs Monate (Art. 152 Abs. 1 Ziff. 1 SchKG), bei einer Wechselbetreibung fünf Tage (Art. 178 Abs. 2 Ziff. 2 SchKG).

    Anmerkung: Die bedingungs- und vorbehaltlose Zahlung der in Betreibung gesetzten Forderung sowie allfälliger Verzugszinse und Betreibungskosten an das Betreibungsamt hat das Erlöschen der Schuld und den Untergang der Betreibung zur Folge. Das Betreibungsamt hat folglich dafür zu sorgen, *dass die Betreibung für den bezahlten Betrag nicht weiter geht*; kommt es seiner Verpflichtung nicht nach, ist es Sache der kantonalen Aufsichtsbehörde festzustellen, dass die Betreibung erloschen ist.[390] Ein Rückzug des Betreibungsbegehrens durch den Gläubiger ist nicht notwendig. Es liegt im öffentlichen Interesse, dass nicht weiter gegen den Schuldner vorgegangen wird, wenn dieser seine Schuld beglichen hat. Die Zahlung kann im Übrigen auch direkt an den Gläubiger erfolgen. Bewirkt wird dadurch jedoch nur das Erlöschen der Schuld, nicht auch der Untergang der Betreibung. Zieht der Gläubiger in der Folge sein Betreibungsbegehren nicht zurück, so hat der Schuldner, will er die Betreibung aufheben lassen, eine negative Feststellungsklage nach Art. 85a SchKG oder unter Beibringung entsprechender liquider Beweismittel eine Klage nach Art. 85 SchKG anzustrengen.

- die Mitteilung an den Schuldner, dass er sich binnen *bestimmter Frist durch Rechtsvorschlag*[391] der Betreibung widersetzen kann;
- der *ausdrückliche Hinweis auf die Rechtsfolge* bei passivem Verhalten des Schuldners, d.h. die Androhung, dass die Betreibung ansonsten ihren Fortgang nimmt.

C. Ausfertigung

459 Der Zahlungsbefehl ist immer auf einem amtlichen Formular zu erlassen (Art. 1 VFRR).

---

389 Rz. 440 ff.
390 BGE 38 I 308, 310.
391 Rz. 476 ff.

III. Zahlungsbefehl

Der Betreibungsbeamte hat nach Eingang des Betreibungsbegehrens zu prüfen, welche Betreibungsart[392] Anwendung findet (Art. 38 Abs. 3 SchKG), und sodann das entsprechende Formular für den Zahlungsbefehl zu verwenden. Hierbei handelt es sich um eine rein amtsinterne Handlung.[393]

460

Bestimmt das Betreibungsamt die falsche Betreibungsart, so hat dies u.U. die Nichtigkeit der entsprechenden Betreibung zur Folge. Wird die Betreibung statt als ordentlicher Konkurs als Pfändungsbetreibung fortgesetzt, so stellt dies einen Nichtigkeitsgrund dar.[394] Umso mehr muss dies bei der Durchführung einer – mit Blick auf das ordentliche Konkursverfahren wesentlich strengeren – Wechselbetreibung gelten. Anders verhält es sich im Verhältnis zwischen der Betreibung auf Pfändung bzw. Konkurs und der Betreibung auf Pfandverwertung. Hier steht dem Schuldner das sog. *beneficium excussionis realis* nach Art. 41 Abs. 1bis SchKG zur Verfügung, welches mit betreibungsrechtlicher Beschwerde geltend zu machen ist.[395]

461

Beispiel: G reicht beim Betreibungsamt mit seinem Betreibungsbegehren einen Check gegen S ein und verlangt die Durchführung einer Wechselbetreibung gegen ihren Schuldner, obwohl dieser gar nicht im Handelsregister eingetragen ist. Dem unerfahrenen Betreibungsbeamten B fällt dieser Fehler nicht auf, sodass er S den Zahlungsbefehl für eine Wechselbetreibung zustellt. S kann diesen Mangel auch nach Ablauf der Beschwerdefrist noch bei der Aufsichtsbehörde feststellen lassen.

Der Zahlungsbefehl ist im Doppel auszufertigen (ein Exemplar für den Schuldner, ein Exemplar für den Gläubiger); bei abweichendem Wortlaut der Urkunden ist die dem Schuldner zugestellte Ausfertigung massgebend (Art. 70 Abs. 1 SchKG).

462

Werden Mitschuldner gleichzeitig betrieben, so wird jedem ein besonderer Zahlungsbefehl zugestellt. Ebenso sind zusätzliche Zahlungsbefehle auszustellen:

463

- dem Ehegatten des in Gütergemeinschaft lebenden Schuldners (Art. 68a SchKG);
- in der Betreibung auf Pfandverwertung dem Drittpfandbesteller bzw. -eigentümer sowie allenfalls dem Ehegatten oder eingetragenen Partner des Schuldners oder des Dritten, falls das verpfändete Grundstück als Familienwohnung gemäss Art. 169 ZGB oder als gemeinsame Wohnung i.S.v. Art. 14 PartG dient (Art. 153 Abs. 2 SchKG);
- in der Betreibung gegen unmündige, verbeiständete oder bevormundete Personen ihrem gesetzlichen Vertreter bzw. Beistand (Art. 68c ff. SchKG).

---

392 Rz. 45.
393 Rz. 328.
394 BGer v. 6.4.2004, 7B.53/2004 E. 2.2; BGer v. 31.7.2003, 7B.67/2003 E. 2; BGE 120 III 105 E. 1.
395 Rz. 231 ff.

D. Zeitpunkt der Zustellung

464 Der Zahlungsbefehl wird dem Schuldner nach Eingang des Betreibungsbegehrens zugestellt (Art. 71 Abs. 1 SchKG), d.h., die Zustellung hat binnen angemessen kurzer Frist zu erfolgen. Praxisgemäss hat das Betreibungsamt den Zahlungsbefehl einen Tag nach Eingang des Betreibungsbegehrens zuzustellen.

Beispiel: Der Betreibungsbeamte B stellt den Zahlungsbefehl acht Wochen nach Eingang des Zahlungsbefehls zu. Die Aufsichtsbehörde erwägt, nachdem der Gläubiger betreibungsrechtliche Beschwerde wegen Rechtsverzögerung eingereicht hat, die Einleitung eines Disziplinarverfahrens gegen B.

465 Falls gegen denselben Schuldner mehrere Betreibungsbegehren vorliegen, hat die Zustellung sämtlicher Zahlungsbefehle gleichzeitig zu erfolgen (Art. 71 Abs. 2 SchKG). Diese Bestimmung bezieht sich auf alle Betreibungsbegehren, welche *am gleichen Tag* beim Betreibungsamt eingelangt sind. Keinesfalls darf ein später (d.h. an einem späteren Tag) eingegangenes Betreibungsbegehren vor einem früheren behandelt werden (Art. 71 Abs. 3 SchKG). Während der Betreibungsferien oder des Rechtsstillstandes eingegangene Betreibungsbegehren dürfen nicht nach denjenigen zugestellt werden, welche nach dem Ende der Schonzeiten eingelangt sind.

Anmerkung: Gleiches gilt im Übrigen auch, falls an einem Freitag eingegangene Betreibungsbegehren noch nicht zugestellt werden konnten, gegenüber am folgenden Tag oder erst nach dem Wochenende eingetroffenen Betreibungsbegehren.

466 Das Bundesgericht hat sich bisher nicht dazu geäussert, welche Rechtsfolgen eine Verletzung von Art. 71 Abs. 3 SchKG nach sich ziehen sollte. Sowohl Nichtigkeit als auch Anfechtbarkeit des zu früh zugestellten Zahlungsbefehls sind abzulehnen, da der bevorzugte Gläubiger keinen Einfluss darauf hat, wann der Zahlungsbefehl für die von ihm in Betreibung gesetzte Forderung zugestellt wird. I.d.R. dürften die früher betreibenden Gläubiger durch die verspätete Zustellung der Zahlungsbefehle für ihre Forderungen keinen Schaden erleiden; falls doch, so könnte ein Fall der Staatshaftung[396] vorliegen (Art. 5 SchKG).

E. Form der Zustellung

467 Die Zustellung des Zahlungsbefehls an den Schuldner hat *formell* zu erfolgen (Art. 72 SchKG).[397]

468 Hinsichtlich der Zustellung von Zahlungsbefehlen hat die Praxis – wie bereits erwähnt[398] – einige besondere Grundsätze entwickelt. Der Zahlungsbefehl darf nicht

---

396 Rz. 118 ff.
397 Rz. 378 ff.
398 Rz. 378 ff.

in den Briefkasten des Schuldners gelegt werden, auch nicht, wenn dieser zuvor telefonisch zu verstehen gegeben hat, dass er sich durch einen «solchen unangenehmen Besuch nicht belästigen lassen wolle und seine Wohnungstüre nicht öffnen werde»; nach BGer ist diesfalls polizeiliche Hilfe in Anspruch zu nehmen.[399] Anders ist zu entscheiden – wenn der Schuldner im Augenblick, in welchem ihm der Zahlungsbefehl offen ausgehändigt werden sollte, dessen Annahme tatsächlich verweigert. In einem solchen Fall gilt der Zahlungsbefehl als zugestellt, auch wenn er in den Briefkasten des Schuldners gelegt wird.[400] Eine tatsächliche Annahmeverweigerung vermag eine Zustellung generell nicht zu verhindern, und zwar auch dann nicht, wenn die Annahme der Betreibungsurkunde durch einen Hausgenossen verweigert wird.

F. Wirkungen der Zustellung des Zahlungsbefehls

In betreibungsrechtlicher Hinsicht wird der Schuldner durch den Zahlungsbefehl ultimativ aufgefordert, den Gläubiger doch noch zu befriedigen. Die Zustellung des Zahlungsbefehls ist in das Betreibungsregister einzutragen. Materiellrechtlich gilt der Zahlungsbefehl auch als Mahnung.[401] Darüber hinaus zeitigt der Zahlungsbefehl keine Wirkungen; dem Zahlungsbefehl kommt hinsichtlich der in Betreibung gesetzten Forderung keine materielle Rechtskraft zu, auch wenn er unwidersprochen bleibt.

469

Die Zustellung des Zahlungsbefehls ist grundsätzlich Voraussetzung für die spätere Fortsetzung der Betreibung nach Art. 88 SchKG.[402] Ausnahmsweise bedarf es keines Zahlungsbefehls zur Fortsetzung der Betreibung, nämlich dann, wenn der Gläubiger innert der sechsmonatigen Frist nach Zustellung des Verlustscheines die Betreibung fortsetzt (Art. 149 Abs. 3 SchKG). Von der Zustellung des Zahlungsbefehls hängen auch verschiedene Fristen ab, nämlich die Frist

470

- zur Erhebung des Rechtsvorschlags (Art. 74 Abs. 1, Art. 179 Abs. 1 SchKG),
- zur Erhebung der Beschwerde gegen eine mangelhafte Zustellung (Art. 17 Abs. 2 SchKG),
- zur Stellung des Fortsetzungsbegehrens (Art. 88 Abs. 1 und 2 SchKG),
- zur Stellung des Verwertungsbegehrens in der Betreibung auf Pfandverwertung (Art. 154 Abs. 1 SchKG) sowie
- zur Stellung des Konkursbegehrens in der Wechselbetreibung (Art. 188 Abs. 1 SchKG).

---

399 BGE 117 III 7 E. 3.b.
400 BGer v. 28.10.2002, 7B.161/2002 E. 3.2.
401 BGer v. 1.11.2000, 5C.206/2000 E. 3.
402 Rz. 573 ff.

G. Gebühren

471 Die Gebühr für den Erlass, die doppelte Ausfertigung, die Eintragung im Betreibungsbuch und die Zustellung des Zahlungsbefehls bemisst sich nach der Forderungshöhe (Art. 16 Abs. 1 GebV SchKG). Sie liegt zwischen CHF 7.00 und 400.00. Hinzu kommen die allgemeinen Auslagen nach Art. 13 GebV SchKG, worunter u.a. Posttaxen sowie allfällige Zuschläge für weitere Zustellungsversuche (CHF 7.00 pro Zustellungsversuch; Art. 16 Abs. 3 GebV SchKG) fallen.[403]

Beispiel: Die Zahlungsbefehlskosten für einen Forderungsbetrag von CHF 990.00 belaufen sich auf CHF 40.00 zuzüglich Posttaxen, welche inklusive Rücksendung CHF 10.00 betragen.

H. Vorlage der Beweismittel

472 Der Schuldner kann vom Betreibungsamt verlangen, dass es den Gläubiger auffordere, die Beweismittel für die Forderung innerhalb der Bestreitungsfrist beim Betreibungsamt zur Einsicht vorzulegen (Art. 73 Abs. 1 SchKG).

473 Diese Aufforderung des Betreibungsamts an den Gläubiger sollte aus Beweisgründen in der Form einer Mitteilung gemäss Art. 34 SchKG erfolgen.

474 Die Beweismittel sind vom Gläubiger in einer Form vorzulegen, dass die Forderunge ohne Beizug von Hilfsmitteln erkennbar wird (analog Art. 963 Abs. 2 OR); Kopien sind ausreichend. Der Schuldner hat aber keinen Anspruch auf Aushändigung der vorgelegten Beweismittel.

475 Kommt der Gläubiger dieser Aufforderung nicht nach, wird der Ablauf der Bestreitungsfrist (d.h. die Frist für die Erhebung des Rechtsvorschlags) dadurch nicht gehemmt. In einem nachfolgenden Verfahren (insbesondere nach Art. 79 sowie Art. 80–84 SchKG) berücksichtigt jedoch das Gericht beim Entscheid über die Prozesskosten den Umstand, dass der Schuldner die Beweismittel nicht einsehen konnte (Art. 73 Abs. 2 SchKG).

IV. Rechtsvorschlag

A. Erhebung des Rechtsvorschlags

1. Grundsätzliches

476 Rechtsmissbrauch vorbehalten, erlaubt das SchKG jeder Person, gegen eine andere eine Betreibung anzuheben. Eine materielle Berechtigung braucht hierfür – zumindest vorgängig – nicht nachgewiesen zu werden. Dieser Möglichkeit des angeblichen «Gläubigers» steht die Möglichkeit des angeblichen «Schuldners»

---

[403] BGer v. 10.7.2009, 5A_390/2009 E. 3.1.

gegenüber, in einfacher Form – und grundsätzlich auch ohne Begründung[404] – Rechtsvorschlag zu erheben.

Mit dem Rechtsvorschlag bringt der Schuldner zum Ausdruck, dass er die gegen ihn geltend gemachte Forderung aus materiellrechtlichen und/oder vollstreckungsrechtlichen Gründen bestreitet. Der Rechtsvorschlag bezieht sich stets auf einen konkreten Zahlungsbefehl, weshalb *auf Vorrat* kein Recht vorgeschlagen werden kann.[405]

477

> *Beispiel:* Nachdem der nicht im Handelsregister eingetragene S in einer Betreibung eine Pfändung über sich ergehen lassen musste, erklärt er dem Betreibungsbeamten mit Schreiben vom 4.1.2011, «dass er gegenüber sämtlichen in Zukunft noch kommenden Zahlungsbefehlen bereits heute Rechtsvorschlag erhebe». Am 28.3.2011 wird S erneut ein Zahlungsbefehl zugestellt. Da sich S auf seine Erklärung vom 4.1.2011 verlässt, erklärt er innerhalb der Rechtsvorschlagsfrist keinen Rechtsvorschlag. Damit ist die Betreibung nicht i.S.v. Art. 88 Abs. 1 SchKG «durch Rechtsvorschlag [...] eingestellt worden».

Anderes gilt, wenn der Schuldner von einer bereits hängigen Betreibung gegen ihn Kenntnis erlangt, z.B. weil ihm der Gläubiger eine Kopie des Betreibungsbegehrens zustellt. Hiergegen kann er bereits vor der Zustellung des Zahlungsbefehls Rechtsvorschlag erheben.

478

Unzulässig ist ein Rechtsvorschlag, welcher sich einzig auf die Betreibungskosten[406] bezieht. Sofern aber ein gültiger Rechtsvorschlag vorliegt, werden dadurch auch die Kosten erfasst.[407]

479

Der Rechtsvorschlag ist ferner nur gültig, wenn er gegenüber dem Betreibungsamt bzw. dem unmittelbar für das Betreibungsamt handelnden Postboten[408] erklärt wird. Ein bloss gegenüber dem Gläubiger erklärter Rechtsvorschlag entfaltet dagegen keine Rechtswirkungen. Für den Fall, dass der Zahlungsbefehl requisitionsweise[409] zugestellt worden ist (vgl. Art. 4 Abs. 2 SchKG), hat der Schuldner die Wahl, ob er den Rechtsvorschlag gegenüber dem requirierenden oder gegenüber dem requirierten Amt erklären will.[410]

480

Durch den Rechtsvorschlag wird die Betreibung zum Stillstand gebracht und der Gläubiger auf den Prozessweg verwiesen: Will dieser, dass die Betreibung gegen den Schuldner ihren Fortgang nimmt, ist er gezwungen, das Gericht anzurufen, das alsdann im Rechtsöffnungsverfahren[411] bzw. in einem ordentlichen Prozess[412]

481

---

404 Rz. 493.
405 BGE 101 III 9 E. 3; 91 III 1 E. 2.
406 Rz. 357 ff.
407 BGE 85 III 124, 128.
408 BGE 119 III 8 E. 2.a; 85 III 165, 168.
409 Rz. 264.
410 BGE 101 III 9 E. 2; 70 III 48, 49 f.
411 Rz. 529 ff.
412 Rz. 523 ff.

über Bestand, Umfang, Erzwingbarkeit oder betreibungsrechtliche Vollstreckbarkeit der Forderung zu entscheiden hat.

482 Der einmal erhobene Rechtsvorschlag kann auch wieder zurückgezogen werden. Dabei ist zu beachten, dass nicht bloss die gegenüber dem Betreibungsamt erfolgte Rückzugserklärung, sondern auch jene gegenüber dem betreibenden Gläubiger rechtlich wirksam ist. Es ist davon auszugehen, dass der Gläubiger durch den ihm gegenüber erklärten Rückzug des Rechtsvorschlags (konkludent) dazu ermächtigt wird, den Rückzug an das Betreibungsamt weiterzuleiten.[413]

2. Form

483 Der Rechtsvorschlag kann sowohl *mündlich* als auch *schriftlich* erhoben werden.

484 *Mündlich* kann der Rechtsvorschlag *unmittelbar* gegenüber dem *Zustellungsbeamten* bei der Übergabe des Zahlungsbefehls erklärt werden, wobei die Erklärung des Schuldners sogleich auf *beiden Doppeln* des Zahlungsbefehls zu bescheinigen ist. Die telefonische Erhebung des Rechtsvorschlags ist zulässig,[414] wenn über die Identität des Schuldners keine Zweifel bestehen. Falls beim Betreibungsamt derartige Zweifel geweckt werden, darf es den Anrufer auffordern, den Rechtsvorschlag schriftlich oder mündlich auf dem Amt zu erheben. Bei einem Rechtsvorschlag per Telefax sind diese Grundsätze sinngemäss massgebend.[415]

485 In einzelnen Fällen *muss* der Rechtsvorschlag aber *schriftlich* erhoben werden:

– beim nachträglichen Rechtsvorschlag wegen eines Gläubigerwechsels (Art. 77 SchKG)[416] sowie
– in der Wechselbetreibung (Art. 179 SchKG)[417].

486 Der Schuldner kann den Rechtsvorschlag schriftlich mittels eines eingeschriebenen oder gewöhnlichen Briefs erheben. Schliesslich kann der Schuldner den Rechtsvorschlag auch auf elektronischem Weg erklären (Art. 33a Abs. 1 SchKG). Hierfür sind die Bestimmungen der ÜbV einschlägig.[418]

487 In jedem Fall kann sich der Schuldner die Erklärung des Rechtsvorschlags gebührenfrei bescheinigen lassen (Art. 74 Abs. 3 SchKG). Diese Bescheinigung dient dem Schuldner nicht zuletzt als Beweismittel dafür, dass er Rechtsvorschlag erklärt hat. Allerdings ist er zum Beweis des erhobenen Rechtsvorschlages nicht al-

---

[413] BGE 131 III 657 E. 3.3.
[414] BGer v. 9.9.2006, 7B.121/2006 E. 2.2; BGE 127 III 181 E. 4.b; 67 III 16, 17.
[415] BGE 127 III 181 E. 4.b.
[416] Rz. 508 ff.
[417] Rz. 1060 ff.
[418] Rz. 374.

lein auf diese Bescheinigung angewiesen. Er kann diesen nach bundesgerichtlicher Rechtsprechung auch auf andere Weise erbringen (z.B. durch einen Zeugen).[419]

3. Legitimation

Der Rechtsvorschlag kann von all denjenigen Personen erhoben werden, welche ein schutzwürdiges Interesse an der Einstellung der Betreibung haben; dies sind insbesondere: 488

– diejenigen Personen, welchen ein Zahlungsbefehl zugestellt worden ist, d.h. als Schuldner, Mitschuldner oder Mitbetriebene[420];
– deren (gesetzliche oder vertragliche[421]) Vertreter;

  Anmerkung: Rechtsvorschlag kann ferner auch von einem Geschäftsführer ohne Auftrag (Art. 419 ff. OR) erhoben werden.[422]

  Beispiel: Der nicht bevollmächtigte Anwalt R erhebt namens des Betriebenen B Rechtsvorschlag gegen den zu Handen von B zugestellten Zahlungsbefehl.

– die einzelnen Erben in einer gemäss Art. 49 bzw. Art. 59 Abs. 2 SchKG gegen die Erbschaft geführten Betreibung;

Derjenige, welcher den Rechtsvorschlag erhebt, braucht nicht am Ort der Betreibung zu wohnen.[423] 489

Ein Streit über die Legitimation zum Rechtsvorschlag ist auf dem Beschwerdeweg zu entscheiden.[424] 490

4. Frist

Die Frist beträgt zehn Tage seit der Zustellung des Zahlungsbefehls (Art. 74 Abs. 1 SchKG). In der Wechselbetreibung ist die Frist auf lediglich fünf Tage festgelegt (Art. 179 Abs. 1 SchKG). 491

Im Interesse des im Ausland wohnenden Schuldners findet Art. 33 Abs. 2 SchKG auch auf die Rechtsvorschlagsfrist Anwendung. Gleiches gilt für die Zustellung des Zahlungsbefehls mittels öffentlicher Bekanntmachung. D.h., dass das Betreibungsamt die Frist zur Erhebung des Rechtsvorschlages verlängern kann.[425] 492

---

419   BGer v. 31.7.2009, 5A_371/2009 E. 3.3.
420   Rz. 354.
421   Rz. 355 f.
422   BGE 112 III 81 E. 2.b.
423   BGer v. 11.8.2005, 7B.125/2005.
424   BGE 97 III 113.
425   Rz. 198 f.

5. Begründung

493 In der Regel bedarf der Rechtsvorschlag keiner Begründung. Wer ihn trotzdem begründet, verzichtet damit nicht auf weitere Einreden.

494 Als Rechtsvorschlag genügt jede Erklärung, aus welcher der Bestreitungswille des Schuldners hervorgeht; z.B. mit der blossen Unterschrift des Schuldners in der für den Rechtsvorschlag bestimmten Rubrik des Zahlungsbefehls oder mit dem Wort *Rechtsvorschlag* oder der Erklärung, man zahle nicht.[426] Nach bundesgerichtlicher Rechtsprechung kann trotz fristgerechter Bestreitung der Forderung dann nicht mehr von einem Rechtsvorschlag ausgegangen werden, wenn sich der Schuldner vorbehält, zu einem späteren Zeitpunkt endgültig zur in Betreibung gesetzten Forderung Stellung zu nehmen.[427] Als Rechtsvorschlag gilt nur eine gegenwärtige, aber nicht bedingte oder für später eingeräumte Rechtsvorschlagserklärung.[428]

> *Beispiel:* In der Betreibung gegen S wurde der Zahlungsbefehl zugestellt. Am Folgetag nach der Zustellung erklärte S schriftlich beim Betreibungsamt, sie bestreite die Forderung, werde aber erst nach Rücksprache mit ihrem Sohn Rechtsvorschlag erheben.

495 Bei bloss teilweiser Bestreitung der Forderung muss der bestrittene Betrag genau angegeben sein; ansonsten die ganze Forderung als bestritten gilt (Art. 74 Abs. 2 SchKG).[429] Hierbei spricht man vom sog. *Teilrechtsvorschlag*. Neben der Angabe des genau umschriebenen Betrages bedarf es jedoch auch hier keiner besonderen Begründung.

496 In bestimmten Fällen dagegen, wo der Rechtsvorschlag erst vom Richter bewilligt werden muss, um die Betreibung zum Stillstand zu bringen, ist der Rechtsvorschlag ausnahmsweise zu begründen:

- beim nachträglichen Rechtsvorschlag wegen eines Gläubigerwechsels (Art. 77 SchKG),[430]
- in der Wechselbetreibung (Art. 179 Abs. 1 SchKG)[431] und
- beim Rechtsvorschlag mangelnden neuen Vermögens (Art. 265a Abs. 1 SchKG); andernfalls die Einrede verwirkt (Art. 75 Abs. 2 SchKG).

> *Anmerkung:* Die Einrede mangelnden neuen Vermögens muss zudem ausdrücklich im Rechtsvorschlag erklärt werden.

497 Das Betreibungsamt darf im Zusammenhang mit dem Rechtsvorschlag wegen mangelnden neuen Vermögens bloss prüfen, ob die formellen Voraussetzungen (z.B. Fristeinhaltung) erfüllt sind, nicht hingegen, ob die Einrede mangelnden

---

[426] BGE 108 III 6 E. 1; 73 III 152 E. 1.
[427] BGE 86 III 4, 5.
[428] BGE 67 III 16, 17.
[429] BGE 100 III 44 E. 2.c.
[430] Rz. 508 ff.
[431] Rz. 1060 ff.

neuen Vermögens zulässig ist.⁴³² Im Übrigen ist zu beachten, dass für den Fall, dass der Schuldner *einzig* die Einrede mangelnden neuen Vermögens erhebt, zu vermuten ist, dass er lediglich das Vorhandensein neuen Vermögens, nicht aber die Schuld selbst bestreitet.⁴³³

Ist nichts Anderes vermerkt, so bezieht sich der Rechtsvorschlag in der Pfandverwertungsbetreibung *sowohl* auf die Forderung *als auch* auf das Pfandrecht (Art. 85 VZG). 498

6. Mitteilung an den Gläubiger

Dem Gläubiger ist auf der für ihn bestimmten Ausfertigung des Zahlungsbefehls *mitzuteilen,* ob Rechtsvorschlag erhoben wurde oder nicht (Art. 76 SchKG). 499

Diese Ausfertigung wird dem Gläubiger unmittelbar nach erhobenem Rechtsvorschlag, und wenn ein solcher nicht erfolgt ist, sofort nach Ablauf der Bestreitungsfrist zugestellt. 500

Die Information über die Reaktion des Betriebenen ist in Bezug auf den Verfahrensfortgang für den Betreibenden von besonderer Wichtigkeit. Er muss wissen, wie sich der Betriebene verhalten hat, um die für die Durchsetzung seiner Ansprüche erforderlichen Schritte einleiten zu können. 501

7. Wirkungen

Der Rechtsvorschlag bewirkt – wie erwähnt – die *Einstellung* der betreffenden Betreibung (Art. 78 Abs. 1 SchKG). Die Betreibung wird blockiert und kann nicht fortgesetzt werden, ohne dass der Rechtsvorschlag zuvor beseitigt⁴³⁴ wird. 502

Bestreitet der Schuldner nur einen Teil der Forderung,⁴³⁵ so kann die Betreibung immerhin für den unbestrittenen Betrag fortgesetzt werden (Art. 78 Abs. 2 SchKG). 503

> *Beispiel:* Gegen S wurde in der von Gläubiger G eingeleiteten Betreibung für den Betrag von CHF 10 000.00 ein Zahlungsbefehl zugestellt. S erklärt dem überbringenden Betreibungsbeamten: «Ich erhebe Rechtsvorschlag für den Betrag von CHF 8000.00.» Ohne sich um die Beseitigung der Wirkungen des Rechtsvorschlags kümmern zu müssen, kann G nach Ablauf der gesetzlichen Zahlungsfrist von 20 Tagen für CHF 2000.00 das Fortsetzungsbegehren stellen.

Unterlässt der Schuldner eine Angabe über die Höhe des bestrittenen Betrags, gilt vermutungsweise die ganze Forderung als bestritten.⁴³⁶ 504

---

432 BGE 130 III 678 E. 2.1; 124 III 379 E. 3.b.
433 BGE 109 III 7 E. 4.
434 Rz. 522 ff.
435 Rz. 495.
436 BGE 100 III 44 E. 2.c.

505 Der Rechtsvorschlag ist im Übrigen bloss ein Instrument des Betreibungsrechts. Seine Erhebung bzw. Unterlassung äussert keine materiellrechtlichen Wirkungen.

Beispiel: G hat gegen S eine Betreibung eingeleitet. S erhebt keinen Rechtsvorschlag, da er seine Chancen in einem Rechtsöffnungsprozess als schlecht einschätzt. Später findet S in seinem Aktenschrank eine (von G unterzeichnete) Quittung für die in Betreibung gesetzte Forderung. Infolgedessen überlegt es sich S anders und reicht ein Gesuch um richterliche Aufhebung der Betreibung gemäss Art. 85 SchKG ein. G macht in seiner Gesuchsantwort geltend, durch die Nichterhebung des Rechtsvorschlags habe S die Schuld anerkannt. Dieser Einwand des G ist nicht zu hören. Allein der Umstand, dass der Schuldner keinen Rechtsvorschlag erhoben hat, lässt nicht auf eine Schuldanerkennung schliessen.

8. Behandlung des verspäteten Rechtsvorschlags

506 Wurde die Frist zur Erhebung des Rechtsvorschlags verpasst, ist grundsätzlich kein Rechtsvorschlag mehr möglich.

507 Bei unverschuldetem Hinderungsgrund kann der Schuldner innert zehn Tagen seit Wegfall desselben den versäumten Rechtsvorschlag beim Betreibungsamt erheben (Art. 33 Abs. 4 SchKG).[437] Gleichzeitig hat er bei der Aufsichtsbehörde ein begründetes Gesuch um Wiederherstellung der Frist einzureichen. Nicht möglich ist eine Wiederherstellung der Frist bei der Wechselbetreibung (Art. 179 Abs. 3 SchKG).

Beispiel: X erlitt einen Herzinfarkt und musste sofort am Herzen operiert werden. Nach der Operation wurde er in ein künstliches Koma versetzt. Der Ehefrau von X wurde in der Folgezeit ein Zahlungsbefehl gegen ihren Ehemann zugestellt. Wegen der Krankheit ihres Ehemannes unterliess sie es jedoch, gegen diesen Rechtsvorschlag zu erheben. Erst rund einen Monat später nahm X nach seiner Heimkehr aus dem Spital Kenntnis vom Zahlungsbefehl und erhob Rechtsvorschlag. Zugleich stellte er bei der Aufsichtsbehörde ein begründetes Gesuch um Wiederherstellung der Rechtsvorschlagsfrist.

9. Nachträglicher Rechtsvorschlag

508 Der *nachträgliche Rechtsvorschlag* ist dann möglich, wenn im Laufe des Betreibungsverfahrens ein Gläubigerwechsels stattgefunden hat (Art. 77 Abs. 1 SchKG). In einem solchen Fall kann der Schuldner den Rechtsvorschlag auch nach Ablauf der Rechtsvorschlagsfrist erheben. Mit dem Rechtsvorschlag kann er *nicht nur Einreden gegen den neuen Gläubiger, sondern auch Mängel der Übertragung respektive des dem Wechsel zugrunde liegenden Rechtsgrundes geltend machen.*

509 Das Betreibungsamt hat dem Schuldner jeden *Gläubigerwechsel* anzuzeigen (Art. 77 Abs. 5 SchKG). Der Schuldner kann den nachträglichen Rechtsvorschlag erheben, solange der Verwertungserlös noch nicht verteilt bzw. der Konkurs noch

---

437 Rz. 214 ff.

nicht eröffnet wurde. Hierzu hat er innert zehn Tagen seit Kenntnis des Gläubigerwechsels beim Gericht am Betreibungsort ein schriftliches und begründetes Gesuch um Bewilligung des Rechtsvorschlags einzureichen und die Einreden gegen den neuen Gläubiger glaubhaft zu machen (Art. 77 Abs. 2 SchKG). Für den Fristenlauf ist die Anzeige des Betreibungsamtes massgebend.

In einfachen und dringenden Fällen kann der Schuldner das Gesuch um Bewilligung des nachträglichen Rechtsvorschlags auch mündlich beim Gericht zu Protokoll geben (Art. 252 Abs. 2 ZPO). Ein «dringender Fall» liegt etwa dann vor, wenn das Betreibungsverfahren kurz vor der Verteilung des Verwertungserlöses bzw. der Konkurseröffnung steht. Örtlich zuständig ist das Gericht am Betreibungsort. Zur Bestimmung desselben ist auf Art. 46 ff. SchKG zurückzugreifen.[438]

510

Für den Fall, dass der Schuldner auf anderem Weg Kenntnis vom Gläubigerwechsel erhalten hat, kann er unbekümmert der Notifikation durch das Betreibungsamt und unabhängig von einer allfälligen Frist ein Begehren an das Gericht um nachträgliche Bewilligung des Rechtsvorschlags stellen.

511

Das Gericht kann bei Empfang des Rechtsvorschlags die vorläufige Einstellung der Betreibung verfügen; es entscheidet über die Zulassung des Rechtsvorschlags nach Einvernahme der Parteien (Art. 77 Abs. 3 SchKG). Über den nachträglichen Rechtsvorschlag wird im summarischen Verfahren[439] befunden (Art. 251 lit. b ZPO); es handelt sich um eine rein betreibungsrechtliche Streitigkeit.[440]

512

Beispiel: G hat gegen S an dessen Wohnort in Bern eine Betreibung eingeleitet. Nach Zustellung des Zahlungsbefehls unterlässt S die Erhebung des Rechtsvorschlags. In der Folge tritt G seine Forderung gegen S an die Z ab. Gegen diese besitzt S jedoch selber eine Forderung. Nachdem S von der Zession Kenntnis erhalten hat, erklärt er die Verrechnung. Noch am selben Tag sucht S seinen Anwalt A auf. Dieser reicht für S umgehend beim Gerichtspräsidenten in Bern ein Gesuch um Zulassung des Rechtsvorschlags ein.

Art. 77 Abs. 4 SchKG regelt den Fall, dass bei Bewilligung des nachträglichen Rechtsvorschlags bereits eine Pfändung stattgefunden hat. Diesfalls ist dem Gläubiger eine Frist zur Anhebung der materiellrechtlichen Anerkennungsklage (Art. 79 SchKG) anzusetzen. Wird diese nicht eingehalten, fällt der Pfändungsbeschlag weg.

513

Das Vorgehen nach Art. 77 SchKG ist ausgeschlossen, falls der Schuldner bereits gegenüber der vom Zedenten angehobenen Betreibung ordentlich Rechtsvorschlag erklärt hat.[441]

514

---

[438] BGE 136 III 373 E. 3.
[439] Rz. 89.
[440] BGer v. 7.3.2000, 5P.31/2000 E. 1.a.
[441] BGE 125 III 42 E. 2.b.

10. Rechtsvorschlag in der Wechselbetreibung im Besonderen

515 Die Möglichkeiten des Schuldners, in der Wechselbetreibung Rechtsvorschlag zu erheben, sind stark eingeschränkt: Der Rechtsvorschlag muss schriftlich und begründet beim Betreibungsamt eingereicht werden. Die Frist beträgt fünf Tage und eine Wiederherstellung bei unverschuldetem Versäumnis ist ausgeschlossen (Art. 179 Abs. 3 SchKG).

516 Das Betreibungsamt legt den Rechtsvorschlag unverzüglich dem Gericht am Betreibungsort zur Bewilligung vor. Dieses lädt die Parteien vor, entscheidet aber auch in ihrer Abwesenheit innert zehn Tagen nach Erhalt des Rechtsvorschlags im summarischen Verfahren (vgl. Art. 251 lit. b ZPO). Die Bewilligung wird nur erteilt, wenn der Schuldner eine der in Art. 182 SchKG abschliessend aufgeführten Einreden geltend macht:

– Urkundenbeweis, dass die Schuld an den Inhaber des Wechsels bezahlt oder durch denselben nachgelassen oder gestundet worden ist (Ziff. 1);
– Glaubhaftmachung der Fälschung des Titels (Ziff. 2);

Beispiel: G liess sich vom Grafiker L einen Wechsel mit gefälschter Unterschrift von P erstellen.

– Glaubhaftmachung einer aus dem Wechselrecht hervorgehenden Einrede (Ziff. 3);

Anmerkung: Unter Ziff. 3 können nur jene aus dem Wechsel- oder Checkrecht gemäss Art. 990 ff. OR hervorgehenden Einreden subsumiert werden, die sich gegen das Zustandekommen oder den Bestand der Wechsel- oder Checkforderung richten. Geltend gemacht werden kann somit, dass die Wechselforderung überhaupt nicht, nicht gegen den betriebenen Schuldner oder nicht im behaupteten Umfang entstanden ist oder dass die Wechselforderung gemäss den Bestimmungen des Wechselrechts untergegangen ist.

Beispiel: G soll S (beides Kaufleute mit Wohnsitz in Luzern) eine Werkmaschine liefern. Als Bezahlung vereinbaren die beiden einen Kaufpreis von CHF 2000.00. S stellt dem G hierfür einen Eigenwechsel aus; das Papier enthält u.a. eine Klausel, dass die Wechselforderung nur bestehen soll, wenn die Maschine gewisse Mindestanforderungen erfüllt. Nach Lieferung der Maschine bezahlt S den Kaufpreis nicht. G leitet infolgedessen eine Wechselbetreibung ein. S erhebt beim Betreibungsamt frist- und formgerecht Rechtsvorschlag mit Begründung, der Wechsel sei mit einer Bedingung versehen worden. Der Amtsgerichtspräsident in Luzern, welchem der Rechtsvorschlag vorgelegt wird, hat diesen zu bewilligen, da ein Eigenwechsel durch das Einfügen irgendwelcher Bedingungen als Ganzes ungültig wird (Art. 1096 Ziff. 2 OR).

– Glaubhaftmachung einer anderen Einrede nach Art. 1007 OR; hierbei handelt es sich um materielle Einreden, welche nicht wechselrechtlicher Natur sind (Ziff. 4).

Anmerkung: Aus Art. 182 Ziff. 4 SchKG i.V.m. Art. 1007 OR folgt e contrario, dass der Wechselschuldner Einreden geltend machen kann, die aus seinem persönlichen Verhältnis zum betreibenden Wechselgläubiger hervorgehen. Er kann sämtliche Einreden vorbringen, durch die er glaubhaft machen kann, dass er gegenüber dem betreibenden Gläubiger nicht verpflichtet ist.

Beispiel: X zwingt die S unter Androhung körperlicher Gewalt zur Ausstellung eines Eigenwechsels. In der Folge indossiert X das Wertpapier an G. Hiernach leitet G gegen S eine Wechselbetreibung ein. S erhebt beim Betreibungsamt Rechtsvorschlag mit der Begründung, G habe beim Erwerb des Papiers von den Drohungen des X gegen sie gewusst. Sofern die Glaubhaftmachung gelingt, ist der Rechtsvorschlag zu bewilligen.

Mit seiner Begründung verzichtet der Schuldner aber nicht auf weitere Einreden nach Art. 182 SchKG (Art. 179 Abs. 2 SchKG); Art. 75 Abs. 1 Satz 1 SchKG ist auch in der Wechselbetreibung sinngemäss anzuwenden. 517

Die Bewilligung des Rechtsvorschlags blockiert das Verfahren, und der Gläubiger wird auf den ordentlichen Prozessweg verwiesen, d.h., das Rechtsöffnungsverfahren fällt weg (Art. 186 SchKG). 518

Die Abweisung des Rechtsvorschlags hat dagegen zur Folge, dass der Gläubiger direkt das Konkursbegehren stellen kann (Art. 188 SchKG). 519

11. Verhältnis zu den anderen Rechtsbehelfen

Recht ist vorzuschlagen, wenn geltend gemacht werden soll, dass die betreibungsweise Geltendmachung der in Betreibung gesetzten Forderung aus materiell- oder vollstreckungsrechtlichen Gründen nicht zulässig ist. 520

Beispiele: G hat mit seiner Schuldnerin S am 30.9.2010 vereinbart, dass die ihm zustehende Forderung während dreier Jahre nicht auf dem Betreibungswege eingetrieben werden könne. Als G Anfang 2011 ohne ersichtlichen Grund dennoch die Betreibung für sein Guthaben gegen S einleitet, ist die Zulässigkeit der Betreibung mittels Rechtsvorschlags zu rügen. Gleiches gilt, wenn S die Fälligkeit der Betreibungsforderung bestreiten will.

Der Schuldner hat sich dagegen mittels betreibungsrechtlicher Beschwerde[442] nach Art. 17 SchKG zur Wehr zu setzen, wenn er einen Verstoss gegen betreibungsrechtliche Verfahrensregeln bemängelt. Dies gilt auch für die Einrede der Vorausverwertung des Pfandes (sog. beneficium excussionis realis; Art. 41 Abs. 1bis SchKG)[443], welche ebenfalls mittels Beschwerde nach Art. 17 SchKG binnen zehn Tagen verlangt werden muss. 521

Beispiel: Der Betriebene muss eine Beschwerde erheben, wenn er eine fehlerhafte Parteibezeichnung im Zahlungsbefehl rügen will.

---

442 Rz. 147 ff.
443 Rz. 231 ff.

B. Beseitigung des Rechtsvorschlags

522 Dem Gläubiger stehen für den Fall, dass der Schuldner gegen den Zahlungsbefehl Rechtsvorschlag erhoben hat, je nachdem, ob und gegebenenfalls über welche Dokumente er verfügt, drei Wege offen, um den Rechtsvorschlag zu beseitigen.

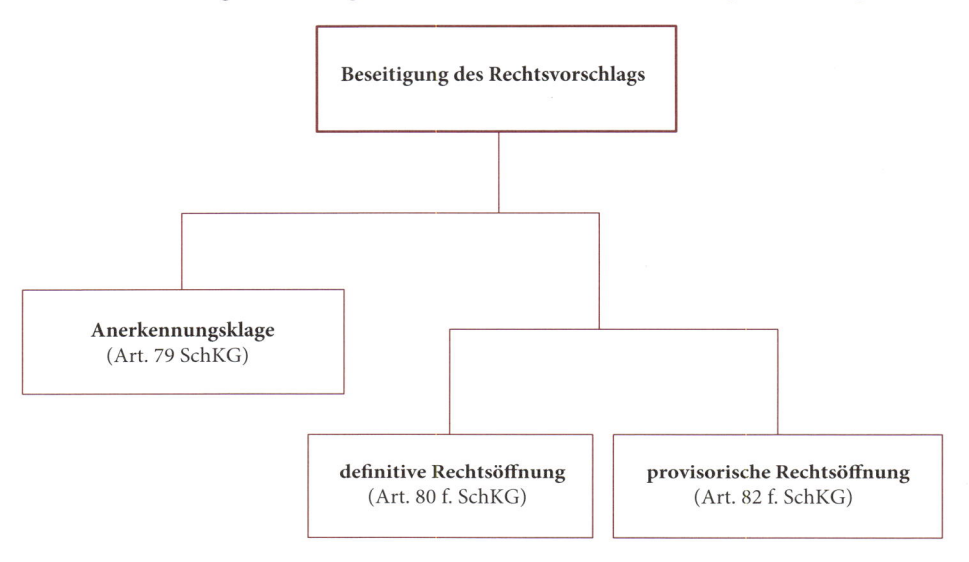

```
                    Beseitigung des Rechtsvorschlags
                                    |
          ┌─────────────────────────┼─────────────────────────┐
   Anerkennungsklage       definitive Rechtsöffnung    provisorische Rechtsöffnung
    (Art. 79 SchKG)          (Art. 80 f. SchKG)           (Art. 82 f. SchKG)
```

1. Im ordentlichen Verfahren (Anerkennungsklage)

523 Der Rechtsvorschlag ist in folgenden Fällen im *Zivilprozess nach den Bestimmungen der ZPO* oder – bei öffentlich-rechtlichen Forderungen im Verwaltungsverfahren – zu beseitigen (Art. 79 SchKG):

– wenn der Gläubiger über *keine Dokumente* verfügt, mit welchen er den Bestand der Forderung nachweisen könnte, d.h., wenn er weder einen provisorischen noch einen definitiven Rechtsöffnungstitel[444] in Händen hat;

   Anmerkung: Der Weg über den einlässlichen Prozess ist dem Gläubiger jedoch selbst für den Fall nicht verschlossen, dass er über die entsprechenden Dokumente verfügt.

– wenn das Gericht dem Gläubiger im Rechtsöffnungsverfahren die provisorische Rechtsöffnung *nicht erteilt* hat;
– wenn der *nachträgliche Rechtsvorschlag*[445] wegen Gläubigerwechsel bewilligt wurde (Art. 77 Abs. 4 SchKG);

---

[444] Rz. 529 f.
[445] Rz. 508 ff.

- wenn der *Rechtsvorschlag in der Wechselbetreibung*[446] bewilligt wurde (Art. 186 SchKG).

In diesen Fällen bleibt dem Gläubiger – will er die Betreibung fortsetzen – nichts anderes übrig, als den ordentlichen Prozessweg zu beschreiten. Es handelt sich hierbei um einen gewöhnlichen Forderungsprozess, in welchem gleichzeitig über die Aufhebung des Rechtsvorschlags entschieden wird.[447]

Anmerkung: Dies setzt jedoch voraus, dass mit dem Leistungsbegehren gleichzeitig das Rechtsöffnungsbegehren gestellt wird, welches entsprechend Bezug auf die laufende Betreibung nimmt. Beim Rechtsöffnungsbegehren handelt es sich im Übrigen um ein Gestaltungsbegehren i.S.v. Art. 87 ZPO.

Die entsprechende Klage wird als *Anerkennungsklage* bezeichnet. Dem Anerkennungsprozess geht ausser bei allfälligen vermögensrechtlichen Streitigkeiten vor der einzigen kantonalen Instanz nach Art. 5 oder 8 ZPO sowie dem Handelsgericht gemäss Art. 6 ZPO jeweils ein Schlichtungsverfahren voraus (vgl. Art. 197 f. ZPO). Kommt es im Rahmen dieses Schlichtungsverfahrens zu keiner Einigung zwischen den Parteien, so stellt die Schlichtungsbehörde eine sog. Klagebewilligung aus (Art. 209 ZPO). Ausnahmsweise erlässt die Schlichtungsbehörde einen Urteilsvorschlag (Art. 210 ZPO) oder einen Entscheid in der Sache selbst (Art. 212 ZPO). In welcher Verfahrensart[448] die Anerkennungsklage behandelt wird, richtet sie sich nach den Bestimmungen der ZPO.

524

Anmerkung: Der Begriff Anerkennungsklage hat sich eingebürgert, obwohl es sich *nicht* um eine eigentliche Anerkennung einer Forderung bzw. einer ausländischen Entscheidung handelt.

Die räumliche Zuständigkeit ergibt sich aus den allgemeinen Gerichtsstandsvorschriften (LugÜ; IPRG; Art. 9 ff. ZPO; Normen des Verwaltungsrechts). In diesem Zusammenhang ist zu erwähnen, dass die Anerkennungsklage nach Art. 79 SchKG nicht als insolvenzrechtliches Verfahren i.S.v. Art. 1 Ziff. 1 lit. b LugÜ zu qualifizieren ist und deshalb unter den Anwendungsbereich des LugÜ fällt.[449] Im (euro-)internationalen Verhältnis bestimmt sich die Zuständigkeit immer nach den Bestimmungen des LugÜ.

525

Das SchKG schreibt *implizit* (d.h. über die Fristen zur Stellung des Fortsetzungsbegehrens) vor, dass die Anerkennungsklage innerhalb bestimmter Fristen seit der Zustellung des Zahlungsbefehls zu erheben ist:

526

- ein Jahr bei der Betreibung auf Pfändung, der ordentlichen Konkursbetreibung sowie der Faustpfandverwertung (Art. 88 Abs. 2 und Art. 154 Abs. 1 SchKG);

---

446 Rz. 515 ff.
447 BGer v. 21.10.2002, 5P.334/2002 E. 2.3; BGE 107 III 60 E. 3.
448 Rz. 80 ff.
449 BGE 136 III 566 E. 3.1

- zwei Jahre bei der Betreibung auf Grundpfandverwertung (Art. 154 Abs. 1 SchKG);
- ein Monat bei der Wechselbetreibung (Art. 188 Abs. 2 SchKG).

527 Obsiegt der Gläubiger in diesem Prozess, kann er gestützt auf den rechtskräftigen Entscheid die Betreibung fortsetzen. Verliert er ihn, so bleibt die Blockade des Rechtsvorschlags bestehen und das betreffende Betreibungsverfahren ist abgeschlossen.

528 Die Anerkennungsklage entfaltet materiellrechtliche Wirkungen. Das bedeutet, dass dem Entscheid des Gerichts materielle Rechtskraft zukommt und der gleiche Streitgegenstand nicht mehr einer gerichtlichen Beurteilung zugänglich gemacht werden kann (vgl. auch Art. 59 Abs. 2 lit. e ZPO). Im Rahmen der Anerkennungsklage wird m.a.W. endgültig über den Bestand der Forderung entschieden.

2. Im Rechtsöffnungsverfahren

529 Das Verfahren der Rechtsöffnung ist wesentlich einfacher und kürzer als der einlässliche Zivilprozess. Es kommt jedoch nur dann infrage, wenn der Gläubiger den Bestand seiner Forderung mit Dokumenten, sog. Rechtsöffnungstiteln, beweisen kann.

530 Je nach Beschaffenheit dieser Dokumente ist zwischen *definitiver* und *provisorischer Rechtsöffnung* zu unterscheiden.

531 Im Rechtsöffnungsverfahren wird *nie* über den materiellen Bestand der Forderung entschieden, sondern nur darüber, ob die Betreibung – aufgrund der dem Rechtsöffnungsrichter vorgelegten Dokumente – weitergeführt werden darf oder nicht. Beim Rechtsöffnungsverfahren handelt es sich um ein rein betreibungsrechtliches Verfahren;[450] demzufolge entfaltet der Entscheid auch keine materielle Rechtskraft. In einer neuen Betreibung kann die Einrede der abgeurteilten Sache *(res iudicata)* nicht erhoben werden.

532 Gemäss Art. 84 Abs. 1 SchKG besteht die örtliche Zuständigkeit für Rechtsöffnungsverfahren einheitlich am Betreibungsort. Dies gilt ohne Ausnahme, wenn der Gläubiger ein Gesuch um *definitive* Rechtsöffnung einreicht, und zwar auch in denjenigen Fällen, in denen dem Rechtsöffnungsverfahren ein (euro-)internationales Verhältnis zugrunde liegt. Nach Art. 22 Ziff. 5 LugÜ sind für Verfahren, welche die Zwangsvollstreckung aus Entscheidungen zum Gegenstand haben, die Gerichte des durch das LugÜ gebundenen Staates zuständig, in dessen Hoheitsgebiet die Zwangsvollstreckung durchgeführt werden soll oder durchgeführt worden ist. Gleich verhält es sich – nach der jüngsten und von einem Teil der Lehre kritisierten Rechtsprechung des Bundesgerichts – auch, wenn der Gläubiger die

---

[450] BGer v. 26.1.2010, 5A_812/2009 E. 2; BGer v. 10.1.2007, 5P.398/2006 E. 2.3; BGE 132 III 140 E. 4.1.1.

provisorische Rechtsöffnung beantragen will, da es sich auch hier um ein Vollstreckungsverfahren i.S.v. Art. 22 Ziff. 5 LugÜ handeln soll.[451]

Die sachliche Zuständigkeit wird durch das kantonale Recht bestimmt (Art. 3 f. ZPO). Das Bundesrecht sieht immerhin vor, dass über die Rechtsöffnung von einer gerichtlichen Instanz zu entscheiden ist. Diese entscheidet im summarischen Verfahren (vgl. Art. 251 lit. a ZPO).[452] Ganz ausnahmsweise ist jedoch nicht ein Gericht, sondern eine Verwaltungsbehörde sachlich zuständig. Dies ist der Fall, wenn es durch den Gesetzgeber ausdrücklich vorgesehen ist (wie in Art. 89 Abs. 3 und 4 MWSTG, wonach die Eidgenössische Steuerverwaltung sachlich zuständig ist).[453]

533

Das Rechtsöffnungsverfahren wird durch den Gläubiger in Gang gesetzt. Das Gesuch kann in den Formen nach Art. 130 ZPO eingereicht werden. Liegt ein einfacher oder dringender Fall vor, kann der Gläubiger sein Gesuch auch mündlich beim Gericht zu Protokoll geben (Art. 252 Abs. 2 ZPO).

534

Hinsichtlich der Frist sieht Art. 84 Abs. 2 SchKG vor, dass das Rechtsöffnungsgericht innerhalb von fünf Tagen nach Erhalt der mündlichen oder schriftlichen Stellungnahme des Betriebenen den Entscheid eröffnet. Diese Frist ist allerdings als blosse Ordnungsfrist[454] zu qualifizieren.[455]

535

2.1 Durch definitive Rechtsöffnung

Es handelt sich hierbei um den einfachsten Weg zur Beseitigung des Rechtsvorschlags. Der Gläubiger kann die definitive Rechtsöffnung verlangen, wenn er über einen *vollstreckbaren gerichtlichen Entscheid* verfügt, aus dem sich die Bezifferung der zu bezahlenden Summe ergibt, sei dies aus dem Entscheid selbst oder aus der Begründung bzw. aus dem Verweis auf andere Dokumente.[456] Der Entscheid muss dem Betroffenen aber stets eröffnet worden sein, andernfalls er keine Rechtswirkungen zeitigen bzw. nicht in Rechtskraft erwachsen und somit auch nicht vollstreckt werden kann.[457]

536

Anmerkung: Stützt der Gläubiger seine Forderung auf einen *ausländischen* Entscheid, so ist zu unterscheiden, ob dieser in einem Vertragsstaat des LugÜ oder in einem anderen Staat ergangen ist: Im ersten Fall entscheidet das Rechtsöffnungsgericht *auch ohne ausdrückliches Begehren* des Gläubigers über die Vollstreckbarkeit des Entscheids. Dies ist zwar nicht *expressis verbis* im LugÜ vorgesehen, ergibt sich aber daraus, dass das LugÜ für die Vollstre-

---

451 BGE 136 III 566 E. 3.3; offengelassen in BGE 130 III 285 E. 5.2 (Pra 94 [2005] Nr. 31).
452 Rz. 1.3.
453 BGer v. 24.1.2011, 2C_188/2010 E. 4.2.
454 Rz. 206 f.
455 BGer v. 21.8.2009, 5D_92/2009 E. 3.1; BGer v. 22.1.2008, 5A_151/2007 E. 3.2; BGE 104 Ia 465 E. 3.
456 BGer v. 4.2.2011, 5A_866/2010 E. 2.3.
457 BGer v. 17.1.2011, 5A_728/2010 E. 2.2.3.

ckung eines ausländischen Entscheids *grundsätzlich* eine Vollstreckbarerklärung (Exequatur) voraussetzt, gegen welche sich die betroffene Partei mit dem Rechtsbehelf nach Art. 43 LugÜ (sog. LugÜ-Beschwerde) wehren kann. Obwohl das Rechtsöffnungsverfahren ein kontradiktorisches Verfahren ist, wird der Schuldner in Bezug auf die Vollstreckbarerklärung *nicht* angehört (Art. 41 LugÜ). Erst im Beschwerdeverfahren nach Art. 43 LugÜ kann er sich zur Vollstreckbarerklärung äussern. Da der LugÜ-Beschwerde gemäss Art. 327a Abs. 2 ZPO aufschiebende Wirkung zukommt, kann das Betreibungsverfahren erst dann fortgesetzt werden, wenn die Frist zur LugÜ-Beschwerde unbenutzt abgelaufen oder die LugÜ-Beschwerde abgewiesen worden ist. Solange die Vollstreckbarerklärung noch nicht rechtskräftig ist, darf die Zwangsvollstreckung nicht über sichernde Massnahmen hinausgehen (Art. 47 Ziff. 3 LugÜ). Der Entscheid aus einem Nicht-LugÜ-Staat kann dagegen – je nach Rechtsbegehren – entweder inzident (Art. 29 Abs. 3 IPRG) oder selbständig im Rechtsöffnungsverfahren für vollstreckbar erklärt werden.

537 Gemäss Art. 336 ZPO gilt ein gerichtlicher Entscheid als vollstreckbar, wenn er rechtskräftig ist und das Gericht die Vollstreckung nicht aufgeschoben hat oder wenn er zwar noch nicht rechtskräftig ist, aber für vorzeitig vollstreckbar erklärt wurde.

538 Die definitive Rechtsöffnung wird aber nicht bloss gestützt auf einen vollstreckbaren gerichtlichen Entscheid erteilt, sondern auch dann, wenn der Gläubiger ein diesem gleichgestelltes Entscheidsurrogat einer kantonalen, eidgenössischen oder ausländischen Behörde oder eine bestimmte Form einer öffentlichen Urkunde ins Recht legen kann (Art. 80 f. SchKG). Infrage kommen dabei:

– gerichtliche Vergleiche oder gerichtliche Schuldanerkennungen (Art. 80 Abs. 2 Ziff. 1 SchKG);
– vollstreckbare öffentliche Urkunden nach Art. 347–352 ZPO (Art. 80 Abs. 2 Ziff. 1bis SchKG);

> *Anmerkung:* Eine vollstreckbare öffentliche Urkunde berechtigt eine Partei, die Vollstreckung für den beurkundeten Anspruch direkt einzuleiten, ohne zuvor einen Zivilprozess führen zu müssen. Die Urkunde ist somit *aus sich selbst* vollstreckbar, obwohl ihr die Autorität der Rechtskraft fehlt. Die aus der Urkunde berechtigte Person hat – wie jeder andere Gläubiger – die Betreibung einzuleiten, um den Anspruch zu vollstrecken. Sie darf also das SchKG-Einleitungsverfahren nicht überspringen. Bei der Rechtsöffnung kommt sie jedoch in den Genuss erheblicher Erleichterungen. Die Urkunde muss die Voraussetzungen nach Art. 347 ZPO erfüllen: Sie hat die ausdrückliche Anerkennung einer direkten Vollstreckung seitens der verpflichteten Partei, die Bezeichnung des Rechtsgrundes der geschuldeten Leistung, die genügende Bestimmung der geschuldeten Leistung sowie die ausdrückliche Anerkennung der geschuldeten Leistung durch die verpflichtete Partei zu enthalten. Überdies muss die geschuldete Leistung fällig sein. Der durch die vollstreckbare öffentliche Urkunde verpflichteten Partei bleibt es aber unbenommen, den Anspruch trotz laufender Vollstreckung gerichtlich beurteilen zu lassen. Doch kommt der verpflichteten Partei dabei die oft schwierigere Klägerrolle zu. Erfüllt eine öffentliche Urkunde die Voraussetzungen der Art. 347 ff. ZPO nicht, kann sie immerhin noch als provisorischer Rechtsöffnungstitel gemäss Art. 82 SchKG dienen. Vollstreckbare öffentliche Urkunden können grundsätzlich über Leistungen jeder

Art geschaffen werden. Ausnahmen finden sich in Art. 348 ZPO (z.B. Leistungen aus Konsumentenverträgen, Art. 348 lit. e ZPO). Was das Beurkundungsverfahren betrifft, so entscheiden hierüber gemäss Art. 55 SchlT ZGB die Kantone. In der Regel wird dafür eine Urkundsperson (z.B. Notarinnen und Notare) zuständig sein.

Beispiel: Eine vermeintliche vollstreckbare öffentliche Urkunde enthält infolge Nachlässigkeit des Notars keine Unterwerfungserklärung, durch welche die direkte Vollstreckung erst ermöglicht wird. Das entsprechende Papier gilt in der Folge bloss als provisorischer Rechtsöffnungstitel.

Anmerkung: Neben den öffentlich vollstreckbaren Urkunden nach Art. 347 ff. ZPO sind auch die öffentlichen Urkunden, welche in einem durch das LugÜ gebundenen Staat aufgenommen wurden und vollstreckbar sind (vgl. Art. 57 Ziff. 1 LugÜ), im Verfahren der definitiven Rechtsöffnung zu vollstrecken.[458]

– Verfügungen und Entscheide schweizerischer Verwaltungsbehörden (Art. 80 Abs. 2 Ziff. 2 SchKG).

Anmerkung: Zur definitiven Rechtsöffnung berechtigen auch *inländische Schiedssprüche*. Diese zeitigen die Wirkungen eines rechtskräftigen und vollstreckbaren gerichtlichen Entscheides (vgl. Art. 387 ZPO). Gleiches gilt im Bereich der internationalen Schiedsgerichtsbarkeit (Art. 190 Abs. 1 IPRG). Hier empfiehlt es sich allerdings, beim Gericht eine Vollstreckbarkeitsbescheinigung zu verlangen (Art. 193 Abs. 2 IPRG). Bezüglich Entscheiden ausländischer Schiedsgerichte ist das New Yorker Übereinkommen über die Anerkennung und Vollstreckung ausländischer Schiedssprüche vom 10.6.1958 zu beachten (Art. 194 IPRG).

– endgültige Entscheide der Kontrollorgane, die in Anwendung von Art. 16 Abs. 1 des Bundesgesetzes vom 17.6.2005 gegen die Schwarzarbeit getroffen werden und die Kontrollkosten zum Inhalt haben (Art. 80 Abs. 2 Ziff. 4 SchKG).

Legt der Gläubiger einen definitiven Rechtsöffnungstitel vor, stehen dem Schuldner nur noch *beschränkte Verteidigungsmittel* zur Verfügung: 539

– einerseits kann er *prozessuale Einwände* vorbringen und das Fehlen einer Prozessvoraussetzung geltend machen;

Beispiel: G (mit Wohnsitz in Pretoria) hat gegen S (mit Wohnsitz in Johannesburg) im Jahre 2009 vor dem zuständigen südafrikanischen Gericht einen Entscheid erwirkt. Diesem zufolge hat S dem G bis am 31.12.2011 den Betrag von CHF 40 000.00 zu bezahlen. Mangels Zahlungseingang leitet G gegen S an dessen neuem Wohnort in Muri/AG eine Betreibung ein. Nach dem Rechtsvorschlag des S stellt G aus Versehen beim (für Muri/BE zuständigen) Gerichtspräsidenten in Bern ein Gesuch um definitive Rechtsöffnung. Diese Eingabe ist mangels örtlicher Zuständigkeit des angerufenen Gerichts zurückzuweisen.

---

458 BGE 137 III 87 E. 3.

– andererseits kann er *in materieller Hinsicht* mittels Urkunden beweisen, dass die Schuld seit Erlass des Entscheides getilgt, gestundet oder verjährt ist (Art. 81 Abs. 1 SchKG);

Beispiel: Die zentralschweizerische Gemeinde G glaubt gegen ihren ehemaligen Einwohner S noch eine Ersatzforderung zu haben, weil S im Jahre 2010 in der kommunalen Feuerwehr keinen Dienst geleistet hat. Deshalb reicht der Gemeindevorstand von G in Freiburg, wo S mittlerweile Wohnsitz genommen hat, eine Betreibung ein. Im Rahmen des später angehobenen Rechtsöffnungsverfahrens macht S geltend, diese Schuld bereits vor seinem Wegzug bezahlt zu haben. Als Beweismittel legt S seiner Gesuchsantwort eine Kopie des entsprechenden Empfangsscheins bei.

– er kann auch die *Nichtigkeit* des Vollstreckungstitels geltend machen.[459]

Beispiel: G (mit Wohnsitz in Pretoria) hat gegen S (mit Wohnsitz in Johannesburg) im Jahre 2010 eine Klage eingereicht. Ohne S das rechtliche Gehör zu gewähren, hiess das Gericht die Klage in vollem Umfang gut. S wurde verurteilt, dem G bis am 31.12.2011 den Betrag von CHF 40 000.00 zu bezahlen. Mangels Zahlungseingang leitet G gegen den mittlerweile in Muri bei Bern wohnhaften S eine Betreibung ein. Nach dem Rechtsvorschlag des S stellte G beim zuständigen Gericht ein Gesuch um definitive Rechtsöffnung. Hiergegen wandte S ein, er sei seinerzeit im Verfahren vor dem südafrikanischen Gericht weder angehört noch vorgeladen worden. Das Rechtsöffnungsgericht wird dem Entscheid (vorfrageweise) die Anerkennung bzw. Vollstreckung verweigern und das Gesuch um definitive Rechtsöffnung abweisen.

540 Handelt es sich um *einen ausländischen Entscheid,* so kann der Schuldner zusätzlich die in einem allenfalls bestehenden Staatsvertrag oder – bei Fehlen eines solchen – die in Art. 25 ff. IPRG vorgesehenen Einreden erheben (Art. 81 Abs. 3 SchKG).

541 *Misslingen* dem Schuldner die Einwendungen, spricht der Richter die definitive Rechtsöffnung aus und der Rechtsvorschlag wird *definitiv beseitigt;* der Gläubiger kann das Betreibungsverfahren fortsetzen.[460]

542 Wird das *Gesuch um definitive Rechtsöffnung dagegen abgewiesen,* bleibt der Rechtsvorschlag bestehen, und der Gläubiger kann seine Forderung nur noch im Zivilprozess (oder in einer neuen Betreibung) geltend machen.[461]

Beispiel: G stellt beim Bezirksgerichtspräsidenten in Tafers gestützt auf einen Entscheid aus dem Jahre 2009 das Gesuch um definitive Rechtsöffnung gegen S. Dieser bringt vor, er habe die Schuld bereits getilgt, weshalb der angerufene Bezirksgerichtspräsident das Rechtsöffnungsgesuch im Jahre 2010 abweist. Im Juli 2011 leitet G für die gleiche Forderung ein neues ordentliches Verfahren gegen S ein. Die angerufene Gerichtspräsidentin weist die Klage wegen materieller Rechtskraft des abweisenden Rechtsöffnungsgesuchs aus dem Jahre 2010 ab. Da der frühere Entscheid des Rechtsöffnungsgerichts bloss rein betreibungs-

---

459 BGer v. 4.8.2009, 5A_356/2009 E. 3; BGE 129 I 361 E. 2.
460 Rz. 573 ff.
461 Rz. 523 ff.

rechtliche Wirkung entfaltet, ist die Klageabweisung durch die Bezirksgerichtspräsidentin in Tafers mit dieser Begründung als Rechtsverweigerung zu qualifizieren.

2.2 Durch provisorische Rechtsöffnung

Verfügt der Gläubiger über eine Schuldanerkennung, die entweder durch öffentliche Urkunde festgestellt oder durch Unterschrift bekräftigt wurde, kann er die provisorische Rechtsöffnung verlangen (Art. 82 f. SchKG). Bei der *Schuldanerkennung* handelt es sich um eine vorbehalt- und bedingungslose Willenserklärung des Schuldners, wonach sich dieser verpflichtet, dem Gläubiger einen bestimmten oder bestimmbaren Geldbetrag bei Fälligkeit zu bezahlen.[462] Diese Erklärung kann auch aus einem Testament[463] oder einem Schuldbrief[464] hervorgehen. Überdies kann sich die Schuldanerkennung auch aus mehreren Schriftstücken ergeben, falls die notwendigen Elemente darin enthalten sind.[465]

543

Anmerkung: Als öffentliche Urkunde ist eine Urkunde zu betrachten, die durch eine Urkundsperson in gesetzlich geregeltem Verfahren verfasst wurde.[466] Massgebend für das Verfahren ist – wie bei der Schaffung von öffentlich vollstreckbaren Urkunden – grundsätzlich das kantonale Recht (Art. 55 Schlusstitel ZGB). Eine öffentliche Urkunde taugt auch ohne Unterschrift des Schuldners als provisorischer Rechtsöffnungstitel; die Unterschrift des Schuldners ist lediglich bei Privaturkunden notwendig.[467]

Die Unterschrift muss vom Aussteller der Schuldanerkennung stammen, wobei sich juristische Personen regelmässig durch ihre zeichnungsberechtigten Organe verpflichten. Ferner kann selbst dann von einer rechtsgenüglichen Schuldanerkennung ausgegangen werden, wenn diese durch einen – ohne schriftliche Vollmacht ausgewiesenen – Vertreter des Verpflichteten unterzeichnet wurde.[468] Was die Anforderungen an die Unterschrift betrifft, so ist auf Art. 14 f. OR abzustellen. Insoweit kann die Unterschrift u.a. eigenhändig – unter den Bedingungen von Art. 14 Abs. 2 OR – mittels mechanischer Nachbildung (sog. Faksimile-Unterschrift) oder mittels elektronischer Signatur abgegeben werden.

544

Eine provisorische Rechtsöffnung kann nicht nur mittels einseitiger Schuldanerkennungen, sondern u.U. auch durch synallagmatische Verträge begründet werden. Dies ist in Anwendung der sog. *Basler Rechtsöffnungspraxis* der Fall, wenn mindestens eine der folgenden Voraussetzungen erfüllt ist:

545

---

462 BGE 136 III 627 E. 2; BGer v. 16.2.2010, 5A_845/2009 E. 7.1; BGer v. 26.1.2010, 5A_812/2009 E. 2; BGE 132 III 480 E. 4.1; 131 III 268 E. 3.2 (Pra 2006 142 ff., 145 f.).
463 BGer v. 6.4.2009, 5A_108/2009 E. 2.5.
464 BGE 129 III 12 E. 2.2 (Pra 92 [2003] Nr. 89).
465 BGE 136 III 627 E. 2; BGer v. 4.11.2010, 5A_567/2010 E. 2.1; BGE 132 III 480 E. 4.1.
466 BGer v. 30.4.2003, 4C.298/2002 E. 2.3.1; BGE 96 II 161 E. 3.
467 BGE 129 III 12 E. 2.1 (Pra 92 [2003] Nr. 89).
468 BGer v. 20.2.2003, 5P.449/2002 E. 4; BGE 112 III 88 E. 2.c.

- der Gesuchsgegner bestreitet nicht, dass der Gesuchsteller den Vertrag bereits erfüllt hat;
- die Bestreitung des Gesuchsgegners ist offensichtlich haltlos;
- die Bestreitung des Gesuchsgegners kann vom Gesuchsteller mittels Urkunden umgehend in liquider Weise widerlegt werden;
- der Gesuchsgegner ist gemäss der vertraglichen Regelung vorleistungspflichtig, was regelmässig bei Mietverträgen der Fall ist.[469]

546 Ist der in der Schuldanerkennung genannte Gläubiger nicht mit dem betreibenden Gläubiger identisch, so kann Rechtsöffnung erteilt werden, wenn der betreibende Gläubiger die Abtretung der Forderung an ihn nachweist und die Zession als Bestandteil des Titels vorlegt.[470]

547 Von Gesetzes wegen gelten zudem als Schuldanerkennungen i.S.v. Art. 82 SchKG:
- der definitive Verlustschein infolge Pfändung (Art. 149 Abs. 2 SchKG);[471]
- der Pfandausfallschein (Art. 158 Abs. 3 SchKG);[472]
- der Verlustschein infolge Konkurses (Art. 265 Abs. 1 i.V.m. Art. 244 Satz 2 SchKG).

Anmerkung: Dies ist allerdings nur dann der Fall, wenn der Schuldner die Forderung anerkannt hat.[473]

548 Sind die Elemente einer Schuldanerkennung in den vom Gläubiger vorgelegten Beweisstücken enthalten, spricht der Richter die provisorische Rechtsöffnung aus, sofern der Schuldner nicht sofort Einwendungen glaubhaft macht, die die Schuldanerkennung entkräften. Im Rahmen der Basler Rechtsöffnungspraxis ist es dagegen ausreichend, wenn die Einwendungen des Schuldners nicht «offensichtlich haltlos» sind oder sofort durch Urkunden widerlegt werden können.

549 Im Gegensatz zur definitiven Rechtsöffnung besteht im provisorischen Rechtsöffnungsverfahren *keine Einredenbeschränkung*, d.h., der Schuldner kann nebst allfälligen prozessualen Einwänden alles vorbringen, was Zweifel an Bestand, Umfang und Eintreibbarkeit der Forderung aufkommen lässt.

Beispiel: S hat in der gegen ihn durch G eingeleiteten Betreibung Rechtsvorschlag erhoben. G hat ein Gesuch um provisorische Rechtsöffnung gestellt. S bestreitet die Echtheit der Unterschrift auf der Schuldanerkennung. Das angerufene Gericht hat dem Gesuch zu entsprechen, wenn S nicht die Fälschung der Unterschriften glaubhaft zu machen vermag. Für die Echtheit der Unterschriften (und die Wahrheit des Inhalts) spricht dabei eine tatsächliche Vermutung.[474]

---

469 BGer v. 16.2.2010, 5A_771/2009 E. 5.2; BGer v. 12.11.2009, 5A_400/2009 E. 2.
470 BGer v. 4.11.2010, 5A_567/2010 E. 2.1.
471 Rz. 901 ff.
472 Rz. 961 ff.
473 Rz. 1418 ff.
474 BGE 132 III 140 E. 4.1.2.

Wird das Gesuch um *provisorische Rechtsöffnung abgewiesen,* hat der *Gläubiger* seinen Anspruch mittels der Anerkennungsklage (Art. 79 SchKG) auf dem ordentlichen Prozessweg geltend zu machen.[475] Wird es dagegen *gutgeheissen,* so wird der Rechtsvorschlag *provisorisch beseitigt,* und der Gläubiger kann (nach Ablauf der Zahlungsfrist) bereits die *provisorische Pfändung* bzw. die Aufnahme eines Güterverzeichnisses[476] beantragen (Art. 83 Abs. 1 SchKG). Bei beiden Instituten handelt es sich um Sicherungsmassnahmen. Massgebend für die Frage, ob eine provisorische Pfändung vollzogen oder ein Güterverzeichnis aufgenommen wird, ist nicht nur die Person des Schuldners, sondern gleichsam die Frage, ob die in Betreibung gesetzte Forderung auf dem Weg des Konkurses fortgeführt werden kann (Art. 43 SchKG)[477].

550

3. Aberkennungsklage

Dem Schuldner steht, nachdem dem Gläubiger die provisorische Rechtsöffnung erteilt wurde, noch die *Aberkennungsklage* zur Verfügung. Diese erfolgt im Zivilprozess beim Gericht am Betreibungsort (Art. 83 Abs. 2 SchKG). Gegenstand dieses Prozesses ist der fehlende Bestand bzw. die fehlende Vollstreckbarkeit der in Betreibung gesetzten Forderung. Die Aberkennungsklage ist eine negative Feststellungsklage;[478] es handelt sich um eine materiellrechtliche Streitigkeit,[479] für welche jedoch nach Art. 198 lit. e Ziff. 1 ZPO das Schlichtungsverfahren[480] von Gesetzes wegen *entfällt.* Der entsprechende Entscheid äussert somit Rechtskraftwirkungen über das laufende Betreibungsverfahren hinaus *(res iudicata).* Zu beachten ist in diesem Zusammenhang, dass der Schuldner Gelegenheit erhält, in einem einlässlichen Verfahren den Gegenbeweis anzutreten, wogegen der Gläubiger seinerseits gehalten ist, für seine behaupteten Forderungen den vollen Beweis anzutreten.[481]

551

Erhebt der Schuldner innert 20 Tagen nach der Rechtsöffnung keine Aberkennungsklage oder wird diese abgewiesen, so wird die Rechtsöffnung definitiv, d.h., dass der Rechtsvorschlag definitiv beseitigt (Art. 83 Abs. 3 SchKG) wird. Dies hat zur Folge, dass gemäss Art. 83 Abs. 3 SchKG auch eine provisorische Pfändung definitiv wird. Der Gläubiger kann das Fortsetzungsbegehren stellen.

552

---

475 Rz. 523 ff.
476 Rz. 1004 ff.
477 Rz. 224 f.
478 BGer v. 3.12.2010, 5A_803/2010 E. 2.
479 BGE 134 III 656 E. 5.3.1; BGE 131 III 268 E. 3.1.
480 Rz. 83 ff.
481 BGE 119 II 305 E. 1.b.aa (Pra 83 [1994] Nr. 224).

Definitive Rechtsöffnungstitel (Art. 80 SchKG)	Provisorische Rechtsöffnungstitel (Art. 82 SchKG)
Vollstreckbare gerichtliche Entscheide	Schuldanerkennung
Gerichtliche Vergleiche	
Gerichtliche Schuldanerkennungen	**Kraft besonderer Verweisung** Definitive Pfändungsverlustscheine (Art. 149 Abs. 2 SchKG) (nicht aber provisorische Pfändungsverlustscheine)
Verfügungen und Entscheide **schweizerischer Verwaltungsbehörden**	Pfandausfallscheine (Art. 158 Abs. 3 SchKG)
Inländische und ausländische **Schiedssprüche** (Art. 387 ZPO; Art. 190 Abs. 1 IPRG; NYÜ)	Konkursverlustscheine, sofern der Gemeinschuldner die Forderung im Konkursverfahren anerkannt hat (Art. 265 Abs. 1 Satz 2 f. SchKG)
Vollstreckbare öffentliche Urkunden (Art. 347–352 ZPO)	
Entscheidungen ausländischer Staaten gem. jeweiligem Staatsvertrag bzw. Art. 25 ff. IPRG	
Entscheide der Kontrollorgane gem. Art. 16 Abs. 1 BGSA	

V. Gerichtliche Aufhebung oder Einstellung des Verfahrens

553 Dem Schuldner steht in jedem Stadium der Betreibung bis zur Verteilung des Verwertungserlöses bzw. bis zur Konkurseröffnung die Möglichkeit offen, das Betreibungsverfahren aufzuhalten, indem er beim Gericht des Betreibungsorts geltend macht, die Schuld sei *getilgt* oder *gestundet* worden. Kommt dieses zum Schluss, dass die Schuld getilgt wurde, hebt es die Betreibung auf; kommt es zum Schluss, dass die Schuld gestundet wurde, wird die Betreibung eingestellt.

554 Dieses Vorgehen ist ein *Notventil* für den Schuldner, welcher die Frist für den Rechtsvorschlag oder die Aberkennungsklage verpasst hat.

Je nachdem, ob der Schuldner den Nachweis der Tilgung bzw. Stundung durch Urkunden erbringen kann oder nicht, kommt entweder das *summarische* (Art. 85 SchKG) oder das *ordentliche bzw. vereinfachte* (Art. 85a SchKG) Verfahren zur Anwendung.

555

Anmerkung: Die Klage nach Art. 85a SchKG ist nach der hier vertretenen Meinung *subsidiär* zur Klage nach Art. 85 SchKG. D.h., dass der Schuldner, wenn er für die Tilgung bzw. Stundung der betriebenen Schuld einen Urkundenbeweis vorbringen kann, stets die Klage nach Art. 85 SchKG anzuheben hat. Dies rechtfertigt sich dadurch, dass die Klage nach Art. 85 SchKG die Interessen des betreibenden Gläubigers viel weniger beeinträchtigt als jene nach Art. 85a SchKG. Die Wirkungen der Klage nach Art. 85 SchKG beschränken sich auf das laufende Betreibungsverfahren. Mit der Klage des Schuldners nach Art. 85a SchKG wird der betreibende Gläubiger dagegen in einen Prozess über den materiellen Bestand seiner Forderung hineingezogen, selbst wenn er hierzu möglicherweise noch nicht in der Lage ist. Folgerichtig kann der Schuldner die Klage nach Art. 85a SchKG nur dann erheben, wenn die Voraussetzungen der Klage nach Art. 85 SchKG nicht erfüllt sind bzw. er damit nicht durchgedrungen ist.

A. Im summarischen Verfahren

Verfügt der Schuldner über Urkunden, mit welchen er den Nachweis der Tilgung oder Stundung erbringen kann, kommt das summarische Verfahren[482] gemäss Art. 85 SchKG i.V.m. 251 lit. c ZPO zum Zuge.

556

Das Gericht entscheidet einzig über die Zulässigkeit der Betreibung, *nicht aber über den materiellen Bestand der Forderung*. Der Entscheid äussert damit *ausschliesslich betreibungsrechtliche Wirkungen*.[483]

557

Beispiel: S wird von G betrieben. Da S es verpasst, fristgerecht Rechtsvorschlag zu erheben, erwächst der Zahlungsbefehl in Rechtskraft. Auf Gesuch des S hin wird diese Betreibung nach summarischer Prüfung der vorgelegten Quittung gemäss Art. 85 SchKG aufgehoben. G leitet später für die gleiche Forderung erneut eine Betreibung ein. Auf den Rechtsvorschlag des S hin reicht G eine Forderungsklage ein. S macht in seiner Klageantwort eine *res iudicata* geltend. Das Gericht geht auf die Einrede der abgeurteilten Sache zu Recht nicht ein, da das frühere Verfahren nach Art. 85 SchKG keine Wirkung über die betreffende Betreibung hinaus entfaltet.

Wird die Klage des Schuldners *abgewiesen*, hat er immer noch die Möglichkeit, im ordentlichen bzw. vereinfachten Verfahren die Aufhebung oder Einstellung der Betreibung zu verlangen (Art. 85a SchKG) oder über die Rückforderungsklage (Art. 86 und Art. 187 SchKG) das Geleistete zurückzufordern.

558

Wird die Klage dagegen *gutgeheissen*, kann der Gläubiger eine Forderungsklage im einlässlichen Zivilprozess gegen den Schuldner anstrengen.

559

---

482 Rz. 1.3.
483 BGE 125 III 149 E. 2.b.aa.

B. Im ordentlichen bzw. vereinfachten Verfahren

560 Verfügt der Schuldner über keine Urkunde, mit der er die Tilgung oder Stundung beweisen kann, muss er – je nach Streitwert – im ordentlichen oder im vereinfachten Verfahren[484] nach Art. 85a SchKG feststellen lassen, dass die Forderung nicht (mehr) besteht oder gestundet worden ist. Dabei entfällt das Schlichtungsverfahren von Gesetzes wegen (vgl. Art. 198 lit. e Ziff. 2 ZPO).

561 Trotz Anhebung der Klage läuft die Betreibung grundsätzlich weiter. Der Schuldner riskiert dadurch, dass das Verfahren wegen fortgeschrittener Vollstreckung gegenstandslos wird. Das Gericht hat daher die vorläufige Einstellung der Betreibung zu verfügen, sofern ihm die Klage als sehr wahrscheinlich begründet erscheint (Art. 85a Abs. 2 SchKG). Dies bedeutet gemäss bundesgerichtlicher Rechtsprechung, dass die Prozesschancen des Schuldners als deutlich besser erscheinen müssen als jene des Gläubigers.[485]

562 Die vorläufige Einstellung der Betreibung durch das Gericht soll jedoch nicht dazu führen, dass die im Interesse des Gläubigers stehenden Massnahmen zur Sicherung des Vollstreckungssubstrats unterbleiben. In der Betreibung auf Pfändung oder auf Pfandverwertung soll die vorläufige Einstellung deshalb erst vor der Verwertung oder, wenn diese bereits stattgefunden hat, vor der Verteilung geschehen (Art. 85a Abs. 2 Ziff. 1 SchKG). In der Betreibung auf Konkurs wird die Betreibung erst nach Zustellung der Konkursandrohung eingestellt (Art. 85a Abs. 2 Ziff. 2 SchKG).

563 Im Übrigen ist eine Vorgehensweise über Art. 85a SchKG ebenfalls in der Wechselbetreibung zulässig; diesfalls kommt eine Einstellung der Betreibung erst infrage, wenn das mit der Bewilligung des Rechtsvorschlags betraute Gericht oder das Konkursgericht vorsorgliche Sicherungsmassnahmen ergriffen hat.[486]

564 In materiellrechtlicher Hinsicht stellt die Klage nach Art. 85a SchKG eine *negative* oder *positive* Feststellungsklage dar: Sie ist negativ, wenn es um den Nichtbestand oder die Tilgung der in Betreibung gesetzten Forderung geht; sie ist positiv, wenn es um die vom Gläubiger gewährte Stundung geht. Die Klage nach Art. 85a SchKG äussert sowohl betreibungsrechtliche (Aufhebung bzw. Einstellung der Betreibung) als auch materiellrechtliche Wirkungen (negative Feststellung) und weist demnach eine Doppelnatur auf.[487] Der Entscheid darüber erwächst in materielle Rechtskraft.

---

484 Rz. 86 f. und 88.
485 BGer v. 23.8.2010, 4A_176/2010 E. 3.2.
486 BGE 133 III 684 E. 3.1 (Pra 97 [2008] Nr. 75).
487 BGer v. 6.8.2009, 5A_424/2009 E. 2.2; BGer v. 27.11.2006, 5P.337/2006 E. 4; BGE 129 III 197 E. 2.1.

Anders als die Klage nach Art. 85 SchKG ist die Klage nach Art. 85a SchKG nicht zulässig, wenn ein allfälliger Rechtsvorschlag erhoben, aber noch nicht rechtskräftig beseitigt wurde. M.a.W. wird ein schutzwürdiges Interesse an der Erhebung der Feststellungsklage nach Art. 85a SchKG verneint, solange die Betreibung infolge Rechtsvorschlags ohnehin eingestellt ist; diesfalls hat der Schuldner die allgemeine Feststellungsklage anzustrengen. 565

Anmerkung: Die Frage, ob die Klage nach Art. 85a SchKG nach erhobenem, aber noch nicht rechtskräftig beseitigtem Rechtsvorschlag zulässig ist, stellt sich hauptsächlich in Zusammenhang mit dem Einsichtsrecht[488] nach Art. 8a SchKG. Ein Teil der Lehre vertritt die Meinung, dass die Klage nach Art. 85a SchKG unabhängig von einem allfälligen Rechtsvorschlag zulässig sei, damit das Einsichtsrecht Dritter möglichst bald mittels Aufhebung der Betreibung ausgeschlossen werden könne. Das Bundesgericht hat jedoch in ständiger Rechtsprechung am Erfordernis des rechtskräftigen Zahlungsbefehls festgehalten. Zur Einschränkung des Einsichtsrechts Dritter stehe dem Schuldner die allgemeine Feststellungsklage zur Verfügung.[489] Im Gegensatz zur Klage nach Art. 85a SchKG müsse hier zwar ein Feststellungsinteresse nachgewiesen werden; dieses sei aber grundsätzlich allein durch die blosse Tatsache der Betreibung bereits erstellt.[490]

Beispiel: S erhebt in der von G gegen ihn erwirkten Betreibung Rechtsvorschlag. Gleichzeitig reicht S beim zuständigen Gericht Klage auf Feststellung des Nichtbestehens der in Betreibung gesetzten Forderung ein. Das angerufene Gericht weist die Klage zurück, da Vollstreckungsmassnahmen aufgrund des erhobenen und nicht beseitigten Rechtsvorschlags ohnehin vorderhand ausgeschlossen sind.

VI. Rückforderungsklage

Wenn die Betreibung bereits ein Stadium erreicht hat, wo die richterliche Aufhebung der Betreibung nicht mehr möglich ist, d.h., wenn sie bereits bis zur Verteilung oder der Konkurseröffnung fortgeschritten ist, steht dem Betriebenen nur noch die *Rückforderungsklage* zur Verfügung. 566

Es handelt sich dabei um eine rein materiellrechtliche Klage auf Rückzahlung einer bezahlten Nichtschuld, die im einlässlichen Zivilprozess abzuwickeln ist. Sie weist eine gewisse Verwandtschaft zur ungerechtfertigten Bereicherung nach Art. 63 OR auf. Im Gegensatz dazu ist eine Rückforderungsklage jedoch nur zulässig, wenn die Nichtschuld *aufgrund des Betreibungszwangs* erfolgt ist. 567

Der Schuldner hat zum einen zu beweisen, dass die Schuld nicht besteht (Beweis einer negativen Tatsache)[491], und zum anderen, dass er im Zeitpunkt der Zahlung 568

---

488 Rz. 129 ff.
489 BGE 128 III 334, 335 (Pra 91 [2002] Nr. 195); 125 III 149 E. 2.d; BGE 120 II 20 E. 3.b.
490 BGE 120 II 20 E. 3.b.
491 BGE 119 II 305 E. 1.b.aa (Pra 83 [1994] Nr. 224).

unter Betreibungszwang stand. Wird auf eine rechtskräftige Betreibung hin bezahlt, ist zu vermuten, dass diese die Leistung veranlasst hat.[492]

Beispiel: G leitet gegen S eine Betreibung ein, worauf Rechtsvorschlag erhoben wird. Trotzdem bezahlt S wenig später aus Furcht vor einer allfälligen Rechtsöffnung den verlangten Betrag. Diesen Schritt bereuend reicht S zwei Monate danach beim zuständigen Gericht eine Rückforderungsklage ein. Diese ist abzuweisen, da ein Rechtsvorschlag die Einstellung der Betreibung bewirkt (Art. 78 Abs. 1 SchKG). In dieser Lage liegt kein Betreibungszwang i.S.v. Art. 86 SchKG mehr vor.

569 Die Rückforderungsklage kann auch erhoben werden, wenn der Gläubiger im Rahmen des Betreibungsverfahrens infolge Verwertung des schuldnerischen Vermögens Befriedigung erhalten hat.

Anmerkung: In diesem Fall handelt es sich zwar nicht um die «Bezahlung einer Nichtschuld»; gleichwohl fällt diese Konstellation in den Anwendungsbereich von Art. 86 SchKG.[493] Es wäre stossend, wenn die Rückforderungsklage nach Art. 86 SchKG nur demjenigen Schuldner zur Verfügung stünde, der über genügend Liquidität verfügt, um die Pfandverwertung bzw. Konkurseröffnung durch Bezahlung abzuwenden, während derjenige Schuldner, der die Schuld nicht bezahlen kann und deshalb die Zwangsvollstreckung in sein Vermögen erdulden muss, nicht dazu berechtigt wäre.

570 Im Unterschied zu Art. 63 OR kann die Rückforderungsklage auch geführt werden, wenn sich der Schuldner bei der Bezahlung der Nichtschuld *nicht* in einem Irrtum befand.

Beispiel: Zwischen S und G besteht kein Forderungsverhältnis. In Kenntnis dieses Umstands bezahlt S trotzdem die von G in Betreibung gesetzte Forderung, um die bereits angekündigte Pfändung zu vermeiden. S ist sich bewusst, dass er G nichts schuldet; unter dem herrschenden Betreibungszwang leistet er aber dennoch. Eine Rückforderungsklage ist hier zulässig.

571 Die Rückforderungsklage ist innerhalb eines Jahres nach der Zahlung wahlweise beim Gericht am Betreibungsort oder aber am ordentlichen Gerichtsstand des Beklagten anzuheben, wobei dem Entscheidverfahren ein Schlichtungsverfahren[494] vorausgeht (Art. 197 ZPO). Bleibt dieses fruchtlos, so wird die Rückforderungsklage je nach Streitwert im ordentlichen oder im vereinfachten Verfahren behandelt.[495]

572 Die Rückforderungsklage ist eine materiellrechtliche Klage. Dementsprechend kommt dem Entscheid materielle Rechtskraft zu, welche auch in anderen Verfahren zu beachten ist.

---

492 BGE 61 II 4 E. 5.
493 BGE 132 III 539 E. 3.3.
494 Rz. 83 ff.
495 Rz. 86 f. und 88.

VII. Fortsetzung der Betreibung

Das *Einleitungsverfahren* ist *abgeschlossen*, wenn der Zahlungsbefehl in Rechtskraft erwachsen ist. Dies ist dann der Fall, wenn entweder gar *kein Rechtsvorschlag* erhoben oder dieser *definitiv beseitigt* wurde.

573

Falls der Schuldner weder eine Vorladung zu einer allfälligen Rechtsöffnungsverhandlung noch den Rechtsöffnungsentscheid erhalten hat, kann die Betreibung nach bundesgerichtlicher Rechtsprechung trotz definitiver Beseitigung des Rechtsvorschlags nicht fortgeführt werden.[496]

574

Will der Gläubiger das Betreibungsverfahren fortsetzen, hat er wiederum die Initiative zu ergreifen und das *Fortsetzungsbegehren* zu stellen. Dieses unterliegt keinen Formvorschriften, d.h., dass der Gläubiger *auf irgendeine Weise* gegenüber dem nach Art. 46 ff. SchKG zuständigen Betreibungsamt erklären kann, dass er die Fortsetzung der Betreibung verlange. Die Verwendung des amtlichen Formulars ist allerdings empfehlenswert. Was den Inhalt betrifft, so hat das Fortsetzungsbegehren eindeutig und unbedingt ausgestaltet zu sein.[497]

575

Beispiel: Der Gläubiger kann die Fortsetzung der Betreibung nicht unter der Bedingung verlangen, dass er abwarten wolle, ob der Schuldner die Schuld doch noch zahle.

Beizulegen sind allfällige Gerichtsentscheide (z.B. der Entscheid betreffend Erteilung der provisorischen Rechtsöffnung), allenfalls auch der Zahlungsbefehl, sofern dieser von einem andern Amt als dem um Pfändung ersuchten ausgestellt wurde.

576

Im Fortsetzungsbegehren kann der Gläubiger zudem verlangen, dass eine Forderungssumme in fremder Währung nach dem Kurs am Tag des Fortsetzungsbegehrens in Schweizer Franken umgerechnet wird (Art. 88 Abs. 4 SchKG).

577

Der Betreibungsbeamte hat in diesem Stadium zu entscheiden, ob die Betreibung auf dem Weg der Pfändung oder des Konkurses fortzusetzen ist.[498]

578

Das *Fortsetzungsbegehren* kann in der *Betreibung auf Pfändung* und in der *ordentlichen Konkursbetreibung frühestens 20 Tage nach Zustellung des Zahlungsbefehls* gestellt werden, sofern die Betreibung nicht durch Rechtsvorschlag oder durch gerichtlichen Entscheid eingestellt worden ist (Art. 88 Abs. 1 SchKG). Bei dieser 20-tägigen Frist handelt es sich um eine Bedenkfrist.[499] Wird das Fortsetzungsbegehren vor Ablauf dieser Frist gestellt, so wird es grundsätzlich nach Art. 9 Abs. 2 VFRR als «verfrüht, erst am … zulässig» zurückgewiesen. Ausnahmsweise werden solche Fortsetzungsbegehren aber trotzdem entgegengenommen und im

579

---

496 BGer v. 28.1.2011, 5A_738/2010 E. 3.1; BGE 130 III 396 E. 1.2.2.
497 BGE 94 III 78 E. 2; 85 III 68, 70.
498 Rz. 45 ff.
499 Rz. 209.

sog. Eingangsregister erfasst, nämlich dann, wenn sie höchstens zwei Tage zu früh beim Betreibungsamt eingegangen sind (Art. 9 Abs. 3 VFRR).

580 Ein Verzicht darauf, die Nichteinhaltung dieser Frist geltend zu machen (Art. 33 Abs. 3 SchKG), scheidet aus. Dies deshalb, weil die 20-tägige Frist nicht allein im Interesse des Schuldners, sondern vielmehr gleichsam im Interesse allfälliger anderer Gläubiger – v.a. mit Blick auf die Anschlussfrist von Art. 110 f. SchKG – liegt.[500]

581 Das Recht zur Stellung des Fortsetzungsbegehrens erlischt ein Jahr nach Zustellung des Zahlungsbefehls, denn das Damoklesschwert der Pfändung soll nicht für alle Zeiten über dem Schuldner hängen. Die Frist steht jedoch zwischen der Einleitung und der Erledigung eines durch den Rechtsvorschlag des Schuldners veranlassten Verfahrens (z.B. Anerkennungsprozess oder Rechtsöffnungsverfahren[501]) still (Art. 88 Abs. 2 SchKG). Eine nach Ablauf dieser *Verwirkungsfrist* vollzogene Pfändung ist nichtig i.S.v. Art. 22 SchKG.[502]

582 Eines Fortsetzungsbegehrens bedarf es nur in der Betreibung auf Pfändung und auf Konkurs. In der Betreibung auf Pfandverwertung und in der Wechselbetreibung wird dagegen *kein* Fortsetzungsbegehren verlangt.

583 In der *Betreibung auf Pfandverwertung* kann der Gläubiger nach Abschluss des Einleitungsverfahrens sogleich das *Verwertungsbegehren* stellen (Art. 154 Abs. 1 SchKG). In der Betreibung auf *Faustpfandverwertung*[503] ist dies frühestens einen Monat und spätestens ein Jahr nach Zustellung des Zahlungsbefehls möglich. Die Verwertung eines *Grundpfandes*[504] kann frühestens sechs Monate und spätestens zwei Jahre nach Zustellung des Zahlungsbefehls verlangt werden.

584 In der *Wechselbetreibung* kann der Gläubiger nach Abschluss des Einleitungsverfahrens direkt das Konkursbegehren stellen, wobei dieses Recht mit Ablauf eines Monats seit Zustellung des Zahlungsbefehls erlischt (Art. 188 SchKG).

585 Das Betreibungsamt hat in der Betreibung auf Pfandverwertung und in der Wechselbetreibung bereits vor der Zustellung des Zahlungsbefehls über die Betreibungsart zu entscheiden. Bei der Betreibung auf Pfändung oder bei der ordentlichen Konkursbetreibung wird diese Entscheidung hingegen – wie bereits erwähnt[505] – erst nach der Stellung des Fortsetzungsbegehrens getroffen.

---

500 BGE 101 III 16 E. 1.
501 BGE 79 III 58 E. 1.
502 BGer v. 11.12.2009, 9C_903/2009 E. 1.1; BGer v. 28.9.2006, 7B.139/2006 E. 2.2; BGE 96 III 111 E. 4.a.
503 Rz. 916.
504 Rz. 911 f.
505 Rz. 46.

§ 5 Betreibung auf Pfändung

I. Fortsetzung der Betreibung auf Pfändung

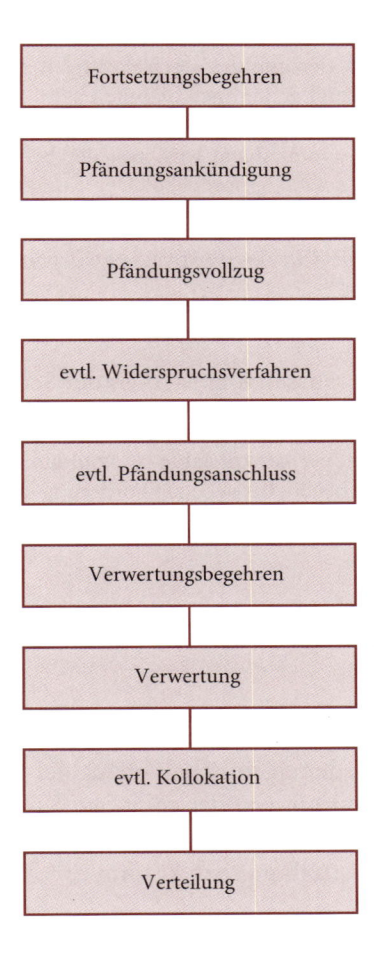

```
Fortsetzungsbegehren
        │
Pfändungsankündigung
        │
Pfändungsvollzug
        │
evtl. Widerspruchsverfahren
        │
evtl. Pfändungsanschluss
        │
Verwertungsbegehren
        │
Verwertung
        │
evtl. Kollokation
        │
Verteilung
```

Mit dem *Begehren um Fortsetzung der Betreibung* mündet das Einleitungsverfahren in das *Fortsetzungsverfahren*. Erst in diesem Stadium kommen die Unterschiede zwischen den einzelnen Betreibungsarten zum Vorschein.

586

587 In der Hauptart der Spezialexekution, der Betreibung auf Pfändung, können grob *drei Stadien* unterschieden werden:

- die *eigentliche Pfändung* bzw. Beschlagnahme von schuldnerischem Vermögen,[506]
- die *Verwertung* (Versilberung) der gepfändeten Vermögensstücke[507] und
- die *Verteilung* des Verwertungserlöses unter die Gläubiger.[508]

588 Die Betreibung wird auf dem Wege der Pfändung fortgesetzt, wenn *kumulativ drei Voraussetzungen* erfüllt sind:

- Der Gläubiger verfügt über einen *rechtskräftigen*[509] *Zahlungsbefehl*.

  Anmerkung: Von der Voraussetzung des «rechtskräftigen Zahlungsbefehls» wird im Gesetz in zwei Fällen Abstand genommen, nämlich beim Vorliegen eines Pfändungsverlustscheines (Art. 149 Abs. 3 SchKG) oder eines Pfandausfallscheines (Art. 158 Abs. 2 SchKG). In diesem Zusammenhang wird von der befristeten Nachwirkung des ursprünglichen Zahlungsbefehls gesprochen. Der Konkursverlustschein verleiht diese «Nachwirkung» dagegen nicht.[510]

- Der Gläubiger hat *fristgerecht* das *Fortsetzungsbegehren*[511] gestellt.

  Anmerkung: Weil hier die Pfändung von Vermögensstücken verlangt wird, ist in der Betreibung auf Pfändung auch vom *Pfändungsbegehren* die Rede.

- Die dritte (negative) Voraussetzung ist, dass der Schuldner *nicht konkursfähig* ist.

  Anmerkung: Falls der Schuldner konkursfähig ist, kommt es nur dann zur Betreibung auf Pfändung, wenn es sich bei der betriebenen Forderung um eine Forderung i.S.v. Art. 43 SchKG handelt, wofür eine Konkursbetreibung ausgeschlossen ist.[512]

II. Pfändungsverfahren

A. Zuständigkeit

589 Die *Anordnung* der Pfändung geschieht durch das Betreibungsamt *am Betreibungsort*. Die *Durchführung*, d.h. der eigentliche Vollzug der Pfändung, obliegt dagegen immer dem Betreibungsamt *am Ort der gelegenen Sache* (Art. 4 Abs. 2 SchKG). Befinden sich pfändbare Vermögensstücke ausserhalb des Zuständigkeitsbereichs des Betreibungsamts am Betreibungsort, kommt es folglich zur *Spaltung* der Zu-

---

506 Rz. 589 ff.
507 Rz. 789 ff.
508 Rz. 881 ff.
509 Rz. 2.
510 BGE 90 III 105 E. 1.
511 Rz. 575 ff.
512 Rz. 224 f.

ständigkeiten, d.h., das Betreibungsamt am Ort der gelegenen Sache muss vom Betreibungsamt, welches die Pfändung angeordnet hat, rechtshilfeweise mit dem Vollzug der Pfändung beauftragt werden. Man spricht dann von einer sog. *Requisitionspfändung*. Dasjenige Amt, welches ein anderes um Rechtshilfe ersucht, wird als requirierendes (ersuchendes), dasjenige Amt, welches um Rechtshilfe ersucht wird, als requiriertes (ersuchtes) Amt bezeichnet.

Für die Pfändung von *beweglichen Sachen und Grundstücken* ist das Betreibungsamt am Ort zuständig, wo sie liegen. 590

Beispiel: Nachdem der Zahlungsbefehl in Rechtskraft erwuchs, stellte G das Fortsetzungsbegehren beim örtlich zuständigen Betreibungsamt in Bern. Einziger Vermögensgegenstand des S bildete ein antikes Gemälde, welches er anlässlich einer Vernissage in Zürich ausstellen liess. Das Betreibungsamt von Bern ersuchte in der Folge das Betreibungsamt in Zürich um requisitionsweise Vornahme der Pfändung.

Besonderheiten bestehen bei der Bestimmung des für den Vollzug zuständigen Amts bei der Pfändung von *Forderungen*: 591

– In Wertpapieren verkörperte Forderungen gelten als bewegliche Sachen und werden dort gepfändet, wo die Wertpapiere liegen, auch wenn sie verpfändet sind.
– Bei nicht in Wertpapieren verkörperten Forderungen (Lohn, Anteile an Gemeinschaftsvermögen, Versicherungsansprüche, gewöhnliche Guthaben: Werklohn, Renten, Miet- und Pachtzinsen) erfolgt die Pfändung durch das Betreibungsamt am Betreibungsort. Dem Drittschuldner wird zur Sicherung eine Anzeige über die erfolgte Pfändung zugestellt.
– Wohnt der Schuldner im Ausland, gilt als Ort der gelegenen Sache der Wohnsitz des Drittschuldners in der Schweiz (d.h. der Wohnsitz des Schuldners des betriebenen Schuldners)[513].

Beispiel: A wohnt in Chevry (Frankreich) und arbeitet in Genf. In einer gegen ihn gerichteten Betreibung soll sein Arbeitslohn gepfändet werden. Zuständig zum Vollzug der Pfändung ist das Betreibungsamt am Wohnsitz/Sitz des Arbeitgebers (Genf).

Zuständig für den Vollzug der Pfändung von *Immaterialgüterrechten und Urheberrechten* ist das Betreibungsamt: 592

– am schweizerischen Wohnsitz des Berechtigten (d.h. des betriebenen Schuldners);
– bei ausländischem Wohnsitz des betriebenen Schuldners das Betreibungsamt in Bern (Sitz des Eidgenössischen Instituts für Geistiges Eigentum [IGE]), d.h. das Betreibungs- und Konkursamt Bern-Mittelland, Dienststelle Bern.

---

513 Im Zusammenhang mit einem Arrest BGE 114 III 31.

593 Beim Vollzug der Pfändung von Flugzeugen und Schiffen gilt:
- *registrierte Schweizer Schiffe* werden wie Grundstücke behandelt. Zuständig ist das Betreibungsamt am Ort des Schiffsregisters (Art. 55 des Bundesgesetzes über das Schiffsregister vom 28. September 1923 [SR 747.11]);
- *ausländische Schiffe* oder nicht registrierte Schweizer Schiffe werden durch das Betreibungsamt am Ort der gelegenen Sache gepfändet;[514]
- *registrierte Schweizer Flugzeuge* werden wie Grundstücke behandelt (Art. 52 des Bundesgesetzes über das Luftfahrzeugbuch vom 7. Oktober 1959 [SR 748.217.1]): zuständig ist das Betreibungsamt am Ort des Luftfahrzeugbuchs, d.h. das Betreibungs- und Konkursamt Bern-Mittelland, Dienststelle Bern;
- *ausländische Flugzeuge* oder nicht registrierte Schweizer Flugzeuge: das Betreibungsamt am Ort der gelegenen Sache.

594 Die Unterscheidung zwischen der Zuständigkeit für die Anordnung der Pfändung und jener für den eigentlichen Pfändungsvollzug ist vor allem im Hinblick auf eine allfällige *betreibungsrechtliche Beschwerde* nach Art. 17 SchKG wichtig. Je nach Anfechtungsgrund kann entweder das requirierende oder das requirierte Betreibungsamt Beschwerdegegner sein:

- Wird die Anordnung der Pfändung angefochten, hat sich die Beschwerde gegen das die Pfändung anordnende Amt zu richten.

   Beispiel: G stellte acht Tage vor Ablauf der 20-tägigen Bedenkfrist das Fortsetzungsbegehren beim zuständigen Betreibungsamt am Wohnsitz des Schuldners in Zürich. Daraufhin ersuchte das Betreibungsamt das örtlich zuständige Betreibungsamt um requisitionsweise Pfändung des Grundstücks des S in Lugano. Will sich S gegen die Anordnung der Pfändung wehren, hat sie die Beschwerde an die Aufsichtsbehörde des Kantons Zürich zu richten.

- Wird dagegen die Art und Weise der Durchführung der Pfändung beanstandet, muss sich die Beschwerde gegen das requirierte Amt richten.

   Beispiel: G beantragte fristgerecht Fortsetzung beim zuständigen Betreibungsamt in Zürich. Das örtlich zuständige Betreibungsamt pfändete auf Ersuchen hin den Lohn des im Ausland wohnenden Schuldners beim Arbeitgeber desselben in Genf. G erhob betreibungsrechtliche Beschwerde gegen den Ermessensentscheid des Betreibungsamtes in Genf bezüglich der Berechnung des Existenzminimums.

595 Die dargestellten Zuständigkeiten sind *zwingend*. Eine von einem unzuständigen Amt vorgenommene Handlung ist nichtig, soweit Dritte im Hinblick auf einen allfälligen Pfändungsanschluss an der Beachtung der Zuständigkeitsordnung ein Interesse haben.[515]

---

514 BGE 73 III 4 E. 2.
515 BGer v. 20.10.2009, 5A_460/2009 E. 2.1; BGer v. 6.6.2007, 7B.17/2007 E. 6.3; BGE 105 III 60 E. 1; 130 III 652 E. 2.1.

Beispiel: Nichtig wäre demzufolge, wenn der Betreibungsbeamte des Kantons Bern nach Zürich fahren und die Pfändung des an der Vernissage ausgestellten Bildes gleich selber vornehmen würde.

B. Zeitpunkt des Pfändungsvollzugs

Das Betreibungsamt hat gemäss Art. 89 SchKG *unverzüglich* nach Empfang des Fortsetzungsbegehrens die Pfändung zu vollziehen.

Es handelt sich hier um eine *blosse Ordnungsfrist.*[516] Bei Verzögerung kann allenfalls Beschwerde geführt werden. Möglich ist ferner ein Disziplinarverfahren gegen den fehlbaren Beamten und gegebenenfalls auch eine Haftung des Kantons nach Art. 5 SchKG.

C. Pfändungsankündigung

1. Grundsätzliches

Gemäss Art. 90 SchKG muss die Pfändung dem Schuldner spätestens am vorhergehenden Tage angekündigt werden. Dies ergibt sich aus der Überlegung, dass der Schuldner von der Pfändung unmittelbar betroffen wird. Für die Pfändungsankündigung besteht ein amtliches Formular. Neben Durchführungszeit und -ort enthält eine korrekte Pfändungsankündigung auch eine Erläuterung der Pflichten, welche den Schuldner im Pfändungsverfahren treffen. Der Gläubiger ist dagegen nicht zur Pfändung einzuladen.

Nach der hier vertretenen Auffassung handelt es sich bei der Pfändungsankündigung um eine Mitteilung i.S.v. Art. 34 SchKG; sie ist folglich mittels eingeschriebenen Briefs oder auf andere Weise gegen Empfangsbestätigung zuzustellen.[517]

Eine mündliche Pfändungsankündigung ist gemäss Lehre ebenfalls möglich. Erforderlich hierfür ist aber ein schriftlicher Verzicht des Schuldners oder seines Vertreters auf Einhaltung der gesetzlichen Zustellungsart.

Eine nicht oder nicht rechtzeitig angekündigte Pfändung ist *nicht nichtig,* sondern lediglich *anfechtbar*. Die Unterlassung der Pfändungsankündigung ist durch Anfechtung der in der Folge ausgestellten Pfändungsurkunde zu rügen.[518] Da die Pfändungsankündigung aber allein im Interesse des Schuldners liegt, kann dieser auch gänzlich auf eine Pfändungsankündigung verzichten.

Die fehlerhafte Pfändungsankündigung stellt eine anfechtbare Verfügung dar. Wird sie im Beschwerdeverfahren aufgehoben, fallen die darauf gestützten weite-

---

516 Rz. 206 f.
517 Rz. 370 ff.
518 BGer v. 1.7.2003, 7B.80/2003 E. 3.3.

ren Betreibungsmassnahmen weg.⁵¹⁹ Sofern es dem Schuldner jedoch trotz mangelhafter Pfändungsankündigung möglich war, dem Vollzug der Pfändung beizuwohnen (oder sich dabei vertreten zu lassen), um seine Rechte zu wahren, wird der Mangel geheilt.⁵²⁰

603 Hat ein Hausgenosse des Schuldners dem Pfändungsvollzug lediglich zufällig beigewohnt, ist die Pfändung ebenfalls anfechtbar.

604 Der Umstand, dass der Schuldner während der Pfändung nicht anwesend ist, begründet keine Anfechtbarkeit, sofern Art. 91 SchKG eingehalten wurde, d.h. dem Schuldner die Pfändung formgültig angekündigt worden ist.⁵²¹ Diesfalls gilt die Pfändung allerdings erst dann als vollzogen, wenn der Schuldner die Pfändungsurkunde erhält.⁵²²

2. Wirkung der Pfändungsankündigung

605 Die Pfändungsankündigung alleine bewirkt noch keine Einschränkung der Verfügungsfähigkeit des Schuldners (vgl. Art. 96 Abs. 1 SchKG). Diese tritt i.d.R. erst mit der gegenüber dem Schuldner ausgesprochenen Pfändungserklärung ein.⁵²³ Dieser darf jedoch die bevorstehende Pfändung auch nicht etwa ganz oder teilweise vereiteln. Ein solches Vorgehen könnte allenfalls zu einer sofortigen Konkurseröffnung nach Art. 190 Ziff. 1 SchKG⁵²⁴ führen. Im Übrigen sind auch die Strafbestimmungen von Art. 163 f. StGB zu beachten.

606 Als weitere Wirkung tritt mit der Pfändungsankündigung die sog. *perpetuatio fori* ein, d.h., dass selbst nach Wohnsitzwechsel des Schuldners die Betreibung am bisherigen Ort fortgesetzt wird (Art. 53 SchKG).⁵²⁵

D. Pfändungsvollzug

1. Pflichten des Schuldners und Dritter

607 Art. 91 SchKG regelt die Pflichten des Schuldners und Dritter im Rahmen des Pfändungsvollzugs. Den Schuldner treffen folgende Pflichten:

– Erstens muss er der Pfändung *persönlich beiwohnen* oder *sich dabei vertreten lassen*. Die Verletzung dieser Pflicht wird gemäss Art. 323 StGB (Ungehorsamsstrafe) mit Busse bestraft. Ausserdem kann das Betreibungsamt den

---

519 BGer v. 6.5.2003, 7B.97/2003 E. 2.2; BGer v. 1.7.2003, 7B.80/2003 E. 3.3.
520 BGE 115 III 41 E. 1.
521 BGer v. 8.5.2006, 7B.47/2006 E. 2.4; BGer v. 14.12.2000, 7B.265/2000 E. 2.a; BGE 112 III 14 E. 5.a.
522 BGE 130 III 661 E. 1.2.
523 Rz. 611 f.
524 Rz. 435.
525 Rz. 260.

Schuldner polizeilich vorführen lassen, wenn er ohne genügende Entschuldigung der Pfändung fernbleibt und sich auch nicht vertreten lässt. Zur Vertretung des Schuldners sind diejenigen Personen berechtigt, die auch gemäss Art. 64 f. SchKG zur Entgegennahme einer Betreibungsurkunde zugelassen sind.[526]
- Weiter trifft den Schuldner eine *umfassende Auskunftspflicht* hinsichtlich *sämtlicher Vermögensgegenstände sowie Forderungen und Rechte gegenüber Dritten*, soweit dies für eine genügende Pfändung erforderlich ist. Erfasst werden aber auch Gegenstände, die nach Ansicht des betriebenen Schuldners unpfändbar sind.[527] Darüber hinaus erstreckt sich die Auskunftspflicht auch auf mögliche Anfechtungsgeschäfte i.S.v. Art. 285 ff. SchKG.[528] Kommt der Schuldner der Auskunftspflicht nicht nach, macht er sich strafbar nach Art. 323 StGB (Ungehorsamsstrafe) bzw. nach Art. 163 Ziff. 1 StGB (Pfändungsbetrug).[529] Ein Verstoss gegen die Auskunftspflicht eröffnet dem Gläubiger u.U. die Möglichkeit, die Konkurseröffnung ohne vorgängige Betreibung zu beantragen (Art. 190 Abs. 1 Ziff. 1 SchKG).[530]
- Schliesslich hat der Schuldner auf Verlangen des Betreibungsbeamten *sämtliche Räume und Behältnisse zu öffnen*, wobei nötigenfalls Polizeigewalt in Anspruch genommen werden kann.

Gemäss Art. 91 Abs. 4 SchKG sind auch *Dritte*, in deren *Gewahrsam* sich Vermögenswerte des Schuldners befinden oder gegenüber welchen der Schuldner Forderungen hat, in gleichem Umfang *auskunftspflichtig* wie der Schuldner. Demnach trifft sie ebenfalls die Straffolge bei Verletzung dieser Pflicht. 608

Beispiel: Ein Anwalt, der aufgefordert wird, Auskunft über bei ihm befindliche Vermögenswerte des Schuldners zu geben, kann die Auskunft nicht unter Berufung auf sein Berufsgeheimnis verweigern. Des Weiteren kann sich auch eine Bank nicht auf das Bankgeheimnis berufen.[531]

Dasselbe gilt für die *Behörden.* Art. 91 Abs. 5 SchKG gibt dem Betreibungsamt das Recht, bei einer anderen Behörde Auskünfte einzuholen, und erteilt der entsprechenden Behörde die Pflicht, Informationen herauszugeben.[532] Betroffen sind insbesondere die Steuerbehörden. Allfällige Geheimhaltungspflichten müssen somit vor der Auskunftspflicht im Zwangsvollstreckungsverfahren zurücktreten. Augenfällig ist, dass Abs. 5 entgegen Abs. 4 keine Androhung von Straffolgen vorsieht. Dies ergibt sich nach bundesgerichtlicher Rechtsprechung sowohl aus der 609

---

526 Rz. 395 ff.
527 BGer v. 11.1.2011, 6B_851/2010 E. 2.3.2.
528 BGE 135 III 663 E. 3.2.2; 129 III 239 E. 3.2.1 (Pra 93 [2004] Nr. 41); BGer v. 17.8.2004, 7B.109/2004 E. 4.2.
529 BGer v. 23.12.2004, 6S.243/2004 E. 2.3.
530 Rz. 435.
531 BGer v. 15.10.2009, 5A_171/2009 E. 1.6; BGE 51 III 37 E. 1.
532 BGE 124 III 170 E. 5.a.

systematischen als auch aus der grammatikalischen Auslegung.[533] Im Übrigen wäre eine Strafandrohung, welche den Aufgabenbereich einer Behörde oder eines Beamten beschlägt, grundsätzlich unzulässig und darüber hinaus unnötig, weil im öffentlich-rechtlichen Verhältnis ausreichende disziplinarische Zwangsmittel bestehen, um unbotmässigem Handeln entgegenzutreten.

2. Verfahren

610 Der Pfändungsvollzug erfolgt mit ausdrücklichem Hinweis auf die gesetzliche Unterlassungspflicht an die Adresse des Betriebenen hinsichtlich der gepfändeten Vermögenswerte (Art. 96 Abs. 1 Satz 2 SchKG).

611 Diese sog. *Pfändungserklärung* wird dem Schuldner oder seinem Vertreter grundsätzlich bei der tatsächlichen Vornahme der Pfändung gegenüber ausgesprochen. Anlässlich der Pfändung wird das sog. Pfändungsprotokoll – welches im Gesetz nicht erwähnt wird – erstellt, in dem u.a. die gepfändeten Vermögenswerte verzeichnet werden.

612 Ist der Schuldner bei der Pfändung weder anwesend noch vertreten, erfolgt die Pfändungserklärung hingegen erst mit Zustellung der Pfändungsurkunde. Ab diesem Zeitpunkt beginnt auch die Teilnahmefrist für die Anschlusspfändung[534] zu laufen.

613 Die gepfändeten Objekte werden in die Pfändungsurkunde eingetragen. Es erfolgt jedoch keine spezielle Kennzeichnung der Gegenstände.

614 In der Pfändung gilt das *Spezialitätsprinzip*. Danach dürfen nur die in der Pfändungsurkunde bezeichneten Vermögenswerte verwertet werden; als gepfändet gelten umgekehrt nur diejenigen Objekte, welche vom Betreibungsbeamten genau bezeichnet wurden. M.a.W. bedarf es für die Verwertung einer genügenden Individualisierung. Die ungenaue Bezeichnung des Pfändungsgutes zieht die Nichtigkeitsfolgen i.S.v. Art. 22 SchKG nach sich. Soweit sich die Pfändung allerdings auf eine Vielzahl von Waren bezieht, welche sich beispielsweise in einem Container befinden, ist es nicht nötig, jeden Gegenstand genau anzugeben.

Beispiel: G leitet gegen S eine Betreibung ein, in welcher es zum Vollzug einer Pfändung kommt. Der Betreibungsbeamte notiert in der Pfändungsurkunde als Gegenstand der Pfändung: «Alle Forderungen, die S gegen die Bank B besitzt.» Diese Pfändung gilt als nichtig. Dies, weil eine Gattungspfändung nicht möglich ist. Dagegen ist es nicht nötig, bei der Pfändung einer Briefmarkensammlung jede einzelne Briefmarke genau zu spezifizieren.

---

[533] BGE 124 III 170 E. 6.
[534] Rz. 763 ff.

E. Gegenstand der Pfändung

1. Grundsatz

Art. 92 ff. SchKG befassen sich mit der Frage, was alles gepfändet werden kann. Auszugehen ist vom *Zweck der Pfändung:* Dieser liegt darin, das Vollstreckungssubstrat für die anschliessende Verwertung zu sichern, damit die betreibenden Gläubiger befriedigt werden können. Für die *Voraussetzungen der Pfändbarkeit* ergibt sich hieraus Folgendes: 615

- Nur Vermögenswerte, die *rechtlich dem Schuldner* gehören, können gepfändet werden. Behauptet der Schuldner, ein Vermögenswert stehe einem Dritten zu, oder macht ein Dritter selber Ansprüche daran geltend, gilt die Regel von Art. 95 Abs. 3 SchKG: Ein solcher Vermögensgegenstand darf erst in letzter Linie gepfändet werden; die Abklärung der rechtlichen Zugehörigkeit erfolgt später im sog. Widerspruchsverfahren.[535] *Keinesfalls* dürfen Gegenstände gepfändet werden, die *offensichtlich einem Dritten* gehören, oder die der Gläubiger selber als Eigentum eines Dritten bezeichnet (nichtige Pfändung).

- Nur Vermögenswerte, die einen *in Geld schätzbaren Verkehrswert* haben und damit verwertbar sind, können gepfändet werden. Dies bedeutet, dass sie verkehrsfähig und gegen Entgelt veräusserlich sein müssen. Ausgeschlossen ist somit eine Pfändung von Sachen mit blossem Affektionswert.

    Beispiel: Der Betreibungsbeamte B muss von der Pfändung eines Ausweises, eines Diploms oder eines Liebesbriefes absehen. Allerdings können etwa persönliche Briefe von Prominenten durchaus einen wirtschaftlichen Wert besitzen.

- Es dürfen nur Gegenstände (bzw. Vermögensrechte) gepfändet werden, bei denen nicht zum Vornherein angenommen werden muss, dass der Überschuss des Verwertungserlöses über die Kosten der Verwaltung und Verwertung so gering wäre, dass sich eine Pfändung nicht rechtfertigen würde *(zu geringer Gantwert)*. Auch wenn die Pfändbarkeit hiernach nicht gegeben ist, sind die betreffenden Objekte aber immerhin mit der Schätzungssumme in der Pfändungsurkunde vorzumerken (Art. 92 Abs. 2 SchKG).

    Beispiel: Nicht pfändbar ist in diesem Sinne ein 28-jähriges krankes Zuchtpferd (Pferde erreichen ein Alter zwischen 20 und 30 Jahren). Hier läge ein zu geringer Gantwert vor.

- Pfändbar sind in der Regel nur *gegenwärtige* Vermögensrechte des Schuldners. Ausgeschlossen ist die Pfändbarkeit blosser Anwartschaften. Hierbei handelt es sich nicht um Vermögenswerte, sondern um blosse Hoffnungen, d.h. Rechte, die in Bezug auf Entstehen und Umfang vollständig ungewiss sind.

    Beispiele: Hoffnung auf eine Erbschaft; ein Kaufrecht, bei welchem es sich um einen suspensiv bedingten Kaufvertrag handelt, dessen Zustandekommen von der Ausübung des

---

[535] Rz. 735 ff.

Berechtigten abhängt;[536] ein durch Arbeitnehmer- und Arbeitgeber gespiesenes Sparguthaben, das eine Gemeinde zum Zwecke der Personalfürsorge bei einer Bank auf den Namen eines Aushilfsangestellten der Gemeinde angelegt hat und auf dessen Aushändigung der Angestellte nach der kommunalen Verordnung, welche das Anstellungsverhältnis regelt, wenigstens einstweilen nur eine unsichere Anwartschaft besitzt.[537]

- Pfändbar sind hingegen sog. *betagte Forderungen,* d.h. solche, die erst an einem *in Zukunft liegenden Termin* fällig werden. Dies ergibt sich aus der Tatsache, dass sie schon vor ihrer Fälligkeit einen realisierbaren Vermögenswert aufweisen.[538]
- Die *Unpfändbarkeit* gewisser Rechte kann auch *aus dem Privatrecht* resultieren. Zu diesen Rechten gehören diejenigen, welche höchstpersönlichen Charakter haben und deshalb von Gesetzes wegen und im öffentlichen Interesse unübertragbar sind.

    Beispiele: Genugtuungsansprüche gemäss Art. 28a Abs. 3 ZGB, Genugtuungsansprüche aus Verlöbnisbruch (Art. 93 Abs. 2 ZGB), das Wohnrecht (Art. 776 Abs. 2 ZGB)[539].

- Unpfändbar sind Rechte, die vom gesetzlich geschützten Rechtsverkehr *ausgeschlossen* sind.

    Beispiele: Forderungen aus unsittlichen Verträgen (Art. 20 OR), aus dem Kleinvertrieb geistiger Getränke, insb. für Wirtszeche (Art. 186 OR), aus Spiel und Wette (Art. 513 OR).

- Unpfändbar sind ferner Rechte, die wegen ihrer *Natur* nicht verwertet werden können.

    Beispiele: Ein der Ehefrau zur Führung eines Scheidungsprozesses zuerkannter Prozesskostenvorschuss ist unpfändbar.[540] Bei grundsätzlich pfändbaren Rechten aus zweiseitigen Verträgen sind unpfändbar: Ansprüche der Mieter und Pächter aus dem Miet- und Pachtvertrag, Ansprüche auf Arbeitsleistung und auf Ausführung eines Auftrags (z.B. ein unübertragbares Flugticket), ein dinglicher bzw. obligatorischer Herausgabeanspruch des Hinterlegers aus Hinterlegungsvertrag (mit Ausnahme von Ansprüchen an den von der Bank des Schuldners bei anderen Banken oder Wertpapiersammelstellen hinterlegten Papieren)[541].

- Aufgrund des *Territorialitätsprinzips* können im Ausland gelegene Vermögenswerte nicht gepfändet werden. Sie sind vom Betreibungsbeamten aber in die Pfändungsurkunde aufzunehmen. Diese Aufnahme der im Ausland liegenden Vermögenswerte des Schuldners erfolgt in Analogie zur Inventaraufnahme im Konkurs (vgl. Art. 27 Abs. 2 KOV).

---

536 BGE 105 III 4 E. 4.b.
537 BGE 97 III 23 E. 2.
538 BGE 99 III 52 E. 3; 53 III 30, 32.
539 BGE 67 III 53, 54.
540 BGE 78 III 111, 112.
541 BGE 108 III 94 E. 3.

Privatrechtliche Vereinbarungen, welche die Unpfändbarkeitsbestimmungen des Bundesrechts ausdehnen oder einschränken, sind grundsätzlich *unbeachtlich,* was sich aus der zwingenden Natur dieser Normen ergibt.[542] Ausnahme hiervon bilden die unentgeltliche Bestellung einer Leibrente zugunsten eines Dritten (Art. 519 Abs. 2 OR und Art. 92 Abs. 1 Ziff. 7 SchKG) bzw. einseitige Verfügungen unter Lebenden oder von Todes wegen.[543]

616

2. Ausnahmen

Auch wenn ein Vermögenswert die oben erwähnten Pfändungsvoraussetzungen erfüllt, ist eine Pfändung nur möglich, *wenn kein Pfändungsausschluss besteht.* Das Gesetz zählt in Art. 92 ff. SchKG abschliessend diejenigen Vermögenswerte auf, welche von einer Pfändung ausgenommen sind.

617

Die Bestimmungen von Art. 92 SchKG gelangen auch im Konkurs (Art. 197 Abs. 1 SchKG bzw. Art. 31 KOV), im Arrestverfahren (Art. 275 SchKG), im Retentionsverfahren (Art. 283 f. SchKG) sowie im Nachlassverfahren (Art. 306 Abs. 2 Ziff. 1 SchKG) zur Anwendung.

618

Nicht anwendbar ist Art. 92 SchKG in der Betreibung auf Pfandverwertung. Durch die Bestellung des Pfandes gibt der Pfandschuldner die Entbehrlichkeit des verpfändeten Gegenstandes explizit zu erkennen. In einem solchen Fall ist die Einrede der Unpfändbarkeit nicht zulässig.[544]

619

Es wird zwischen *absolut unpfändbaren* und bloss *beschränkt pfändbaren* Vermögenswerten unterschieden.

620

2.1 Absolute Unpfändbarkeit

Ist ein Vermögenswert absolut unpfändbar, so bedeutet dies, dass er grundsätzlich nicht gepfändet werden kann. Zu den absolut unpfändbaren Vermögenswerten gehören zunächst die sog. *Kompetenzgegenstände* (auch Kompetenzstücke), die in Art. 92 Abs. 1 Ziff. 1–5 SchKG aufgezählt sind. Ihre Pfändung ist ausgeschlossen, weil sie *wirtschaftlich oder moralisch lebensnotwendig* und deshalb dem Schuldner und (allfälligen Familienangehörigen) zu belassen sind. Ob ein Vermögenswert Kompetenzeigenschaft aufweist, ist anhand der Verhältnisse zum Zeitpunkt der Pfändung zu entscheiden.[545] Daneben gelten wegen ihrer besonderen Natur oder Zweckbestimmung weitere Gegenstände als unpfändbar (Art. 92 Abs. 1 Ziff. 6–11 SchKG); bei diesen liegt der Grund der Unpfändbarkeit im Schutz *öffentlicher Interessen.*

621

---

542 BGE 135 III 513 E. 3.2; 84 III 21, 22.
543 BGE 72 III 74 E. 2.
544 BGE 55 III 119, 120.
545 BGer v. 25.9.2006, 7B.142/2006 E. 3.1; BGE 111 III 55 E. 2.

Beispiel: Schuldner S liess sich aufgrund der mangelhaften Auftragslage vom Schreinermeister zum Buchhalter umschulen. Im Rahmen des Pfändungsvollzugs wird die Hobelbank von S mit Pfändungsbeschlag belegt. Da S neu einer Erwerbstätigkeit als Buchhalter nachgeht, wird die Hobelbank entbehrlich und somit pfändbar. S kann sich m.a.W. nicht mehr auf den Kompetenzgutcharakter der Hobelbank berufen.

622   Im Einzelnen gilt Folgendes:

2.1.1 Kompetenzgut der Hausgemeinschaft

623   *Unpfändbar* ist gemäss *Ziff. 1*, was der Schuldner für sich und seine Familie benötigt (sog. *Kompetenzgut der Hausgemeinschaft*). Zur Familie im Sinne dieser Bestimmung gehören alle Personen, die mit dem Schuldner zusammen tatsächlich in dessen Haus oder Wohnung leben (Hausgemeinschaft). Unerlässliche Voraussetzung ist dabei, dass der Schuldner gegenüber diesen Personen rechtlich oder wenigstens moralisch unterhalts- oder unterstützungspflichtig ist. Unpfändbar sind die zum persönlichen Gebrauch dienenden Gegenstände, soweit sie unentbehrlich sind. Als *unentbehrlich* gelten gemäss Rechtsprechung nicht nur Gegenstände, die *Tag für Tag* gebraucht werden,[546] sondern auch die *mehr oder weniger gelegentlichen Verwendungen,* unter der Voraussetzung, dass sie notwendig sind (die Einrichtung einer Wohnung, die nur selten benutzt wird, ist weder unentbehrlich noch notwendig).[547] Als unentbehrliche Gegenstände gelten gemäss Praxis:

- elektrische Nähmaschine, wenn der Nachweis regelmässigen Gebrauchs erbracht wird;
- Kühlschrank für mehrköpfige Familie;
- persönliche Kleidung, nicht aber zum Verkauf bestimmte Kleidung;
- unter Berücksichtigung des Ortsgebrauchs dürfte auch die Sonntagstracht Kompetenzcharakter aufweisen;
- Waschmaschine, wenn keine andere Waschmöglichkeit vorhanden ist;
- Automobil einer nichterwerbsfähigen behinderten Person, wenn sich diese sonst nicht einer notwendigen medizinischen Behandlung unterziehen oder ein *Minimum an Kontakten mit der Aussenwelt* aufrechterhalten kann:[548]

    Anmerkung: Allerdings kann gemäss Bundesgericht «das elementare Bedürfnis, in die Stadt zu fahren, um Besorgungen zu machen und um andere Menschen zu treffen», ebenso gut mithilfe eines Taxis befriedigt werden. Die Kosten hierfür seien nicht grösser als diejenigen, die für einen eigenen Wagen anfallen.[549]

- Radio.

---

546   BGE 61 III 143, 144.
547   BGE 82 III 104 E. 2.
548   BGer v. 3.11.2004, 5P.269/2004 E. 3.3; BGE 108 III 60 E. 3.
549   BGer v. 12.5.2005, 7B.53/2005 E. 3.4.1; BGE 108 III 60 E. 3.

Anmerkung: Diese Ausnahme von der Pfändbarkeit rechtfertigt sich, weil der Schuldner im Falle von dringenden Durchsagen die amtlichen Anweisungen befolgen können soll. Da dieses Bedürfnis allerdings mit einem i.d.R. preiswerten Radiogerät gestillt werden kann, ist grundsätzlich von der Entbehrlichkeit eines Fernsehgeräts auszugehen. In diesem Zusammenhang ist auch darauf hinzuweisen, dass nicht in allen Haushalten ein TV-Apparat steht.

Unpfändbar ist ferner der für die Kompetenzstücke begründete Versicherungsanspruch (Art. 55 Abs. 2 VVG) sowie der Erlös aus der Verwertung eines Kompetenzstücks, falls der Schuldner aus dem gelösten Preis binnen kurzer Zeit gleichwertige Gegenstände anschaffen will.

Als entbehrlich sind dagegen u.a. zu qualifizieren:

– Wohnwand oder
– Bodenteppich.

2.1.2 Haustiere

In Ziff. 1a werden *Tiere,* die im *häuslichen Bereich* und nicht zu Vermögens- oder Erwerbszwecken gehalten werden, als unpfändbar erklärt.

Anmerkung: Diese Bestimmung gilt seit 2003; sie wurde im Zusammenhang mit der Änderung des ZGB eingeführt, wonach Tiere *keine Sachen* sind. Mit der Revision wollte man u.a. der Bedeutung gerecht werden, die ein Tier für Menschen haben kann, welche von Vereinsamung bedroht sind. Die Haustiere nach Ziff. 1a, welche primär aus Affektionsgründen gehalten werden, sind zu unterscheiden von den ebenfalls unpfändbaren Tieren gemäss Ziff. 4, welche für die Ernährung des Schuldners und seiner Familie oder zur Aufrechterhaltung seines Betriebes diesen.

Beispiel: Die 85-jährige verwitwete, kinderlose S hat – ausser seltenen Telefongesprächen mit ihrem im Ausland lebenden Bruder – kaum soziale Kontakte. Sie hat sich 2004 jedoch Fido, einen irischen Wolfshund, gekauft, der mittlerweile einen wesentlichen Platz im Leben der S einnimmt. 2011 leitet G gegen S eine Betreibung ein. In diesem Verfahren verzichtet der Betreibungsbeamte B in Anwendung von Art. 92 Abs. 1a SchKG auf die Pfändung des Hundes. G erhebt gegen die Pfändungsurkunde Beschwerde; G verlangt u.a. die Pfändung des Tieres. Ein Gläubiger kann zwar mittels Beschwerde die Pfändung bestimmter Vermögensgegenstände verlangen.[550] Im vorliegenden Beispiel ist jedoch anzunehmen, dass der Hund primär eine soziale Funktion im Leben der Schuldnerin wahrnimmt. Von einer reinen Kapitalanlage kann nicht gesprochen werden. Die Beschwerde wäre somit abzuweisen.

2.1.3 Religiöse Erbauungsbücher und Kultusgegenstände

Ziff. 2 nimmt – als Ausprägung der verfassungsrechtlich garantierten Glaubens- und Gewissensfreiheit (Art. 15 BV) – *religiöse Erbauungsbücher und Kultusgegenstände* von der Pfändbarkeit aus. Als Kultusgegenstände gelten bewegliche Sachen, welche zur Ausübung gottesdienstlicher Handlungen benutzt werden oder Objekt

---

550 BGer v. 26.8.2004, 7B.87/2004 E. 1.

einer religiösen Verehrung bilden. Es ist nicht zwingend vorausgesetzt, dass der Schuldner derjenigen Religion angehört, welcher der Kultusgegenstand zuzuordnen ist, jedoch muss der betreffende Kultusgegenstand tatsächlich Objekt einer religiösen Verehrung bilden.[551] Religiöse Gegenstände können dagegen ohne Weiteres gepfändet werden, wenn der Schuldner sie als reines Wertobjekt besitzt.

Beispiel: S ist vor 20 Jahren aus Indien in die Schweiz gezogen. Seinen hinduistischen Glauben hat er bald nach seiner Ankunft aufgegeben. 2011 leitet G eine Betreibung gegen S ein. Im Rahmen dieses Verfahrens wird eine Statue einer hinduistischen Gottheit gepfändet. S wehrt sich mittels betreibungsrechtlicher Beschwerde gegen die Pfändung. Die Beschwerde ist abzuweisen.

2.1.4 Werkzeuge zur Berufsausübung

628 Unpfändbar ist zudem, was der Schuldner und evtl. seine Familie *zur Ausübung eines Berufes* benötigt *(Ziff. 3)*. Damit wird bezweckt, die Arbeitskraft des Schuldners auch in Zukunft zu erhalten (sog. *Berufskompetenz*).

629 Von einer schützenswerten Berufstätigkeit kann von vornherein nur bei natürlichen Personen gesprochen werden. Keinen Schutz erfahren im Sinne der Einheit der Rechtsordnung nicht erlaubte Erwerbstätigkeiten. Als erlaubte Erwerbstätigkeit i.S.v. Ziff. 3 gilt nach bundesgerichtlicher Rechtsprechung auch die Prostitution,[552] weshalb sich eine Prostituierte ebenfalls auf die Unpfändbarkeitsbestimmungen berufen kann, falls ihre Berufskompetenz betroffen ist.

Beispiel: Das einzig für den illegalen Import von Zigaretten verwendete Fahrzeug von Schuldner S stellt kein Kompetenzgut dar.

630 Allerdings rechtfertigt *nicht jede* (erlaubte) wirtschaftliche Tätigkeit einer natürlichen Person eine Unpfändbarkeit der dafür benötigten Gegenstände. Vorausgesetzt wird eine *Berufstätigkeit i.e.S.*:

– Zum einen geht es hier um Schuldner, die bei Ausübung ihres Berufes vor allem persönliche Arbeitskraft und eigene Fähigkeiten einsetzen. Schuldner, die eigentliche Unternehmungen betreiben, d.h. zusätzlich in grösserem Stil maschinelle Einrichtungen benützen und Drittpersonen als Arbeitskräfte beschäftigen, können sich demgegenüber nicht auf die Unpfändbarkeitsbestimmungen berufen.[553]
– Zum andern ist erforderlich, dass die geltend gemachte Berufstätigkeit nicht als dauerhaft unrentabel zu bewerten ist. Ob die Erwerbstätigkeit als Haupt- oder Nebenerwerbstätigkeit eingestuft wird, spielt dagegen für die Frage der Pfändbarkeit der entsprechenden Gegenstände keine Rolle.[554]

---

551 BGer v. 28.8.2003, 7B.183/2003 E. 3.
552 BGE 111 II 295 E. 2.d.
553 BGE 106 III 108 E. 2; 95 III 81, 82.
554 BGer v. 31.7.2003, 7B.162/2003; BGE 117 III 20 E. 2.

Durch *vorübergehende Unterbrechung* der Berufsausübung verlieren die Werkzeuge ihre Kompetenzqualität *nicht,* solange feststeht, dass sie für den Schuldner bei der Wiederaufnahme der Tätigkeit unentbehrlich bleiben.[555] Die Unterbrechung muss *unfreiwillig* und von *relativ kurzer Dauer* sein.[556]   631

Beispiel: Der gelernte Maler S arbeitet als selbständig Erwerbender. Da die Auftragslage schlecht ist, lässt sich S als Kassierer in einem Supermarkt anstellen. Das Betreibungsamt pfändet in der Folge den teuren Pinsel aus Dachshaar. Hiergegen erhebt S betreibungsrechtliche Beschwerde, welche die Aufsichtsbehörde aufgrund seiner Begründung, dass er bloss zur Überbrückung der momentanen Baisse eine unselbständige Erwerbstätigkeit angenommen habe, gutheisst.

Die *Notwendigkeit der Gegenstände* zur Ausübung des Berufes ist u.a. nach *Ortsgebrauch* zu beurteilen.   632

Anmerkung: Die Unpfändbarkeit eines Automobils hängt davon ab, ob der Schuldner darauf angewiesen ist. Vom Schuldner kann u.U. verlangt werden, dass er sich eine näher bei seinem Arbeitsplatz liegende Wohnung sucht.[557] Von Bedeutung sind folgende Faktoren:

– Anschluss an öffentliche Verkehrsmittel;

Anmerkung: Ist dem Schuldner die Benutzung öffentlicher Verkehrsmittel zuzumuten, ist ein Automobil grundsätzlich weder unentbehrlich noch notwendig i.S.v. Art. 92 Abs. 1 Ziff. 1 und 3 SchKG. Die *Stellensuche* kann jedoch die Unpfändbarkeit eines Automobils begründen.[558]

– Arbeitszeiten des Schuldners und seine gesundheitliche Verfassung;
– Verhältnis zwischen Verwendungskosten und erwirtschaftetem Ertrag.

Beispiel: Schuldner S arbeitet mit einem 40%-Pensum Nachtschicht auf einer Autobahnraststätte. Sein Arbeitsort ist 15 Minuten von der nächstgelegenen Busstation entfernt. Die Bushaltestelle wird nach 20 Uhr nur noch stündlich bedient. Nach erfolgter Pfändungsankündigung pfändet der Betreibungsbeamte das Fahrzeug des S. Dieser erhebt betreibungsrechtliche Beschwerde mit der Begründung, dass er im Rahmen seines Pensums jeweils von 22.30 Uhr bis 5.30 Uhr arbeite und deswegen auf sein Fahrzeug angewiesen sei. Die Beschwerde wäre gutzuheissen.

Bei Fahrzeugen muss man allerdings weiter berücksichtigen, ob aufgrund des Wertverlusts das Fahrzeug unpfändbar wird, weil ein zu geringer Gantwert[559] zu erwarten ist. Ist aufgrund des Alters des Autos ein geringer Gantwert zu erwarten, rechtfertigt sich eine Pfändung – unter Berücksichtigung des Arbeitswegs und des Anschlusses an die öffentlichen Verkehrsmittel – regelmässig nicht.   633

---

555 BGE 77 III 109, 111.
556 BGer v. 28.2.2005, 7B.16/2005 E. 2.2.
557 BGer v. 28.2.2005, 7B.16/2005 E. 2.2.
558 BGer v. 20.8.2002, 7B.117/2002 E. 2.
559 Rz. 615.

Beispiel: Beim Auto von S handelt es sich um einen Opel Manta aus dem Jahre 1983 mit einem Kilometerstand von 180 000, womit die Pfändung desselben aufgrund des geringen Wertes ausgeschlossen ist.

634 Ausnahmsweise dürfen auch bestimmte Kompetenzgegenstände mit Pfändungsbeschlag belegt werden. Gemäss Art. 92 Abs. 3 SchKG können wertvolle Kompetenzstücke nach Art. 92 Abs. 1 Ziff. 1–3 SchKG gepfändet werden. Allerdings bedarf es diesfalls einer Ersetzung des an sich unpfändbaren Gegenstandes durch einen billigeren Gegenstand von gleichem Gebrauchswert oder es wird der für die Anschaffung eines billigeren Gegenstands erforderliche Betrag zur Verfügung gestellt (sog. Auswechslungsrecht des Gläubigers).

Beispiel: Der strengreligiöse S verfügt über eine antike Bibel mit goldbeschlagenen Seiten. Im Wissen darum stellt G eine Bibel aus der Buchhandlung Stauffacher zur Verfügung.

2.1.5 Für den Unterhalt des Schuldners und seiner Familie notwendige Tiere

635 Nach *Ziff. 4* sind bestimmte Tiere unpfändbar, sofern sie *zur Ernährung des Schuldners und seiner Familie* oder *zur Aufrechterhaltung des Betriebes* vonnöten sind.

Beispiel: Schuldner X führt hauptberuflich einen Kleinbauernbetrieb. Seine Familie und er stellen sämtliche Nahrungsmittel selbständig her. So dient ihnen u.a. die ergiebige Kuh «Nelly» zur Herstellung sämtlicher Milchprodukte. Die restliche Milch der drei andern Kühe bringt X jeweils in die Käserei. Die Kuh «Nelly» dürfte für die Familie des X unter den gegebenen Umständen die Ernährungsgrundlage darstellen, womit sie i.S.v. Art. 92 Abs. 1 Ziff. 4 SchKG unpfändbar wäre.

2.1.6 Nahrungs- und Feuerungsmittel

636 Ziff. 5 schliesst die für zwei Monate erforderlichen *Nahrungs- und Feuerungsmittel* oder die zu ihrer Anschaffung erforderlichen Barmittel von der Pfändung aus.

2.1.7 Vermögenswerte besonderer Natur

637 Schliesslich erklärt der Gesetzgeber bestimmte Vermögenswerte aufgrund ihrer besonderen Natur als unpfändbar:

– *Ziff. 6:* Ausrüstung, Sold und Entschädigung von *Armeeangehörigen* sowie Zivil- und Schutzdienstpflichtigen, sofern der Schuldner noch *dienstpflichtig* ist.
– *Ziff. 7–10:* Leistungsansprüche des Schuldners *gegenüber Dritten.*

Anmerkung: Art. 92 Abs. 1 Ziff. 7 SchKG schützt Freizügigkeitsleistungen – dem Wortlaut entsprechend – nur solange die betreffenden Forderungen noch nicht fällig geworden sind.[560] Es fallen weder Guthaben der gebundenen Selbstvorsorge (Säule 3a) noch die Lebensversicherungen, welche den Ehegatten oder die Kinder begünstigen, in den Konkurs- oder Pfändungsbeschlag. IV-Taggelder i.S.v. Art. 22 ff. IVG gehören nicht

---

560 BGer v. 21.4.2005, 7B.22/2005 E. 3.1.

zu den absolut unpfändbaren Leistungen nach Art. 92 Abs. 1 Ziff. 9a SchKG.[561] Auch Leistungen ausländischer Sozialversicherungsanstalten fallen nicht unter Art. 92 Abs. 1 Ziff. 9a SchKG.[562]

Beispiel: S wurde Opfer einer Vergewaltigung. Die ihr im Strafverfahren adhäsionsweise zugesprochene Genugtuung von CHF 20 000.00 kann nicht gepfändet werden.

– *Ziff. 11:* Vermögenswerte *eines ausländischen Staates oder einer ausländischen Zentralbank,* die hoheitlichen Zwecken dienen. In diesem Zusammenhang spricht man von der sog. *Vollstreckungsimmunität.*

Die Aufzählung der unpfändbaren Vermögenswerte in Art. 92 Abs. 1 Ziff. 1–11 ist in Bezug auf das SchKG abschliessend. Dagegen hat das Betreibungsamt beim Pfändungsvollzug nach Art. 92 Abs. 4 SchKG auch noch *andere Unpfändbarkeitsbestimmungen* zu beachten. Hierzu zählen beispielsweise: 638

– der Ausschluss der betreibungs- und konkursrechtlichen Verwertung des *Versicherungsanspruchs,* wenn als Begünstigte der Ehegatte, die eingetragene Partnerin bzw. der eingetragene Partner oder Nachkommen vorgesehen sind (Art. 80 VVG);
– die Unpfändbarkeit *urheberrechtlich geschützter Werke* vor ihrer Veröffentlichung (Art. 18 URG);
– die Unpfändbarkeit des *Arbeitsentgelts eines Gefangenen* (Art. 83 Abs. 2 StGB).

Werden unpfändbare Gegenstände trotzdem gepfändet, sind die *Rechtsfolgen uneinheitlich.* Zu differenzieren ist zwischen der blossen Anfechtbarkeit und der Nichtigkeit einer solchen Pfändung. 639

I.d.R. ist *Anfechtbarkeit* der Pfändung anzunehmen. Ein Unterlassen der Beschwerde wird als Verzicht auf die Geltendmachung der Unpfändbarkeit hinsichtlich des fraglichen Gegenstandes angesehen. Die Beschwerdefrist beginnt gemäss Art. 17 SchKG *mit dem Tag der Kenntnisnahme* von der anzufechtenden Verfügung. D.h., dass die Beschwerde gegen die Pfändung an sich unpfändbarer Gegenstände innert zehn Tagen *seit Erhalt der Abschrift der Pfändungsurkunde* i.S.v. Art. 114 SchKG, im Arrestverfahren seit Erhalt der Abschrift der Arresturkunde (Art. 276 Abs. 2 SchKG) anzubringen ist. 640

Anmerkung: Aus Gründen der Rechtssicherheit ist für den Beginn der Einsprachefrist im Arrestverfahren immer auf den Zeitpunkt der Zustellung der Arresturkunde abzustellen.[563]

---

561 BGE 130 III 400 E. 3.4; 121 III 285 E. 3.
562 BGE 134 III 608 E. 2.3.
563 BGE 135 III 232 E. 2.4.

641 Die Pfändung unpfändbarer Gegenstände kann auch *nichtig* sein. Massgebend für die Frage, ob die Pfändung eines bestimmten Gegenstandes nichtig ist oder nicht, ist der Sachverhalt zum Zeitpunkt des Pfändungsvollzugs.[564]

642 Eine Pfändung leidet an einem *Nichtigkeitsmangel,* wenn folgende Vermögenswerte gepfändet wurden:

– Objekte, die ihrer *Natur* nach nicht verwertet werden können;
– Objekte, die *keinen realisierbaren Vermögenswert* haben;
– Objekte, die *keinen gegenwärtigen Vermögenswert* haben;
– Objekte, hinsichtlich derer das Privatrecht die Übertragbarkeit im öffentlichen Interesse *ausschliesst;*
– *Kompetenzstücke*[565] gemäss Art. 92 Abs. 1 Ziff. 1–5 SchKG, falls die Persönlichkeitsrechte des Schuldners bzw. seiner Familie dabei *übermässig beschnitten* werden.

   Anmerkung: Dies ist dann der Fall, wenn die Pfändung den Schuldner in eine *völlig unhaltbare Lage* zu bringen droht.

   Beispiele: Eine Pfändung des Ehebetts des Schuldners oder seiner allerletzten Feuerungsmittel müsste aus Gründen der Menschlichkeit für nichtig erklärt werden.

– Vermögenswerte gemäss Art. 92 Abs. 1 Ziff. 6–11 SchKG.

   Anmerkung: Hier steht das öffentliche Interesse einer Pfändung absolut entgegen.

   Beispiel: Der Schuldner kann nicht in die Pfändung seiner militärischen Ausrüstung einwilligen.

2.2 Beschränkt pfändbares Einkommen

643 Die in Art. 93 Abs. 1 SchKG genannten *Einkommensbestandteile* dürfen so weit gepfändet werden, als sie für den Schuldner und seine Familie *nicht unbedingt notwendig* sind. Dem Schuldner und seiner Familie soll das *Existenzminimum* belassen werden. Die Pfändung ist deshalb quantitativ beschränkt auf denjenigen Teil des Einkommens, *der den Notbedarf übersteigt* (sog. *pfändbare Quote*).

   Anmerkung: Zu beachten ist, dass sich die Frage, ob ein Einkommensbestandteil beschränkt pfändbar ist, nur bei Schuldnern stellen kann, die natürliche Personen sind. Selbst bei Personengesellschaften wie einer Kollektivgesellschaft wird die Gewährung des Privilegs der bloss beschränkten Pfändbarkeit abgelehnt.

644 Das den Notbedarf übersteigende Einkommen kann *längstens für die Dauer eines Jahres gepfändet* werden (Art. 93 Abs. 2 SchKG). Wird eine Einkommenspfändung angeordnet, deren Dauer ein Jahr übersteigt, so ist diese als Ganzes nichtig i.S.v. Art. 22 Abs. 1 SchKG. Die Pfändungsperiode läuft ab dem Vollzug der Pfän-

---

564 BGer v. 18.4.2005, 7B.30/2005 E. 3.2.
565 Rz. 621 ff.

dung.⁵⁶⁶ Wenn sich die für die Bestimmung des pfändbaren Betrages massgebenden Verhältnisse während dieser Zeit ändern, passt das Betreibungsamt die Pfändung diesen neuen Verhältnissen an (Art. 93 Abs. 3 SchKG).⁵⁶⁷

Beispiel: Bei S wurde eine Lohnpfändung vollzogen. Sein Nettolohn betrug CHF 5000.00. Das Existenzminimum lag demgegenüber bei CHF 3000.00. Gepfändet wurden demnach CHF 2000.00. Im Zuge eines internen Aufstiegs ins mittlere Kader konnte S einen Nettolohn von CHF 7000.00 erwirtschaften. Dieser Umstand führte dazu, dass das Betreibungsamt die Lohnpfändung auf CHF 4000.00 anpasste.

Das beschränkt pfändbare Einkommen lässt sich folgendermassen gliedern: 645

2.2.1 Erwerbseinkommen und dessen Surrogate

Pfändungsobjekt sind hier die *aus der Erwerbstätigkeit* des Schuldners herrührenden Forderungen. Ob es sich dabei um Forderungen aus selbständiger oder unselbständiger Tätigkeit handelt, ist irrelevant.⁵⁶⁸ 646

Anmerkung: Ein Unterschied zeigt sich jedoch im Vollzug der Pfändung. Bei einer Lohnpfändung ist dem Arbeitgeber als Drittschuldner die Pfändung gemäss Art. 99 SchKG anzuzeigen. Bei einem Selbständigerwerbenden ist dies hingegen nicht möglich, weil die zukünftigen Drittschuldner nicht bekannt sind. Hier kann deshalb nur der Nettoverdienst des Schuldners bei diesem direkt gepfändet werden.

Bei der Einkommenspfändung aus selbständiger Tätigkeit handelt es sich meist um eine Mehrzahl verschiedener Forderungen gegenüber gegenwärtigen und zukünftigen Kunden; bei unselbständiger Tätigkeit um Forderungen aus Arbeitsvertrag gegenüber dem Arbeitgeber. Als Lohn sind auch zu betrachten: 647

– der 13. Monatslohn;
– ein Anspruch auf Gewinnbeteiligung (Art. 322a OR);
– eine Provision (Art. 322b OR) und
– die Gratifikation (Art. 322d OR) oder der Bonus.

Anmerkung: Diese Leistungen werden allerdings nicht *pro rata temporis* zum Monatseinkommen addiert. Vielmehr wirkt sich die Pfändung erst zum Zeitpunkt der Auszahlung aus.

Für die Ermittlung der pfändbaren Quote wird jeweils nur das Nettoeinkommen herangezogen. Die Sozialversicherungsbeiträge, die Berufsauslagen bzw. sonstigen Gestehungskosten werden vorweg abgezogen. 648

Sofern kein Ausschluss vorliegt, sind Ersatzleistungen für Erwerbsausfall (sog. *Surrogate*) ebenfalls beschränkt pfändbar.⁵⁶⁹ Hierzu gehören u.a. die Taggelder der 649

---

566 BGer v. 11.1.2006, 6S.454/2005 E. 1; BGE 116 III 15 E. 2.
567 Rz. 663.
568 BGer v. 23.8.2006, 5P.246/2006 E. 4.3.
569 BGE 119 III 15 E. 1.b.

Krankenkasse,[570] welche an die Stelle des Lohnes treten, die Taggelder der IV,[571] welche ein aus Invaliditätsgründen dauerhaft vermindertes oder gänzlich weggefallenes Erwerbseinkommen abgelten sollen und Stipendien,[572] die u.a. auch zur Deckung des Lebensunterhaltes bestimmt sind.

Beispiel: Schuldner S verlor infolge der Subprimekrise seine Stelle, bei welcher er CHF 10 000.00 pro Monat netto verdiente. In Anwendung von Art. 22 Abs. 2 AVIG erhält er ein Taggeld, welches 70% des versicherten Verdienstes (CHF 7000.00) entspricht. Der das Existenzminimum von S übersteigende Teil dieses Taggeldes stellt die pfändbare Quote dar.

650 Das Erwerbseinkommen und dessen Surrogate ist vom Einkommen aus Ertrag eigenen Vermögens zu unterscheiden. Dieser Ertrag ist (mit Ausnahme von Art. 103 Abs. 2 SchKG) ohne Einschränkung pfändbar.

2.2.2 Unterhaltsbeiträge und deren Surrogate

651 *Unterhaltsbeiträge* (d.h. Alimente) sind beschränkt pfändbar, sofern die Beitragspflicht durch Entscheid oder Vereinbarung zugunsten des Schuldners festgelegt worden ist oder die Beträge regelmässig freiwillig geleistet werden.

652 Als Unterhaltsbeiträge gelten zunächst Beiträge, die dem betriebenen Ehegatten gemäss Art. 163, Art. 164 oder Art. 278 Abs. 2 ZGB zustehen:
– Da die Beitragsleistungen *gemäss Art. 163 ZGB* von einem Ehegatten dem anderen zur Verfügung gestellt werden, um sie für den *gemeinsamen Haushalt* zu verwenden, sind sie nur so weit pfändbar, als:
  • das Existenzminimum des Schuldners und seiner Familie *nicht beeinträchtigt* wird;
  • sofern die Ehegatten einen *gemeinsamen Haushalt führen* und
  • *im Zusammenhang mit der Haushaltführung* stehende Forderungen infrage stehen, wie z.B. der Mietzins oder die Krankenkassenprämien.
– Beiträge *gemäss Art. 164 ZGB* (zur *freien Verfügung*) dienen der Befriedigung der persönlichen Bedürfnisse; ihre Pfändbarkeit ist somit nur dann zulässig, sofern:
  • das Existenzminimum *gewährleistet* ist und
  • die Schuld mit den *erweiterten Bedürfnissen* des betriebenen Ehegatten *zusammenhängt* (nicht zulässig z.B. für voreheliche Schulden oder Alimentenschulden des betriebenen Ehegatten).

Beispiel: Ehemann A hat ein unzeitgemässes Bild über die Gleichberechtigung der Frau. Seine haushaltführende Ehegattin S darf nach seinem Willen keiner unselbständigen Erwerbstätigkeit nachgehen. A stellt ihr immerhin einen Betrag von monatlich CHF 500.00 zur freien Verfügung. Bei einem ihrer Frusteinkäufe erstand S einen CHF 10 000.00 teuren

---

570 BGE 78 III 120, 121.
571 BGE 130 III 400 E. 3.3.1.
572 BGE 105 III 53 E. 3.

Nerzmantel, welcher den gewöhnlichen Familienunterhalt bei Weitem überstieg. Eine Ermächtigung i.S.v. Art. 166 Abs. 2 Ziff. 1 ZGB hatte S von ihrem Ehegatten für das getätigte Rechtsgeschäft nicht eingeholt. In der nachfolgenden Betreibung auf Bezahlung des Kaufpreises wurde u.a. der Betrag zur freien Verfügung gepfändet.

– Beiträge des *Stiefelternteils* im Rahmen seiner Beistandspflicht nach *Art. 278 Abs. 2 ZGB* sind nur mitverpfändbar, wenn
  • die in Betreibung gesetzte Forderung *unmittelbar* mit dem Unterhalt des alimentenberechtigten Kindes zusammenhängt,
  • sie vom *ehelichen Unterhalt* gemäss Art. 163 und 164 ZGB erfasst wird und
  • die Beistandspflicht dem Stiefelternteil *zumutbar* ist.[573]

Die Pfändbarkeit der aufgezählten Beitragsarten hängt folglich von der jeweiligen Zweckbindung ab. Demgegenüber müssen Beiträge im Rahmen der *richterlichen Regelung des Getrenntlebens* gestützt auf Art. 137 oder 176 ZGB *nicht* für den gemeinsamen Unterhalt verwendet werden. Sie dienen dem persönlichen Verbrauch des berechtigten Ehegatten und sind deswegen ohne Rücksicht auf eine Zweckbindung pfändbar. 653

2.2.3 Nutzniessung und deren Erträge

Darunter fällt ganz allgemein die Nutzung eines *Kapitals* durch den Schuldner, das der Verfügungsmacht des Nutzungsberechtigten *entzogen* ist. Soweit das Kapital dem Schuldner gehört, ist Art. 93 SchKG nicht anwendbar. 654

Beispiel: S hat vor einem Jahr ein Mehrfamilienhaus geerbt. G leitet gegen ihn eine Betreibung ein. Der Betreibungsbeamte pfändet im Rahmen dieser Betreibung die Mietzinse auf der Liegenschaft für die nächsten 8 Monate. S reicht eine Beschwerde ein, die Mietzinse seien – analog zu Art. 93 Abs. 1 SchKG – nur beschränkt pfändbar. Diesem Vorbringen wird angesichts des Eigentums des S kein Erfolg beschieden sein.

Gegenstand der Pfändung können sowohl das *Stammrecht der Nutzniessung* wie auch die *einzelnen Erträgnisse* sein. 655

Anmerkung: Vorbehalten bleibt der Fall, dass es sich beim Stammrecht der Nutzniessung um ein höchstpersönliches Recht handelt (Art. 758 Abs. 1 ZGB).

Pfändbar ist jedoch nur der *Nettonutzen*. 656

Beispiel: S besitzt an zahlreichen Bienenschwärmen ein Nutzniessungsrecht. Gegenüber einer Pfändung der betreffenden Erzeugnisse kann S den Wert seiner Arbeit (samt Kosten) in Anrechnung bringen.

Ist die Nutzniessung mit einer Auflage verbunden, ist diese zu berücksichtigen. 657

---

573 BGE 115 III 103.

2.2.4 Leibrente

658 Unter *Leibrente* ist die vom Leben des Rentengläubigers abhängige Verpflichtung des Rentenschuldners zu verstehen, dem Ersteren zeitlich wiederkehrende Leistungen in Gestalt von *Geld* oder ausnahmsweise in Gestalt von anderen *vertretbaren Sachen* (z.B. Lebensmittel) zu machen. Der Leibrentenvertrag verschafft dem Versprechensempfänger ein Recht auf eine Rente und Ansprüche auf einzelne, wiederkehrende Bezüge, unabhängig und losgelöst von sonstigen Beziehungen und Verhältnissen unter den Parteien.

659 Die einzelnen Rentenbetreffnisse sind beschränkt pfändbar. Das Stammrecht ist dagegen unpfändbar (Art. 92 Abs. 1 Ziff. 7 SchKG).

2.3 Pfändung von Früchten vor der Ernte

660 Eine separate Pfändung von *Früchten* ist nur möglich, wenn das *Grundstück,* das dieselben abwirft, *nicht bereits selbst gepfändet* wurde. Dies ergibt sich aus Art. 102 Abs. 1 SchKG und Art. 14 Abs. 1 VZG, wonach die Pfändung eines Grundstücks grundsätzlich auch dessen Früchte erfasst.

Anmerkung: Die Rechte allfälliger Grundpfandgläubiger gehen der Pfändung der Früchte aber vor, sofern sie vor deren Verwertung noch die Betreibung auf Verwertung des Grundpfandes einleiten (Art. 94 Abs. 3 SchKG).

661 Eine in Verletzung der zeitlichen Grenzen von Art. 94 Abs. 1 SchKG vorgenommene Pfändung ist *nichtig*.

2.4 Ermittlung des beschränkt pfändbaren Einkommens

662 Die Ermittlung erfolgt von Amtes wegen,[574] der Schuldner ist aber zur Mitwirkung verpflichtet. Verweigert er die Mitwirkung, macht er sich u.U. strafbar (Art. 91 Abs. 1 SchKG mit Verweis auf die strafrechtlichen Bestimmungen).

Anmerkung: Der Schuldner hat der Behörde die wesentlichen Tatsachen mitzuteilen und die Beweise anzugeben, zu welchen er Zugang hat.

663 *Massgebender Zeitpunkt* für die Bemessung des pfändbaren Einkommens ist die *Pfändung*. Das Betreibungsamt hat gemäss Art. 93 Abs. 3 SchKG von Amtes wegen die Pfändung anzupassen, sobald es Kenntnis davon hat, dass die massgebenden Verhältnisse geändert haben (Revision der Einkommenspfändung bzw. vollstreckungsrechtliche *clausula rebus sic stantibus*).[575] Um das Betreibungsamt hierüber in Kenntnis zu setzen, können die Betreibungsparteien einen entspre-

---

[574] BGer v. 12.9.2003, 7B.192/2003 E. 4; BGE 106 III 11 E. 2.
[575] BGer v. 14.8.2006, 7B.79/2006.

chenden Antrag stellen.[576] Sie haben dabei die massgebenden Behauptungen jeweils zu belegen.[577]

Beispiel: Bei Schuldner S wurde eine Einkommenspfändung vollzogen. Als massgebliches Einkommen wurden CHF 5000.00 berücksichtigt. In der Folge wechselte er die Stelle. Durch den Wechsel konnte er mehr Lohn generieren. Als Gläubiger G diese Tatsache in Erfahrung bringen konnte, teilte er dies unverzüglich dem Betreibungsamt mit, welches seinerseits eine Anpassung der Lohnpfändung vornahm.

Bei der Bestimmung des beschränkt pfändbaren Einkommens verfügt das Betreibungsamt bzw. die Aufsichtsbehörde über ein weitgehendes Ermessen.[578] Zu beachten ist aber, dass in der Praxis regelmässig auf die Richtlinien für die Berechnung des betreibungsrechtlichen Existenzminimums (Notbedarf) der Konferenz der Betreibungs- und Konkursbeamten abgestellt wird. 664

Zuerst erfolgt die Berechnung des *Gesamteinkommens* des Schuldners und seiner Familie.[579] Zur Familie gehören alle ihm gegenüber unterhaltsberechtigten Personen; darunter fallen insbesondere auch aussereheliche Kinder[580] und Stiefkinder[581]. Das Einkommen der Familienangehörigen ist in angemessener Weise zu demjenigen des Schuldners zu addieren.[582] 665

Ein Konkubinatsverhältnis, aus dem Kinder hervorgegangen sind, ist als *Familienverhältnis* zu betrachten; es ist m.a.W. wie eine eheliche Gemeinschaft zu behandeln.[583] 666

Der Begriff der Familie in Art. 93 SchKG ist somit *noch weiter gefasst* als jener in Art. 92 SchKG. Während in Art. 92 SchKG nur diejenigen Personen zur Familie gehören, welche im gleichen Haushalt wohnen, reicht in Art. 93 SchKG eine rechtlich oder moralisch geschuldete *Unterstützungspflicht*. 667

Dem errechneten Gesamteinkommen ist das *Existenzminimum* gegenüberzustellen; massgebend ist dabei nur der *objektive Notbedarf*. Der standesgemässe oder gar gewohnte Bedarf spielt bei der Berechnung des Existenzminimums keine Rolle.[584] Pfändbar ist nur die verbleibende Differenz (*pfändbare Quote* bzw. pfändbarer Betrag). 668

---

576 BGE 121 III 20 E. 3.a.
577 BGer v. 19.9.2006, 7B.117/2006 E. 1.2.
578 BGer v. 13.1.2010, 5A_766/2009 E. 2.
579 BGer v. 12.7.2005, 7B.40/2005 E. 5.2.
580 BGer v. 30.11.2009, 5D_121/2009 E. 6.1; BGE 106 III 11 E. 3.a.
581 BGer v. 31.10.2005, 7B.173/2005 E. 2.2.
582 BGE 106 III 11 E. 3.a.
583 BGer v. 5.10.2007, 9C_160/2007 E. 3.3.1; BGE 130 III 765 E. 2.2; 106 III 11 E. 3.c.
584 BGer v. 28.7.2003, 7B.114/2003 E. 3.1.

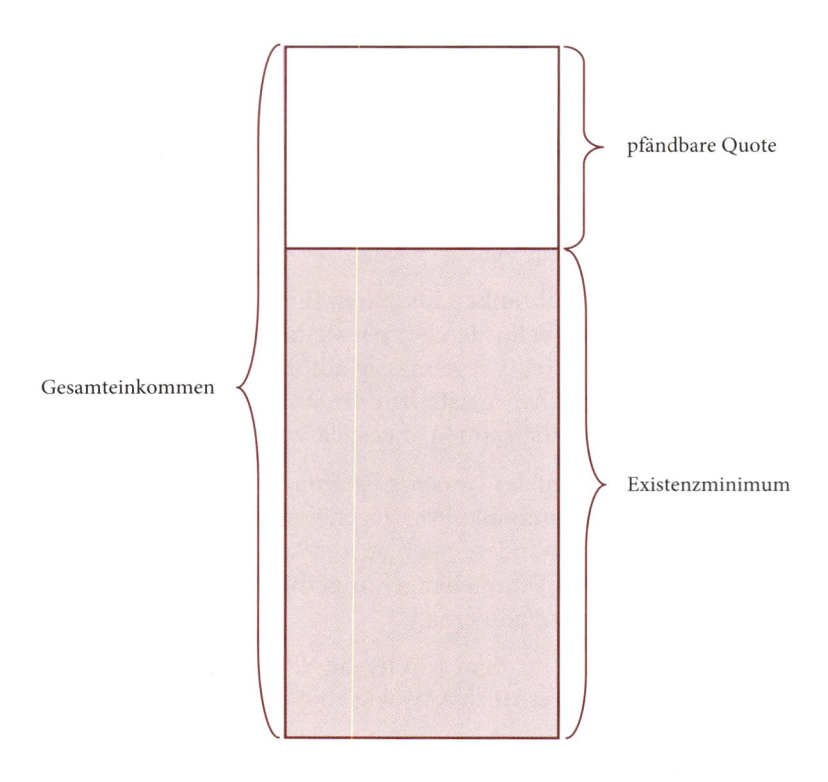

Diagram: A vertical bar divided into two sections. The upper (white) section is labeled "pfändbare Quote". The lower (shaded) section is labeled "Existenzminimum". The entire bar is labeled "Gesamteinkommen".

669 Vom *Gesamteinkommen* spricht man, da sämtliche Einkommensbestandteile zur Berechnung der pfändbaren Quote herangezogen werden. In die Berechnung des Gesamteinkommens sind neben den verschiedenen beschränkt pfändbaren auch die gemäss Art. 92 Abs. 1 SchKG absolut unpfändbaren Einkünfte (z.B. eine Invalidenrente) und natürlich die voll pfändbaren Einkünfte einzurechnen.

Beispiel: S bezieht eine ganze IV-Rente nach IVG. Auf eine ganze Invaliditätsrente hat Anspruch, wer einen Invaliditätsgrad von mindestens 70% aufweist (vgl. Art. 28 Abs. 2 IVG). Der Invaliditätsgrad von S liegt bei 80%. Um sein Einkommen etwas aufzubessern, arbeitet S im Umfang seiner Möglichkeiten einen Tag als Mitarbeiter eines Call-Centers. Dabei verdient er ein Einkommen von CHF 500.00 pro Monat. Die IV-Rente des S ist gemäss Art. 92 Abs. 1 Ziff. 9a SchKG absolut unpfändbar. Sein Einkommen aus der Tätigkeit im Call-Center dagegen ist unter Berücksichtigung von Art. 93 SchKG pfändbar.

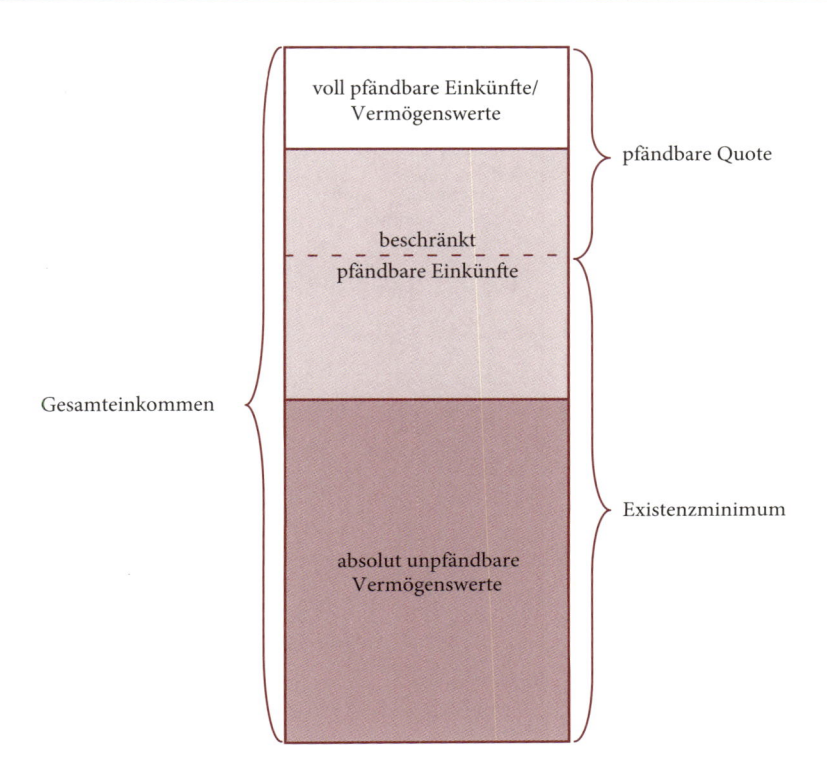

Diagram: Gesamteinkommen divided into:
- voll pfändbare Einkünfte/Vermögenswerte
- beschränkt pfändbare Einkünfte
(together forming pfändbare Quote)
- absolut unpfändbare Vermögenswerte (= Existenzminimum)

Liegen die absolut unpfändbaren Einkünfte über dem Existenzminimum, ist nur das beschränkt pfändbare Einkommen mit Pfändungsbeschlag zu versehen. In diesem – seltenen – Fall kann der Schuldner somit trotz Pfändung immer noch über mehr als seinen Notbedarf verfügen.

670

Beispiel: Die mit E verheiratete O stirbt bei einem durch T verursachten Verkehrsunfall. Die Haftpflichtversicherung des T entrichtet E eine monatliche Rente in Höhe von CHF 5000.00 als Reflexschaden. Zwar handelt es sich hierbei um einen Bestandteil des Gesamteinkommens des E. Die Rente muss jedoch in Anwendung von Art. 92 Abs. 1 Ziff. 9 SchKG als absolut unpfändbar qualifiziert werden, auch wenn das Existenzminimum des E weniger als CHF 5000.00 beträgt. Anderweitiges Einkommen des E ist dagegen einer Pfändung zugänglich.

§ 5 Betreibung auf Pfändung

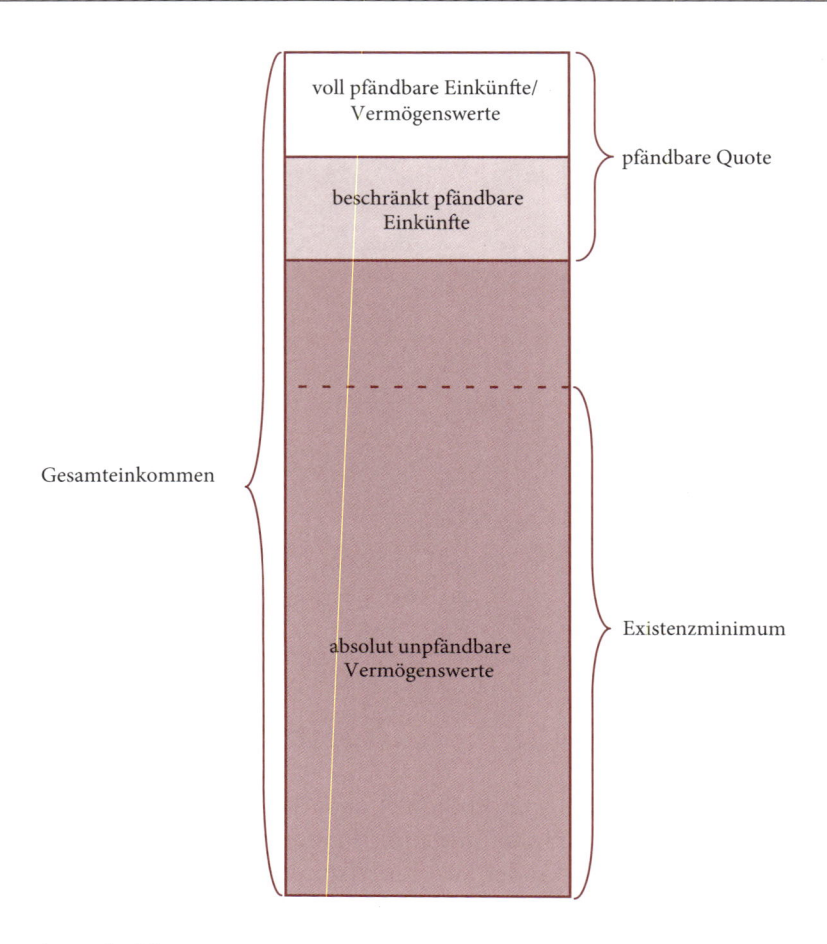

[Diagramm: Gesamteinkommen unterteilt in pfändbare Quote (voll pfändbare Einkünfte/Vermögenswerte und beschränkt pfändbare Einkünfte) und Existenzminimum (absolut unpfändbare Vermögenswerte)]

671 Wohnt der Schuldner im *Ausland,* bestimmt sich die Unpfändbarkeit im schweizerischen Betreibungsverfahren nach dem SchKG. Grundsätzlich ist aber bei der Festlegung des Notbedarfs des Schuldners und seiner Familie auf die Lebenshaltungskosten *am ausländischen Wohnsitz* abzustellen.[585]

672 In der Praxis erfolgt die Berechnung des Existenzminimums anhand der Richtlinien der Konferenz der Betreibungs- und Konkursbeamten der Schweiz in der Fassung vom 1.6.2009.[586] Die Kantone haben diese Richtlinien teils unverändert übernommen, teils partiell angepasst.

Anmerkung: Die betreibungsrechtlichen Richtlinien finden insbesondere auch bei der Berechnung von Kinderunterhaltsbeiträgen Berücksichtigung.[587]

---

585 BGE 91 III 81 E. 3.
586 BGE 130 III 45 E. 2 (Pra 93 [2004] Nr. 119).
587 BGer v. 6.9.2001, 5C.77/2001 E. 2.a.aa.

Anmerkung: Von den Richtlinien der Konferenz der Betreibungs- und Konkursbeamten der Schweiz sind die sog. SKOS-Richtlinien zu unterscheiden. Letztere besitzen ihre Bedeutung bei der Berechnung von Sozialhilfeleistungen und werden für die Bemessung des betreibungsrechtlichen Notbedarfs nicht einbezogen.[588]

---

[588] BGer v. 19.5.2008, 5A_246/2008 E. 4.2.

§ 5 Betreibung auf Pfändung

Konferenz der Betreibungs- und Konkursbeamten der Schweiz
Conférence des préposés aux poursuites et faillites de Suisse
Conferenza degli ufficiali di esecuzione e fallimenti della Svizzera
Conferenza dals funcziunaris da scussiun e falliment da la Svizra

Richtlinien für die Berechnung des betreibungsrechtlichen Existenzminimums (Notbedarf) nach Art. 93 SchKG

vom 01. 07. 2009

I. Monatlicher Grundbetrag

Für Nahrung, Kleidung und Wäsche einschliesslich deren Instandhaltung, Körper- und Gesundheitspflege, Unterhalt der Wohnungseinrichtung, Privatversicherungen, Kulturelles sowie Auslagen für Beleuchtung, Kochstrom und/oder Gas etc. ist in der Regel vom monatlichen Einkommen des Schuldners folgender Grundbetrag als unumgänglich notwendig im Sinne von Art. 93 SchKG von der Pfändung ausgeschlossen:

für einen alleinstehenden Schuldner	Fr.	1'200.00
für einen alleinerziehenden Schuldner	Fr.	1'350.00
für ein Ehepaar, zwei in einer eingetragenen Partnerschaft lebende Personen oder ein Paar mit Kindern	Fr.	1'700.00
Unterhalt der Kinder für jedes Kind im Alter bis zu 10 Jahren	Fr.	400.00
für jedes Kind über 10 Jahre	Fr.	600.00

Bei kostensenkender Wohn-/Lebensgemeinschaft

Verfügen Partner des in einer kinderlosen, kostensenkenden Wohn-/Lebensgemeinschaft lebenden Schuldners ebenfalls über Einkommen, so ist der Ehegatten-Grundbetrag einzusetzen und dieser in der Regel (aber maximal) auf die Hälfte herabzusetzen (vgl. BGE 130 III 765 ff.).

II. Zuschläge zum monatlichen Grundbetrag

Mietzins, Hypothekarzins

Effektiver Mietzins für das Wohnen ohne Auslagen für Beleuchtung, Kochstrom und/oder Gas, weil im Grundbetrag inbegriffen. Besitzt der Schuldner eine eigene von ihm bewohnte Liegenschaft, so ist anstelle des Mietzinses der Liegenschaftsaufwand zum Grundbetrag hinzuzurechnen. Dieser besteht aus dem Hypothekarzins (ohne Amortisation), den öffentlich-rechtlichen Abgaben und den (durchschnittlichen) Unterhaltskosten.
Ein den wirtschaftlichen Verhältnissen und persönlichen Bedürfnissen des Schuldners nicht angemessener Mietzins ist nach Ablauf des nächsten Kündigungstermins auf ein ortsübliches Normalmass herabzusetzen; in sinngemässer Weise ist beim Schuldner zu verfahren, der sich als Wohneigentümer einer unangemessen hohen Hypothekarzinsbelastung ausgesetzt sieht (BGE 129 III 526 ff. m. H.).
Bei einer Wohngemeinschaft (eingeschlossen volljährige Kinder mit eigenem Erwerbseinkommen) sind die Wohnkosten in der Regel anteilsmässig zu berücksichtigen.

Heiz- und Nebenkosten
Die durchschnittlichen - auf zwölf Monate verteilten - Aufwendungen für die Beheizung und Nebenkosten der Wohnräume.

Sozialbeiträge (soweit nicht vom Lohn bereits abgezogen), wie Beiträge bzw. Prämien an:
- AHV, IV und EO
- Arbeitslosenversicherung
- Krankenkassen
- Unfallversicherung
- Pensions- und Fürsorgekassen
- Berufsverbände

Der Prämienaufwand für nichtobligatorische Versicherungen kann nicht berücksichtigt werden (BGE 134 III 323 ff.).

Unumgängliche Berufsauslagen (soweit der Arbeitgeber nicht dafür aufkommt)

a) **Erhöhter Nahrungsbedarf**
bei Schwerarbeit, Schicht- und Nachtarbeit: Fr. 5.50 pro Arbeitstag

b) **Auslagen für auswärtige Verpflegung**
Bei Nachweis von Mehrauslagen für auswärtige Verpflegung: Fr. 9.00 bis Fr. 11.00 für jede Hauptmahlzeit.

c) **Überdurchschnittlicher Kleider- und Wäscheverbrauch** (beispielsweise bei Servicepersonal, Handelsreisenden etc.): bis Fr. 50.00 pro Monat.

d) **Fahrten zum Arbeitsplatz**
Öffentliche Verkehrsmittel: effektive Auslagen.

Fahrrad: Fr. 15.00 pro Monat für Abnützung.

Mofa/Moped: Fr. 30.00 pro Monat für Abnützung, Betriebsstoff usw.

Motorrad: Fr. 55.00 pro Monat für Abnützung, Betriebsstoff usw.

Automobil: Sofern einem Automobil Kompetenzqualität zukommt, sind die festen und veränderlichen Kosten ohne Amortisation zu berechnen. Bei Benützung eines Automobils ohne Kompetenzqualität: Auslagenersatz wie bei der Benützung öffentlicher Verkehrsmittel.

Rechtlich geschuldete Unterhaltsbeiträge
die der Schuldner an nicht in seinem Haushalt wohnende Personen in der letzten Zeit vor der Pfändung nachgewiesenermassen geleistet hat und voraussichtlich auch während der Dauer der Pfändung leisten wird (BGE 121 III 22).
Dem Betreibungsamt sind für solche Beiträge Unterlagen (Urteile, Quittungen usw.) vorzuweisen.

Schulung der Kinder
Besondere Auslagen für Schulung der Kinder (öffentliche Verkehrsmittel, Schulmaterial usw.).
Für mündige Kinder ohne Verdienst bis zum Abschluss der ersten Schul- oder Lehrausbildung, zur Maturität oder zum Schuldiplom.

Abzahlung oder Miete/Leasing von Kompetenzstücken
Gemäss Kaufvertrag, jedoch nur solange zu berücksichtigen, als der Schuldner bei richtiger Vertragserfüllung zur Abzahlung verpflichtet ist und sich über die Zahlung ausweist. Voraussetzung: Ein Eigentumsvorbehalt muss rechtsgültig sein.
Die analoge Regelung gilt für gemietete/geleaste Kompetenzstücke (BGE 82 III 26 ff.).

Verschiedene Auslagen
Stehen dem Schuldner zur Zeit der Pfändung unmittelbar grössere Auslagen, wie für Arzt, Arzneien, Franchise, Geburt und Pflege von Familienangehörigen, einen Wohnungswechsel etc. bevor, so ist diesem Umstand in billiger Weise durch eine entsprechende zeitweise Erhöhung des Existenzminimums Rechnung zu tragen.
Gleiches gilt, wenn diese Auslagen dem Schuldner während der Dauer der Lohnpfändung erwachsen. Eine Änderung der Lohnpfändung erfolgt hier in der Regel jedoch nur auf Antrag des Schuldners.

III. Steuern

Diese sind bei der Berechnung des Notbedarfs nicht zu berücksichtigen (BGE 126 III 89, 92 f.; BGer 17.11.2003, 7B.221/2003 = BlSchK 2004, 85 ff.).
Bei ausländischen Arbeitnehmern, die der Quellensteuer unterliegen, ist bei der Berechnung der pfändbaren Quote vom Lohn auszugehen, der diesen tatsächlich ausbezahlt wird (BGE 90 III 34).

IV. Sonderbestimmungen über das dem Schuldner anrechenbare Einkommen

Beiträge gemäss Art. 163 ZGB oder Art. 13 PartG
Verfügt der Ehegatte oder der eingetragene Partner des Schuldners über eigenes Einkommen, so ist das gemeinsame Existenzminimum von beiden Ehegatten oder eingetragenen Partnern (ohne Beiträge gemäss Art. 164 ZGB) im Verhältnis ihrer Nettoeinkommen zu tragen. Entsprechend verringert sich das dem Schuldner anrechenbare Existenzminimum (BGE 114 III 12 ff.).

Beiträge gemäss Art. 323 Abs. 2 ZGB
Die Beiträge aus dem Erwerbseinkommen minderjähriger Kinder, die in Haushaltgemeinschaft mit dem Schuldner leben, sind vorab vom gemeinsamen Existenzminimum abzuziehen (BGE 104 III 77 f.). Dieser Abzug ist in der Regel auf einen Drittel des Nettoeinkommens der Kinder, höchstens jedoch auf den für sie geltenden Grundbetrag (Ziff. I/4) zu bemessen.

Der Arbeitserwerb volljähriger, in häuslicher Gemeinschaft mit dem Schuldner lebender Kinder ist bei der Berechnung des Existenzminimums desselben grundsätzlich nicht zu berücksichtigen. Dagegen ist dabei ein angemessener Anteil der volljährigen Kinder an den Wohnkosten in Abzug zu bringen.

Leistungen/Vergütungen von Dritten
wie Prämienverbilligungen, Stipendien, Unterstützungen etc. müssen zum Einkommen dazugerechnet werden.

V. Abzüge vom Existenzminimum

Naturalbezüge
wie freie Kost, Logis, Dienstkleidung usw. sind entsprechend ihrem Geldwert vom Existenzminimum in Abzug zu bringen:
Freie Kost mit 50% des Grundbetrages;
Dienstkleidung mit Fr. 30.00 pro Monat.

Reisespesenvergütungen
welche der Schuldner von seinem Arbeitgeber erhält, soweit er damit im Existenzminimum eingerechnete Verpflegungsauslagen in nennenswertem Umfang einsparen kann.

VI. Abweichungen von den Ansätzen

Abweichungen von den Ansätzen gemäss Ziff. I-V können soweit getroffen werden, als der Betreibungsbeamte sie aufgrund der ihm im Einzelfall obliegenden Prüfung aller Umstände für angemessen hält.

* * * * * * * * * * * * * * * * * * *

Diese Richtlinien beruhen auf dem Landesindex (Totalindex) der Konsumentenpreise (Basis Dezember 2005 = 100 Punkte) von Ende Dezember 2008 mit einem Indexstand von 103.4 Punkten. Sie gleichen vorgabeweise die Teuerung bis zum Indexstand von 110 Punkten aus. Eine Änderung der Ansätze ist erst bei Überschreiten eines Indexstandes von 115 Punkten, oder Unterschreiten eines Indexstandes von 95 Punkten vorgesehen.

§ 5 Betreibung auf Pfändung

2.5 Fallbeispiele

673 Zur Verdeutlichung der Anwendung dieser Grundsätze folgen nun verschiedene *Fallbeispiele*.

2.5.1 Fall 1

674 Zunächst erfolgt ein Beispiel für die Berechnung des Existenzminimums eines Schuldners, der mit seinem *nicht mitverdienenden* Gatten und einem *gemeinsamen Kind* zusammenlebt und von einem Dritten betrieben wird.

675 Es wird in diesem Beispiel vom auf CHF 5262.00 festgelegten *Nettoeinkommen* des Schuldners das *Existenzminimum* der Familie von CHF 4550.00 abgezogen, woraus sich dann die *pfändbare Quote* von CHF 712.00 pro Monat ergibt.

Nettoeinkommen des Schuldners		CHF	5 262.00
Monatlicher Grundbetrag für Ehepaar mit 1 Kind unter 10 Jahren		CHF	2 100.00
Krankenkasse nach KVG		CHF	750.00
Wohnungsmiete		CHF	1 300.00
Heizkosten		CHF	300.00
Unumgängliche Berufsauslagen		CHF	100.00
Existenzminimum des Schuldners (bzw. beider Ehegatten)		**CHF**	**4 550.00**
Nettoeinkommen des Schuldners		CHF	5 262.00
Existenzminimum des Schuldners (bzw. beider Ehegatten)	–	CHF	4 550.00
Pfändbare Quote des Schuldners	=	**CHF**	**712.00**

2.5.2 Fall 2

676 Anders ist vorzugehen, wenn der Ehegatte (oder ein anderes Familienmitglied) des Schuldners *mitverdient*. In einem solchen Fall ist das *gemeinsame Existenzminimum proportional zu den Nettoeinkommen* auf die Familienmitglieder aufzuteilen. Die pfändbare Quote des Schuldners wird hier durch Abzug des Existenzminimums vom Nettoeinkommen des Schuldners bestimmt. M.a.W. darf der Schuldner nur denjenigen Anteil am Gesamteinkommen als Existenzminimum geltend machen, der dem Verhältnis der verschiedenen Einkommen entspricht. Es gilt für die Berechnung der pfändbaren Quote des Schuldners die Formel:

$$\frac{\text{Existenzminimum beider Ehegatten} \times \text{Nettoeinkommen des Schuldners}}{\text{Nettoeinkommen beider Ehegatten}}$$

677 In folgendem Beispiel beträgt das Einkommen des *Schuldners* CHF 5262.00, dasjenige seines *Ehegatten* CHF 800.00: Die Ehegatten verdienen somit insgesamt CHF 6062.00. Das Existenzminimum der Familie beträgt unverändert CHF 4550.00.

Der Schuldner kann nun aber nicht das ganze Existenzminimum von seinem Einkommen abziehen, sondern es muss zunächst mittels der aufgeführten Formel der Anteil des Schuldners am gemeinsamen Existenzminimum bestimmt werden:

$$\frac{\text{CHF } 4550 \times \text{CHF } 5262}{\text{CHF } 6062}$$

Dies ergibt für den Schuldner ein Existenzminimum von CHF 3950.00, welches von seinem Einkommen (CHF 5262.00) zu subtrahieren ist. Damit ergibt sich für diese Variante eine pfändbare Quote von CHF 1312.00.

678

Nettoeinkommen des Schuldners	CHF	5 262.00
Nettoeinkommen des Ehegatten	CHF	800.00
Nettoeinkommen beider Ehegatten	**CHF**	**6 062.00**
Monatlicher Grundbetrag für Ehepaar mit 1 Kind unter 10 Jahren	CHF	2 100.00
Krankenkasse nach KVG	CHF	750.00
Wohnungsmiete	CHF	1 300.00
Heizkosten	CHF	300.00
Unumgängliche Berufsauslagen	CHF	100.00
Existenzminimum beider Ehegatten	**CHF**	**4 550.00**

$$\frac{\text{Existenzminimum beider Ehegatten} \times \text{Nettoeinkommen des Schuldners}}{\text{Nettoeinkommen beider Ehegatten}}$$

$$\frac{\text{CHF } 4550.00 \times \text{CHF } 5262.00}{\text{CHF } 6062.00}$$

Existenzminimum des Schuldners		**CHF**	**3 950.00**
Nettoeinkommen des Schuldners		CHF	5 262.00
Existenzminimum des Schuldners	–	CHF	3 950.00
Pfändbare Quote des Schuldners	=	**CHF**	**1 312.00**

Grundsatz: Das Existenzminimum des Schuldners und seiner Familie muss gewahrt bleiben.

2.5.3 Sonderfälle

Zu beachten sind folgende Sonderfälle:

679

– Im *Konkubinatsverhältnis* erfolgt die proportionale Aufteilung des Existenzminimums nur beschränkt: Der Konkubinatspartner soll höchstens zur Hälfte an der Aufteilung des gemeinsamen Existenzminimums teilnehmen. Andernfalls könnten sich die Gläubiger am Gut einer Drittperson schadlos halten, ohne dass diese gegenüber dem Schuldner überhaupt unterhaltspflichtig ist.[589]

---

589 BGer v. 5.10.2007, 9C_160/2007 E. 3.3.1; BGE 132 III 483 E. 4.1; 128 III 159 E. 3.b.

Ob diese beschränkte Anrechnung bei einem «stabilen» Konkubinat sachgerecht ist, ist jedoch zu bezweifeln.

Anmerkung: Analoges gilt im Übrigen dann, wenn der Schuldner mit einer verwandten Person in einer Hausgemeinschaft lebt.[590]

– Sofern die Ehegatten nach Art. 163 ZGB *Unterhaltsvereinbarungen* getroffen haben, sind diese für das Betreibungsamt nicht massgebend. Gleiches gilt für im Eheschutzverfahren nach Art. 173 ZGB zugesprochene Geldbeträge. Die entsprechenden Entscheide könnten die Pfändungsgläubiger benachteiligen. Die Betreibungsbehörden halten sich jedoch i.d.R. an den gerichtlich festgelegten Betrag. Sofern das Eheschutzgericht eine Vereinbarung bloss genehmigt hat, kommt den Betreibungsbehörden freies Ermessen zu.[591]

680 Die Regel, dass das Existenzminimum des Schuldners nicht angetastet werden darf, erfährt eine wichtige Ausnahme, und zwar in der Schuldbetreibung für Unterhaltsansprüche. Der Unterhaltsschuldner soll zulasten des Unterhaltsgläubigers *nicht oder nur in beschränktem Rahmen* eine Verletzung seines Existenzminimums geltend machen können. Ein Eingriff in den schuldnerischen Notbedarf ist aber nur unter folgenden *Voraussetzungen* zulässig:[592]

– Das Existenzminimum des Unterhaltsgläubigers ist *nicht gedeckt*.[593]
– Es muss sich um eigentliche *Unterhaltsforderungen* (wie jene des geschiedenen Ehegatten oder der sich in Ausbildung befindlichen Kinder) handeln, die zur Deckung der laufenden Unterhaltsbedürfnisse *notwendig* sind;[594]
– Erfasst werden – gemäss bisheriger Rechtsprechung – nur jene Unterhaltsforderungen, die im *letzten Jahr vor der Zustellung des Zahlungsbefehls* entstanden sind.[595] Um die Bedeutung der Alimentenforderung hervorzuheben und das Verteilungs- sowie Eingriffsprivileg anzugleichen (Art. 219 Abs. 4 Erste Klasse lit. c i.V.m. Art. 146 Abs. 2 SchKG), ist das «Eingriffsprivileg» nach der hier vertretenen Meinung auf die in den letzten sechs Monaten vor dem Fortsetzungsbegehren entstandenen Unterhaltsforderungen zu begrenzen.

681 Schuldner und Gläubiger haben die *verhältnismässig gleiche Einbusse* auf ihrem Existenzminimum zu erleiden. Der Anspruch auf Eingriff in den Notbedarf des Schuldners steht nur den unterhaltsberechtigten, persönlich betreibenden Familienmitgliedern zu und ist nicht auf Dritte (wie die Alimentenforderungen bevorschussende Fürsorgebehörde oder das Gemeinwesen) übertragbar.[596] Die Be-

---

590 BGE 132 III 483 E. 5.
591 BGE 130 III 45 E. 2 (Pra 93 [2004] Nr. 119).
592 BGE 135 III 66 E. 3.
593 BGer v. 12.6.2007, 6S.113/2007 E. 3.3; BGE 123 III 332 E. 2.
594 BGE 111 III 13 E. 5.
595 BGE 123 III 332 E. 1; 116 III 10 E. 2.
596 BGer v. 12.6.2007, 6S.113/2007 E. 3.3; BGE 122 I 101 E. 2.b.bb.

rechnung der (trotz des Eingriffs in das Existenzminimum) pfändbaren Quote ist daran auszurichten, dass sich beide Betreibungsparteien im gleichen Verhältnis einschränken müssen. Erreicht wird dies durch die Verwendung folgender Formel:[597]

$$\frac{\text{Nettoeinkommen des Schuldners} \times \text{Existenzminimum des Gläubigers}}{\text{Existenzminimum des Schuldners} + \text{Existenzminimum des Gläubigers}}$$

Der Notbedarf des Schuldners im Nenner des Bruchs ist inklusive desjenigen eines allfälligen weiteren Unterstützungsberechtigten zu berechnen. In nachfolgendem Beispiel hat der Schuldner Dritten CHF 2000.00 an Unterhaltsbeiträgen zu bezahlen. Als Resultat ergibt sich in diesem Fall, dass das Verhältnis zwischen dem Eingriff ins Existenzminimum und Existenzminimum sowohl beim Gläubiger als auch beim Schuldner identisch ist.

682

Das *Existenzminimum des Gläubigers* wird teilweise so berechnet, wie wenn er seinen Lebensunterhalt *im gleichen Haushalt wie der Schuldner* bestreiten würde;[598] dies ist vor allem dann richtig, wenn es sich um die Betreibung für Unterhaltsansprüche von Kindern handelt. Geht es dagegen um die Durchsetzung von Unterhaltsansprüchen erwachsener Gläubiger (z.B. eines Ehegatten), ist u.U. eine Analogie zum Schuldner angezeigt. Letzteres ist der Fall in nachfolgendem Beispiel, in welchem für den Gläubiger der Grundbetrag für eine allein erziehende Person (mit Kind) eingesetzt wurde.

683

---

[597] BGE 111 III 13 E. 5.a.
[598] BGE 74 III 46, 47.

Nettoeinkommen des Schuldners	CHF	5 262.00
Monatlicher Grundbetrag für einen allein stehenden Schuldner	CHF	1 200.00
Krankenkasse nach KVG	CHF	400.00
Wohnungsmiete	CHF	1 300.00
Heizkosten	CHF	150.00
Unumgängliche Berufsauslagen	CHF	100.00
Unterstützungsbeiträge für Dritte (z.B. Verwandtenunterstützungspflicht)	CHF	2 000.00
Existenzminimum des Schuldners	**CHF**	**5 150.00**
Nettoeinkommen des Gläubigers	CHF	0.--
Monatlicher Grundbetrag für eine allein erziehende Person mit 1 Kind unter 10 Jahren (analog)	CHF	1 750.00
Krankenkasse nach KVG	CHF	600.00
Wohnungsmiete	CHF	1 600.00
Heizkosten	CHF	300.00
Unumgängliche Berufsauslagen	CHF	100.00
Existenzminimum des Gläubigers	**CHF**	**4 350.00**

Formel des BGer[599]:

$$\frac{\text{Nettoeinkommen des Schuldners} \times \text{Existenzminimum des Gläubigers}}{\text{Existenzminimum des Schuldners} + \text{Existenzminimum des Gläubigers}}$$

$$\frac{\text{CHF } 5262.00 \times \text{CHF } 4350.00}{\text{CHF } 5150.00 + \text{CHF } 4350.00}$$

Pfändbare Quote des Schuldners = **CHF 2 409.00**

F. Reihenfolge der Pfändung

684 Die Bestimmung von Art. 95 SchKG befasst sich mit der *Reihenfolge der Pfändung*. Sie orientiert sich grundsätzlich am Grad der Realisierbarkeit sowie der Entbehrlichkeit der einzelnen pfändbaren Vermögenswerte des Schuldners.

685 Der Entscheid über die Reihenfolge der zu pfändenden Vermögenswerte steht jedoch weitgehend *im Ermessen des Betreibungsamts*.[600] Wenn die Verhältnisse es rechtfertigen oder wenn Gläubiger und Schuldner dies gemeinsam verlangen, darf der Betreibungsbeamte davon abweichen (Art. 95 Abs. 4bis SchKG). Ansonsten soll der Betreibungsbeamte, soweit tunlich, sowohl die Interessen des Gläubigers als auch jene des Schuldners angemessen berücksichtigen (Art. 95 Abs. 5 SchKG).

---

599 BGE 111 III 13 E. 5.b.
600 BGer v. 22.3.2001, 7B.43/2001 E. 3.c.aa.

Die Reihenfolge der Pfändung bestimmt sich im Einzelnen wie folgt: 686

1. Bewegliches Vermögen

Als Erstes ist *bewegliches Vermögen* unter Einschluss von Forderungen und beschränkt pfändbarem Einkommen zu pfänden. Hierzu gehören: 687

– *Banknoten,* Wertpapiere, Edelmetalle und andere Kostbarkeiten, Einrichtungsgegenstände, Fahrzeuge (Automobile, nicht registrierte Flugzeuge), elektrische Apparate, Bücher, Schallplatten, Tiere;

  Anmerkung: Art. 95 Abs. 4 SchKG enthält eine «Bauernregel»: Wenn Futtervorräte gepfändet werden, sind auf Verlangen des Schuldners auch Viehstücke in entsprechender Anzahl zu pfänden.

– *Geldforderungen* (Bankkonten, Löhne);
– *andere Rechte* (z.B. nicht als Grundstücke ins Grundbuch aufgenommene Dienstbarkeiten), Immaterialgüterrechte.

Von den eben genannten Vermögenswerten sind im Interesse eines effizienten Verfahrens zunächst diejenigen *des täglichen Verkehrs* zu pfänden. Das sind Gegenstände, für welche ein sicherer Markt und deshalb auch die beste Aussicht auf Erlös besteht, z.B. Wertpapiere mit einem Börsenpreis. 688

2. Unbewegliches Vermögen

Als Zweites ist *unbewegliches Vermögen* zu pfänden. 689

Als unbewegliches Vermögen gelten *Grundstücke* gemäss Art. 655 Abs. 2 ZGB (samt allen Bestandteilen und Zugehör). Das sind Liegenschaften, in das Grundbuch aufgenommene selbständige und dauernde Rechte, Bergwerke und Miteigentumsanteile an Grundstücken. 690

Da gemäss Art. 52 LBG für die in der Schweiz registrierten Luftfahrzeuge betreffend Zwangsvollstreckung dieselben Regeln wie bei Grundstücken anwendbar sind, werden Flugzeuge ebenfalls in zweiter Linie gepfändet. 691

Allfällige registrierte Schiffe sind dagegen erst danach zu pfänden, was sich aus der Spezialnorm von Art. 56 Abs. 1 BGSR ergibt. Gemäss dieser Bestimmung werden Schiffe nur gepfändet, wenn das übrige bewegliche und unbewegliche Vermögen des Schuldners zur Deckung der Forderung nicht ausreicht oder wenn Gläubiger und Schuldner dies gemeinsam verlangen. 692

3. Verarrestierte Vermögenswerte

693 *Verarrestierte Vermögenswerte* werden in letzter Linie gepfändet (Art. 95 Abs. 3 SchKG).

694 Der Arrest verschafft dem Gläubiger *kein Vorzugsrecht*; dieser nimmt an der Pfändung provisorisch teil (Art. 281 Abs. 1 SchKG), falls er noch kein Pfändungsbegehren stellen kann.[601]

4. Vermögensstücke mit Drittansprüchen

695 Ebenfalls in letzter Linie werden Vermögensstücke gepfändet, an welchen ein *Drittanspruch* geltend gemacht wird (Art. 95 Abs. 3 SchKG).

696 Dies gilt nicht nur im Falle von Dritteigentum (einschliesslich Eigentumsvorbehalt), sondern auch für vertragliche oder gesetzliche Pfandrechte (z.B. Retentionsrechte) und andere Rechte.

5. Forderungen gegenüber dem Ehegatten bzw. eingetragenen Partner

697 Forderungen des Schuldners *gegenüber seinem Ehegatten bzw. seinem eingetragenen Partner* sind nur dann zu pfänden, wenn sein übriges Vermögen *nicht ausreicht* (Art. 95a SchKG).

6. Anteile an Gemeinschaftsvermögen

698 *Anteile an Gemeinschaftsvermögen* werden gemäss VVAG gepfändet.

699 Als Anteile an Gemeinschaftsvermögen gelten Anteile an:
- Gemeinderschaften (Art. 336 ff. ZGB),
- ungeteilten Erbschaften (Art. 602 ZGB),
- Kollektivgesellschaften,
- Kommanditgesellschaften,
- ähnlichen Gemeinschaften (z.B. Gütergemeinschaft unter Ehegatten oder einfache Gesellschaft).

G. Wirkungen der Pfändung

700 Die Pfändung entfaltet verschiedene Wirkungen auf die Rechtsstellung des Schuldners, des Gläubigers sowie Dritter.

---

601 Rz. 1479 f.

1. Für den Schuldner

Der Schuldner behält vorerst das *Eigentum* an den gepfändeten beweglichen oder unbeweglichen Objekten; ebenso bleibt er Gläubiger der mit Pfändungsbeschlag belegten Forderungen bis zu deren Verwertung.   701

Anmerkung: Eine Verfügung über einen Grundpfandtitel stellt gleichzeitig eine Verfügung über ein Grundstück dar.[602]

Ab der Pfändung gilt jedoch ein *Verfügungsverbot* (Art. 96 SchKG): Der Schuldner kann über den gepfändeten Vermögenswert nur mit ausdrücklicher *Bewilligung* des Betreibungsamtes verfügen (Art. 96 Abs. 1 Satz 1 SchKG; Art. 6 Abs. 1 VVAG).[603] Andernfalls macht er sich nach Art. 169 StGB strafbar (sog. *Verstrickungsbruch*).[604]   702

Voraussetzung einer Strafbarkeit nach Art. 169 StGB ist, dass *rechtlich* oder *tatsächlich* über den gepfändeten, verarrestierten oder retinierten Gegenstand *verfügt* wird. Eine tatsächliche Verfügung liegt z.B. dann vor, wenn der gepfändete Gegenstand verborgen oder an einen anderen Ort geschafft und dadurch dem Zugriff des Betreibungsamtes entzogen wird. Die Strafbarkeit ist auch dann gegeben, wenn durch das Verbergen oder Wegschaffen des gepfändeten Gegenstandes die Verwertung bloss vorübergehend verhindert wird.[605]   703

Beispiel: Die blosse wahrheitswidrige Angabe gegenüber dem Betreibungsbeamten, ein Vermögenswert sei veräussert worden, ist keine solche Verfügung und damit kein Verstrickungsbruch.

Das vorgenommene Verfügungsgeschäft ist – auch ohne vorgängiges gerichtliches Verfahren – *betreibungsrechtlich ungültig,* soweit Rechte der Gläubiger verletzt werden. Dies führt zum Umkehrschluss, dass die Verfügung dann gültig ist, wenn sie die Interessen der Gläubiger nicht beeinträchtigt. Im Falle der Verletzung von Gläubigerrechten können die Gläubiger folgerichtig die Pfändung dieser Gegenstände jedem Dritten entgegenhalten. Zudem kann das ohne Erlaubnis des Betreibungsamts veräusserte Pfändungsgut mittels polizeilicher Hilfe zurückgeführt werden. In zivilrechtlicher Hinsicht werden jedoch weder die entsprechenden Verpflichtungs- noch die Verfügungsgeschäfte durch das Verfügungsverbot beeinträchtigt.   704

Beispiel: Da die Schuldnerin S kurz vor der angekündigten Versteigerung ihr Fahrzeug dem über das Betreibungsverfahren informierten D verkauft hat, kann Gläubiger G nicht mehr für seine ganze Forderung (samt Zins und Kosten) befriedigt werden. Er erleidet einen Deckungsverlust. Das Fahrzeug kann somit zurückgeschafft werden.

---

602   BGer v. 1.6.2006, 5C.36/2006 E. 3.4.5.
603   BGer v. 6.2.2007, 7B.184/2006 E. 3.2.
604   BGer v. 8.10.2001, 7B.216/2001 E. 2.c.
605   BGE 75 IV 62 E. 3.

705 Vorbehalten bleiben die Wirkungen des *Besitzerwerbs durch gutgläubige Dritte* (vgl. Art. 96 Abs. 2 SchKG):

– Bei *beweglichen Sachen* bestimmt sich der Gutglaubensschutz nach den *Besitzregeln;* d.h. das *Pfändungsgut,* das beim Schuldner belassen wurde, gilt als «anvertraut» i.S.v. Art. 933 ZGB.

– Bei *Grundstücken* wird der gute Glaube Dritter erst durch die *Vormerkung* im Grundbuch zerstört (Art. 960 Abs. 2 ZGB). Zur Verhinderung von Streitigkeiten ist das Betreibungsamt verpflichtet, die Pfändung unverzüglich dem Grundbuchamt mitzuteilen (Art. 101 Abs. 1 Satz 2 SchKG).

706 Wohnt der Schuldner der Pfändung nicht bei, unterliegt er grundsätzlich erst im Zeitpunkt der Zustellung der Pfändungsurkunde dem Verfügungsverbot gemäss Art. 96 SchKG.[606]

707 Verfügt er in Kenntnis des Pfändungsvollzugs, aber noch vor Zustellung der Pfändungsurkunde über einen gepfändeten Gegenstand, handelt er *rechtsmissbräuchlich* und das Rechtsgeschäft ist in betreibungsrechtlicher Hinsicht ungültig. Der gute Glauben des Vertragspartners des Schuldners ist aber zu schützen.

2. Für den Gläubiger

708 Die Pfändung verschafft dem Gläubiger kein Pfandrecht an der Sache. Er erhält mit der Pfändung lediglich den *Anspruch,* das Pfändungsgut verwerten zu lassen und *aus dem Erlös befriedigt* zu werden.

709 Weiter ist der Gläubiger legitimiert, die *amtliche Verwahrung* von Gegenständen zu verlangen, sofern er glaubhaft macht, dass dies zur Sicherung seiner Rechte geboten ist (Sicherungsmassnahmen; vgl. Art. 98 Abs. 3 SchKG).

710 Macht ein Dritter ein besseres Recht am Pfändungsgegenstand geltend, ist der Gläubiger legitimiert, im *Widerspruchsverfahren*[607] als Partei gegen ihn aufzutreten.

3. Für Dritte

711 Wurden Gegenstände mit Pfändungsbeschlag belegt, an welchen ein *Dritter ein eigenes Recht* beansprucht, kann dieser dieses Recht – wie soeben erwähnt – im *Widerspruchsverfahren* geltend machen. War die Pfändung von vornherein nichtig, kann er diesen Umstand mittels betreibungsrechtlicher Beschwerde[608] bzw. Anzeige bei der Aufsichtsbehörde vorbringen.

---

[606] BGE 30 III 661 E. 1.2.
[607] Rz. 735 ff.
[608] Rz. 147 ff.

Beispiel: Der zuständige Betreibungsbeamte pfändet ein beim Schuldner befindliches Buch, welches offensichtlich der öffentlichen Bibliothek von Lyss gehört.⁶⁰⁹

Ein Dritter kann auch als Erwerber von Pfändungsgut betroffen sein. Erfolgte der Erwerb nach den Regeln über den gutgläubigen Besitzerwerb, geht sein Recht der Pfändung vor.⁶¹⁰ Andernfalls wird die Sache – nötigenfalls mit Polizeihilfe – wieder zurückgeschafft.   712

Beispiel: Im Rahmen des Pfändungsvollzugs fiel auch der Flügel des S in den Pfändungsbeschlag. Trotz ausdrücklichen Hinweises des Betreibungsbeamten verkaufte dieser das Musikinstrument per Online-Auktion an eine Drittperson, welche den Flügel kurz darauf bei S abholte. Der Schätzwert lag bei CHF 10 000.00 tatsächlich realisierte S durch den Verkauf bloss deren CHF 5000.00. Der ersteigerte Flügel kann kraft gutgläubigen Erwerbs des Käufers nicht zurückgeschafft werden.

Drittschuldner (z.B. der Arbeitgeber) können sich nur noch durch Zahlung an das Betreibungsamt von ihrer Schuldpflicht befreien.   713

Drittverwahrer gepfändeter Sachen dürfen den Schuldner nicht darüber verfügen lassen.   714

H. Umfang der Pfändung

Entsprechend dem mit der Pfändung verfolgten Zweck, Vollstreckungssubstrat für die Verwertung zu sichern, darf nicht mehr gepfändet werden, als nötig ist, um die pfändenden Gläubiger für ihre Forderungen samt Zinsen und Kosten zu befriedigen (*Verbot der Überpfändung;* Art. 97 Abs. 2 SchKG). Des Weiteren dient das Überpfändungsverbot auch der Orientierung der Gläubiger über das voraussichtliche Ergebnis der Verwertung.⁶¹¹   715

Anmerkung: Die Pfändung von Forderungen über den in Betreibung gesetzten Betrag hinaus ist aber nicht per se unzulässig, insbesondere dann nicht, wenn die Zahlungsfähigkeit des Drittschuldners zweifelhaft erscheint.⁶¹²

Aus diesem Grund hat das Betreibungsamt den voraussichtlichen Erlös aus den gepfändeten Gegenständen zu *schätzen*, nötigenfalls unter Beizug von Sachverständigen (Art. 97 Abs. 1 SchKG).   716

Die gepfändeten Vermögensstücke sind sodann mit ihrem Schätzungswert in der *Pfändungsurkunde* aufzuführen. Inhalt, Zustellung und Wirkungen derselben sind in Art. 112 ff. SchKG geregelt.   717

---

609   BGE 84 III 79, 84.
610   Rz. 705.
611   BGer v. 8.3.2011, 5A_799/2010 E. 2; BGE 122 III 338 E. 1.a.
612   BGer v. 20.6.2006, 4C.75/2006 E. 2.7.

§ 5 Betreibung auf Pfändung

718 Je nachdem, wie viel Vermögen gepfändet werden kann, resultieren verschiedene *Rechtsfolgen*:

- wenn der Pfändungsbeamte *nicht genügend* pfändbares Vermögen vorfindet, dient die Pfändungsurkunde als *provisorischer Verlustschein* (Art. 115 Abs. 2 f. SchKG);
- kann *gar kein* pfändbares Vermögen ausgemacht werden, gilt die leere Pfändungsurkunde sogar als *definitiver Verlustschein* (Art. 115 Abs. 1 i.V.m. 149 SchKG);
- gegen eine Überpfändung kann der Schuldner eine Ermessensbeschwerde gemäss Art. 17 SchKG[613] erheben;
- behauptet der Gläubiger, es sei *zu wenig* gepfändet worden, steht ihm ebenfalls die Möglichkeit einer *Beschwerde* nach Art. 17 SchKG zu.

719 Wegen des Überpfändungsverbots kommt es vor, dass die ursprüngliche Pfändung *nicht genügt*. Dies ist insbesondere dann der Fall,

- wenn sich im Verlauf des Betreibungsverfahrens der Umfang und/oder Wert der gepfändeten Gegenstände verändert;

    Beispiel: Die gepfändeten Aktien büssen unmittelbar nach der Pfändung infolge eines Kurssturzes an der Börse massiv an Wert ein.

- wenn ein Widerspruchsprozess zur Feststellung von Dritteigentum führt (Art. 106 ff. SchKG);
- wenn sich andere Gläubiger der Pfändung anschliessen (Art. 110 f. SchKG).

720 In diesen Fällen ist die Pfändung *von Amtes wegen* so weit zu ergänzen, als zur Deckung der Forderungen *aller an der Pfändung teilnehmenden* Gläubiger erforderlich ist (Art. 110 Abs. 1 SchKG; die sog. *Ergänzungspfändung*). Diese erfolgt während oder kurz nach Ablauf der 30- bzw. 40-tägigen Anschlussfrist. Bei ihr handelt es sich um eine unselbständige Form der Pfändung, welche keine neuen Anschlussfristen i.S.v. Art. 110 f. SchKG auslöst.

Beispiel: S schuldet Gläubiger 1 einen Betrag von CHF 10 000.00. Die pfändbare Quote liegt bei CHF 2000.00, der zuständige Betreibungsbeamte nimmt eine Lohnpfändung für eine Dauer von fünf Monaten vor. Der Arbeitgeber des S wird angewiesen, für die nächsten fünf Monate jeweils CHF 2000.00 pro Monat direkt an das Betreibungsamt zu entrichten. Noch vor Ablauf der 30-tägigen Anschlussfrist stellt Gläubiger 2 ein Fortsetzungsbegehren für eine Forderung in Höhe von CHF 5000.00. In Ergänzung der bereits erfolgten Hauptpfändung wird bei S ein Gemälde mit geschätztem Wert von CHF 5000.00 gepfändet.

721 Ist die *Anschlussfrist* für die Teilnahme an der betreffenden Pfändung abgelaufen und erweist sich die Pfändung *nach der Verwertung* als ungenügend, muss das Betreibungsamt von Amtes wegen eine sog. *Nachpfändung* vornehmen. Diese hat

---

[613] Rz. 147 ff.

einen selbständigen Charakter, d.h., sie ist eine Hauptpfändung, an welche sich neue Gläubiger anschliessen können (Art. 145 Abs. 3 SchKG).

Von der Nachpfändung *gemäss Art. 145 Abs. 3 SchKG* ist die Nachpfändung *gemäss Art. 115 Abs. 3 SchKG* zu unterscheiden. Gemäss Letzterer kann ein Gläubiger mit provisorischem Verlustschein innert der Jahresfrist nach Art. 88 Abs. 2 SchKG die Pfändung *neu entdeckter Vermögenswerte* verlangen. Wie die Nachpfändung gemäss Art. 145 Abs. 3 SchKG ist die Nachpfändung gemäss Art. 115 Abs. 3 SchKG eine selbständige Pfändung, an die sich andere Gläubiger anschliessen können. Im Gegensatz zu dieser ist sie jedoch bereits vor der Verwertung zulässig. 722

I. Sicherungsmassnahmen

Nach der Pfändung besteht die Gefahr, dass der Schuldner dem Veräusserungsverbot zuwiderhandelt und bei einem gutgläubigen Erwerb durch einen Dritten die gepfändeten Gegenstände nicht verwertet werden könnten. Aus diesem Grund sieht das SchKG in bestimmten Fällen *Sicherungsmassnahmen* für das beschlagnahmte Gut vor. 723

> *Anmerkung:* Obwohl dies im Gesetz nicht ausdrücklich vorgesehen ist, sind zur Vorbereitung der eigentlichen Pfändung vorsorgliche Massnahmen möglich, sofern diese aufgrund einer besonderen Dringlichkeit geboten sind.[614]

Die Sicherungsmassnahmen werden angeordnet, wenn der Betreibungsbeamte es *für nötig erachtet* oder der Gläubiger eine Gefährdung *glaubhaft* macht. 724

Die Kosten für die Vornahme der Sicherungsmassnahmen, die Aufbewahrung und den Unterhalt gepfändeter Vermögensstücke sind auf Verlangen des Betreibungsamts vom Gläubiger vorzuschiessen. Es handelt sich dabei nach der allgemeinen Definition um Betreibungskosten i.S.v. Art. 68 SchKG, da Kosten infrage stehen, welche im Interesse einer zweckmässigen und gesetzlichen Durchführung der Betreibung liegen. 725

Im Einzelnen gilt für die verschiedenen Arten von Vermögenswerten Folgendes: 726

1. Bewegliche Sachen

Geld, Wertpapiere, Edelmetalle und *andere Kostbarkeiten* sind vom Betreibungsamt zu verwahren (Art. 98 SchKG). Dies geschieht mittels Übergabe an die *Depositenanstalt* gemäss Art. 9 SchKG.[615] Andere bewegliche Sachen sind nach Ermessen des Betreibungsbeamten bzw. auf begründetes Verlangen des Gläubigers 727

---

[614] BGE 115 III 41 E. 2.
[615] Rz. 107.

§ 5 Betreibung auf Pfändung

entweder in der Obhut des Schuldners zu belassen, in amtliche Verwahrung zu nehmen oder einem Dritten zur Verwahrung zu übergeben.

2. Gewöhnliche Forderungen

728 Bei Forderungen, die nicht in einer Urkunde verkörpert sind, wird dem Schuldner des Betriebenen angezeigt, dass er rechtsgültig nur noch an das Betreibungsamt leisten kann (Art. 99 SchKG).

> *Beispiel:* Das Betreibungsamt teilt dem Arbeitgeber A des Betriebenen S mit, dass gegen diesen eine Lohnpfändung angeordnet wurde und die pfändbare Quote, ein Viertel des Lohnes von S, bis auf Weiteres an das Betreibungsamt zu überweisen ist. A schert sich nicht um diese Mitteilung und zahlt den Lohn weiterhin gesamthaft an S aus. Erleidet der betreibende Gläubiger G in der Folge einen Deckungsverlust, ist A verpflichtet, die Lohnzahlung nochmals vorzunehmen.

3. Erhaltung von Rechten/Forderungseinzug

729 Gepfändete Rechte sind durch das Betreibungsamt zu erhalten (Art. 100 SchKG). Unbestrittene und fällige Forderungen sind vom Betreibungsamt einzuziehen. Falls es sich als notwendig erweist, ist hierfür eine Betreibung gegen den Drittschuldner einzuleiten.

> *Beispiel:* In der Betreibung gegen S wurde die Forderung gegen D gepfändet. Diese droht in nächster Zeit zu verjähren. Das Betreibungsamt ist verpflichtet, die notwendigen Massnahmen zur Verjährungsunterbrechung zu treffen, indem es den D zur Verjährungsverzichtserklärung zu bewegen versucht oder selbst eine Betreibung gegen diesen einleitet.

4. Grundstücke

730 Wird eine Liegenschaft gepfändet, hat dies zwar die Wirkung einer Verfügungsbeschränkung; endgültig ausgeschlossen wird der gutgläubige Erwerb aber erst durch die Vormerkung der Pfändung im Grundbuch (Art. 101 SchKG).[616] Durch diese Vormerkung geht die Pfändung jedem später erworbenen Recht vor (Art. 960 Abs. 2 ZGB).[617] Deshalb ist die Pfändung eines Grundstücks unverzüglich dem Grundbuchamt zur Vormerkung im Grundbuch mitzuteilen (Art. 101 Abs. 1 SchKG). Diese Vormerkung wird jedoch wieder gelöscht, wenn das Verwertungsbegehren nicht innert zwei Jahren seit der Pfändung gestellt wird (Art. 101 Abs. 2 SchKG). Grundpfandgläubiger sowie Mieter und Pächter sind von der erfolgten Pfändung in Kenntnis zu setzen (Art. 102 Abs. 2 SchKG). Miet- und Pachtzinse können danach nur noch an das Betreibungsamt mit befreiender Wirkung geleistet werden (Art. 15 Abs. 1 lit. b VZG).

---

[616] BGE 130 III 669 E. 5.1 (Pra 94 [2005] Nr. 76.
[617] BGer v. 1.6.2006, 5C.36/2006 E. 3.4.1.

5. Gemeinschaftsrechte

Die Pfändung eines Nutzniessungsrechts oder eines Anteils an einem Gemeinschaftsvermögen ist den beteiligten Dritten anzuzeigen (Art. 104 SchKG). 731

Zu beachten ist in diesem Zusammenhang, dass der *Liquidationsanteil* am Gemeinschaftsvermögen das Objekt der Pfändung bildet. Hinsichtlich des zugrunde liegenden Gemeinschaftsvermögens dürfen deshalb keine Sicherungsmassnahmen angeordnet werden. 732

> *Beispiele:* Im Falle der Pfändung des Liquidationsanteils an einer unverteilten Erbschaft sind die übrigen Erben über die Pfändung zu informieren. Wird der Liquidationsanteil an einer einfachen Gesellschaft mit Beschlag belegt, ist die Anzeige den übrigen Gesellschaften zugehen zu lassen.

Nebst diesen Sicherungsmassnahmen ist das Betreibungsamt auch verpflichtet, das Pfändungsgut in der Zeitspanne bis zur Verwertung zu verwalten. 733

Weiter muss es die Früchte und Erträgnisse eines gepfändeten Grundstücks einziehen («einheimsen»), soweit sie nicht allfälligen Grundpfandgläubigern zustehen (Art. 103 Abs. 1 SchKG). 734

III. Rechtsstellung Dritter

A. Grundsätzliches

Pfändbar ist nur, was dem Schuldner gehört; die Pfändung von Vermögenswerten, die *offensichtlich* einem Dritten gehören, ist grundsätzlich *nichtig*. 735

> *Anmerkung:* Eine Ausnahme kann insbesondere in einer Betreibung aufgrund eines Konkursverlustscheins[618] gemacht werden. So kann der Richter gemäss Art. 265a Abs. 3 SchKG auch Vermögenswerte Dritter für pfändbar erklären, sofern der Schuldner die wirtschaftliche Verfügungsbefugnis über diese Werte innehat. Ebenso ist die Pfändung von Dritteigentum zulässig, wenn durch die Begründung oder Änderung eines Güterstandes oder durch die güterrechtliche Auseinandersetzung den Gläubigern ihr Haftungssubstrat entzogen wurde (Art. 193 ZGB).

Oftmals ist jedoch die Berechtigung an einer Sache *unklar*. Art. 95 Abs. 3 SchKG sieht deshalb vor, dass Vermögensstücke, an welchen die Berechtigung umstritten ist, erst *in letzter Linie* zur Pfändung herangezogen werden, d.h., wenn das übrige Vermögen zur Deckung der Forderung nicht ausreicht. 736

Für den Dritten, der ein der Pfändung vorgehendes Recht an der Sache hat, kann die Pfändung einschneidende *Konsequenzen* haben. Diese können entstehen durch: 737

---

[618] Rz. 1418 ff.

- *Hinderung* an der Ausübung seines Eigentums;
- *Verlust der Vindikationsmöglichkeit,* wenn der Erwerber der gepfändeten Sache beim Erwerb gutgläubig war (Art. 106 Abs. 3 SchKG, Art. 933, Art. 973 ZGB);
- *Verlust der Pfanddeckung,* was etwa dann der Fall ist, wenn der vermeintliche Pfandgegenstand mit Pfändungsbeschlag belegt wird.

B. Widerspruchsverfahren

1. Anwendungsbereich

738   Aus den oben erwähnten Gründen ist es notwendig, die Rechtslage hinsichtlich der formell gepfändeten Vermögensobjekte zu klären; dies geschieht im sog. *Widerspruchsverfahren* gemäss Art. 106 ff. SchKG.[619] Ein solches wird durchgeführt, wenn ein Dritter ein Recht geltend macht, welches die Pfändung *ausschliesst* oder zumindest *zurückdrängt*.[620] M.a.W. ist nach Art. 106 ff. SchKG vorzugehen, wenn insbesondere eines der folgenden materiellen Rechte am Pfändungsgut vorgebracht wird:

- *Eigentum;*
- *beschränkte dingliche Rechte* an beweglichen Sachen;

    Anmerkung: Werden beschränkte dingliche Rechte (oder realobligatorische) Rechte an Grundstücken geltend gemacht, wird ein Lastenbereinigungsverfahren[621] durchgeführt, welches sich ebenfalls nach den Regeln von Art. 106 ff. SchKG richtet (Art. 140 SchKG).

    Beispiele: Pfandrecht, Nutzniessung, Kaufrechte.

- *Eigentumsvorbehalt* (Art. 715 f. ZGB);

    Anmerkung: Verlangt der Verkäufer gestützt auf seinen Eigentumsvorbehalt die Sache zurück, ist der Anspruch des Käufers auf Rückerstattung des bezahlten Kaufpreises von Amtes wegen unter Abzug eines angemessenen Mietzinses und einer Abnützungsentschädigung beim Schuldner, dem die Sache lediglich unter Eigentumsvorbehalt verkauft worden ist, zu pfänden (KS des BGer Nr. 14 v. 11.5.1922 betreffend Pfändung von dem betriebenen Schuldner unter Eigentumsvorbehalt verkauften Vermögensobjekten, Konkurrenz des Pfändungspfandrechts und des Eigentums des Verkäufers).

- *Gläubigerrecht an einer Forderung;*

    Anmerkung: Macht der Schuldner der gepfändeten Forderung geltend, die Forderung bestehe gar nicht bzw. nicht im beanspruchten Umfang, ist kein Widerspruchsverfahren anzuheben. Vielmehr wird die betreffende Forderung als bestrittene gepfändet.

---

619   BGer v. 25.3.2010, 5A_728/2009 E. 3.
620   BGE 119 III 22 E. 4; 99 III 11 E. 3.
621   Rz. 871.

– *Pfandrecht* an einer Forderung;

> *Beispiel:* Aufgrund eines Kaufvertrages pfändet der Betreibungsbeamte B die noch nicht bezahlte Kaufpreisforderung von CHF 500.00. Hiergegen erhebt X Widerspruch und legt einen durch S unterzeichneten Pfandvertrag vor, welcher zum Zwecke der Sicherung einer Forderung des X gegen S abgeschlossen wurde.

– *auftragsrechtlicher Herausgabeanspruch* (Art. 401 Abs. 3 OR);

> *Anmerkung:* Art. 401 Abs. 3 OR bezieht sich nur auf Treugut, das der Beauftragte (= Betriebene) von Dritten erworben hat.[622]

> *Anmerkung:* Obwohl sich der Wortlaut von Art. 401 Abs. 3 OR bloss auf den Konkurs bezieht, muss sich die Norm auch auf die Spezialexekution erstrecken. Dies ergibt sich vornehmlich aus dem Umstand, dass Art. 106 ff. SchKG das Pendant zur konkursrechtlichen Aussonderungsklage darstellt.

> *Beispiel:* Der nicht im Handelsregister eingetragene Architekt S wurde durch M beauftragt, Pläne für ein Hochhaus zu entwerfen. Die komplizierte Statik des Baus bedingte den Einsatz einer speziellen Software, welche S erwarb. Der Wert dieser Software lag bei CHF 20 000.00. Den Preis dafür entrichtete M vorweg. Noch bevor S damit beginnen konnte, Pläne für den Bau zu entwerfen, wurde bei ihm die Pfändung vollzogen. Dabei wurde die teure Software mit Pfändungsbeschlag belegt, worauf M das Widerspruchsverfahren einleitete und seinen Anspruch an der Software angab.

– *Widerspruchsrechte* im Rahmen des *Güterrechts;*

> *Beispiel:* S lebt mit F unter dem Güterstand der Gütergemeinschaft. Im Rahmen einer Betreibung gegen S wird ein dem Eigengut der F zugehöriger Pelzmantel gepfändet. F kann gestützt auf Art. 68b Abs. 1 SchKG gegen diese Pfändung ein Widerspruchsverfahren in Gang bringen.

– *Widerspruchsrecht zum Schutz des freien Vermögens* (Art. 68e SchKG);

> *Anmerkung:* Der Begriff des freien Vermögens ergibt sich aus dem Gesetz (Art. 321 ZGB [freies Kindesvermögen], Art. 395 ZGB [Verwaltungsbeiratschaft] und Art. 414 ZGB [Vormundschaft]).

Bringt der Dritte keinen materiell-, sondern einen *betreibungsrechtlichen Anspruch* vor, so ist diese Streitigkeit nicht im Widerspruchsverfahren zu klären. Vielmehr wird hierüber im Beschwerde- oder im Kollokationsverfahren entschieden (Art. 17 bzw. Art. 146 ff. SchKG). 739

> *Beispiel:* Gegen Schuldner S sind mehrere Betreibungen hängig. Gläubiger G wird trotz Ablauf der Teilnahmefrist an eine Pfändungsgruppe angeschlossen. Hiergegen kann sich Gläubiger D, der derselben Gruppe wie Gläubiger G angehört, mit betreibungsrechtlicher Beschwerde wehren.

Ein Dritter, der behauptet, gutgläubig eine gepfändete oder nach der Pfändung verarrestierte Sache erworben zu haben, kann grundsätzlich die Einleitung des 740

---

622   BGE 117 II 429 E. 3.b.

Widerspruchsverfahrens verlangen. Dieser Grundsatz gilt jedoch gemäss bundesgerichtlicher Rechtsprechung nicht absolut. Der Betreibungsbeamte kann die Einleitung eines Widerspruchsverfahrens verweigern, wenn er davon überzeugt ist, dass der Drittansprecher schon vor der auf ihn erfolgten Übertragung über die bestehende Pfändung orientiert war.[623] Gegen einen solchen Entscheid des Betreibungsbeamten kann der Drittansprecher betreibungsrechtliche Beschwerde erheben.

741 *Rein obligatorische* Ansprüche auf Sachrückgabe bzw. -übergabe vermögen ebenfalls kein Widerspruchsverfahren auszulösen.

742 Wird der Anspruch des Dritten anerkannt, so fällt der umstrittene Vermögenswert aus der Pfändung oder das geltend gemachte Recht des Dritten wird vorrangig berücksichtigt. Dringt der Dritte mit seinem Anspruch im Widerspruchsverfahren nicht durch, nimmt die Vollstreckung ihren Fortgang.[624]

743 Zu beachten ist, dass sich im kontradiktorischen Verfahren jeweils entweder Drittansprecher und Schuldner oder Drittansprecher und Gläubiger gegenüberstehen. Ausgeschlossen ist im Rahmen des Widerspruchsverfahrens ein Prozess zwischen Gläubiger und Schuldner.

744 Kraft der Verweise in Art. 155 Abs. 1 SchKG und Art. 275 SchKG bzw. Art. 283 Abs. 1 SchKG gelangt das Widerspruchsverfahren beim Vorliegen der entsprechenden Voraussetzungen auch im Pfandverwertungsverfahren, dem Arrestverfahren und bei der Mietretention zur Anwendung. In den letztgenannten Fällen soll das Verfahren jedoch nicht unbesehen übernommen werden, sondern in einer Art und Weise, die mit dem besonderen Wesen der Betreibung auf Pfandverwertung vereinbar ist, oder anders ausgedrückt, die den tiefgreifenden Wesensunterschieden Rechnung trägt. In dieser Hinsicht ist insbesondere hervorzuheben, dass der Gegenstand der Zwangsvollstreckung in der Betreibung auf Pfandverwertung zum Vornherein bestimmt ist, während es in der Betreibung auf Pfändung dem Betreibungsamt obliegt, die verwertbaren Gegenstände zu bezeichnen. Ausserdem können in der Betreibung auf Pfändung lediglich dem Schuldner gehörende Gegenstände verwertet werden; in der Betreibung auf Pfandverwertung hingegen kann der zur Zwangsverwertung gelangende Gegenstand im Eigentum eines Dritten sein.[625]

745 Das *Widerspruchsverfahren* gliedert sich in *zwei Abschnitte:*
– *Vorverfahren* und
– *Widerspruchsprozess.*

---

[623] BGE 130 III 669 E. 5.1 (Pra 94 [2005] Nr. 76).
[624] BGer v. 25.3.2010, 5A_728/2009 E. 3.
[625] BGE 123 III 367 E. 3.a.

2. Vorverfahren

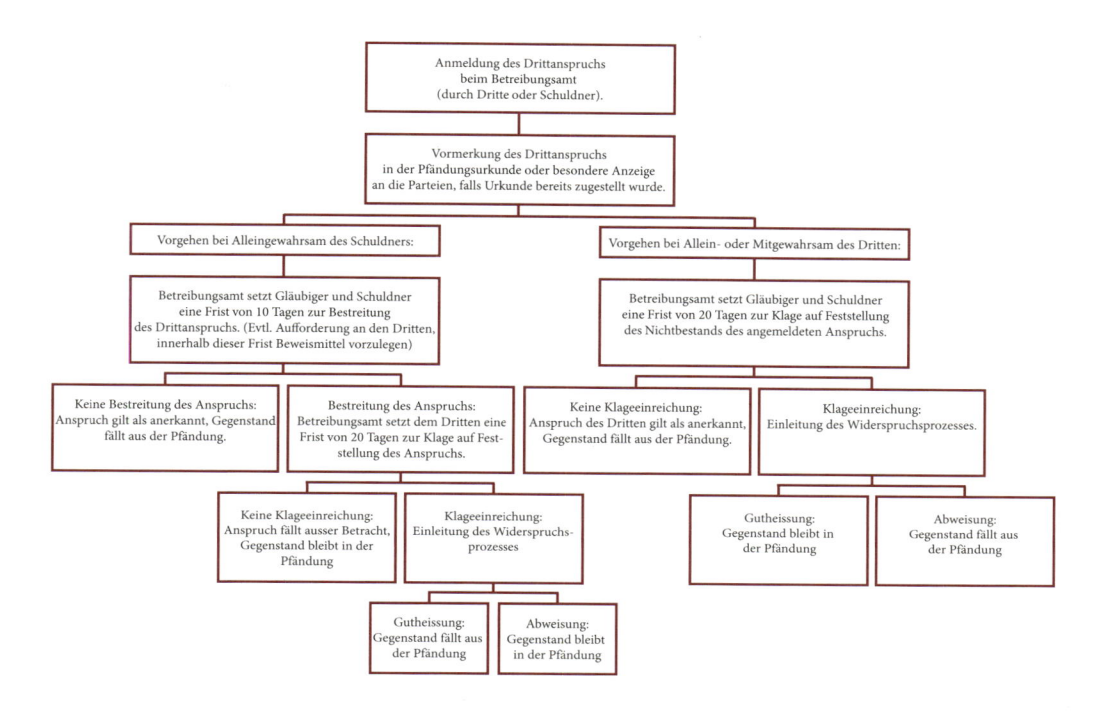

Das *Vorverfahren* wird von Amtes wegen eingeleitet, sobald das Betreibungsamt von einer Drittansprache Kenntnis erhält. Die Anmeldung des Anspruchs beim Betreibungsamt erfolgt durch den Drittansprecher selbst, einen anderen Dritten (z.B. den Mieter einer in der Betreibung gegen den Vermieter gepfändeten Sache) oder den Schuldner. Letzteren trifft nach Art. 91 Abs. 1 Ziff. 2 SchKG ja die Pflicht, über die sich bei ihm befindlichen Vermögensstücke Auskunft zu geben.[626]

746

Drittansprüche können *bis zur Verteilung des Erlöses* aus der Verwertung der gepfändeten Gegenstände angemeldet werden (Art. 106 Abs. 2 SchKG). Die Geltendmachung ist an keine formelle Frist gebunden; werden die Drittansprüche jedoch nicht innert nützlicher Frist geltend gemacht, verwirken sie.[627] Nach der Verwertung des Pfandguts bzw. der Verteilung des Verwertungserlöses stehen dem früheren Besitzer einer abhanden gekommenen oder gestohlenen Sache nach wie vor die sachenrechtlichen Verfolgungsrechte zur Verfügung (Art. 106 Abs. 3 SchKG).

747

---

626 Rz. 607.
627 BGer v. 31.1.2007, 5C.209/2006 E. 4.1, BGE 120 III 123 E. 2.a; 114 III 92 E. 1.a.

748 Die Anmeldung des Drittanspruchs kann mündlich oder schriftlich erfolgen. Verlangt wird einzig eine genügende Spezifikation des Gegenstandes.

749 Das Betreibungsamt *merkt* den Drittanspruch in der Pfändungsurkunde *vor* oder zeigt dies den Parteien besonders an, falls die Urkunde bereits zugestellt wurde.

750 *Ausnahmsweise* besteht eine Verpflichtung des Betreibungsamtes, das Widerspruchsverfahren von Amtes wegen einzuleiten. So bestimmt Art. 10 Abs. 1 VZG, dass Grundstücke, die im Grundbuch auf einen anderen Namen als denjenigen des Schuldners eingetragen sind, nur gepfändet werden dürfen, wenn der Gläubiger dies aufgrund eines in Ziff. 1–3 aufgezählten Grundes glaubhaft macht. Dies ist folglich dann der Fall, wenn

– der Erwerb des Grundstücks durch den Schuldner *ohne Eintragung* in das Grundbuch erfolgt (Ziff. 1);

> *Anmerkung:* Gemäss Art. 656 Abs. 2 ZGB erlangt der Erwerber eines Grundstücks schon vor der Eintragung das Eigentum, wenn er dieses zufolge Aneignung, Erbgang, Enteignung, Zwangsvollstreckung oder richterlichem Entscheid erwirbt.

– das Grundstück *kraft ehelichen Güterrechts* für die Schulden des betriebenen Schuldners haftet (Ziff. 2);
– der Grundbucheintrag *unrichtig* ist (Ziff. 3).

751 Nach Art. 10 Abs. 2 VZG hat das Betreibungsamt in den eben erwähnten Fällen *sofort* nach der Pfändung ein Widerspruchsverfahren einzuleiten.

752 Je nachdem, wer *Gewahrsam* an der betreffenden beweglichen Sache besitzt, nimmt das Vorverfahren einen unterschiedlichen Verlauf. Unter Gewahrsam wird die *unmittelbare tatsächliche Herrschaft* am gepfändeten Objekt, verbunden mit der Möglichkeit, sie zu *gebrauchen,* verstanden. Gewahrsam ist jedoch *nicht* mit Besitz gleichzusetzen; letzterer erfordert im Unterschied zum Gewahrsam, dass der Besitzer neben der faktischen Herrschaft über den Gegenstand auch noch Besitzwillen aufweist. Massgebend für die Bestimmung des Gewahrsams ist der Zeitpunkt des Pfändungsvollzugs.[628] Hinsichtlich Forderungen oder anderen Rechten, welche nicht wertpapiermässig verurkundet sind, entscheidet dagegen die grössere Wahrscheinlichkeit der Berechtigung über das einzuschlagende Verfahren. Bezüglich Grundstücken ist der Grundbucheintrag massgebend (Art. 106 Abs. 1, Art. 107 Abs. 1 SchKG). Der Entscheid über den Gewahrsam bzw. das einzuschlagende Verfahren obliegt dem Betreibungsamt.

---

[628] BGer v. 15.11.2005, 7B.159/2005 E. 1; in Zusammenhang mit dem Arrest BGer v. 27.2.2004, 7B.270/2003 E. 2.4.

2.1 Widerspruchsverfahren bei ausschliesslichem Gewahrsam des Schuldners im Besonderen

Art. 107 SchKG regelt den Ablauf des Widerspruchsverfahrens und insbesondere die *Parteirollenverteilung* im Widerspruchsprozess:

753

- bei beweglichen Sachen, die sich im *ausschliesslichen Gewahrsam* des Schuldners befinden;
- bei Forderungen und anderen Rechten, sofern die *Berechtigung des Schuldners* als wahrscheinlicher erscheint.

   Beispiel: Im Rahmen des Pfändungsvollzugs wurde eine Forderung gepfändet. Bei der Pfändung stützte sich der Beamte auf eine bei S befindliche Zessionsurkunde, welche diesen als Zessionaren auswies. S seinerseits bestritt, Inhaber dieser Forderung zu sein. Er stellte sich auf den Standpunkt, dass die Forderung zwischenzeitlich weiterzediert wurde.

- bei Grundstücken, sofern sich der Anspruch des Dritten nicht aus dem Grundbuch ergibt.

Für den Fall, dass der Schuldner *Alleingewahrsam* am Pfändungsobjekt besitzt, setzt das Betreibungsamt dem Gläubiger und dem Schuldner eine zehntägige Frist zur Bestreitung des Drittanspruchs (sog. Bestreitungsfrist). Auf Verlangen des Schuldners oder des Gläubigers wird der Dritte aufgefordert, innerhalb der Bestreitungsfrist seine Beweismittel beim Betreibungsamt zur Einsicht vorzulegen (Art. 107 Abs. 1 und 2 SchKG). Wird der Drittanspruch nicht bestritten, gilt dieser als anerkannt (Art. 107 Abs. 4 SchKG). Diesfalls fällt der Gegenstand dem Drittansprecher zu.

754

Im Falle der Bestreitung des Drittanspruchs setzt das Betreibungsamt dem Dritten eine Frist von 20 Tagen für die Klageerhebung gegen den Bestreitenden auf Feststellung des Anspruchs. Unterbleibt die Klage, fällt der Drittanspruch in der Betreibung ausser Betracht (Art. 107 Abs. 5 SchKG).

755

2.2 Widerspruchsverfahren bei Allein- oder Mitgewahrsam des Dritten im Besonderen

Hat der *Dritte im Moment der Pfändung Allein- oder Mitgewahrsam an der gepfändeten Sache* (Art. 108 SchKG), setzt das Betreibungsamt dem Gläubiger und dem Schuldner sogleich eine 20-tägige Frist zur Klage auf Aberkennung des angemeldeten Anspruchs. Klagen weder der Gläubiger noch der Schuldner binnen der Frist, gilt der Anspruch des Dritten als anerkannt.

756

   Beispiel: S und D leben zu zweit in einer Wohngemeinschaft. Als es in einer gegen S gerichteten Betreibung zum Pfändungsvollzug kommt, wird ein im Wohnzimmer hängendes Bild von D gepfändet. D meldet in der Folge beim Betreibungsamt ihr Eigentum an. Das Betreibungsamt setzt daraufhin S und dem betreibenden Gläubiger G eine 20-tägige Frist, um gegen den Anspruch von D zu klagen.

757 Wird die Klage eingereicht, kommt es zum Widerspruchsprozess, in welchem der Drittanspruch gerichtlich abgeklärt wird. Es handelt sich um eine positive *oder* negative Feststellungsklage, je nachdem, ob der Dritte (Art. 107 SchKG) oder der Schuldner bzw. Gläubiger (Art. 108 SchKG) als Kläger auftritt.

3. Widerspruchsprozess

758 Grundsätzlich handelt es sich beim Widerspruchsprozess um ein betreibungsrechtliches Verfahren mit Reflexwirkung auf das materielle Recht, d.h., dass dem Entscheid nur in der hängigen Betreibung Rechtskraft zukommt. Tritt jedoch der *Schuldner* als Prozesspartei auf, so handelt es sich um einen materiellrechtlichen Prozess mit voller Rechtskraft.

759 Der Widerspruchsprozess wird je nach Streitwert im ordentlichen oder im vereinfachten Verfahren geführt. Gemäss Art. 198 lit. e Ziff. 3 ZPO wird kein Schlichtungsverfahren durchgeführt.

760 Die örtliche Zuständigkeit für die Widerspruchsklage richtet sich zunächst nach der Frage, ob es sich beim Pfändungsobjekt um eine bewegliche Sache (bzw. um eine Forderung oder ein anderes Recht) oder um ein Grundstück handelt. Ist ein Grundstück gepfändet worden, so ist für die Widerspruchsklage das Gericht am Ort der gelegenen Sache zuständig (Art. 109 Abs. 3 SchKG). Bei beweglichen Sachen hängt die Zuständigkeit davon ab, ob der Dritte als Kläger oder als Beklagter auftritt. Klagt der Dritte, so hat er das beim Gericht am Betreibungsort zu tun (Art. 109 Abs. 1 Ziff. 1 i.V.m. 107 Abs. 5 SchKG); wird dagegen der Dritte beklagt, so kommt es darauf an, ob er in der Schweiz oder im Ausland wohnt. Wohnt der Dritte in der Schweiz, ist das Gericht an seinem Wohnsitz (Art. 109 Abs. 2 SchKG), wohnt er im Ausland, ist das Gericht am Betreibungsort (Art. 109 Abs. 1 Ziff. 2 SchKG) zuständig.

761 *Pro memoria* sei hier nochmals erwähnt, dass gemäss Art. 30a SchKG abweichende Regelungen von Staatsverträgen und des IPRG vorbehalten sind. Die Widerspruchsklagen nach Art. 107 Abs. 5 SchKG und nach Art. 108 SchKG werden – soweit sich ein Gläubiger und der Dritte gegenüberstehen – als vollstreckungsrechtliche Klagen i.S.v. Art. 22 Ziff. 5 LugÜ qualifiziert. Dies rechtfertigt sich dadurch, dass es sich beim Widerspruchsprozess um ein Zwischenverfahren handelt, welches einen engen *Konnex* zum Zwangsvollstreckungsverfahren hat.[629] Folge davon ist, dass sich die örtliche Zuständigkeit ausnahmslos nach Art. 109 SchKG bestimmt.

762 Anderes gilt für die Klagen gemäss Art. 108 SchKG, sofern sich der Drittansprecher und der Schuldner im Widerspruchsprozess gegenüberstehen. Diesfalls han-

---

[629] BGer v. 5.11.2008, 5A_357/2008 E. 2.1; BGer v. 13.5.2002, 5C.315/2001 E. 3.a; BGE 107 III 118 E. 2.

delt es sich um eine materiellrechtliche Klage, wofür nach Art. 2 Ziff. 1 LugÜ in erster Linie der Richter im Wohnsitzstaat zuständig ist. Liegt kein eurointernationales Verhältnis vor, gelangen die Zuständigkeitsvorschriften des IPRG zur Anwendung.

IV. Anschlusspfändung

A. Voraussetzungen im Allgemeinen

In der Betreibung auf Pfändung herrscht die Regel, dass die Gläubiger in der Reihenfolge befriedigt werden, in der sie das Fortsetzungsbegehren gestellt haben, und zwar unabhängig von der Art ihrer Forderungen (sog. *Windhundprinzip*).[630]

763

Eine Ausnahme gilt bei der *Anschlusspfändung*. Hier können die Gläubiger an der Pfändung teilnehmen, obschon sie ihr Fortsetzungsbegehren nicht gleichzeitig, dafür aber innert einer vom Gesetz vorgesehenen Frist (Anschlussfrist) gestellt haben. Die betreffenden Gläubiger werden in einer *Pfändungsgruppe* zusammengeschlossen. Reicht das Vermögen des Schuldners nicht aus, um alle Forderungen zu befriedigen, werden innerhalb der gleichen Pfändungsgruppe Gläubigerklassen gebildet.[631]

764

Gläubiger, die das Fortsetzungsbegehren erst *nach Ablauf der Anschlussfrist* stellen, bilden *weitere Pfändungsgruppen* mit gesonderter Pfändung (Art. 110 Abs. 2 SchKG).

765

Bereits gepfändete Vermögensstücke können neu gepfändet werden, aber nur in dem Umfang, als der Erlös aus der ersten Pfändung nicht den Gläubigern der vorgehenden Gruppe ausgerichtet werden muss (sog. *Pfändung des Mehrerlöses*; Art. 110 Abs. 3 SchKG).

766

Beispiel: Das antike Bild des S wurde bereits für eine erste Pfändungsgruppe gepfändet. Der Schätzungswert beträgt CHF 30 000.00. Die Gesamtsumme der Forderungen, welche für die erste Gruppe in Betreibung gesetzt wurde, beträgt CHF 25 000.00. Der Mehrwert des antiken Bildes kann somit neuerlich gepfändet werden.

Neben der ordentlichen Anschlusspfändung gemäss Art. 110 SchKG ist in Art. 111 SchKG die privilegierte Anschlusspfändung vorgesehen, für welche erleichterte Voraussetzungen gelten.

767

---

630 Rz. 49.
631 Rz. 1250 ff.

1. Ordentliche Anschlusspfändung im Besonderen

768 Eine Anschlusspfändung ist nur denkbar, wenn bereits eine *Hauptpfändung* vollzogen wurde.

Anmerkung: Die Nachpfändung[632] gilt ebenfalls als Hauptpfändung.

769 Weiter muss in der Betreibung für eine andere Forderung mindestens ein weiteres *Fortsetzungsbegehren* gestellt worden sein. Damit ein solches eingereicht werden kann, muss das Einleitungsverfahren grundsätzlich erfolgreich absolviert worden sein. Das Fortsetzungsbegehren kann im Übrigen sowohl von anderen Gläubigern als auch vom ersten Gläubiger selber gestellt werden; es ist m.a.W. zulässig, sich für eine weitere Forderung der *eigenen* Pfändung anzuschliessen.

Anmerkung: Ausnahmsweise kann ein Fortsetzungsbegehren auch *ohne vorgängiges Einleitungsverfahren* gestellt werden: Dies betrifft zum einen Gläubiger mit *definitivem Pfändungsverlustschein,* welche binnen sechs Monaten das Fortsetzungsbegehren ohne neuen Zahlungsbefehl stellen können (Art. 149 Abs. 3 SchKG) und zum anderen Gläubiger, die über einen *Pfandausfallschein* verfügen. Sie können binnen Monatsfrist seit Zustellung der Urkunde das Fortsetzungsbegehren stellen, ohne einen neuen Zahlungsbefehl erwirken zu müssen (Art. 148 Abs. 2 SchKG).

770 Ein Gläubiger mit provisorischer Rechtsöffnung kann eine provisorische Pfändung verlangen (Art. 83 Abs. 1 SchKG). Dies führt zu einer *provisorischen Anschlusspfändung.*

771 Das Fortsetzungsbegehren muss *innerhalb der Anschlussfrist von 30 Tagen* seit Vollzug der Hauptpfändung erfolgen (Art. 110 Abs. 1 SchKG). Die Hauptpfändung gilt als vollzogen, wenn der Pfändungsakt als Ganzes abgeschlossen ist.[633] Eine Wiederherstellung dieser Frist ist nicht möglich. Die Teilnahmefrist ist eine Verwirkungsfrist. Erfolgt trotz Ablaufs der Teilnahmefrist der Anschluss eines verspäteten Gläubigers, ist dies mittels betreibungsrechtlicher Beschwerde zu rügen.

772 *Ausnahmsweise* erfolgt eine Teilnahme von Gesetzes wegen. Dies ist der Fall beim Arrestgläubiger, wenn Arrestgegenstände für einen andern Gläubiger gepfändet werden, bevor der Arrestgläubiger selber das Fortsetzungsbegehren stellen kann (Art. 281 Abs. 1 SchKG). Diese Anschlusspfändung ist wie jene nach erfolgter provisorischer Rechtsöffnung lediglich provisorischer Natur.

Anmerkung: Dieses Privileg wird daneben auch den Konkursmassen der privilegierten Gläubiger zugestanden.

773 Gemäss Art. 113 SchKG wird in der Pfändungsurkunde ein Nachtrag angebracht, sobald sich ein Gläubiger der Pfändung anschliesst. Ohne diese Anschlussverfü-

---

632 Rz. 721 f.
633 BGE 130 III 661 E. 1.2.

gung erfolgt keine gültige Teilnahme. Nach dem Ablauf der Teilnahmefrist erfolgt die Zustellung der Pfändungsurkunde (Art. 114 SchKG).

Soweit durch die Anschlusspfändung notwendig geworden, nimmt das Betreibungsamt von Amtes wegen eine Ergänzungspfändung[634] vor (Art. 110 Abs. 1 Satz 2 SchKG). Ist eine solche nicht erforderlich, genügt eine Mitteilung über die Teilnahme an die übrigen Parteien.

774

Ist die 30-tägige ordentliche Anschlussfrist abgelaufen, bilden Gläubiger, die das Fortsetzungsbegehren nach Ablauf dieser Frist stellen, eine neue Pfändungsgruppe (Art. 110 Abs. 2 SchKG).[635] Es können sich somit mehrere aufeinanderfolgende Pfändungsgruppen bilden. Jede dieser Gruppen ist unabhängig von allfälligen anderen Gruppen, d.h. sowohl von früheren als auch von späteren. Für jede Gruppe wird m.a.W. ein eigenes Verwertungs- und Verteilungsverfahren durchgeführt.[636]

775

2. Privilegierte Anschlusspfändung im Besonderen

Art. 111 SchKG findet seine Rechtfertigung darin, dass persönliche Beziehungen der Eintreibung von Forderungen entgegenstehen können und den Gläubiger davon abhalten, gegen den ihm nahestehenden Schuldner die Einleitung der Zwangsvollstreckung zu veranlassen. Die von Art. 111 SchKG privilegierten Verhältnisse sollen m.a.W. nicht durch eine sofortige Intervention belastet werden.[637]

776

Die *Privilegierung* bei der Anschlusspfändung besteht in zweierlei Hinsicht (Ingress zu Art. 111 Abs. 1 SchKG):

777

– Zum einen ist für eine privilegierte Anschlusspfändung *keine vorgängige Betreibung* notwendig und
– zum andern beträgt die Anschlussfrist *40 Tage* seit Vollzug der Pfändung.

> Anmerkung: Die Anschlussfrist beginnt mit dem Pfändungsvollzug[638]. Irrelevant ist der Zeitpunkt, in dem die anschlussberechtigte Person von der Pfändung Kenntnis erlangt.[639]

Der Kreis der privilegierten Personen ist abschliessend in Art. 111 Abs. 1 SchKG bezeichnet:

778

– *Ehegatte* oder *eingetragener Partner* für sämtliche Forderungen gegen den Schuldner;[640]

---

634 Rz. 719 f.
635 BGer v. 20.4.2005, 7B.29/2005 E. 2.2.3.
636 BGE 133 III 580 E. 2.2 (Pra 97 [2008] Nr. 56).
637 BGE 127 III 46 E. 3.a.bb.
638 Rz. 607 ff.
639 BGE 98 III 49 E. 2; 85 III 169, 170.
640 BGE 127 III 46 E. 3.a.bb.

- *unmündige Kinder, Mündel oder verbeiständete Personen* für Forderungen aus dem elterlichen oder vormundschaftlichen Verhältnis;
- *mündige Kinder und Grosskinder* für ihre Lidlohnforderung (Art. 334 und Art. 334a ZGB);

  Anmerkung: Nach Art. 334 Abs. 1 ZGB können unter anderem mündige Kinder oder Grosskinder, die ihren Eltern oder Grosseltern in gemeinsamem Haushalt ihre Arbeit oder ihre Einkünfte zugewendet haben, hierfür angemessene Entschädigung verlangen. Voraussetzung für die Entschädigung eines Lidlohnanspruchs bildet der gemeinsame Haushalt von Eltern bzw. Grosseltern und Kind bzw. Grosskind unter der Leitung eines Familienoberhauptes.[641]

- *Pfründer* für seine Ersatzforderung nach Art. 529 Abs. 3 OR.

  Anmerkung: Durch den Verpfründungsvertrag verpflichtet sich der Pfründer, dem Pfrundgeber ein Vermögen oder einzelne Vermögenswerte zu übertragen, und dieser dem Pfründer Unterhalt und Pflege auf Lebzeiten zu gewähren (Art. 521 Abs. 1 OR).

779 Der privilegierte Anschluss des Ehegatten, des unmündigen Kindes, des Mündels und des Verbeiständeten an eine Pfändung ist nur dann möglich, wenn er *während des ehelichen, partnerschaftlichen, elterlichen oder vormundschaftlichen Verhältnisses* oder *innert einem Jahr seit dessen Beendigung* erfolgt. Während der Dauer eines Gerichts- oder Betreibungsverfahrens steht die Anschlussfrist still (Art. 111 Abs. 2 SchKG). Die Forderung muss aber *vor Ende des relevanten Rechtsverhältnisses* entstanden sein. Dies ist bei nachehelichen Unterhaltsforderungen beispielsweise nicht der Fall, da diese erst nach der Scheidung anfallen.[642]

Beispiel: Mit Entscheid vom 1.10.2010 wurde die Ehe von S und G geschieden. Darin wurde S verpflichtet, dem G monatlich CHF 1000.00 nachehelichen Unterhalt zu bezahlen. Von einem Tag auf den andern kam S ihren Zahlungsverpflichtungen gegenüber G nicht mehr nach. Als G in Erfahrung bringen konnte, dass bei S eine Pfändung vollzogen wurde, gab er beim Betreibungsamt eine Anschlusserklärung ab. Ein privilegierter Anschluss des G ist in Anbetracht der Tatsache, dass es sich bei seinen Forderungen gegenüber S um solche handelt, die erst mit dem Scheidungsurteil und somit nicht während der Ehe entstanden sind, nicht möglich.

B. Ablauf des Verfahrens

780 Der *Ablauf des Verfahrens* ist in Art. 111 Abs. 3–5 SchKG geregelt. Es gliedert sich ähnlich wie das Widerspruchsverfahren nach Art. 106 ff. SchKG in:

- ein *Vorverfahren* und
- gegebenenfalls einen *Anschlussprozess*.

---

641 BGer v. 5.1.2005, 5C.133/2004 E. 4.2.
642 BGE 34 I 167 E. 1.

Das Betreibungsamt teilt den ihm bekannten anschlussberechtigten Personen die Pfändung durch uneingeschriebenen Brief mit. Um einen privilegierten Pfändungsanschluss muss ausdrücklich nachgesucht werden. Die Anschlusserklärung unterliegt keiner speziellen Form; sie kann auch mündlich abgegeben werden.[643] Bei Unklarheiten bezüglich des Erklärungsinhalts sollte auf das Vertrauensprinzip abgestellt werden. 781

Anmerkung: Die Anschlusserklärung kann anstelle der Kinder, Mündel und Verbeiständeten auch durch die Vormundschaftsbehörde abgegeben werden (Art. 111 Abs. 2 Satz 2 SchKG).

Beispiel: Der Sohn des S erfuhr 35 Tage nach Vollzug von der Pfändung bei seinem Vater. Tags darauf erklärte er: «Hiermit erkläre ich Beitritt zur Betreibung.» Diese Erklärung ist nach Treu und Glauben als Anschlusserklärung i.S.v. Art. 111 Abs. 2 SchKG zu qualifizieren.

Nach Eingang der Anschlusserklärung ist das Betreibungsamt zur Prüfung gehalten, ob die 40-tägige Frist gewahrt ist. Erst wenn dies der Fall ist, gibt das Betreibungsamt dem Schuldner und den andern Gläubigern Kenntnis von der Anschlusserklärung und setzt ihnen eine Frist von zehn Tagen zur Bestreitung. In Analogie zur Bestreitungsfrist in Art. 107 SchKG handelt es sich auch hierbei um eine Verwirkungsfrist,[644] welche nach Art. 33 Abs. 4 SchKG wiederherstellbar ist.[645] 782

Wird der Anspruch nicht bestritten, so gilt er als anerkannt, und der privilegierte Pfändungsanschluss wird definitiv vollzogen. Der privilegierte Anschlussgläubiger nimmt m.a.W. direkt an der Pfändung teil. Die Nachholung eines Einleitungsverfahrens ist nicht nötig, denn die Teilnahme erfolgt ja ohne vorgängige Betreibung. Gegebenenfalls bedarf es einer Ergänzungspfändung.[646] 783

Beispiel: T, die Tochter des Schuldners, erklärt ihren privilegierten Pfändungsanschluss. Gläubiger G hat seine Zweifel an der geltend gemachten Forderung. Aus Nachlässigkeit unterlässt G jedoch die Bestreitung des Anspruchs der T. Ein Gesuch um Wiederherstellung der Frist wird abgewiesen. Später reicht G gegen T eine Kollokationsklage gemäss Art. 148 SchKG ein, da ihre Forderung keinen Bestand habe. Diese Klage ist abzuweisen, da die Forderung mangels Bestreitung im Anschlussverfahren für die laufende Betreibung als anerkannt zu behandeln ist.

Wird der Anspruch bestritten, nimmt der Anschlussgläubiger nur *provisorisch* an der Pfändung teil. Dies bedeutet, dass er einstweilen das Verwertungsbegehren nicht stellen kann; die entsprechenden Fristen laufen inzwischen aber auch nicht (Art. 118 SchKG). Innert 20 Tagen seit Bekanntgabe der Bestreitung hat der Anschlussgläubiger beim Gericht des Betreibungsorts Klage auf Anerkennung des 784

---

643 BGE 73 III 136, 138.
644 Rz. 210.
645 Rz. 214 ff.
646 Rz. 719 f.

geltend gemachten Anspruchs zu erheben (sog. Anschlussklage), ansonsten sein Teilnahmerecht verwirkt.

785 Die *Anschlussklage* richtet sich gegen den oder die Bestreitenden, d.h. gegen den Schuldner, gegen den Gläubiger oder gegen beide. Der *Anschlussprozess* vollzieht sich je nach Streitwert im ordentlichen oder im vereinfachten Verfahren,[647] wobei der Schlichtungsversuch gemäss Art. 198 lit. e Ziff. 4 ZPO wiederum *ex lege* entfällt.

786 Bei der Anschlussklage handelt es sich um eine betreibungsrechtliche Streitigkeit mit Reflexwirkung auf das materielle Recht, sofern sich im Anschlussprozess der Anschlussgläubiger und ein anderer Gläubiger gegenüberstehen. Die Rechtskraft des Entscheides erstreckt sich diesfalls lediglich auf das laufende Betreibungsverfahren.[648] Bilden dagegen der Anschlussgläubiger und der Schuldner die Parteien des Anschlussprozesses, so ist dieser als materiellrechtliche Streitigkeit zu qualifizieren. D.h., dass dem im Anschlussprozess ergehenden Entscheid materielle Rechtskraft zukommt.

787 *Gutheissung* der Klage führt zur *definitiven Teilnahme* des Anschlussgläubigers an der Pfändung, *Abweisung* lässt die Teilnahme *dahinfallen*.

788 Örtlich zuständig ist das Gericht des Betreibungsortes (Art. 111 Abs. 5 SchKG). Dieser Gerichtsstand ist zwingend. Er gilt auch im Anwendungsbereich des LugÜ (Art. 22 Ziff. 5 LugÜ).

Anmerkung: Der unmittelbare Bezug zur Zwangsvollstreckung steht auch dann im Vordergrund, wenn sich im Anschlussprozess Anschlussgläubiger und Schuldner gegenüberstehen. Die Zuständigkeit im Anwendungsbereich des LugÜ richtet sich deshalb stets nach Art. 22 Ziff. 5 LugÜ.

V. Verwertung

A. Allgemeines

789 Die Verwertung ist in Art. 116 ff. SchKG geregelt.

790 Durch die Pfändung wird das Vollstreckungssubstrat für die *Verwertung* bereitgestellt. *Ohne* dass der Gläubiger das *Verwertungsbegehren* gestellt hat, wird jedoch grundsätzlich *nichts verwertet*. Nur *ausnahmsweise,* nämlich in den Fällen eines Notverkaufs oder nach erfolgter Nachpfändung i.S.v. Art. 145 SchKG, schreitet das Betreibungsamt von Amtes wegen zur Verwertung.

---

[647] Rz. 86 f. und 88.
[648] BGE 61 III 80 E. 4.

Nach Eingang des Verwertungsbegehrens führt das Betreibungsamt die Verwertung durch. Sofern nur wenige bewegliche Sachen (wie z.B. Wohnungsgegenstände) gepfändet wurden, nimmt das jeweilige Amt regelmässig die Hilfe von sog. Gantlokalen bzw. Versteigerungshäusern in Anspruch.

791

Hinsichtlich der Verwertungsreihenfolge trifft das Gesetz keine Regelung. Das System ist nicht auf eine möglichst gleichzeitige, sondern auf eine möglichst rasche Verwertung und auf die Erzielung eines bestmöglichen Erlöses ausgerichtet, weswegen das Gesetz auch verschiedene Verwertungsarten (Versteigerung, Freihandverkauf, Forderungsüberweisung sowie allenfalls besondere Verwertungsverfahren i.S.v. Art. 125–132 SchKG) vorsieht.[649] Hierbei wird zwischen beweglichen und unbeweglichen Vermögenswerten differenziert.

792

B. Verwertungsbegehren

1. Legitimation

Legitimiert zur Stellung des Verwertungsbegehrens sind:

793

- der *Schuldner* (Art. 124 Abs. 1, Art. 133 Abs. 2 SchKG);
- jeder *Gläubiger*, der *definitiv* an der Pfändung teilnimmt (Art. 117 Abs. 1 SchKG);
- die Gläubiger einer *nachgehenden Pfändungsgruppe* für Vermögensstücke, die gemäss Art. 110 Abs. 3 SchKG für den *Mehrerlös* gepfändet wurden (Art. 117 Abs. 2 SchKG);
- die *Rechtsnachfolger* der zur Stellung des Verwertungsbegehrens legitimierten Gläubiger.

Nicht legitimiert sind Gläubiger, deren *Pfändung bloss provisorischer Natur* ist (Art. 118 SchKG). Dies ist der Fall bei:

794

- einer *provisorischen Rechtsöffnung* (Art. 83 Abs. 1 SchKG);
- einem *bestrittenen Anspruch eines privilegierten Anschlussgläubigers* (Art. 111 Abs. 5 SchKG);
- einem *Arrest* (Art. 281 Abs. 1 SchKG).

2. Form und Inhalt

Das Verwertungsbegehren kann mündlich oder schriftlich beim Betreibungsamt gestellt werden, welches die Pfändung angeordnet hat. Dies ist auch dann der Fall, wenn die gepfändeten Gegenstände in einem anderen Betreibungs- oder Konkurskreis liegen. Die Verwertung erfolgt diesfalls requisitionsweise[650] durch das für den Pfändungsvollzug zuständige Amt.

795

---

649 BGer v. 5.8.2010, 5A_783/2009 E. 4.6; BGer v. 25.9.2002, 7B.139/2002 E. 2.4.
650 Rz. 264.

796 Inhaltlich muss das Verwertungsbegehren klar und unzweideutig die Verwertung der gepfändeten beweglichen bzw. unbeweglichen Sachen verlangen. Es darf keine Bedingungen enthalten.[651]

3. Fristen

797 Je nach der Art des gepfändeten Vermögenswerts gelten *unterschiedliche Fristen* zur Stellung des Verwertungsbegehrens (Art. 116 Abs. 1 und Abs. 2 SchKG):

– *für bewegliche Sachen, Forderungen oder andere Rechte*: frühestens einen Monat und spätestens ein Jahr nach der Pfändung;

Anmerkung: Allerdings gelten die Vorschriften des Art. 116 SchKG für die Verwertung von beweglichen Vermögensstücken auch für den Fall, dass Grundstücke zum Gemeinschaftsvermögen gehören (Art. 8 Abs. 1 VVAG). Dasselbe gilt sowohl für registrierte Schiffe (Art. 58 BGSR) als auch für gepfändete Luftfahrzeuge (Art. 57 Abs. 1 LFB).

– *für Grundstücke*: frühestens sechs Monate und spätestens zwei Jahre nach der Pfändung;
– *für künftigen Lohn* (soweit dieser bei Fälligkeit nicht durch Arbeitgeber abgeliefert wurde): spätestens 15 Monate nach der Pfändung.

798 Diese Fristen laufen vom Vollzug der Pfändung an.[652] Sofern eine Ergänzungspfändung[653] vorgenommen werden musste, ist diese für den Fristbeginn massgebend (Art. 116 Abs. 3 SchKG). Die Fristen sind *zwingender Natur;* sie stehen nur bei einer provisorischen Pfändung (Art. 118 Satz 2 SchKG) und nach Einreichung einer Widerspruchsklage (Art. 109 Abs. 5 SchKG) still. Bei der Minimalfrist von einem bzw. sechs Monaten handelt es sich um eine Bedenkfrist[654] für den Schuldner.[655] Die Maximalfristen von einem bzw. zwei Jahren sind dagegen nicht wiederherstellbare Verwirkungsfristen.

799 Wenn binnen der gesetzlichen Frist das Verwertungsbegehren nicht gestellt oder zurückgezogen und nicht erneuert wird, *erlischt die Betreibung, d.h., der Pfändungsbeschlag fällt dahin* (Art. 121 SchKG). Der Rückzug des Verwertungsbegehrens bedeutet aber keinen Verzicht auf die Pfändungsrechte. Kommen die gepfändeten Gegenstände zur Verwertung, weil ein anderer Gläubiger das Verwertungsbegehren gestellt hat, so partizipiert der Gläubiger, der sein Verwertungsbegehren zurückgezogen hat, dennoch am Verwertungserlös.

800 Der Schuldner ist nicht an diese Fristen gebunden; er kann das Verwertungsbegehren stellen, auch wenn der Gläubiger noch nicht dazu berechtigt ist (Art. 124

---

651 BGer v. 5.8.2010, 5A_783/2009 E. 4.6; BGE 85 III 68, 70.
652 BGE 115 III 109 E. 2.b.
653 Rz. 719 f.
654 Rz. 209.
655 BGer v. 19.3.2010, 5A_43/2010 E. 3.2.

Abs. 1 SchKG). Das Verwertungsbegehren des Schuldners setzt das Verwertungsverfahren allerdings nicht zwingend in Gang. Es liegt im Ermessen des Betreibungsamtes, ob es die Verwertung durchführen will oder nicht.

Bei Grundstücken ist der Schuldner allerdings auf die Zustimmung sämtlicher Pfändungs- und Grundpfandgläubiger angewiesen (Art. 133 Abs. 2 SchKG). 801

4. Wirkungen

Das Verwertungsbegehren begründet die *Pflicht* des Betreibungsamts, die Verwertung der gepfändeten Gegenstände *innert der gesetzlichen Fristen vorzunehmen*. Ausnahmsweise kann das Betreibungsamt eine Privatperson mit der Verwertung beauftragen. 802

Beispiel: Mit der Verwertung gepfändeter Kunstgegenstände wird das renommierte Auktionshaus A beauftragt. Dieses verfügt über die Beziehungen und Sachkenntnisse, die für eine erfolgversprechende Verwertung notwendig sind. 803

Nach der hier vertretenen Auffassung ist auch die Zwangsversteigerung über die gängigen Internetauktionshäuser (z.B. www.ricardo.ch) zulässig. Hierfür sprechen nicht zuletzt wirtschaftliche Aspekte. So finden sich in Internetauktionen zum einen regelmässig eine Vielzahl von Bietern und zum anderen sind auch die Kosten relativ gering; fallen doch weder Transport- noch Personal- noch Raumkosten an. 804

Der Schuldner ist innerhalb von *drei Tagen über den Eingang des Verwertungsbegehrens* zu informieren (Art. 120 SchKG). Dies geschieht durch eine schriftliche Mitteilung i.S.v. Art. 34 SchKG bei jedem neu gestellten Verwertungsbegehren. Die Frist von drei Tagen ist allerdings bloss eine Ordnungsfrist.[656] Wird sie nicht eingehalten, so hat dies keinen Einfluss auf die Gültigkeit der Verwertung. Das Gleiche gilt für den Fall, dass die Anzeige vollständig unterlassen wird. 805

5. Spezialfälle: Notverkauf und Verwertungsaufschub

Im Falle eines Notverkaufs handelt das Betreibungsamt *von Amtes wegen*. Es muss dabei keine Rücksicht darauf nehmen, ob ein Verwertungsbegehren gestellt worden ist oder ob die unter Rz. 797 dargestellten Verwertungsfristen eingehalten sind. 806

Zweck des *Notverkaufs* gemäss Art. 124 Abs. 2 SchKG ist die Abwendung eines finanziellen Schadens, welcher dem Schuldner und den Gläubigern im Zusammenhang mit entwertungs- und kostenträchtigen Gegenständen vermutlich entstehen würde, wenn die gesetzlichen Verwertungsfristen abgewartet würden. Aus wirtschaftlicher Sicht konkretisiert Abs. 2 den allgemeinen Auftrag des Betreibungs- 807

---

[656] Rz. 206 f.

amtes, für die Erhaltung der gepfändeten Rechte zu sorgen.[657] Der sachliche Anwendungsbereich beschränkt sich dabei nicht bloss auf bewegliche, körperliche Sachen i.S.v. Art. 122 SchKG, auch wenn dies der Wortlaut der Bestimmung nahelegen würde. Die Terminologie im SchKG ist nicht einheitlich; unter den Begriff *Gegenstand* können deshalb auch Forderungen, andere Rechte (z.B. Patente) und Vermögensbestandteile anderer Art (z.B. der Gesamthandanteil an einer Liegenschaft) subsumiert werden.

808 Ein Notverkauf ist vorzunehmen (Art. 124 Abs. 2 SchKG):

– wenn die gepfändeten Gegenstände einer schnellen Wertverminderung ausgesetzt sind.

   Anmerkung: Keine schnelle Wertverminderung ist das allmähliche Sinken des Verkaufswertes um mutmasslich 10%.

   Beispiele: Gemüse, Schlachtwaren, Schnittblumen, Fisch, Bier, Modeartikel am Ende der Saison[658].

– wenn das Pfändungsgut einen kostspieligen Unterhalt erfordert.

   Anmerkung: Der Unterhalt ist kostspielig, wenn der Gesamtbetrag der innert der interessierenden Zeitspanne nötigen mutmasslichen Aufwendungen in einem Missverhältnis zum Wert des betreffenden Gegenstandes steht.

   Beispiel: Flugzeug, sofern dessen Wert in keinem Verhältnis zu den Unterhaltskosten steht.

– wenn die gepfändeten Gegenstände unverhältnismässige Aufbewahrungskosten verursachen;

   Beispiel: Die antiken Bücher des S müssen bei konstanter Raumtemperatur und Luftfeuchtigkeit aufbewahrt werden. Die Miete einer solchen Einrichtung fällt höher aus als der erwartete Verwertungserlös.

– wenn das Betreibungsamt wegen ungenügenden Verwertungserlöses von Amtes wegen eine Nachpfändung vornehmen muss (Art. 145 Abs. 1 SchKG).

809 Beim *Verwertungsaufschub* handelt es sich um eine Rechtswohltat für den zwar zahlungswilligen, jedoch bloss beschränkt zahlungsfähigen Schuldner. Er kann sowohl in der Betreibung auf Pfändung als auch in der Betreibung auf Pfandverwertung und sowohl für bewegliche als auch für unbewegliche Sachen erwirkt werden (Art. 123, 143a und 156 Abs. 1 Satz 1 SchKG).

810 Ein Verwertungsaufschub erfolgt auf Gesuch des Schuldners oder Mitbetriebener hin durch Verfügung des Betreibungsamts (Art. 123 SchKG; Art. 32 VZG), falls folgende Voraussetzungen erfüllt sind:

– Glaubhaftmachung, dass die Schuld ratenweise getilgt werden kann;

---

657 BGE 101 III 27 E. 1.c.
658 A.M. BGE 81 III 119, 121 f.

- Verpflichtung zu regelmässigen und angemessenen Abschlagszahlungen an das Betreibungsamt;
- Zahlung der ersten Rate;
- in zeitlicher Hinsicht: Stellung des Gesuchs frühestens nach dem Verwertungsbegehren des Gläubigers und spätestens vor der Vornahme der Verwertung.

Das Gesuch ist an *keine besondere Form* gebunden. Das Betreibungsamt setzt die Höhe und Verfalltermine der Abschlagszahlungen unter Berücksichtigung der schuldnerischen Verhältnisse sowie – im Rahmen der vorgesehenen Maximalfristen – die Dauer des Aufschubs fest. Diese Verfügung kann jederzeit angepasst werden. Das Betreibungsamt verfügt folglich über einen weiten Ermessensspielraum.[659] Der Aufschub darf aber nicht von der Zahlung eines Kostenvorschusses seitens des Gläubigers abhängig gemacht werden. Eine solche Verfügung wäre nichtig i.S.v. Art. 22 SchKG.[660] 811

Die Verwertung darf höchstens *um zwölf Monate* hinausgeschoben werden (Art. 123 Abs. 1 SchKG), bei Forderungen erster Klasse i.S.v. Art. 219 Abs. 4 Erste Klasse höchstens um sechs Monate (Art. 123 Abs. 2 SchKG). Ein Rechtsstillstand[661] bewirkt die Verlängerung des Aufschubs und eine Neufestlegung der Raten und deren Fälligkeit. 812

Wird eine Abschlagszahlung *nicht rechtzeitig* geleistet, fällt der Aufschub von Gesetzes wegen dahin.[662] *Rechtzeitig* heisst, dass die Zahlung spätestens beim Verfalltermin erfolgt, wobei auch die Bareinzahlung bei der Post genügt. 813

Ein weiterer Fall eines Verwertungsaufschubs findet sich in Art. 122 Abs. 2 SchKG. Die Verwertung hängender oder stehender Früchte vor ihrer Reife und ohne Zustimmung des Schuldners ist unzulässig. 814

C. Umfang der Verwertung

Da die Verwertung ausschliesslich der Befriedigung der betreibenden Gläubiger dient, darf von den gepfändeten Gegenständen – analog zum Verbot der Überpfändung gemäss Art. 97 Abs. 2 SchKG – *nur so viel verwertet werden, als zur Deckung der Gläubiger der nämlichen Pfändungsgruppe notwendig ist*. Ergibt sich anlässlich der Verwertung, dass zu viel Vermögen gepfändet wurde, muss das Betreibungsamt die Verwertung von Amtes wegen *einstellen,* sobald der Erlös den Gesamtbetrag der Forderungen mit definitiver oder provisorischer Pfändung – einschliesslich der Verfahrenskosten – erreicht (Art. 119 Abs. 2 SchKG). 815

---

659 BGE 87 III 109, 100.
660 BGE 77 III 23, 26.
661 Rz. 340 ff.
662 BGE 121 III 197 E. 3 (Pra 84 [1995] Nr. 279).

Anmerkung: Ein allfälliger Überschuss darf nachgehenden Pfändungsgruppen nur dann zugehalten werden, wenn für diese eine Pfändung des Mehrerlöses i.S.v. Art. 110 Abs. 3 SchKG erfolgte.

816 Von einer Verwertung ist in Analogie zu Art. 127 SchKG von vornherein abzusehen, falls ihr Ergebnis zweifellos nicht einmal die anfallenden Kosten decken würde.[663] Dies ist etwa dann der Fall, wenn der wertvollste der gepfändeten Gegenstände im Rahmen eines Widerspruchsprozesses dem berechtigten Dritten zugestanden werden musste und die restlichen Vermögenswerte einen tiefen Gantwert aufweisen.

817 Die auf Forderungen mit provisorischer Pfändung entfallenden Beträge werden bei der kantonalen Depositenanstalt hinterlegt (Art. 144 Abs. 5 SchKG).

818 Die Regel, wonach sämtliche Forderungen gedeckt sein müssen, bevor die Verwertung eingestellt wird, kann dazu führen, dass für Forderungen verwertet wird, die sich nachträglich als unbegründet erweisen.

Beispiel: T und S leben in einer eingetragenen Partnerschaft. In der gegen die Schuldnerin S geführten Betreibung erklärt T einen privilegierten Pfändungsanschluss. Gläubiger G bestreitet die Forderung der T beim Betreibungsamt. Daraufhin erhebt T Klage nach Art. 111 Abs. 5 SchKG. Unter Einhaltung der entsprechenden Frist verlangt G die Verwertung der gepfändeten Gegenstände. Nach der Verwertung obsiegt G im Anschlussprozess gegen T. Das Betreibungsamt stellt nachträglich fest, dass es infolge Unbegründetheit der Forderung der T zu viel verwertet hat. S erhält immerhin den Erlös für die zu viel verwerteten Pfändungsobjekte zurück.

D. Verwertungsgrundsätze

819 Das Betreibungsamt hat bei der Verwertung des Pfändungsguts eine Reihe von Grundsätzen zu beachten, die ein einfaches und faires, zugleich aber auch ergiebiges Verwertungsverfahren sicherstellen sollen.

1. Zuständigkeit

820 Die Verwertung wird in der Regel durch das Betreibungsamt durchgeführt, in dessen Kreis die zu verwertenden Gegenstände liegen. Zuständig ist somit das Amt, das die Pfändung vollzogen hat (Art. 89 SchKG). Diese *zwingende Zuständigkeit* gilt nach dem Wortlaut von Art. 4 Abs. 2 SchKG nur für die öffentliche Versteigerung. Ein Freihandverkauf gemäss Art. 130 bzw. Art. 143b SchKG oder eine Forderungsüberweisung (Art. 131 SchKG) können dagegen mit Zustimmung des Amtes am Ort der gelegenen Sache auch vom Betreibungsamt, das die Betreibung führt, vollzogen werden.

---

663 BGE 88 III 103 E. 4; 83 III 131 E. 2.

2. Versilberungsprinzip

Das *Versilberungsprinzip* besagt, dass die gepfändeten Vermögenswerte bei der Verwertung in Geld umzusetzen sind. Die Gläubiger erhalten bei der Verteilung einen Geldbetrag; die Eigentumsübertragung von Pfändungsgütern an die Gläubiger ist nicht vorgesehen. Als Ausnahme vom Versilberungsprinzip sieht Art. 131 SchKG die Überweisung gepfändeter Forderungen an einen oder mehrere Gläubiger vor.[664] Eine Versilberung erübrigt sich ferner, wenn Bargeld gepfändet oder eine Lohnpfändung verfügt wurde.

821

3. Deckungsprinzip

Gemäss Art. 126 SchKG müssen bei der Verwertung die dem betreibenden Gläubiger im Rang vorgehenden pfandgesicherten Forderungen – ob fällig oder nicht – durch das Verwertungsangebot gedeckt sein *(Deckungsprinzip)*.[665] Mangels eines genügenden Angebots fällt die Betreibung hinsichtlich des gepfändeten Gegenstandes dahin (Art. 126 Abs. 2 SchKG). Das Deckungsprinzip bedeutet m.a.W., dass der Zuschlag nur dann erfolgen darf, wenn das letzte Angebot den Betrag allfälliger dem betreibenden Gläubiger im Rang vorgehender pfandgesicherter Forderungen übersteigt. Da dieses Prinzip nicht allein dem Schutz der im Rang vorgehenden Pfandgläubiger dient, können diese auch nicht auf dessen Einhaltung verzichten. Auch der Schuldner und ein allfälliger Drittpfandeigentümer können ein berechtigtes Interesse daran haben, dass das Deckungsprinzip gewahrt wird. Ansonsten könnte es zur Liquidation von Pfandrechten kommen, deren Forderungen nicht in Betreibung gesetzt worden sind, wodurch die dem Schuldner und dem Drittpfandeigentümer zustehenden Rechte wie Rechtsvorschlag oder Einhaltung der Verwertungsfristen abgeschnitten würden.[666] Haften mehrere Pfänder für dieselbe Forderung, ist bei der Berechnung des Mindestzuschlagspreises bei jedem Pfand der volle Wert der pfandgesicherten Forderung zu berücksichtigen.

822

Das Deckungsprinzip gilt demgegenüber nicht für die *in Betreibung gesetzte Forderung selbst*. Wird jedoch nur für Zinse oder nur für einen Teil der Kapitalforderung auf Pfändung betrieben, darf nur zugeschlagen werden, wenn auch die Kapitalforderung, soweit sie nicht in Betreibung gesetzt wurde, überboten ist (Art. 54 Abs. 2 VZG).[667]

823

Das höchste Gebot muss jeweils den Betrag der vorgehenden pfandgesicherten Forderungen übersteigen, damit ein Zuschlag erfolgen kann. Im Zusammenhang mit der Berechnung des Zuschlagspreises ist bei der Verwertung von Grundstücken insbesondere Art. 53 Abs. 1 VZG zu beachten. Danach dürfen von den dem

824

---

664 Rz. 843 ff.
665 BGer v. 1.6.2006, 5C.36/2006 E. 3.4.3; BGE 67 III 6, 8.
666 BGE 104 III 79 E. 3.
667 BGE 107 III 122 E. 1.

betreibenden Gläubiger vorangehenden pfandgesicherten Forderungen (Kapital, rückständige Zinsen, laufender Zins bis zum Steigerungstag, allfällige Verzugszinse und Betreibungskosten) nur diejenigen berücksichtigt werden, die im Lastenverzeichnis enthalten und unbestritten geblieben oder gerichtlich gutgeheissen bzw. noch beim Richter anhängig sind. Als Betreibungskosten in diesem Sinne gelten nur jene Kosten, die im Rahmen des Einleitungsverfahrens entstanden sind (z.B. die Kosten für die Zustellung des Zahlungsbefehls) und im Lastenverzeichnis aufgeführt sowie unbestritten geblieben sind. Die Verwertungskosten – hierunter fallen auch die Kosten der Versteigerung – werden bei der Berechnung des minimalen Zuschlagspreises hingegen nicht mitberücksichtigt.

825 Die Gebühr für die Vorbereitung und Durchführung einer Versteigerung wird gemäss Art. 30 GebV SchKG nach der Höhe des Zuschlagspreises bestimmt. In Anbetracht der Tatsache, dass der Zuschlagspreis erst bei der Versteigerung ermittelt wird, kann die Gebühr also erst im Nachhinein berücksichtigt und vom Bruttoerlös in Abzug gebracht werden (Art. 144 Abs. 3 SchKG). Es kann deshalb vorkommen, dass der Reinerlös der Versteigerung unter dem Mindestzuschlagspreis und somit unter dem Wert der pfandgesicherten Forderung samt zugehörigen Zinsen liegt.

> *Beispiel:* G betreibt S für eine nicht pfandgesicherte Forderung in Höhe von CHF 100 000.00. Die Liegenschaft des S wird in der Folge gepfändet. Sie ist mit zwei Hypotheken im Gesamtbetrag von CHF 500 000.00 belastet. Gemäss dem Deckungsprinzip muss das höchste Gebot nun diesen Gesamtbetrag übersteigen, damit ein Zuschlag erfolgen kann. Zudem gilt es hier Art. 53 Abs. 1 VZG zu beachten, d.h., neben dem Kapital (CHF 500 000.00) sind auch die rückständigen Zinse, der laufende Zins bis zum Steigerungstag, allfällige Verzugszinse sowie die Betreibungskosten zu berücksichtigen, sofern sie im Lastenverzeichnis enthalten und unbestritten geblieben oder gerichtlich gutgeheissen bzw. noch beim Richter anhängig sind. Liegt das Höchstangebot unter CHF 500 000, so fällt die Verwertung dieses Grundstücks ausser Betracht.

4. Überbindungsprinzip

826 Das *Überbindungsprinzip* gelangt *lediglich bei der Verwertung von Grundstücken* zur Anwendung. Bei der Verwertung einer beweglichen Sache findet dagegen keine Überbindung statt; der einer nicht fälligen Faustpfandforderung zukommende Anteil am Verwertungserlös wird hinterlegt (Art. 9 SchKG) und bei Fälligkeit ausgezahlt. Dem Überbindungsprinzip zufolge gehen alle auf dem zu verwertenden Grundstück haftenden Belastungen (Dienstbarkeiten, Grundlasten, Grundpfandrechte und vorgemerkte persönliche Rechte [Vorkaufs-, Kaufs-, Rückkaufsrechte, Miete, Pacht; nicht aber öffentlich-rechtliche Eigentumsbeschränkungen wie etwa der Austausch von Ausnützungsziffern aufgrund einer privatrechtlichen Vereinbarung][668]) und damit verbundene (nicht fällige) per-

---

[668] BGE 121 III 242 E. 1.

sönliche Schuldpflichten auf den Erwerber übergehen (Art. 135 Abs. 1 SchKG i.V.m. Art. 832 ZGB). Dies geschieht – soweit die Steigerungsbedingungen nicht etwas anderes bestimmen – *gegen Abrechnung am Zuschlagspreis* (Art. 48 Abs. 1 VZG).

Fällige grundpfandgesicherte Schulden werden dagegen nicht überbunden, sondern vorweg aus dem Erlös bezahlt (Art. 135 Abs. 1 Satz 3 SchKG). 827

5. Prinzip des Doppelaufrufs

Gemäss dem *Prinzip des Doppelaufrufs* werden Grundstücke bei der Versteigerung einmal mit und einmal ohne die *nachgehende* Last aufgerufen (Art. 142 Abs. 1 i.f. SchKG). Der Doppelaufruf soll den Grundpfandgläubiger davor schützen, dass seine pfandrechtliche Sicherheit durch den Schuldner nachträglich geschmälert wird. Ein Doppelaufruf findet aber nur statt, falls das zu verwertende Grundstück *ohne Zustimmung* des vorgehenden Grundpfandgläubigers belastet wurde und dieser den Doppelaufruf binnen zehn Tagen (Verwirkungsfrist) seit Mitteilung des Lastenverzeichnisses ausdrücklich *verlangt* (Art. 812 Abs. 2 ZGB, Art. 142 Abs. 1 SchKG, Art. 56, Art. 104 VZG). Der Vorrang eines Grundpfandgläubigers ist in betreibungsrechtlicher Hinsicht dann gegeben, wenn er aus dem Lastenverzeichnis ersichtlich ist und nicht mit Erfolg bestritten wird. 828

Anmerkung: Ein Doppelaufruf ist entgegen dem Wortlaut von Art. 142 SchKG auch bei beweglichen Sachen durchzuführen, sofern das Pfandrecht durch die Bestellung einer nachträglichen Last an Wert verliert. Dies ist etwa dann der Fall, wenn an einer gemäss Art. 900 ZGB verpfändeten (nicht verurkundeten) Forderung– ohne Zustimmung des Pfandgläubigers – eine Nutzniessung errichtet wird (Art. 746 ZGB).

Wird der Pfandgläubiger durch den Erstaufruf nicht vollständig befriedigt und ergibt sich beim Zweitaufruf eine höhere Deckung, so erfolgt ein Zuschlag ohne die nachgehende Last (Art. 142 Abs. 3 Satz 1 SchKG). Wenn aber das vorgehende Pfandrecht bereits beim ersten Aufruf volle Deckung erzielt, braucht kein zweiter Aufruf mehr stattzufinden. Gehen dem Pfandrecht mehrere Lasten nach, sind auch mehrere Aufrufe durchzuführen. Der gebräuchliche Begriff *Doppelaufruf* ist insofern zu eng. 829

Das Prinzip des Doppelaufrufs gilt: 830

– für Lasten gemäss Art. 142 Abs. 1 SchKG i.V.m. Art. 56 und Art. 104 VZG, sofern diese ohne Zustimmung des vorgehenden Pfandgläubigers errichtet worden sind; hierunter fallen Dienstbarkeiten, Grundlasten oder im Grundbuch eingetragene persönliche Rechte (Vorkaufs-, Kaufs-, Rückkaufsrecht, Miete, Pacht usw.);[669]

---

669 BGE 121 III 242 E. 1.

Anmerkung: Das Prinzip des Doppelaufrufs gilt jedoch nicht im Verhältnis zu öffentlich-rechtlichen Eigentumsbeschränkungen; diese gehen dem Pfandrecht vor, auch wenn sie *erst später entstanden* sind.

– analog bei nachträglichen langfristigen Mietverträgen.

Anmerkung: Fällt der Aufruf ohne Mietvertrag höher aus, hat der Erwerber die Möglichkeit, das im Lastenverzeichnis aufgenommene Mietverhältnis auf den nächsten gesetzlichen Termin zu kündigen, und zwar auch ohne dringenden Eigenbedarf i.S.v. Art. 261 Abs. 2 lit. a OR.[670]

831 Ein Doppelaufruf findet zudem in folgenden Fällen statt:

– wenn eine Last zwar vom Schuldner *infolge Nichtbestreitens anerkannt,* aber von einem andern Gläubiger *im Lastenbereinigungsverfahren mit Erfolg bestritten* wird (Art. 42 VZG);

Anmerkung: In diesem Fall kann der Inhaber der von einem anderen Gläubiger erfolgreich bestrittenen Last verlangen, dass das Grundstück einmal mit und einmal ohne seine Last aufgerufen wird. Sofern der Zuschlagspreis mit der Last ausreicht, um den Bestreitungsgläubiger zu befriedigen, wird das Grundstück trotz der erfolgreichen Bestreitung der Last mit derselben zugeschlagen (Art. 42 VZG).

– analog, wenn nebst dem Grundstück auch noch *Zugehör* verwertet werden soll und entweder der Schuldner, einer der betreibenden Gläubiger oder einer der Pfandgläubiger die getrennte und gemeinsame Ausbietung von Zugehör und Grundstück verlangt (Art. 57 VZG).

Anmerkung: Zugehör wird in Art. 644 Abs. 2 ZGB positiv und in Art. 645 ZGB negativ umschrieben. Es wird vorausgesetzt, dass es sich um eine bewegliche Sache handelt, die dauernd für wirtschaftliche Zwecke der Hauptsache bestimmt ist und zwischen Letzterer und der Zugehör ein gewisser räumlicher Zusammenhang besteht. Neben diesen objektiven Voraussetzungen, welche kumulativ erfüllt sein müssen, ist zusätzlich ein subjektives Element begriffsnotwendig, nämlich dass die gemeinsame rechtliche Behandlung von Hauptsache und Zugehör entweder auf Ortsgebrauch oder auf dem Willen des Eigentümers beruhen.[671]

Beispiel: Das Grundstück von S ist mit einer Hypothek in der Höhe von CHF 400 000.00 zugunsten der Bank B belastet. Nach deren Errichtung hat S zugunsten seiner Ehefrau E ein lebenslängliches Wohnrecht im Grundbuch eintragen lassen. Als S die fällige Hypothek nicht zurückzahlen kann, leitet B die Betreibung auf Pfandverwertung[672] gegen ihn ein und stellt schliesslich das Verwertungsbegehren. Da das Grundstück ohne Zustimmung des vorgehenden Grundpfandgläubigers mit einem vorgemerkten persönlichen Recht belastet wurde und sich der Vorrang des Pfandrechts aus dem Lastenverzeichnis ergibt, kann B innert zehn Tagen nach Zustellung des Lastenverzeichnisses den Doppelaufruf (Art. 142 i.V.m. Art. 156 Abs. 1 SchKG, Art. 56 f., 104 VZG) verlangen. Macht B von dieser Möglichkeit Gebrauch, erfolgt der Erstaufruf mit der Last (d.h.

---

670 BGE 128 III 82 E. 2.a; 125 III 123 E. 1.d.
671 BGer v. 7.8.2008, 5A_114/2008 E. 6.2.1.
672 Rz. 905 ff.

mit dem Wohnrecht der E). Reicht das höchste Gebot nicht aus, um die Forderung von B inklusive der Betreibungs- und Verwertungskosten zu decken, hat ein Zweitaufruf ohne Last zu erfolgen. Wird dabei ein höheres Gebot erzielt, wird das Grundstück ohne Last zugeschlagen. Bleibt nach Befriedigung von B ein Überschuss übrig, so ist dieser in erster Linie bis zur Höhe des Wertes des Wohnrechts zur Entschädigung der Ehefrau E zu verwenden (Art. 142 Abs. 3 Satz 2 SchKG, Art. 116 VZG). Wird dagegen mit dem Zweitaufruf kein höheres Angebot erzielt, wird der Zuschlag dem Höchstbietenden im ersten Aufruf mit der Last erteilt und diese auf ihn überbunden.

E. Verwertung von beweglichen Sachen und Forderungen

1. Grundsätzliches

Nach Eingang des Verwertungsbegehrens ist das Betreibungsamt gehalten, innert der Fristen von Art. 122 Abs. 1 SchKG zur Verwertung zu schreiten. Die *Minimalfrist* liegt dabei bei zehn Tagen und die *Maximalfrist* bei zwei Monaten. In beiden Fällen handelt es sich um sog. *Ordnungsfristen*[673], deren Verletzung nicht ungültig, sondern lediglich mittels betreibungsrechtlicher Beschwerde anfechtbar ist. Denkbar ist überdies eine Staatshaftung i.S.v. Art. 5 SchKG[674] oder eine Disziplinarmassnahme[675].[676]

832

2. Grundsatz der öffentlichen Versteigerung

Mit *öffentlicher Versteigerung* (auch Steigerung oder öffentliche Steigerung) im Betreibungsverfahren ist immer *Zwangsversteigerung* gemeint. Sie ist die *ordentliche Verwertungsart*; auf eine andere Weise darf nur verwertet werden, wo es das Gesetz ausdrücklich zulässt (Art. 125 Abs. 1 Satz 1 SchKG). Bestrittene Forderungen sind ebenfalls zu versteigern, selbst wenn dies zu unbefriedigenden Resultaten führen kann.[677] Die Zwangsversteigerung ist öffentlich und somit nicht auf einen bestimmten Personenkreis beschränkt.[678] Zentral ist das Interesse der Gläubiger an einer möglichst umfassenden und definitiven Deckung ihrer Forderungen in einem schnellen, kostengünstigen Verfahren.

833

Anmerkung: Von der öffentlichen Versteigerung des Zwangsvollstreckungsrechts ist die freiwillige öffentliche Versteigerung zu unterscheiden. Während für Erstere die Regeln des SchKG und seiner Nebenerlasse einschlägig sind, richtet sich die Letztere nach den Regeln des OR (Art. 229 ff.). Zwar finden sich in Art. 229 ff. OR auch Regeln zur Zwangsvollstreckung; diese sind jedoch lediglich als Ergänzung der schuldbetreibungsrechtlichen Ordnung zu verstehen und gebieten deshalb bei ihrer Anwendung eine gewisse Zurückhaltung.

---

673 Rz. 206 f.
674 Rz. 118 ff.
675 Rz. 111 ff.
676 BGer v. 21.12.2010, 5A_696/2010 E. 2.1.
677 BGer v. 20.6.2006, 4C.75/2006 E. 3.2; BGE 120 III 131 E. 3.b.
678 BGer v. 29.4.2010, 5A_81/2010 E. 5.3.

834 Zuständig für die Durchführung ist das Betreibungs- oder Konkursamt, evtl. auch ein Gantbeamter. Ganz ausnahmsweise wird ein Auktionshaus mit der öffentlichen Versteigerung betraut. Dies ist dann der Fall, wenn aufgrund der besonderen Kenntnisse und Erfahrungen ein höherer Erlös zu erwarten ist.

835 *Vor der Versteigerung* sind Ort, Tag und Stunde derselben öffentlich bekannt zu machen (Art. 125 Abs. 1 Satz 2 SchKG); diese Publikation hat *mindestens drei Tage* vor der Steigerung zu erfolgen (KS des BGer Nr. 2 v. 7.11.1912 betreffend Frist für die öffentliche Bekanntmachung von Steigerungen beweglicher Sachen). Eine *Verletzung* dieser Mindestfrist bewirkt die *Anfechtbarkeit* der nachfolgenden Steigerung, nicht jedoch deren Nichtigkeit.[679] Der Betreibungsbeamte bestimmt die Umstände der Steigerung nach seinem Ermessen unter Berücksichtigung der Interessen der Beteiligten. Eine Bekanntmachung der Steigerung durch das Amtsblatt ist jedoch nicht zwingend geboten (Art. 125 Abs. 2 SchKG). Wenigstens drei Tage vor der Versteigerung erfolgt eine individuelle Mitteilung durch uneingeschriebenen Brief an den Schuldner, den Gläubiger und beteiligte Dritte über Zeit und Ort, sofern diese Beteiligten in der Schweiz einen bekannten Wohnort (oder eine Vertretung) haben (Art. 125 Abs. 3 SchKG). Eine Pflicht, den Drittschuldner der zu verwertenden Forderung von der Versteigerung Kenntnis zu geben, besteht nicht.[680]

836 Der Zuschlag erfolgt an den Meistbietenden nach *dreimaligem Aufruf,* sofern das Deckungsprinzip[681] eingehalten wird. Mangels eines genügenden Angebots fällt die Betreibung hinsichtlich dieses Vermögenswerts dahin (Art. 126 SchKG).

837 Durch den *Zuschlag* wird der Meistbietende sofort Eigentümer des ersteigerten (beweglichen oder unbeweglichen) Gegenstands (Art. 235 Abs. 1 OR; Art. 656 Abs. 2 ZGB).[682] In diesem Zeitpunkt gehen auch Nutzen und Gefahr auf ihn über (Art. 229 Abs. 1 i.V.m. Art. 185 Abs. 1 OR). Die Übergabe des Steigerungsobjekts ist grundsätzlich aber erst gegen Leistung des Kaufpreises gestattet. In der Regel wird eine sofortige Barzahlung verlangt; ausnahmsweise kann der Betreibungsbeamte dem Ersteigerer eine Zahlungsfrist von maximal 20 Tagen einräumen (Art. 129 Abs. 1 SchKG).

> *Anmerkung:* Handelt es sich beim Ersteigerer um den einzigen betreibenden Gläubiger, so kann er den Steigerungspreis ausnahmsweise durch Verrechnung mit einer Forderung gegen den Schuldner bezahlen, sofern diese im Zeitpunkt der Versteigerung fällig ist.

838 Bei nicht rechtzeitiger Zahlung ist der Zuschlag aufzuheben, wodurch das Eigentum zurückfällt. Zudem ordnet das Betreibungsamt eine neue Steigerung an

---

679 BGE 130 III 407 E. 2.2.
680 BGer v. 20.6.2006, 4C.75/2006 E. 3.2.
681 Rz. 822 ff.
682 BGer v. 13.7.2006, 2P.90/2006 E. 3.2; BGE 117 III 39 E. 4.b.

(Art. 129 Abs. 3 SchKG). Der frühere Ersteigerer und seine Bürgen haften diesfalls für den Ausfall und allen weiteren Schaden. Der Verlustzinssatz beträgt 5%.

Beispiel: E ersteigert an einer Zwangsversteigerung zwei Bilder für je CHF 500.00 und wird aufgefordert, den Steigerungspreis gleich direkt zu entrichten. Als E selbst nach einer Fristerstreckung von 20 Tagen den Betrag nicht bezahlt, wird eine neue Steigerung angeordnet, bei welcher bloss ein Erlös von CHF 800.00 resultiert. Die zusätzlichen Steigerungskosten betragen CHF 50.00 (Art. 30 Abs. 2 GebV SchKG). E hat den Steigerungsausfall von CHF 200.00, den Zinsverlust von 5% p.a. vom ursprünglichen Steigerungserlös sowie die Steigerungskosten von CHF 50.00 zu erstatten.

Die Versteigerung kann nur mit betreibungsrechtlicher *Beschwerde gegen den Zuschlag* angefochten werden. Hierfür gilt eine relative Frist von zehn Tagen seit Kenntnis von der Verwertungshandlung und der Erkennbarkeit des Anfechtungsgrundes; im Interesse der Rechtssicherheit statuierte der Gesetzgeber zudem eine absolute Verwirkungsfrist von einem Jahr (Art. 132a SchKG). Der Beschwerde kommt suspensive Wirkung zu; der Zuschlag tritt im Falle der Abweisung der Beschwerde i.d.R. nicht ex tunc, sondern *ex nunc* in Kraft.[683] 839

3. Besondere Verwertungsformen

3.1 Freihandverkauf

Art. 130 SchKG regelt den Freihandverkauf im Rahmen der Betreibung auf Pfändung und Pfandverwertung. Bei ihm handelt es sich um eine *ausserordentliche Verwertungsart*. 840

Der Eigentumserwerb infolge eines Freihandverkaufs gemäss Art. 130 SchKG beruht immer auf einer *amtlichen Verfügung* des Betreibungsamts.[684] Dies ergibt sich aus der öffentlich-rechtlichen Natur des Freihandverkaufs: Er bildet ein Institut der Zwangsvollstreckung mit dem Ziel der Versilberung der beschlagnahmten Vermögenswerte.[685] Der Abschluss des Freihandverkaufs oder allfällige Willensmängel können daher nur mit Beschwerde nach Art. 17 SchKG angefochten werden (Art. 132a Abs. 1 SchKG). 841

Ein Freihandverkauf ist zulässig (Art. 130 SchKG), wenn 842

– alle Beteiligten *ausdrücklich* damit einverstanden sind (Ziff. 1);

Anmerkung: Beteiligte i.S.v. Art. 130 SchKG sind zunächst die Gläubiger und der Schuldner. Sind Pfändungen von mehreren Pfändungsgruppen hängig, so gelten gemäss bundesgerichtlicher Rechtsprechung die Gläubiger aller Gruppen, welche das Verwertungsbegehren stellen können, als Beteiligte im Sinne dieser Bestimmung.[686] Beim Freihandverkauf von Grundstücken (Art. 143b Abs. 1 SchKG) fallen zudem der Dritteigentümer und der

---

683 BGE 129 III 100 E. 3 (Pra 92 [2003] Nr. 112).
684 BGE 131 III 237 E. 2.2; 128 III 198 E. 3.a; BGer v. 1.2.2002, 7B.272/2001 E. 3.a.
685 BGE 106 III 79 E. 4.
686 BGE 59 III 93, 94.

Ehegatte bzw. eingetragene Partner des Schuldners oder des Dritteigentümers unter den Begriff der Beteiligten, sofern es sich beim betreffenden Grundstück um die Familienwohnung bzw. die gemeinsame Wohnung handelt.

- Wertpapiere oder andere Gegenstände mit einem Markt- oder Börsenpreis verwertet werden und der angebotene Preis dem Tageskurs entspricht (Ziff. 2);
- für Gegenstände aus Edelmetall nach einer vorgängigen Versteigerung ohne Angebot in der Höhe des Metallwerts dieser Preis angeboten wird (Ziff. 3);

  Anmerkung: Gemäss Art. 128 SchKG dürfen Gegenstände aus Edelmetall nicht unter ihrem Metallwert zugeschlagen werden. Als Edelmetalle gelten nach dem EMKG nicht bloss Gold- und Silbersachen, sondern sämtliche Edelmetallgegenstände, wie beispielsweise Platin oder Palladium, des Weiteren auch Gegenstände, welche bloss teilweise aus Edelmetall bestehen (z.B. eine Legierung von Gold und Kupfer).

- die Voraussetzungen eines Notverkaufs[687] gegeben sind (Ziff. 4).

  Anmerkung: Die Erklärung der Beteiligten zum Freihandverkauf gemäss Art. 130 Ziff. 1 SchKG ist an keine besonderen Formvorschriften gebunden. Das Prinzip des Doppelaufrufs gem. Art. 142 SchKG findet beim Freihandverkauf analoge Anwendung.

3.2 Forderungsüberweisung

843 Streitige bzw. nicht fällige Forderungen *ohne Markt- oder Börsenpreis* werden grundsätzlich auch auf dem Weg der öffentlichen Versteigerung verwertet. Weil dabei oft ein unbefriedigender Erlös erzielt wird, ist in Art. 131 SchKG als Alternative zur Versteigerung die *Forderungsüberweisung* vorgesehen. Diese Bestimmung ist nicht nur in der Betreibung auf Pfändung, sondern auch in der Betreibung auf Pfandverwertung (bei verpfändeten Geldforderungen) anwendbar (vgl. Art. 156 Abs. 1 SchKG). In sachlicher Hinsicht kommen als Gegenstand einer Forderungsüberweisung lediglich Geldforderungen infrage.

Anmerkung: Liquide Forderungen zieht das Betreibungsamt gemäss Art. 100 SchKG ein.

844 Das Gesetz unterscheidet *zwei Arten* der Forderungsüberweisung. Die Forderungen werden entweder allen oder einzelnen Gläubigern *an Zahlungs statt* (Abs. 1) oder *zur blossen Eintreibung* (Abs. 2) überwiesen. In beiden Fällen ist eine Forderungsüberweisung nur möglich, wenn alle Gläubiger, für welche die Forderung definitiv gepfändet wurde, damit einverstanden sind (Einstimmigkeitsprinzip). Ebenfalls einzuholen ist die Zustimmung eines allfälligen Pfandgläubigers, dem die betreffende Forderung verpfändet worden ist. Einer Zustimmung der Gläubiger mit bloss provisorischer Pfändung bedarf es dagegen nicht (Art. 118 SchKG).

---

687 Rz. 806 ff.

Die Forderungsüberweisung kommt durch eine *Verfügung* des Betreibungsamts zustande.[688] Diese ist denn auch nur mit betreibungsrechtlicher Beschwerde nach Art. 17 SchKG anfechtbar. Hierzu ist der Drittschuldner i.d.R. nicht legitimiert.[689] 845

Die Abtretung einer Forderung zum Nennwert *an Zahlungs statt* (Art. 131 Abs. 1 SchKG) stellt eine Ausnahme vom Grundsatz der Versilberung dar. Der gepfändete Vermögenswert geht durch die Abtretung auf den Gläubiger über. Wie bei einer zivilrechtlichen Zession tritt der Gläubiger, an den die Forderung abgetreten wird, in die Gläubigerrechte des Schuldners ein.[690] Bei der Forderungsüberweisung an Zahlungs statt handelt es sich um einen Forderungsübergang von Gesetzes wegen i.S.v. Art. 166 OR.[691] Im Umfang der Abtretung werden die Forderungen der Gläubiger bis zur Höhe des Nennwerts der abgetretenen Forderung unmittelbar getilgt; im selben Ausmass erlöschen auch die Betreibungen. 846

Erfolgt die Abtretung nur an einen einzelnen oder an mehrere Gläubiger einer Gruppe, so handeln diese *hinsichtlich eines allfälligen Überschusses* als Inkassomandatare der Gesamtheit und sind insofern zur Abrechnung gegenüber dem Betreibungsamt verpflichtet. Allfällige Zahlungen des Drittschuldners kommen also primär den Zessionaren zugute; diese haben ein *Vorrecht am Erlös,* d.h., sie können sich vorab Befriedigung für ihre Forderungen und Kosten verschaffen.[692] Bloss ein allfälliger Überschuss ist mit dem Betreibungsamt abzurechnen; das Risiko, das die Zessionare bei der Forderungsüberweisung an Zahlungs statt eingehen, kann auf diese Weise kompensiert werden. 847

Beispiel: In der Betreibung gegen S wurde Gläubigerin G mit Zustimmung der anderen Gläubiger auf Antrag hin eine Forderung des S gegen Drittschuldner D an Zahlungs statt überwiesen. Die Forderung gegen D deckt den Nennwert der Forderung von G gegen S vollständig (inkl. Zinsen und Kosten). Da die Eintreibung der Forderung durch G nicht den gewünschten Erfolg zeitigt, hebt diese für den ungedeckt gebliebenen Teil ihrer Forderung eine neue Betreibung gegen S an. Im Einleitungsverfahren kann sich dieser mit Erfolg dagegen wehren: Durch die Forderungsüberweisung wurde auch die Forderung der G getilgt.

Bei einer *Forderungsüberweisung zur Eintreibung* (Art. 131 Abs. 2 SchKG) treten die das Inkasso übernehmenden Gläubiger (Eintreibungsgläubiger) *nicht* in die Rechte des betriebenen Schuldners ein. Der Schuldner bleibt Gläubiger der überwiesenen Forderung. Konsequenterweise werden die Forderungen der Eintreibungsgläubiger mit dem Erlass der Abtretungsverfügung auch nicht unmittelbar getilgt. Als *Inkassomandatare* (mithin als Prozessstandschafter) des Betreibungsamts[693] übernehmen sie die Eintreibung der Forderung in eigenem Namen und 848

---

688 BGE 136 III 437 E. 3.1.
689 In Zusammenhang der Forderungsüberweisung nach Art. 131 Abs. 2 SchKG BGer v. 17.7.2003, 7B.153/2003 E. 3.1.
690 BGE 136 III 437 E. 3; 135 III 378 E. 2.3 (Pra 98 [2009] Nr. 138).
691 BGE 136 III 437 E. 1.1.
692 BGer v. 20.6.2006, 4C.75/2006 E. 3.2.
693 BGer v. 8.4.2009, 8C_192/2008 E. 4.3.1.

auf eigene Gefahr. Zudem haften sie dem betriebenen Schuldner und den andern Gläubigern für den Schaden, den sie bei der Eintreibung verursachen.

Beispiel: In der Betreibung gegen S übernimmt Gläubigerin G eine nicht verurkundete Forderung des S gegen Drittschuldner D zur Eintreibung. Im Rahmen der Eintreibung entstehen nur Kosten, da G gegen D im Forderungsprozess rechtskräftig unterliegt. Diese Aufwendungen kann G von den anderen Gläubigern *nicht* zurückfordern.

849 Die Eintreibungsgläubiger können auf der Gegenseite die Eintreibung «*auf eigene Rechnung*» vornehmen. D.h., dass sie den Erlös aus einer erfolgreichen Eintreibung zur Deckung ihrer Auslagen und Forderungen verwenden können; erst ein allfälliger Überschuss ist dem Betreibungsamt abzuliefern (Art. 131 Abs. 2 Satz 3 SchKG).

4. Besondere Verwertungsverfahren, insb. die Verwertung von Anteilen an Gemeinschaftsvermögen

850 Für *Vermögensbestandteile anderer Art* sieht das Gesetz vor, dass der Betreibungsbeamte die Aufsichtsbehörde um Bestimmung des Verfahrens ersucht (Art. 132 Abs. 1 SchKG). Es handelt sich dabei regelmässig um Vermögensrechte, welche entweder gar nicht oder lediglich in begrenztem Rahmen übertragbar sind.[694] Hierbei geht es um folgende Vermögenswerte:

- Nutzniessungen;
- Anteile an einem Gemeinschaftsvermögen;

    Anmerkung: Damit ist der dem Schuldner im Falle einer Liquidation zufallende Betrag gemeint (Liquidationsanteil).

- Immaterialgüterrechte.

851 Die Aufsichtsbehörde hört die Beteiligten an und bestimmt die Verwertungsart nach freiem Ermessen.

852 Für die Verwertung von Liquidationsanteilen ist die VVAG zu beachten. Nach Art. 9 f. VVAG versucht das Betreibungsamt i.d.R. zunächst eine gütliche Einigung zwischen den Pfändungsgläubigern, dem Schuldner und den andern Teilhabern der Gemeinschaft herbeizuführen. Misslingt dies, können die Beteiligten der Aufsichtsbehörde Anträge betreffend die durchzuführenden Verwertungsmassnahmen stellen. Die Aufsichtsbehörde verfügt in der Folge:

- die Versteigerung des gepfändeten Anteilsrechts oder
- die Auflösung der Gemeinschaft und die Liquidation des Gemeinschaftsvermögens.

---

[694] BGE 120 III 131 E. 2.

Entscheidet die Aufsichtsbehörde ohne Berücksichtigung der Stellungnahmen der 853
Beteiligten, ist deren Verfügung über den Verwertungsmodus mit betreibungsrechtlicher Beschwerde anfechtbar.[695]

F. Verwertung von Grundstücken

1. Grundsätzliches

Der Begriff des Grundstücks bestimmt sich nach Art. 655 Abs. 2 ZGB; er umfasst 854
(Art. 1 Abs. 1 VZG):

- *Liegenschaften,* d.h. jede Bodengrenze mit genügend bestimmten Grenzen (Art. 3 Abs. 2 GBV),
- in das Grundbuch aufgenommene *selbständige und dauernde Rechte* (z.B. das Baurecht nach Art. 675 ZGB),
- *Bergwerke,* d.h. das Recht zur bergbautechnischen Ausbeutung von im Erdinnern befindlichen Rohstoffen (wie z.B. Erze, Salze oder Phosphate) und
- *Miteigentumsanteile* an Grundstücken.

Für die Verwertung von Grundstücken sind neben dem SchKG insb. folgende Erlasse zu beachten: 855

- VZG;
    Anmerkung: Die Bestimmungen der VZG sind gemäss Art. 1 Abs. 2 *nicht* auf die Verwertung der Eigentumsrechte des Schuldners an Grundstücken, die im Gesamteigentum stehen (z.B. einer unverteilten Erbschaft angehören), anwendbar. Diesfalls gilt die VVAG.
- Bundesgesetz über den Erwerb von Grundstücken durch Personen im Ausland vom 16.12.1983 (BewG; SR 211.412.41);
- Bundesgesetz über das bäuerliche Bodenrecht vom 4.10.1991 (BGBB; SR 211.412.11).

Als Verwertungsarten hinsichtlich eines Grundstücks kommen infrage: 856

- die öffentliche Steigerung oder
- der Freihandverkauf.

Anmerkung: Dieser bedingt, dass alle Beteiligten einverstanden sind, mindestens der Schätzungspreis angeboten wird und ein Lastenbereinigungsverfahren durchgeführt worden ist.

Entgegen der Systematik des SchKG (vgl. aber Art. 25 ff. VZG) gestaltet sich das 857
Vorbereitungsverfahren der öffentlichen Steigerung von Grundstücken wie folgt:

- *Verwertungsbegehren* (Art. 116 Abs. 1 SchKG);

---

695 BGer v. 30.11.2010, 5A_555/2010 E. 3.3.

- Bekanntmachung der Steigerung durch *Steigerungspublikation* (Art. 138 SchKG; Art. 29 VZG);
- Aufstellung des *Lastenverzeichnisses* (Art. 140 SchKG; Art. 33 ff. VZG);
- Auflegung der *Steigerungsbedingungen* (Art. 134 ff. SchKG; Art. 45 ff. VZG).

2. Verwertungsfristen

858 Das Betreibungsamt hat die Verwertung des gepfändeten Grundstücks frühestens einen Monat und spätestens drei Monate nach Eingang des Verwertungsbegehrens vorzunehmen. Gemäss Praxis handelt es sich hierbei wie bei den Fristen für die Verwertung von beweglichen Sachen um eine Ordnungsfrist.[696]

859 Eine vorzeitige Verwertung ist möglich auf Begehren des Schuldners und mit ausdrücklicher Zustimmung sämtlicher Pfändungs- und Grundpfandgläubiger (Art. 133 Abs. 2 SchKG).

Anmerkung: Ein Notverkauf von gepfändeten Grundstücken i.S.v. Art. 124 Abs. 2 SchKG ist nicht zulässig, solange das Lastenverzeichnis nicht bereinigt ist.[697]

3. Steigerungsbedingungen

860 Die Steigerungsbedingungen sind in den Art. 134–137 SchKG sowie Art. 45–52 VZG geregelt. Sie bilden zusammen mit dem diesen angehängten rechtskräftigen Lastenverzeichnis (Art. 45 Abs. 2 VZG)[698] die *Grundlage der Versteigerung*. Sie können insofern mit einem Antrag zum Abschluss eines Vertrages verglichen werden (Art. 3 ff. OR), als sie für den Ersteigerer nicht bloss die rechtliche Grundlage für den Eigentumserwerb bilden, sondern zugleich auch die für ihn mit dem Erwerb verbundenen Verpflichtungen beschränken. Der Ersteigerer kann die Sache lediglich gestützt auf die Steigerungsbedingungen erwerben.[699]

861 Die Steigerungsbedingungen sind in ortsüblicher Weise aufzustellen und so einzurichten, dass ein *möglichst günstiges Ergebnis* zu erwarten ist (Art. 134 Abs. 1 SchKG). Diese Direktive bezieht sich gemäss bundesgerichtlicher Rechtsprechung insbesondere auf den Zeitpunkt der Steigerung und jenen der Auflage der Steigerungsbedingungen.[700] So hat das Betreibungsamt das Recht, die angesetzte Steigerung zu verschieben, wenn ein *unerwartetes Ereignis* diese beeinflussen könnte.

862 Die Steigerungsbedingungen sind gemäss Art. 134 Abs. 2 SchKG *mindestens zehn Tage* vor der Versteigerung im Betreibungsamt öffentlich aufzulegen.

---

[696] BGE 135 III 28 E. 3.2 (Pra 98 [2009] Nr. 68).
[697] BGE 107 III 122 E. 3.
[698] BGer v. 4.5.2001, 7B.72/2001 E. 2.b.aa.
[699] BGer v. 13.7.2006, 2P.90/2006 E. 3.2; BGE 123 III 53 E. 4.a.
[700] BGer v. 22.6.2005, 7B.64/2005 E. 2.5.

Die Steigerungsbedingungen bestimmen, dass Grundstücke mit allen darauf haftenden Belastungen versteigert werden und damit verbundene persönliche Schuldpflichten auf den Erwerber übergehen. Das *Überbindungsprinzip*[701] findet keine Anwendung auf *fällige* grundpfandgesicherte Forderungen: diese werden vorweg aus dem Erlös bezahlt (Art. 135 Abs. 1 SchKG; Art. 45 Abs. 1 lit. a VZG). 863

Der frühere Schuldner einer überbundenen Grundpfandforderung wird erst dann endgültig frei, wenn der Gläubiger nicht binnen Jahresfrist seit dem Zuschlag erklärt, dass er den früheren Schuldner beibehalten wolle (Art. 135 Abs. 1 Satz 2 SchKG). 864

Die Steigerungsbedingungen stellen auch fest, welche Kosten ohne Abrechnung auf den Steigerungspreis vom Erwerber an der Steigerung selbst bar zu zahlen sind (Art. 45 Abs. 1 lit. d VZG), ob dem Erwerber ein allfälliger Zahlungstermin i.S.v. Art. 136 Abs. 1 SchKG gewährt wird sowie die in diesem Fall allenfalls zu leistenden Sicherheiten für den gestundeten Betrag (Art. 135 Abs. 2 SchKG; Art. 45 Abs. 1 lit. e VZG). 865

4. Steigerungspublikation

Die Steigerung des Grundstücks ist *mindestens einen Monat* vorher öffentlich bekannt zu machen (Art. 138 Abs. 1 SchKG). 866

Die Steigerungspublikation hat zu enthalten (Art. 138 Abs. 2 SchKG; Art. 29 Abs. 2 VZG): 867

- den *Ort und die Zeit* der Steigerung,
- das *Datum des Beginns der Auflage* der Steigerungsbedingungen,
- den *Namen und Wohnort des Schuldners*,
- die *Bezeichnung des zu verwertenden Grundstückes* (samt Schätzungswert) und
- die *Aufforderung an die Inhaber von Rechten am Grundstück*[702], dieselben innert der 20-tägigen Verwirkungsfrist[703] anzumelden, unter Androhung der Nichtberücksichtigung nicht angemeldeter und nicht aus dem Grundbuch ersichtlicher Rechte.

> *Anmerkung:* Art. 138 Abs. 3 SchKG und Art. 29 Abs. 3 VZG schreiben eine analoge Aufforderung an die Inhaber von Dienstbarkeiten nach kantonalem Recht vor.

Pfandgläubiger haben ferner anzugeben, ob die Pfandforderung fällig oder gekündigt sei, und wenn ja, für welchen Betrag und auf welchen Termin (Art. 29 Abs. 2 VZG). 868

---

701 Rz. 826 f.
702 Rz. 854.
703 BGE 113 III 17 E. 2.

869 Gemäss Art. 139 SchKG sind der Gläubiger, Schuldner, allfällige Dritteigentümer sowie alle im Grundbuch eingetragenen Beteiligten mittels uneingeschriebenen Briefs über die Steigerungspublikation in Kenntnis zu setzen.

5. Lastenverzeichnis und Lastenbereinigung

870 Mit dem Lastenverzeichnis soll der Bestand der auf dem Grundstück lastenden beschränkten dinglichen und der im Grundbuch vorgemerkten persönlichen Rechte festgestellt und definitiv abgeklärt werden. In der Zwangsvollstreckung wird das Lastenverzeichnis als *Grundbuch ad hoc* bezeichnet. Dies bedeutet, dass der Erwerber auf das Lastenverzeichnis vertrauen darf und das Grundbuch nicht konsultieren muss.

871 Das in Rechtskraft erwachsene Lastenverzeichnis gibt verbindlich Auskunft über die auf dem Grundstück haftenden Lasten. Diese haben nicht zuletzt Einfluss auf den mutmasslichen Zuschlagspreis. Insoweit muss es den Beteiligten möglich sein, dieses Verzeichnis für den Fall bereinigen zu lassen, dass die darin enthaltenen Lasten bestandes-, umfang- oder rangmässig nicht richtig sind. Die Berichtigung des Lastenverzeichnisses geschieht im sog. *Lastenbereinigungsverfahren*. Dieses vollzieht sich wie folgt:

– Der Betreibungsbeamte erstellt nach Ablauf der Anmeldungsfrist anhand eines Grundbuchauszugs sowie der Eingaben der Berechtigten das Lastenverzeichnis (Art. 140 Abs. 1 SchKG; Art. 33 f. VZG); der Grundbuchauszug bildet insoweit die Grundlage des Lastenverzeichnisses.[704] Daneben sind von Amtes wegen aufzunehmen:

   • unmittelbare gesetzliche Pfandrechte;

   Beispiele: Pfandrecht für Grundstückgewinnsteuer (Art. 241 Steuergesetz vom 21.5.2000; StG; BSG 661.11); Pfandrecht für die Kosten der getätigten Auslagen zwecks Verhinderung der Wertverminderung des verpfändeten Grundstücks (Art. 808 Abs. 3 ZGB).

   • servitutes apparentes;

   Anmerkung: Bei den sog. *servitutes apparentes* handelt es sich um Dienstbarkeiten mit natürlicher Publizität. Hierzu gehören einzig die sichtbaren Leitungen (für Wasser, Gas etc.) i.S.v. Art. 676 Abs. 3 ZGB. Die Dienstbarkeit entsteht hier mit der Erstellung der Leitung; ein Grundbucheintrag ist nicht notwendig.

   • gesetzliche Verfügungsbeschränkungen.

   Beispiel: Vorkaufsrecht der Nachkommen eines landwirtschaftlichen Betriebs.

   Anmerkung: Nach Fristablauf erfolgende Anmeldungen dürfen *nicht* ins Lastenverzeichnis aufgenommen werden (Art. 36 Abs. 1 Satz 1 VZG).

---

704 BGer v. 28.8.2001, 7B.157/2001 E. 1.a.

– Der Betreibungsbeamte stellt das Verzeichnis allen Beteiligten (d.h. Pfandgläubigern, Inhabern von im Lastenverzeichnis aufgenommenen Rechten, dem Schuldner und allfälligen Dritteigentümern) *mit Fristansetzung von zehn Tagen zur Bestreitung* zu. Die Bestimmungen über das *Widerspruchsverfahren*[705] sind im Lastenbereinigungsverfahren *sinngemäss* anwendbar (Art. 140 Abs. 2 i.V.m. Art. 106 ff. SchKG).

Anmerkung: Wird ein Recht nicht bestritten, so gilt es in der betreffenden Betreibung als anerkannt. Im Falle einer Bestreitung ist die Verteilung der Parteirollen im Prozess davon abhängig, ob die Last im Grundbuch eingetragen ist oder nicht (Art. 107 Abs. 1 Ziff. 3 und Art. 108 Abs. 1 Ziff. 3 SchKG). In Ermangelung eines grundbuchlichen Eintrags setzt der Betreibungsbeamte dem Ansprecher eine Frist von 20 Tagen an, um gegen den Bestreitenden zu klagen (positive Feststellungsklage). Wird keine Klage erhoben, erfolgt die Löschung des geltend gemachten Rechts aus dem Lastenverzeichnis (Art. 107 Abs. 5 SchKG). Sofern das Recht aus dem Grundbuch ersichtlich ist, setzt der Betreibungsbeamte dem Bestreitenden eine Frist von 20 Tagen an zur Klage gegen den aus dem Grundbuch Berechtigten (negative Feststellungsklage). Wird keine Klage erhoben, gilt der Anspruch als anerkannt (Art. 108 Abs. 3 SchKG). Falls der Anspruch im Lastenverzeichnis streitig ist, ist die Versteigerung u.U. bis zum Abschluss des Verfahrens auszusetzen (Art. 141 Abs. 1 SchKG).

Anmerkung: Die Änderung des Lastenverzeichnisses aufgrund des im Lastenbereinigungsprozess ergangenen Entscheides stellt lediglich die Abwicklung desselben dar, ohne materiell weitere Bedeutung zu haben.[706]

– Nach Beendigung der Lastenbereinigung ist *erneut eine Schätzung des Grundstücks* vorzunehmen (Art. 140 Abs. 3 SchKG; Art. 44 VZG), sofern seit der Pfändung *Änderungen im Wert,* wie namentlich infolge des Wegfalls von Lasten, eingetreten sind.[707]

6. Steigerungsverfahren

Gemäss Art. 61 Abs. 1 VZG ist die Steigerung *ohne Unterbruch* durchzuführen. Im Anhang zu den Steigerungsbedingungen ist über jede Steigerung ein *Protokoll* zu führen, welches sowohl vom Steigerungsbeamten als auch vom Ersteigerer zu unterzeichnen ist (Art. 61 Abs. 2 VZG). 872

Der *Doppelaufruf*[708] kommt in Betracht, wenn 873

– der Schuldner *ohne Zustimmung des vorgehenden Pfandgläubigers* Dienstbarkeiten, Grundlasten oder vorgemerkte persönliche Rechte auf dem Grundstück errichtet hat (Art. 142 SchKG);

---

705 Rz. 735 ff.
706 BGer v. 4.5.2001, 7B.72/2001 E. 2.a.aa.
707 BGer v. 6.11.2001, 7B.203/2001 E. 3.c.
708 Rz. 828 ff.

- ein Gläubiger *mit Erfolg* eine im Lastenverzeichnis aufgeführte Last *bestritten* hat, die vom Schuldner *durch Nichtbestreitung anerkannt* worden ist (Art. 42 VZG);
- *Zugehör* zu verwerten ist (Art. 57 VZG).

874 Der *Zuschlag* hat die gleichen Wirkungen wie bei der Versteigerung beweglicher Sachen (Art. 142a i.V.m. Art. 126 ff. SchKG). Zu beachten ist in diesem Zusammenhang, dass bei der Versteigerung von Grundstücken insbesondere auch das Deckungsprinzip[709] Anwendung findet (Art. 142a i.V.m. Art. 126 SchKG). Der Ersteigerer erwirbt das Eigentum am versteigerten Grundstück unmittelbar mit dem Zuschlag (Art. 656 Abs. 2 ZGB). Dabei handelt es sich um einen originären Eigentumserwerb.

875 Die *Anmeldung* des Eigentumsübergangs beim Grundbuchamt wird vom Betreibungsamt von Amtes wegen vorgenommen, sobald der Zuschlag rechtskräftig geworden ist. Dies ist dann der Fall, wenn die Beschwerdefrist abgelaufen oder die Beschwerde endgültig abgewiesen worden ist. Die Anmeldung soll i.d.R. erst dann erfolgen, wenn die Kosten für die Eigentumsübertragung (hierunter fallen auch kantonale Handänderungssteuern) sowie der Zuschlagspreis vollständig bezahlt sind (Art. 66 Abs. 2 VZG).

876 Der Steigerungspreis ist in bar oder unter Gewährung einer Frist von höchstens sechs Monaten zu bezahlen (Art. 136 SchKG). Bei Zahlungsverzug ist der Zuschlag grundsätzlich zu widerrufen; das Eigentum am Grundstück fällt sodann ohne Weiteres an den Schuldner zurück. In diesem Fall ist unverzüglich eine neue Steigerung anzuordnen, welche aber nicht vor Ablauf eines Monats seit der früheren Steigerung stattfinden darf (Art. 64 Abs. 1 VZG). Der säumige Ersteigerer und dessen Bürgen haften für den Ausfall und allen weiteren Schaden zuzüglich eines Zinses von 5% (Art. 143 SchKG). Allerdings kann das Betreibungsamt, nachdem es zuvor die Einwilligung sämtlicher Beteiligter (Schuldner, zu Verlust gekommene Pfandgläubiger, betreibende Gläubiger) eingeholt hat, auch eine Verlängerung der Zahlungsfrist gewähren (Art. 63 VZG).

Anmerkung: Eine Eintreibung des Kaufpreises beim säumigen Erwerber findet nicht statt.[710]

877 Für die Anfechtung des Zuschlags gilt Art. 132a SchKG (Art. 143a SchKG).

7. Freihandverkauf

878 An die Stelle der Versteigerung kann nach Ermessen des Betreibungsbeamten der *freihändige Verkauf* treten, wenn:

- alle Beteiligten damit einverstanden sind,

---

709 Rz. 822 ff.
710 BGer v. 25.9.2002, 7B.139/2002 E. 2.2.

– das Lastenbereinigungsverfahren durchgeführt und
– mindestens der Schätzungspreis angeboten worden ist.[711]

Hinsichtlich der Abwicklung des Freihandverkaufs verweist Art. 143b Abs. 2 SchKG auf einzelne betreibungsrechtliche Bestimmungen zum Steigerungsverfahren. Daneben sind weitere Bestimmungen des SchKG und des Privatrechts analog für den Freihandverkauf anwendbar.

879

Der Freihandverkauf erfolgt durch eine mitwirkungsbedürftige Verkaufsverfügung des Betreibungsamts. Das Deckungsprinzip[712] (Art. 126 SchKG) und das Prinzip des doppelten Aufrufes[713] (Art. 142 SchKG) beanspruchen auch beim Freihandverkauf Geltung. Dasselbe gilt bezüglich des Überbindungsprinzips[714] (Art. 135 SchKG), des Zahlungsmodus[715] (Art. 136 SchKG) und der Zahlungsfrist (Art. 137 SchKG). Mit der Verkaufsverfügung geht das Eigentum auf den Erwerber über; es handelt sich hierbei somit wiederum um einen originären Eigentumserwerb.[716] Für die Anfechtung des Zuschlags ist auch beim Freihandverkauf Art. 132a SchKG massgebend (Art. 143a SchKG).[717]

880

G. Verteilung

1. Zeitpunkt

Die Verteilung des Verwertungserlöses ist in den Art. 144 ff. SchKG geregelt. Sie erfolgt – anders als andere Vollstreckungsmassnahmen – *von Amtes wegen,* d.h., es bedarf keines besonderen Begehrens seitens der Gläubiger. Die Frage, ob und inwieweit jemand an der Betreibung teilnimmt und an der Verteilung partizipiert, entscheidet das Betreibungsamt; dabei ist alleine die betreibungsrechtliche Situation zum Zeitpunkt der Verteilung massgebend.[718]

881

Die Verteilung ist grundsätzlich erst dann vorzunehmen, wenn alle in einer Pfändung enthaltenen Vermögensstücke verwertet sind (Art. 144 Abs. 1 SchKG). Ausnahmsweise kann die Verteilung aber schon vorher stattfinden, und zwar

882

– im Falle von *Abschlagsverteilungen* (Art. 144 Abs. 2 SchKG);

Anmerkung: Ob solche vorgenommen werden sollen, steht im Ermessen des Betreibungsbeamten. Vor Ende der Anschlussfristen nach Art. 110 f. SchKG ist keine Abschlagszahlung auszurichten; ebenso ist i.d.R. von Abschlagszahlungen abzusehen, solange

---

711 Rz. 717.
712 Rz. 822 ff.
713 Rz. 828 ff.
714 Rz. 826 f.
715 Rz. 876.
716 BGE 128 III 104 E. 3.c.
717 Rz. 841.
718 BGE 130 III 672 E. 3.1.

noch Widerspruchs- oder Anschlussprozesse hängig sind. Sofern mehrere Gläubiger an der Pfändung teilnehmen, ist vor der Abschlagsverteilung eine provisorische Verteilungsliste aufzulegen (vgl. hierzu auch Art. 22 Abs. 1 Satz 2 VZG).

– wenn bereits *hinreichende Barmittel* vorhanden sind, um die Gläubiger zu befriedigen.

> *Beispiel:* Neben dem Sportwagen wird vorsichtshalber auch ein Teil des Lohns des Schuldners für die Dauer eines Jahres gepfändet. Die Zahlungen aus der Einkommenspfändung reichen bereits für die volle Befriedigung der Gläubiger aus. Der Sportwagen wird nicht verwertet; er wird aus dem Pfändungsbeschlag entlassen.

883 Gemäss Art. 79 Abs. 3 VZG sollen bei der Verwertung eines Grundstücks die im rechtskräftigen Lastenverzeichnis enthaltenen fälligen Forderungen sofort nach Eingang des Zuschlagspreises bezahlt werden, auch wenn die Schlussverteilung für die Pfändungsgläubiger noch nicht möglich ist.

2. Grundsätze der Erlösverteilung

884 *Vorweg* sind aus dem Verwertungserlös die *Kosten für die Verwaltung, Verwertung und Verteilung* sowie *gegebenenfalls für die Beschaffung eines Ersatzgegenstandes* gemäss Art. 92 Abs. 3 SchKG[719] zu bezahlen (Art. 144 Abs. 3 SchKG). Die Kosten für die Verwaltung, Verwertung und Verteilung hängen unmittelbar mit dem Verwertungsverfahren zusammen. Hierunter fallen etwa die Gebühren für die Arbeit des Betreibungsamtes oder auch die durch die Anweisungen, Portokosten usw. verursachten Auslagen.[720] Ebenfalls zu den Verwertungskosten gehören die Grundstückgewinnsteuern.[721]

885 Der verbleibende *Reinerlös* wird an die beteiligten Gläubiger bis zur Höhe ihrer Forderungen, einschliesslich der Zinsen bis zum Zeitpunkt der letzten Verwertung und vorgeschossener Betreibungskosten, verteilt (Art. 144 Abs. 4 SchKG). Die auf Forderungen mit provisorischer Pfändung entfallenden Beträge werden noch nicht ausbezahlt, sondern bei der Depositenanstalt hinterlegt, bis die Pfändung definitiv geworden ist (Art. 144 Abs. 5 SchKG).

886 Zwischen den einzelnen Pfändungsgruppen herrscht das Prinzip der Spezialexekution: D.h., dass für jede Pfändungsgruppe *gesondert verwertet* und *verteilt* wird. Nur ausnahmsweise kommt der Verwertungserlös zwei (oder mehreren) Pfändungsgruppen zugute, nämlich dann, wenn eine nachgehende Pfändungsgruppe eine bereits gepfändete Sache auf den *Mehrerlös* pfändet (Art. 110 Abs. 3 SchKG).

---

[719] Rz. 634.
[720] BGE 134 III 37 E. 4.1 (Pra 97 [2008] Nr. 76.
[721] BGer v. 14.7.2009, 5A_229/2009 E. 4; BGer v. 30.4.2008, 5A_54/2008 E. 2.1; BGer v. 28.2.2003, 7B.265/2002 E. 3; BGE 122 III 246 E. 5.b (Pra 85 [1996] Nr. 227).

Unter den Gläubigern der gleichen Pfändungsgruppe ist der Erlös grundsätzlich *nicht anteilsmässig*, sondern *entsprechend den konkursrechtlichen Klassen* zu verteilen. Innerhalb der jeweiligen Klassen geniessen die Pfändungsgläubiger untereinander gleiches Recht (sog. *Gleichberechtigungsprinzip;* Art. 220 Abs. 1 SchKG). Reicht der Verwertungserlös nicht aus, um die Pfändungsgläubiger einer Klasse zu befriedigen, erfolgt eine anteilsmässige Deckung der Forderungen entsprechend ihrem Summenverhältnis. Gläubiger einer nachgehenden Klasse erhalten nur etwas, wenn sämtliche Gläubiger der vorgehenden Klasse befriedigt worden sind (Ausschliesslichkeitsprinzip; Art. 146 Abs. 2 i.V.m. Art. 220 Abs. 2 SchKG. 887

Beispiel: Der Verwertungserlös in der Betreibung gegen S beträgt CHF 5000.00. Gläubiger A ist in der ersten Klasse kolloziert. Seine Forderung in Höhe von CHF 4000.00 wird vollständig gedeckt. Gläubiger B ist dagegen in der dritten Klasse kolloziert. Seine Forderung in Höhe von Fr. 1000.00 wird nur zur Hälfte gedeckt. Für die andere Hälfte erhält er einen Verlustschein.

H. Kollokationsverfahren

1. Bedeutung

Reicht der Erlös nicht für alle Gläubiger der betreffenden Pfändungsgruppe aus, ist zunächst eine *Nachpfändung*[722] vorzunehmen (Art. 145 SchKG). Sofern auch der daraus generierte Erlös nicht alle Gläubiger zu befriedigen vermag, hat das Betreibungsamt einen *Kollokationsplan,* d.h. einen Plan für die *Rangordnung der Gläubiger,* und eine *Verteilungsliste* zu erstellen.[723] Dasselbe gilt auch, wenn überhaupt kein Erlös zu verteilen ist. Obwohl Kollokationsplan und Verteilungsliste i.d.R. in derselben Urkunde enthalten sind, sind sie auseinanderzuhalten. Der Kollokationsplan bestimmt über die Reihenfolge der Gläubiger (samt der in Betreibung gesetzten Forderung). In der darauf aufbauenden Verteilungsliste wird dagegen ziffernmässig angegeben, wie viel jeder Gläubiger letzlich erhält bzw. welchen Verlust er erleidet. 888

Für jede Pfändungsgruppe mit zu geringem Pfändungserlös muss ein eigener Kollokationsplan erstellt werden; u.U. sind somit mehrere Kollokationspläne anzufertigen. 889

Anmerkung: Im Konkurs werden sämtliche teilnehmenden Gläubiger im gleichen Kollokationsplan aufgelistet. Dies ergibt sich aus dem Prinzip der Generalexekution.

Im Kollokationsplan sind lediglich die *Pfändungsgläubiger* aufzuführen (vgl. auch Art. 79 Abs. 2 VZG). Die Forderungen der Pfändungsgläubiger werden – entsprechend der Regelung im Konkurs – in drei Klassen aufgeteilt.[724] Anstelle der Kon- 890

---
722 Rz. 721 f.
723 BGer v. 25.8.2003, 7B.169/2003 E. 2.2.
724 Rz. 1250 ff.

kurseröffnung ist für die Berechnung der Privilegien der Zeitpunkt des Fortsetzungsbegehrens massgebend (Art. 146 Abs. 2 i.V.m. Art. 219 SchKG).

Anmerkung: Die Inhaber von Pfandrechten am Grundstück brauchen nicht aufgenommen zu werden. Aufgrund des Deckungsprinzips werden sie regelmässig vollständig befriedigt. Im Übrigen finden sich die Grundpfandgläubiger im Lastenverzeichnis, welches in der Betreibung auf Pfändung anders als im Konkurs (hierzu Art. 247 Abs. 2 SchKG) keinen Bestandteil des Kollokationsplanes bildet.

891 Der Kollokationsplan und die Verteilungsliste werden im Betreibungsamt aufgelegt. Die Beteiligten werden über diese Auflegung benachrichtigt. Die Gläubiger erhalten zudem einen Auszug mit ihrer Forderung (Art. 147 SchKG).

2. Anfechtung

892 Je nach Anfechtungsgrund ist der Kollokationsplan *auf eine andere Art* anzufechten.

893 Eine Anfechtung durch *Kollokationsklage* gemäss Art. 148 SchKG ist nur dann angezeigt, wenn ein Gläubiger die materiellrechtliche Grundlage der Kollokation *eines anderen Gläubigers* beanstandet. Beklagt werden kann gemäss bundesgerichtlicher Rechtsprechung aber nur ein Gläubiger derselben Pfändungsgruppe.[725] Dies überzeugt nicht, wenn der Ausgang des Verfahrens Einfluss auf die Höhe des dem Kläger zukommenden Mehrerlöses haben könnte. Die Bestreitung kann sich auf den Bestand, die Sachlegitimation, die Höhe der Forderung oder den Rang[726] beziehen. Die Kollokationsklage ist innerhalb von 20 Tagen nach Empfang des Auszuges einzureichen.

894 Zuständig für die Beurteilung der Kollokationsklage ist das Gericht am Betreibungsort. Entschieden wird diese betreibungsrechtliche Streitigkeit mit Reflexwirkung auf das materielle Recht je nach Streitwert im ordentlichen oder im vereinfachten Verfahren. Ein Schlichtungsversuch[727] entfällt (Art. 198 lit. e Ziff. 6 ZPO). Der Streitwert bemisst sich nach der Differenz zwischen dem Betrag, den der beklagte Gläubiger aufgrund des aufgelegten Kollokationsplans erhielte, und demjenigen, der ihm nach der vom Kläger beantragten Abänderung verbliebe. Ein allfälliger Überschuss verbleibt dem Beklagten.

895 Die Beweislast liegt beim beklagten Gläubiger. Er hat m.a.W. die anspruchsbegründenden Momente substanziiert zu behaupten und mit den entsprechenden Beweismitteln zu belegen.

896 Für die Anfechtung der *eigenen Kollokation* haben die Gläubiger dagegen betreibungsrechtliche Beschwerde zu erheben.

---

725 BGE 24 I 365 E. 1.
726 Rz. 1250 ff.
727 Rz. 83 ff.

Anmerkung: Anderes gilt im Konkurs: Hier hat der Gläubiger die Kollokation der eigenen Forderung mittels Kollokationsklage anzufechten (Art. 250 Abs. 1 SchKG).

Darüber hinaus ist die Beschwerde auch anzustrengen, wenn bei der Erstellung des Kollokationsplans formelle Fehler begangen worden sind. Beschwerdebefugt sind diesfalls nicht nur die Gläubiger, sondern auch der Schuldner. 897

I. Pfändungsverlustschein

Der *Pfändungsverlustschein* ist die *Bescheinigung* des Betreibungsamtes darüber, dass der Gläubiger für seine Forderung in der Betreibung nicht oder nicht vollständig befriedigt wurde; zu unterscheiden sind der *provisorische* und der *definitive* Pfändungsverlustschein. 898

Anmerkung: Vom Pfändungsverlustschein sind der Pfandausfallschein[728] nach Art. 158 SchKG, der Ausweis über die mangelnde Deckung[729] i.S.v. Art. 120 VZG und der Konkursverlustschein[730] gemäss Art. 265 SchKG abzugrenzen.

1. Provisorischer Verlustschein

Ein provisorischer Verlustschein wird ausgestellt, wenn bereits im Pfändungsstadium klar wird, dass der betreibende Gläubiger später zu Verlust kommt (Art. 115 Abs. 2 SchKG). Dies ist der Fall, wenn nach der Schätzung des Betreibungsamts nicht genügend pfändbares Vermögen vorhanden ist. In dieser Situation dient die Pfändungsurkunde als provisorischer Verlustschein. 899

Da zu diesem Zeitpunkt der definitive Verlust noch nicht exakt bestimmt werden kann, wird das Betreibungsverfahren durch die Ausstellung des provisorischen Verlustscheins *noch nicht abgeschlossen*. Beendet wird das Betreibungsverfahren erst, wenn die Verwertung und Verteilung vollständig abgeschlossen sind; erst in diesem Zeitpunkt zeigt sich auch, ob der Verlustscheingläubiger wirklich einen Verlust erleidet. Aus diesem Grund sind die Wirkungen des Verlustscheins nach Art. 115 Abs. 2 und 3 SchKG auch recht bescheiden. Ein Gläubiger mit provisorischem Pfändungsverlustschein hat das Recht, 900

– während der Gültigkeitsdauer des Zahlungsbefehls gemäss Art. 88 Abs. 2 SchKG die Pfändung *neu entdeckter Vermögenswerte*[731] zu verlangen (Art. 115 Abs. 3 SchKG);
– schuldnerisches Vermögen *zu verarrestieren* (Art. 271 Abs. 1 Ziff. 5 SchKG);[732]

---

728 Rz. 961 ff.
729 Rz. 964.
730 Rz. 1418 ff.
731 Rz. 1423 ff.
732 Rz. 1448 ff.

- Rechtshandlungen des Schuldners *anzufechten,* mit welchen dieser Vermögenswerte der Zwangsvollstreckung fernhalten wollte (Art. 285 Abs. 2 SchKG).[733]

2. Definitiver Verlustschein

901 Der *definitive Verlustschein* wird durch das Betreibungsamt ausgestellt:
- wenn *bereits im Pfändungsstadium* klar ist, dass überhaupt kein pfändbares Vermögen vorhanden ist (leere Pfändungsurkunde oder besonderes Formular; Art. 115 Abs. 1 SchKG);[734]
- wenn nach Aufstellung des rechtskräftigen Kollokationsplans und der Verteilungsliste der *Verlust* für jeden Gläubiger *definitiv feststeht* (Art. 149 SchKG).

902 Einen definitiven Verlustschein erhält jeder Gläubiger, der an der Pfändung teilgenommen hat und für seine Forderung (samt Zinsen und Kosten) nicht voll befriedigt worden ist. M.a.W. gilt mit der Ausstellung des definitiven Pfändungsverlustscheins der Schaden hinsichtlich der Betreibungsausstände, welche dem verurkundeten Betrag zugrunde liegen, als eingetreten.[735]

903 Der Pfändungsverlustschein ist *nichtig,* wenn *vorgängig kein Pfändungsversuch* stattgefunden hat.

Beispiel: Das Betreibungsamt vernimmt vom Gläubiger, dass der Schuldner kein pfändbares Vermögen besitzt, und verzichtet deshalb auf die Aufnahme eines Pfändungsprotokolls und stellt unmittelbar einen definitiven Verlustschein aus.[736]

904 Der definitive Verlustschein äussert folgende Wirkungen:
- *betreibungsrechtliche:*
  - Der Gläubiger kann gemäss Art. 149 Abs. 2 SchKG die *Verarrestierung* von schuldnerischem Vermögen verlangen (Art. 271 Abs. 1 Ziff. 5 SchKG);
  - der Gläubiger kann gemäss Art. 149 Abs. 2 SchKG Rechtshandlungen des Schuldners *anfechten* (Art. 285 Abs. 2 SchKG);
  - dem definitiven Verlustschein kommt gemäss Art. 149 Abs. 2 SchKG die Eigenschaft als *Schuldanerkennung* i.S.v. Art. 82 SchKG zu (provisorischer Rechtsöffnungstitel);
  - der Gläubiger kann gemäss Art. 149 Abs. 3 SchKG während 6 Monaten nach Zustellung des Verlustscheins *ohne neuen Zahlungsbefehl* die Betreibung fortsetzen;
  - der Verlustschein wird nach Art. 10 VFRR in das *Betreibungsbuch* eingetragen.
- *zivilrechtliche:*

---

733 Rz. 1526 ff.
734 Rz. 718.
735 BGer v. 9.6.2010, 9C_48/2010 E. 2.2.
736 BGE 125 III 337 E. 3.b.

- Der Schuldner muss nach Art. 149 Abs. 4 SchKG für die Verlustscheinsforderung *keine Zinsen* mehr bezahlen;
- die Verlustscheinsforderung verjährt gemäss Art. 149a Abs. 1 SchKG 20 Jahre nach Ausstellung des Verlustscheins; gegenüber Erben des Schuldners tritt die Verjährung spätestens 1 Jahr nach Eröffnung des Erbgangs ein.

– *prozessrechtliche:*
- Die klagende Partei hat eine Sicherheitsleistung für die Parteientschädigung der beklagten Partei zu leisten, wenn gegen sie Verlustscheine bestehen (Art. 99 Abs. 1 lit. b ZPO).

– *verschiedene öffentlich-rechtliche nach kantonalem Recht* (Art. 26 Abs. 1 Satz 1 SchKG).

Beispiel: Die Anwaltskammer im Kanton Solothurn kann gemäss § 13 Abs. 2 lit. b des Gesetzes über die Rechtsanwälte und Rechtsanwältinnen (AnwG; BSG 127.10) auf Anzeige eines Betreibungsamtes nach Ausstellung eines Verlustscheines gegen eine Rechtsanwältin oder einen Rechtsanwalt ein Disziplinarverfahren einleiten.

§ 6 Betreibung auf Pfandverwertung

I. Grundsätzliches

Die Betreibung auf Pfandverwertung kommt nur dann zum Zuge, wenn die zu vollstreckende Geldforderung *durch ein Pfand gesichert* ist. Hierbei handelt es sich um die eigentliche «*reine*» *Spezialexekution*[737], da das Vollstreckungssubstrat bereits *vor* Einleitung der Betreibung vorhanden ist.

905

Die Voraussetzungen einer Pfandverwertung sind:

906

– die *Geldforderung* und
– ihre *Sicherung* durch ein *Pfand*.

Sind diese Voraussetzungen erfüllt, so ist die Betreibung sowohl gegenüber den der Pfändungsbetreibung als auch gegenüber den der Konkursbetreibung unterliegenden Schuldnern durch *Verwertung des Pfandes* fortzusetzen (Art. 41 Abs. 1 SchKG).

907

Wird trotzdem eine Betreibung auf Pfändung oder Konkurs eingeleitet, so kann sich der Schuldner dagegen wehren. Ihm steht das Recht zu, die *Einrede der Vorausverwertung des Pfandes* zu erheben (sog. *beneficium excussionis realis*; Art. 41 Abs. 1bis SchKG).[738]

908

II. Begriff des Pfandes

Die Sicherung einer Forderung durch das Pfand kann beruhen auf:

909

– einer *privatrechtlichen Grundlage* (Pfandvertrag),
– einem *richterlichen Entscheid* (z.B. Sicherstellung des eingebrachten Frauengutes im altrechtlichen Güterstand der Güterverbindung)[739] oder
– *Gesetz,* wobei das Pfand entweder unmittelbar oder mittelbar entstehen kann.

  • Bei einem *unmittelbaren* gesetzlichen Pfandrecht *vermittelt* das Gesetz das Pfandrecht (z.B. Kosten der Sicherungsvorkehrungen des Pfandgläubigers

---

737 Rz. 47 ff.
738 Rz. 231 ff.
739 BGE 78 I 443.

[Art. 808 Abs. 3, Art. 810 Abs. 2 ZGB], Betreibungskosten, Zinsen [Art. 818 Abs. 1 Ziff. 2–3 und Abs. 2 ZGB]).
- Bei einem *mittelbaren* gesetzlichen Pfandrecht vermittelt das Gesetz *nicht direkt* das Pfandrecht, sondern nur *einen Anspruch auf Errichtung des Pfandrechts* (z.B. Art. 837 Abs. 1 Ziff. 1 ZGB [Kaufpreisforderung für Grundstück], Ansprüche des Pfründers [Art. 523 OR], Forderung der Miterben und Gemeinder aus Teilung [Art. 837 Abs. 1 Ziff. 2 ZGB], Forderungen der Bauhandwerker [Art. 837 Abs. 1 Ziff. 3 ZGB], Beitragsforderungen der Stockwerkeigentümerschaft [Art. 712i ZGB], Heimfallsentschädigung [Art. 779d ZGB], Baurechtszinsforderungen [Art. 779i u. k ZGB]). Das Pfand muss aber tatsächlich begründet worden sein. Bei einem mittelbaren gesetzlichen Pfandrecht ist somit die definitive Eintragung notwendig.[740]

Beispiel: S und G schlossen einen Werkvertrag ab. Inhalt desselben bildete die Erstellung eines Einfamilienhauses. Nach Beendigung der Arbeiten und vorbehaltloser Abnahme der Liegenschaft durch den Besteller weigerte sich dieser plötzlich, den geschuldeten Werklohn zu bezahlen. Hierauf beantragte der Unternehmer G beim zuständigen Gericht den Eintrag eines Bauhandwerkerpfandrechts im Grundbuch. Das Gericht wies das Grundbuchamt an, ein solches vorläufig einzutragen. Zugleich setzte es G eine Klagefrist für die definitive Eintragung. Noch vor Ablauf der gerichtlichen Klagefrist stellte G ein Betreibungsbegehren auf Pfandverwertung des Bauhandwerkerpfandrechts. Das Betreibungsamt stellte fest, dass das Betreibungsbegehren – in Ermangelung eines Grundpfandes – unvollständig war, was dazu führte, dass es keinen Zahlungsbefehl ausstellte.

910   Der Begriff des *Pfandes* im SchKG ist weiter gefasst als im Zivilrecht und umfasst sowohl das *Grundpfand* als auch das *Fahrnispfand* (Art. 37 Abs. 3 SchKG).

911   Als *Grundpfänder im Sinne des SchKG* gelten gemäss Art. 37 Abs. 1 SchKG zunächst die Grundpfandrechte im eigentlichen Sinn, d.h. die Grundpfandverschreibung und den Schuldbrief:

912   Die Funktion der *Grundpfandverschreibung* (Art. 824–841 ZGB) erschöpft sich in der gewöhnlichen Pfandsicherung einer beliebigen, gegenwärtigen oder zukünftigen oder auch bloss möglichen Forderung. Eine Mobilisierung des Bodenwertes wird mit der Grundpfandverschreibung nicht bezweckt; folgerichtig wird sie grundsätzlich auch nicht in einem Wertpapier verkörpert. Die Grundpfandverschreibung steht in einem akzessorischen Verhältnis zur Forderung (Grundgeschäft), d.h., ohne die Forderung kommt ihr keine materiellrechtliche Wirkung zu. Ist die sichergestellte zukünftige Forderung gar nie entstanden oder ist das Grundgeschäft ungültig, so ist auch das Pfandrecht nie entstanden. Ist die Forderung getilgt worden, so ist gleichzeitig auch das Pfandrecht dahingefallen. Der Grundpfandverschreibung sind die Schiff- und Luftfahrzeugverschreibung ge-

---

740   BGE 125 III 248 E. 2.b.

mäss BGSR und LBG gleichgestellt. Der Schuldner haftet bei der Grundpfandverschreibung *subsidiär*.

Anmerkung: Bei der sog. *Hypothekarobligation auf den Inhaber* oder der *Obligation mit Grundpfandverschreibung auf den Inhaber* ist die Geltendmachung und Übertragung der zugrunde liegenden Forderung *ausnahmsweise* an den Besitz der Urkunde geknüpft.[741]

Im Gegensatz zur Grundpfandverschreibung erfüllt der *Schuldbrief* (Art. 842–865 ZGB) nicht nur eine Sicherungs-, sondern auch eine Verkehrsfunktion. Durch seine leichte Übertragbarkeit von einem auf den anderen Gläubiger kann der Bodenwert des gepfändeten Grundstücks mobilisiert werden. Mittels Schuldbrief können deshalb nur Forderungen sichergestellt werden, deren Bestand in jeder Hinsicht *klar* und *eindeutig* ist. Der Schuldbrief hat durch die am 1. Januar 2012 in Kraft getretene Teilrevision des Immobiliarsachenrechts vom 11. Dezember 2009 einige wesentliche Änderungen erfahren. Eine davon betrifft die Verkörperung des Schuldbriefs: Er kann entweder wie bisher als Wertpapier ausgestaltet werden. In einem solchen Fall ist das Grundpfandrecht an die Urkunde geknüpft. Er kann aber auch als sog. *Register-Schuldbrief* durch konstitutive Eintragung ins Grundbuch und ohne Verkörperung in einem Wertpapier begründet werden. Ebenfalls neu ist, dass durch die Errichtung des Schuldbriefs das diesem zugrunde liegende Schuldverhältnis *nicht* durch Neuerung getilgt wird. Art. 842 Abs. 2 ZGB bestimmt, dass die Schuldbriefforderung als Nominalforderung neben die Forderung tritt, deren Sicherung angestrebt wird. Das Verhältnis der beiden Forderungen zueinander wird durch die dem Schuldner aufgrund des Grundverhältnisses zustehenden Einreden geregelt. Für das kommerzielle Hypothekargeschäft bedeutet dies nichts anderes als die gesetzliche Verankerung der Sicherungsübereignung von Schuldbriefen. Wollen die Parteien ausnahmsweise dennoch die Grundforderung novieren und die Einreden des Schuldners aus dem Grundverhältnis ausschliessen, so können sie dies mit einer besonderen Abrede tun. Zu erwähnen ist zudem, dass der Schuldner auch beim Schuldbrief *subsidiär* haftet.

913

Die *Gült* war in Art. 847–874 aZGB geregelt. Anlässlich der am 1. Januar 2012 in Kraft getretenen Teilrevision des Immobiliarsachenrechts vom 11. Dezember 2009 wurde sie wegen ihrer Bedeutungslosigkeit abgeschafft. Da nach Art. 22 SchlT ZGB bestehende Pfandtitel ohne Anpassung an das neue Recht bestehen bleiben, rechtfertigt es sich, die Gült an dieser Stelle gleichwohl kurz darzustellen. Bei der Gült handelt es sich um ein Grundpfandrecht, bei dem *ausschliesslich* das Grundstück haftet. Es besteht somit bei der Gült – im Unterschied zur Grundbuchverschreibung und zum Schuldbrief – *keine* subsidiäre persönliche Haftung des Schuldners. Ist ein Grundstück mit einer Gült überbelastet, kann der Gläubiger zu Schaden kommen. Mit einer Gült können deshalb nur besonders sichere Grundstücke belastet werden: landwirtschaftliche, mit Wohnhäusern überbaute

914

---

[741] BGE 100 II 319 E. 1.

oder sich auf einem Baugebiet befindliche Grundstücke, nicht aber Grundstücke in einer Industriezone. Aufgrund der reinen Sachhaftung besteht eine bestimmte Belastungsgrenze, die jeweils mittels einer amtlichen Schätzung festgesetzt wird. Bei der Gült sind Drittpfandverhältnisse ausgeschlossen, d.h., dass der Schuldner zugleich auch immer Eigentümer des belasteten Grundstücks ist.

915 Ebenfalls zu den vom SchKG erfassten *Grundpfändern* gehören:

- die *Grundlast* (Art. 782–792 ZGB);

    Anmerkung: Inhalt dieses Pfandrechtes bilden sowohl Nutzungs- als auch Wertrechte. Einerseits hat der Berechtigte einen Anspruch auf Leistung aus dem grundlastbelasteten Grundstück, andererseits hat er für den Fall, dass diese Leistung nicht erbracht wird, Anspruch auf einen entsprechenden Geldwert aus dem Grundstück. Die Grundlast ist somit eine Kombination zwischen Dienstbarkeit und Pfandrecht.

    Beispiel: Belastung eines Hotelgrundstücks mit einer Grundlast zur Zahlung der Kurtaxe.[742]

- die Grundpfandrechte des *kantonalen Rechts;*

    Anmerkung: Gemeint sind hier Grundpfandrechte, die zur Zeit des Inkrafttretens des ZGB bestanden haben (vgl. Art. 22 SchlT ZGB). Die entsprechenden Regelungen sind in den jeweiligen kantonalen Einführungsgesetzen zum ZGB (meist EG ZGB) enthalten.

- *andere Vorzugsrechte auf bestimmte Grundstücke,* soweit sie eine Geldleistung zum Gegenstand haben (Art. 836 ZGB);

    Anmerkung: Darunter fallen die gesetzlichen Grundpfandrechte der Kantone sowie andere Rechte, die keiner Eintragung bedürfen.

    Beispiele: Kantonale Pfandrechte für Steueransprüche (Grundstücksteuer, Erbschaftssteuer, Schenkungssteuer), für andere öffentlich-rechtliche Abgaben, die auf dem Grundstück lasten (zur Erhaltung von Strassen, Kanalisation, öffentliche Beleuchtung), für Versicherungsprämien zugunsten kantonaler Brandversicherungsanstalten; für all diese Pfandrechte braucht es aber immer eine gesetzliche Grundlage.[743]

- das Pfandrecht an der *Zugehör* eines Grundstücks;

    Anmerkung: Gemäss Art. 805 ZGB stellt dieses Pfandrecht kein Fahrnispfand dar, sondern ist Teil des Grundpfands. Die Legaldefinition der Zugehör findet sich in Art. 644 Abs. 2 ZGB. Sie wird durch die negative Umschreibung in Art. 645 ZGB teilweise präzisiert. Danach wird unter Zugehör eine selbständige, bewegliche Sache verstanden, welche aufgrund des Ortsgebrauchs oder der Widmung des Eigentümers eine äussere und eine innere Beziehung zur Hauptsache aufweist. Die Zugehör charakterisiert sich somit durch fünf Begriffsmerkmale (drei kumulative und objektive sowie zwei alternative und subjektive):

---

[742] BGE 53 II 382 E. 3.
[743] BGE 117 III 36 E. 2.

- Selbständige, bewegliche Sache *(keine Rechte)*,
- äussere Beziehung (räumlicher Zusammenhang) zur Hauptsache (z.B. Mobiliar einer Gartenwirtschaft),
- innere Beziehung (Dauerhaftigkeit und funktioneller Zusammenhang),
- Ortsgebrauch und
- Widmung.

Zum Faustpfand rechnet Art. 37 Abs. 2 SchKG: 916

- das eigentliche *Faustpfand,* d.h. das Pfand an beweglichen, körperlichen Sachen (Art. 884 ZGB);
- die *Viehverpfändung* (Art. 885 ZGB);

  Anmerkung: Hierbei handelt es sich um ein Faustpfand im eigentlichen Sinne, mit dem Unterschied, dass die Verpfändung ohne Übertragung des Besitzes möglich ist.

- das *Retentionsrecht* (Art. 895–898 ZGB);
- das Pfandrecht *an Forderungen und anderen Rechten* (Art. 899–906 ZGB);
- die *mietrechtliche Sicherheitsleistung* nach Art. 257e OR;[744]
- ausserdem die *besonderen Pfand- und Retentionsrechte* gemäss. Art. 700 Abs. 2 ZGB, Art. 268, Art. 299c, Art. 339a Abs. 3 i.V.m. Art. 349e, 401 Abs. 3, Art. 491 OR sowie Art. 57 ff. VVG.

Keine Pfandrechte sind hingegen: 917

- die *Sicherungsübereignung* (fiduziarische Eigentumsübertragung);[745]

  Anmerkung: Bei der Sicherungsübereignung überträgt der Eigentümer seinem Gläubiger zur dinglichen Sicherung einer Schuld eine Sache oder eine Liegenschaft (fiduziarisch) zu Eigentum und behält sich in einer Sicherungsabrede vor, dass der Erwerber von der ihm eingeräumten überschiessenden Rechtsmacht nur im vereinbarten Rahmen Gebrauch macht und die Sache oder das Grundstück unter gewissen Voraussetzungen auf ihn (den Veräusserer) rücküberträgt. Die Rückübertragung des Grundstücks lässt sich ihrerseits durch ein im Grundbuch vorgemerktes Rückkaufsrecht sichern.[746]

- die *Sicherungszession;*[747]

  Anmerkung: Bei der Sicherungszession handelt es sich ebenfalls um ein fiduziarisches Rechtsgeschäft. Die Sicherungszession setzt zunächst eine fiduziarische Abrede *(pactum fiduciae)* voraus, welche sich direkt aus der Einigung des Sicherungszedenten und des Sicherungszessionars über den Sicherungszweck der Zession ergibt. Überdies ist die Gläubigerschaft mittels Verfügungsgeschäfts auf den Zessionar zu übertragen.

---

744 BGE 129 III 360 E. 2.
745 BGE 119 II 326 E. 2.
746 BGE 56 II 444 E. 2.
747 BGE 106 III 5 E. 1.

- der Eigentumsvorbehalt i.S.v. Art. 715 Abs. 1 ZGB.

  Anmerkung: Der Eigentumsvorbehalt dient der Kreditsicherung beim Kauf von beweglichen Sachen. Sein Entstehen setzt einen Kreditvertrag über eine bewegliche Sache, die Einigung des Veräusserers und des Erwerbers über den Eigentumsvorbehalt, den Übergang des Besitzes an der Sache und die Eintragung des Eigentumsvorbehalts im Eigentumsvorbehaltsregister voraus. Zu beachten ist im Übrigen, dass der Eigentumsvorbehalt beim Betreibungsamt am jeweiligen Wohnort des Erwerbers einzutragen ist (vgl. Art. 715 Abs. 1 ZGB).

918 Die Inhaber dieser Rechte werden in der Betreibung auf Pfändung oder auf Konkurs gleichwohl wie Pfandgläubiger behandelt; d.h., dass sie vor den anderen Gläubigern befriedigt werden.

Anmerkung: Für den Eigentumsvorbehalt ist diesbezüglich das KS des BGer Nr. 29 v. 31.3.1911 betreffend Pfändung und Verwertung von Vermögensobjekten, die dem betriebenen Schuldner unter Eigentumsvorbehalt verkauft wurden, einschlägig.

III. Ablauf

A. Besonderheiten im Einleitungsverfahren

1. Betreibungsbegehren

919 In der Betreibung auf Pfändung und der ordentlichen Konkursbetreibung ist *erst im Fortsetzungsverfahren* über die anwendbare Verfahrensart zu entscheiden.[748] In der Betreibung auf Pfandverwertung muss die anwendbare Verfahrensart dagegen *bereits mit Einleitung der Betreibung vom Betreibungsamt festgesetzt werden*. Art. 41 Abs. 1 SchKG ist jedoch dispositiver Natur; das bedeutet, dass eine Verletzung nicht von Amtes wegen berücksichtigt wird, sondern mit *Beschwerde* angefochten werden muss.[749]

920 Die Betreibung auf Pfandverwertung ist – abweichend vom ordentlichen Betreibungsort gemäss Art. 46 SchKG – bei *Grundstücken* immer am *Belegenheitsort*, bei *Fahrnis wahlweise* am *Belegenheitsort* oder am *allgemeinen Betreibungsort* nach Art. 46 ff. SchKG einzuleiten (Art. 51 SchKG).[750]

921 Das *Betreibungsbegehren* muss zusätzlich zu den in Art. 67 SchKG aufgezählten Angaben Folgendes enthalten (Art. 151 Abs. 1 SchKG):

- die möglichst genaue Bezeichnung des *Pfandgegenstandes*;[751]

---

748 Rz. 46.
749 BGer v. 7.1.2004, 7B.249/2003 E. 2; BGE 110 III 5 E. 2.
750 Rz. 313 ff.
751 BGE 81 III 3 E. 2.

Anmerkung: Die Bezeichnung des Pfandgegenstandes ist als wesentlicher Bestandteil des Zahlungsbefehls zu qualifizieren, weil damit ja vorab das Vollstreckungssubstrat festgelegt wird.

- der Name eines *allfälligen Drittpfandbestellers* oder *Drittpfandeigentümers;*
- gegebenenfalls der Verwendungszweck des verpfändeten Grundstücks, sofern dieses als *Familienwohnung* oder als gemeinsame Wohnung i.S.v. Art. 14 PartG dient.

Ein aufgrund eines *Faustpfandes* betreibender Gläubiger ist überdies verpflichtet, einen Pfandgläubiger, der daran ein nachgehendes Pfandrecht hat (Art. 886 und Art. 903 ZGB), von der Einleitung der Betreibung zu benachrichtigen (Art. 151 Abs. 2 SchKG). 922

2. Zahlungsbefehl

Nach Empfang des Betreibungsbegehrens erlässt das Betreibungsamt einen Zahlungsbefehl gemäss Art. 69 SchKG. Dieser weist folgende Besonderheiten auf: 923

- Die dem Schuldner anzusetzende Zahlungsfrist beträgt hier *nicht bloss 20 Tage,* sondern *einen Monat,* wenn es sich um ein Faustpfand, bzw. *sechs Monate,* wenn es sich um ein Grundpfand handelt (Art. 152 Abs. 1 Ziff. 1 SchKG).
- Die Androhung an den Schuldner lautet dahin, dass das Pfand verwertet werde, wenn er weder dem Zahlungsbefehl nachkommt noch Rechtsvorschlag erhebt (Art. 152 Abs. 1 Ziff. 2 SchKG).

Der nach Art. 70 SchKG ausgefertigte Zahlungsbefehl wird nicht nur dem Schuldner und dem Pfandgläubiger, sondern gegebenenfalls auch den *Mitbetriebenen* des Schuldners zugestellt. Diese können sämtliche Rechte eines Betriebenen (d.h. Rechtsvorschlag, Aberkennungsklage, Beschwerde) ausüben.[752] Als Mitbetriebene gelten 924

- der *Drittpfandbesteller* oder *Drittpfandeigentümer* (auch bei Mit- oder Gesamteigentum)[753] sowie
- der Ehegatte oder eingetragene Partner des Schuldners oder des Dritten, falls das verpfändete Grundstück als *Familienwohnung* oder als gemeinsame Wohnung nach Art. 14 PartG dient.

Ergibt sich bei einer Betreibung auf Grundpfandverwertung erst *nach Stellung des Verwertungsbegehrens,* dass ein verpfändetes Grundstück im Eigentum eines Dritten steht oder als Familienwohnung bzw. als gemeinsame Wohnung im Sinne des PartG dient, so sind die Zahlungsbefehle den Mitbetriebenen *nachträglich* zuzustellen (Art. 100 VZG). Wird dem Ehegatten kein Zahlungsbefehl zugestellt, leidet 925

---

752 BGE 81 III 3 E. 2.
753 BGE 77 III 30 E. 2; Rz. 354.

die Verwertung der Familienwohnung an einem *Nichtigkeitsmangel* i.S.v. Art. 22 SchKG.[754]

926 In Zusammenhang mit der Grundpfandverwertung ist eine allfällige Hypothekenbereinigung gemäss Art. 828 f. ZGB zu beachten. Die Hypothekenbereinigung (Purgation) ermöglicht es dem Erwerber eines Grundstücks, die übermässige Pfandbelastung auf dem Grundstück einseitig abzulösen, indem er den Pfandgläubigern den Erwerbspreis oder bei unentgeltlichem Erwerb den Betrag herausbezahlt, auf den er das Grundstück wertet. Jene Gläubiger, deren Forderungen durch den angebotenen Ablösungsbetrag nicht vollständig gedeckt werden, können binnen Monatsfrist nach der Mitteilung des Erwerbes eine öffentliche Versteigerung des Grundstücks verlangen. Wird dabei ein höherer Preis erzielt, so gilt dieser als Ablösungsbetrag. Die Ablösung hat zur Folge, dass die Pfandgläubiger im Umfang des Werts des Pfands befriedigt werden und ihr Pfandrecht untergeht. Nach erfolgter Ablösung kann das Grundstück nur verwertet werden, wenn der betreibende Gläubiger nachweist, dass ihm für die in Betreibung gesetzte Forderung noch ein Pfandrecht am Grundstück zusteht (Art. 153 Abs. 3 SchKG).

927 Bestehen auf dem Grundstück *Miet- oder Pachtverträge* und verlangt der betreibende Pfandgläubiger die *Ausdehnung der Pfandhaft auf die Miet- oder Pachtzinsforderungen* (Art. 806 ZGB), so teilt das Betreibungsamt den Mietern oder Pächtern die Anhebung der Betreibung mit und weist sie unter Hinweis auf die *Gefahr der Doppelzahlung* an, die fällig werdenden Miet- oder Pachtzinse an das Betreibungsamt zu bezahlen (sog. *Zinsensperre*; Art. 152 Abs. 2 SchKG und Art. 91 VZG).[755] Die Ausdehnung der Pfandhaft auf Miet- und Pachtzinsforderungen setzt jedoch einen ausdrücklichen Ausdehnungsantrag seitens des betreibenden Pfandgläubigers voraus; dieser kann bereits im Zeitpunkt der Einleitung der Betreibung erfolgen.[756] Allerdings ist es dem Pfandgläubiger unbenommen, den Ausdehnungsantrag auch zu einem späteren Zeitpunkt zu stellen; später gestellte Ausdehnungsbegehren entfalten jedoch *keine Rückwirkung*.[757] Umgekehrt kann ein Gläubiger, welcher die Ausdehnung der Pfandhaft erwirkt hat, nur für die Zukunft auf diese verzichten.

Beispiel: S und G schlossen einen Darlehensvertrag über CHF 2 000 000.00. Zur Sicherung des Darlehens begründete S auf seinem Grundstück ein Grundpfand in der Höhe von CHF 1 500 000.00, welches er im Grundbuch eintragen liess. Auf dem Grundstück stand eine Liegenschaft, in welcher drei Parteien zur Miete wohnten. Als S mit der Rückzahlung in Verzug geriet, leitete G die Betreibung auf Pfandverwertung ein. Er unterliess es jedoch, einen Antrag auf Erstreckung der Pfandhaft auf die Mietzinse zu stellen, was dazu führte, dass die Mieter den Mietzins weiterhin S entrichteten. Einen Monat später stellte G das

---

754 BGer v. 24.11.2004, 7B.141/2004 E. 6.2.2.
755 BGE 121 III 187 E. 2; 109 III 45 E. 1.
756 BGE 109 III 45 E. 1.b.
757 BGE 121 III 187 E. 2.d.

Ausdehnungsbegehren auf die Mietzinse, worauf das Betreibungsamt die Mieter anwies, die Mietzinsforderungen nun direkt an das Betreibungsamt zu entrichten.

Mit Erlass der Anzeigen an die Mieter und Pächter nach Art. 91 VZG hat das Betreibungsamt alle zur Sicherung und zum Einzug der Miet- und Pachtzinse erforderlichen dringlichen *Massnahmen* anstelle des Schuldners oder Pfandeigentümers zu treffen (Art. 94 Abs. 1 VZG). Hierzu gehören etwa die Einforderung ausstehender Miet- und Pachtzinsen auf dem Betreibungsweg, die Vornahme von Kündigungen und Ausweisungen sowie die Anordnung dringlicher Reparaturen. Allerdings kann das Betreibungsamt diese Aufgaben auf seine Verantwortung und nach pflichtgemässem Ermessen auch einem Dritten übertragen (Art. 94 Abs. 2 VZG). Die Verwaltungsbefugnisse eines vom Pfandeigentümer eingesetzten Drittverwalters werden diesem *von Gesetzes wegen* entzogen.[758]

928

3. Rechtsvorschlag/Rechtsöffnung

Grundsätzlich gelten auch in der Betreibung auf Pfandverwertung die allgemeinen Bestimmungen von Art. 74–86 SchKG (vgl. Art. 153 Abs. 4 SchKG).[759] Zu beachten sind aber die folgenden Besonderheiten:

929

Nicht nur der Schuldner, sondern auch *jeder Mitbetriebene*[760] (Drittpfandbesteller, Dritteigentümer, Ehegatte, eingetragener Partner) kann Rechtsvorschlag erheben.

930

Mit dem Rechtsvorschlag können sowohl Bestand, Umfang und Fälligkeit der *Forderung* als auch Bestand und Umfang des *Pfandrechts* bestritten werden.[761] In diesem Zusammenhang ist Art. 85 VZG zu beachten: Wird im Rechtsvorschlag nichts Weiteres angemerkt, gilt sowohl die Forderung als auch das Pfandrecht als bestritten. Ebenfalls mittels Rechtsvorschlags ist zu bestreiten, dass dem Gläubiger nicht das Grundstück, sondern ein Faustpfand (z.B. ein Schuldbrief) hafte.[762] Haben sowohl der Schuldner als auch ein Mitbetriebener Rechtsvorschlag erhoben, so ist *separat* über die erhobenen Vorbringen zu entscheiden.

931

Der Ehegatte des Schuldners oder des Dritten kann *einwenden,* die Verpfändung des Grundstücks habe *gegen Art. 169 ZGB verstossen,* was jeweils dann der Fall ist, wenn ein verkapptes Veräusserungsgeschäft vorliegt. Gleiches kann der eingetragene Partner gestützt auf Art. 14 PartG geltend machen. Ein derartiger Verstoss liegt dann vor, wenn ein Grundstück mit der absehbaren Folge der Zwangsverwertung übermässig mit Hypotheken belastet und die Zustimmung des jeweiligen «Partners» nicht eingeholt wurde.

932

---

758 BGer v. 10.3.2006, 7B.5/2006 E. 4.1.2.
759 Rz. 476 ff.
760 Rz. 354.
761 BGE 119 III 100 E. 2.a.
762 BGE 105 III 63 E. 1; 78 III 93, 95 f.

933 Wird Rechtsvorschlag erhoben, so kann der Gläubiger gemäss Art. 153a SchKG innert zehn Tagen nach der Mitteilung des Rechtsvorschlags *Rechtsöffnung* verlangen. Ebenso ist die Anerkennungsklage bzw. die Klage auf Feststellung des Pfandrechts binnen zehn Tagen seit Eröffnung des abschlägigen Rechtsöffnungsentscheides anzubringen. Versäumt der Gläubiger die zehntägige Frist, so wird zwar eine allenfalls zuvor verfügte Zinssperre widerrufen (Art. 153a Abs. 3 SchKG); das Fristversäumnis bewirkt jedoch nicht den Hinfall der ganzen Betreibung. Für die Beseitigung des Rechtsvorschlags gelten in jedem Fall die Fristen von Art. 154 SchKG.

934 Auf Verlangen des betreibenden Pfandgläubigers hat das Betreibungsamt, wenn der Zahlungsbefehl rechtskräftig geworden ist, eine Verfügungsbeschränkung nach Art. 960 ZGB zur *Vormerkung* im Grundbuch anzumelden. Diese Vorschrift ist dem betreibenden Gläubiger mit der Zustellung des Doppels des Zahlungsbefehls zur Kenntnis zu bringen (Art. 90 Abs. 2 VZG).

935 Wird vom betreibenden Gläubiger das Pfand als im Eigentum eines Dritten stehend oder als Familienwohnung dienend bezeichnet oder ergibt sich dies erst im Verwertungsverfahren, so ist dem Dritten oder dem Ehegatten des Schuldners oder des Dritten durch Zustellung eines Zahlungsbefehls die Möglichkeit zu verschaffen, Rechtsvorschlag zu erheben (vgl. Art. 88 Abs. 1 VZG). Dieses Recht kann jedoch derjenige Dritteigentümer nicht beanspruchen, welcher das Grundstück erst nach der Vormerkung einer Verfügungsbeschränkung im Grundbuch gemäss Art. 90 und Art. 97 VZG erworben hat (Art. 88 Abs. 2 VZG).

Beispiel: In der Betreibung auf Grundpfandverwertung erhob S Rechtsvorschlag. Dieser wurde im Rechtsöffnungsverfahren beseitigt. Nach erteilter Rechtsöffnung verlangte G beim zuständigen Betreibungsamt die Vormerkung einer Verfügungsbeschränkung nach Art. 960 ZGB, welche angemeldet und eingetragen wurde. Nachdem die Vormerkung im Grundbuch erfolgte, verkaufte S das Grundstück an D. Aus Unachtsamkeit bekam D bei der öffentlichen Beurkundung nicht mit, dass auf dem Grundstück eine Verfügungsbeschränkung vorgemerkt war. In Kenntnis des laufenden Betreibungsverfahrens erhob D Rechtsvorschlag, welchen das Betreibungsamt mit Verweis auf Art. 88 Abs. 2 VZG nicht beachtete.

B. Besonderheiten im Fortsetzungsverfahren

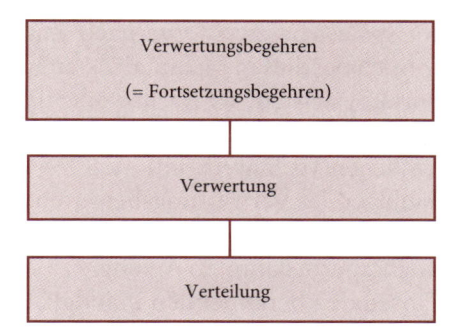

```
┌─────────────────────────┐
│  Verwertungsbegehren    │
│ (= Fortsetzungsbegehren)│
└─────────────────────────┘
            │
┌─────────────────────────┐
│      Verwertung         │
└─────────────────────────┘
            │
┌─────────────────────────┐
│      Verteilung         │
└─────────────────────────┘
```

Nach Abschluss des Einleitungsverfahrens kann *direkt* das *Verwertungsbegehren* (Art. 154 f. SchKG) gestellt werden. Das Stadium der Pfändung fällt in der Betreibung auf Pfandverwertung weg, da das *Vollstreckungssubstrat* ja bereits vor der Betreibung durch privatrechtlichen Akt, aufgrund eines richterlichen Entscheids oder kraft Gesetz bestimmt worden ist. In der Betreibung auf Pfandverwertung wird das Prinzip der Spezialexekution durchgehend verwirklicht. Das bedeutet, dass eine Anschlusspfändung und die Bildung von Pfändungsgruppen in der Betreibung auf Pfandverwertung nicht möglich sind.

936

Beispiel: Gläubiger A, der sich zur Sicherung seiner Forderung gegen Schuldner B dessen teure Uhr verpfänden liess, betreibt diesen auf Pfandverwertung. C, der ebenfalls eine Forderung gegen B hat, diese aber nicht durch ein Pfand sicherstellen liess, ist der Anschluss an die Betreibung durch A verwehrt. C muss seine Forderung in einer eigenen Betreibung durchsetzen.

Stellt der Gläubiger anstelle des Verwertungsbegehrens nach Art. 154 SchKG ein Fortsetzungsbegehren i.S.v. Art. 88 SchKG, hat ihm das Betreibungsamt nach Art. 32 Abs. 4 SchKG Gelegenheit zur Verbesserung zu geben.

937

1. Verwertungsbegehren

Legitimiert zur Stellung des *Verwertungsbegehrens* sind nebst dem *Gläubiger* auch der *Schuldner,* der *Dritteigentümer*[763] und der *Ehegatte* des Schuldners oder Dritteigentümers. Gleiches gilt für den *eingetragenen Partner.*

938

Das Verwertungsbegehren kann *erst nach Ablauf der Zahlungsfrist* gestellt werden, d.h. frühestens einen Monat seit Zustellung des Zahlungsbefehls, wenn es sich um ein Faustpfand handelt, frühestens sechs Monate seit Zustellung des Zahlungsbefehls, wenn es sich um ein Grundpfand handelt (Art. 154 Abs. 1 SchKG). Bei

939

---

763 BGE 69 III 79, 81.

diesen Minimalfristen handelt es sich um nicht wiederherstellbare Bedenkfristen.[764] Weiter muss das Verwertungsbegehren für ein *Faustpfand spätestens ein Jahr*, für ein *Grundpfand* spätestens *zwei Jahre* nach Zustellung des Zahlungsbefehls verlangt werden. Auch bei diesen Maximalfristen handelt es sich um nicht wiederherstellbare Verwirkungsfristen. Ist Rechtsvorschlag erhoben worden, so stehen die Maximalfristen zwischen der Einleitung und der Erledigung eines dadurch veranlassten gerichtlichen Verfahrens still (Art. 154 Abs. 1 SchKG).[765] Stellt der betreibende Pfandgläubiger das Verwertungsbegehren zu spät oder überhaupt nicht, so erlischt die Betreibung. Mit der Betreibung fällt auch eine allenfalls zuvor verfügte Miet- und Pachtzinssperre dahin. In Analogie zu Art. 22 Abs. 3 VZG werden die aufgelaufenen Zinsen den betreibenden Pfandgläubigern zugewiesen.

940 Mit dem Verwertungsbegehren hat der Pfandgläubiger dem Betreibungsamt das *Faustpfand vorzulegen*; andernfalls bleibt das Verwertungsbegehren unwirksam.[766] In der Betreibung auf Grundpfandverwertung erhält das Betreibungsamt gemäss Art. 101 Abs. 1 VZG die umfassende *Verwaltungsbefugnis* hinsichtlich des fraglichen Grundstücks. Diese Verwaltungsbefugnis tritt von Amtes wegen ein.[767]

941 Einem zu früh gestellten Verwertungsbegehren darf das Betreibungsamt keine Folge leisten, ausser der Schuldner willigt in die vorzeitige Verwertung ein. Sofern das Betreibungsamt gestützt auf ein zu früh gestelltes Begehren und ohne Einwilligung des Schuldners zur Verwertung schreitet, leidet die Betreibungshandlung an einem Nichtigkeitsmangel.

942 Das Betreibungsamt benachrichtigt den Schuldner und allfällige Mitbetriebene binnen drei Tagen über das Verwertungsbegehren (Art. 155 Abs. 2 SchKG und Art. 99 Abs. 1 VZG).

2. Durchführung der Verwertung

943 Sobald das Verwertungsbegehren gestellt worden ist, bereitet das Betreibungsamt die *Verwertung analog der Betreibung auf Pfändung* vor (vgl. Art. 155 f. SchKG). Das Pfand ist zu schätzen und zur Bewirtschaftung und Verwaltung in Verwahrung zu nehmen. Der Schätzung kommt allerdings nur eine *untergeordnete Bedeutung* zu; die ihr im Rahmen des Pfändungsverfahrens zukommende Funktion, nämlich die Bestimmung des Deckungsumfangs nach Art. 97 Abs. 1 SchKG[768], fällt weitgehend dahin.[769] Die Mitteilung der Schätzung kann in den Steigerungs-

---

764 Rz. 209.
765 BGE 90 III 84, 85.
766 BGE 70 III 53 E. 3.
767 BGer v. 8.4.2009, 5A_147/2009 E. 2.2.
768 Rz. 715 f.
769 BGer v. 8.3.2011, 5A_799/2010 E. 2.

bedingungen erfolgen.⁷⁷⁰ Allenfalls ist das *Widerspruchsverfahren*⁷⁷¹ einzuleiten bzw. bei *Grundpfändern* das *Lastenbereinigungsverfahren*⁷⁷² durchzuführen. Art. 101 Abs. 2 VZG statuiert überdies, dass bevor das Grundstück in Verwaltung genommen werden darf, die Wirkungen eines allfälligen Rechtsvorschlags des Dritteigentümers *beseitigt* werden müssen. Gleiches gilt für einen allfälligen Rechtsvorschlag des Ehegatten bzw. eingetragenen Partners, sofern der Pfandgegenstand als Familienwohnung dient. Ausserdem ist nach Eingang des Verwertungsbegehrens von Amtes wegen eine *Verfügungsbeschränkung* im Grundbuch vorzumerken, sofern dies nicht bereits auf Antrag des Pfandgläubigers hin geschehen ist (Art. 97 VZG).

Die Verwertung des Pfandes wird auf die gleiche Weise durchgeführt wie bei der Betreibung auf Pfändung, also entweder durch öffentliche Versteigerung⁷⁷³ oder durch Freihandverkauf⁷⁷⁴ (Art. 156 Abs. 1 SchKG i.V.m. Art. 122–143b SchKG). Insbesondere ist auch in der Betreibung auf Pfandverwertung das Deckungsprinzip⁷⁷⁵ (Art. 126 SchKG) zu wahren, d.h., das Pfand darf nur verwertet werden, wenn diejenigen Pfandforderungen gedeckt sind, die der betriebenen Forderung im Rang vorgehen. 944

Die Bestimmungen über den Verwertungsaufschub⁷⁷⁶ (Art. 123 SchKG) finden ebenfalls Anwendung (vgl. Art. 156 Abs. 1 SchKG). Eine Verwertung des Pfandes ist nicht zulässig bzw. wäre überflüssig, wenn bereits die Früchte und Erträgnisse (wie Miet- oder Pachtzinse) zur Deckung der Forderung ausreichen. In einem solchen Fall bleibt es aber bei der Zwangsverwaltung durch das Betreibungsamt (Art. 22 Abs. 1–3 VZG). 945

In der Betreibung auf Grundpfandverwertung sind jedoch einige *Besonderheiten* zu beachten (Art. 103 ff. VZG): 946

Die Steigerungsbedingungen müssen bestimmen, dass der Anteil am Zuschlagspreis, der dem betreibenden Pfandgläubiger zukommt, vom Ersteigerer *in bar* zu bezahlen ist (Art. 102 i.V.m. Art. 45 Abs. 1 lit. d VZG). Das bedeutet, dass die in Betreibung gesetzte Forderung des Grundpfandgläubigers *nicht* dem Ersteigerer des Grundstücks *überbunden* wird. Die Belastung des Grundstücks (z.B. die Hypothek), die zugunsten des betreibenden Grundpfandgläubigers bestand, wird hierauf im Grundbuch gelöscht (Art. 156 Abs. 1 SchKG i.V.m. Art. 135 Abs. 1 Satz 3 SchKG). Gemäss Art. 106 VZG ist in den Steigerungsbedingungen für Pfandforderungen von Bauhandwerkern nach Art. 839 ff. ZGB ebenfalls Barzahlung zu 947

---

770 BGE 52 III 153, 155.
771 Rz. 735 ff.
772 Rz. 871.
773 Rz. 833 ff.
774 Rz. 840 ff.
775 Rz. 822 ff.
776 Rz. 809 ff.

§ 6 Betreibung auf Pfandverwertung

verlangen. Damit soll verhindert werden, dass die Bestimmung von Art. 840 ZGB unterlaufen wird.

948 Zum Schutz des Schuldners wurde anlässlich der Revision des SchKG von 1994 Abs. 2 von Art. 156 SchKG neu eingefügt. Dieser statuiert, dass vom Grundeigentümer zu Faustpfand begebene Eigentümer- oder Inhabertitel im Falle *separater Verwertung* auf den Betrag des Erlöses *herabzusetzen* sind.

949 Wurden mehrere Grundstücke für eine Forderung verpfändet, ist folgendermassen vorzugehen:

950 Gehören sie dem *gleichen Eigentümer,* so sind nur so viele Stücke zu verwerten, als zur Deckung der Forderung des betreibenden Pfandgläubigers sowie allfälliger dem letzteren im Range vorgehender Pfandforderungen *erforderlich* ist. Dabei sind in erster Linie diejenigen Grundstücke zu verwerten, auf welchen dem betreibenden Gläubiger *keine Grundpfandgläubiger im Range nachgehen* (Art. 107 Abs. 1 VZG). Dies entspricht im Grundsatz dem Überpfändungsverbot[777] von Art. 97 Abs. 2 SchKG, welches besagt, dass nicht mehr gepfändet werden soll, als nötig ist, um die pfändenden Gläubiger für ihre Forderungen samt Zinsen und Kosten zu befriedigen.

> *Anmerkung:* Das Betreibungsamt verfügt bei der Auswahl der zu verwertenden Grundstücke über ein gewisses Ermessen. Dieses steht ihm allerdings nicht zu, wenn nach dem festgelegten Schätzungswert sofort ersichtlich ist, dass alle Grundstücke, welche Gegenstand des Gesamtpfandes bilden, verkauft werden müssen, um den betreibenden Gläubiger zu befriedigen.[778]

951 Gehören die gemeinsam verpfändeten Grundstücke verschiedenen Eigentümern, so sind zuerst die Grundstücke des Schuldners zu verwerten. Die Grundstücke Dritter dürfen erst verwertet werden, wenn jene des Schuldners keine Deckung bieten. In diesem Fall müssen alle Grundstücke an der gleichen Steigerung verwertet werden (Art. 107 Abs. 2 VZG; Art. 816 Abs. 3 ZGB).[779]

952 Getrennt verpfändete Grundstücke dürfen nur dann gesamthaft oder gruppenweise versteigert werden, wenn sie eine wirtschaftliche Einheit bilden, die sich ohne starke Wertverminderung nicht auflösen lässt (Art. 108 VZG).[780] Gemäss Art. 108 Abs. 1bis VZG muss dem Gesamtaufruf allerdings immer zuerst ein Einzelaufruf vorausgehen.[781] Sinnvoll ist dies aber nur dort, wo gemäss Abs. 1 auch tatsächlich eine Einzelverwertung möglich ist.

---

777 Rz. 715.
778 BGE 126 III 33 E. 2.
779 BGE 100 III 48 E. 1.
780 BGE 115 III 55 E. 2.
781 BGer v. 28.8.2003, 7B.109/2003 E. 1.1.

3. Verteilung

Aus dem Pfanderlös werden vorweg die *Kosten* für die *Verwaltung,* die *Verwertung* und die *Verteilung* bezahlt (Art. 157 Abs. 1 SchKG). Der verbleibende Reinerlös wird den Pfandgläubigern bis zur Höhe ihrer Forderungen einschliesslich des Zinses bis zum Zeitpunkt der letzten Verwertung und der Betreibungskosten ausgerichtet (Art. 157 Abs. 2 SchKG). Bei der Verteilung sind nur jene Pfandgläubiger zu berücksichtigen, deren Forderungen dem Ersteigerer nicht überbunden werden.[782]

Anmerkung: Gemäss bundesgerichtlicher Rechtsprechung gehört auch die Grundstücksgewinnsteuer zu den Verwertungskosten.[783]

Der *Umfang der Pfandsicherung* ist unterschiedlich, je nachdem, ob es sich um ein Grund- oder Faustpfand handelt:

Beim *Grundpfand*[784] (Art. 818 und 819 ZGB) erfasst die Sicherung die Kapitalforderung, drei verfallene Jahreszinsen, den laufenden Zins[785], die Betreibungskosten, den Verzugszins sowie die zur Erhaltung der Pfandsache notwendigen Auslagen.

Durch das *Faustpfand*[786] (Art. 891 Abs. 2 ZGB) werden die Kapitalforderung, alle verfallenen Zinsen, die Betreibungskosten und die Verzugszinsen gesichert.

Haften *mehrere Pfänder* für dieselbe Forderung, wird der aus ihrer Verwertung erzielte Erlös *verhältnismässig* zur Deckung der Forderung verwendet. Der Rang der Pfandgläubiger und der Umfang der pfandrechtlichen Sicherung für Zinse und andere Nebenforderungen bestimmt sich nach den zivilrechtlichen Vorschriften über das Grund- und das Faustpfand, d.h., massgebend für die Reihenfolge der Befriedigung ist der zivilrechtliche Rang des Pfandrechts und nicht – wie bei der Betreibung auf Pfändung – der Forderungsgrund.

Für den Betrag und Rang der grundpfandgesicherten Forderungen ist das *Lastenverzeichnis* massgebend (vgl. auch Art. 112 Abs. 1 VZG).

Können *nicht* sämtliche Pfandgläubiger befriedigt werden, so stellt der Betreibungsbeamte einen *Kollokationsplan* auf, worin der *zivilrechtliche Rang* ihrer Forderungen und ihr Anteil festgesetzt werden (vgl. Art. 157 Abs. 4 i.V.m. Art. 146 Abs. 1 i.V.m. Art. 219 Abs. 3 SchKG).[787] Hinsichtlich Auflage[788] und Anfechtung[789]

---

[782] Rz. 826 f.
[783] Rz. 884.
[784] Rz. 911 f.
[785] BGE 101 III 74, 75.
[786] Rz. 916.
[787] BGE 95 III 33 E. 2.
[788] Rz. 891.
[789] Rz. 892 ff.

des Kollokationsplans gelten die gleichen Vorschriften wie in der Betreibung auf Pfändung (Art. 157 Abs. 4 SchKG). Kommen bei der Verteilung Pfandforderungen von Bauhandwerkern und Unternehmern zu Verlust, so ist der Ausfall aus dem den Wert des Bodens übersteigenden Verwertungsanteil der vorgehenden Pfandgläubiger zu ersetzen, sofern das Grundstück durch ihre Pfandrechte in einer für sie erkennbaren Weise zum Nachteil der Handwerker und Unternehmer belastet worden ist (Art. 841 ZGB).[790] Das Betreibungsamt verfährt dabei nach Art. 117 VZG.[791]

960 Da eine Art. 144 Abs. 2 SchKG entsprechende Bestimmung fehlt,[792] dürfen vor der Verwertung grundsätzlich keine Abschlagsverteilungen vorgenommen werden. Im Sinne einer Ausnahme sind Abschlagszahlungen aus den Erträgnissen der Pfandsache zulässig (vgl. Art. 22 und Art. 95 VZG). Dies setzt aber voraus, dass sich der betreibende Gläubiger darüber ausweist, dass seine Forderungen anerkannt oder rechtskräftig festgestellt worden sind (Art. 95 Abs. 1 VZG). Kann der Gläubiger diesen Nachweis nicht erbringen, sind Abschlagszahlungen ausgeschlossen.[793]

4. Pfandausfallschein

961 Wenn das Pfand wegen ungenügenden Angeboten nicht verwertet werden konnte (bzw. die im Range vorgehenden pfandgesicherten Forderungen durch die Angebote nicht gedeckt werden konnten) oder der Erlös die Forderung nicht deckt, stellt das Betreibungsamt dem betreibenden Pfandgläubiger einen Pfandausfallschein aus (Art. 158 SchKG).

962 Gemäss Art. 111 Abs. 1 VZG hat das Betreibungsamt bei Ergebnislosigkeit der Verwertung das Pfandrecht für die in Betreibung gesetzte Forderung sowie die nach den Art. 90 und 97 VZG vorgemerkte Verfügungsbeschränkung zur Löschung anzumelden. Das Pfandrecht wird dann im Grundbuch entkräftet; der Pfandausfall bleibt als ungesicherte Forderung bestehen.

963 Der *Pfandausfallschein* ist eine amtliche Bescheinigung darüber, dass der Gläubiger für seine Forderung aus dem Pfanderlös nicht oder nicht vollständig befriedigt werden konnte, jedoch *kein Ausweis über einen definitiven Verlust* des Gläubigers. Dieser hat weiterhin die Möglichkeit, den Schuldner für den ungedeckten Betrag auf Pfändung bzw. Konkurs zu betreiben und damit das übrige Vermögen des Schuldners zur Vollstreckung heranzuziehen. Erst wenn ihm auch dies keine Be-

---

790 BGE 115 II 136 E. 1; 112 II 493 E. 5.
791 BGE 100 III 57 E. 1.
792 Rz. 882.
793 BGE 130 III 720 E. 2 (Pra 94 [2005] Nr. 92).

friedigung bringen würde, wäre ein Verlust *definitiv ausgewiesen* und dem Gläubiger müsste ein Pfändungs-[794] bzw. Konkursverlustschein[795] ausgestellt werden.

Einen Pfandausfallschein erhält *bloss der betreibende Gläubiger*. Die übrigen (nicht betreibenden) Pfandgläubiger erhalten bloss eine Bescheinigung darüber, dass sich die Forderung als ungedeckt erwiesen hat (Ausweis über die mangelnde Deckung [Art. 120 VZG]). Diese Urkunde zeitigt keine besonderen Wirkungen.[796] 964

Der Pfandausfallschein löst folgende *betreibungsrechtliche* Wirkungen aus: 965

– Der Gläubiger kann für den *ungedeckt* gebliebenen Betrag seiner Forderung die *Betreibung auf Pfändung bzw. Konkurs* einleiten. Betreibt er binnen Monatsfrist seit Erhalt des Pfandausfallscheins, muss er das Einleitungsverfahren nicht nochmals durchlaufen, sondern kann direkt das Fortsetzungsbegehren stellen (Art. 158 Abs. 2 SchKG).[797]

   Anmerkung: Dies gilt allerdings nicht für eine *vor der Bestätigung des Nachlassvertrages* entstandene Pfandforderung. Diesfalls ist eine Betreibung für den ungedeckt gebliebenen Betrag auch binnen Monatsfrist *nur mit Zustellung eines neuen Zahlungsbefehls* zulässig, es sei denn, dass der Schuldner gegen die ohne vorangegangenes Einleitungsverfahren fortgeführte Betreibung binnen zehn Tagen seit der Vornahme der Pfändung oder der Zustellung der Konkursandrohung keine Beschwerde erhoben hat (Art. 121 VZG).

– Für die Gült und andere *Grundlasten* kann nicht auf Pfändung oder Konkurs betrieben werden, da diesbezüglich keine persönliche Haftung des Schuldners, sondern eine reine Sachhaftung besteht; eine weitere Betreibung ist diesfalls ausgeschlossen.

– Der Pfandausfallschein gilt auch als Schuldanerkennung im Sinne von Art. 82 SchKG und dient damit als *provisorischer Rechtsöffnungstitel* (Art. 158 Abs. 3 SchKG).

IV. Besondere Bestimmungen über Miete und Pacht

A. Grundsätzliches

Üblicherweise werden Miet- und Pachtzinsforderungen auf dem Wege der Pfändungs- oder Konkursbetreibung durchgesetzt. Bei der Vermietung und Verpachtung von *Geschäftsräumen* hat jedoch der Vermieter bzw. der Verpächter für einen verfallenen Jahreszins und den laufenden Halbjahreszins ein *Retentionsrecht* an den sich in den betreffenden Räumlichkeiten befindlichen beweglichen Sachen, 966

---

794 Rz. 898 ff.
795 Rz. 1418 ff.
796 BGE 85 III 137 E. 2.
797 BGE 85 III 137 E. 2.b.

die zur Einrichtung oder Benutzung gehören (Art. 268 ff. und 299c OR). Ein Geschäftsmiet- oder Geschäftspachtverhältnis liegt dann vor, wenn die gemieteten oder gepachteten Räumlichkeiten zu geschäftlichen bzw. gewerblichen Zwecken verwendet werden.[798]

967 Als Sicherung ist das Retentionsrecht insofern *atypisch*, weil die Retentionsgegenstände sich *im Besitz des Schuldners* befinden (vgl. Art. 895 ZGB).[799] Dennoch wird es als *Pfand* im Sinne des SchKG behandelt (Art. 37 Abs. 2 SchKG).

968 Das Retentionsrecht steht auch der Stockwerkeigentümergemeinschaft für die während der letzten drei Jahre aufgelaufenen Beitragsforderungen zu (Art. 712k ZGB).

969 Wollen die zur Retention Befugten von diesem Sicherungsrecht Gebrauch machen, kommen die *Sonderbestimmungen* von Art. 283 f. SchKG zur Anwendung, d.h., es wird aufgrund eines entsprechenden Begehrens durch den Vermieter oder Verpächter durch das Betreibungsamt ein *Retentionsverzeichnis* aufgenommen und dem Gläubiger eine Frist zur Anhebung der Betreibung auf Pfandverwertung angesetzt (Art. 283 Abs. 3 SchKG). Die Retentionsurkunde ist dem Zahlungsbefehl beizufügen.[800]

970 Der Vermieter, der Verpächter und die Stockwerkeigentümerschaft sind aber nicht verpflichtet, vom Retentionsrecht Gebrauch zu machen; der Schuldner kann – je nach seiner Person – auch auf dem Weg der Pfändung bzw. des Konkurses betrieben werden. Das bedeutet, dass sich der Schuldner nicht zum Vornherein auf das *beneficium excussionis realis* berufen kann, sondern erst dann, wenn der Gläubiger das Retentionsrecht ausübt.[801]

971 Voraussetzungen des Retentionsverzeichnisses sind

– eine *Retentionsforderung*,
– ein *Retentionsgegenstand* und
– das *Fehlen einer anderweitigen Sicherheit* durch den Schuldner.

B. Retentionsforderung

972 Als *Retentionsforderung* kommen infrage *Miet-* oder *Pachtzinsforderungen* für einen *verfallenen Jahreszins* (Art. 268 Abs. 1 und Art. 299c OR) sowie – wenn eine Gefährdung des Retentionsrechts glaubhaft gemacht wird –[802] für den *laufenden (auch noch nicht fälligen) Halbjahreszins*[803], Forderungen betreffend *Nebenkosten*

---

798 BGer v. 25.6.2010, 4A_9/2010 E. 1.4; BGE 124 III 108 E. 2; 118 II 40 E. 4.a.
799 BGer v. 30.6.2006, 5C.97/2006 E. 2.1.
800 BGE 55 III 17, 18 f.
801 BGer v. 6.5.2004, 7B.35/2004 E. 3.2; BGE 76 III 24 E. 2 f.
802 BGE 129 III 395 E. 3.1.
803 BGE 97 III 43 E. 2.

(z.B. Heizungskosten)[804], Forderungen betreffend *Retentions-* und *Betreibungskosten* (nicht aber für Schadenersatzansprüche)[805] und *Beitragsforderungen der Stockwerkeigentümerschaft* während der letzten drei Jahre (Art. 712k ZGB).

C. Retentionsgegenstand

Als *Retentionsgegenstand* kommen infrage 973

- jede *pfändbare bewegliche Sache*[806], die sich in den vermieteten, verpachteten oder in den Räumlichkeiten des Stockwerkeigentümers befindet, dem Schuldner gehört und zur Benutzung oder Einrichtung der Räumlichkeit dient (Art. 268 Abs. 1 und 3 OR, Art. 299c OR, Art. 712k ZGB),

   Beispiele: Möbel, Bilder, TV, Teppich.
- Sachen des Untermieters, sofern dieser seinen Mietzins nicht bezahlt hat (Art. 268 Abs. 2 OR),[807] sowie
- Sachen anderer Dritter, sofern der Gläubiger nicht wusste und wissen musste, dass sie einem Dritten gehören (Art. 268a Abs. 1 OR).

Die Rechte Dritter an gestohlenen, verlorenen oder sonstwie abhanden gekommenen Sachen gehen dem Retentionsrecht des Vermieters vor (Art. 268a Abs. 1 OR und Art. 934 ZGB). 974

Anmerkung: Gemäss Art. 934 Abs. 1 ZGB kann der Besitzer während fünf Jahren eine ihm abhanden gekommene Sache jedem Empfänger abfordern; vorbehalten bleibt Art. 722 ZGB. Ist die Sache jedoch im Rahmen eines öffentlichen Versteigerungsverfahrens oder auf dem Markt erworben bzw. durch einen mit Waren gleicher Art handelnden Kaufmann übertragen worden, kann die Sache dem gutgläubigen Empfänger nur gegen die Vergütung des Preises abgefordert werden (Art. 934 Abs. 2 ZGB).

D. Keine anderweitige Sicherheitsleistung durch den Schuldner

Die zum Retentionsrecht Berechtigten können sich für ihre Forderungen auch anders absichern: 975

- Der Vermieter bzw. Verpächter kann nach Art. 257e OR eine *Kaution* verlangen.
- Die Stockwerkeigentümer haben gemäss Art. 712i ZGB ein *gesetzliches Pfandrecht* auf dem Stockwerkeigentumsanteil des säumigen Eigentümers.

---

804 BGE 111 II 71 E. 2.
805 BGE 104 III 84 E. 2; 86 III 36, 39.
806 Rz. 615 ff.
807 BGE 120 III 52 E. 7.

976 Hinterlegt der Schuldner zur Abwendung des Retentionsbeschlags etwa Bargeld beim Betreibungsamt, so erfasst das Retentionsrecht *ersatzweise* diese Sicherheitsleistung.[808]

E. Ablauf des Retentionsverfahrens

977 Der Ablauf des Retentionsverfahrens gestaltet sich wie folgt:

978 Auf Begehren des Vermieters, Verpächters bzw. der Stockwerkeigentümergemeinschaft nimmt das Betreibungsamt am Ort der gelegenen Sache ein Verzeichnis der dem Retentionsrecht unterliegenden Gegenstände auf (sog. *Retentionsverzeichnis*). Als sichernde Massnahme kann das Retentionsverzeichnis auch in den *geschlossenen Zeiten,* während der *Betreibungsferien* und des *Rechtsstillstands* erfolgen. Die Aufnahme braucht dem Schuldner *nicht angekündigt* zu werden. Sofern nötig, kann zur Aufnahme eines Retentionsverzeichnisses die Hilfe der Polizei oder der Gemeindebehörde in Anspruch genommen werden. Das Retentionsrecht kann vor Anhebung der Betreibung oder zusammen mit ihr ausgeübt werden (Art. 283 SchKG). Beschreitet der Gläubiger einen ordentlichen Betreibungsweg, geht sein Retentionsrecht nicht verloren. Er kann dieses auch in einer späteren Betreibung oder im Widerspruchsverfahren geltend machen.

979 Wurden vor der Aufnahme des Retentionsverzeichnisses heimlich oder gewaltsam Gegenstände fortgeschafft, so können diese in den ersten zehn Tagen nach der Fortschaffung mithilfe von Polizeigewalt in die vermieteten oder verpachteten Räumlichkeiten zurückgebracht werden, wobei Rechte gutgläubiger Dritter vorbehalten bleiben (Art. 284 SchKG). Durch anderweitige Sicherheitsleistung (wie z.B. eine Kaution oder Bankgarantie) kann der Schuldner die Aufnahme des Retentionsverzeichnisses abwenden (analog Art. 898 Abs. 1 ZGB).

Anmerkung: Der Begriff der Heimlichkeit ist weit auszulegen. Für die Bejahung derselben genügt es, wenn die Gegenstände ohne Wissen des Retentionsgläubigers weggenommen wurden und dabei nicht in guten Treuen angenommen werden konnte, dass dieser die Fortschaffung geduldet hätte, wenn er Kenntnis von ihr gehabt hätte.[809]

Beispiel: S ist Inhaber einer nicht im Handelsregister eingetragenen Weinkellerei in der Berner Altstadt. Infolge der Finanzkrise war die Auftragslage schlecht und es häuften sich die Rechnungen. In der Nacht vom 6.5.2011 übergab S seinem Kollegen K 50 Flaschen Bordeauxwein aus seinem Lagerbestand zur Verwahrung «an einem sicheren Ort, damit er (S) sie später abholen könne». Da S es unterliess, den mehrfach abgemahnten Mietzins für die Geschäftslokalität zu bezahlen, stellte Vermieter G beim Betreibungsamt eine Woche später das Begehren um Aufnahme eines Retentionsverzeichnisses. Einen Tag nach Aufnahme des Retentionsverzeichnisses beantragte G die Rückschaffung der 50 Flaschen Bordeauxwein. Diesem Begehren wurde entsprochen, worauf die bei K gelagerten Flaschen unter

---

[808] BGE 121 III 93 E. 1.
[809] BGE 101 II 91 E. 2.a.

Zuhilfenahme der Polizeigewalt in die Geschäftsräumlichkeiten des S zurückgeschafft wurden.

Art. 284 Satz 2 SchKG behält die *Rechte gutgläubiger Dritter* ausdrücklich vor. Sofern also Gegenstände im Zeitpunkt der Rückschaffung bereits im Besitz eines Dritten sind, der seinerseits eigene Rechte daran geltend macht, so dürfen diese vom Betreibungsamt nicht einfach zwangsweise weggenommen werden. *Der Dritte wird in seinem Besitzrecht geschützt.*

Macht ein Dritter eigene Rechte an einem Gegenstand geltend, für welchen der Vermieter, Verpächter oder die Stockwerkeigentümergemeinschaft ein Retentionsrecht beanspruchen will, können Letztere gegen den Dritten *Klage auf Rückschaffung der Gegenstände* erheben. Dabei handelt es sich um eine materiellrechtliche Klage, welche direkt beim Gericht, d.h. ohne vorgängigen Schlichtungsversuch, anhängig gemacht wird. Ob die Klage letztlich im ordentlichen oder im vereinfachten Verfahren[810] behandelt wird, bestimmt sich nach dem objektiven Schätzwert der fraglichen Gegenstände. Die örtliche Zuständigkeit ist nach Art. 30 ZPO zu bestimmen, d.h., dass jeweils das Gericht am Ort der gelegenen Sache örtlich zuständig ist.

Die *Aufnahme eines Retentionsverzeichnisses* ist an ähnliche Voraussetzungen gebunden und hat ähnliche Wirkungen wie die Ausstellung einer Pfändungs- oder Arresturkunde. Da sich in Art. 283 f. SchKG keine besonderen Vorschriften hinsichtlich der Vorgehensweise bei der Aufnahme des Retentionsverzeichnisses finden, gelangen die Bestimmungen über den der Retention nahestehenden Arrest sinngemäss zur Anwendung (vgl. Art. 275 SchKG mit Verweis auf Art. 91–109 SchKG). Es gilt u.a. Folgendes:

- Ins Retentionsverzeichnis darf nur *so viel* aufgenommen werden, wie zur Tilgung der betreffenden Forderung *nötig* ist (vgl. Art. 97 Abs. 2 SchKG; sog. *Überpfändungsverbot*).
- Retinierbar sind nur Gegenstände, die auch *pfändbar* sind, also keine Kompetenzstücke i.S.v. Art. 92 SchKG.
- Will der Schuldner die *Unpfändbarkeit* der Gegenstände geltend machen, hat er dies mit *Beschwerde* bei der Aufsichtsbehörde zu rügen.
- Will er das Retentionsrecht dagegen *materiell* bestreiten, muss er dies mittels *Rechtsvorschlags in der nachfolgenden Betreibung auf Pfandverwertung* tun;
- Über die im Retentionsverzeichnis aufgeführten Gegenstände darf der Schuldner *nicht* mehr verfügen (sog. *Retentionsbeschlag*).

Der Vermieter, der Verpächter oder die Stockwerkeigentümergemeinschaft haben für die verfallenen Mietzins-, Pachtzins- oder Beitragsforderungen *innert zehn Tagen* seit Zustellung des Retentionsverzeichnisses und für die laufende Miet-

---

810 Rz. 86 f. und 88.

zins-, Pachtzins- oder Beitragsforderung *innert zehn Tagen* nach deren Fälligkeit die Betreibung auf Pfandverwertung einzuleiten, d.h., der Retentionsbeschlag ist *zu prosequieren*. Die Prosekution erfolgt auf dem Weg der *Betreibung auf Pfandverwertung*[811].

984 *Unterlässt* der Gläubiger die Prosekution, so fällt die Wirkung des Retentionsverzeichnisses ohne Weiteres dahin, d.h., dass der Retentionsbeschlag an den retinierten Gegenständen untergeht.[812] Das Retentionsrecht als solches bleibt aber trotz des Untergangs des Retentionsbeschlags bestehen. Sofern die materiellrechtlichen Voraussetzungen gegeben sind, kann der Retentionsgläubiger sogleich wieder ein neues Begehren um Aufnahme eines Retentionsverzeichnisses stellen.

985 Erhebt der Schuldner nach erfolgter Prosekution *Rechtsvorschlag,* so muss der Retentionsgläubiger innert zehn Tagen seit dessen Mitteilung Rechtsöffnung verlangen oder auf Anerkennung der Forderung oder Feststellung des Retentionsrechts klagen (analog Art. 153a SchKG).

986 Wird das Gesuch um Rechtsöffnung abgewiesen, so hat der Retentionsgläubiger innert zehn Tagen nach Mitteilung des Entscheids die Klage einzuleiten. Der Retentionsbeschlag fällt dahin, wenn der Gläubiger diese Fristen nicht einhält, die angehobene Klage oder Betreibung zurückzieht oder erlöschen lässt oder mit seiner Klage vom Gericht endgültig abgewiesen wird.

987 Im Falle einer von einem anderen Gläubiger verlangten Verwertung der retinierten Gegenstände findet das *Deckungsprinzip*[813] nach Art. 126 SchKG hinsichtlich des Retentionsrechts, welches ein Vermieter, Verpächter oder eine Stockwerkeigentümergemeinschaft geltend macht, *keine Anwendung*. Der Zuschlag erfolgt m.a.W. ohne Rücksicht darauf, ob die durch das Retentionsrecht gesicherten Forderungen befriedigt werden oder nicht.[814]

---

811 Rz. 905.
812 BGE 105 III 85 E. 2.
813 Rz. 822 ff.
814 BGE 89 III 72 E. 1.

§ 7 Betreibung auf Konkurs

I. Voraussetzungen des Konkurses

Ein Konkurs kann immer nur durch einen *Gerichtsentscheid,* das sog. *Konkurs-erkenntnis* oder *Konkursdekret,* ausgelöst werden. Damit es zur Konkurseröffnung über den Schuldner kommt, bedarf es stets einer gesetzlich bestimmten Konkursvoraussetzung. Es wird zwischen formellen und materiellen Konkursvoraussetzungen unterschieden. 988

A. Formelle Konkursvoraussetzungen

Als formelle Konkursvoraussetzung ist zunächst die Möglichkeit der *Durchführung eines Verfahrens auf Konkursbetreibung* – d.h. entweder der ordentlichen Konkursbetreibung[815] oder der Wechselbetreibung[816] – zu nennen. 989

Dies setzt erstens voraus, dass es sich beim Schuldner um eine Person handelt, die in einer der in Art. 39 SchKG genannten Eigenschaften im Handelsregister eingetragen ist. Zu beachten ist in diesem Zusammenhang auch Art. 40 SchKG, welcher die Wirkungsdauer des Handelsregistereintrags festlegt. 990

Zweitens darf die Forderung, welche die Konkursbetreibung auslöst, keine Forderung *i.S.v. Art. 43 SchKG* sein. Dies gilt auch dann, wenn dafür ein Wechsel ausgestellt worden ist. 991

Drittens darf es sich bei der in Betreibung gesetzten Forderung nicht um eine pfandgesicherte Forderung handeln (Art. 41 Abs. 1 SchKG). Dem Schuldner stünde diesfalls die Einrede der Vorausverwertung des Pfandes zur Verfügung (Art. 41 Abs. 1bis SchKG; sog. *beneficium excussionis realis*).[817] Dies ist jedoch unbeachtlich, wenn die pfandgesicherte Forderung auf einem Wechsel gründet und dem Gläubiger daher ein Wahlrecht zwischen der Wechselbetreibung und der Betreibung auf Pfandverwertung zusteht.[818] 992

---

815 Rz. 997 ff.
816 Rz. 1060 ff.
817 Rz. 231 ff.
818 Rz. 229.

993 *Viertens* muss ein Schweizer Konkursort gegeben sein. Dieser liegt entweder am ordentlichen (Art. 46 SchKG) oder an einem speziellen Betreibungsort (Art. 48 SchKG [Betreibungsort des Aufenthaltes bei Schuldnern ohne festen Wohnsitz], Art. 49 SchKG [letzter Wohnsitz des Erblassers bei der Betreibung einer unverteilten Erbschaft], Art. 50 Abs. 1 SchKG [Betreibungsort der eingetragenen Zweigniederlassung eines im Ausland wohnenden Schuldners], Art. 54 SchKG [letzter «fiktiver» schweizerischer Wohnsitz eines flüchtigen Schuldners]).[819]

B. Materielle Konkursvoraussetzungen

994 Materielle Konkursvoraussetzungen bestehen in einer besonderen Vermögenslage oder einer unredlichen Handlungsweise des Schuldners, welche die vollständige Befriedigung der Gläubiger als zweifelhaft oder gefährdet erscheinen lässt.

995 Diese Voraussetzungen sind in Art. 190–193 SchKG geregelt. Im Unterschied zu den formellen Konkursvoraussetzungen darf bei Vorliegen einer materiellen Konkursvoraussetzung der Konkurs sofort, d.h. ohne vorgängige Durchführung eines Einleitungsverfahrens, ausgesprochen werden.

996 Ein weiterer wichtiger Unterschied besteht darin, dass bei den materiellen Konkursvoraussetzungen in bestimmten Fällen der Konkurs auch über einen *nicht der Konkursbetreibung unterliegenden Schuldner* bzw. auch bei Vorliegen einer Forderung gemäss Art. 43 SchKG eröffnet werden kann. Für Einzelheiten wird auf die späteren Ausführungen verwiesen.[820]

---

819 Rz. 250 ff.
820 Rz. 1095.

II. Arten des Konkursverfahrens im Allgemeinen

A. Ordentliche Konkursbetreibung

Die ordentliche Konkursbetreibung ist die Hauptart der Generalexekution. Der Verfahrensgang präsentiert sich wie folgt: 997

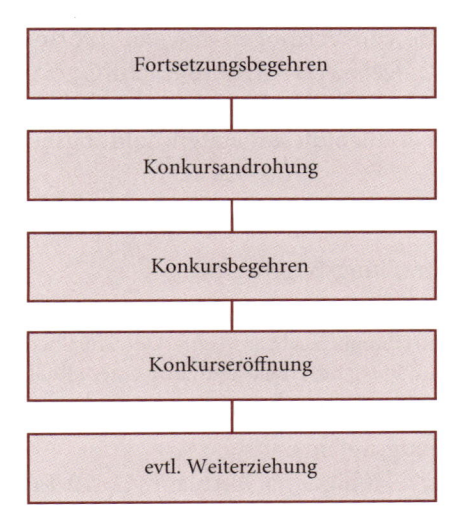

```
Fortsetzungsbegehren
        │
Konkursandrohung
        │
Konkursbegehren
        │
Konkurseröffnung
        │
evtl. Weiterziehung
```

1. Konkursandrohung

1.1 Zeitpunkt

Der Gläubiger, dessen Betreibung nicht durch Rechtsvorschlag oder gerichtlichen Entscheid eingestellt worden ist, kann *frühestens 20 Tage* nach Zustellung des Zahlungsbefehls das *Fortsetzungsbegehren*[821] stellen. Dieses Recht erlischt ein Jahr nach Zustellung des Zahlungsbefehls, wobei diese Frist von einem Jahr zwischen der Einleitung und der Erledigung eines durch einen Rechtsvorschlag veranlassten Verfahrens still steht (Art. 88 SchKG). 998

Unterliegt der Schuldner der Konkursbetreibung, so droht ihm das Betreibungsamt unverzüglich (in der Praxis innert drei Tagen) nach Empfang des Fortsetzungsbegehrens den Konkurs an. Das Betreibungsamt prüft von Amtes wegen, ob eine Zwangsvollstreckung durch Betreibung auf Pfändung oder auf Konkurs fortzusetzen ist (Art. 38 Abs. 3 SchKG). Der Gläubiger muss folglich im Fortsetzungsbegehren nicht ausdrücklich die Konkursbetreibung verlangen.[822] Wird die 999

---

[821] Rz. 575 ff.
[822] BGE 115 III 89 E. 1.

Betreibung statt auf dem Weg der Pfändung auf dem Weg des Konkurses fortgesetzt, liegt ein Nichtigkeitsgrund vor.[823]

1.2 Inhalt

1000 Im Gegensatz zur Pfändungsankündigung bei der Betreibung auf Pfändung wird der Schuldner mit der Konkursandrohung nicht über eine unmittelbar bevorstehende Beschlagnahme von Vermögensstücken informiert, sondern nochmals *ultimativ zur Zahlung aufgefordert* (Art. 160 SchKG).[824] Gleichzeitig wird dem Schuldner angedroht, dass der Gläubiger sein ganzes Vermögen beschlagnahmen lassen kann, wenn er auch dieser letzten Zahlungsaufforderung nicht nachkommt.

1001 Die Konkursandrohung enthält (vgl. Art. 160 SchKG):

- die Angaben des Betreibungsbegehrens;

    Anmerkung: Das Betreibungsamt hat vor Ausstellung der Konkursandrohung nicht abzuklären, ob die im Betreibungsbegehren vermerkten Angaben zum Wohnort des Gläubigers noch zutreffen. Die Nichtberücksichtigung einer allfälligen Änderung führt nicht zur Aufhebung der Konkursandrohung.[825]

- das Datum des Zahlungsbefehls;
- die Anzeige, dass der Gläubiger nach Ablauf von 20 Tagen das Konkursbegehren stellen kann;
- die Mitteilung, dass der Schuldner, welcher die Zulässigkeit der Konkursbetreibung bestreiten will, innert zehn Tagen bei der Aufsichtsbehörde Beschwerde zu führen hat;

    Anmerkung: Im Betreibungsverfahren ist allgemein nicht üblich, die Beteiligten auf die Möglichkeit, eine Beschwerde zu führen, aufmerksam zu machen. Art. 160 Abs. 1 Ziff. 4 SchKG stellt diesbezüglich eine Ausnahme dar.

- die Mitteilung, dass der Schuldner berechtigt ist, einen Nachlassvertrag vorzuschlagen.

1.3 Zustellung

1002 Wie bereits früher erörtert, handelt es sich bei der Konkursandrohung um eine *Betreibungsurkunde,* die der *formellen Zustellung*[826] bedarf. Deutlich wird dies insbesondere aus Art. 161 Abs. 1 SchKG, der auf Art. 72 SchKG verweist. Neben

---

823 BGer v. 29.9.2003, 7B.212/2003 E. 6; BGE 120 III 105 E. 1.
824 BGE 135 III 14 E. 5.5.3.
825 BGE 128 III 470 E. 4.2.
826 Rz. 378 ff.

dem ausdrücklich erwähnten Art. 72 SchKG finden auch Art 64 ff. SchKG Anwendung.[827]

Ein Doppel der Konkursandrohung wird dem Gläubiger zugestellt, sobald die Zustellung an den Schuldner erfolgt ist (Art. 161 Abs. 2 SchKG). 1003

2. Sicherungsmassnahmen

2.1 Grundsätzliches

Als Sicherungsmassnahme im Konkursverfahren sieht Art. 162 SchKG die Aufnahme eines Güterverzeichnisses vor. Es handelt sich dabei um eine vorläufige Sicherungsmassnahme zum Schutze der Gläubigerrechte, weshalb ihm eine ähnliche Wirkung wie dem Retentionsverzeichnis und dem Arrest zukommt.[828] Anhand eines amtlichen Inventars des Schuldnervermögens wird festgestellt, was im Falle der Konkurseröffnung alles zur Aktivmasse gehören könnte. Das Güterverzeichnis beschränkt sich folglich auf die Sicherung der Aktiven für den Fall, dass der Konkurs tatsächlich eröffnet wird.[829] 1004

Aufgrund seiner Qualifikation als Sicherungsmassnahme darf das Güterverzeichnis auch während der Betreibungsferien[830] und eines Rechtsstillstandes[831] aufgenommen werden. Es nimmt einstweilen das Konkursinventar vorweg; wird später der Konkurs eröffnet, bildet es dessen Grundlage. 1005

Anmerkung: Das Güterverzeichnis ist das eigentliche *Gegenstück zur provisorischen Pfändung*[832]. Im Unterschied zur provisorischen Pfändung bezieht sich das Güterverzeichnis nicht bloss auf die darin aufgenommenen Vermögensgegenstände des Schuldners, sondern auf sämtliche Aktiven desselben. Des Weiteren ist die Wirkungsdauer des Güterverzeichnisses grundsätzlich auf vier Monate beschränkt (Art. 165 SchKG). Im Gegensatz hierzu wirkt die provisorische Pfändung über das ganze Verwertungsverfahren fort (vgl. Art. 144 Abs. 5 SchKG, welcher bestimmt, dass die Beträge mit provisorischer Pfändung einstweilen bei der Depositenanstalt hinterlegt werden).

2.2 Anordnung

Die Aufnahme eines Güterverzeichnisses wird nie von Amtes wegen angeordnet, d.h., es wird ein entsprechendes Gesuch seitens des Gläubigers beim für die Eröffnung des Konkurses zuständigen Gericht vorausgesetzt. Behandelt wird dieses Gesuch im summarischen Verfahren (Art. 251 lit. a ZPO). 1006

---

827 BGE 121 III 16 E. 3.b.
828 BGE 137 III 143 E. 1.3.
829 BGE 137 III 143 E. 1.3; 46 III 105 E. 1.
830 Rz. 338 f.
831 Rz. 340 ff.
832 Rz. 550.

1007 Das Gericht ordnet die Aufnahme eines Verzeichnisses aller Vermögensbestandteile des Schuldners an, wenn Tatsachen vorliegen, welche die Sicherung des Schuldnervermögens *wegen Gefährdung der Gläubigerinteressen* als geboten erscheinen lassen.

> *Beispiel:* Ein Sicherungsbedürfnis ist zweifellos gegeben, wenn Anzeichen dafür bestehen, dass der Schuldner fliehen oder Vermögensbestandteile verheimlichen, beiseiteschaffen, vermindern oder verschleudern könnte.[833]
>
> *Anmerkung:* Eine Besonderheit stellt der Fall von Art. 57e SchKG dar. Diesfalls kann der Gläubiger, sofern der Schuldner wegen Militär-, Zivil- oder Schutzdienstes Rechtsstillstand geniesst, für die Dauer des Rechtsstillstandes verlangen, dass das Betreibungsamt ein Güterverzeichnis mit den in Art. 164 SchKG bezeichneten Wirkungen aufnimmt. Er hat jedoch den Bestand seiner Forderung und ihre Gefährdung durch Handlungen des Schuldners oder Dritter glaubhaft zu machen, die auf eine Begünstigung einzelner Gläubiger zum Nachteil anderer oder auf eine allgemeine Benachteiligung der Gläubiger zielen.

1008 Das Gesetz lässt dem Richter in Bezug auf die Frage, wann konkret ein Sicherungsbedürfnis vorliegt, einen grossen Ermessensspielraum.

1009 Überdies steht dem Gläubiger wahlweise auch der Arrest[834] als Sicherungsmassnahme zur Verfügung, sofern eine der Voraussetzungen von Art. 271 SchKG erfüllt ist.

2.3 Vollzug

1010 Die Aufnahme des Güterverzeichnisses wird aufgrund der gerichtlichen Verfügung durch das Betreibungsamt vollzogen. Dabei finden gemäss Art. 163 Abs. 2 SchKG hinsichtlich der Ankündigung, der Pflichten des Schuldners und Dritter sowie der Unpfändbarkeit bestimmter Vermögenswerte die Vorschriften über den Pfändungsvollzug (Art. 90–92 SchKG) entsprechende Anwendung.

1011 Grundsätzlich darf das Betreibungsamt mit der Aufnahme des Güterverzeichnisses erst beginnen, wenn die *Konkursandrohung* zugestellt worden ist. Ausgenommen von dieser Regel sind der Tatbestand von Art. 57c SchKG (Schuldner im Militärdienst) sowie gemäss Art. 163 Abs. 1 SchKG die Tatbestände von Art. 83 Abs. 1 SchKG (Erteilung einer provisorischen Rechtsöffnung) und Art. 183 SchKG (Verweigerung der Bewilligung des Rechtsvorschlags in der Wechselbetreibung); in diesen Fällen muss mit der Aufnahme des Güterverzeichnisses nicht bis zur Zustellung der Konkursandrohung zugewartet werden.

> *Anmerkung:* Im Falle einer provisorischen Rechtsöffnung kann der Gläubiger bereits nach Gutheissung des provisorischen Rechtsöffnungsbegehrens nach Massgabe von Art. 162 SchKG die Aufnahme eines Güterverzeichnisses verlangen (Art. 83 Abs. 1 SchKG). Im Falle einer Wechselbetreibung fällt die Konkursandrohung überhaupt weg. Das Gericht

---

833 BGer v. 19.10.2010, 5A_340/2010 E. 3.
834 Rz. 1448 ff.

kann hier die Aufnahme eines Güterverzeichnisses anordnen, wenn die Bewilligung des Rechtsvorschlags verweigert wurde (Art. 183 Abs. 1 SchKG). Art. 183 SchKG stellt insofern einen Spezialfall dar.

2.4 Wirkungen

Die Wirkungen des Güterverzeichnisses gehen nicht so weit wie diejenigen einer Pfändung[835] oder eines Arrestes[836], bei welchen Veräusserungshandlungen des Schuldners ohne Bewilligung des Betreibungsamts unzulässig und den Gläubigern gegenüber ungültig sind. Der Schuldner ist hier lediglich verpflichtet dafür zu sorgen, dass die aufgezeichneten Vermögensstücke *erhalten bleiben*. Er darf sie aber gebrauchen und verbrauchen, sofern er sie gleichwertig ersetzt. Die Verletzung dieser Pflichten steht unter der Strafandrohung von Art. 169 StGB (Verstrickungsbruch). *Ohne Ersatzpflicht* darf der Schuldner aber immerhin so viel von seinem Vermögen verbrauchen, als er nach Ermessen des Betreibungsbeamten zu seinem und seiner Familie Lebensunterhalt benötigt. Massgebend hierfür sind die Richtlinien für den betreibungsrechtlichen Notbedarf.[837]

1012

Die durch das Güterverzeichnis begründete Verpflichtung des Schuldners, den Wert des inventarisierten Vermögens zu erhalten, wird vom Betreibungsbeamten aufgehoben, wenn sämtliche betreibenden Gläubiger (d.h. diejenigen, die erfolgreich das Einleitungsverfahren abgeschlossen haben) einwilligen (Art. 165 Abs. 1 SchKG). Die Einwilligungen der Gläubiger sind vom Schuldner nachzuweisen.

1013

Von Gesetzes wegen erlischt die Wirkung des Güterverzeichnisses vier Monate nach dessen Erstellung (Art. 165 Abs. 2 SchKG). Eine Ausnahme besteht immerhin für das Güterverzeichnis, welches aufgrund einer provisorischen Rechtsöffnung aufgenommen wurde. Dieses behält seine Wirkung während der ganzen Dauer eines allfälligen Aberkennungsprozesses, weil der Gläubiger vorläufig noch nicht in der Lage ist, das Konkursbegehren zu stellen.

1014

Mit dem *Entscheid des Konkursgerichts* über das Konkursbegehren fallen die Wirkungen des Güterverzeichnisses ebenfalls dahin:

1015

- Die Abweisung des Konkursbegehrens hat die Gegenstandslosigkeit des Güterverzeichnisses zur Folge;
- im Falle der Gutheissung des Konkursbegehrens bildet das Güterverzeichnis die *Grundlage* für das *Konkursinventar*[838].

---

835   Rz. 700 ff.
836   Rz. 1477 ff.
837   Rz. 672.
838   Rz. 1296 ff.

3. Konkursbegehren

3.1 Grundsätzliches

1016 Unter dem Konkursbegehren ist der *Antrag* des Gläubigers an das Konkursgericht, den Konkurs über den Schuldner zu eröffnen, zu verstehen. Das Konkursbegehren kann nur von demjenigen Gläubiger eingereicht werden, welcher bereits die Konkursandrohung erwirkt hat. Ist der Konkurs einmal eröffnet, so wird er fortan von Amtes wegen abgewickelt.

1017 Nach Art. 252 Abs. 2 ZPO ist das Konkursbegehren in den Formen von Art. 130 ZPO, d.h. entweder schriftlich oder elektronisch, zu stellen. In einfachen oder dringlichen Fällen kann es auch mündlich beim Gericht zu Protokoll gegeben werden. Die mündliche Eingabe dürfte somit insbesondere bei Vorliegen einer materiellen Konkursvoraussetzung[839] angezeigt sein.

1018 Der Gläubiger kann frühestens nach Ablauf der Bedenkfrist von 20 Tagen seit der Zustellung der Konkursandrohung beim Konkursgericht das Konkursbegehren stellen (Art. 166 Abs. 1 SchKG).

Anmerkung: Diese Frist wird nur dann durch eine betreibungsrechtliche Beschwerde unterbrochen, wenn dieser gestützt auf Art. 36 SchKG aufschiebende Wirkung zuerkannt wird.[840]

1019 Das Doppel des Zahlungsbefehls und der Konkursandrohung sind dem Konkursbegehren beizulegen. Vorbehältlich materieller Konkursvoraussetzungen berechtigt erst die Konkursandrohung zur Stellung des Konkursbegehrens.[841] Dieses Recht erlischt 15 Monate nach der Zustellung des Zahlungsbefehls. Diese Verwirkungsfrist verlängert sich um die Dauer eines gerichtlichen Verfahrens zur Überwindung des Rechtsvorschlags.

1020 Bis zur Konkurseröffnung gilt die Dispositionsmaxime. Es steht einem Gläubiger somit frei, ein einmal gestelltes Konkursbegehren auch wieder zurückziehen. Zieht der Gläubiger das Konkursbegehren zurück, so darf er es erst nach einem Monat erneuern (Art. 167 SchKG). Hierin zeigt sich ein massgeblicher Unterschied zum (vorbehaltlosen) Rückzug einer angehobenen Klage, welcher einem rechtskräftigen Entscheid in der Sache gleichkommt (vgl. Art. 241 Abs. 2 ZPO).

1021 Mit der Möglichkeit des Rückzugs des Konkursbegehrens wird bezweckt, dass der Gläubiger auf ein Zahlungsversprechen des Schuldners eingehen kann, ohne dabei seine verfahrensrechtliche Position aufzugeben. Ausgeschlossen ist ein Rückzug des Konkursbegehrens aber dann, wenn über den Schuldner bereits der Konkurs eröffnet wurde. Diesfalls verläuft das Konkursverfahren von Amtes wegen.

---

839 Rz. 994 ff.
840 BGE 136 III 152 E. 4.1 (Pra 99 [2010] Nr. 116).
841 BGer v. 4.8.2009, 5A_359/2009 E. 2.3.

3.2 Wirkungen des Konkursbegehrens

Die Einreichung des Konkursbegehrens hat folgende Wirkungen:

- Der Richter bestimmt den *Termin für die gerichtliche Verhandlung* und zeigt diesen wenigstens drei Tage vorher den Parteien an. Die Teilnahme an der Verhandlung – sei es persönlich, sei es durch Vertretung – steht im Belieben der Parteien (Art. 168 SchKG). Dies folgt aus dem Umstand, dass das Konkursgericht den massgeblichen Sachverhalt von Amtes wegen festzustellen hat und insofern die beschränkte Untersuchungsmaxime gilt (Art. 255 lit. a ZPO).
- Derjenige, der das Konkursbegehren stellt, *haftet* – unter Vorbehalt des Rechts zur unentgeltlichen Rechtspflege (Art. 117 ff. ZPO) – *für die Kosten,* die bis und mit der Einstellung des Konkurses mangels Aktiven oder bis zum Schuldenruf entstehen (Art. 169 SchKG). Wird das Konkursverfahren mangels Aktiven eingestellt, so erstreckt sich diese Haftung bis zum Zeitpunkt, in welchem das Gericht die Schlussverfügung i.S.v. Art. 268 Abs. 2 SchKG erlässt.[842]
- Das Gericht kann vom Gläubiger einen Kostenvorschuss verlangen; ein solcher bildet jedoch nicht die Obergrenze für die Haftung der entstehenden Kosten (vgl. auch Art. 35 KOV). Verlangt das Gericht einen Gerichtskostenvorschuss, so handelt es sich bei der rechtzeitigen Zahlung desselben um eine Prozessvoraussetzung in Bezug auf das eingeschlagene Verfahren. Die nicht rechtzeitige Bezahlung führt unweigerlich zu einem Prozessentscheid i.S.v. Art. 236 Abs. 1 ZPO, da das Verfahren diesfalls spruchreif ist. Dieser Entscheid hat allerdings keine *res iudicata*-Wirkung zwischen den Parteien zur Folge. Vielmehr kann der gleiche Streitgegenstand – im vorliegenden Zusammenhang das Konkursbegehren – neuerlich dem Konkursgericht zur Beurteilung vorgelegt werden.
- Das Gericht kann gemäss Art. 170 SchKG sofort nach Anbringung des Konkursbegehrens die zur Wahrung der Rechte der Gläubiger notwendigen vorsorglichen Massnahmen treffen (z.B. Anordnung eines Güterverzeichnisses, Vormerkung einer Verfügungsbeschränkung im Grundbuch, Siegelung von Räumen und Behältnissen usw.).

4. Konkurserkenntnis

4.1 Grundsätzliches

Über das Konkursbegehren wird gemäss Art. 251 lit. a ZPO im *summarischen Verfahren* entschieden.

Im Verfahren vor dem Konkursgericht gilt – wie bereits erwähnt – die sog. Untersuchungsmaxime. Das bedeutet, dass das Gericht den Sachverhalt *von Amtes*

---

842 BGE 134 III 136 E. 2.2 (Pra 97 [2008] Nr. 107).

wegen feststellt (Art. 255 lit. a ZPO); allerdings sind die Parteien nicht davon enthoben, an der Ermittlung des Sachverhaltes mitzuwirken.

1025 Das Konkursgericht kann:
- einen Nichteintretensentscheid fällen,
- den Entscheid über das Konkursbegehren einstweilen aussetzen (Art. 173 SchKG),
- die Akten an die Eidgenössische Finanzmarktaufsicht (FINMA) überweisen, falls es sich beim Schuldner um eine Bank oder einen Effektenhändler handelt (Art. 173b SchKG),
- das Begehren abweisen (Art. 172 SchKG) oder
- das Begehren gutheissen und den Konkurs (ohne Aufschub) eröffnen (Art. 171 SchKG).

1026 Sowohl der Entscheid nach Art. 171 SchKG (Konkurseröffnung) als auch derjenige nach Art. 172 SchKG (Abweisung des Konkursbegehrens) sind Sachendentscheide i.S.v. Art. 236 Abs. 1 ZPO.[843]

1027 Ein Nichteintretensentscheid wird demgegenüber beim Vorliegen eines Verfahrensmangels gefällt (vgl. zu den Prozessvoraussetzungen auch die nicht abschliessende Aufzählung in Art. 59 ZPO).

Beispiele: Unzuständigkeit, Nichteinhaltung der Fristen von Art. 166 SchKG oder Nichtleisten des Kostenvorschusses, sofern das Konkursgericht einen solchen einverlangt hat (Art. 169 Abs. 2 SchKG).

4.2 Abweisungsentscheid

1028 Gemäss *Art. 172 Ziff. 1–3 SchKG* muss das Konkursbegehren abgewiesen werden:
- wenn die Konkursandrohung von der Aufsichtsbehörde aufgehoben worden ist oder die Aufsichtsbehörde die Nichtigkeit der Konkursbetreibung festgestellt hat (z.B. wenn der Schuldner gar nicht der Konkursbetreibung unterliegt);
- wenn dem Schuldner die Wiederherstellung einer Frist oder ein nachträglicher Rechtsvorschlag bewilligt worden ist;
- wenn der Schuldner durch Urkunden beweist, dass die Schuld – Zinsen und Kosten inbegriffen – getilgt ist (es handelt sich hier um einen besonderen Anwendungsfall von Art. 85 SchKG).

Anmerkung: Dem Wortlaut von Art. 172 Ziff. 3 SchKG zufolge ist das Konkursbegehren auch abzuweisen, wenn der Schuldner durch Urkunden beweist, dass ihm der Gläubiger für die betriebene Schuld *Stundung* gewährt hat. Nach der hier vertretenen Meinung rechtfertigt sich diese Rechtsfolge jedoch nicht. Macht der Schuldner im Rahmen eines Verfahrens nach Art. 85 oder 85a SchKG Stundung geltend, so wird das

---

[843] BGE 133 III 687 E. 1.2.

Betreibungsverfahren eingestellt und nach Ablauf der Stundungsfrist – auf Begehren des Gläubigers – wieder aufgenommen. Dieselbe Rechtsfolge ist auch hier angezeigt; der Entscheid über das Konkursbegehren ist für die Dauer der Stundung *auszusetzen*.

Diese im Gesetz aufgeführten *Abweisungsgründe* sind jedoch *nicht abschliessend;* abzuweisen ist das Konkursbegehren auch dann, wenn: 1029

– die Betreibung nach Art. 85 oder Art. 85a Abs. 3 SchKG *aufgehoben* worden ist;

Anmerkung: Dass das Konkursbegehren im Falle der Aufhebung der Betreibung nach Art. 85 oder 85a SchKG abzuweisen ist, ergibt sich aus einem Analogieschluss zu Art. 172 Ziff. 3 SchKG. Es ist nicht einzusehen, weshalb der Tilgung eine andere Wirkung zukommen sollte, wenn sie statt einredeweise[844] in einem Verfahren nach Art. 85 oder 85a SchKG geltend gemacht wird.

– wenn dem Schuldner eine besondere Zahlungsfrist bewilligt wurde;
– wenn eine Nachlass-[845] oder Notstundung[846] gewährt wurde.

Die Abweisung des Konkursbegehrens hat den *Untergang des Betreibungsverfahrens* zur Folge. D.h., dass das Konkursgericht auf ein nochmaliges Konkursbegehren im gleichen Verfahren *nicht eintritt*. Die Abweisung wirkt sich jedoch nur im konkreten Betreibungsverfahren aus. Dem Gläubiger steht es somit frei, für die gleiche Forderung in einem späteren Betreibungsverfahren ein neues Konkursbegehren zu stellen. 1030

4.3 Aussetzungsentscheid

Gemäss *Art. 173 SchKG* wird der Entscheid ausgesetzt: 1031

– wenn infolge einer Beschwerde die Aufsichtsbehörde die Einstellung der Betreibung verfügt hat;
– wenn das Gericht die Betreibung im Rahmen eines Verfahrens nach Art. 85, Art. 85a Abs. 2 oder Art. 85a Abs. 3 SchKG eingestellt hat;

Anmerkung: Die Einstellung der Betreibung sollte nach der hier vertretenen Meinung, gleichgültig, ob bereits endgültig (Art. 85 und Art. 85a Abs. 3 SchKG) oder bloss vorläufig (Art. 85a Abs. 2 SchKG) darüber entschieden worden ist, stets dieselbe Rechtsfolge haben: Der Entscheid über das Konkursbegehren lautet hier immer auf «Auszusetzen». Art. 173 Abs. 1 SchKG gilt folglich auch für die Einstellung der Betreibung nach Art. 85a Abs. 3 SchKG. Die Einstellung der Betreibung setzt voraus, dass der Gläubiger dem Schuldner *Stundung* gewährt hat. Wenn der Schuldner auch nach Ablauf der Stundungsfrist nicht bezahlt, so kann der Gläubiger die Fortsetzung der Betreibung und damit einen Entscheid des Konkursgerichts über das Konkursbegehren verlangen.

---

844 Rz. 1028.
845 Rz. 1590 ff.
846 Rz. 1726 ff.

§ 7 Betreibung auf Konkurs

– wenn das Konkursgericht der Auffassung ist, dass im vorangegangenen Verfahren (der Konkursbetreibung) eine nichtige Verfügung erlassen wurde.

Anmerkung: In letzterem Fall überweist das Gericht den Fall der Aufsichtsbehörde. Eine Überweisung ist bereits dann angezeigt, wenn Zweifel daran bestehen, ob Nichtigkeitsgründe vorhanden sind oder nicht.

1032 Gemäss *Art. 173a SchKG* kann das Konkursgericht (nach seinem Ermessen)[847] den Entscheid auch in den folgenden Fällen aussetzen:

– *auf Antrag,* wenn der Schuldner oder ein Gläubiger ein Gesuch um Bewilligung einer Nachlassstundung oder einer Notstundung anhängig gemacht hat;
– *von Amtes wegen,* wenn Anhaltspunkte für das Zustandekommen eines Nachlassvertrages bestehen; diesfalls sind die Akten dem Nachlassrichter zu überweisen.

Anmerkung: Entsprechend der beschränkten Untersuchungsmaxime hat das Konkursgericht die massgeblichen Anhaltspunkte nicht ex officio zu erforschen. Vielmehr sind der Schuldner, Gläubiger oder Drittpersonen gehalten, bei der Sachverhaltsermittlung mitzuwirken.[848]

1033 Der Entscheid ist schliesslich auch auszusetzen, wenn der Schuldner ein Gesuch um *Einräumung besonderer Zahlungsfristen* anhängig gemacht hat.

Beispiel: Bei Schulden zwischen Ehegatten kann der verpflichtete Ehegatte gestützt auf Art. 203 ZGB verlangen, dass ihm Fristen eingeräumt werden, wenn ihm die Zahlung von Geldschulden ernstliche Schwierigkeiten bereitet.

1034 In allen Fällen, in denen das Konkursgericht einen Aussetzungsentscheid fällt, nimmt es das Verfahren erst wieder auf, nachdem ihm die zuständige Behörde – z.B. die Aufsichtsbehörde oder das Nachlassgericht – ihren endgültigen Entscheid mitgeteilt hat. Je nachdem weist es dann das Konkursbegehren ab oder spricht die Konkurseröffnung aus.

1035 Betrifft das Konkursbegehren eine Bank oder einen Effektenhändler, hat das Konkursgericht die Akten an die Eidgenössische Finanzmarktaufsicht (FINMA) zu überweisen (Art. 173b SchKG). Diese ist für den Bankenkonkurs ausschliesslich zuständig. Durch die Revision des Bankenkonkurs- und Einlagensicherungsrechts sollte eine Effizienzsteigerung auf diesem Gebiet erreicht werden, die v.a. in einem schnelleren Verfahren und höheren Dividenden zugunsten der Gläubiger besteht. Ein weiterer Punkt der Verbesserung findet sich in der alleinigen Zuständigkeit der FINMA, die sich durch ihre grössere Fachkompetenz auf dem Bankensektor auszeichnet. Im Zusammenhang mit Bankenkonkursen muss im Übrigen auch die BKV-FINMA berücksichtigt werden.

---

[847] BGer v. 30.4.2010, 5A_268/2010 E. 3.2.
[848] BGer v. 30.4.2010, 5A_268/2010 E. 3.2.1.

4.4 Gutheissender Entscheid

Sind die Prozessvoraussetzungen gegeben und liegen weder Abweisungs- noch Aussetzungsgründe vor, heisst das Konkursgericht das Konkursbegehren gut und eröffnet den Konkurs über den Schuldner (Art. 171 SchKG).

1036

Der Zeitpunkt der Konkurseröffnung richtet sich nach Art. 175 SchKG.[849]

1037

5. Rechtsmittel

5.1 Gegen das Konkurserkenntnis

5.1.1 Grundsätzliches

Gemäss Art. 174 Abs. 1 SchKG kann der Entscheid des Konkursgerichts mit *Beschwerde nach Art. 319 ff. ZPO*[850] bei der kantonalen Rechtsmittelinstanz angefochten werden. Die Frist hierzu beträgt zehn Tage (Art. 174 Abs. 1 SchKG). Sie beginnt mit der Zustellung des begründeten Entscheides (Art. 321 Abs. 1 ZPO) zu laufen und ist nach Art. 33 Abs. 2 und Abs. 4 SchKG verlänger- und wiederherstellbar. Eine Wiederherstellung nach Art. 148 f. ZPO kommt demgegenüber nicht in Betracht. Bei der Regelung im SchKG handelt es sich um eine *lex specialis* zur allgemeinen Regelung in der ZPO.

1038

Zur Weiterziehung bzw. Beschwerde legitimiert sind sowohl der *Schuldner* als auch der *Gläubiger*, der das Konkursbegehren gestellt hat.

1039

Grundsätzlich hat die Beschwerde *keinen Suspensiveffekt;* das Gericht kann dem Rechtsmittel jedoch aufschiebende Wirkung hinsichtlich der Vollstreckbarkeit zuerkennen (Art. 174 Abs. 3 SchKG i.V.m. Art. 325 Abs. 2 ZPO). Wird der Beschwerde aufschiebende Wirkung gewährt, so hat das Gericht zum Schutz der Gläubiger die notwendigen vorsorglichen Massnahmen nach Art. 170 SchKG zu treffen (Art. 174 Abs. 3 SchKG). Es liegt im Ermessen des Gerichts, welche vorsorglichen Massnahmen es treffen will.

1040

Wird der Beschwerde aufschiebende Wirkung erteilt, so ist das Konkurserkenntnis erst im Zeitpunkt der Bestätigung der erstinstanzlichen Entscheidung über die Konkurseröffnung durch die obere Instanz vollstreckbar. Massgebend sind das Datum und die Stunde des oberinstanzlichen Entscheides. Das Gleiche gilt auch beim Rückzug des Rechtsmittels sowie bei der Aufhebung der Suspensivwirkung.

1041

Nach Eingang der Beschwerde – welche nach Art. 321 Abs. 1 ZPO stets beim *iudex ad quem* einzureichen ist – verlangt die obere kantonale Instanz bei der Vor-

1042

---

849 Rz. 1052 ff.
850 Rz. 96 ff.

instanz die Akten und kann unter deren Zugrundelegung entscheiden (Art. 327 Abs. 1 und 2 ZPO).

5.1.2 Novenrecht

1043 Die Rechtsmittelinstanz kann auch neue Tatsachen und Beweismittel berücksichtigen (Art. 326 Abs. 2 ZPO i.V.m. Art. 174 Abs. 1 SchKG). Diese sind jedoch gleichzeitig mit der Einlegung des Rechtsmittels vorzubringen.

1044 Vorgebracht werden können einerseits *unechte Noven*, d.h. Tatsachen und Beweismittel, die bereits *vor* dem erstinstanzlichen Entscheid eingetreten bzw. vorhanden gewesen sind, von der ersten Instanz aber nicht berücksichtigt wurden, weil sie ihr nicht bekannt waren und von keiner Partei angeführt wurden (Art. 174 Abs. 1 SchKG)

Beispiel: Der Schuldner findet nach dem erstinstanzlichen Entscheid eine Quittung, mit welcher er den Beweis erbringen kann, dass die Schuld getilgt ist.

1045 Vorgebracht werden können andererseits aber auch *echte Noven*, d.h. neue Tatsachen und Beweismittel, die erst *nach* dem erstinstanzlichen Entscheid eingetreten bzw. entstanden sind (Art. 174 Abs. 2 Ziff. 1–3 SchKG). Sind Tatsachen und Beweismittel erst nach Ablauf der Rechtsmittelfrist entstanden, so können sie keine Berücksichtigung mehr finden. Insbesondere ist es der Rechtsmittelinstanz untersagt, dem Gemeinschuldner eine Nachfrist zur Nachreichung von Unterlagen anzusetzen.[851]

1046 Echte Noven dürfen aber nur berücksichtigt werden, wenn die im Gesetz abschliessend aufgezählten Voraussetzungen erfüllt sind. So muss der Schuldner glaubhaft machen, dass er inzwischen *zahlungsfähig* ist.

Anmerkung: Zahlungsfähigkeit bedeutet, dass ausreichend liquide Mittel vorhanden sind, mit welchen der Schuldner die Gläubiger bei Fälligkeit ihrer Forderungen befriedigen kann. Dabei sind allerdings bloss die sofort und konkret verfügbaren, nicht aber die zukünftigen, zu erwartenden oder auch nur möglichen Mittel zu berücksichtigen. Lediglich vorübergehende Zahlungsschwierigkeiten lassen den Schuldner nicht als zahlungsunfähig erscheinen. Daneben ist stets auch die wirtschaftliche Überlebensfähigkeit des schuldnerischen Betriebes in die Beurteilung miteinzubeziehen.[852]

1047 Zudem hat der Schuldner durch Urkunden zu beweisen, dass inzwischen (alternativ):

- die Schuld, einschliesslich Zinsen und Kosten, getilgt ist,
- der geschuldete Betrag beim oberen Gericht zuhanden des Gläubigers hinterlegt ist oder
- der Gläubiger auf die Durchführung des Konkurses verzichtet.

---

851 BGE 136 III 294 E. 3.1; BGer v. 4.9.2007, 5A_80/2007 E. 5.2.
852 BGer v. 7.12.2010, 5A_642/2010 E. 2.4.

Diese Regelung hat vor allem den Schuldner im Auge, der aus Versehen oder Missgeschick die Konkurseröffnung nicht abwenden konnte, obwohl er zahlungsfähig war.

1048

5.2   Gegen den Entscheid der kantonalen Rechtsmittelinstanz

Der letztinstanzliche kantonale Entscheid kann mit Beschwerde in Zivilsachen beim Bundesgericht angefochten werden. Gemäss Art. 72 Abs. 2 lit. a BGG unterliegen der Beschwerde in Zivilsachen auch Entscheide in Schuldbetreibungs- und Konkurssachen.[853] Gegen Entscheide des Konkursgerichts ist die Beschwerde nicht vom Streitwert abhängig (Art. 74 Abs. 2 lit. d BGG).

1049

Beim Konkurserkenntnis handelt es sich zwar nicht um einen Endentscheid (einen Entscheid, der das Verfahren abschliesst) gemäss Art. 90 BGG[854], da mit der Konkurseröffnung das Konkursverfahren eröffnet wird. Es liegt vielmehr ein selbständig eröffneter Zwischenentscheid vor. Eine Beschwerde ist aber dennoch zulässig, da durch deren Gutheissung ein Endentscheid herbeigeführt und damit i.d.R. ein weitläufiges Beweisverfahren vermieden wird (Art. 93 Abs. 1 lit. b BGG).

1050

Legitimiert zur Beschwerde sind der Schuldner und der Gläubiger, der das Konkursbegehren gestellt hat.

1051

6.   Konkurseröffnung

6.1   Zeitpunkt

Der Konkurs gilt von dem Zeitpunkt an als eröffnet, in welchem er erkannt wird (Art. 175 SchKG). Dieser Zeitpunkt ist im Konkurserkenntnis nach Tag und Stunde genau festzustellen. Das bedeutet, dass die Konkurseröffnung sofort wirksam und das Konkurserkenntnis sofort vollstreckbar ist.

1052

Aufschiebende Wirkung wird der Weiterziehung des Entscheids lediglich dann zuerkannt, wenn es die Rechtsmittelinstanz so verfügt (Art. 174 Abs. 3 SchKG). Da sich der Suspensiveffekt jedoch bloss auf die Vollstreckbarkeit des Konkursdekrets bezieht (Art. 325 Abs. 2 ZPO), treten die Konkurswirkungen[855] unmittelbar ein. Der Aufschub der Vollstreckbarkeit bedeutet einzig, dass das Konkursamt mit den Vollstreckungsmassnahmen (z.B. der Inventaraufnahme oder dem Schuldenruf) zuzuwarten hat.

1053

Das Konkurserkenntnis wird nicht nur den Parteien, sondern auch dem Betreibungs-, dem Konkurs-, dem Grundbuch- und dem Handelsregisteramt unverzüglich mitgeteilt (Art. 176 SchKG).

1054

---

853   BGer v. 11.2.2010, 5A_506/2009 E. 1.1; BGer v. 22.5.2009, 5A_224/2009 E. 1.
854   **A.M.** BGer v. 14.11.2007, 5A_235/2007 E. 1.2; BGer v. 19.9.2007, 5A_350/2007 E. 1.2.
855   Rz. 1144 ff.

1055 Dieselbe Mitteilungspflicht gilt überdies in folgenden Fällen:
- *Konkurswiderruf* (Art. 195 Abs. 3 SchKG);
- *Schluss des Konkurses* (Art. 268 Abs. 4 SchKG);
- *Verfügungen,* in denen einem Rechtsmittel aufschiebende Wirkung erteilt wird;
- *vorsorgliche Anordnungen* (Art. 174 Abs. 3 SchKG).

1056 Das Grundbuchamt muss die Konkurseröffnung im Grundbuch anmerken (Art. 176 SchKG i.V.m. Art. 80 Abs. 9 GBV). Dasselbe gilt für das Handelsregisteramt (Art. 176 SchKG i.V.m. Art. 19 Abs. 2 HRegV).

6.2 Wirkungen

1057 Die Konkurseröffnung zeitigt einerseits *konkursrechtliche Folgen* und andererseits auch eine Reihe ausserhalb des SchKG vorgesehener *zivilrechtlicher Auswirkungen*. Für die konkursrechtlichen Wirkungen wird auf die späteren Ausführungen verwiesen.[856]

1058 Zu den zivilrechtlichen Auswirkungen gehören:
- die von Gesetzes wegen eintretende *Gütertrennung,* wenn über einen in Gütergemeinschaft lebenden Ehegatten der Konkurs eröffnet worden ist (Art. 188 ZGB);
- das Dahinfallen einer *Vollmacht,* wenn der Vollmachtgeber oder der Bevollmächtigte in Konkurs fällt (Art. 35 OR);
- das Dahinfallen eines *Schenkungsversprechens,* wenn über den Schenker der Konkurs eröffnet wird (250 Abs. 2 OR);
- das Erlöschen eines *Auftrags* im Falle des Konkurses des Auftraggebers oder des Beauftragten (Art. 405 Abs. 1 OR);
- die Möglichkeit des Vermieters, dem Mieter fristlos zu kündigen, wenn der Mieter in Konkurs fällt und trotz Verlangen des Vermieters keine Sicherheit für künftige Mietzinse leistet (Art. 266h OR).

1059 Sobald der Konkurs eröffnet und sofern die Vollstreckbarkeit des Konkurserkenntnisses nicht aufgeschoben worden ist,[857] hat das Konkursamt mit der Durchführung des Konkurses zu beginnen. Ein Antrag seitens des Gläubigers ist hierzu nicht erforderlich.

---

856 Rz. 1144 ff.
857 Rz. 1040.

B. Wechselbetreibung

1. Grundsätzliches

Bei der Wechselbetreibung handelt es sich um eine besondere, d.h. schnelle und zum Teil verkürzte Form der *Konkursbetreibung*. Der Wechsel (Art. 990–1099 OR) und der Check (Art. 1100–1144 OR) sind Wertpapiere, welche sich durch ihre hohe Zirkulationsfähigkeit auszeichnen. Die durch sie verurkundeten Forderungen können schnell und einfach übertragen werden. Diese Schnelligkeit wird durch die Wechselbetreibung auch in der Zwangsvollstreckung fortgesetzt. 1060

Die praktische Relevanz dieser Sonderart der Konkursbetreibung[858] ist allerdings gering. 1061

2. Betreibungsbegehren

Für Forderungen, die auf einem Wechsel oder Check gründen, kann auch dann, wenn sie durch ein Pfand gesichert sind, die Wechselbetreibung verlangt werden, sofern der Schuldner der Konkursbetreibung unterliegt.[859] Eine erste Besonderheit dieser Betreibungsart zeigt sich darin, dass der Gläubiger die Wechselbetreibung bereits im Betreibungsbegehren *ausdrücklich* verlangen muss; dieser Zusatz muss nebst den gewöhnlichen Angaben gemäss Art. 67 SchKG im Betreibungsbegehren enthalten sein (Art. 177 Abs. 1 SchKG). 1062

Überdies ist der *Wechsel* oder *Check* im Original dem Betreibungsamt zu übergeben (vgl. Art. 177 SchKG). Dies ist nötig, damit das Betreibungsamt den Wechsel *in materieller Hinsicht* prüfen kann. Hierbei wird geprüft, ob die eingereichte Forderungsurkunde alle wesentlichen Erfordernisse eines Wechsels erfüllt und folglich eine wechselmässige Verpflichtung des Schuldners begründet.[860] 1063

Anmerkung: Die gesetzlichen Bestandteile des Wechsels sind Art. 991 OR zu entnehmen. Verlangt wird eine Wechselklausel (das Wort Wechsel muss dabei im Urkundentext in der Sprache des Wechsels genannt sein), die unbedingte Anweisung, eine bestimmte Summe zu zahlen, der Name des Bezogenen (Bezogener ist der Hauptschuldner des Wechsels, d.h. derjenige, der zahlen soll), die Angabe der Verfallzeit, die Angabe des Zahlungsortes, der Name des Wechselnehmers (Person, an die oder an deren Ordre gezahlt werden soll), der Tag und der Ort der Ausstellung sowie die Unterschrift des Ausstellers. Die Einhaltung dieser Anforderungen stellt den notwendigen Inhalt des gezogenen (normalen) Wechsels dar. Das Fehlen eines Erfordernisses von Art. 991 OR hat grundsätzlich zur Folge, dass eine Urkunde nicht als gezogener Wechsel gilt (vgl. Art. 992 Abs. 1 OR). Diese Regel steht jedoch unter dem Vorbehalt von Art. 992 Abs. 2–4 OR, wonach
- ein Wechsel ohne Angabe der Verfallzeit als Sichtwechsel gilt (Abs. 2), welcher nach Art. 1024 Abs. 1 OR bei Vorlage fällig ist;

---

858 Rz. 52 ff.
859 Rz. 54 und 990.
860 BGE 118 III 24 E. 3.b.

- mangels besonderer Angabe der beim Namen des Bezogenen angegebene Ort als Zahlungsort und zugleich als Wohnort des Bezogenen gilt (Abs. 3);
- ein Wechsel ohne Angabe des Ausstellungsortes als an dem Ort ausgestellt gilt, der bei dem Namen des Ausstellers angegeben ist (Abs. 4).

1064 Für den *Check* siehe Art. 1100 ff. OR.

1065 Eine materielle Prüfung *der Begründetheit des Anspruchs* ist dagegen nicht zulässig; sie bleibt dem Richter in einem späteren Stadium des Verfahrens vorbehalten.

1066 *In formeller Hinsicht* prüft der Betreibungsbeamte nebst dem ausdrücklichen Verlangen des Gläubigers nach der Wechselbetreibung und der Übergabe des Wechsels an das Betreibungsamt,

- ob dieses *örtlich zuständig* ist,
- ob der Schuldner *konkursfähig* ist,
- ob *keine Ausnahme nach Art. 43 SchKG* vorliegt und
- ob der Gläubiger die *übrigen Angaben gemäss Art. 67 SchKG* gemacht hat.[861]

Zweck dieser Prüfung ist der Schutz des Schuldners vor der ungerechtfertigten Anhebung einer schärferen Betreibungsart.

Anmerkung: Der (konkursfähige) Erbe kann auch dann mittels Wechselbetreibung belangt werden, wenn der den Wechsel ausstellende Erblasser selber nicht der Konkursbetreibung unterlag.[862]

1067 Die Einreichung eines gültigen Betreibungsbegehrens bewirkt die Unterbrechung der für die wechselmässigen Ansprüche laufenden Verjährungsfristen.[863]

3. Zahlungsbefehl

1068 Sind die Voraussetzungen der Wechselbetreibung gegeben, stellt das Betreibungsamt dem Schuldner unverzüglich – nach Möglichkeit noch am gleichen Tag – den Zahlungsbefehl zu.

1069 Im Übrigen gelten bezüglich der Ausfertigung und Zustellung die gewöhnlichen Vorschriften gemäss Art. 70 und Art. 72 SchKG, d.h., der Zahlungsbefehl wird doppelt ausgefertigt und formell zugestellt[864] (Art. 178 Abs. 3 SchKG). Der Zahlungsbefehl enthält – ausser den Angaben des Betreibungsbegehrens – die Aufforderung an den Schuldner, binnen fünf Tagen den Gläubiger für die Forderung samt Betreibungskosten zu befriedigen (Art. 178 Abs. 2 Ziff. 2 SchKG).

---

861 BGE 111 III 35 E. 1 (Pra 74 [1985] Nr. 158).
862 BGE 55 III 1.
863 BGE 104 III 20 E. 2.
864 Rz. 378 ff.

Weiter wird dem Schuldner mitgeteilt, dass er *innert fünf Tagen* nach Zustellung des Zahlungsbefehls *schriftlich* und *begründet* beim Betreibungsamt Rechtsvorschlag erheben oder binnen der gleichen Frist wegen Verletzung betreibungsrechtlicher Vorschriften bei der Aufsichtsbehörde Beschwerde führen kann (Art. 178 Abs. 2 Ziff. 3 SchKG).

1070

Schliesslich enthält der Zahlungsbefehl den *Hinweis* darauf, dass der Gläubiger das Konkursbegehren stellen kann, wenn der Schuldner dem Zahlungsbefehl nicht nachkommt, wenn er keinen Rechtsvorschlag erhoben hat oder sein Rechtsvorschlag beseitigt worden ist (Art. 178 Abs. 2 Ziff. 4 SchKG). Diese *Androhung* – die in der ordentlichen Konkursbetreibung erst im Rahmen der Konkursandrohung erfolgt – wird in der *Wechselbetreibung bereits mit der Zustellung des Zahlungsbefehls* vorgenommen. Dafür wird in der Wechselbetreibung auf eine formelle Konkursandrohung[865] im Sinne von Art. 160 SchKG mit Gewährung einer ultimativen Zahlungsfrist verzichtet. Das bedeutet, dass der Gläubiger bereits nach Ablauf der fünftägigen Zahlungsfrist und mit Eintritt der Rechtskraft des Zahlungsbefehls die Konkurseröffnung beantragen kann.

1071

Anmerkung: Der Zahlungsbefehl ist *rechtskräftig,* wenn
- der Schuldner keinen Rechtsvorschlag erhoben hat,
- dieser nicht bewilligt wird oder
- seine Wirkungen nach Durchführung eines ordentlichen Prozesses dahingefallen sind.

Das *Konkursbegehren* muss während der *einmonatigen Gültigkeitsdauer des Zahlungsbefehls* gestellt werden, wobei die Dauer eines allfälligen Verfahrens über die Bewilligung oder Beseitigung des Rechtsvorschlags nicht mitzuzählen ist (Art. 188 SchKG).

1072

Anmerkung: Mit der Zustellung des Zahlungsbefehls wird im Übrigen – gleich wie bei der Betreibung auf Pfandverwertung[866] – auch der Betreibungsort fixiert (Art. 53 SchKG). Darüber hinaus gibt es in der Wechselbetreibung keine Betreibungsferien, d.h., dass der Zahlungsbefehl in der Wechselbetreibung auch während der Schonfristen zugestellt werden darf.

4. Rechtsvorschlag

Die deutlichsten Abweichungen der Wechselbetreibung gegenüber den anderen Betreibungsarten zeigen sich bei der Erhebung des Rechtsvorschlags[867] und bei der Beseitigung seiner Wirkungen[868].[869]

1073

---

865 Rz. 998 ff.
866 Rz. 905 ff.
867 Rz. 476 ff.
868 Rz. 522 ff.
869 Rz. 515 ff.

§ 7 Betreibung auf Konkurs

1074 Der Rechtsvorschlag muss *schriftlich* und *begründet* beim Betreibungsamt eingereicht werden (Art. 179 SchKG). Die Frist hierzu beträgt fünf Tage; sie ist nicht wiederherstellbar i.S.v. Art. 33 Abs. 4 SchKG (Art. 179 Abs. 3 SchKG), jedoch ist immerhin ein *nachträglicher Rechtsvorschlag*[870] wegen Gläubigerwechsel gemäss Art. 77 SchKG möglich.

1075 Zur Begründung können nur die in Art. 182 SchKG *abschliessend* aufgezählten Einreden, welche mit den Voraussetzungen für die Bewilligung des Rechtsvorschlags durch den Richter identisch sind, vorgebracht werden.

1076 Mit der im Rechtsvorschlag angegebenen Begründung verzichtet der Schuldner nicht auf weitere Einreden nach Art. 182 SchKG. Das Betreibungsamt entscheidet sodann darüber, ob der Rechtsvorschlag form- und fristgerecht erfolgte. Hierauf wird er unverzüglich dem Gericht des Betreibungsortes vorgelegt.

Anmerkung: Mit Vorlegung des Rechtsvorschlags ist gemeint, dass dem Gericht alle Akten, insbesondere der Wechsel oder Check, der Zahlungsbefehl sowie der Rechtsvorschlag, übergeben werden.

1077 Das Gericht lädt die Parteien vor und entscheidet, auch in ihrer Abwesenheit, innert zehn Tagen nach Erhalt des Rechtsvorschlags über dessen Bewilligung (Art. 181 SchKG). Der Entscheid hierüber ergeht im *summarischen Verfahren* (Art. 251 lit. b ZPO) und wird den Parteien sofort eröffnet.

1078 Die Parteien können den Entscheid mittels Beschwerde nach Art. 319 ff. ZPO[871] innert fünf Tagen an das obere kantonale Gericht weiterziehen (Art. 185 SchKG). Nach Erschöpfung des kantonalen Instanzenzugs kommt nur noch die Beschwerde in Zivilsachen an das Bundesgericht (Art. 72 ff. BGG) in Betracht.[872]

1079 Das Gericht darf den Rechtsvorschlag nur dann bewilligen, wenn einer der in *Art. 182 SchKG* abschliessend aufgezählten Gründe gegeben ist. Diese Gründe entsprechen den wechselrechtlichen Einreden des OR.

Anmerkung: Einreden und Einwendungen sind die materiellrechtlichen Verteidigungsrechte des Schuldners.[873] Eine *Einrede* bedeutet die Befugnis des Schuldners, eine geschuldete Leistung unter Berufung auf ein eigenes Recht zu verweigern (z.B. Verjährung oder Einrede des nicht erfüllten Vertrages gemäss Art. 82 OR). Die *Einwendung* beseitigt ebenfalls den Anspruch des Gläubigers und beruht auf Tatsachen, aus denen hervorgeht, dass eine gültige Forderung nicht oder nicht mehr besteht (z.B. Handlungsfähigkeit, Erfüllung oder Verrechnung).

---

[870] Rz. 508 ff.
[871] Rz. 96 ff.
[872] Rz. 105.
[873] BGer v. 3.12.2010, 5A_695/2010 E. 4.

Der Rechtsvorschlag in der Wechselbetreibung wird in folgenden vier Fällen bewilligt: 1080

- wenn der Schuldner *durch Urkunden* beweist, dass die Schuld bezahlt, nachgelassen oder gestundet ist (Ziff. 1);

  Anmerkung: Hierbei handelt es sich um eine *persönliche Einrede des Schuldners*.

- wenn der Schuldner Fälschung des Titels glaubhaft macht (Ziff. 2);

  Anmerkung: Hierbei handelt es sich um eine *Einrede gegen das Papier*.

  Beispiele: Fälschung der Unterschrift oder der Wechselsumme.

- wenn eine aus dem Wechselrecht hervorgehende Einrede, die sich gegen das Bestehen einer wechselmässigen Verpflichtung richtet, begründet erscheint (Ziff. 3);

  Anmerkung: Hierbei spricht man von einer *Einrede aus dem Papier*.

  Beispiele: Eintritt der Wechselverjährung, Unterschrift einer nicht zeichnungsberechtigten Person (vgl. Art. 462 Abs. 2 OR), Fehlen eines unbedingten Zahlungsversprechens beim Eigenwechsel.

- wenn der Schuldner eine andere nach OR 1007 zulässige, aber nicht unmittelbar aus dem Wechselrecht hervorgehende Einrede glaubhaft macht (Ziff. 4).

  Anmerkung: Es handelt sich dabei um Einreden gegen den Gläubiger, die sich gegen das gültige Zustandekommen oder Weiterbestehen einer Verbindlichkeit überhaupt richten, wie Irrtum, Zwang, Täuschung, Arglist oder Unklagbarkeit der Forderung. In diesem Fall muss jedoch die Forderungssumme in Geld oder Wertschriften hinterlegt oder eine gleichwertige Sicherheit (z.B. durch Bankgarantie) geleistet werden. Wird der Rechtsvorschlag nur nach Hinterlegung des streitigen Betrags bewilligt, so wird der Gläubiger aufgefordert (Art. 184 Abs. 2 SchKG), binnen zehn Tagen die Klage auf Zahlung anzuheben. Andernfalls wird die Hinterlage zurückgegeben.

Bei Bewilligung des Rechtsvorschlags durch das Gericht aus einem der in Art. 182 *Ziff. 1–3* SchKG genannten Gründe wird die Betreibung *eingestellt*. Der Gläubiger hat zur Geltendmachung seines Anspruchs den ordentlichen Prozessweg zu beschreiten und eine sog. *Wechselklage* zu erheben (Art. 186 SchKG). Der ordentliche Zivilprozess ist der einzige Weg, den Rechtsvorschlag zu überwinden. Da der Rechtsvorschlag in diesem Stadium bereits richterlich beurteilt wurde, ist im Übrigen *kein Rechtsöffnungsverfahren mehr möglich*. Die Wechselklage nimmt hier dieselbe Funktion wie die Anerkennungsklage nach Art. 79 SchKG[874] wahr. 1081

Die Dauer, innert welcher der Gläubiger den ordentlichen Prozess gegen den Schuldner anzustrengen hat, beträgt einen Monat. Dies entspricht der Gültigkeitsdauer des Zahlungsbefehls gemäss Art. 188 Abs. 2 SchKG. Wird die Wechselklage gutgeheissen, kann der Gläubiger das Konkursbegehren stellen. Ob über 1082

---

874 Rz. 523 ff.

die Wechselklage im ordentlichen oder im vereinfachten Verfahren[875] zu befinden ist, richtet sich nach dem Streitwert. Vorgängig ist jedoch ein Schlichtungsverfahren[876] durchzuführen.

1083 In demjenigen Fall, in dem der Rechtsvorschlag gemäss Art. 182 *Ziff. 4* SchKG bewilligt worden ist, wird dem Gläubiger vom Gericht eine Frist von zehn Tagen zur Prosekution der Hinterlage oder Sicherheitsleistung gesetzt (Art. 184 Abs. 2 SchKG). Versäumt der Gläubiger diese Frist, so ist dem Schuldner die Hinterlage oder Sicherheitsleistung zurückzuerstatten. Eine weitergehende Wirkung kommt der Fristversäumnis nicht zu; solange der Zahlungsbefehl gültig ist, kann der Gläubiger Wechselklage erheben.

1084 Wird der Rechtsvorschlag *nicht bewilligt,* kann der Gläubiger die Betreibung ohne Weiteres fortsetzen, d.h. das Konkursbegehren stellen. Das Gericht kann diesfalls vorsorgliche Massnahmen treffen, insbesondere die Aufnahme eines Güterverzeichnisses gemäss Art. 162–165 SchKG anordnen. Nötigenfalls kann das Gericht dem Gläubiger auch eine Sicherheitsleistung auferlegen.

1085 In Zusammenhang mit den Fristen ist v.a. die Frist beim Rechtsvorschlag zu beachten. Sie beträgt in der ordentlichen Betreibung zehn Tage (Art. 74 Abs. 1 SchKG), in der Wechselbetreibung bloss fünf Tage (Art. 179 Abs. 1 SchKG). Des Weiteren hat der Gläubiger – wird der Rechtsvorschlag des Schuldners nur für den Fall der Hinterlegung bzw. Sicherheitsleistung bewilligt – innert einer kurzen Frist von zehn Tagen die Wechselklage anzuheben. Der Fristenlauf für den Weiterzug des Entscheids nach Art. 185 SchKG beginnt mit dessen Eröffnung zu laufen. Massgebender Zeitpunkt für die Eröffnung bei Abwesenheit der Parteien ist die Zustellung an den Adressaten oder an eine zur Entgegennahme berechtigte Person.

5. Konkursbegehren

1086 Der Gläubiger kann das Konkursbegehren stellen, sobald er über einen rechtskräftigen Zahlungsbefehl[877] verfügt (Art. 188 Abs. 1 SchKG). Zur Stellung des Konkursbegehrens gewährt ihm das Gesetz eine Frist von einem Monat ab Zustellung des Zahlungsbefehls (Art. 188 Abs. 2 SchKG). Diese Frist steht im Falle eines Rechtsvorschlags zwischen der Eingabe und einem allfälligen Entscheid über die Bewilligung still. Ferner steht die Frist auch während der Dauer eines durch Wechselklage des Gläubigers eingeleiteten Prozesses still (Art. 188 Abs. 2 Satz 2 SchKG).

1087 Die kurze Frist zur Stellung des Konkursbegehrens ist Ausfluss der Wechselbetreibung als schneller Konkursbetreibung.[878] Das Konkursbegehren in der Wech-

---

875   Rz. 86 f. und 88.
876   Rz. 83 ff.
877   Rz. 1081 f.
878   Rz. 1060.

selbetreibung hat denselben Anforderungen zu genügen, wie dasjenige in der ordentlichen Konkursbetreibung.[879]

6. Konkurserkenntnis

Die Konkurseröffnung in der Wechselbetreibung folgt grundsätzlich den Regeln über die ordentliche Konkursbetreibung.[880] 1088

Das Konkursgericht lädt die Parteien zum Termin vor und entscheidet auch in deren Abwesenheit. In Abweichung von Art. 171 SchKG sieht Art. 189 Abs. 1 Satz 2 SchKG für die Entscheidung des Gerichts eine Frist von zehn Tagen vor. Diese zehntägige Frist ist als gesetzgeberisches Versehen zu qualifizieren. Ihr ist ein reiner Ordnungscharakter zuzuerkennen. Es ist nicht einzusehen, weswegen das Konkursgericht in der Wechselbetreibung innert zehn Tagen und in der ordentlichen Konkursbetreibung nach Art. 171 SchKG «ohne Aufschub» zu entscheiden hat. 1089

C. Konkurseröffnung ohne vorgängige Betreibung

1. Grundsätzliches

Unter bestimmten Voraussetzungen kommt ausnahmsweise eine Konkurseröffnung über den Schuldner infrage, ohne dass vorher ein Einleitungsverfahren durchgeführt wurde. Es handelt sich um Fälle, in denen eine *materielle Konkursvoraussetzung* vorliegt. 1090

Die Konkurseröffnung ohne vorgängige Betreibung ist in einzelnen Fällen sowohl bei konkursfähigen als auch bei nicht konkursfähigen Schuldnern möglich; in anderen Fällen kommt sie einzig für konkursfähige Schuldner in Betracht. 1091

Den Anstoss zu einer Konkurseröffnung ohne vorgängige Betreibung gibt in jedem Fall ein direktes Konkursbegehren an das Konkursgericht. Dieses Konkursbegehren kann je nach Konkursvoraussetzung entweder 1092

– vom Gläubiger,
– vom Schuldner oder
– von einer Behörde ausgehen.

Nach diesem *Antragsrecht* lassen sich die einzelnen Tatbestände der Konkurseröffnung ohne vorgängige Betreibung unterteilen. 1093

---

879 Rz. 1016 ff.
880 Rz. 1023 ff.

2. Konkurseröffnung auf Antrag des Gläubigers

2.1 *Grundsätzliches*

1094 Die Sachverhalte, welche dem *Gläubiger* ein Antragsrecht auf sofortige Konkurseröffnung verleihen, zeichnen sich durch eine Gefährdung der Eintreibbarkeit der Forderung aus. Sie lassen sich in *zwei Fallgruppen* unterteilen:

– Die eine beschlägt die Fälle, in denen der Gläubiger das Konkursbegehren *gegen jeden beliebigen,* also auch gegen einen nicht konkursfähigen Schuldner stellen kann;

– die andere betrifft die Tatbestände, in denen die sofortige Konkurseröffnung *nur über einen konkursfähigen Schuldner* erwirkt werden kann.

2.2 *Sofortige Konkurseröffnung über jeden beliebigen Schuldner*

1095 Gründe für eine sofortige Konkurseröffnung über jeden beliebigen Schuldner *gemäss Art. 190 Abs. 1 Ziff. 1 und 3 SchKG* sind:

– *der unbekannte Aufenthaltsort des Schuldners;*

  Anmerkung: Entscheidend ist hier nicht das Fehlen eines festen Wohnsitzes, sondern allein das Unbekanntsein des tatsächlichen Aufenthalts des Schuldners. Die örtliche Zuständigkeit des Konkursrichters richtet sich nach Art. 46 SchKG (Art. 53 SchKG findet analog Anwendung).

– *unredliches Verhalten des Schuldners;*

  Anmerkung: Gemäss bundesgerichtlicher Rechtsprechung darf nicht nur der unmittelbar betroffene Gläubiger, sondern auch jeder andere Gläubiger die sofortige Konkurseröffnung verlangen.[881]

– *die Fluchtergreifung des Schuldners, um sich seinen Verbindlichkeiten zu entziehen;*

  Anmerkung: Bereits ein ernsthafter Fluchtversuch würde diesen Tatbestand erfüllen. Jedoch ist Schuldnerflucht nur dann eine Konkursvoraussetzung, wenn der Schuldner sich ins Ausland absetzt, nicht bereits, wenn er innerhalb der Schweiz umherzieht. Zudem genügt auch eine blosse Verlegung des Wohnsitzes ins Ausland nicht in jedem Fall. Es bedarf zusätzlicher Anhaltspunkte, welche zur Annahme Anlass geben, dass der Schuldner seine Gläubiger durch die Flucht zu schädigen beabsichtigt.[882] Dies bedingt eine gewisse zeitliche Nähe zwischen der Feststellung der Verbindlichkeiten und dem Ortswechsel. M.a.W. kann dann nicht mehr von Schuldnerflucht ausgegangen werden, wenn der Schuldner Jahre vor rechtskräftiger Feststellung der Verbindlichkeiten, sei-

---

[881] BGE 120 III 87 E. 3.b.
[882] BGer v. 20.8.2008, 5A_759/2007 E. 3.1.

nen Wohnsitz ins Ausland verlegte.[883] Der Begriff der Flucht ist hier so zu verstehen wie beim Arrest (Art. 271 Abs. 1 Ziff. 2 SchKG).[884]

– *betrügerische Handlungen des Schuldners zum Nachteile der Gläubiger oder zumindest der Versuch dazu;*

  Anmerkung: Es genügt hierzu jedes Handeln in der Absicht, die Gläubiger zu schädigen, ohne dass dadurch bereits der Straftatbestand des Betruges (Art. 146 StGB) erfüllt sein muss.

  Beispiel: Der Gläubiger verschiebt seinen Wohnwagen ins Ausland, in der Absicht, diesen der Zwangsvollstreckung zu entziehen.

– *die Verheimlichung von Vermögensbestandteilen durch den Schuldner bei einer Betreibung auf Pfändung;*

  Anmerkung: Hierzu genügt bereits, dass der Schuldner bei der Pfändung seiner Pflicht gemäss Art. 91 SchKG, seine Vermögensgegenstände zu deklarieren, nicht nachkommt. Eine Schädigungsabsicht des Schuldners wird nicht vorausgesetzt. Der Zeitpunkt der Entstehung der Forderung ist nicht massgebend, so kann auch ein Gläubiger, dessen Forderung erst nach der Vermögensverheimlichung entstanden ist, den Konkurs ohne vorgängige Betreibung verlangen.[885]

– *der Widerruf einer Nachlassstundung oder die Ablehnung eines Nachlassvertrags (Art. 309 SchKG) oder der Widerruf eines Nachlassvertrags (Art. 313 SchKG).*

  Anmerkung: Unter diesen Umständen ist nämlich offenkundig, dass der *Schuldner nicht mehr in der Lage ist,* seine Gläubiger zu befriedigen, weshalb ein Konkurs naheliegt. Das Konkursbegehren auf sofortige Konkurseröffnung ist in diesem Fall aber nur *befristet* möglich: Es muss binnen 20 Tagen seit dem betreffenden Entscheid des Nachlassrichters gestellt werden (Art. 309 SchKG).

  Anmerkung: Mit der Revision des Sanierungsrechts[886] soll Art. 190 Abs. 1 Ziff. 3 SchKG ersatzlos gestrichen werden.

2.3 Sofortige Konkurseröffnung nur über einen konkursfähigen Schuldner

Der Gläubiger ist berechtigt, die sofortige Konkurseröffnung zu beantragen, wenn ein *konkursfähiger* Schuldner seine *Zahlungen eingestellt* hat (Art. 190 Abs. 1 Ziff. 2 SchKG). 1096

Zahlungseinstellung liegt vor, wenn der Schuldner unbestrittene und fällige Forderungen nicht begleicht, Betreibungen gegen sich auflaufen lässt und dabei systematisch Rechtsvorschlag erhebt oder selbst kleine Beträge nicht mehr bezahlt.[887] Der Schuldner manifestiert mit der Zahlungseinstellung gegen aussen hin seine 1097

---

883 BGer v. 19.12.2008, 5A_583/2008 E. 6.2.
884 Rz. 1456.
885 BGE 120 III 87 E. 3.b.
886 Rz. 1583 ff.
887 BGer v. 15.8.2011, 5A_197/2011 E. 3.4.1 (zur Publikation vorgesehen).

Zahlungsunfähigkeit. Es muss in objektiver Hinsicht eine Illiquidität des Schuldners auf unbestimmte Zeit vorliegen, was nicht gegeben ist, wenn es sich um bloss vorübergehende Zahlungsschwierigkeiten handelt. Hinsichtlich des Zeitraums, während dem der Schuldner die Zahlungen eingestellt haben muss, damit von objektiver Illiquidität i.S.v. Art. 190 Abs. 1 Ziff. 2 SchKG ausgegangen werden kann, verfügt das Konkursgericht über einen weiten Ermessensspielraum.[888] Es genügt bereits, wenn die Schulden einen wesentlichen Teil der geschäftlichen Aktivität des Schuldners betreffen oder der Schuldner einen Hauptgläubiger bzw. eine bestimmte Gläubigerkategorie nicht befriedigt.[889] Es müssen also nicht sämtliche Zahlungen des Schuldners von der Zahlungseinstellung betroffen sein.

2.4 Verfahren

1098 Das Verfahren der Konkurseröffnung ohne vorgängige Betreibung kann relativ einfach in Gang gesetzt werden: Der Gläubiger braucht lediglich beim Konkursgericht das Konkursbegehren zu stellen. Legitimiert dazu ist *jeder Gläubiger*, unabhängig davon, ob seine Forderung fällig ist oder nicht. Insbesondere können auch die öffentlich-rechtlichen Gläubiger trotz Ausschlusses der Konkursbetreibung nach Art. 43 SchKG gemäss Art. 190 SchKG vorgehen.[890] Unbeachtlich ist im Übrigen auch, ob die Forderung erst nach Eintritt der materiellen Konkursvoraussetzung entstanden ist.[891]

1099 Der Gläubiger hat *zweierlei* zu belegen:
– einerseits seine Gläubigereigenschaft und
– andererseits die Konkursvoraussetzung, die er jedoch nur glaubhaft zu machen braucht.

> *Anmerkung:* Die Konkursvoraussetzung ist glaubhaft gemacht, wenn eine erhebliche Wahrscheinlichkeit für den Bestand der geltend gemachten materiellen Konkursvoraussetzung besteht.

1100 Wohnt der Schuldner in der Schweiz oder hat er hier einen Vertreter, wird er mit Ansetzung einer kurzen Frist vor Gericht geladen und einvernommen (Art. 190 Abs. 2 SchKG). Auf diese Weise hat er immerhin die Möglichkeit, seine Rechte gegenüber dem Antrag stellenden Gläubiger wahrzunehmen.

1101 Das Konkursbegehren des Gläubigers wird vom Konkursgericht im summarischen Verfahren behandelt (Art. 251 lit. a ZPO). Es hat den gleichen Voraussetzungen wie jenes in der ordentlichen Konkursbetreibung zu genügen.[892] Ferner

---

888 BGer v. 11.11.2010, 5A_439/2010 E. 4; BGer v. 7.3.2002, 5P.33/2002 E. 4.
889 BGer v. 28.5.2009, 5A_860/2008 E. 2; BGer v. 23.3.2004, 5P.66/2004 E. 2; BGer v. 5.2.2001, 5P.448/2000 E. 2.a.
890 BGer v. 9.6.2010, 9C_48/2010 E. 2.2.
891 BGE 120 III 87 E. 3; **anders noch** BGE 97 I 309 E. 2.
892 Rz. 1016 ff.

gelten kraft des Verweises in Art. 194 SchKG auch die Bestimmungen über das ordentliche Konkursverfahren, soweit die Kosten nach Art. 169 SchKG, die sichernden Massnahmen nach Art. 170 SchKG, das Aussetzen bzw. Weiterziehen des Entscheides über die Konkurseröffnung sowie die Wirkungen, die Eröffnung und die Mitteilung des Konkurserkenntnisses (Art. 175 und Art. 176 SchKG) betroffen sind.[893]

3. Konkurseröffnung auf Antrag des Schuldners

3.1 *Insolvenzerklärung*

3.1.1 Grundsätzliches

Jeder Schuldner, unabhängig davon, ob er konkursfähig ist oder nicht, hat das Recht, sich beim Gericht für zahlungsunfähig zu erklären und damit den Konkurs herbeizuführen (Art. 191 SchKG). Man spricht von der sog. *Insolvenzerklärung*. Es sind meistens Schuldner, die nicht der Konkursbetreibung unterliegen, die von diesem Recht Gebrauch machen. 1102

Der *Schuldner* – insbesondere ein sonst nicht konkursfähiger Schuldner – kann u.U. selber daran interessiert sein, dass über ihn der Konkurs eröffnet und sein Vermögen der Generalexekution unterworfen wird. Er kann dadurch einer unangenehmen Häufung von Spezialexekutionen ausweichen, die sich ihm gegenüber empfindlicher auswirken können als ein Konkurs. Mit der Konkurseröffnung erfährt er nämlich *erhebliche Erleichterungen,* die eine sanierende Wirkung haben: 1103

– Bereits *vollzogene Pfändungen* (auch Einkommenspfändungen[894], die ja für die Dauer eines Jahres gepfändet werden können) fallen dahin (Art. 206 SchKG);
– Der Konkurs verschafft dem Schuldner die *erforderliche Ruhe,* um sich *wirtschaftlich* zu erholen. So darf er z.B. über den Lohn, welchen er nach Konkurseröffnung erwirtschaftet, wieder frei verfügen (vgl. Art. 197 Abs. 1 und 2 SchKG). Im Falle einer Spezialexekution könnte er dagegen dauernd mit neuen Pfändungen konfrontiert werden.

Es steht jedoch nicht im Belieben des Schuldners, sich für insolvent zu erklären; dieser hat lediglich das Recht, beim Gericht ein entsprechendes Begehren einzureichen. Das Gericht muss prüfen, ob der Schuldner *tatsächlich* zahlungsunfähig ist, d.h., es muss die finanziellen Verhältnisse des Schuldners überprüfen. Offensichtlich rechtsmissbräuchliche Konkursbegehren[895] sind abzuweisen. Bei nicht konkursfähigen Schuldnern ist das Gericht gehalten, bloss dann dem Begehren um Konkurseröffnung stattzugeben, wenn keine Aussicht auf eine einvernehmli- 1104

---

[893] Rz. 1022 ff.
[894] Rz. 643 ff.
[895] Rz. 1016 ff.

che private Schuldenbereinigung gemäss Art. 333 ff. SchKG[896] besteht (Art. 191 Abs. 2 SchKG).

3.1.2 Verfahren

1105 Art. 191 SchKG setzt im Einzelnen voraus:

– *einen Schuldnerantrag;*

Anmerkung: Der Schuldner muss die Zahlungsunfähigkeit nicht beweisen, sondern bloss gegenüber dem Konkursgericht erklären.

– *keinen Rechtsmissbrauch;*

Anmerkung: Rechtsmissbrauch liegt insbesondere dann vor, wenn der Schuldner mit der Insolvenzerklärung offensichtlich nicht einen wirtschaftlichen Neubeginn auf solider Grundlage anstrebt, sondern ausschliesslich seine Belangbarkeit für die laufenden Verpflichtungen einschränken will. Allein der Umstand, dass der Schuldner mit der Abgabe der Insolvenzerklärung auch eigennützige Zwecke verfolgt, lässt diese jedoch noch nicht als rechtsmissbräuchlich erscheinen.[897]

– *fehlende Aussicht auf Sanierung;*

Anmerkung: Dadurch wird ersichtlich, dass die Konkurseröffnung bloss als *ultima ratio* in Betracht zu ziehen ist.

– *Leistung des Kostenvorschusses nach Art. 169 SchKG.*

Anmerkung: Der Schuldner, welcher Insolvenz erklärt, haftet grundsätzlich für die Kosten, welche bis und mit der Einstellung des Konkurses mangels Aktiven oder bis zum Schuldenruf entstehen.

1106 Das Konkursgericht prüft ferner, ob allenfalls der Tatbestand von Art. 206 Abs. 3 oder Art. 265b SchKG erfüllt ist:

– Gemäss *Art. 206 Abs. 3 SchKG* kann der Schuldner während des Konkursverfahrens keine weitere Konkurseröffnung wegen Zahlungsunfähigkeit beantragen.
– Nach *Art. 265b SchKG* kann ein Schuldner, der sich einer gestützt auf einen Konkursverlustschein eingeleiteten Betreibung mit der Einrede mangelnden neuen Vermögens (Art. 265a Abs. 1 SchKG) widersetzt, nicht selbst die Konkurseröffnung beantragen.

1107 Zur Insolvenzerklärung legitimiert ist der Schuldner oder sein Vertreter. Für die Insolvenzerklärung einer zahlungsunfähigen bevormundeten, verbeiständeten oder verbeirateten natürlichen Person muss gemäss Art. 421 Ziff. 10 ZGB die Zustimmung der Vormundschaftbehörde eingeholt werden.

---

[896] Rz. 1715 ff.
[897] BGer v. 15.1.2009, 5A_676/2008 E. 2.1.

Für den Fall, dass eine juristische Person Schuldner ist, sind deren Organe dazu berechtigt, eine Insolvenzerklärung abzugeben. I.d.R. setzt diese zuvor einen Auflösungsbeschluss voraus (so z.B. nach Art. 736 Ziff. 2 OR für die AG und nach Art. 821 Abs. 1 Ziff. 2 OR für die GmbH). 1108

Die Insolvenzerklärung des Schuldners wird vom Konkursgericht im *summarischen Verfahren* nach Art. 251 lit. a ZPO behandelt. Die Anforderungen an die Insolvenzerklärung richten sich nach den Voraussetzungen über die ordentliche Konkurseröffnung.[898] 1109

3.2 Überschuldungsanzeige bei Kapitalgesellschaften und Genossenschaften

3.2.1 Grundsätzliches

Der Tatbestand der *Überschuldung* bildet einen Spezialfall der Insolvenzerklärung auf Antrag des Schuldners. Es handelt sich um eine spezielle Konkursvoraussetzung gegenüber einer Kapitalgesellschaft (AG, Kommandit-AG, GmbH) oder einer Genossenschaft. 1110

Eine Überschuldung liegt dann vor, wenn die Forderungen der Gesellschaftsgläubiger nicht mehr gedeckt sind, d.h., wenn das Fremdkapital die Aktiven der Gesellschaft übersteigt (Art. 725 Abs. 2 OR für die AG, Art. 770 Abs. 2 i.V.m. Art. 725 Abs. 2 OR für die Kommandit-AG, Art. 820 i.V.m. Art. 725 Abs. 2 OR für die GmbH sowie Art. 903 Abs. 2 OR für die Genossenschaft). In einem solchen Fall hat das zuständige Organ unverzüglich den Richter zu benachrichtigen, der dann von Amtes wegen den Konkurs über die Gesellschaft eröffnet. 1111

Zuständig zur Anzeige der Überschuldung ist: 1112
- bei der AG gemäss Art. 716a Abs. 1 Ziff. 7 OR der Verwaltungsrat,
- bei der Kommandit-AG die unbeschränkt haftenden Mitglieder (Art. 765 i.V.m. Art. 764 Abs. 2 i.V.m. Art. 716a Abs. 1 Ziff. 7 OR),
- bei der GmbH die Geschäftsführung (Art. 810 Abs. 2 Ziff. 7 OR) und
- bei der Genossenschaft die Verwaltung (Art. 903 Abs. 2 OR).

Wurde die Anzeige unterlassen oder ist sie mangelhaft, wird sie in Fällen offensichtlicher Überschuldung durch die allenfalls bestellte Revisionsstelle wahrgenommen (Art. 729c OR). 1113

3.2.2 Verfahren

Bei begründeter Besorgnis der Überschuldung einer AG muss gemäss Art. 725 Abs. 2 OR unverzüglich eine Zwischenbilanz zu Fortführungs- und Veräusserungswerten erstellt und der Revisionsstelle vorgelegt werden. Art. 725 f. OR findet auch bei der Kommandit-AG (Art. 764 Abs. 2 OR) und bei der GmbH 1114

---

[898] Rz. 1016 ff.

(Art. 820 OR) Anwendung. Bei der Genossenschaft muss die Zwischenbilanz dagegen bloss zu Veräusserungswerten erstellt werden. Dies hat zur Folge, dass sie nicht zwingend einer Revisionsstelle vorzulegen ist.

1115 Wenn sich der Verdacht der Überschuldung bestätigt, so sind die zuständigen Organe der Gesellschaft verpflichtet, das Gericht zu benachrichtigen, d.h. beim Gericht die Bilanz zu deponieren.

1116 Die Überschuldungsanzeige darf nur unterbleiben, wenn die Bilanz binnen kurzer Zeit saniert werden kann, insbesondere auch durch *Rangrücktrittserklärungen* von Gesellschaftsgläubigern (vgl. Art. 725 Abs. 2 OR).

Anmerkung: Der Rangrücktritt schafft nach der hier vertretenen Auffassung keine neue vierte Privilegienklasse i.S.v. Art. 219 SchKG.[899] Vielmehr führt die Rangrücktrittserklärung dazu, dass die rücktrittsbelastete Forderung hinter den übrigen Kurrentforderungen im Kollokationsplan eingereiht wird. Der Gläubiger, welcher im Rang zurücktritt, verzichtet m.a.W. zugunsten der privilegierten und nicht privilegierten Mitgläubiger im Voraus auf eine Konkursdividende.

1117 In diesem Sinne erlauben konkrete Aussichten auf Sanierung von einer sofortigen Benachrichtigung des Konkursgerichts abzusehen; die Gläubiger dürfen durch das Unterlassen der Meldung an das Konkursgericht jedoch nicht schlechter gestellt werden.[900] Im Genossenschaftsrecht bedarf es dann keiner Überschuldungsanzeige, wenn die Genossenschafter zum Nachschuss i.S.v. Art. 871 OR verpflichtet sind und der durch die Bilanz ausgewiesene Verlust innert drei Monaten durch Nachschüsse der Mitglieder gedeckt wird (Art. 903 Abs. 4 OR).

1118 Nach summarischer Überprüfung der Überschuldung anhand der ihm vorgelegten Zwischenbilanz soll das Gericht, wenn die Voraussetzungen dazu erfüllt sind, von Amtes wegen den Konkurs eröffnen (Art. 725a OR). Es steht allerdings im gerichtlichen Ermessen, auf Antrag des Exekutivorganes oder eines Gläubigers die Konkurseröffnung aufzuschieben (sog. *Konkursaufschub* [Art. 725a Abs. 1, Art. 820 Abs. 2 und Art. 903 Abs. 2 OR]).

Anmerkung: Der Konkursaufschub muss gemäss Art. 725a Abs. 3 OR nur dann veröffentlicht werden, wenn dies zum Schutze Dritter erforderlich ist. Mit der Veröffentlichung des Konkursaufschubs geht – selbst wenn dies dem Gesetz nicht ausdrücklich zu entnehmen ist – ein Rechtsstillstand hinsichtlich laufender und künftiger Betreibungsverfahren einher. Es ist an dieser Stelle darauf hinzuweisen, dass im Zuge der Revisionsarbeiten zum Sanierungsrecht der Konkursaufschub ins Nachlassverfahrensrecht integriert werden soll.

---

899 Rz. 1250 ff.
900 BGer v. 18.1.2010, 6B_492/2009 E. 2.2; BGE 132 III 564 E. 5.1; BGer v. 19.6.2001, 4C.366/2000 E. 4.b.

In zwei Fällen darf trotz der Überschuldung von der Konkurseröffnung abgesehen werden: 1119

– wenn ein Antrag auf Konkursaufschub gestellt wird und Aussicht auf Sanierung besteht (Art. 725a OR) oder
– wenn Anhaltspunkte für das Zustandekommen eines Nachlassvertrages bestehen, sodass von Amtes wegen ein Nachlassverfahren eingeleitet werden muss bzw. wenn ein entsprechendes Gesuch gestellt wird (Art. 173a SchKG).

Seinen Entscheid fällt das Konkursgericht im *summarischen Verfahren* (Art. 251 lit. a ZPO).[901] Auch diesfalls gelangen kraft Art. 194 SchKG die allgemeinen Bestimmungen über die ordentliche Konkurseröffnung zur Anwendung.[902] 1120

4. Konkurseröffnung über eine ausgeschlagene oder überschuldete Erbschaft

4.1 Grundsätzliches

Dieser Konkursgrund gelangt zur Anwendung, wenn eine Erbschaft *erwiesenermassen* oder *vermutungsweise überschuldet* ist. Dies bestimmt sich nach den Bestimmungen des Erbrechts (vgl. Art. 597 ZGB). Im Falle einer überschuldeten Erbschaft wird ein Erbschaftskonkurs durchgeführt, d.h., dass die Verlassenschaft konkursamtlich liquidiert wird. Die konkursamtliche Liquidation kann unabhängig davon, ob der Erblasser im Zeitpunkt seines Todes konkursfähig war oder nicht, durchgeführt werden. 1121

Anmerkung: Von der konkursamtlichen Liquidation ist die ordentliche Liquidation gemäss Art. 593 ff. ZGB zu unterscheiden. Hier geht es um die Verhinderung der Verschmelzung des Nachlasses und des Erbenvermögens, indem faktisch das Nachlassvermögen und das Erbenvermögen getrennt werden. Dies dient einerseits den Interessen der Erbschaftsgläubiger an der Sicherung ihrer Forderungen und andererseits den Interessen der Erben selbst, deren Haftung entsprechend beschränkt wird. Die amtliche Liquidation ist ein privatrechtliches und nicht ein staatliches Institut.[903] Ein Gläubiger kann gestützt auf Art. 594 ZGB die amtliche Liquidation der Erbschaft verlangen, wenn er begründete Besorgnis hat, dass seine Forderung nicht bezahlt wird, und wenn er auf sein Begehren hin nicht befriedigt oder sichergestellt wird; die amtliche Liquidation kann gestützt auf Art. 593 ZGB auch ein Erbe verlangen.

Art. 193 SchKG stellt eine Schutznorm für die Erben dar, damit diese nicht ohne Weiteres zu Schuldnern der Gläubiger des Erblassers werden. M.a.W. soll verhindert werden, dass die Erben in eigene Zahlungsunfähigkeit verfallen, weil die hinterlassene Erbschaft überschuldet ist. 1122

---

901 Rz. 89.
902 Rz. 1016 ff.
903 BGE 130 III 97 E. 3.1.

1123 Die konkursamtliche Liquidation wird nach Art. 193 Abs. 1 Ziff. 1 und 2 SchKG durch das Konkursgericht angeordnet:

- wenn alle gesetzlichen und eingesetzten Erben die Erbschaft ausgeschlagen haben oder wenn die Ausschlagung infolge amtlich festgestellter oder offenkundiger Zahlungsunfähigkeit zu vermuten ist (Art. 566 ff. und Art. 573 ZGB);[904]
- wenn sich im Verlauf der Durchführung einer amtlichen Liquidation nach Art. 593 ff. ZGB die Erbschaft als überschuldet erweist (Art. 597 ZGB).

4.2 Verfahren

1124 Die Erbschaftsbehörde benachrichtigt das Konkursgericht und überweist ihm von Amtes wegen die Akten, wenn einer der in Rz. 1123 genannten Sachverhalte vorliegt.

1125 Die konkursamtliche Erbschaftsliquidation kann aber auch von einem Gläubiger oder einem Erben beantragt werden (Art. 193 Abs. 3 SchKG). Anders als in den Fällen, in denen die Erbschaftsbehörde den Anstoss für die konkursamtliche Liquidation gegeben hat, darf das Konkursgericht von den antragsstellenden Personen, d.h. dem Gläubiger oder dem Erben, einen entsprechenden Kostenvorschuss verlangen.[905]

1126 Das Konkursgericht eröffnet den Erbschaftskonkurs wiederum im *summarischen Verfahren* (Art. 251 lit. a ZPO). Überdies gelten auch hier die allgemeinen Bestimmungen über die ordentliche Konkurseröffnung (Art. 194 SchKG).[906]

1127 Ergibt sich aus der konkursamtlichen Liquidation ein Überschuss, so fällt dieser gemäss Art. 573 Abs. 2 ZGB den berechtigten Erben zu.

D. Konkurswiderruf

1. Grundsätzliches

1128 In bestimmten Fällen kann der Richter, der den Konkurs eröffnet hat, diesen noch vor seinem Abschluss durch einen neuen Entscheid wieder aufheben. Dies ist dann geboten, wenn infolge nachträglich eingetretener Tatsachen (echte Noven) die Voraussetzungen dahinfallen, die zur Konkurseröffnung geführt haben. Der Konkurswiderruf bezieht sich auf alle Arten der Konkurseröffnung. Er kann ungeachtet der Frage, ob der Konkurs gestützt auf eine formelle oder materielle Konkursvoraussetzung eröffnet worden ist, erfolgen.

---

904 BGer v. 21.3.2011, 5A_760/2010 E. 4.2.
905 BGE 124 III 286 E. 3.a.
906 Rz. 1016 ff.

Das SchKG kennt *zwei Hauptarten des Konkurswiderrufs:* 1129
- den allgemeinen Konkurswiderruf nach Art. 195 SchKG und
- die Einstellung der konkursamtlichen Erbschaftsliquidation nach Art. 196 SchKG.

Das Verfahren des Konkurswiderrufs läuft in allen Fällen grundsätzlich gleich ab. 1130
Unterschiedlich ist jeweils nur die *Person des Antragsstellers.*

2. Allgemeiner Konkurswiderruf

2.1 Voraussetzungen

Ein Konkurswiderruf ist *alternativ* unter den folgenden drei Voraussetzungen 1131
möglich (Art. 195 Abs. 1 SchKG):
- Der Schuldner erbringt den Nachweis, dass sämtliche Forderungen getilgt sind (Art. 195 Abs. 1 Ziff. 1 SchKG).
- Der Schuldner legt von jedem Gläubiger eine schriftliche Erklärung vor, dass dieser seine Konkurseingabe zurückzieht (Art. 195 Abs. 1 Ziff. 2 SchKG).

    Anmerkung: Die Gläubiger verzichten damit jedoch nur auf den Konkurs, nicht aber auf ihre Forderungen.

- Es ist ein gerichtlicher Nachlassvertrag zustande gekommen (Art. 195 Abs. 1 Ziff. 3 i.V.m. Art. 332 Abs. 3 SchKG).

2.2 Frist

Ein Konkurswiderruf ist nur befristet möglich. Der Konkurs kann frühestens 1132
nach Ablauf der Eingabefrist von Art. 232 Abs. 2 Ziff. 2 SchKG widerrufen werden, d.h. *einen Monat nach der öffentlichen Bekanntmachung der Konkurseröffnung* (Art. 195 Abs. 2 SchKG), und spätestens bis zum *Abschluss des Konkursverfahrens.*[907]

2.3 Wirkungen

Mit der Verfügung über den Konkurswiderruf fallen die Konkurswirkungen dahin, d.h., dass der Konkurs und mit ihm die ganze Zwangsvollstreckung gegen den Schuldner aufgehoben werden. 1133

Konkret bewirkt der Konkurswiderruf, dass alle bereits erfolgten Massnahmen 1134
gegen den Schuldner wie das Konkursinventar (Art. 221 SchKG), sichernde Massnahmen (Art. 223 SchKG) und Kollokationsverfügungen dahinfallen. Bereits erfolgte Verwertungen werden vom Widerruf dagegen nicht mehr berührt.

---

[907] Rz. 1431 ff.

1135 Die *zivilrechtlichen Verhältnisse* werden mit Rückwirkung auf den Zeitpunkt vor der Konkurseröffnung *(ex tunc)* wiederhergestellt.

> *Beispiel:* Ein vor der Konkurseröffnung abgegebenes Schenkungsversprechen lebt wieder auf (vgl. Art. 250 Abs. 2 OR).

1136 Dasselbe gilt hinsichtlich der öffentlich-rechtlichen Folgen, welche durch das kantonale Recht in Ausführung von Art. 26 SchKG vorgesehen sind.

1137 Der Schuldner kann mit dem Widerruf des Konkurses nun aber auch wieder von Neuem betrieben werden. Frühere Betreibungen, die infolge des Konkurses dahingefallen sind (Art. 206 Abs. 1 SchKG),[908] leben jedoch mit dem Widerruf nicht wieder auf und können deshalb auch nicht einfach gegen den Schuldner fortgesetzt werden.[909]

3. Konkurswiderruf der Konkurseröffnung gegen eine ausgeschlagene oder überschuldete Erbschaft

1138 Für diesen Sonderfall des Konkurswiderrufs wird *zweierlei* vorausgesetzt (Art. 196 SchKG):

– Einer der Erben muss nachträglich, aber noch vor Schluss des Konkursverfahrens, den Antritt der Erbschaft erklären. Eine solche Konstellation kommt nur dann in Betracht, wenn die *Überschuldung* der Erbschaft *vermutet* und deshalb die konkursamtliche Liquidation angeordnet wurde. Dagegen kann der Antritt der Erbschaft nicht mehr erklärt werden, nachdem alle Erben die Erbschaft *ausgeschlagen haben*, denn die Ausschlagung der Erbschaft ist ein *unwiderrufliches Gestaltungsrecht;*
– der betreffende Erbe muss für die Bezahlung der Schulden hinreichende Sicherheit leisten.

1139 Die Konsequenz eines solchen Konkurswiderrufs ist, dass dem antragstellenden Erben der ganze Nachlass zufällt: Er erhält die Vermögenswerte des Erblassers, haftet jedoch auch für dessen Schulden, soweit diese Rechte und Pflichten vererbt werden können (Universalsukzession).

4. Verfahren

1140 Im Falle der Tilgung der Forderungen oder des Rückzugs der Konkurseingaben geht der Antrag auf Widerruf des Konkurses vom *Schuldner* aus (Art. 195 Abs. 1 Ziff. 1 und 2 SchKG).

1141 Im Falle des *Zustandekommens* eines Nachlassvertrages teilt das *Nachlassgericht* die Bestätigung des Nachlassvertrages der Konkursverwaltung mit; diese hat dann

---

908 Rz. 1183.
909 BGE 93 III 55 E. 4 (Pra 56 [1967] Nr. 138).

von Amtes wegen den Widerruf beim Konkursgericht zu beantragen (Art. 332 Abs. 3 und Art. 195 Abs. 1 Ziff. 3 SchKG).

Im Falle des *Widerrufs* der konkursamtlichen Liquidation einer ausgeschlagenen Erbschaft schliesslich muss einer der Erben den Widerruf beantragen (Art. 196 SchKG). 1142

Für das Verfahren gilt Folgendes: 1143

- Das Gericht widerruft den Konkurs nur auf entsprechenden Antrag hin, also nie von Amtes wegen.
- Zuständig für den Widerruf ist dasjenige Gericht, das den Konkurs eröffnet hat.
- Der Entscheid über den Konkurswiderruf ergeht im *summarischen Verfahren* (Art. 251 lit. a ZPO).[910]
- Die Spruchgebühren richten sich nach Art. 53 lit. d GebV SchKG und betragen CHF 40.00–200.00. Gemäss Art. 98 ZPO kann das Konkursgericht die gesuchstellende Partei zu einem entsprechenden Kostenvorschuss anhalten.
- Der Widerruf des Konkurses wird öffentlich bekannt gemacht (Art. 195 Abs. 3 SchKG) und sämtlichen Amtsstellen (Betreibungs-, Konkurs-, Handelsregister-, und Grundbuchamt), denen die Konkurseröffnung gemäss Art. 176 SchKG gemeldet worden war, mitgeteilt.
- Der Entscheid über den Konkurswiderruf ist nur mit Beschwerde gemäss Art. 319 ff. ZPO[911] anfechtbar. Zur Erhebung des Rechtsmittels legitimiert sind neben dem Schuldner, falls sein Begehren um Widerruf abgewiesen wird, auch die Gläubiger, da sie im Falle des Widerrufsentscheides durch das Konkursgericht allenfalls beschwert sind.
- Nach Art. 72 Abs. 2 lit. a BGG kann der zweitinstanzliche kantonale Entscheid mit der Beschwerde in Zivilsachen ans Bundesgericht weitergezogen werden.[912]

III. Materielles Konkursrecht

A. Grundsätzliches

Im *formellen Konkursrecht* geht es um den Ablauf des Konkursverfahrens. Im *materiellen Konkursrecht* geht es dagegen um die materiellen Rechtsverhältnisse im Konkurs. Hier stellt sich m.a.W. die Frage, welche *materiellrechtlichen Auswirkungen* die Konkurseröffnung nach sich zieht. 1144

---

910 Rz. 89.
911 Rz. 96 ff.
912 Rz. 105.

1145 Das materielle Konkursrecht ist im sechsten Titel des SchKG in den Art. 197–220 geregelt.

1146 Materiellrechtliche Auswirkungen hat der Konkurs auf

- das Vermögen des Schuldners,
- die Rechte der Gläubiger sowie
- die Rechtsstellung Dritter.

B. Konkursmasse

1. Grundsätzliches

1147 Die Bestimmungen über die Konkursmasse finden sich in den Art. 197 ff. SchKG.

1148 Die Konkursmasse wird aus dem gesamten, pfändbaren[913] Vermögen des Schuldners gebildet, das ihm zum Zeitpunkt der Konkurseröffnung gehört und ihm noch vor Schluss des Konkursverfahrens anfällt[914] (Art. 197 SchKG). Die Aktivmasse des Schuldnervermögens bildet als Einheit das Vollstreckungssubstrat, welches zur gemeinsamen Befriedigung der am Konkursverfahren teilhabenden Gläubiger dient. Anders als in der Spezialexekution wird das gesamte schuldnerische Vermögen der Generalexekution unterworfen.

1149 Bei der Konkursmasse handelt es sich um ein *Sondervermögen* mit eigenem rechtlichem Schicksal, das von der Praxis auch als *parteifähig* erachtet wird.[915]

1150 Verwaltet und vertreten wird dieses Sondervermögen durch die amtliche oder ausseramtliche *Konkursverwaltung*.[916] Eine Sukzession der Masse in die Rechte des Schuldners findet jedoch nicht statt. Auch nach der Konkurseröffnung bleibt der Schuldner Rechtsträger seines Vermögens, insbesondere also Eigentümer seiner Sachen und Gläubiger seiner Forderungen. Der Schuldner verliert aber grundsätzlich das Recht, über sein Vermögen zu verfügen.[917]

1151 Die Ausdehnung der Konkursmasse ist allerdings nicht grenzenlos. Sie wird vielmehr in *örtlicher* als auch in *zeitlicher* und *sachlicher Hinsicht* begrenzt.

2. Örtliche Begrenzung

1152 Die *örtliche Begrenzung* ist eine zweifache:

- Erstens kann der Konkurs in der Schweiz gegen denselben Schuldner gleichzeitig *nur an einem Ort* eröffnet sein, und zwar an demjenigen Ort, an dem der

---

913 Rz. 615 ff.
914 Rz. 1158.
915 BGer v. 19.9.2000, 5C.29/2000 E. 1.b.
916 Rz. 1335 und 1343 f.
917 Rz. 1167 ff.

Konkurs zuerst erkannt wird. Das ergibt sich aus Art. 55 SchKG. Es ist somit grundsätzlich nicht möglich, dass gleichzeitig an mehreren Orten über den Schuldner der Konkurs eröffnet wird. Dieser *Grundsatz der Einheit des Konkurses* liegt im Interesse einer rechtlich einheitlichen Durchführung des Konkursverfahrens, für welches regelmässig auch nur ein Gericht zuständig ist.

Anmerkung: Ausnahmsweise sind mehrere Konkurse möglich, falls ein in im Ausland domizilierter Schuldner über mehrere Geschäftsniederlassungen in der Schweiz verfügt.[918] Diesfalls wird der Grundsatz der Einheit des Konkurses nach Art. 55 SchKG durchbrochen; als Folge davon werden mehrere Sonderkonkurse durchgeführt.

– Zweitens gilt der Grundsatz der *Universalität des Konkurses*. D.h., dass sich der Konkurs grundsätzlich *auf sämtliches Vermögen* des Schuldners erstreckt, gleichgültig, wo sich dieses befindet (Art. 197 Abs. 1 SchKG). Da sich der Konkurs aber regelmässig nur auf dasjenige Vermögen des Schuldners erstreckt, das sich in der Schweiz befindet, erfährt das Universalitätsprinzip durch das sog. *Territorialitätsprinzip* eine Einschränkung.[919]

Über die Landesgrenzen der Schweiz hinaus kann der Konkurs seine Wirkungen nur gerade dann entfalten, wenn

– entweder das Landesrecht des ausländischen Staates gegenüber dem schweizerischen Recht *nachgiebig* ist oder
– eine *staatsvertragliche Vereinbarung* vorliegt.

Anmerkung: Zu nennen sind die Übereinkunft zwischen den schweizerischen Kantonen … und dem Königreich Bayern über gleichmässige Behandlung der gegenseitigen Staatsangehörigen in Konkursfaällen vom 11.5./27.6.1834 (LS 283.2), die Übereinkunft zwischen den schweizerischen Kantonen … und dem Königreiche Sachsen […] über gleichmässige Behandlung der gegenseitigen Staatsangehörigen in Konkursfällen vom 4./18.2.1837 (BGS 233.23) sowie die Übereinkunft der Schweizerischen Eidgenossenschaft mit der Krone Baden-Württemberg betreffend die Konkursverhältnisse und gleiche Behandlung der beidseitigen Staatsangehörigen in Konkursfällen (Konkursvertrag) vom 12.12.1825/13.5.1826 (LS 283.1).

– Denkbar wäre allenfalls auch, dass ein ausländischer Staat *freiwillige Rechtshilfe* leistet.

Das ausländische Vermögen ist aber in jedem Fall in das *Konkursinventar* aufzunehmen. Und zwar ganz unabhängig davon, ob das im Herrschaftsbereich eines ausländischen Staates gelegene Vermögen des Schuldners zur schweizerischen Konkursmasse gezogen werden kann oder nicht (Art. 27 Abs. 1 KOV). Dieses Prinzip wird als *aktive Universalität* bezeichnet.

---

918 Rz. 299 ff.
919 BGE 102 III 71 E. 3.b.

1155 Im umgekehrten Falle – d.h. wenn im Ausland ein Konkurs eröffnet wird – wird der Konkurs in der Schweiz im Rahmen eines sog. *Hilfs- oder Minikonkurses* auf Antrag hin anerkannt, sofern die Voraussetzungen von Art. 166 IPRG erfüllt sind, nämlich:

– dass das ausländische Konkurserkenntnis von der zuständigen Stelle erlassen worden ist,
– dass kein allgemeiner Verweigerungsgrund nach Art. 27 IPRG vorliegt und
– dass der ausländische Staat gegenüber der Schweiz Gegenrecht hält.

1156 Das in der Schweiz befindliche Vermögen des Schuldners wird der ausländischen Konkursmasse aber nur unter den sehr engen Bedingungen von Art. 172 ff. IPRG herausgegeben: Ausgeliefert wird nämlich nur, was nach der Befriedigung der Pfandgläubiger und der privilegierten Gläubiger *mit Wohnsitz in der Schweiz* noch übrig bleibt. Überdies muss auch nachgewiesen sein, dass die schweizerischen Gläubiger im ausländischen Konkurs angemessen berücksichtigt worden sind. Die schweizerischen Gläubiger sind hierzu anzuhören (Art. 173 Abs. 3 IPRG).

1157 Das Prinzip, dass ein ausländisches Konkurserkenntnis grundsätzlich keine Wirkung auf das in der Schweiz gelegene Vermögen zeitigt, wird *passive Territorialität* genannt.

3. Zeitliche Begrenzung

1158 Die Konkursmasse ist auch in zeitlicher Hinsicht begrenzt: Sie umfasst sämtliches Vermögen, das dem Schuldner *zum Zeitpunkt der Konkurseröffnung* rechtlich zusteht und ihm darüber hinaus *bis zum Schluss des Konkursverfahrens noch anfällt* (sog. «anfallendes Vermögen»; Art. 197 Abs. 2 SchKG).

Anmerkung: Unter *anfallendem Vermögen* i.S.v. Art. 197 Abs. 2 SchKG ist Vermögen zu verstehen, welches der Schuldner nicht erarbeiten muss. Der Begriff *anfallen* macht bereits deutlich, dass es sich nur um Vermögen handeln kann, das dem Schuldner nicht im Sinne eines Arbeitserwerbs zukommt, sondern ihm eben gerade ohne sein persönliches Tätigwerden zufliesst. Gemeint ist damit jenes Vermögen, das dem Schuldner während des Konkursverfahrens aus irgendeinem beliebigen Grund zufällt.

Beispiele: Erbschaft, Schenkung oder Spiel und Wette.[920]

1159 Ebenfalls zur Konkursmasse gezogen werden die Miet- oder Pachtzinsen aus einer Immobilie des Schuldners. Diese sind durch die Konkursverwaltung einzuziehen (Art. 124 VZG).[921] In Betracht kommt aber jeweils nur das dem Schuldner zufallende *Reinvermögen,* also derjenige Betrag, der nach Abzug eventueller Aufwendungen übrig bleibt.

---

920 BGE 72 III 83 E. 3.
921 BGE 132 III 437 E. 5.1 (Pra 97 [2008] Nr. 16).

Hat der Schuldner vor der Konkurseröffnung künftige Forderungen zediert (z.B. durch eine Globalzession), so fallen diese grundsätzlich auch in die Konkursmasse.[922]

1160

Anmerkung: Anders verhält es sich bei Lohnzessionen, welche der Arbeitnehmer nach Art. 325 Abs. 1 OR zur Sicherung familienrechtlicher Unterhalts- und Unterstützungspflichten so weit vornehmen kann, als die Pfändbarkeit gegeben ist. Die Abtretung einer Lohnforderung behält ihre Gültigkeit auch dann, wenn die Forderung erst nach der Konkurseröffnung entstanden ist.[923] Diese Sonderregelung wird damit begründet, dass nach der Konkurseröffnung entstandene Lohnforderungen des Gemeinschuldners nie in die Konkursmasse fallen können.[924]

Nicht zur Konkursmasse gezogen wird das Erwerbseinkommen, das der Schuldner nach der Konkurseröffnung erzielt.[925] Nur gerade das Einkommen, welches er noch vor der Konkurseröffnung erworben hat, fliesst in die Konkursmasse. Das bedeutet für den Schuldner, dass er von der Konkurseröffnung an über seinen Arbeitserwerb frei verfügen kann, was ihm wesentliche Vorteile gegenüber einer Betreibung auf Pfändung bietet, in deren Rahmen eine Einkommenspfändung vorgenommen werden kann. Diese Regel gilt selbst dann, wenn das Einkommen des Schuldners in einem früheren Zeitpunkt – also noch vor der Konkurseröffnung – gepfändet wurde und das Ende der Jahresfrist gemäss Art. 93 Abs. 2 SchKG für die beschränkte Einkommenspfändung auf einen Zeitpunkt nach der Konkurseröffnung fällt. Dies ergibt sich auch aus dem Wegfall früherer Betreibungen nach der Konkurseröffnung (Art. 206 SchKG).

1161

Selbst auf Ersparnisse, die der Schuldner aus seinem Arbeitseinkommen während eines laufenden Konkursverfahrens macht, können die Gläubiger nicht zugreifen. Erst nach Schluss des Konkursverfahrens haben die zu Verlust gekommenen Gläubiger aufgrund ihrer Konkursverlustscheine die Möglichkeit, auf allfällig *neu gebildetes Vermögen* zu greifen.[926] Dies gilt selbst für den Fall, dass der Schuldner nach der Konkurseröffnung ein hohes Einkommen erzielt.

1162

4. Sachliche Begrenzung

Auch in der Betreibung auf Konkurs kann nur dasjenige Vermögen zur Vollstreckung herangezogen werden, das *pfändbar* ist. Mit Ausnahme der gänzlich unpfändbaren Vermögenswerte nach Art. 92 SchKG[927] fällt alles in die Konkursmasse, was dem Schuldner gehört.

1163

---

922 BGE 130 III 248 E. 4.1 (Pra 93 [2004] Nr. 83); 111 III 73 E. 3.
923 BGE 114 III 26 E. 1.a.
924 Rz. 1161 f.
925 BGer v. 17.1.2003, 5P.426/2002 E. 2.2.
926 Rz. 1421 ff.
927 Rz. 621 ff.

1164 In den Art. 198 ff. SchKG finden sich jedoch einige Sonderbestimmungen zum sachlichen Umfang der Konkursmasse:

- *Art. 198 SchKG* regelt, was mit Vermögensstücken des Schuldners geschieht, an welchen Pfandrechte haften. *Verpfändete Vermögenswerte* fallen nach schweizerischem Konkursrecht ebenfalls in die Konkursmasse;[928] es handelt sich dabei aber nur um diejenigen Vermögensstücke, welche im Eigentum des Gemeinschuldners stehen.[929]

    Anmerkung: Diese Bestimmung steht im Gegensatz etwa zum deutschen Recht, wo die Pfandgegenstände abgesondert und separat ausserhalb des Konkurses für die Pfandgläubiger verwertet werden.

    Anmerkung: Mit der Konkurseröffnung ist eine Betreibung auf Pfandverwertung grundsätzlich ausgeschlossen (vgl. Art. 206 Abs. 1 SchKG). Im Konkurs des Schuldners werden die Pfandgegenstände vielmehr zusammen mit dem übrigen Vermögen verwertet. Der Pfandgläubiger ist deshalb auch verpflichtet, das Pfand dem Konkursamt herauszugeben (vgl. Art. 232 Abs. 2 Ziff. 4 SchKG).

    Anmerkung: Ausgenommen sind jedoch Betreibungen auf Verwertung von Pfändern, die von Dritten bestellt worden sind (Art. 206 Abs. 1 Satz 2 SchKG).

- In die Konkursmasse fallen nach *Art. 199 Abs. 1 SchKG* die vor der Konkurseröffnung *gepfändeten und verarrestierten Vermögensgegenstände* des Schuldners, sofern sie zum Zeitpunkt der Konkurseröffnung noch nicht verwertet worden sind. Hat die Verwertung im Rahmen der Spezialexekution bereits stattgefunden, wird der Erlös an die Pfändungsgläubiger verteilt, sofern die Fristen für den *Pfändungsanschluss*[930] (30 oder 40 Tage) vor der Konkurseröffnung abgelaufen sind. Nur ein allfälliger Überschuss fällt in die Konkursmasse (Art. 199 Abs. 2 SchKG). Ebenso werden im Rahmen der Spezialexekution gepfändete Bar- und Geldbeträge, die aufgrund einer Forderungs- oder Einkommenspfändung beim Betreibungsamt abgeliefert und noch nicht verteilt worden sind, unter den Pfändungsgläubigern verteilt, weil sich diesfalls ja eine eigentliche Verwertung erübrigt (Art. 199 Abs. 2 SchKG). Auch hier kommt eine Verteilung unter die Pfändungsgläubiger jedoch nur dann infrage, wenn die Fristen für den Pfändungsanschluss vor der Konkurseröffnung abgelaufen sind. Ein allfälliger Überschuss fällt wiederum in die Konkursmasse.

    Anmerkung: Ist die Pfändung bloss provisorisch, findet entsprechend der Regel in Art. 144 Abs. 5 SchKG keine Verteilung statt. Vielmehr fallen sämtliche Barwerte, Verwertungserlöse sowie dem Betreibungsamt abgelieferte Beträge in die Konkursmasse.

- *Betreibungsrechtliche Anfechtungsansprüche* fallen gemäss *Art. 200 SchKG* in die Konkursmasse. Bei diesen Anfechtungsansprüchen geht es um Rechts-

---

[928] BGer v. 15.9.2008, 5A_93/2008 E. 2.1.
[929] BGE 113 III 128 E. 3.a.
[930] Rz. 763 ff.

handlungen, durch welche das Vermögen des Schuldners im Hinblick auf die drohende Konkurseröffnung verringert wurde. Durch die Anfechtung dieser Rechtshandlungen sollen die dadurch entgangenen Vermögenswerte wieder dem Vollstreckungssubstrat zugeführt werden. Infrage kommen die *Anfechtung einer Verrechnung* nach Art. 214 SchKG[931] und die sog. *paulianische Anfechtung* gemäss Art. 285 ff. SchKG.[932]

C. Wirkungen des Konkurses auf das Vermögen des Schuldners

1. Grundsätzliches

Der Konkurs zeitigt verschiedene Auswirkungen auf die Rechtsstellung des Schuldners. Davon betroffen ist einerseits das *Verhältnis des Schuldners zur Konkursmasse* als solcher, andererseits das *Verhältnis des Schuldners zu seinen Gläubigern*.

1165

Keine Auswirkungen hat der Konkurs dagegen auf die Rechts- und Handlungsfähigkeit des Schuldners, sofern dieser eine natürliche Person ist. Handelt es sich beim Konkursiten um eine juristische Person oder eine betreibungsfähige Personengesellschaft, so führt die Konkurseröffnung zwangsläufig zu ihrer Auflösung. Die Gesellschaft tritt dann ins Stadium der Liquidation und wird mit dem Vermerk «in Liquidation» ins Handelsregister eingetragen. Nach Abschluss des Konkurses und der darauf folgenden Löschung im Handelsregister hört ihre rechtliche Existenz auf (Art. 159 Abs. 5 lit. b HRegV).

1166

2. Stellung des Schuldners gegenüber der Konkursmasse

2.1 *Grundsätzliches*

Auch nach der Konkurseröffnung bleibt der Schuldner weiterhin Eigentümer seines Vermögens, d.h., er verliert seine Rechtsträgerschaft *erst im Zeitpunkt der Verwertung*.

1167

Der Schuldner verliert jedoch mit der Konkurseröffnung das Recht, über das sich in der Konkursmasse befindliche Vermögen zu verfügen (Art. 204 Abs. 1 SchKG).[933] Dieses unterliegt nach der Konkurseröffnung dem Konkursbeschlag. Somit bewirkt die Konkurseröffnung wie die Pfändung eine *Beschränkung des Verfügungsrechts* des Schuldners. Das Verfügungsverbot ist wie in der Betreibung auf Pfändung strafrechtlich durch den Tatbestand des Verstrickungsbruchs nach Art. 169 StGB gesichert.[934]

1168

---

931 Rz. 1224 ff.
932 Rz. 1526 ff.
933 BGer v. 1.3.2011, 5A_826/2010 E. 2; BGE 132 III 432 E. 2.4.
934 Rz. 702 f.

§ 7 Betreibung auf Konkurs

1169 Frei verfügen darf der Konkursit nur noch über das, *was nicht zur Konkursmasse gehört:* Es sind dies die in *Art. 92 SchKG* aufgeführten gänzlich unpfändbaren Vermögenswerte und *das Erwerbseinkommen sowie dessen Surrogate.*

2.2 Beschränkung des Verfügungsrechts des Schuldners

1170 Die Beschränkung des Verfügungsrechts des Schuldners kommt in drei verschiedenen Aspekten zum Ausdruck.

2.2.1 Verfügungsunfähigkeit des Schuldners

1171 Rechtshandlungen, die der Schuldner nach der Konkurseröffnung über Bestandteile der Konkursmasse vornimmt, sind den Konkursgläubigern gegenüber ungültig (Art. 204 Abs. 1 SchKG). Diese Verfügungen leiden an einer *relativen Nichtigkeit,* auf welche sich nur die Konkursverwaltung und die Konkursgläubiger berufen können, nicht aber der Schuldner selber oder der Dritte, mit dem das Rechtsgeschäft abgeschlossen worden ist.[935]

1172 Es besteht allerdings die Möglichkeit der Genehmigung einer ungültigen Rechtshandlung durch die Konkursverwaltung, wenn das Geschäft der Konkursmasse ausnahmsweise einen Vorteil bringt.

1173 Im Gegensatz zur Spezialexekution (vgl. Art. 96 Abs. 2 SchKG) ist im Konkurs der *Gutglaubensschutz grundsätzlich ausgeschlossen,* d.h., das Interesse der Gläubigergesamtheit geht im Konkurs den Interessen des gutgläubigen Dritten vor. Dies gilt sowohl beim gutgläubigen Erwerb dinglicher Rechte an Fahrnis als auch an Immobilien.

Beispiel: Erwirbt ein Käufer vom Schuldner ein Grundstück im Vertrauen auf einen Grundbucheintrag (in welchem die bereits erfolgte Konkurseröffnung noch nicht eingetragen ist), wird der Käufer in seinem guten Glauben nicht geschützt.

1174 Eine Ausnahme von dieser Regel besteht lediglich für den *gutgläubigen Wechselinhaber.* Wenn ihm der Schuldner noch vor der öffentlichen Bekanntmachung des Konkurses einen Wechsel bezahlt und er von der Konkurseröffnung keine Kenntnis hatte, ist diese Zahlung gültig erfolgt, sofern der Wechselinhaber im Fall der Nichtzahlung mit Erfolg den wechselrechtlichen Regress gegen Dritte hätte ausüben können (Art. 204 Abs. 2 SchKG).

Anmerkung: Gemäss Art. 1033 Abs. 1 OR kann der Inhaber des Wechsels gegen die Indossanten, den Aussteller und die anderen Wechselverpflichteten bei Verfall des Wechsels Rückgriff nehmen, wenn der Wechsel nicht bezahlt worden ist.

---

935 BGE 130 III 248 E. 4.1.

2.2.2 Unfähigkeit des Schuldners zur Entgegennahme von Zahlungen

Die Beschränkung des Verfügungsrechts des Schuldners zeigt sich ferner auch darin, dass er nach der Konkurseröffnung von seinen eigenen Schuldnern *nicht mehr rechtsgültig Zahlungen entgegennehmen kann*. Zahlungen an ihn haben gegenüber den Konkursgläubigern nur noch insoweit befreiende Wirkung, als das Geleistete auch tatsächlich in die Konkursmasse gelangt bzw. als dass der Schuldner das Geleistete an die Konkursverwaltung abliefert (Art. 205 Abs. 1 SchKG). Gelangt das Geleistete nicht in die Konkursmasse, so kann die Konkursverwaltung weiterhin Erfüllung an sie verlangen. Das bedeutet für Drittschuldner, dass sie eine Doppelzahlung riskieren, wenn sie nach der Konkurseröffnung noch an den Schuldner leisten.

1175

Ausnahmsweise wird aber der gutgläubige Drittschuldner geschützt bzw. von seiner Schuldpflicht befreit. Das ist dann der Fall, wenn er noch vor der Konkurspublikation und ohne Kenntnis der Konkurseröffnung an den Schuldner gezahlt hat (Art. 205 Abs. 2 SchKG).

1176

Anmerkung: Aus diesem Grund ist es wichtig, dass das Konkursamt unmittelbar nach Konkurseröffnung die bekannten Drittschuldner – insbesondere Mieter und Pächter von Grundstücken – benachrichtigt (Art. 124 VZG).

2.2.3 Einschränkung des Prozessführungsrechts des Schuldners

Die Beschränkung der Verfügungsmacht des Schuldners wirkt sich schliesslich auch auf *hängige Zivilprozesse und Verwaltungsverfahren* aus, in denen der Schuldner Partei ist und die den Bestand der Konkursmasse – sei es aktiv oder sei es passiv – berühren (Art. 207 SchKG). Zivilprozesse werden mit Eröffnung des Konkurses zwingend eingestellt. Die Einstellung erfolgt im ordentlichen Konkursverfahren[936] mittels Spezialanzeige des Konkursamtes an das Gericht und/oder an die Behörde, vor welcher ein Zivilprozess oder ein Verwaltungsverfahren hängig ist (Art. 40 Abs. 2 lit. b KOV).

1177

Anmerkung: Im summarischen Konkursverfahren[937] ist das Konkursamt zur Versendung von Spezialanzeigen nicht gehalten.[938] Allerdings ist es in der Praxis trotzdem weit verbreitet, dass auch im Rahmen des summarischen Konkursverfahrens Spezialanzeigen ergehen.

Nach bundesgerichtlicher Rechtsprechung findet Art. 40 Abs. 2 lit. b KOV im Übrigen keine Anwendung auf im Ausland hängige Verfahren. Dies wird zu Recht damit begründet, dass die inländische Konkurseröffnung keine unmittelbaren Auswirkungen im Ausland zeitigen kann.[939]

1178

---

936 Rz. 1324 ff.
937 Rz. 1441 ff.
938 BGer v. 29.1.2008, 5C.54/2007 E. 2.3.1.
939 BGE 135 III 127 E. 3.3.1; 130 III 769 E. 3.2.3.

1179 Die Wiederaufnahme *eingestellter Zivilprozesse* kann im ordentlichen Konkursverfahren frühestens zehn Tage nach der zweiten Gläubigerversammlung und im summarischen Konkursverfahren frühestens 20 Tage nach der Auflegung des Kollokationsplanes erfolgen (Art. 207 Abs. 1 SchKG).

> *Anmerkung:* In der Zwischenzeit werden die im Streit liegenden Forderungen jedoch im Kollokationsplan vorgemerkt. Diese Vormerkung erfolgt lediglich *pro memoria* (vgl. Art. 63 Abs. 1 KOV).

1180 Die Einstellung von *Verwaltungsverfahren* liegt dagegen im Ermessen der zuständigen Behörde (Art. 207 Abs. 2 SchKG). Während der Dauer der Verfahrenseinstellung stehen die Verjährungs- und Verwirkungsfristen still (Art. 207 Abs. 3 SchKG).

1181 Die Regel, dass Zivilprozesse und Verwaltungsverfahren eingestellt werden, kommt jedoch auch nicht in jedem Fall zum Tragen. Das Gesetz sieht folgende *Ausnahmen von der Verfahrenseinstellung* vor:

– dringliche Fälle (Art. 207 Abs. 1 SchKG);

> *Beispiel:* Vorläufige Eintragungen behaupteter dinglicher Rechte gemäss Art. 961 Abs. 3 ZGB.

– Entschädigungsklagen wegen Ehr- und Körperverletzung (Art. 207 Abs. 4 SchKG);

> *Beispiel:* Schadenersatz- sowie Genugtuungsansprüche infolge Persönlichkeitsverletzung.

– familienrechtliche Prozesse (Art. 207 Abs. 4 SchKG).

> *Beispiel:* Ansprüche aus Kindesunterhalt i.S.v. Art. 276 ff. ZGB.

Die genannten Prozesse werden nicht eingestellt, sondern ganz normal weitergeführt. Die Aufzählung in Art. 207 Abs. 4 SchKG ist *nicht abschliessend*.[940]

3. Stellung des Schuldners gegenüber den Gläubigern

1182 Die Konkurseröffnung bewirkt ein *Betreibungsverbot* gegenüber dem Schuldner. Im Konkurs bleibt kein Platz mehr für Einzelzwangsvollstreckungen gegen den Schuldner.

1183 Aus diesem Grund statuiert *Art. 206 Abs. 1 SchKG,* dass alle gegen den Schuldner *hängigen Betreibungen* durch die Konkurseröffnung aufgehoben werden und neue Betreibungen für Forderungen, die vor der Konkurseröffnung entstanden sind (sog. Konkursforderungen), während der Dauer des Konkurses gegen ihn nicht eingeleitet werden dürfen. Grundsätzlich fallen im Zeitpunkt der Konkurseröffnung bereits gepfändete Gegenstände in die Konkursmasse (Art. 198 Abs. 2

---

940 BGE 133 III 377 E. 6 (Pra 97 [2008] Nr. 17).

SchKG); hieraus folgt, dass auch eine teilweise vollzogene Lohnpfändung *eo ipso* dahinfällt.[941]

Von diesem Betreibungsverbot sind aber nur Forderungen betroffen, die *vor der Konkurseröffnung* entstanden sind. Die nach der Konkurseröffnung entstandenen Forderungen fallen dagegen nicht darunter, und der Schuldner kann für derartige Verbindlichkeiten auf *Pfändung oder auf Pfandverwertung* betrieben werden (Art. 206 Abs. 2 SchKG). Allerdings darf dabei nur auf dasjenige Vermögen gegriffen werden, das nicht zur Konkursmasse gehört, z.B. auf das seit der Konkurseröffnung erarbeitete Einkommen.

1184

Auch hier gilt es wieder einige Ausnahmen zu beachten. Eine Betreibung gegen den Schuldner trotz Konkurseröffnung ist in den folgenden Fällen zulässig:

1185

– *Hängige Betreibungen,* in welchen die *Verwertung* schon vor der Konkurseröffnung stattgefunden hat oder bei welchen sich eine Verwertung erübrigt, da es sich um Geld handelt, werden nicht aufgehoben. Der Erlös oder die abgelieferten Geldbeträge werden vielmehr unter die beteiligten Pfändungsgläubiger nach den Bestimmungen über die Spezialexekution verteilt. Nur ein allfälliger Überschuss fällt in die Konkursmasse (Art. 199 SchKG).[942]
– Eine Betreibung darf weitergeführt oder sogar neu gegen den Schuldner eingeleitet werden, wenn sie auf die *Verwertung eines von einem Dritten bestellten Pfandes* gerichtet ist (Art. 206 Abs. 1 SchKG). Dies ist deshalb möglich, weil das Konkurssubstrat dadurch nicht berührt wird und der Konkurs des Hauptschuldners die Verwertung des Drittpfandes nicht ausschliessen soll.

D. Wirkungen des Konkurses auf die Rechte der Gläubiger

1. Grundsätzliches

Die Konkurseröffnung wirkt sich auch auf vom Schuldner abgeschlossene Verträge aus. Es besteht jedoch keine einheitliche Regel, wie allgemein mit diesen Verträgen zu verfahren ist; es gibt hierzu nur einzelne Sonderbestimmungen, die nicht im SchKG, sondern in anderen Bundesgesetzen, insbesondere im OR und ZGB, zu finden sind.[943] Entsprechend hält Art. 211 Abs. 3 SchKG fest, dass Bestimmungen anderer Bundesgesetze über die Auflösung von Vertragsverhältnissen im Konkurs sowie die Bestimmungen über den Eigentumsvorbehalt vorbehalten bleiben.

1186

---

941 Rz. 1164.
942 Rz. 1164.
943 Rz. 1058.

1187 Als Beispiele solcher allgemeiner Wirkungen des Konkurses können genannt werden:
- die Aufhebung des Vertrags im Falle eines Schenkungsversprechens des Schuldners, der in Konkurs fällt (Art. 250 Abs. 2 OR);
- das Erlöschen des Auftrags im Falle des Konkurses des Auftraggebers oder des Beauftragten (Art. 405 Abs. 1 OR);
- die Möglichkeit des Vermieters eines in Konkurs gefallenen Mieters, diesem fristlos zu kündigen, falls nicht innert angemessener Frist eine Sicherheitsleistung für künftige Mietzinse erbracht wird (Art. 266 h OR).[944]

1188 Das SchKG regelt dagegen ausführlich *die einzelnen Forderungen,* die sich aus den vertraglichen Beziehungen zwischen dem Schuldner und seinen Gläubigern ergeben. Dazu gehören
- die *Fälligkeit* und *Verzinslichkeit* der Konkursforderungen,
- die *Behandlung von Realforderungen* nach Konkurseröffnung,
- die *Verrechnung* von Forderungen im Konkurs,
- die Behandlung allfälliger *Mitverpflichtungen* des Schuldners sowie
- die *Reihenfolge der Befriedigung* der Gläubiger.

2. Forderungen im Konkurs des Gemeinschuldners

1189 Um zu beurteilen, welche Auswirkungen der Konkurs auf die Forderungen der Gläubiger hat, gilt es zunächst einmal zu definieren, was überhaupt *Konkursforderungen* sind.

1190 Die Ansprüche, für welche die Gläubiger aus dem Erlös des Konkurssubstrats Befriedigung verlangen können, lassen sich in *Konkursforderungen* und *Massaverbindlichkeiten* unterteilen:

1191 *Konkursforderungen* sind alle Gläubigeransprüche, die bereits zum Zeitpunkt der Konkurseröffnung gegenüber dem Schuldner bestehen, somit sämtliche Forderungen gegen den Schuldner, die noch vor der Konkurseröffnung entstanden sind (Art. 206 Abs. 1 S. 1 SchKG). Nach der Konkurseröffnung gegenüber dem Schuldner neu begründete Forderungen sind grundsätzlich *nie* Konkursforderungen.

Anmerkung: Nach der Konkurseröffnung über den Mieter entstehende Geschäftsmietzinsforderungen für eine unbewegliche Sache können nach der Praxis des BGer für die Dauer von sechs Monaten – entsprechend dem Umfang des Retentionsrechts nach Art. 268 Abs. 1 OR – als Konkursforderungen eingegeben werden.[945]

Anmerkung: Im Falle des Konkurses des Leibrentenschuldners verweist Art. 210 Abs. 2 SchKG auf die Sonderbestimmung von Art. 518 Abs. 3 OR. Danach ist der Leibrentengläubiger im Konkurs des Leibrentenschuldners berechtigt, seine in der Zukunft liegenden Forde-

---

944 Rz. 30.
945 BGE 124 III 41 E. 2.b.

rungen kapitalisiert geltend zu machen.⁹⁴⁶ Ähnlich verhält es sich bei Forderungen aus Verpfründungsverträgen (Art. 529 Abs. 2 OR). Hier kann der Pfründer im Konkurs des Pfrundgebers dessen Leistung in Form einer Kapitalforderung geltend machen, indem er den Realanspruch auf Unterhalt und Pflege auf den Zeitpunkt der Konkurseröffnung in Geld umrechnet.⁹⁴⁷

Massaverbindlichkeiten sind demgegenüber Forderungen, die grundsätzlich erst im Laufe des Konkursverfahrens, d.h. nach der Konkurseröffnung⁹⁴⁸, entstehen, und zwar aus der Durchführung des Konkursverfahrens und zulasten der Masse. 1192

Anmerkung: Die Ausnahme bilden gemäss Art. 262 Abs. 1 SchKG die Kosten für die Aufnahme eines Güterverzeichnisses⁹⁴⁹ nach Art. 40 GebV SchKG und die während einer Nachlassstundung⁹⁵⁰ mit Zustimmung des Sachwalters eingegangenen Verbindlichkeiten gemäss Art. 310 Abs. 2 SchKG. In beiden Fällen handelt es sich um Kosten, welche zwar vor der Konkurseröffnung entstanden sind, im Nachhinein aber trotzdem als Massaverbindlichkeiten qualifiziert werden.

Anmerkung: Für Massaverbindlichkeiten haftet nicht der Schuldner, sondern die Masse als Sondervermögen. Die Massaverbindlichkeiten können in *Massakosten* und in *Massaschulden* unterteilt werden: *Massakosten* sind die vom Gesetz in Art. 262 Abs. 1 SchKG erwähnten Kosten für Eröffnung und Durchführung der Generalexekution; sie richten sich nach Art. 43 ff. GebV SchKG. Unter *Massaschulden* sind dagegen diejenigen Verpflichtungen zu verstehen, welche zulasten der Konkursmasse begründet wurden, aber nicht unter den Begriff der Massakosten zu subsumieren sind.

Von Konkursforderungen und Massaverbindlichkeiten sind die *persönlichen und neu begründeten Schulden des Konkursiten* zu unterscheiden. Das sind diejenigen Verbindlichkeiten, die nach Konkurseröffnung, aber nicht zulasten der Konkursmasse begründet wurden. Ihre Erfüllung darf nicht aus Mitteln der Konkursmasse erfolgen; der Konkursit hat dafür seine konkursfreien Mittel aufzuwenden. 1193

---

946 Rz. 1203.
947 Rz. 1204.
948 BGer v. 19.2.2009, 2C_792/2008 E. 3.2.
949 Rz. 1004 ff.
950 Rz. 1590 ff.

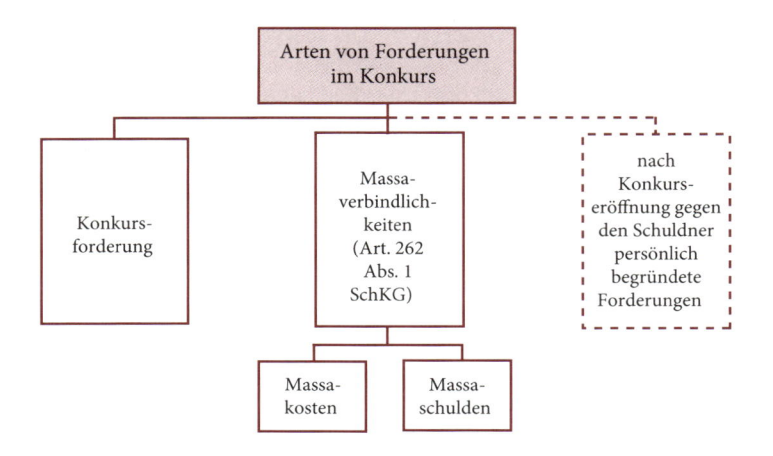

3. Konkursforderungen im Besonderen

3.1 Grundsätzliches

1194 Der Bestand der Konkursforderungen wird sowohl in *zeitlicher* als auch in *sachlicher* Hinsicht begrenzt. Dagegen besteht keine Begrenzung in örtlicher Hinsicht, was bedeutet, dass auch die Forderungen ausländischer Gläubiger in einem schweizerischen Konkurs zu berücksichtigen sind (Prinzip der Universalität).

3.2 Zeitliche Begrenzung

3.2.1 Grundsätzliches

1195 Die Begrenzung in zeitlicher Hinsicht besteht darin, dass Konkursforderung grundsätzlich nur eine Forderung sein kann, die zur Zeit der Konkurseröffnung bereits besteht, also noch *vor oder zum Zeitpunkt der Konkurseröffnung* entstanden ist.[951] Das bedeutet, dass der Entstehungsgrund der Forderung prinzipiell bereits *vor der Konkurseröffnung eingetreten* sein muss;[952] es wird in diesem Zusammenhang somit nicht etwa auf spätere Fälligkeiten oder aufschiebende Bedingungen abgestellt.

3.2.2 Fälligkeit der Forderungen zum Zeitpunkt der Konkurseröffnung

1196 Mit der Konkurseröffnung werden grundsätzlich alle zu diesem Zeitpunkt gegenüber dem Schuldner bestehenden Forderungen von Gesetzes wegen *fällig* (Art. 208 Abs. 1 SchKG). D.h., dass die Gläubiger fälliger und noch nicht fälliger

---

[951] Rz. 1053.
[952] Rz. 1190.

Forderungen von nun an gleichgestellt sind. Dies gilt ebenso für die Forderungen aus Bürgschaften des Schuldners.[953]

Eine *Ausnahme* besteht lediglich für Forderungen, die durch Grundstücke pfandrechtlich gedeckt sind (Art. 208 Abs. 1 SchKG): Die Konkurseröffnung bewirkt deren Fälligkeit *nicht*. Denn die *nicht fälligen Grundpfandforderungen* werden dem Ersteigerer des Grundstücks als persönliche Schuldpflicht überbunden (Art. 259 i.V.m. Art. 135 Abs. 1 Satz 1 SchKG)[954], weshalb sie im Konkurs nicht liquidiert werden müssen. Soweit das Grundpfand gemäss der amtlichen Schätzung aber nicht genügend Deckung bietet, wird die betreffende Forderung im ungedeckten Umfang als ungesicherte Forderung berücksichtigt und wie alle anderen Forderungen zum Zeitpunkt der Konkurseröffnung fällig (Art. 208 Abs. 1 Satz 1 SchKG e contrario).

1197

Die sofortige Fälligkeit der Konkursforderungen wirkt indessen *nur gegenüber der Konkursmasse,* und nicht etwa gegenüber dem Schuldner persönlich. Dies kommt besonders dann zum Ausdruck, wenn der Konkurs widerrufen[955] wird. Dann gelten wieder die ordentlichen zivilrechtlichen Fälligkeiten.

1198

Da den Gläubigern aus der sofortigen Fälligkeit der Konkursforderungen aber kein wirtschaftlicher Vorteil erwachsen soll – was bei vorzeitiger Erfüllung unverzinslicher Forderungen der Fall wäre – wird bei unverzinslichen Forderungen ein Zwischenzins von 5% bis zum Tag der Fälligkeit abgezogen (Art. 208 Abs. 2 SchKG). Diese Bestimmung beruht auf dem Prinzip der Gläubigergleichbehandlung. Soweit die Forderung verzinslich ist, findet Art. 208 Abs. 2 SchKG jedoch keine Anwendung.

1199

3.2.3 Bedingte Forderungen

Auch Forderungen unter *suspensiver Bedingung* gemäss Art. 151 OR können, sofern sie noch vor der Konkurseröffnung entstanden sind, *im vollen Betrag* eingegeben werden, selbst wenn die Bedingung bei Konkurseröffnung noch nicht eingetreten ist (Art. 210 Abs. 1 SchKG).

1200

Anmerkung: Unter *Bedingung* im Rechtssinne ist ein objektiv ungewisses zukünftiges Ereignis zu verstehen, von dem die Wirksamkeit (Verbindlichkeit bzw. Auflösung) eines Rechtsgeschäftes abhängig gemacht worden ist. Ungewissheit ist dann gegeben, wenn zum Zeitpunkt des Abschlusses des Rechtsgeschäftes objektiv nicht feststeht, ob die Bedingung eintreten wird oder nicht. Nicht von einer Bedingung, sondern lediglich von einer *Befristung* wird gesprochen, wenn die Wirksamkeit des Rechtsgeschäfts vom Einritt eines *ex ante* feststehenden Ereignisses (z.B. eines bestimmten Verfalltags oder des Todes eines Menschen) abhängt. Dies betrifft nicht zuletzt die sog. Dauerschuldverhältnisse.

---

953 Rz. 1227 ff.
954 Rz. 826.
955 Rz. 1128 ff.

1201 Der Gläubiger einer Forderung unter aufschiebender Wirkung ist jedoch nicht zum Bezug des auf ihn entfallenden Anteils an der Konkursmasse berechtigt, solange die Bedingung noch nicht erfüllt ist. Der auf ihn entfallende Anteil wird bei der Depositenanstalt hinterlegt (Art. 210 Abs. 1 i.V.m. 264 Abs. 3 SchKG).

1202 *Resolutiv bedingte Forderungen* nach Art. 154 OR werden dagegen wie unbedingte Forderungen behandelt, und die auf sie entfallende Dividende ist auszuzahlen. Tritt in der Folge die Resolutivbedingung ein, ist der ausgerichtete Betrag wieder zurückzuerstatten.

1203 Wie bereits dargestellt verweist Art. 210 Abs. 2 SchKG im Falle des Konkurses über den Leibrentenschuldner auf die Sonderbestimmung von Art. 518 Abs. 3 OR, wonach der Leibrentengläubiger im Konkurs des Leibrentenschuldners berechtigt ist, seine Forderung kapitalisiert geltend zu machen.

Anmerkung: Gegenstand eines Leibrentenvertrages bilden zeitlich wiederkehrende Zahlungen zumeist in Form von Geld. Diese Zahlungen sind alsdann für die Dauer des Lebens des Gläubigers begrenzt.[956]

1204 Dasselbe gilt für Forderungen aus Verpfründungsverträgen. Der Pfründer kann eine kapitalisierte Forderung – nach entsprechender Umrechnung des Realanspruchs auf Unterhalt und Pflege in Geld – im Konkurs des Pfrundgebers als Konkursforderung eingeben (Art. 529 Abs. 2 OR)

Anmerkung: Beim Verpfründungsvertrag verpflichtet sich der Pfründer, dem Pfrundgeber ein Vermögen oder einzelne Vermögenswerte zu übertragen, und der Pfrundgeber, dem Pfründer Unterhalt und Pflege auf Lebzeiten zu gewähren (Art. 521 Abs. 1 OR).[957]

1205 Selbst wenn sich *familienrechtliche Unterhaltsforderungen,* z.B. aus nachehelichem Unterhalt (Art. 125 ZGB), aus dem Kindesunterhalt (Art. 276 ZGB) oder aus der Verwandtenunterstützungspflicht (Art. 329 ZGB), zumindest von ihrem Zweck her den Forderungen aus Leibrenten- und Verpfründungsverträgen annähern, bilden die nach der Konkurseröffnung entstehenden Unterhaltsforderungen stets *persönliche Verpflichtungen* des Gemeinschuldners. Dies lässt sich zunächst damit begründen, dass das materielle Recht für diese Forderungen *gerade keine* Sonderbestimmungen nach dem Vorbild des Leibrenten- oder Verpfründungsvertrages vorsieht. Art. 210 Abs. 2 SchKG erfuhr auch bei der SchKG-Revision im Jahre 1994 keine Änderung. Schliesslich lässt sich die unterschiedliche Behandlung ebenfalls auf den Umstand abstützen, dass der familienrechtliche Unterhaltsschuldner immer nur eine natürliche Person sein kann und auch deshalb für die nach Konkurseröffnung entstehenden Unterhaltsforderungen persönlich haftet.

---

956 Rz. 658 f.
957 Rz. 778.

Anmerkung: Im Rahmen der Revisionsarbeiten zum Sanierungsrecht[958] ist eine neue Bestimmung vorgesehen (Art. 211a E-SchKG), welche Forderungen aus Dauerschuldverhältnissen einer einheitlichen Regelung zuführen wird. Gemäss Abs. 1 können Forderungen aus Dauerschuldverhältnissen maximal vom Zeitpunkt der Konkurseröffnung bis zum nächstmöglichen Kündigungstermin oder bis zum Ende der festen Vertragsdauer geltend gemacht werden. Soweit allerdings die Konkursmasse die Leistungen aus dem Dauerschuldverhältnis in Anspruch nimmt, gelten die entsprechenden Gegenforderungen als Massaverbindlichkeiten (Art. 211a Abs. 2 E-SchKG).[959] Beschlagen diese Forderungen aber den Privatbereich des Gemeinschuldners (z.B. Zeitungsabonnemente, Wohnungsmiete oder familienrechtliche Unterhaltsverpflichtungen), so richten sich die neu entstehenden Forderungen gegen diesen persönlich (Art. 211a Abs. 3 E-SchKG).

3.3 Sachliche Begrenzung

3.3.1 Grundsätzliches

Die Begrenzung der Konkursforderungen in sachlicher Hinsicht besteht darin, dass als Konkursforderungen alle *geldwerten Ansprüche* in Betracht kommen, die im Zeitpunkt der Konkurseröffnung gegen den Schuldner bestehen. 1206

Ist der Konkurs einmal eröffnet, fallen auch diejenigen Forderungen darunter, die sonst nicht auf dem Weg der Konkursbetreibung vollstreckt werden dürften. Das sind die in *Art. 43 SchKG* genannten Forderungen.[960] 1207

Konkursforderungen sind in erster Linie auf Geldzahlung in Schweizer Währung gegen den Schuldner gerichtete Ansprüche. Auf *fremde Währung lautende Forderungen* werden zum Kurs am Tag der Konkurseröffnung in Schweizer Franken umgerechnet (Art. 211 Abs. 1 SchKG).[961] Dies gilt ungeachtet der Frage, ob es sich um eine Geldsortenschuld[962] handelt oder nicht. Dem betreibenden Gläubiger steht es frei, den für ihn günstigeren Kurs am Tag des Betreibungsbegehrens beizubehalten (Art. 67 Abs. 1 Ziff. 3 SchKG). Überdies ist eine Rückdatierung des Kurses auf den Tag des Fortsetzungsbegehrens zulässig, falls dieses seitens des Gläubigers gestellt wurde (Art. 88 Abs. 4 SchKG). 1208

Die Konkursforderung setzt sich gemäss Art. 208 Abs. 1 SchKG aus der *Hauptforderung*, den *Zinsen* bis zum Tag der Konkurseröffnung und den *Betreibungskosten* zusammen.[963] 1209

---

958 Rz. 1583 ff.
959 Rz. 1190.
960 Rz. 225.
961 BGE 110 III 105 E. 5.b (Pra 74 [1985] Nr. 109).
962 Rz. 18.
963 Rz. 357 ff.

§ 7 Betreibung auf Konkurs

Anmerkung: Beim Zins handelt es sich um die Vergütung, die ein Gläubiger für die Entbehrungen einer ihm geschuldeten Geldsumme fordern kann, sofern diese Vergütung sich nach Höhe der geschuldeten Summe und der Dauer der Schuld bestimmt.[964]

3.3.2 Grundsatz der Unverzinslichkeit

1210 Für Konkursforderungen gilt von der Konkurseröffnung an der *Grundsatz der Unverzinslichkeit* (Art. 209 Abs. 1 SchKG).

1211 Für pfandgesicherte Forderungen läuft der Zins hingegen bis zur Verwertung des Pfandes weiter, soweit der Pfanderlös den Betrag der Forderung und der bis zur Konkurseröffnung aufgelaufenen Zinsen übersteigt (Art. 209 Abs. 2 SchKG).

3.3.3 Behandlung von Realforderungen

1212 Ausser den Geldforderungen können im Konkurs aber auch *Realforderungen gegen den Schuldner* geltend gemacht werden.

Beispiel: Die Forderung des Käufers, des Werkbestellers oder des Auftraggebers.

1213 Für derartige Forderungen kann zwar keine Betreibung eingeleitet werden, wenn aber über den Schuldner einmal der Konkurs eröffnet ist, unterliegen sie gleich wie die auf Geld gerichteten Forderungen der Generalexekution.

1214 Die Einbeziehung von Realforderungen in den Konkurs des Schuldners wird dadurch ermöglicht, dass Forderungen, die nicht eine Geldzahlung zum Gegenstand haben, in Geldforderungen von entsprechendem Wert *umgewandelt* werden (Art. 211 Abs. 1 SchKG). Praktisch geschieht diese Umwandlung dadurch, dass der Gläubiger seine Realforderung selber in Geld umrechnet und den von ihm beanspruchten Betrag als Konkursforderung eingibt.

1215 Die Umwandlung in eine Geldforderung erfolgt zwingend bei *einseitigen Realschulden* des Konkursiten.

1216 Bei *zweiseitigen Verträgen,* die zur Zeit der Konkurseröffnung nicht oder nur teilweise erfüllt sind, hat die Konkursverwaltung hingegen ein *Wahlrecht* (Art. 211 Abs. 2 SchKG): Sie kann den Vertrag anstelle des Schuldners entweder realiter erfüllen oder die Umwandlung in eine Geldforderung hinnehmen. Wenn sich die Konkursverwaltung für die Realerfüllung entscheidet, kann der Konkursgläubiger binnen angemessener Frist Sicherstellung der Erfüllung verlangen (Art. 211 Abs. 2 Satz 2 SchKG).

Anmerkung: Dabei handelt es sich nach hier vertretener Ansicht nicht um einen eigentlichen Vertragseintritt, sondern um ein blosses Realerfüllungs- bzw. Übernahmerecht der Kon-

---

[964] BGE 130 III 591 E. 3; 115 II 349 E. 3.

kursverwaltung. Dies ergibt sich aus der Tatsache, dass es sich bei Art. 211 Abs. 2 SchKG um eine rein verfahrensrechtliche und nicht um eine materiellrechtliche Norm handelt.⁹⁶⁵

Übt die Konkursverwaltung ihr Wahlrecht nach Art. 211 Abs. 2 SchKG aus, so gelten die mit der Realerfüllung im Zusammenhang stehenden Kosten als Massaschulden,⁹⁶⁶ welche sodann vorab aus dem Verwertungserlös gedeckt werden (vgl. Art. 262 Abs. 1 SchKG). 1217

Ausgeschlossen ist dieses Wahlrecht der Konkursverwaltung aber bei Fixgeschäften nach Art. 108 Ziff. 3 OR sowie bei Finanztermin-, Swap- und Optionsgeschäften (Art. 211 Abs. 2bis SchKG). 1218

Anmerkung: Bei Swap-Vereinbarungen geht es um den gegenseitigen Austausch von Zahlungsströmen während einer bestimmten Vertragsdauer.⁹⁶⁷

4. Verrechnung nach Konkurseröffnung

4.1 Grundsätzliches

Die Verrechnung im Konkurs des Schuldners ist laut Art. 213 Abs. 1 SchKG grundsätzlich zulässig. Sie weist jedoch gegenüber den allgemeinen Voraussetzungen der Verrechnung gemäss Art. 120 OR einige Besonderheiten auf. 1219

Anmerkung: Die Verrechnung setzt gemäss *Art. 120 Abs. 1 OR* die Gegenseitigkeit der Forderungen, die Gleichartigkeit des Forderungsgegenstandes sowie die Fälligkeit der Forderungen voraus.

4.2 Gleichartigkeit und Fälligkeit

Hinsichtlich der allgemeinen Verrechnungsregeln erfährt die Verrechnung im Konkurs eine erhebliche *Erleichterung*. Dies einmal deshalb, weil Konkursforderungen, die nicht auf eine Geldzahlung lauten, gemäss Art. 211 Abs. 1 SchKG in Geldforderungen umzuwandeln sind und sich somit, wenn dem Konkursiten gegenüber einem seiner Gläubiger ebenfalls eine Geldforderung zusteht, immer zwei *gleichartige* Forderungen gegenüberstehen. Die Gleichartigkeit der Forderungen ist nur dann nicht gegeben, wenn der Konkursforderung eine Realforderung des Konkursiten gegenübersteht, was beispielsweise beim Tauschvertrag der Fall ist. 1220

Zum anderen wird die Verrechnung im Konkurs auch durch den Umstand erleichtert, dass nach Art. 208 Abs. 1 SchKG die Konkurseröffnung die *Fälligkeit* sämtlicher Konkursforderungen – mit Ausnahme der grundpfandgesicherten Forderungen – bewirkt. Das bedeutet für die Konkursgläubiger, dass sie unabhängig davon, ob ihre Forderungen bereits fällig gewesen wären oder nicht, mit Forde- 1221

---

965 BGer v. 30.6.2006, 5C.97/2006 E. 2.3.3; BGE 104 III 84 E. 3.b.
966 Rz. 1190.
967 BGer v. 28.5.2009, 5A_420/2008 E. 4.

rungen, die dem Konkursiten ihnen gegenüber zustehen, verrechnen können. Aus der Bestimmung von Art. 208 Abs. 1 SchKG, wonach grundpfandgesicherte Forderungen im Zeitpunkt der Konkurseröffnung nicht fällig werden, müsste man jetzt eigentlich den Schluss ziehen, dass bei noch nicht fälligen grundpfandgesicherten Forderungen eine Verrechnung ausgeschlossen ist. Das trifft aber nicht zu. Denn Art. 208 Abs. 1 SchKG wird ergänzt durch Art. 123 Abs. 1 OR. Diesem zufolge können im Konkurs des Schuldners die Gläubiger ihre Forderungen, selbst wenn sie noch nicht fällig sind, mit Forderungen, die dem Gemeinschuldner ihnen gegenüber zustehen, verrechnen. Die Konsequenz dieser Bestimmung ist natürlich, dass grundpfandgesicherte Forderungen, die noch nicht fällig sind, im Konkurs des Schuldners gleichsam verrechnet werden können.

4.3 Verrechnungsverbote

1222   Beim Vorliegen bestimmter Tatbestände ist die Verrechnung jedoch gesetzlich *ausgeschlossen*. Der Grund dieser Verrechnungsverbote liegt darin, dass die Verrechnung einen Konkursgläubiger gegenüber den anderen Konkursgläubigern bevorteilen könnte. Die Verrechnung bewahrt ihn nämlich davor, seine eigene Schuld voll bezahlen zu müssen, jedoch gleichzeitig auf seine Forderung nur die Konkursdividende ausbezahlt zu bekommen. Durch die Verrechnung mit einer Forderung gegenüber dem Schuldner kann eine Forderung des Konkursgläubigers u.U. vollständig getilgt werden. Dagegen läuft er ohne Verrechnung Gefahr, nur einen Bruchteil seiner Forderung zu erhalten oder gar vollständig leer auszugehen.

1223   Die Verrechnungsverbote finden sich in Art. 213 Abs. 2–4 SchKG. Sie gelten nur für die Konkursgläubiger, nicht auch für die Konkursmasse. Die Verrechnung im Konkurs des Schuldners ist in folgenden Fällen ausgeschlossen:

– Gemäss *Art. 213 Abs. 2 SchKG* ist die Verrechnung ausgeschlossen, wenn die Verrechnungslage erst nach der Konkurseröffnung eintritt. Das ist zum einen dann der Fall, wenn ein Schuldner des Konkursiten *erst nach der Konkurseröffnung dessen Gläubiger wird* (Art. 213 Abs. 2 Ziff. 1 SchKG). Von diesem Verbot ausgenommen ist lediglich derjenige Schuldner, der infolge der Erfüllung einer schon vorher bestehenden Eventualverpflichtung in die Gläubigerstellung subrogiert: Also etwa derjenige, der als Bürge erst nach der Konkurseröffnung für den Konkursiten einspringen muss, oder derjenige, der als Drittpfandbesteller das Pfand erst nach der Konkurseröffnung durch Bezahlung an den Gläubiger einlöst (Art. 110 Ziff. 1 OR). Die Verrechnung ist im umgekehrten Fall, wenn ein Gläubiger des Schuldners erst nach der Konkurseröffnung Schuldner desselben oder der Konkursmasse wird, *ebenfalls ausgeschlossen* (Art. 213 Abs. 2 Ziff. 2 SchKG).[968]

---

968   BGE 127 III 273 E. 2; 117 III 63 E. 2.b; 115 III 65 E. 3.c.

- Gemäss *Art. 213 Abs. 3 SchKG* ist die Verrechnung sodann ausgeschlossen, wenn die Forderung des Gläubigers auf einem Inhaberpapier beruht und dieser nicht den Nachweis erbringen kann, dass er die Forderung in gutem Glauben vor der Konkurseröffnung erworben hat. Hingegen ist die Verrechnung zulässig, wenn der Gläubiger den Nachweis des gutgläubigen Erwerbs vor der Konkurseröffnung erbringt.
- Das vierte Verrechnungsverbot schliesslich statuiert *Art. 213 Abs. 4 SchKG:* Im Konkurs einer Kommanditgesellschaft, einer AG, einer Kommandit-AG, einer GmbH oder einer Genossenschaft können nicht voll einbezahlte Beiträge der Kommanditsumme oder des Gesellschaftskapitals sowie statutarische Beiträge an die Genossenschaft *nicht* mit Konkursforderungen verrechnet werden.

4.4 *Anfechtbarkeit der Verrechnung*

Neben den in Art. 213 SchKG aufgeführten Verrechnungsverboten kennt das Gesetz noch den Tatbestand einer bloss *anfechtbaren Verrechnung:* Gemäss Art. 214 SchKG ist die Verrechnung anfechtbar, wenn ein Schuldner des Konkursiten zwar noch *vor* der Konkurseröffnung, aber *in Kenntnis der Zahlungsunfähigkeit* des Konkursiten, eine Forderung an denselben erworben hat, um sich oder einem anderen durch die Verrechnung unter Beeinträchtigung der Konkursmasse einen *Vorteil* zuzuwenden.

Ausser der Kenntnis der Zahlungsunfähigkeit des Konkursiten setzt Art. 214 SchKG voraus, dass der verrechnende Gläubiger des Konkursiten in *Schädigungsabsicht* handelte. Dabei genügt es, dass sich der verrechnende Gläubiger auf Kosten der Mitgläubiger einen in der gegebenen Situation nicht mehr gerechtfertigten Vorteil verschaffen will.[969]

Der Anfechtungsanspruch nach Art. 214 SchKG gehört zur Konkursmasse (Art. 200 SchKG). Geltend gemacht wird er – wie die paulianischen Anfechtungstatbestände[970] – in erster Linie durch die Konkursmasse.[971] Beklagter ist immer der die Verrechnung geltend machende Gläubiger des Konkursiten.

5. Mitverpflichtungen des Schuldners im Besonderen

5.1 *Forderungen aus Bürgschaften des Konkursiten*

Forderungen aus Bürgschaften, die der Schuldner eingegangen ist, können gemäss Art. 215 Abs. 1 SchKG im Konkurs des Schuldners geltend gemacht werden, und zwar unabhängig davon, ob sie bereits fällig sind oder nicht.

---

[969] BGE 122 III 133 E. 4.a.
[970] Rz. 1534 ff.
[971] BGer v. 25.5.2010, 5A_175/2010 E. 3.3.2.

1228 Die Konkursmasse tritt dann bis zur Höhe des bezahlten Betrages in die Rechte des Bürgschaftsgläubigers gegen den Hauptschuldner und allfällige Mitbürgen ein (Art. 215 Abs. 2 SchKG i.V.m. Art. 507 OR). Durch diese Subrogation kann die Konkursmasse all jene Rechte geltend machen, die der Schuldner bei Vornahme einer Teilzahlung selbst hätte geltend machen können.

Anmerkung: Sofern eine sog. Wechselbürgschaft gemäss Art. 1020 ff. OR vorliegt, gelangt nicht Art. 215 Abs. 2 Satz 1 SchKG, sondern Art. 1022 Abs. 3 OR zur Anwendung.[972]

1229 Wenn aber gleichzeitig auch über den Hauptschuldner oder einen Mitbürgen der Konkurs eröffnet wird, so finden gemäss Art. 215 Abs. 2 SchKG die Grundsätze über den gleichzeitigen Konkurs mehrerer Mitverpflichteter Anwendung. Diese sind in Art. 216 f. SchKG geregelt.

5.2 Gleichzeitiger Konkurs mehrerer Mitverpflichteter

1230 Unter dem Begriff *Mitverpflichtete* sind Schuldner zu verstehen, welche für die gleiche Forderung auf den ganzen Betrag belangt werden können. Zu nennen sind insbesondere Solidarschuldner (Art. 143 OR), solidarisch Haftende (Art. 50 f. OR) und aus einem Wechsel gleichzeitig Verpflichtete (Aussteller, Indossanten, Akzeptant und Wechselbürge). Auch zwischen einer AG und einem Organ kann sich eine solidarische Haftung ergeben (Art. 55 ZGB), die juristische und natürliche Person zu Mitverpflichteten macht.

1231 Wenn über mehrere Mitverpflichtete gleichzeitig der Konkurs eröffnet wird, kann der Gläubiger in zivilrechtlicher Hinsicht nach seiner Wahl jeden Solidarschuldner für einen Teil oder auch für die ganze Forderung belangen (Art. 144 Abs. 1 OR). Das Konkursrecht geht in diesem Fall noch weiter, indem es dem Gläubiger sogar gestattet, seine Forderung in jedem Konkurs im vollen Betrag geltend zu machen (Art. 216 Abs. 1 SchKG). Der Gläubiger muss sich folglich nicht damit begnügen, seine Forderung anteilmässig in den verschiedenen Konkursen einzugeben. Voraussetzung dafür ist jedoch, dass die Konkurse gleichzeitig eröffnet werden. Der Begriff *gleichzeitig* ist jedoch nicht im Wortsinne zu verstehen; es genügt, wenn die Konkurse nebeneinander laufen. Ist der Verwertungserlös des einen Konkurses bei der Eröffnung des anderen noch nicht definitiv verteilt worden, liegt Gleichzeitigkeit vor.

1232 Da Art. 216 Abs. 1 SchKG aber nicht dazu führen soll, dass der Gläubiger am Ende aus mehreren Konkursen insgesamt mehr erhält, als ihm eigentlich zustehen würde, fällt nach Art. 216 Abs. 2 SchKG ein allfälliger Überschuss aus den verschiedenen Konkursen nach Massgabe der unter den Mitverpflichteten bestehenden Rückgriffsrechte an die Massen zurück. Solange der Gesamtbetrag der Zu-

---

[972] BGE 96 III 35 E. 1.

teilungen den vollen Betrag der Forderung nicht erreicht (Art. 216 Abs. 3 SchKG), ist ein Rückgriff unter den Massen jedoch ausgeschlossen.

5.3 Teilzahlungen von Mitverpflichteten

Hat der Gläubiger von einem der Solidarschuldner bereits eine Teilzahlung erhalten hat, so darf er seine Forderung gegenüber dem Konkursiten gleichwohl immer noch im vollen ursprünglichen Betrag eingeben, gleichgültig, ob der Mitverpflichtete gegenüber dem Konkursiten rückgriffsberechtigt ist oder nicht (Art. 217 Abs. 1 SchKG). 1233

Dieses Recht zur Eingabe der ganzen Forderung steht auch dem Mitverpflichteten zu, der die Teilzahlung erbracht hat (Art. 217 Abs. 2 SchKG). 1234

Der auf die Forderung entfallende Anteil an der Aktivmasse (sog. *Konkursdividende*) kommt primär dem Gläubiger bis zu seiner vollständigen Befriedigung zugute (Art. 217 Abs. 3 Satz 1 SchKG). Erst aus dem Überschuss erhält ein rückgriffsberechtigter Mitverpflichteter den Betrag, den er bei selbständiger Geltendmachung des Rückgriffsrechts erhalten würde; ein allfälliger Rest verbleibt schliesslich in der Konkursmasse (Art. 217 Abs. 3 Satz 2 und 3 SchKG). 1235

5.4 Konkurs von Kollektiv- und Kommanditgesellschaften und ihren Teilhabern

5.4.1 Grundsätzliches

Art. 218 SchKG regelt den Konkurs von Kollektiv- und Kommanditgesellschaften und ihren Teilhabern. 1236

Gemäss Art. 571 Abs. 1 bzw. Art. 615 Abs. 1 OR bewirkt der Konkurs einer Kollektiv- oder Kommanditgesellschaft nicht *eo ipso* den Konkurs der Gesellschafter bzw. Komplementäre. Umgekehrt verursacht der Konkurs eines Gesellschafters bzw. Komplementärs nicht zwingend denjenigen der Kollektiv- bzw. Kommanditgesellschaft (Art. 571 Abs. 2 OR). Beide Konkurse sind grundsätzlich getrennt zu betrachten. So haftet nach der gesetzlichen Ausgestaltung im OR der Kollektivgesellschafter bzw. der Komplementär einer Kommanditgesellschaft nur subsidiär für Gesellschaftsschulden; primär haften dafür die Aktiven der Kollektiv- bzw. Kommanditgesellschaft. Während Gläubigern der Gesellschaft die Aktiven der Kollektiv- bzw. Kommanditgesellschaft sowie das Privatvermögen der Kollektivgesellschafter bzw. Komplementäre der Kommanditgesellschaft als Haftungssubstrat zur Verfügung steht, können Privatgläubiger eines Gesellschafters bloss auf dessen Privatvermögen zurückgreifen. In der Praxis zieht ein Zusammenbruch der Gesellschaft allerdings regelmässig einen weiteren Konkurs nach sich. 1237

Es sind drei Konstellationen zu unterscheiden:
1238
- gleichzeitiger Konkurs von Gesellschaft und Gesellschafter (Art. 218 Abs. 1 SchKG);
- Konkurs des Gesellschafters ohne gleichzeitigen Konkurs der Gesellschaft (ausschliesslicher Teilhaberkonkurs; Art. 218 Abs. 2 SchKG);
- Konkurs der Gesellschaft ohne gleichzeitigen Konkurs der Gesellschafter (ausschliesslicher Gesellschaftskonkurs; Art. 570 OR).

5.4.2 Gleichzeitiger Konkurs von Gesellschaft und Gesellschafter

1239 Wenn über eine Kollektiv- oder Kommanditgesellschaft und einen Teilhaber derselben gleichzeitig der Konkurs eröffnet ist, wird zuerst der Gesellschaftskonkurs abgewickelt. In diesem Konkurs können die Gesellschaftsgläubiger ihre Forderungen voll eingeben.

1240 Im darauf folgenden Gesellschafterkonkurs können dann die Gesellschaftsgläubiger nur noch den im Konkurs der Gesellschaft unbezahlt gebliebenen Rest ihrer Forderungen geltend machen. Für diese Restschuld haften die Gesellschafter solidarisch, d.h., es gelten wiederum die Bestimmungen von Art. 216 und Art. 217 SchKG (Art. 218 Abs. 1 Satz 2 SchKG).

5.4.3 Ausschliesslicher Teilhaberkonkurs

1241 Wenn nur über einen Gesellschafter, nicht aber über die Gesellschaft der Konkurs eröffnet worden ist, so können die Gesellschaftsgläubiger ihre Forderungen im vollen Betrag gegenüber dem Gesellschafter geltend machen.

1242 Der Konkursmasse des Gesellschafters stehen dann jedoch für die von ihr bezahlten Gesellschaftsschulden die Rückgriffsrechte nach Art. 215 Abs. 2 SchKG zu, d.h., sie kann – wie ein Bürge auf den Hauptschuldner – Regress auf die Gesellschaft nehmen.

5.4.4 Ausschliesslicher Gesellschaftskonkurs

1243 Dieser von Art. 218 SchKG nicht erfasste Fall wird in Art. 570 OR geregelt: Danach haben die Gesellschaftsgläubiger Anspruch darauf, unter Ausschluss der Privatgläubiger der Gesellschafter, aus dem Gesellschaftsvermögen befriedigt zu werden.

6. Reihenfolge der Befriedigung der Gläubiger

6.1 *Grundsätzliches*

1244 Die Konkursgläubiger sollen für ihre Forderungen aus dem Erlös der Konkursmasse gleichzeitig und gleichmässig befriedigt werden *(pars conditio creditorum)*.

Können alle Gläubiger voll befriedigt werden, stellen sich diesbezüglich keine Probleme. In der Regel müssen sich aber die Gläubiger einen ungenügenden Erlös teilen. Für diesen Fall stellt das Gesetz in Art. 219 SchKG eine Reihenfolge auf. Diese gibt Auskunft darüber, welche Forderungen vorrangig am Verwertungserlös partizipieren.

1245

6.2 Vorrangige Befriedigung der Pfandgläubiger

Im schweizerischen Konkursrecht fallen die vom Konkursiten verpfändeten Vermögensobjekte in die Konkursmasse und werden zusammen mit dem übrigen Vermögen verwertet.[973] Trotzdem bleibt aber den Pfandgläubigern das Recht auf vorrangige Befriedigung aus dem Pfanderlös gewahrt, denn die *pfandgesicherten* Forderungen werden aus dem *Ergebnis der Verwertung der Pfänder* vorweg bezahlt (Art. 219 Abs. 1 SchKG).

1246

Der Rang der Grundpfandgläubiger untereinander und der Umfang der pfandrechtlichen Sicherung für Zinsen und andere Nebenforderungen bestimmt sich nach den zivilrechtlichen Vorschriften über das Grundpfand (Art. 219 Abs. 3 SchKG).

1247

Die Regel, dass die pfandgesicherten Forderungen aus dem Pfanderlös zuerst bezahlt werden, gilt ausnahmslos für sämtliche Faustpfandforderungen und für fällige Grundpfandforderungen. Die nicht fälligen Grundpfandforderungen werden hingegen nicht liquidiert, sondern dem Erwerber des Grundstücks überbunden (sog. *Überbindungsprinzip*[974]; Art. 259 SchKG i.V.m. Art. 135 SchKG).

1248

Wenn mehrere Pfänder für die gleiche Forderung haften, so werden die daraus erlösten Beträge im Verhältnis ihrer Höhe zur Deckung der Forderung verwendet (Art. 219 Abs. 2 SchKG). Wird im Rahmen der Verwertung festgestellt, dass nicht sämtliche für die gleiche Forderung haftenden Pfänder verwertet werden müssen, um diese zu decken, ist mit den restlichen – noch nicht verwerteten – Pfandgegenständen wie folgt zu verfahren:

1249

- *Sie sind an den Eigentümer herauszugeben,* falls sie von einem Dritten (Dritteigentümer) bestellt worden sind;
- *sie sind zur Konkursmasse heranzuziehen und zu verwerten,* falls sie im Eigentum des Gemeinschuldners stehen.

---

973 Rz. 1164.
974 Rz. 826 f.

§ 7 Betreibung auf Konkurs

6.3 Ungesicherte Forderungen

6.3.1 Grundsätzliches

1250 Die nicht pfandgesicherten Forderungen sowie der ungedeckt gebliebene Betrag der pfandgesicherten Forderungen werden sodann in einer bestimmten Reihenfolge aus dem Erlös der ganzen übrigen Konkursmasse gedeckt (Art. 219 Abs. 4 SchKG). Wenn die pfandgesicherten Forderungen aus dem Pfanderlös nicht voll gedeckt werden können, werden die Pfandgläubiger zu «normalen» Konkursgläubigern und entsprechend der Qualität ihrer Forderung einer der drei Konkursklassen zugewiesen. Dies gilt allerdings nur, soweit der Schuldner auch persönlich für die Forderung haftet, somit nicht bei einer Grundlast[975] (Art. 782 ff. ZGB) oder einer Gült[976] (Art. 847 ff. ZGB).

1251 Die Forderungen werden in drei Klassen unterteilt, von welchen die ersten zwei privilegiert sind und die dritte alle nicht privilegierten Forderungen, die sog. *Kurrentforderungen,* umfasst. Hinzu kommt noch eine Sonderklasse des Übergangsrechts. Das Privileg der jeweiligen Klasse haftet an der Forderung als solcher und geht bei einer Abtretung auf den Zessionar über, d.h., es ist nicht etwa der Gläubiger persönlich, der privilegiert ist.

1252 Innerhalb einer Klasse sind die Gläubiger untereinander gleichberechtigt (Art. 220 Abs. 1 SchKG). Die Gläubiger einer nachfolgenden Klasse haben dagegen erst dann Anspruch auf den Erlös, wenn die Gläubiger der vorhergehenden Klasse befriedigt sind (Art. 220 Abs. 2 SchKG). Reicht der Erlös nicht aus, um die Gläubiger innerhalb einer Klasse voll zu befriedigen, so wird er nach dem Verhältnis ihrer Forderungsbeträge verteilt. Die Gläubiger erhalten diesfalls sog. *Konkursdividenden.*

6.3.2 Erstklassforderungen

1253 Das *Arbeitnehmerprivileg* gilt zunächst für Forderungen von Arbeitnehmern aus dem Arbeitsverhältnis, die nicht früher als sechs Monate vor der Konkurseröffnung entstanden oder fällig geworden sind, höchstens jedoch bis zum Betrag des gemäss obligatorischer Unfallversicherung maximal versicherten Jahresverdienstes (lit. a). Gemäss Art. 22 Abs. 1 UVV liegt dieser Betrag derzeit bei CHF 126 000.00. Der Gesetzgeber wollte damit verhindern, dass überdurchschnittlich hohe Gehälter ohne betragsmässige Beschränkung in den Genuss des Arbeitnehmerprivilegs gelangen.

Anmerkung: Besteht zwar ein Arbeitsvertrag, fehlt es aber an einem Unterordnungsverhältnis, so kann das Arbeitnehmerprivileg nicht mit Erfolg geltend gemacht werden.[977]

---

975 Rz. 915.
976 Rz. 911.
977 BGer v. 31.8.2009, 5A_461/2009 E. 2.3; BGer v. 16.3.2005, 5C.266/2004 E. 1.1.

Privilegiert sind weiter Rückforderungen von Arbeitnehmern betreffend Kautionen (lit. a^bis) und die Forderungen von Arbeitnehmern aus Sozialplänen, die nicht früher als sechs Monate vor der Konkurseröffnung entstanden oder fällig geworden sind (lit. a^ter).

1254

Anmerkung: Der Sozialplan bildet das Ergebnis einer Konsultation zwischen Sozialpartnern, welches im Allgemeinen in einem schriftlichen Dokument festgehalten wird und zum Zweck hat, wirtschaftlich bedingte Entlassungen mit Massnahmen sozialer Natur zu begleiten.[978]

Ebenfalls in der ersten Klasse privilegiert sind die *Ansprüche der Versicherten* gemäss dem Bundesgesetz über die Unfallversicherung (UVG) bei Insolvenz der Unfallversicherung, die Ansprüche der Versicherten aus der nicht obligatorischen beruflichen Vorsorge bei Insolvenz der Vorsorgeeinrichtung und sämtliche Forderungen einer Personalvorsorgeeinrichtung gemäss dem Bundesgesetz über die berufliche Alters-, Hinterlassenen- und Invalidenvorsorge gegenüber den ihr angeschlossenen Arbeitgebern in deren Konkurs (lit. b).

1255

Schliesslich sind *familienrechtliche Unterhalts- und Unterstützungsansprüche* sowie *Unterhaltsbeiträge nach dem PartG,* die in den letzten sechs Monaten vor der Konkurseröffnung entstanden und durch Geldzahlungen zu erfüllen sind, in der Ersten Klasse aufgeführt (lit. c).

1256

6.3.3 Zweitklassforderungen

Forderungen von Personen, deren Vermögen kraft elterlicher Gewalt dem Schuldner anvertraut worden war, für alles, was derselbe ihnen in dieser Eigenschaft schuldig geworden ist (Art. 326 f. ZGB), werden in der Zweiten Klasse aufgeführt. Die Rede ist hier vom sog. *Kinderprivileg* (lit. a). Dieses Vorzugsrecht ist ebenfalls zeitlich beschränkt: Der Konkurs muss während der Dauer der elterlichen Verwaltung oder innert einem Jahr nach ihrem Ende eröffnet worden sein.

1257

Des Weiteren sind in der Zweiten Klasse zu behandeln: die Beitragsforderungen nach BVG, AHVG, IVG, UVG, EOG, AVIG (lit. b), die Prämien- und Kostenbeteiligungsforderungen der sozialen Krankenversicherung (lit. c), die Beiträge an die Familienausgleichskasse (lit. d) und die Steuerforderungen nach dem MWSTG mit Ausnahme der Forderungen, die von Gesetzes wegen oder aufgrund behördlicher Anordnung erfolgen (lit. e).

1258

Anmerkung: Das Konkursprivileg zugunsten der Mehrwertsteuer soll im Zuge der Revision zum Sanierungsrecht wieder aufgehoben werden.

---

978 BGE 130 V 18 E. 2.3 (Pra 94 [2005] Nr. 56).

6.3.4 Privilegierte Einlagen im Bankenkonkurs

1259 Gemäss Art. 37b Abs. 1bis BankG werden sodann die sog. *privilegierten Einlagen im Bankenkonkurs* bis zum Betrag von CHF 100 000.00 je Gläubiger der zweiten Klasse zugewiesen. Es handelt sich hierbei um den sog. Einlegerschutz, welcher im Zuge der globalen Finanzkrise gemäss dringlich erklärtem Bundesgesetz von CHF 30 000.00 auf CHF 100 000.00 erhöht wurde. Als Einlagen in diesem Sinne gelten insbesondere Guthaben auf Konten, die auf den Namen des Bankkunden lauten; Einlagen, die auf einen Inhaber und (damit nicht auf den Namen des Bankkunden) lauten, sind dagegen vom Privileg ausgeschlossen; dies deshalb, weil bei einer auf den Inhaber lautenden Einlage nicht ohne Aufwand festgestellt werden kann, wer tatsächlich Gläubiger ist. Im Übrigen werden Gläubiger mit Kleinsteinlagen – wozu auch jene nach Art. 37b Abs. 1bis BankG zählen – ausserhalb der Kollokation befriedigt (Art. 37a^bis Abs. 1 BankG). Die FINMA hat auch die Kompetenz, im Einzelfall über den Höchstbetrag der sofort auszahlbaren Einlagen zu befinden. Dabei hat sie die Rangordnung der übrigen Gläubiger zu berücksichtigen (vgl. Art. 37a^bis Abs. 2 BankG).

6.3.5 Sonderklasse

1260 Der *privilegierte Teil der Frauengutsforderung nach altem Eherecht* wird in einer Sonderklasse zwischen zweiter und dritter Klasse eingeschoben (Art. 2 Abs. 4 SchlBest SchKG; sog. «*Frauengutsprivileg*»). Eine Kollokation in dieser Sonderklasse erfolgt, wenn die Ehegatten weiter unter Güterverbindung oder externer Gütergemeinschaft sowie unter Errungenschaftsbeteiligung gemäss Art. 9c SchlBest ZGB leben. Das «Frauengutsprivileg» ist heute von geringer Relevanz.

> *Anmerkung:* Der Güterstand der Güterverbindung bildete unter dem alten Eherecht den ordentlichen Güterstand. Nach Art. 9b SchlBest ZGB erfolgte im Zeitpunkt des Inkrafttretens des neuen Eherechts von Gesetzes wegen ein Wechsel von der Güterverbindung in den neurechtlichen ordentlichen Güterstand der Errungenschaftsbeteiligung. Die Ehegatten, welche unter dem Güterstand der Güterverbindung standen, verfügten nach Art. 9e SchlBest ZGB über ein befristetes Recht, durch gemeinsame schriftliche Erklärung gegenüber dem Güterrechtsregisteramt den altrechtlichen Güterstand beizubehalten.

6.3.6 Fristverlängerungen bei den befristeten Konkursprivilegien

1261 Soweit die Privilegien der ersten oder der zweiten Klasse an Fristen gebunden sind, werden gemäss Art. 219 Abs. 5 SchKG folgende nicht abschliessend genannte *Zeiträume* nicht mitberechnet:

- die Dauer eines vorausgegangenen Nachlassverfahrens;
- die Dauer eines Konkursaufschubs nach Art. 725a, Art. 764, Art. 817 (recte: Art. 820) oder Art. 903 OR;

> *Anmerkung:* Angesichts dessen, dass Art. 725a OR aufgehoben und ins Nachlassverfahrensrecht integriert werden soll, soll auch Art. 219 Abs. 5 Ziff. 2 SchKG aufgehoben werden.

- die Dauer eines Prozesses über die Forderung;
- bei der konkursamtlichen Liquidation einer Erbschaft die Zeit zwischen dem Todestag und der Anordnung der Liquidation.

Ebenfalls nicht miteinbezogen werden u.a. die Dauer eines allfälligen allgemeinen Rechtsstillstandes (Art. 62 SchKG)[979] sowie der Aussetzung des Konkurserkenntnisses.[980]

1262

6.3.7 Drittklassforderungen

In die dritte Klasse fallen schliesslich alle übrigen Forderungen, d.h. die sog. *Kurrentforderungen* (ungedeckte Pfandforderungen sowie konkursrechtlich nicht privilegierte Forderungen).

1263

E. Rechtsstellung Dritter

1. Grundsätzliches

Bestandteil der Konkursmasse kann nur sein, was dem Schuldner gehört. Sachen, die Dritten gehören oder von diesen beansprucht werden, sind aber ebenfalls ins Inventar aufzunehmen, und zwar unter Vormerkung dieses Umstandes (Art. 225 SchKG). Die aus dem Grundbuch ersichtlichen Rechte Dritter werden gleichsam im Inventar aufgezeichnet (Art. 226 SchKG).

1264

Ist die rechtliche Zugehörigkeit eines Vermögenswertes umstritten, weil ein Dritter Rechte daran geltend macht, so muss die Berechtigung an der Sache definitiv abgeklärt werden. Es kommt – je nach Gewahrsam am fraglichen Gegenstand – zum *Aussonderungs-* oder *Admassierungsverfahren*.

1265

Sowohl das Aussonderungs- als auch das Admassierungsverfahren verfolgen den Zweck, den Bestand des für die Verwertung bestimmten Konkurssubstrats definitiv zu bestimmen, indem über die allenfalls umstrittene Zugehörigkeit von Vermögenswerten zur Konkursmasse entschieden wird.

1266

Anmerkung: Im Gegensatz zum Widerspruchsverfahren[981] im Rahmen der Spezialexekution, in welchem auch Rangfragen der angemeldeten Drittrechte geklärt werden, hat die Aussonderung im Konkurs stets nur *Herausgabeansprüche* zum Gegenstand.[982] Dagegen werden andere Rechte Dritter wie Pfandrechte, Dienstbarkeiten und realobligatorische Ansprüche erst im *Kollokationsverfahren* geklärt. Dies gilt auch bezüglich der dinglichen Lasten an Grundstücken, für welche ein besonderes Lastenverzeichnis erstellt wird. Dieses Verzeichnis bildet dann aber Bestandteil des Kollokationsplans (Art. 247 Abs. 2 SchKG; Art. 125 Abs. 2 VZG). Aus diesem Grund entfällt ein gesondertes Lastenbereinigungsverfahren, wie

---

979 Rz. 341.
980 Rz. 1031 ff.
981 Rz. 735 ff.
982 BGer v. 27.1.2010, 5A_631/2009 E. 3.1; BGE 122 III 436 E. 2.a.

es die Spezialexekution kennt.⁹⁸³ Die Zugehörigkeit einer nicht in einem Wertpapier verkörperten Forderung wird nicht im Aussonderungsverfahren geklärt. Diese Frage muss im *Prätendentenstreit* (Art. 168 OR) zwischen der Konkursmasse und dem Drittansprecher bereinigt werden.⁹⁸⁴

1267 *Aussonderung* bedeutet, dass ein Dritter einen in die Konkursmasse gefallenen Gegenstand wieder herausholen will. Mit der *Admassierung* dagegen will die Konkursmasse einen bei einem Dritten befindlichen Gegenstand, an dem dieser ein eigenes Recht beansprucht, zur Masse ziehen. Ob das Aussonderungs- oder das Admassierungsverfahren zur Anwendung kommt, entscheidet folglich der Gewahrsam⁹⁸⁵ am streitigen Gegenstand im Zeitpunkt der Konkurseröffnung⁹⁸⁶. Hat bei der Konkurseröffnung der Schuldner den ausschliesslichen Gewahrsam inne, fällt die Sache vorerst in die Konkursmasse, es sei denn, dass der Drittanspruch an der Sache offensichtlich zu Recht besteht. Der Dritte muss dann mit der *Aussonderungsklage* gegen die Konkursmasse vorgehen. Befindet sich die umstrittene Sache bei Konkurseröffnung hingegen im ausschliesslichen oder im Mitgewahrsam des Dritten oder ist ein Grundstück im Grundbuch auf den Namen eines Dritten eingetragen, so ist die Sache noch gar nicht vom Konkursbeschlag betroffen. Die Konkursmasse muss sie zuerst an sich ziehen, d.h. *admassieren*, wenn sie die Sache als Eigentum des Schuldners beansprucht. Hierzu erhebt sie gegen den Dritten die *Admassierungsklage* (Art. 242 Abs. 3 SchKG).

2. Aussonderung

2.1 Zivilrechtliche Aussonderungsrechte

1268 Bei den zivilrechtlichen Aussonderungsrechten geht es v.a. um Gegenstände *im Eigentum eines Dritten*. Diese kann der Dritte mit der Vindikationsklage von der Konkursmasse herausverlangen (Art. 641 Abs. 2 ZGB).

1269 Darüber hinaus gewährt das Auftragsrecht dem Auftraggeber im Konkurs des Beauftragten das Recht, die beweglichen Sachen herauszuverlangen, die dieser in eigenem Namen, aber für Rechnung des Auftraggebers erworben hat. Allfällige Retentionsrechte des Beauftragten bleiben jedoch ausdrücklich vorbehalten (Art. 401 Abs. 3 OR).

> *Anmerkung:* Der zivilrechtliche Aussonderungsgrund nach Art. 401 Abs. 3 OR ist v.a. für Treuhandverhältnisse von Bedeutung. Hier hat der Auftraggeber (Treugeber) dem Beauftragten (Treunehmer) Vermögenswerte fiduziarisch zu Eigentum übertragen.

---

983 Rz. 871.
984 BGer v. 5.9.2002, 7B.146/2002 E. 2.2; BGE 128 III 388, 389 f. (Pra 91 [2002] Nr. 196); 105 III 11 E. 2.
985 Rz. 752.
986 BGer v. 27.1.2010, 5A_631/2009 E. 3.1; BGE 122 III 436 E. 2.a.

Infrage kommen schliesslich noch einige dem Aussonderungsrecht des Auftraggebers nachgebildete Sonderfälle. Hierzu gehören:

1270

– das *Aussonderungsrecht der Anleger* eines Anlagefonds im Konkurs der Depotbank oder der Fondsleitung nach Art. 4 Abs. 3 und Art. 35 KAG sowie
– das *Aussonderungsrecht der Depotkunden* im Konkurs einer Bank nach Art. 37d i.V.m. Art. 16 BankG.

Gemäss Art. 214 Abs. 3 OR kann der Verkäufer bei Verzug des Käufers grundsätzlich vom Kaufvertrag zurücktreten und die bereits übergebene Sache zurückfordern, sofern er sich dieses Recht ausdrücklich vorbehalten hat. Dieses Recht wird nun aber gemäss *Art. 212 SchKG* ausgeschlossen, weshalb es sich bei Art. 214 Abs. 3 OR nicht um einen zivilrechtlichen Aussonderungsgrund handelt. Anders verhält es sich, wenn der Verkäufer einen *Eigentumsvorbehalt* i.S.v. Art. 715 ZGB mit dem Käufer vereinbart hat. Diesfalls verfügt er ebenfalls über das Recht, den Kaufgegenstand auszusondern, sofern nicht die Konkursmasse von ihrem Realerfüllungs- bzw. Übernahmerecht nach Art. 211 Abs. 2 SchKG Gebrauch macht und den Kaufpreis bzw. die Kaufpreisrestanz zahlt.[987]

1271

2.2 Konkursrechtliche Aussonderungsrechte

In drei Fällen gewährt das SchKG dem Dritten einen *konkursrechtlichen* Aussonderungsanspruch:

1272

– Wenn sich in den Händen des Schuldners ein Inhaber- oder ein Ordrepapier (insbesondere ein Wechsel) befindet, das diesem bloss zur Einkassierung oder als Deckung für eine bestimmt bezeichnete künftige Zahlung übergeben oder indossiert worden ist (Inkassomandat oder Sicherungsübereignung), kann derjenige, welcher das Papier übergeben oder indossiert hat, gestützt auf Art. 201 SchKG die Rückgabe desselben verlangen.
– Wenn der Schuldner – berechtigter- oder unberechtigterweise – eine fremde Sache verkauft, aber zum Zeitpunkt der Konkurseröffnung den Kaufpreis noch nicht erhalten hat, darf der bisherige Eigentümer gemäss Art. 202 SchKG gegen Vergütung dessen, was der Schuldner aufgewendet hat, die Abtretung der Kaufpreisforderung oder die Herausgabe des inzwischen von der Konkursverwaltung eingezogenen Geldbetrages verlangen. Was vor der Konkurseröffnung an den Kaufpreis bezahlt wurde, fällt dagegen in die Konkursmasse; dem bisherigen Eigentümer steht dann nur noch eine Konkursforderung zu.

Anmerkung: Soweit der Schuldner allerdings zum Verkauf der fremden Sache – zumeist im Rahmen einer Kommission nach Art. 425 ff. OR – beauftragt worden ist, kann der Auftraggeber nach dem zivilrechtlichen Aussonderungsgrund gemäss Art. 425 Abs. 2

---

987 Rz. 1216.

i.V.m. Art. 401 Abs. 3 OR vorgehen.[988] M.a.W. ist er auf den konkursrechtlichen Aussonderungsgrund nicht angewiesen.

– Wenn bei einem *Distanzkauf* die vom Schuldner gekaufte, aber noch nicht bezahlte Ware (bewegliche körperliche Sachen) zur Zeit der Konkurseröffnung zwar bereits an ihn abgesendet worden, aber noch nicht bei ihm eingetroffen ist, kann der Verkäufer gemäss Art. 203 SchKG die Rückgabe der Sache fordern, sofern nicht die Konkursverwaltung den Kaufpreis bezahlt. Die Konkursverwaltung wird dann von ihrem Übernahmerecht nach Art. 211 Abs. 2 SchKG Gebrauch machen, wenn es sich um einen besonders günstigen Kauf handelt oder der Wert der Sache inzwischen gestiegen ist. Das Rücknahmerecht des Verkäufers wird gemäss Art. 203 Abs. 2 SchKG zumindest für den Fall ausgeschlossen, dass die Sache vor der öffentlichen Bekanntmachung des Konkurses (vgl. Art. 232 SchKG) von einem gutgläubigen Dritten aufgrund eines Frachtbriefs, Konnossements oder Ladescheins zu Eigentum oder Pfand erworben worden ist.

3. Verfahren

3.1 *Grundsätzliches*

1273 Das SchKG regelt das Aussonderungsverfahren nur rudimentär. Die massgeblichen Bestimmungen sind in Art. 242 SchKG zu finden. Ausführlichere Vorschriften enthalten Art. 45 ff. KOV.

1274 Das Verfahren verläuft weitgehend analog zum Widerspruchsverfahren[989]. Es kann zwei Stufen durchlaufen, nämlich

– ein Vorverfahren und
– u.U. einen anschliessenden Aussonderungsprozess.

3.2 *Vorverfahren*

1275 Als Erstes muss die *Aussonderung* von einem Dritten oder vom Schuldner *ausdrücklich* verlangt werden (sog. Aussonderungsbegehren). Die Durchführung des Vorverfahrens obliegt der *Konkursverwaltung*[990]: Sie verfügt über die Herausgabe der von Dritten beanspruchten Sachen (Art. 242 Abs. 1 SchKG).

1276 Ist die Konkursverwaltung bereit, den Herausgabeanspruch des Dritten *anzuerkennen*, muss sie – wird der Konkurs im *ordentlichen Konkursverfahren* durchgeführt – in der Regel noch die zweite Gläubigerversammlung abwarten.[991] Nur wenn diese dem Entscheid der Konkursverwaltung zustimmt und kein Gläubi-

---

988 Rz. 1269.
989 Rz. 735 ff.
990 Rz. 1335 und 1343 f.
991 Rz. 1277.

ger die Abtretung des Rechtsanspruchs nach Art. 260 SchKG[992] verlangt, darf die Sache dem Dritten herausgegeben werden (Art. 47 KOV). Im *summarischen Konkursverfahren*[993] dagegen entscheidet die Konkursverwaltung grundsätzlich alleine über die Herausgabe, da diesfalls i.d.R. keine Gläubigerversammlung einzuberufen ist (Art. 231 Abs. 3 Ziff. 1 SchKG; Art 49 KOV). Zu beachten ist allerdings, dass die Konkursverwaltung, sobald ein wichtiger Fall infrage steht, auch im Rahmen des summarischen Konkursverfahrens eine Frist zur Stellung eines Abtretungsbegehrens i.S.v. Art. 260 SchKG anzusetzen hat.

Beispiel: Ein wichtiger Fall i.S.v. Art. 49 KOV liegt z.B. dann vor, wenn grosse Teile der inventarisierten Gegenstände mit Drittansprachen belastet sind.

Ausnahmsweise kann die Konkursverwaltung ohne vorgängige Anhörung der Gläubiger – sowohl im ordentlichen als auch im summarischen Konkursverfahren – darüber befinden, ob ein Gegenstand dem Drittansprecher herausgegeben wird oder nicht. Dies ist gemäss Art. 51 KOV dann der Fall:

- wenn das Eigentum des Dritten von vornherein als bewiesen zu betrachten ist,
- wenn die sofortige Herausgabe des angesprochenen Gegenstandes im offenbaren Interesse der Masse liegt oder

   Beispiel: Eine sofortige Herausgabe liegt insbesondere bei exorbitanten Unterhaltskosten des mit einer Drittansprache belasteten Vermögenswertes im offenbaren Interesse der Masse.

- wenn vom Drittansprecher eine angemessene Kaution geleistet wird.

   Anmerkung: Diese Kaution kann während der Dauer des Konkursverfahrens nicht Gegenstand einer Betreibung auf Pfandverwertung bilden.[994]

Hält hingegen die Konkursverwaltung selber den Drittanspruch für *unbegründet* oder wird der Drittanspruch von der Gläubigerversammlung oder einem Abtretungsgläubiger *abgelehnt*, so setzt die Konkursverwaltung dem Dritten eine 20-tägige Frist zur *Aussonderungsklage,* verbunden mit der Androhung, dass der Herausgabeanspruch als verwirkt gelte, wenn die Frist nicht eingehalten werde (Art. 242 Abs. 2 SchKG und Art. 46 KOV).

3.3 Aussonderungsklage

Bei der Aussonderungsklage handelt es sich um eine *betreibungsrechtliche Klage mit Reflexwirkung auf das materielle Recht.* Mit dem Aussonderungsverfahren wird nur die Feststellung der Zusammensetzung der Aktivmasse bezweckt,[995] d.h., das

---

992 Rz. 1397 ff.
993 Rz. 1441 ff.
994 BGE 121 III 93 E. 1.
995 BGE 131 III 595 E. 2.1.

Aussonderungsverfahren verfolgt nur einen betreibungsrechtlichen Zweck, nämlich die Klärung der Frage, ob der strittige Gegenstand dem Konkursbeschlag unterliegt oder nicht. Dementsprechend entfaltet der Entscheid über das hängige Konkursverfahren hinaus keine Wirkungen.

3.4 Aussonderungsprozess

1280 Die Aussonderungsklage ist mit dem Begehren auf Herausgabe der Sache ohne vorgängiges Schlichtungsverfahren (Art. 198 lit. e Ziff. 5 ZPO) direkt beim Gericht des Konkursorts anzuheben (Art. 242 Abs. 2 SchKG). Diese örtliche Zuständigkeitsordnung ist ausschliesslich und zwingend, und zwar selbst in denjenigen Fällen, in denen die Berechtigung an einem Grundstück infrage steht.

1281 *Kläger* ist immer der Drittansprecher, *Beklagte* die Masse oder ein *Abtretungsgläubiger* i.S.v. Art. 260 SchKG[996].

1282 Der Prozess wird je nach Streitwert – welcher sich anhand des dem Inventar zu entnehmenden Schätzwerts des beanspruchten Gegenstandes richtet – im *ordentlichen* oder im *vereinfachten* Verfahren durchgeführt.[997]

1283 Wird die Klage gutgeheissen, so muss die Sache dem Kläger herausgegeben werden; wird sie dagegen abgewiesen, verbleibt sie definitiv in der Konkursmasse.

4. Admassierung

4.1 Admassierungsklage

1284 Bei der Admassierungsklage handelt es sich um eine *Art Vindikationsklage* der Konkursmasse gegen den Dritten, der den Gewahrsam an der Sache hat. Sie ist wie die Aussonderungsklage als *betreibungsrechtliche Klage mit Reflexwirkung auf das materielle Recht* zu qualifizieren.

4.2 Admassierungsprozess

1285 Im Gegensatz zur Aussonderung gibt es bei der Admassierungsklage *kein formelles Vorverfahren*.

1286 Für den Admassierungsprozess gilt das zum Aussonderungsprozess Dargelegte grundsätzlich sinngemäss.[998] Auch hier entfällt nach Art. 198 lit. e Ziff. 5 ZPO das Schlichtungsverfahren, sodass die Admassierungsklage direkt beim Gericht anhängig gemacht werden kann. Zu beachten ist, dass sich der Gerichtsstand in Ermangelung einer Bestimmung im SchKG nach den allgemeinen Gerichtsstandsvorschriften gemäss Art. 29 f. ZPO richtet. Für die Admassierungsklage mit Bezug

---

[996] Rz. 1397 ff.
[997] Rz. 86 f. und 88.
[998] Rz. 1280 ff.

auf ein Grundstück ist folglich das Gericht am Ort zuständig, an dem das Grundstück im Grundbuch aufgenommen ist oder aufzunehmen wäre (Art. 29 Abs. 1 ZPO).

Die *Admassierungsklage* wird in einem einlässlichen Prozess behandelt. Als *Klägerin* tritt die Masse oder ein allfälliger Abtretungsgläubiger auf. *Beklagter* ist stets der Gewahrsamsinhaber des infrage stehenden Vermögenswertes. Es hängt sodann vom jeweiligen Streitwert ab, ob das *ordentliche* oder das *vereinfachte Verfahren* zur Anwendung gelangt. 1287

Bei Gutheissung der Admassierungsklage, wird die Sache zur Masse gezogen. Bei Abweisung verbleibt der fragliche Vermögenswert dagegen beim Gewahrsamsinhaber. 1288

IV. Formelles Konkursrecht

A. Grundsätzliches

Sobald das Gericht den Konkurs erkannt hat, wird das Konkursverfahren *von Amtes wegen abgewickelt*. D.h., dass keine weiteren Anträge seitens der Gläubiger erforderlich sind, um das Verfahren fortzusetzen. 1289

Die Bestimmungen zum formellen Ablauf des Konkursverfahrens bilden das formelle Konkursrecht. Das *Konkursverfahren* zielt auf die *Liquidation* der *Aktiv- und Passivmasse* des Schuldners hin, d.h. auf die Vollstreckung des Konkurserkenntnisses. Dies geschieht dadurch, dass die Aktiven des Schuldners in einem Inventar und die Passiven in einem Kollokationsplan festgestellt werden; die Aktivmasse wird in der Folge verwertet und der hieraus resultierende Erlös unter den im Kollokationsplan aufgeführten Gläubigern verteilt. 1290

Das Gesetz gewährt den Vollstreckungsorganen für die Durchführung des Konkursverfahrens eine Ordnungsfrist *von einem Jahr* seit Konkurseröffnung (Art. 270 Abs. 1 SchKG). Diese Frist kann nötigenfalls durch die Aufsichtsbehörde verlängert werden (Art. 270 Abs. 2 SchKG). 1291

B. Organe des Konkursverfahrens

Die Abwicklung des Konkurses obliegt verschiedenen Organen. Es handelt sich dabei hauptsächlich um aussergerichtliche, mitunter aber auch um gerichtliche Organe. 1292

Als aussergerichtliche Organe gelten: 1293

– das *Konkursamt* oder eine ausseramtliche (private) Konkursverwaltung;
– die *Gläubigerversammlungen*;

- der *Gläubigerausschuss* (fakultativ);
- die *Aufsichtsbehörden*.

1294 Zu den gerichtlichen Organen zählen:

- das *Konkursgericht;*

    Beispiele: Dem Konkursgericht obliegt die Entscheidung über Eröffnung[999] (Art. 171, Art. 189, Art. 190 ff. SchKG) und Schluss des Konkursverfahrens[1000] (Art. 268 Abs. 2 SchKG). Ferner entscheidet es über die Aufnahme eines Güterverzeichnisses[1001] (Art. 162 ff. SchKG), über die Konkursverfahrensart bzw. die Einstellung des Konkursverfahrens[1002], wenn die Konkursmasse die Kosten des ordentlichen Verfahrens voraussichtlich nicht zu decken mag (Art. 230 ff. SchKG), sowie über einen allfälligen Konkurswiderruf[1003] (Art. 195 SchKG).

- die *ordentlichen Zivilgerichte* im Zivilprozess für Streitigkeiten im Zusammenhang mit dem Konkursverfahren.

    Beispiele: Kollokationsstreitigkeiten, Aussonderungs- und Admassierungsstreitigkeiten.

C. Feststellung der Aktivmasse

1. Grundsätzliches

1295 Sofort nach Empfang des Konkurserkenntnisses schreitet das Konkursamt zur Aufnahme des Inventars über das zur Konkursmasse gehörende Vermögen und trifft die zur Sicherung desselben erforderlichen Massnahmen (Art. 221 SchKG).

2. Inventaraufnahme

2.1 Grundsätzliches

1296 Im Gegensatz zur Pfändung, bei welcher die Aufnahme der Vermögensstücke des Schuldners in die Pfändungsurkunde den Pfändungsbeschlag bewirkt, ist der *Konkursbeschlag bereits mit der Konkurseröffnung* über den Schuldner vollzogen.[1004]

1297 Die Inventarisierung des schuldnerischen Vermögens ist demnach *bloss* eine auf die Konkurseröffnung folgende (deklaratorische) *Verwaltungshandlung* des Konkursamts, die der Feststellung des zur Konkursmasse gehörenden Vermögens dient. Das Inventar soll einen Überblick über das Vermögen des Schuldners verschaffen und so insbesondere den Entscheid ermöglichen, ob im Weiteren ein

---

999 Rz. 1052 ff.
1000 Rz. 1431 ff.
1001 Rz. 1004 ff.
1002 Rz. 1314 ff.
1003 Rz. 1128 ff.
1004 Rz. 1147 ff.

summarisches oder *ordentliches Konkursverfahren* oder gar die *Einstellung des Konkursverfahrens* mangels Aktiven folgt.

Bei der Inventaraufnahme ist zu beachten, dass u.U. – wie bei der Pfändung – der *Requisitionsweg* beschritten werden muss, wenn sich Vermögensstücke in einem anderen Konkurskreis befinden (Art. 4 SchKG).[1005] Sofern bereits vor der Konkurseröffnung ein Güterverzeichnis aufgenommen worden ist, dient dieses als Grundlage für das Inventar. 1298

2.2 Präsenz-, Auskunfts- und Herausgabepflichten

Den Schuldner trifft während des ganzen Konkursverfahrens eine *Präsenzpflicht*, deren Missachtung unter Strafdrohung steht (Art. 229 Abs. 1 SchKG). Dieser Pflicht kann er nur durch besondere Erlaubnis enthoben werden. Nötigenfalls wird er mit Polizeigewalt zur Stelle gebracht (Art. 229 Abs. 1 Satz 2 SchKG). 1299

Anmerkung: Es steht im Ermessen der Konkursverwaltung, dem Schuldner – vor allem wenn er dazu angehalten ist, zu ihrer Verfügung zu bleiben – einen *billigen Unterhaltsbeitrag* zu gewähren (Art. 229 Abs. 2 SchKG).[1006] Dies wird die Konkursverwaltung insbesondere dann in Betracht ziehen, wenn sie über längere Zeit auf die Mithilfe des Schuldners angewiesen ist. Beim Unterhalt handelt es sich um eine *Massaschuld*.[1007] Die Bemessung des Beitrages erfolgt nach verschiedenen Arten (z.B. nach Zeit oder pauschal). Richtschnur für die Höhe des Beitrages bildet jeweils das betreibungsrechtliche Existenzminimum.[1008] Die Konkursverwaltung bestimmt auch, unter welchen Bedingungen und wie lange der Schuldner und seine Familie in der bisherigen Wohnung verbleiben dürfen, wenn diese zur Konkursmasse gehört (Art. 229 Abs. 3 SchKG).

Den Schuldner trifft bei der Inventaraufnahme wie beim Pfändungsvollzug eine *Auskunfts- und Herausgabepflicht*: Er ist bei Straffolge verpflichtet, dem Konkursamt alle seine Vermögensgegenstände anzugeben und zur Verfügung zu stellen (Art. 222 Abs. 1 SchKG). 1300

In Art. 37 KOV ist aufgeführt, über welche Punkte der Schuldner anlässlich der Inventaraufnahme einzuvernehmen ist: 1301

- über die dem Namen und Wohnort nach bekannten Gläubiger, sofern die Bücher darüber nicht Aufschluss geben (lit. a);
- über den Bestand von Prozessen i.S.v. Art. 207 Abs. 1 SchKG (lit. b);
- über den Bestand von Schadens- und Personenversicherungen (lit. c);
- ob Kinder oder Mündel unter seiner Gewalt stehen und ob zur ihren Gunsten Eigentums- oder Forderungsansprüche bestehen (lit. d);

[1005] Rz. 264.
[1006] BGE 106 III 75 E. 2.
[1007] Rz. 1190.
[1008] Rz. 672.

§ 7 Betreibung auf Konkurs

– ob er Unteroffizier, Offizier oder Fachoffizier (Soldat, Gefreiter oder Unteroffizier in Offiziersfunktion) der Armee sei (lit. e).

1302 Ist der Schuldner gestorben oder flüchtig, so unterstehen alle erwachsenen Personen, die mit ihm in einem gemeinsamen Haushalt gelebt haben, unter Straffolge denselben Pflichten (Art. 222 Abs. 2 SchKG; Art. 30 Abs. 1 KOV).

1303 Weiter sind auf Verlangen des Konkursbeamten *Räumlichkeiten und Behältnisse zu öffnen,* wozu nötigenfalls *Polizeigewalt* in Anspruch genommen werden kann (Art. 222 Abs. 3 SchKG).

Anmerkung: Die Konkursämter sind überdies berechtigt, von der zuständigen Kreispostdirektion für die Dauer des Konkurses die Einsichtnahme oder Auslieferung von Postsendungen und Postscheckgeldern, die an den Gemeinschuldner adressiert oder von ihm abgesandt werden, sowie die Auskunftserteilung über den Postverkehr des Gemeinschuldners zu verlangen. Der Gemeinschuldner hat aber das Recht, der Öffnung der Sendungen beizuwohnen (Art. 38 KOV).

1304 Die gleiche Auskunfts- und Herausgabepflicht wie den Schuldner trifft auch *Drittpersonen,* die Vermögensgegenstände des Schuldners verwahren oder bei denen dieser Guthaben hat (Art. 222 Abs. 4 SchKG). Die Behörden sind schliesslich im gleichen Umfang wie der Schuldner zur Auskunft verpflichtet (Art. 222 Abs. 5 SchKG).

2.3 Inhalt des Konkursinventars

1305 Im Konkursinventar werden *sämtliche Vermögensstücke* des Schuldners mit ihrem Schätzungswert verzeichnet (Art. 227 SchKG). Selbst Kompetenzstücke nach Art. 92 SchKG sind ins Inventar aufzunehmen, jedoch dem Schuldner zur freien Verfügung überlassen (Art. 224 SchKG) und am Schluss des Konkursinventars auszuscheiden (Art. 31 Abs. 1 KOV).

1306 Die Vermögensstücke des Schuldners werden mit fortlaufender Nummerierung im Konkursinventar aufgenommen. Dabei werden folgende Abteilungen gebildet (Art. 25 Abs. 1 KOV): Grundstücke (siehe auch Art. 26 KOV), bewegliche Sachen, Wertschriften, Guthaben, sonstige Ansprüche und Barschaft. Finden sich für einzelne Kategorien keine Objekte, so ist dies in der Zusammenstellung zu bemerken (Art. 25 Abs. 1 Satz 2 KOV).

1307 Gemäss Art. 27 KOV müssen auch die sich im Ausland befindlichen Vermögenswerte inventarisiert werden, gleichgültig, ob sie zur Vermögensmasse gezogen werden können (sog. Prinzip der aktiven Universalität).[1009]

1308 Sachen, die als *Eigentum Dritter* bezeichnet oder von Dritten als ihr Eigentum beansprucht werden, sind unter Vormerkung dieses Umstands ebenfalls im Inven-

---

1009 Rz. 1154.

tar aufzuzeichnen,[1010] es sei denn, dass es sich offensichtlich um Dritteigentum handelt (Art. 225 SchKG; vgl. auch Art. 34 KOV). Weigert sich das Konkursamt, einen Gegenstand ins Konkursinventar aufzunehmen, kann jeder Gläubiger dagegen betreibungsrechtliche Beschwerde führen.[1011]

Die im Grundbuch eingetragenen Rechte Dritter an Grundstücken des Schuldners werden von Amtes wegen im Inventar vorgemerkt (Art. 226 SchKG; Art. 26 Abs. 1 KOV). 1309

2.4 Anerkennung des Konkursinventars

Das Inventar wird nach seinem Abschluss dem Schuldner zur Unterzeichnung vorgelegt. Dieser muss sich zu dessen Vollständigkeit und Richtigkeit äussern und seine Erklärung darüber im Inventar unterzeichnen (Art. 228 SchKG; Art. 29 KOV). 1310

In den Fällen, in denen der Schuldner gestorben oder flüchtig ist, sind die erwachsenen Hausgenossen zur Abgabe dieser Erklärung anzuhalten (Art. 30 Abs. 1 KOV). Handelt es sich beim Schuldner um eine juristische Person, ist die Erklärung von den Organen derselben abzugeben (Art. 30 Abs. 1 KOV). 1311

Mit der Quittierung wird zugleich die zehntägige Beschwerdefrist von Art. 17 Abs. 2 SchKG zur Geltendmachung formeller Mängel bei der Inventaraufnahme ausgelöst. Die Frist beginnt jedoch erst einen Tag später zu laufen (Art. 142 Abs. 1 ZPO). 1312

3. Sicherungsmassnahmen

Mit der Aufnahme des Konkursinventars trifft das Konkursamt zugleich die zur Sicherung der Vermögenswerte gebotenen Sicherungsmassnahmen (Art. 221 Abs. 1 i.V.m. Art. 223 SchKG). Unter Sicherungsmassnahmen sind ganz allgemein alle notwendigen Rechtsvorkehren zur Sicherung und Erhaltung von Rechten, die der Aktivmasse zustehen bzw. zustehen könnten, zu verstehen.[1012] Hierzu zählen folgende Massnahmen: 1313

– Magazine, Warenlager, Werkstätten, Wirtschaften und dergleichen sind sofort *zu schliessen und unter Siegel zu legen,* falls sie nicht bis zur ersten Gläubigerversammlung unter genügender Aufsicht verwaltet werden können (Art. 223 Abs. 1 SchKG).

Anmerkung: Wenn der Konkursbeamte Magazine, Werkstätten etc. unter Siegel legt oder durch einen Auswechslungszylinder sichert, so scheint eine Weiterführung des Betriebes nicht mehr möglich. Der Konkursbeamte sollte deshalb vor dem Entscheid über die

---

1010 BGer v. 19.5.2006, 7B.69/2006 E. 2.2.2.
1011 BGE 114 III 21 E. 5.b.
1012 BGE 120 III 28 E. 1.b.

Weiterführung oder Einstellung eines Betriebes Kenntnis über die Aktiven und Passiven und über die Chancen und Risiken der Betriebsweiterführung haben.[1013] Der Entscheid des Konkursamts über die Fortführung des Betriebes ist jedoch bloss vorläufig, bis die erste Gläubigerversammlung definitiv darüber befindet. Wird das Geschäft des Gemeinschuldners bis zur ersten Gläubigerversammlung weiter betrieben, so sind die Geschäftsbücher auf den Tag der Konkurseröffnung abzuschliessen und von da an auf Rechnung der Masse weiterzuführen, sofern nicht besondere Bücher von der Konkursverwaltung geführt werden (Art. 36 KOV).

- Bargeld, Wertpapiere, Geschäfts- und Hausbücher sowie sonstige Schriften von Belang nimmt das Konkursamt in Verwahrung (Art. 223 Abs. 2 SchKG). Bargeld, Wertpapiere und Wertsachen sind der Depositenanstalt zu übergeben (Art. 9 SchKG).
- Alle übrigen Vermögensstücke sollen, solange sie nicht im *Inventar verzeichnet* sind, unter Siegel gelegt werden; die Siegel können nach der Aufzeichnung neu angelegt werden, wenn es das Konkursamt für nötig erachtet (Art. 223 Abs. 3 SchKG);
- Das Konkursamt sorgt für die Aufbewahrung der Gegenstände, die sich ausserhalb der vom Schuldner benützten Räumlichkeiten befinden (Art. 223 Abs. 4 SchKG).

D. Bestimmung des Konkursverfahrens

1. Grundsätzliches

1314 Je nachdem, welches Ergebnis aus der Inventarisierung des schuldnerischen Vermögens resultiert, ist der weitere Verlauf des Konkursverfahrens unterschiedlich.

1315 Zunächst ist die Frage zu beantworten, ob der Erlös der inventarisierten Aktiven voraussichtlich zur Deckung der Kosten *des ordentlichen Verfahrens* reichen wird (Art. 231 Abs. 1 Ziff. 1 SchKG). Dabei hat das Konkursamt gemäss Art. 39 Abs. 1 KOV zu berücksichtigen, dass, soweit Pfandrechte an den Vermögensstücken haften, nur ein allfälliger Überschuss des Erlöses über die pfandgesicherten Forderungen zur Deckung der allgemeinen Konkurskosten verwendet werden kann (Art. 262 SchKG). Ferner muss das Konkursamt zumindest *prima vista* die im Rahmen der Einvernahme des Gemeinschuldners[1014] ermittelbaren Passiven mitberücksichtigen.

1316 Wenn der Erlös des inventarisierten schuldnerischen Vermögens voraussichtlich *nicht* zur Deckung der Kosten des ordentlichen Verfahrens ausreicht, so stellt das Konkursamt beim Konkursgericht einen Antrag auf:

1013 BGer v. 26.3.2010, 5A_106/2010 E. 2.
1014 Rz. 1310.

- *Einstellung des Konkursverfahrens mangels Aktiven*[1015] (Art. 230 f. SchKG) oder
- Durchführung des Konkurses im *summarischen Konkursverfahren*[1016] (Art. 231 SchKG).

Der Antrag des Konkursamtes wird im summarischen Verfahren behandelt (Art. 251 lit. a ZPO). 1317

Wenn der Erlös des inventarisierten schuldnerischen Vermögens dagegen voraussichtlich zur Deckung der Kosten ausreicht oder ein Gläubiger für den mutmasslichen Fehlbetrag Sicherheit leistet, wird das *ordentliche Konkursverfahren*[1017] durchgeführt (Art. 231 Abs. 1 Ziff. 1 SchKG e contrario). 1318

2. Einstellung des Konkursverfahrens mangels Aktiven

2.1 Grundsätzliches

Steht nach der Inventaraufnahme fest, dass nicht genügend Aktiven vorhanden sind, um ein summarisches Konkursverfahren[1018] durchzuführen, beantragt das Konkursamt dem Konkursgericht die *Einstellung des Konkursverfahrens* (Art. 230 Abs. 1 SchKG; Art. 39 Abs. 2 KOV). 1319

Verfügt das Konkursgericht die Einstellung, so macht das Konkursamt diese öffentlich bekannt und weist in der Publikation darauf hin, dass das Verfahren geschlossen wird, wenn nicht innert zehn Tagen ein Gläubiger die Durchführung des Konkursverfahrens verlangt und die festgelegte Sicherheit für den durch die Konkursmasse nicht gedeckten Teil der Kosten leistet (Art. 230 Abs. 2 SchKG). 1320

Die Einstellung des Verfahrens kann auch erfolgen, nachdem bereits ein ordentliches oder summarisches Verfahren eingeleitet worden ist. 1321

Beispiel: Wenn sich nach Inventaraufnahme und darauf folgender Aussonderung ein Mangel an Aktiven ergibt.

Der Einstellung des Konkursverfahrens kommen folgende Wirkungen zu: 1322

- Die vor der Konkurseröffnung eingeleiteten Betreibungen leben wieder auf (Art. 230 Abs. 4 SchKG).

  Anmerkung: Ein Aufleben kommt jedoch für diejenige Betreibung *nicht* infrage, welche zur Konkurseröffnung geführt hatte.[1019]

- Dem Gläubiger wird *kein* Konkursverlustschein[1020] ausgestellt.

1015 Rz. 1319 ff.
1016 Rz. 1441 ff.
1017 Rz. 1324 ff.
1018 Rz. 1441 ff.
1019 BGE 124 III 123 E. 2.
1020 Rz. 1418 ff.

– Nach der Einstellung des Konkursverfahrens kann der Schuldner während zwei Jahren auch auf Pfändung betrieben werden (Art. 230 Abs. 3 SchKG).

Anmerkung: Dies ist der Ausgleich dafür, dass den Gläubigern aufgrund des fehlenden Kollokationsverfahrens keine Konkursverlustscheine ausgestellt werden.

2.2 Einstellung des Konkursverfahrens mangels Aktiven bei juristischen Personen und bei ausgeschlagener Erbschaft

1323 Art. 230a SchKG regelt das Vorgehen, wenn der Konkurs über eine juristische Person oder über eine ausgeschlagene Verlassenschaft mangels Aktiven eingestellt werden muss. Diesfalls gelangt das Verfahren der sog. *Spezialliquidation* zur Anwendung,[1021] für welche sinngemäss die Bestimmungen über das summarische Konkursverfahren gelten.[1022] In diesem Verfahren geht es einzig darum, die pfandbelasteten Gegenstände zu verwerten:

– Die Pfandgläubiger einer *juristischen Person* haben die Möglichkeit, die Verwertung ihres Pfandes unmittelbar durch das Konkursamt zu verlangen, ohne erst eine separate Betreibung auf Pfandverwertung anzuheben oder eine wieder auflebende weiterführen zu müssen (Art. 230a Abs. 2 SchKG). Das Konkursamt setzt ihnen dazu eine angemessene Frist. Wird die Verwertung nicht verlangt, so gelangen die Pfandgegenstände – nach Abzug der Kosten mit den darauf haftenden Lasten, jedoch ohne die persönliche Schuldpflicht – zusammen mit den übrigen Aktiven der juristischen Person an den Staat (d.h. an den Kanton)[1023], wenn die zuständige kantonale Behörde die Übertragung nicht ablehnt (Art. 230a Abs. 3 SchKG). Tut sie dies, so kommt es letztlich doch zur Verwertung der Aktiven durch das Konkursamt (Art. 230a Abs. 4 SchKG).

Anmerkung: Da die nicht pfandgesicherten Gläubiger von der Spezialliquidation ausgeschlossen sind, werden Aktiven, welche nicht pfandgesichert sind, den Organen der juristischen Person herausgegeben.[1024]

– Ähnlich wie eine juristische Person wird auch eine *Erbschaft* nach der Einstellung des Erbschaftskonkurses liquidiert (Art. 230a Abs. 1 und 3 SchKG): Die Erben können die Abtretung der zum Nachlass gehörenden Aktiven an die Erbengemeinschaft oder an einzelne Erben verlangen, wenn sie sich bereit erklären, die persönliche Schuldpflicht für die Pfandforderungen und die nicht gedeckten Liquidationskosten zu übernehmen. Macht keiner der Erben von diesem Recht Gebrauch, so können es die Gläubiger und nach ihnen Dritte, die ein Interesse geltend machen, ausüben. Mit der Abtretung eines Aktivums

---

[1021] BGer v. 16.7.2007, 5A_219/2007 E. 3.2; BGer v. 11.3.2011, 5A_896/2010 E. 4.2.2; BGE 130 III 481 E. 2.2 (Pra 94 [2005] Nr. 42).
[1022] BGer v. 11.3.2011, 5A_896/2010 E. 4.2.3; Rz. 1441 ff.
[1023] BGE 71 III 167, 169.
[1024] BGer v. 11.3.2011, 5A_896/2010 E. 4.2.3; BGer v. 25.5.2004, 7B.32/2004 E. 1.

wird dem Übernehmer das Eigentum am entsprechenden Vermögenswert verschafft. Kommt kein Abtretungsvertrag zustande, so werden die Aktiven nach Abzug der Kosten mit den darauf haftenden Lasten, jedoch ohne die persönliche Schuldpflicht, auf den Staat (d.h. auf den Kanton)[1025] übertragen. Lehnt die zuständige Behörde die Übertragung ab, erfolgt auch hier die Verwertung der Aktiven durch das Konkursamt.

3. Ordentliches Konkursverfahren

3.1 Konkurspublikation

3.1.1 Zeitpunkt

Sobald feststeht, dass das ordentliche oder das summarische Konkursverfahren durchgeführt werden kann, macht das Konkursamt die Eröffnung des Konkurses öffentlich bekannt (Art. 232 Abs. 1 SchKG; Art. 35 Abs. 1 SchKG).

1324

3.1.2 Zweck

Die Konkurspublikation verfolgt folgende Zwecke:

1325

- die *Ergänzung und Bereinigung der ins Inventar aufgenommenen Vermögenswerte*,
- die *Feststellung der Konkursforderungen*[1026] sowie
- die *Vorbereitung des weiteren Verfahrens*.

3.1.3 Inhalt

Entsprechend ihrem Zweck weist die Konkurspublikation folgenden Inhalt auf (Art. 232 Abs. 2 Ziff. 1–6 SchKG):

1326

- *die Bezeichnung des Schuldners und seines Wohnortes* sowie des *Zeitpunktes der Konkurseröffnung* (Ziff. 1);
- *den Schuldenruf,* d.h. die Aufforderung an die *Gläubiger* des Schuldners und an alle, die Ansprüche auf die in seinem Besitz befindlichen Vermögensstücke haben, ihre Forderungen oder Ansprüche samt Beweismitteln innert einem Monat nach der Bekanntmachung dem Konkursamt einzugeben (Ziff. 2);

    Anmerkung: Eingaben, welche nach Ablauf der Monatsfrist vorgenommen werden, sind noch bis zum Schluss des Konkursverfahrens zu berücksichtigen. Der verspätete Gläubiger muss jedoch sämtliche durch die Verspätung verursachten Kosten tragen und kann zu einem entsprechenden Vorschuss angehalten werden (Art. 251 Abs. 1 und 2 SchKG). Die mit der Eingabe eingereichten Beweismittel sollen, sofern der Gläubiger nicht spezielle Gründe geltend macht, bis zum Ablauf der Frist zur Anfechtung des

---

[1025] BGE 71 III 167, 169.
[1026] Rz. 1190 und 1194 ff.

Kollokationsplans bei den Akten behalten und erst hernach zurückgegeben werden (Art. 41 KOV). Spezielle Gründe im Sinne dieser Bestimmung ist beispielsweise die Beanspruchung der Beweismittel in einem anderen Verfahren.

Anmerkung: Wenn vor der Liquidation einer ausgeschlagenen Erbschaft oder in einem Nachlassverfahren vor dem Konkurs bereits ein Schuldenruf stattgefunden hat, so setzt das Konkursamt die Eingabefrist auf zehn Tage fest und gibt in der Bekanntmachung an, dass bereits angemeldete Gläubiger keine neue Eingabe machen müssen (Art. 234 SchKG).

– die *Aufforderung an die Schuldner des Konkursiten,* sich innert der einmonatigen Eingabefrist beim Konkursamt zu melden, sowie der Hinweis auf die Straffolge bei Unterlassung (Ziff. 3);

Anmerkung: Der Zweck dieser Vorschrift liegt darin, Vermögenswerte, welche der Schuldner zu verheimlichen versucht, ausfindig zu machen.

– die *Aufforderung an Personen,* die Sachen des Schuldners als Pfandgläubiger oder aus anderen Gründen *besitzen,* innert der einmonatigen Eingabefrist dem Konkursamt zur Verfügung zu stellen, sowie der Hinweis auf die Straffolge bei Unterlassung und darauf, dass das Vorzugsrecht erlischt, wenn die Meldung ungerechtfertigt unterbleibt (Ziff. 4);
– die *Einladung zu einer ersten Gläubigerversammlung,* die spätestens 20 Tage nach der öffentlichen Bekanntmachung stattfinden muss und der auch Mitschuldner und Bürgen des Schuldners sowie Gewährspflichtige beiwohnen können (Ziff. 5).

Anmerkung: Jeder bekannte Gläubiger erhält eine Spezialanzeige der Konkurspublikation (Art. 233 SchKG). Eine detaillierte Regelung der Spezialanzeige findet sich in Art. 40 KOV. In Fällen, in denen das summarische Konkursverfahren stattfindet, muss keine Spezialanzeige versendet werden (vgl. Art. 40 Abs. 2 KOV e contrario). In der Praxis ist es allerdings weit verbreitet, dass das Konkursamt auch diesfalls Spezialanzeigen versendet.

– den *Hinweis,* dass für Beteiligte, die im Ausland wohnen, das *Konkursamt als Zustellungsort* gilt, solange sie nicht einen anderen Zustellungsort in der Schweiz bezeichnen (Ziff. 6).

3.2 Verwaltung der Aktivmasse

3.2.1 Grundsätzliches

1327 Die Aktivmasse wird durch folgende (aussergerichtlichen) Organe[1027] verwaltet:

– die *Gläubigerversammlung,*
– einen allenfalls eingesetzten *Gläubigerausschuss* und
– die *Konkursverwaltung.*

1027 Rz. 1293.

3.2.2 Gläubigerversammlung

Die erste Gläubigerversammlung ist das *oberste Willensbildungsorgan* der Gläubigergemeinschaft.

1328

Allerdings ist zu beachten, dass Personen daran teilnehmen, die bloss behaupten, Gläubiger des Konkursiten zu sein. Die eigentliche Prüfung der behaupteten Gläubigereigenschaft findet erst im Nachgang im Rahmen des Kollokationsverfahrens statt. Insofern besteht bis dahin eine Ungewissheit darüber, ob den an der ersten Gläubigerversammlung teilnehmenden Gläubigern tatsächlich die Gläubigereigenschaft zukommt.[1028]

1329

Die erste Gläubigerversammlung wird spätestens 20 Tage nach der Konkurspublikation abgehalten (Art. 232 Abs. 1 Ziff. 5 SchKG) und vom Konkursbeamten geleitet, der zusammen mit zwei von ihm bezeichneten Gläubigern das Büro bildet (Art. 235 Abs. 1 SchKG).

1330

Das *Büro* entscheidet über die Zulassung von Personen, welche, ohne besonders eingeladen zu sein, an den Verhandlungen teilnehmen wollen (Art. 235 Abs. 2 SchKG). *Nichtzulassungsentscheide* des Büros können unter der Voraussetzung, dass der Nichtzulassungsentscheid das Ergebnis einer Abstimmung hätte beeinflussen können, mittels betreibungsrechtlicher Beschwerde angefochten werden.[1029] Zudem entscheidet das Büro über Beanstandungen bezüglich der Berechnung der Stimmen (Art. 235 Abs. 4 SchKG).

1331

Die Gläubigerversammlung ist *beschlussfähig*, wenn wenigstens ein Viertel der bekannten Gläubiger anwesend oder vertreten ist. Sind weniger als fünf Gläubiger anwesend oder vertreten, kann gültig verhandelt werden, sofern dieselben wenigstens die Hälfte der bekannten Gläubiger ausmachen (Art. 235 Abs. 3 SchKG).

1332

Anmerkung: Die Gläubiger sind nicht verpflichtet, der Versammlung persönlich beizuwohnen (vgl. Art. 235 Abs. 3 SchKG). Es ist ihnen unbenommen, sich vertreten zu lassen, wobei die Vertretungsbefugnis auch einer Person erteilt werden kann, welche selbst nicht über die Gläubigereigenschaft verfügt (z.B. einem unabhängigen Stimmrechtsvertreter).[1030] Dies bedingt jedoch einen eindeutigen Nachweis der Vertretereigenschaft mittels schriftlicher Vollmacht.[1031]

Ist die Versammlung *nicht beschlussfähig*, so stellt das Konkursamt dies fest und orientiert die anwesenden Gläubiger über den Bestand der Masse, welche es bis zur allfälligen zweiten Gläubigerversammlung alleine verwalten muss (Art. 236 SchKG).

1333

[1028] BGE 135 III 464 E. 3.2.
[1029] BGE 86 III 94 E. 3; 135 III 464 E. 3.1.
[1030] BGE 135 III 464 E. 3.2.
[1031] BGer v. 3.11.2008, 5A_119/2008 E. 3.3; BGE 135 III 464 E. 3.2.

1334 Beschlüsse der ersten Gläubigerversammlung werden immer mit der *absoluten Mehrheit* der stimmenden Gläubiger gefällt. Es gilt das *Kopfstimmprinzip* unter Vorbehalt, dass ein Vertreter mehrere Stimmen auf sich vereinigt. Stimmenthaltungen werden bei der Berechnung des absoluten Mehrs *nicht* mitgezählt. Bei *Stimmengleichheit* obliegt der Stichentscheid dem Vorsitzenden (Art. 235 Abs. 4 SchKG).

1335 Die erste Gläubigerversammlung verfügt über die folgenden *Befugnisse:*
- Sie nimmt den *Bericht des Konkursamtes entgegen,* welcher über die Aufnahme des Inventars und den Bestand der Masse Auskunft gibt (Art. 237 Abs. 1 SchKG).
- Sie entscheidet darüber, ob sie das *Konkursamt* als *amtliche* oder eine oder mehrere von ihr zu wählende Personen *als ausseramtliche Konkursverwaltung*[1032] einsetzen will (Art. 237 Abs. 2 SchKG).

    Anmerkung: Sofern die Gläubiger das Konkursamt als Konkursverwaltung bestimmen, ist dieses – im Gegensatz zur ausseramtlichen Konkursverwaltung – verpflichtet, das Amt anzunehmen. Als ausseramtliche Konkursverwaltung kommen regelmässig Anwaltskanzleien in Betracht.

- Sie kann aus ihrer Mitte einen *Gläubigerausschuss*[1033] ernennen (Art. 237 Abs. 3 SchKG).
- Sie kann über Fragen, deren Erledigung *keinen Aufschub* duldet, Beschlüsse fassen, insbesondere über die *Fortsetzung des Gewerbes* oder *Handels* des Gemeinschuldners, über die Frage, ob Werkstätten, Magazine oder Wirtschaftsräume des Gemeinschuldners offen bleiben sollen, über die *Fortsetzung schwebender Prozesse* sowie über die *Vornahme von freihändigen Verkäufen* (Art. 238 Abs. 1 SchKG).
- Sie kann die *Verwertung einstellen,* wenn der Gemeinschuldner einen Nachlassvertrag vorschlägt (Art. 238 Abs. 2 SchKG).

1336 Nach Art. 42 KOV hat das Konkursamt über jede Gläubigerversammlung ein *ausführliches Protokoll* aufzunehmen. In dieses kann nach der allgemeinen Regel von Art. 8a SchKG jede Person Einsicht nehmen, welche ein Interesse an der Einsichtnahme glaubhaft macht.[1034]

1337 Gegen Beschlüsse der Gläubigerversammlung kann bei der Aufsichtsbehörde *innert fünf Tagen Beschwerde* geführt werden (Art. 239 Abs. 1 SchKG). Der Fristenlauf beginnt am Tag nach der Beschlussfassung zu laufen, was auch für Gläubiger gilt, welche nicht an der Versammlung teilgenommen haben. Die fünftägige Be-

---

[1032] Rz. 1343 f.
[1033] Rz. 1339 ff.
[1034] Rz. 129 ff.

schwerdefrist ist wie jene gemäss Art. 17 SchKG nach Art. 33 Abs. 4 SchKG wiederherstellbar.[1035]

Beispiel: 20 Tage nach der Konkurspublikation lud die amtliche Konkursverwaltung zur ersten Gläubigerversammlung ein. Im Rahmen des Schuldenrufs meldeten 20 Gläubiger ihre Ansprüche an. Am Tag der Gläubigerversammlung erschienen bloss deren 15, wobei sich zwei davon durch einen unabhängigen Stimmrechtsvertreter vertreten liessen. Dieser legte bei der Eingangskontrolle eine entsprechende Vollmacht vor. Gleichwohl versagte ihm das Büro den Zugang. Nach Eröffnung der Gläubigerversammlung stimmten fünf Gläubiger für und fünf Gläubiger gegen den Antrag «Schaffung eines Gläubigerausschusses». Die drei übrigen Gläubiger enthielten sich der Stimme, worauf der vorsitzende Konkursbeamte einen Stichentscheid zugunsten der Schaffung eines Gläubigerausschusses fällte. Sechs Tage nach der Beschlussfassung gelangten die nicht zugelassenen Gläubiger mit Beschwerde an die Aufsichtsbehörde, welche einen Nichteintretensentscheid wegen Fristversäumnis fällte.

Legitimiert zur Beschwerde ist jeder Gläubiger, der Schuldner sowie ein in seinen Rechten betroffener Dritter. Die Aufsichtsbehörde entscheidet innerhalb kurzer Frist, nach Anhörung des Konkursamts und, wenn sie es für zweckmässig erachtet, des Beschwerdeführers und derjenigen Gläubiger, die einvernommen zu werden verlangen (Art. 239 Abs. 2 SchKG). 1338

3.2.3 Gläubigerausschuss

Der Gläubigerausschuss ist ein von der Gläubigerversammlung aus ihrer Mitte fakultativ eingesetztes Hilfs- und Kontrollorgan. Wählbar sind sowohl die anwesenden als auch die vertretenen Gläubiger. Ferner ist es auch möglich, einen Vertreter in den Gläubigerausschuss zu wählen. Das Gesetz äussert sich nicht zu der Mitgliederzahl des Ausschusses, d.h., dass die Gläubigerversammlung diesbezüglich frei ist. In der Praxis liegt die Zahl zwischen drei und fünf Mitgliedern, wobei innerhalb des gewählten Ausschusses das sog. *Kollegialitätsprinzip* gilt. 1339

Sofern die Versammlung nichts anderes beschliesst, hat der Gläubigerausschuss folgende von der Gläubigerversammlung abgeleitete Aufgaben (Art. 237 Abs. 3 Ziff. 1–3 SchKG): 1340

– *Beaufsichtigung* der Geschäftsführung der Konkursverwaltung (Ziff. 1);
– *Begutachtung* der von dieser vorgelegten Fragen (Ziff. 1);
– *Einspruch* gegen jede den Interessen der Gläubiger zuwiderlaufende Massregel der Konkursverwaltung (Ziff. 1);
– *Ermächtigung,* den Betrieb des Konkursiten *fortzuführen* (Ziff. 2);
– *Genehmigung von Rechnungen* zulasten der Masse (Ziff. 3);
– *Ermächtigung zur Führung von Prozessen* sowie zum Abschluss von Vergleichen und Schiedsverträgen (Ziff. 3; Art. 66 Abs. 3 KOV);

[1035] Rz. 214 ff.

- *Anordnung von Abschlagsverteilungen* an die Konkursgläubiger im Laufe des Konkursverfahrens (Ziff. 5).

1341 Daneben verfügt der Gläubigerausschuss auch über selbständige Aufgaben (Art. 237 Abs. 3 Ziff. 4 und 5, Art. 247 Abs. 3 und Art. 255 SchKG). Diese werden deshalb als selbständig qualifiziert, weil sie auch dann, wenn kein Gläubigerausschuss gewählt worden wäre, nicht der Gläubigerversammlung zufallen würden. Sie stehen m.a.W. exklusiv dem Gläubigerausschuss zu. Im Einzelnen sind dies:

- *Erhebung von Widerspruch gegen Konkursforderungen,* welche die Konkursverwaltung zugelassen hat (Ziff. 4; vgl. auch Art. 58 Abs. 1 KOV);
- *Genehmigung des Kollokationsplans* (Art. 247 Abs. 3 SchKG);
- *Einberufung einer weiteren Gläubigerversammlung* (Art. 255 SchKG).

1342 Damit die Wahl eines Gläubigers in den Ausschuss gültig ist, ist die *Zustimmung des Gewählten erforderlich*. Ausserdem darf keine personelle Verflechtung zwischen dem in den Gläubigerausschuss zu wählenden Gläubiger und dem Gemeinschuldner bestehen, um sich daraus ergebenden Interessenkollisionen von vornherein auszuweichen.

3.2.4 Konkursverwaltung

1343 Die Konkursverwaltung ist das *ausführende Organ* im Konkursverfahren: Ihr obliegt die Durchführung des Konkurses im Einzelnen. Im Rahmen der Verwaltung der Aktivmasse nimmt die Konkursverwaltung insbesondere folgende Aufgaben wahr:

- Sie hat alle zur Erhaltung und Verwertung der Masse gehörenden Geschäfte zu besorgen und vertritt die Masse vor Gericht (Art. 240 SchKG).
- Unbestrittene fällige Forderungen der Masse sind von der Konkursverwaltung, nötigenfalls auch auf dem Betreibungswege, einzuziehen (Art. 243 Abs. 1 SchKG).
- In bestimmten Fällen darf die Konkursverwaltung sogar schon zur Verwertung schreiten (Art. 243 Abs. 2 SchKG), nämlich im Falle eines Notverkaufs wegen schneller Wertverminderung, kostspieligen Unterhalts oder unverhältnismässig hoher Aufbewahrungskosten. Zudem kann sie anordnen, dass Wertpapiere und andere Gegenstände, die einen Börsen- oder einen Marktpreis haben, sofort verwertet werden. Die übrigen Bestandteile der Masse werden dagegen immer erst nach der zweiten Gläubigerversammlung verwertet (Art. 243 Abs. 3 SchKG).

   Beispiele: Ein Notverkauf ist angezeigt, wenn ein kaufmännisches Unternehmen schneller Wertverminderung ausgesetzt ist und es sich zu einem bestimmten Zeitpunkt zu besonders vorteilhaften Bedingungen abtreten lässt, sodass Arbeitsplätze gesichert oder Mietverträge fortgeführt werden können. Des Weiteren ist ein Notverkauf vorzunehmen, wenn die Sommerkollektion eines Modehauses zu verwerten ist und für diese

nach einem gewissen Zeitablauf mutmasslich nur noch ein geringer Verwertungserlös resultieren würde.
– Die Konkursverwaltung hat im Zusammenhang mit der Verwaltung der Aktivmasse auch das Aussonderungsverfahren in Gang zu bringen, d.h., sie hat eine Verfügung über die Herausgabe von Sachen zu treffen, welche von einem Dritten beansprucht werden (Art. 242 SchKG).
– Die Admassierung von Sachen, welche sich im Gewahrsam eines Dritten befinden und welche die Masse als Eigentum des Schuldners beansprucht, gehört ebenfalls zum Aufgabenbereich der Konkursverwaltung (Art. 242 Abs. 3 SchKG).
– Die Konkursverwaltung macht die zur Erwahrung[1036] der anlässlich des Schuldenrufs angemeldeten Forderungen nötigen Erhebungen (Art. 244 SchKG).

Die Gebühren für die Verrichtungen der amtlichen oder ausseramtlichen Konkursverwaltung bestimmen sich nach Art. 43 ff. GebV SchKG. Ist das Konkursverfahren anspruchsvoll, namentlich deshalb, weil es besondere Abklärungen des Sachverhaltes oder von Rechtsfragen bedarf, so ist die kantonale Aufsichtsbehörde dafür zuständig, das Entgelt der Konkursverwaltung festzusetzen (Art. 47 Abs. 1 GebV SchKG). Der Entscheid der Aufsichtsbehörde stellt eine beschwerdefähige zwangsvollstreckungsrechtliche Verfügung dar.

1344

3.3 Erwahrung der Konkursforderungen

Ebenso wie der Bestand der Aktivmasse muss auch derjenige der *Passivmasse* ermittelt werden. Aus diesem Grund prüft die Konkursverwaltung nach Ablauf der Eingabefrist von einem Monat die beim Schuldenruf (Art. 232 Abs. 2 Ziff. 2 SchKG) angemeldeten Forderungen und macht die zu ihrer Erwahrung nötigen Erhebungen (Art. 244 SchKG). Hierzu hat sie 60 Tage Zeit. Nach Ablauf dieser Ordnungsfrist sollte der *Kollokationsplan*[1037] erstellt sein. Auf entsprechenden Antrag hin kann die Aufsichtsbehörde diese Frist verlängern (Art. 247 Abs. 1 und Abs. 4 SchKG). Eine Verlängerung ist v.a. dann angezeigt, wenn die Verhältnisse kompliziert sind, was namentlich bei grossen Konkursverfahren mit einer grossen Anzahl von mutmasslichen Konkursgläubigern regelmässig der Fall ist.

1345

Mit der Erwahrung wird ein doppelter Zweck verfolgt:

1346

– Einerseits wird materielle Gerechtigkeit geschaffen, indem Bestand und Höhe der eingegebenen Forderungen festgestellt wird;
– andererseits wird verhindert, dass zur Richtigstellung des Kollokationsplans Kollokationsklagen erhoben werden müssen.

1036 Rz. 1345 ff.
1037 Rz. 1356 ff.

1347 Die Konkursverwaltung muss *sämtliche* Konkursforderungen prüfen, unabhängig davon, ob diese mündlich oder schriftlich oder rechtzeitig oder verspätet angemeldet wurden.

1348 Eine Sonderregel besteht für die aus dem Grundbuch ersichtlichen Forderungen: Diese sind von Amtes wegen samt laufendem Zins in den Kollokationsplan aufzunehmen, *auch wenn sie nicht eingegeben worden sind* (Art. 246 SchKG). Ferner werden nach Art. 36 Abs. 1 BankG und Art. 24 Abs. 2 BKV-FINMA die aus den Büchern der konkursiten Bank ersichtlichen Forderungen *ex officio* kolloziert.

1349 *Keine Sonderbehandlung* geniesst demgegenüber der Gläubiger, der das Konkursbegehren gestellt hat. Er ist ebenfalls gehalten, seine Forderung im Konkurs einzugeben. Dasselbe gilt auch für diejenige Person, welche vor der Konkurseröffnung gegen den Gemeinschuldner einen Forderungsprozess angestrengt hatte, welcher in Anwendung von Art. 207 Abs. 1 SchKG eingestellt wurde.

1350 Die Konkursverwaltung hat zu prüfen, ob die angemeldeten Forderungen überhaupt bestehen, auf welchen Betrag sie lauten, ob Sicherheiten dafür vorhanden sind und welcher Rang ihnen zivil- und konkursrechtlich zukommt. Die Prüfung unterliegt der *(beschränkten) Untersuchungsmaxime*. Die Abklärung hat möglichst gründlich zu erfolgen. In Anbetracht der relativ kurzen Fristen zur Erstellung des Kollokationsplans, hat die Prüfung aber summarisch zu bleiben. Allein auf die mündliche Erklärung des Gläubigers oder seines Vertreters hin darf die Konkursverwaltung eine Forderung jedoch nicht zulassen. Sie hat sich bei ihrer Entscheidung – dem summarischen Charakter der Prüfung entsprechend – v.a. auf die eingereichten Beweismittel gemäss Art. 232 Abs. 1 Ziff. 2 SchKG zu stützen. Es bleibt der Konkursverwaltung allerdings unbenommen, nähere Angaben beim Ansprecher, Dritten oder einer Amtsstelle einzuholen (vgl. auch Art. 59 Abs. 1 KOV).

> *Beispiel:* Gläubiger G gibt im Juli 2011 beim Konkursamt anlässlich des Schuldenrufs im Konkurs des S mündlich eine Forderung aus Sachmängelgewährleistung in der Höhe von CHF 8000.00 ein. G stellt sich auf den Standpunkt, dass S ihm ein Auto verkauft habe, welches unbrauchbar sei, weshalb er an dieser Stelle Wandelung erkläre und den bezahlten Kaufpreis zurückfordere. Als Beweismittel legt er einen Kaufvertrag vom Januar 2011 vor. Die Konkursverwaltung erkundigt sich daraufhin bei G, wann er die Mängel entdeckt und wann er sie dem S gemeldet habe. G erwidert darauf, dass er S seit dem Kauf nie kontaktiert, die Mängel aber bereits kurz nach Übergabe des Fahrzeuges festgestellt habe. Dies wurde von S bestätigt. Die von G eingegebene Forderung wurde in der Folge unter der Angabe «keine Mängelrüge erhoben» im Kollokationsplan als abgewiesene Forderung vorgemerkt (vgl. Art. 248 SchKG).

1351 Nach Ablauf der einmonatigen Eingabefrist holt die Konkursverwaltung zu jeder einzelnen Konkurseingabe die *Erklärung* des Schuldners ein (Art. 244 SchKG; Art. 55 KOV bzw. Art. 55 i.V.m. Art. 30 KOV) und entscheidet sodann über die Anerkennung der Forderungen. Dabei ist sie jedoch *nicht* an die Erklärung des Gemeinschuldners *gebunden* (Art. 245 SchKG), d.h., sie kann unabhängig von der Erklärung des Schuldners über die Anerkennung bzw. Nichtanerkennung der Forderung entscheiden.

Wenn jedoch der Konkursit die Forderung durch Unterschrift anerkannt hat, so hat dies für einen später ausgestellten Konkursverlustschein eine praktische Bedeutung: Diesem kommt dann die Wirkung einer Schuldanerkennung im Sinne von Art. 82 SchKG zu (Art. 265 Abs. 1 SchKG). 1352

Wenn die Konkursverwaltung von Bestand und Höhe einer Konkursforderung überzeugt ist, und keine Zweifel daran hat, dass sie dem betreffenden Gläubiger zusteht, und wenn gegen den beanspruchten Rang nichts einzuwenden ist, so anerkennt sie den geltend gemachten Anspruch. 1353

Kommt sie hingegen zum gegenteiligen Schluss, so weist sie die Forderung ganz oder teilweise ab oder verweist sie in einen anderen Rang. Erscheint die Forderung als nicht hinreichend belegt, kann die Konkursverwaltung dem Ansprecher auch eine Frist zur Einreichung weiterer Beweismittel ansetzen (Art. 59 Abs. 1 KOV). 1354

Der Entscheid über die Anerkennung der Forderungen erfolgt in der sog. *Kollokationsverfügung*. Diese wird im Kollokationsplan festgehalten. In diesem ist jede vollständige oder auch nur teilweise Abweisung eines Anspruchs mit Angabe des Abweisungsgrundes vorzumerken (Art. 248 SchKG; Art. 58 Abs. 2 KOV). Bei einer vollen Anerkennung einer Forderung ist dagegen keine Begründung erforderlich. 1355

3.4 Kollokation der Gläubiger

3.4.1 Inhalt des Kollokationsplans

Die Konkursverwaltung hat den Kollokationsplan innert 60 Tagen nach Ablauf der Eingabefrist für die Forderungen zu erstellen (Art. 247 Abs. 1 SchKG). Er basiert auf der zuvor erfolgten Erwahrung der Konkursforderungen und gibt Auskunft über die Rangordnung der Gläubiger. Ein Kollokationsplan ist nicht bloss im ordentlichen, sondern auch im summarischen Verfahren zu erstellen. Dabei sind die Vorschriften des SchKG sowie jene der KOV gleichermassen zu beachten (Art. 70 KOV). 1356

Der Kollokationsplan gibt Auskunft darüber, wie die einzelnen Konkursforderungen in Bezug auf ihren Bestand, Betrag und Rang im Verfahren behandelt werden sollen, und äussert sich zur Anerkennung bzw. Abweisung der Forderungen. Der Inhalt des Kollokationsplans ist in Art. 56 ff. KOV detailliert geregelt. 1357

3.4.2 Rangordnung

1358 Die in Art. 219 f. SchKG geregelte Rangordnung der Gläubiger wurde bereits beim materiellen Konkursrecht erläutert.[1038] Hier nur *pro memoria:*

- Als Erstes werden mit dem Erlös der Verwertung von Pfandsachen die jeweiligen Pfandgläubiger befriedigt (Art. 219 Abs. 1 SchKG; Art. 56 Abs. 1 lit. A Ziff. 1 und 2 KOV, Art. 58 KOV).
- Sodann werden mit dem Erlös aus der Verwertung der übrigen Konkursmasse die nicht pfandgesicherten Forderungen sowie der ungedeckt gebliebene Betrag der pfandgesicherten Forderungen bezahlt (Art. 219 Abs. 4 SchKG; Art. 56 Abs. 1 lit. B, Art. 58 KOV).

   Anmerkung: Die Gläubiger werden zu diesem Zweck in drei Klassen eingereiht, wovon die beiden ersten privilegiert sind und die dritte die gewöhnlichen Kurrentforderungen umfasst. Innerhalb einer Klasse sind die Gläubiger gleichberechtigt (Art. 220 SchKG). Die Gläubiger einer nachfolgenden Klasse erhalten jedoch nur dann etwas aus dem Erlös der Konkursmasse, wenn die Gläubiger der vorhergehenden Klasse befriedigt sind.

3.4.3 Lastenverzeichnis

1359 Befindet sich in der Konkursmasse ein Grundstück, so ist auch im Konkurs ein *Lastenverzeichnis* zu erstellen. Dieses wird – im Gegensatz zu jenem in der Betreibung auf Pfändung – gleichzeitig mit dem Kollokationsplan erstellt und bildet einen Bestandteil desselben (Art. 247 Abs. 2 SchKG; Art. 58 Abs. 2 KOV; vgl. auch Art. 125 Abs. 2 VZG). Die Konsequenz daraus ist, dass im Konkurs *kein* eigenes Lastenbereinigungsverfahren durchgeführt wird; die auf dem Grundstück haftenden Lasten werden im Kollokationsverfahren bereinigt.

1360 Ist ein Gläubigerausschuss gewählt worden, so müssen der Kollokationsplan und das Lastenverzeichnis diesem erst zur Genehmigung unterbreitet werden, bevor die Auflage und öffentliche Bekanntmachung erfolgen kann (Art. 247 Abs. 3 SchKG).

1361 Der Gläubigerausschuss hat zehn Tage Zeit, um allfällige Änderungen anzubringen. Rechte anerkennen, welche die Konkursverwaltung abgewiesen hat, kann er allerdings nicht. Er kann lediglich Widerspruch erheben gegen Konkursforderungen, welche die Konkursverwaltung zugelassen hat (Art. 237 Abs. 3 Ziff. 4 SchKG).

3.4.4 Auflegung des Kollokationsplans

1362 Der abgeschlossene Kollokationsplan wird samt dem Inventar und sämtlichen Belegen beim Konkursamt *aufgelegt,* damit jeder Interessierte darin Einsicht neh-

---

[1038] Rz. 1250 ff.

men und gegebenenfalls eine Kollokationsklage oder eine Beschwerde vorbereiten kann (Art. 249 Abs. 1 SchKG).

Zudem muss die Konkursverwaltung die Auflage des Kollokationsplans *öffentlich bekannt machen* (Art. 249 Abs. 2 SchKG). Die öffentliche Bekanntmachung hat in den gleichen Publikationsorganen wie die Konkurspublikation zu erfolgen (Art. 67 Abs. 1 KOV; Art. 35 SchKG). Überdies erhält jeder Gläubiger, dessen Forderung ganz oder teilweise abgewiesen wurde oder welcher nicht den beanspruchten Rang erhalten hat, eine *besondere Anzeige* über die Auflage des Kollokationsplans sowie über die Abweisung seiner Forderung (Art. 249 Abs. 3 SchKG; Art. 68 KOV). Darin muss die Konkursverwaltung den Grund der Abweisung klar und eindeutig zum Ausdruck bringen. 1363

Durch die öffentliche Bekanntmachung im SHAB wird die 20-tägige Frist zur Anhebung der Kollokationsklage (Art. 250 Abs. 1 SchKG) bzw. die zehntägige Frist zur betreibungsrechtlichen Beschwerde ausgelöst. Die Frist beginnt jeweils am Folgetag der Publikation im SHAB zu laufen (Art. 142 Abs. 1 ZPO). 1364

Bei einer *verspäteten Konkurseingabe,* welche die Konkursverwaltung jedoch für begründet hält, wird der Kollokationsplan abgeändert und die Abänderung öffentlich bekannt gemacht (Art. 251 Abs. 4 SchKG; vgl. auch Art. 57 KOV). Aus Gründen der Rechtssicherheit und zur Gewährleistung eines geordneten Verfahrens kann eine nachträgliche Eingabe aber nur unter zwei Bedingungen zugelassen werden: 1365

– Zum einen muss es sich um eine erstmals geltend gemachte Forderung handeln und
– zum anderen darf mit der Eingabe grundsätzlich keine Abänderung des bereits rechtskräftig gewordenen Kollokationsplans angestrebt werden.

Gemäss Rechtsprechung kann jedoch ein rechtskräftiger Kollokationsplan nachträglich abgeändert werden, wenn sich herausstellt, dass eine Forderung offensichtlich zu Unrecht kolloziert oder nicht kolloziert worden ist, sich ein Rechtsverhältnis seit der Kollokation geändert hat oder neue Tatsachen eine Revision rechtfertigen. Die Konkursverwaltung ist dabei auch ohne Anstoss seitens eines Betroffenen berechtigt, auf ihre im Kollokationsplan getroffenen Entscheidungen zurückzukommen. Die Rede ist hier von der sog. Selbstberichtigung (Art. 65 Abs. 1 KOV). Diese ist jedoch nach dem Wortlaut von Art. 65 Abs. 1 KOV nur möglich, sofern nicht bereits eine Klage gegen die Masse oder einen anderen Gläubiger angehoben worden ist. Das Bundesgericht lässt jedoch – unter gewissen Voraussetzungen – entgegen dem Wortlaut von Art. 65 Abs. 1 KOV auch nach erhobener Klage eine Selbstberichtigung zu, sofern die Konkursverwaltung den Willen zur Änderung bereits vorher geäussert hat. 1366

3.4.5 Anfechtung des Kollokationsplans

1367 Der Kollokationsplan unterliegt sowohl der Anfechtung durch Beschwerde als auch der Anfechtung durch gerichtliche Klage, je nachdem, ob sich die Anfechtung auf die Verletzung einer Verfahrensvorschrift oder auf den materiellrechtlichen Inhalt einer Verfügung bezieht.

1368 Für die betreibungsrechtliche Beschwerde sind die allgemeinen Vorschriften nach Art. 17 SchKG massgebend.[1039] Mit der Beschwerde kann der Kollokationsplan nur wegen Verfahrensfehlern bei dessen Erstellung angefochten werden. Als Anwendungsfälle der betreibungsrechtlichen Beschwerde kommen insbesondere in Betracht:

– die Unterlassung der Auflage des Kollokationsplans;
– die Nichtbehandlung einer fristgerecht eingegebenen Forderung;

Beispiel: Während des Schuldenrufs gibt G seine Forderungen aus einem Darlehensvertrag in Höhe von CHF 10 000.00 ein und verlangt darüber hinaus die Kollokation des aufgelaufenen Verzugszinses bis zum Zeitpunkt der Konkurseröffnung. Im Kollokationsplan werden jedoch bloss CHF 10 000.00 als Kurrentforderung zugelassen, ohne dass die Konkursverwaltung begründet, weshalb der Verzugszins nicht berücksichtigt worden ist. Die Forderung wurde somit nicht vollumfänglich behandelt. Hiergegen kann G innert zehn Tagen seit der öffentlichen Bekanntmachung der Auflage des Kollokationsplanes Beschwerde führen.

– die Nichtanhörung des Konkursiten, wenn dessen Stellungnahme hinsichtlich einer bestimmten Forderung zu einer andern Entscheidung geführt hätte.

1369 Die Anfechtung des Kollokationsplans mittels Klage nach Art. 250 SchKG kommt immer dann zum Zug, wenn eine Verletzung des materiellen Rechts gerügt wird. Die Kollokationsklage bezweckt die gerichtliche Überprüfung der Kollokation einer Forderung. Dabei kann *sowohl* die Kollokation der eigenen Forderung *als auch* diejenige eines anderen Gläubigers Gegenstand eines Kollokationsprozesses sein.

Anmerkung: Im Konkurs ist die Kollokation der eigenen Forderung – anders als in der Pfändungsbetreibung (Art. 148 SchKG) – klageweise anzufechten, da hier materiellrechtliche Fragen zu prüfen sind.

1370 *Zur Kollokationsklage legitimiert* sind alle Gläubiger, die einen Anspruch gegen den Konkursiten beim Konkursamt angemeldet haben. Das sind einerseits alle Konkursgläubiger und andererseits auch alle Inhaber eines beschränkten dinglichen oder eines vorgemerkten persönlichen Rechts. Nicht zur Kollokationsklage legitimiert ist der Konkursit; ihm verbleibt lediglich der Beschwerdeweg.

1371 Was die Passivlegitimation betrifft, so ist danach zu unterscheiden, ob gegen die Kollokation der eigenen Forderung oder gegen jene einer fremden Forderung ge-

---

[1039] Rz. 147 ff.

klagt wird. Wenn der Kläger die Kollokation seiner eigenen Ansprüche beanstandet, ist die Konkursmasse passivlegitimiert; wenn der Kläger dagegen die Zulassung oder den Rang eines anderen Gläubigers bestreiten will, ist dieser Gläubiger passivlegitimiert.

Beispiele: Die Lohnforderung von Gläubiger G gegen seinen in Konkurs gefallenen Arbeitgeber A wird als Kurrentforderung in der dritten Klasse kolloziert. Hiergegen erhebt G Kollokationsklage gegen die Konkursmasse mit dem Begehren: «Die Forderung des Klägers sei in der ersten Klasse zu kollozieren». Dem Begehren wird stattgegeben, weil die Forderung vier Monate vor Konkurseröffnung entstanden ist. Die Lohnforderung von Gläubiger F, welcher ebenfalls für A gearbeitet hat, wird – obwohl sie bereits 12 Monate vor Konkurseröffnung entstanden ist – in der ersten Klasse kolloziert. Dagegen erhebt Gläubiger E Kollokationsklage mit dem Begehren: «Die Forderung des Beklagten sei als Kurrentforderung zu kollozieren.» Auch diese Klage wird gutgeheissen.

Die Klage muss binnen 20 Tagen seit der öffentlichen Auflage des Kollokationsplans beim Richter am Konkursort angebracht werden (Art. 250 Abs. 1 SchKG). Dieser Gerichtsstand ist ausschliesslich und zwingend, sodass eine Prorogation ausser Betracht fällt. 1372

Anmerkung: Der Kollokationsprozess stellt ein insolvenzrechtliches Verfahren i.S.v. Art. 1 Ziff. 2 lit. a LugÜ dar, mit der Folge, dass die Gerichtsstandsvorschriften des LugÜ keine Anwendung finden.

Der Kollokationsprozess wird – ohne dass vorgängig ein Schlichtungsversuch stattzufinden hat (Art. 198 lit. e Ziff. 6 ZPO) – im ordentlichen oder vereinfachten Verfahren durchgeführt.[1040] Massgebend ist dabei der Streitwert. Da es sich bei der Kollokationsklage um eine prozessuale Gestaltungsklage handelt, ist bei der Ermittlung des Streitwerts auf den aus der Rechtsgestaltung resultierenden Vermögensvorteil abzustellen. Konkret berechnet sich der Streitwert wie folgt: 1373

– Bei Anfechtung der eigenen Kollokation richtet sich der Streitwert nach der Differenz zwischen der Dividende *gemäss der angefochtenen und jener der beanspruchten Kollokation.*

Beispiel: Die Forderung von G in Höhe von CHF 1000.00 wurde in der dritten Klasse kolloziert. Die mutmassliche Konkursdividende hätte diesfalls CHF 200.00 betragen. Würde er dagegen in dem von ihm behaupteten Rang kolloziert, würde er die vollen CHF 1000.00 erhalten. Folglich liegt hier der Streitwert bei CHF 800.00.

– Bei Anfechtung der Kollokation eines anderen Gläubigers bemisst sich der Streitwert dagegen nach der Differenz zwischen der Dividende *gemäss der angefochtenen Kollokation und der auf den Beklagten zufallenden Dividende.* Neben dem Streitinteresse des Klägers kommt jenes der Masse hinzu.

Beispiel: Laut Kollokationsplan ist die Forderung von G in Höhe von CHF 5000.00 in der ersten Klasse aufgeführt. In derselben Klasse wird auch die Forderung von F in Höhe

---

[1040] Rz. 86 f. und 88.

von CHF 5000.00 kolloziert. F ist der Meinung, dass die Konkursforderung von G aus familienrechtlichem Unterhalt vor mehr als sechs Monaten entstanden sei, und erhebt deshalb Kollokationsklage gegen G. Ohne Klageerhebung läge die Dividende von F bei CHF 3000.00. Im Falle der Gutheissung der Klage würde F eine Dividende von 5000.00 erhalten. In Anbetracht dessen liegt der Streitwert bei CHF 2000.00.

1374 Für die Ermittlung der entsprechenden Werte sind einerseits die vorläufige Schätzung gemäss Inventar und andererseits die in der Kollokationsverfügung aufgeführten Forderungssummen der teilnehmenden Konkursgläubiger massgebend. Es erfolgt sodann eine Gegenüberstellung der darin aufgeführten Summen.

1375 Der Betrag, um welchen der Anteil des Beklagten an der Konkursmasse herabgesetzt wird, dient der Befriedigung des Klägers bis zur vollen Deckung seiner Forderung einschliesslich der Prozesskosten.

1376 Ein allfälliger Überschuss wird nach dem berichtigten Kollokationsplan verteilt (Art. 250 Abs. 2 SchKG). Dies im Gegensatz zur Spezialexekution, in der ein allfälliger Überschuss dem Beklagten verbleibt (vgl. Art. 148 Abs. 3 SchKG).

1377 Bei der Kollokationsklage handelt es sich um eine *konkursrechtliche Klage mit Reflexwirkung auf das materielle Recht*. Der Entscheid wirkt nur im hängigen Konkursverfahren; es entfaltet darüber hinaus keine materielle Rechtskraft.

1378 Wird die Klage gutgeheissen, so wirkt sich der Entscheid verschieden aus, je nachdem, ob die Kollokation der eigenen oder einer fremden Forderung beanstandet wurde:

– Wenn die Kollokation der eigenen Forderung angefochten wird, bewirkt ein gutheissender Entscheid die Änderung des Kollokationsplans *mit Wirkung für alle Gläubiger,* denn im Umfang des Prozessgewinns des Klägers werden die Dividenden der Mitgläubiger *verhältnismässig gekürzt.*
– Wenn dagegen die Kollokation einer fremden Forderung angefochten wird, so wirkt sich ein gutheissender Entscheid *zunächst nur zwischen den Parteien* aus. Der obsiegende Kläger kann den Betrag, um den die Dividende des Beklagten herabgesetzt wird, bis zur vollen Deckung seiner Forderung und der Prozesskosten für sich beanspruchen. Erst bei einem *allfälligen Überschuss* sind auch die andern Gläubiger von einem gutheissenden Entscheid betroffen: Dieser Überschuss wird dann entsprechend dem berichtigten Kollokationsplan unter den Gläubigern verteilt.

1379 Der erstinstanzliche Entscheid kann entsprechend dem zuletzt aufrechterhaltenen Rechtsbegehren mittels Berufung oder Beschwerde angefochten werden. Der letztinstanzliche kantonale Entscheid unterliegt der Beschwerde in Zivilsachen an das Bundesgericht.

3.5 Verwertung

Die Verwertung der Aktivmasse des Schuldners fällt in den Aufgabenbereich der Konkursverwaltung (vgl. auch Art. 71 ff. KOV). Wie sie dabei vorzugehen hat, bestimmt aber in der Regel die *zweite Gläubigerversammlung*. Denn mit Ausnahme des Notverkaufs oder der Verwertung von Wertpapieren und Waren zum Börsen- oder Marktpreis werden die Bestandteile der Aktivmasse erst verwertet, wenn die zweite Gläubigerversammlung stattgefunden hat (Art. 243 Abs. 3 und Art. 256 SchKG). 1380

Die zweite Gläubigerversammlung wird von der Konkursverwaltung nach der Auflage des Kollokationsplans einberufen (Art. 252 Abs. 1 SchKG). Die Einladung muss mindestens 20 Tage vor der Versammlung verschickt werden. Teilnahmeberechtigt an der zweiten Gläubigerversammlung sind alle Konkursgläubiger, deren Forderungen nicht bereits rechtskräftig abgewiesen worden sind (Art. 252 Abs. 1 SchKG). 1381

Die zweite Gläubigerversammlung hat wesentlich *weiter gehende* Befugnisse als die erste. Ihr kommen insbesondere folgende Aufgaben zu: 1382

- Sie hat einen umfassenden *Bericht* der Konkursverwaltung über den Gang der Verwaltung und den Stand der Aktiven und Passiven entgegenzunehmen (Art. 253 Abs. 1 SchKG);
- Sie beschliesst über die *Bestätigung* der Konkursverwaltung und gegebenenfalls des Gläubigerausschusses (Art. 253 Abs. 2 SchKG);
- Sie ordnet unbeschränkt *alles Weitere* für die Durchführung des Konkurses an (Art. 253 Abs. 2 SchKG);
- Sie verhandelt über einen *vorgeschlagenen Nachlassvertrag,* was in der Einladung zur Gläubigerversammlung besonders anzuzeigen ist (Art. 252 Abs. 2 und 332 SchKG).

Ein Mitglied der Konkursverwaltung führt in der Versammlung den Vorsitz. Bezüglich Beschlussfähigkeit und Abstimmung findet Art. 235 Abs. 3 und 4 SchKG entsprechend Anwendung (Art. 252 Abs. 3 SchKG). Wenn keine beschlussfähige Versammlung zustande kommt, so hat die Konkursverwaltung dies festzustellen und die anwesenden Gläubiger über den Stand der Masse zu orientieren. Die bisherige Konkursverwaltung sowie der Gläubigerausschuss bleiben dann bis zum Schluss des Verfahrens im Amt (Art. 254 SchKG). 1383

Allenfalls finden *weitere Gläubigerversammlungen* statt, wenn dies ein Viertel der Gläubiger oder der Gläubigerausschuss verlangt oder wenn die Konkursverwaltung es für notwendig hält (Art. 255 SchKG). 1384

In dringenden Fällen oder wenn eine Gläubigerversammlung nicht beschlussfähig gewesen ist, kann die Konkursverwaltung den Gläubigern Anträge auf dem *Zirkularweg* stellen (Art. 255a SchKG). Dringlichkeit liegt vor, wenn der Kon- 1385 kursmasse durch Zuwarten mit der Beschlussfassung ein Nachteil erwächst oder ein zu erwartender Vorteil entgeht. Ein Fall von ausserordentlicher Dringlichkeit liegt auch dann vor, wenn rentable Betriebsteile des in Konkurs gefallenen Unternehmens veräussert werden sollen. Ein Antrag ist angenommen, wenn die Mehrheit der Gläubiger ihm innert der angesetzten Frist ausdrücklich oder stillschweigend zustimmt (Art. 255a Abs. 1 SchKG). Es gilt erneut das Kopfstimmprinzip. Sind der Konkursverwaltung nicht alle Gläubiger bekannt, kann sie ihre Anträge zudem öffentlich bekannt machen.

1386 Auch im Konkurs steht das *Versilberungsprinzip* im Vordergrund. Es besteht hier jedoch eine grössere Freiheit in der Wahl der Verwertungsart als in der Pfändungsbetreibung, da Art. 256 Abs. 1 SchKG für die Anordnung des Freihandverkaufs nur einen positiven Beschluss der Gläubiger voraussetzt und nicht die Zustimmung aller Beteiligten.

1387 Grundsätzlich stehen aber auch im Konkurs die *gleichen Verwertungsarten* wie in der Pfändungsbetreibung zur Verfügung: die öffentliche Versteigerung, der Freihandverkauf und die Abtretung von Rechtsansprüchen.

3.5.1 Öffentliche Versteigerung

1388 Die öffentliche Versteigerung gelangt dann zur Anwendung, wenn die zweite Gläubigerversammlung *nichts anderes beschliesst* (Art. 256 Abs. 1 SchKG). Die öffentliche Versteigerung stellt folglich auch im Konkurs die ordentliche Verwertungsart dar.

1389 Im Konkurs hat die Konkursverwaltung die Steigerung vorzubereiten. Sie setzt die Steigerungsbedingungen fest und macht Ort, Tag und Stunde der Steigerung öffentlich bekannt (Art. 257 Abs. 1 SchKG).

1390 Wenn Grundstücke zu verwerten sind, wird die Steigerung mindestens einen Monat vorher öffentlich bekannt gemacht und es wird der Tag angegeben, von welchem an die Steigerungsbedingungen beim Konkursamt zur Einsicht aufgelegt sein werden (Art. 257 Abs. 2 SchKG).

1391 Eine individuelle Mitteilung der Steigerung mit Angabe der Schätzungssumme ergeht im Konkurs nur an die Grundpfandgläubiger, an Gläubiger, welchen Grundpfandtitel verpfändet worden sind (Art. 257 Abs. 3 SchKG und Art. 71 KOV) sowie an die Inhaber von gesetzlichen Vorkaufsrechten (Art. 129 VZG).

1392 Die Versteigerung wird grundsätzlich nach den gleichen Regeln wie in der Spezialexekution durchgeführt (vgl. Verweise in Art. 258 Abs. 2 und 259 SchKG). Ein ganz wesentlicher Unterschied zur Spezialexekution zeigt sich jedoch darin, dass im Konkurs das Deckungsprinzip nicht gilt. Das heisst, dass der Verwertungsgegenstand immer nach dreimaligem Aufruf dem Meistbietenden zugeschlagen wird, ohne Rücksicht darauf, ob die vorgehenden Pfandrechte gedeckt sind

(Art. 258 Abs. 1 SchKG). Dies entspricht dem Wesen der Generalexekution, welche einen Schlussstrich unter die finanzielle Vergangenheit des Schuldners ziehen soll.

Hingegen gilt auch im Konkurs im Interesse der Grundpfandgläubiger das Prinzip des doppelten Aufrufs (Art. 258 Abs. 2 i.V.m. Art. 142 Abs. 1 und 3 SchKG; Art. 130 Abs. 1 i.V.m. Art. 56 VZG). 1393

3.5.2 Freihandverkauf

Der freihändige Verkauf hat im Konkurs eine grössere Bedeutung als in der Betreibung auf Pfändung. Zugelassen ist er in folgenden Fällen: 1394

- als Notverkauf für Gegenstände, die schneller Wertverminderung ausgesetzt sind, einen kostspieligen Unterhalt erfordern oder unverhältnismässig hohe Aufbewahrungskosten verursachen (Art. 243 Abs. 2 SchKG);
- wenn Wertpapiere oder andere Sachen mit einem Markt- oder Börsenpreis sofort günstig verwertet werden können (Art. 243 Abs. 2 SchKG);

   Anmerkung: Wertpapiere darf die Konkursverwaltung nur dann gestützt auf Art. 243 Abs. 2 SchKG verkaufen, wenn sie über ausreichende Anhaltspunkte zur Annahme verfügt, dass ein sofortiger Verkauf im Interesse der Werterhaltung dringend geboten sei.

   Beispiel: Im Konkursverfahren der S AG wurden u.a. auch 1000 Aktien einer durch die Finanzkrise ins Straucheln geratenen Schweizer Bank im Inventar aufgenommen. Der Kurswert lag zum Zeitpunkt der Inventaraufnahme bei CHF 10.00 pro Aktie. Aufgrund einer kurzfristigen massiven Kurssteigerung von 50% verwertete die Konkursverwaltung die Aktien sofort. Sie begründete die sofortige Verwertung damit, dass in Anbetracht der negativen Ratings die Aktien bis zur öffentlichen Versteigerung diesen Börsenwert nicht mehr erreichen würden.

- wenn die zweite Gläubigerversammlung einen Freihandverkauf beschliesst (Art. 256 Abs. 1 SchKG), wobei für den Beschluss die absolute Mehrheit erforderlich ist.

   Anmerkung: Verpfändete Vermögensstücke dürfen nur mit Zustimmung der Pfandgläubiger freihändig verwertet werden (Art. 256 Abs. 2 SchKG).

Es steht grundsätzlich im freien Ermessen der Konkursverwaltung, ob sie den Gläubigern Gelegenheit zur Einreichung von Offerten bieten will, bevor sie einen Freihandverkauf durchführt. Dies gilt jedoch nicht in Bezug auf *Vermögensgegenstände von bedeutendem Wert* und *Grundstücke*. Diese dürfen nur dann freihändig verkauft werden, wenn alle Gläubiger vorher Gelegenheit hatten, höhere Angebote zu machen (Art. 256 Abs. 3 SchKG). 1395

Wenn die Gesamtheit der Gläubiger auf die Geltendmachung eines *bestrittenen Rechtsanspruchs* verzichtet und auch kein Gläubiger die Abtretung verlangt, kann dieser nach Art. 256 SchKG verwertet werden (Art. 260 Abs. 3 SchKG). Der Erwerber tritt dann in die Rechtsstellung der Masse ein. 1396

3.5.3 Abtretung von Rechtsansprüchen

1397 Für noch nicht fällige, streitige oder sonst wie schwer einbringliche Rechtsansprüche (sog. *illiquide Rechtsansprüche*), bei welchen sich eine Verwertung durch Versteigerung oder Verkauf als unzweckmässig erweisen würde, sieht Art. 260 SchKG die *Abtretung* an einen oder mehrere Konkursgläubiger vor.

> *Anmerkung:* Diese Verwertungsart ist verwandt mit der in der Pfändungsbetreibung möglichen Forderungsüberweisung an einen Gläubiger zur Eintreibung nach Art. 131 Abs. 2 SchKG.

1398 Der Begriff *Abtretung* ist allerdings irreführend, denn es werden hier *nicht* wie bei einer Zession nach Art. 164 ff. OR materielle Rechte aus der Konkursmasse ausgeschieden und abgetreten. Es wird lediglich die Befugnis, diese Rechte geltend zu machen, auf einen oder mehrere Konkursgläubiger übertragen. Der Abtretungsgläubiger wird ermächtigt, anstelle der Masse einen allfälligen Prozess um den Anspruch zu führen. Man kann deshalb von einer Art Prozessstandschaft sprechen. Hierbei handelt es sich um ein *Auseinanderfallen* der *Sachlegitimation,* welche der Konkursmasse zusteht, und der *Prozessführungsbefugnis,* welche nunmehr dem Abtretungsgläubiger zukommt.

1399 Bei den Rechtsansprüchen, welche abgetreten werden können, kann es sich sowohl um zweifelhafte Aktiven als auch um blosse Bestreitungsrechte handeln.

1400 Zweifelhafte Aktiven sind insbesondere:
- bestrittene Forderungen und andere zivilrechtliche Ansprüche, die zur Konkursmasse gehören (z.B. Verantwortlichkeitsansprüche nach Art. 754 OR einer AG gegen ihre Organe);
- bestrittene Admassierungsansprüche;
- zur Masse gehörende Anfechtungsansprüche (insbesondere Ansprüche aus paulianischer Anfechtung nach Art. 285 ff. SchKG, bezüglich welcher die Abtretung nach Art. 256 Abs. 4 SchKG die einzig zulässige Verwertungsart ist).

1401 Bestreitungsrechte sind alle Rechte, die auf die Abwehr eines gegen die Konkursmasse erhobenen Anspruchs hinzielen, z.B.:
- die Ablehnung eines Aussonderungsanspruchs;
- die Ablehnung einer Masseverbindlichkeit;
- i.S.v. Art. 207 Abs. 1 SchKG eingestellte Passivprozesse, welche im Nachgang direkt zu Kollokationsprozessen werden, sofern sie von der Konkursmasse oder von einem oder mehreren Gläubigern fortgeführt werden.

1402 Damit eine Abtretung von Rechtsansprüchen überhaupt zustande kommen kann, müssen in formeller Hinsicht die folgenden Voraussetzungen erfüllt sein (Art. 260 Abs. 1 SchKG):

- Die *Mehrheit* der Gläubiger muss auf die Geltendmachung des fraglichen Anspruchs durch die Masse verzichten.

    Anmerkung: Dies gilt auch dann, wenn der Konkurs im summarischen Verfahren durchgeführt wird. Diesfalls ist der Entscheid der Gläubiger über den Verzicht auf dem Zirkularweg herbeizuführen.

- Mindestens ein Gläubiger muss die Abtretung verlangen.

    Anmerkung: Legitimiert dazu ist jeder Konkursgläubiger, ausser natürlich, der abzutretende Anspruch richtet sich gegen ihn selbst. Die Forderung des Abtretungsgläubigers braucht im Zeitpunkt der Abtretung noch nicht rechtskräftig kolloziert zu sein; er verliert allerdings die Legitimation bzw. das Prozessführungsrecht in dem Moment, in dem seine Forderung rechtskräftig abgewiesen wird.

- Die Konkursverwaltung hat die Abtretung förmlich zu verfügen (Art. 80 Abs. 1 KOV).

Die Abtretung eines Rechtsanspruchs der Masse an einen Konkursgläubiger hat folgende Wirkungen: 1403

- Das Recht auf die Geltendmachung eines der Masse zustehenden Anspruchs geht auf den Abtretungsgläubiger über. Die Konkursverwaltung ist nicht mehr dazu befugt, den Anspruch selbst geltend zu machen. Wird der Anspruch mehreren Konkursgläubigern abgetreten, so bilden diese eine notwendige (formelle) Streitgenossenschaft.
- Der Abtretungsgläubiger ist *verpflichtet* zu handeln, d.h., er muss den ihm abgetretenen Rechtsanspruch geltend machen. Er ist ermächtigt, aber keineswegs verpflichtet, zu diesem Zweck den Prozessweg zu beschreiten.
- Der Abtretungsgläubiger handelt *auf eigene Gefahr* und *in eigenem Namen*. Die Kosten einer erfolglosen Rechtsverfolgung gehen deshalb zu seinen Lasten. Ausserdem haftet er der Masse auch für allen Schaden, den er verschuldet, indem er z.B. den abgetretenen Anspruch verjähren lässt. Im Gegenzug hat der Abtretungsgläubiger dafür *vor allen übrigen Gläubigern* Anspruch auf das positive Ergebnis seiner Unternehmung, insbesondere also auf den Prozessgewinn.

Das Ergebnis der Abtretung dient in erster Linie zur Deckung der dem Abtretungsgläubiger erwachsenen Kosten und seiner Konkursforderung. Nur ein allfälliger Überschuss ist an die Masse abzuliefern. Bei mehreren Abtretungsgläubigern haben nur diejenigen Anspruch auf eine vorzugsweise Befriedigung aus dem Erlös, die auch tatsächlich gehandelt haben. Das Ergebnis wird nach der unter ihnen bestehenden Rangordnung verteilt (Art. 260 Abs. 2 SchKG). 1404

Für Ansprüche, auf deren Geltendmachung die Gesamtheit der Gläubiger verzichtet und für die kein Gläubiger die Abtretung verlangt, sieht Art. 260 Abs. 3 SchKG vor, dass diese versteigert oder freihändig verkauft werden können. Gelingt die Verwertung des Anspruchs nicht, fällt das Verfügungsrecht darüber von 1405

§ 7 Betreibung auf Konkurs

der Masse auf den Konkursiten zurück, d.h., dass der Konkursbeschlag am betreffenden Anspruch erlischt.

3.6 Verteilung

3.6.1 Grundsätzliches

1406 Nach Eingang des Erlöses der ganzen Konkursmasse und nachdem der Kollokationsplan in Rechtskraft erwachsen ist, stellt die Konkursverwaltung die *Verteilungsliste* und die *Schlussrechnung* auf (Art. 261 SchKG). Beide liegen während zehn Tagen beim Konkursamt zur Einsicht auf (Art. 263 Abs. 1 SchKG; vgl. auch Art. 98 Abs. KOV). Die Auflegung wird jedem Gläubiger unter Beifügung eines seinen Anteil betreffenden Auszuges angezeigt (Art. 263 Abs. 2 SchKG). Sowohl Verteilungsliste als auch Schlussrechnung können innert zehn Tagen nach ihrer Kenntnisnahme mit *betreibungsrechtlicher Beschwerde* angefochten werden. Die Frist beginnt am Tag nach dem letzten Tag der Auflage zu laufen, wenn der Beschwerdeführer die Einsichtnahme in die Verteilungsliste und die Schlussrechnung unterlassen hat; sie beginnt jedoch bereits am Tag nach der Zustellung bzw. am Tag nach Ablauf der ungenutzten Abholfrist zu laufen, wenn der Beschwerdeführer einen Auszug aus der Verteilungsliste erhalten hat, aus dem der Beschwerdegrund bereits ersichtlich ist.

1407 Die *Verteilungsliste* gibt Auskunft darüber, welcher Teil des Verwertungserlöses nach Abzug der Masseverbindlichkeiten als *Dividende* auf jede im Kollokationsplan definitiv zugelassene Forderung fällt und welcher Teil dieser Forderungen letztlich ungedeckt bleibt.

> *Anmerkung:* Gemeint ist hier die definitive Verteilungsliste i.S.v. Art. 83 KOV. Diese darf erst erstellt werden, wenn sämtliche auf die Feststellung der Aktiv- und Passivmasse gerichteten Prozesse erledigt sind. Die Prozesse, deren Gegenstand abgetretene Ansprüche i.S.v. Art. 260 SchKG sind, bleiben dann unberücksichtigt, wenn zum Vornherein feststeht, dass ein Überschuss für die Masse nicht zu erwarten ist (Art. 83 Abs. 2 KOV). Sind aber von einzelnen Gläubigern Prozesse nach Art. 260 SchKG mit Erfolg durchgeführt worden, so hat die Verteilungsliste, evtl. in einem Nachtrag, auch die Verteilung des Ergebnisses unter die Abtretungsgläubiger und die Masse festzustellen (Art. 86 KOV).

1408 Die *Schlussrechnung* enthält dagegen eine *Gesamtabrechnung* über den Konkurs. Sie stellt alle Einnahmen und Ausgaben einander gegenüber.

1409 Aus dem Gesamterlös müssen vorab die Masseverbindlichkeiten bezahlt werden. Das sind alle Ansprüche, die ihren Entstehungsgrund erst *nach der Konkurseröffnung* haben und *nicht* den Konkursiten, sondern die Konkursmasse selbst verpflichten. Art. 262 Abs. 1 SchKG nennt beispielhaft die Kosten für Eröffnung und Durchführung des Konkurses sowie für die Aufnahme eines Güterverzeichnisses. Diese Positionen richten sich nach der GebV SchKG. Ferner fallen auch Forderungen aus der Übernahme von Verbindlichkeiten eines zweiseitigen Vertrages i.S.v. Art. 211 Abs. 2 SchKG hierunter. Weiter werden öffentlich-rechtliche Schulden, die erst nach Konkurseröffnung entstanden sind (z.B. Grundstückgewinnsteuern), als Verwertungskosten qualifiziert und unter Art. 262 Abs. 2 SchKG subsumiert.

Eine Sonderregelung besteht für den Erlös von Pfandgegenständen. Aus diesem dürfen nur die Kosten ihrer Inventur, Verwaltung und Verwertung gedeckt werden, also keine Kosten, die das übrige Massevermögen betreffen (Art. 262 Abs. 2 SchKG). 1410

Nach unbenutztem Ablauf der Anfechtungsfrist oder nach rechtskräftiger Erledigung allfälliger Beschwerden gegen die Verteilungsliste und die Schlussabrechnung schreitet die Konkursverwaltung zur Verteilung (Art. 264 Abs. 1 SchKG). 1411

Anmerkung: Damit die Konkursverwaltung überhaupt zur Verteilung schreiten kann, wird vorausgesetzt, dass der Kollokationsplan *rechtskräftig* ist, der Erlös der Verwertung *eingegangen* ist, Klarheit über den Bestand und Umfang der *Masseverbindlichkeiten,* d.h. der Massakosten und Massaschulden, besteht und innert der gesetzlichen Frist von zehn Tagen *keine Beschwerden* gegen die Verteilungsliste eingegangen sind. Falls doch Beschwerden erhoben wurde, ist deren Erledigung abzuwarten (Art. 88 KOV).

Die den Forderungen unter aufschiebender Bedingung oder mit ungewisser Verfallzeit zukommenden Anteile werden nicht ausbezahlt, sondern bei der Depositenanstalt *hinterlegt* (Art. 264 Abs. 3 SchKG). 1412

3.6.2 Abschlagszahlungen

Unter Abschlagszahlungen i.S.v. Art. 266 SchKG und Art. 82 KOV sind Zahlungen an die Gläubiger zu verstehen, die noch *vor dem Ende* des Konkursverfahrens erfolgen. Sie sind zulässig, wenn das konkursrechtlich relevante Ergebnis absehbar ist. Die Vornahme von Abschlagszahlungen drängt sich v.a. in jenen Fällen auf, in welchen das Konkursverfahren lange Zeit dauert. So können die Gläubiger durch die lange Dauer des Konkursverfahrens selbst in Zahlungsschwierigkeiten geraten, sofern ihre Konkursforderungen einen hohen Betrag ausmachen und sie dringend auf dessen Entrichtung angewiesen sind. 1413

Abschlagszahlungen können entweder von der Gläubigerversammlung[1041], vom Gläubigerausschuss[1042] (Art. 237 Abs. 3 Ziff. 5 SchKG) oder von der Konkursverwaltung[1043] angeordnet werden. 1414

Voraussetzung für die Vornahme von Abschlagszahlungen ist die Erstellung einer *provisorischen Verteilungsliste,* welche unter Mitteilung an die Gläubiger während zehn Tagen beim Konkursamt aufzulegen ist (Art. 82 Abs. 1 KOV). 1415

1041 Rz. 1328 ff.
1042 Rz. 1339 ff.
1043 Rz. 1343 f.

1416 Abschlagsverteilungen unterliegen gewissen *Restriktionen:*
– Im summarischen Konkursverfahren[1044] sind Abschlagsverteilungen *ausgeschlossen* (Art. 96 lit. c KOV).
– Abschlagsverteilungen dürfen *frühestens* dann vorgenommen werden, wenn die Frist zur Anfechtung des Kollokationsplans abgelaufen ist (Art. 266 Abs. 1 SchKG).

1417 Bezüglich der Herausgabe der Forderungsurkunde an den Schuldner bei vollständiger Tilgung der Schuld gelten die gleichen Regeln wie in der Betreibung auf Pfändung (Art. 264 Abs. 2 i.V.m. Art. 150 SchKG).

3.7 *Konkursverlustschein*

1418 Bei der Verteilung im Konkurs erhält jeder Gläubiger für den *ungedeckt* bleibenden Betrag seiner Forderung einen Verlustschein. Dieser sog. *Konkursverlustschein* weist jedoch zum Teil andere Wirkungen auf als ein Pfändungsverlustschein:
– Im Konkursverlustschein wird angegeben, ob die Forderung vom Gemeinschuldner *anerkannt* oder *bestritten* worden ist (Art. 265 Abs. 1 SchKG). Nur wenn die Forderung vom Gemeinschuldner im Rahmen von Art. 244 SchKG anerkannt wurde, gilt der Verlustschein als *Schuldanerkennung* im Sinne von Art. 82 SchKG.
– Der Konkursverlustschein berechtigt zum *Arrest* und hat die in den Art. 149 Abs. 4 und Art. 149a SchKG bezeichneten Rechtswirkungen (Art. 265 Abs. 2 SchKG). Dies sind zum einen die Unverzinslichkeit der Verlustscheinforderung sowie deren Verjährbarkeit erst 20 Jahre nach Ausstellung des Verlustscheins.
– Eine neue Betreibung gegen den Konkursiten kann erst wieder angehoben werden, wenn er *zu neuem Vermögen* gekommen ist (Art. 265 Abs. 2 SchKG).

1419 Die Wirkungen des Konkursverlustscheins, welche eine *Beschränkung* der Gläubigerrechte zur Folge haben (d.h. die Unverzinslichkeit der Forderungen sowie die Beschränkung der Möglichkeit zur Anhebung einer neuen Betreibung für den Fall des Vorliegens neuen Vermögens), treffen auch jene Gläubiger, die am Konkursverfahren *nicht teilgenommen* und ihre Forderungen *nicht eingegeben* haben (Art. 267 SchKG). Art. 267 SchKG setzt voraus, dass:
– der Konkurs *vollständig* durchgeführt wurde;
– aus dem Konkurs ein *Verlust* resultiert und
– die Schuldpflicht des Schuldners auch nach Schluss des Konkursverfahrens *fortbesteht.*

1420 Dagegen gelten die *Vorteile,* welche der Konkursverlustschein bietet, lediglich für diejenigen Gläubiger, die am Konkurs *teilgenommen* haben.

[1044] Rz. 1441 ff.

3.8 Feststellung neuen Vermögens

3.8.1 Grundsätzliches

Damit eine neue Betreibung gegen den Schuldner eingeleitet werden kann, ist das Vorhandensein *neuen Vermögens* vorausgesetzt. Dies ist jedoch nur erforderlich für eine neue Betreibung gegen eine *natürliche Person,* da juristische Personen, Kollektiv- und Kommanditgesellschaften nach einem Konkurs untergehen. 1421

Natürliche Personen erhalten durch diese Bestimmung die Möglichkeit, sich wirtschaftlich und sozial *zu erholen,* was verunmöglicht würde, wenn die Konkursgläubiger nach Abschluss des Konkurses sogleich wieder auf jeden Vermögenswert greifen könnten, den der Konkursit inzwischen erworben hat. Diese Rechtswohltat gilt jedoch bloss für diejenigen Forderungen, welche *vor* der Konkurseröffnung entstanden sind, und zwar unabhängig davon, ob sie anlässlich des Schuldenrufs eingegeben wurden oder nicht (vgl. Art. 267 SchKG). Zudem setzt die Einredemöglichkeit des Schuldners voraus, dass das Konkursverfahren *nicht* mangels Aktiven eingestellt wurde, da diesfalls keine Konkursverlustscheine ausgestellt werden (vgl. hierzu Art. 230 Abs. 3 und 4 SchKG). 1422

3.8.2 Zum Begriff des «neuen Vermögens»

Unter neuem Vermögen ist nur *neues Nettovermögen* zu verstehen, d.h. der Überschuss der durch den Schuldner nach Beendigung des Konkurses erworbenen Aktiven über die neuen Schulden. Hierunter kann nicht zuletzt auch das Arbeitseinkommen fallen. 1423

Unter der Geltung des SchKG in der Fassung vor der Revision von 1994 wurde die Einrede mangelnden neuen Vermögens allzu oft rechtsmissbräuchlich eingesetzt. Bei der Revision von 1994 wurde deshalb Art. 265a SchKG neu in das Gesetz eingefügt, der die Möglichkeiten dieser Einrede wesentlich erschwert: 1424

– Zum einen erstreckt Art. 265a SchKG den Begriff *neues Vermögen* auf Werte, über die der Schuldner zwar nicht rechtlich, aber doch wirtschaftlich verfügen kann (Abs. 3 Satz 3).
– Zum anderen genügt es nicht allein, Rechtsvorschlag zu erheben; dieser muss dem Gericht des Betreibungsortes zur Bewilligung vorgelegt werden.

> *Anmerkung:* Das Gericht entscheidet im Summarverfahren (Art. 251 lit. d ZPO) nach Anhörung der Parteien *endgültig* über die Bewilligung des Rechtsvorschlags. Hierbei handelt es sich um eine *rein betreibungsrechtliche Streitigkeit.* Wenn es den Rechtsvorschlag *nicht* bewilligt, stellt es den Umfang des neuen Vermögens fest (Art. 265a Abs. 3 SchKG), sodass der Gläubiger die Betreibung im Umfang der Feststellung fortsetzen kann.

Wenn sich der Rechtsvorschlag nicht ausdrücklich *nur* auf das Fehlen neuen Vermögens beschränkt, bezieht er sich nach herrschender Lehre und Praxis *auch* auf Bestand und Umfang der in Betreibung gesetzten Forderung. Um die Betreibung 1425 diesfalls fortsetzen zu können, muss der Gläubiger nach der Nichtbewilligung des Rechtsvorschlags auch noch *Rechtsöffnung* verlangen oder aber – wenn der Gemeinschuldner den Bestand der Forderung nach Art. 244 SchKG bestritten hat – eine *Anerkennungsklage* nach Art. 79 SchKG anstrengen.

> *Beispiel:* Nach Abschluss des Konkursverfahrens erhielt G einen Konkursverlustschein. Im Rahmen der Erwahrung nach Art. 244 SchKG hatte S den Bestand der Forderung bestritten. Zwei Jahre nach Abschluss des Konkursverfahrens leitete G eine Betreibung für den nach wie vor offenen, im Konkursverlustschein verbrieften Betrag gegen S ein. Dieser erhob schriftlich Rechtsvorschlag mit der Begründung: «G dieser Schuft erhält keinen roten Rappen von mir, ich habe nichts!» Nachdem der Rechtsvorschlag wegen mangelnden neuen Vermögens nicht bewilligt wurde, konnte G den Rechtsvorschlag gegen die Forderung mittels Anerkennungsklage beseitigen.

1426 Vom Schuldendruck sollen nur jene Schuldner befreit werden, die *wirklich* der Schonung bedürfen. Deshalb bestimmt Art. 265a Abs. 2 SchKG, dass der Schuldner, um die Fortsetzung der Betreibung zu verhindern, seine Einkommens- und Vermögensverhältnisse offenlegen und glaubhaft machen muss, dass er nicht zu neuem Vermögen gekommen ist. Ihn trifft insofern die sog. *Dokumentierungslast*. Das SchKG äussert sich jedoch nicht zu den durch den Schuldner beizubringenden Beweismitteln. Praxisgemäss kommen insbesondere Kontobelege, Steuererklärungen, Belege über die finanziellen Verpflichtungen des Schuldners, sowie Mietverträge infrage.

1427 Gemäss Art. 265a Abs. 3 SchKG können Vermögensrechte Dritter, über die der Schuldner wirtschaftlich verfügen kann, nur dann als pfändbar erklärt werden, wenn das Recht des Dritten auf einer Handlung beruht, die der Schuldner *in der dem Dritten erkennbaren Absicht* vorgenommen hat, die Bildung neuen Vermögens zu *vereiteln*. Mit dieser Bestimmung werden die Erwerbsvorgänge ins Auge gefasst, die zur paulianischen Anfechtung gemäss Art. 285 ff. SchKG[1045] berechtigen. Will sich ein Dritter der Pfändbarkeit der ihm gehörenden Vermögenswerte widersetzen, so muss er nach den Vorschriften über das Widerspruchsverfahren (Art. 106 ff. SchKG) vorgehen.

3.8.3 Folgen des Entscheides über den Rechtsvorschlag mangelnden neuen Vermögens

1428 Nach Art. 265a Abs. 4 SchKG können der Schuldner und die Gläubiger innert 20 Tagen nach der Eröffnung des Entscheides über den Rechtsvorschlag auf dem ordentlichen Prozessweg beim Richter des Betreibungsortes *Klage auf Bestreitung oder Feststellung des neuen Vermögens* einreichen. Bei beiden Klagen handelt es sich um *rein betreibungsrechtliche Streitigkeiten,* deren Gegenstand die Feststel-

---

[1045] Rz. 1526 ff.

lung des Vorhandenseins (positive Feststellungsklage) bzw. Nichtvorhandenseins neuen Vermögens (negative Feststellungsklage) bildet.

Die Klagen sind dem vereinfachten oder ordentlichen Verfahren zugewiesen. Der Schlichtungsversuch dürfte entgegen dem Wortlaut von Art. 198 lit. e Ziff. 7 ZOP, welcher bloss von der Klage auf Feststellung (positive Feststellungsklage) spricht, auch für die Klage auf Bestreitung (negative Feststellungsklage) des neuen Vermögens wegfallen. Aktivlegitimiert sind sowohl Gläubiger als auch Schuldner. 1429

Gemäss Art. 265b SchKG darf derjenige, der sich einer Betreibung mit der Einrede mangelnden neuen Vermögens widersetzt, während deren Dauer keinen Konkurs gemäss Art. 191 SchKG beantragen. 1430

3.9 Schluss des Konkursverfahrens

Wenn die Verteilung erfolgt ist, legt die Konkursverwaltung dem Konkursgericht den von ihr schriftlich erstellten Schlussbericht vor (Art. 268 Abs. 1 SchKG; Art. 92 Abs. 1 KOV). Dies gilt für das ordentliche und das summarische Konkursverfahren gleichermassen (vgl. Art. 93 KOV). Zu beachten ist dabei, dass stets das *Konkursgericht* Adressat dieses Berichts ist, nicht aber die Gläubiger. Wird diesen ausnahmsweise der Schlussbericht ebenfalls zur Kenntnis gebracht, so sind sie gleichwohl nicht dazu legitimiert, gegen diesen betreibungsrechtliche Beschwerde zu führen. 1431

Die inhaltlichen Anforderungen, welche an den Schlussbericht gestellt werden, sind Art. 92 Abs. 2 KOV zu entnehmen. Er hat namentlich über die Ursachen des Konkurses, die Aktiven und Passiven und den Gesamtbetrag der Verluste summarisch Aufschluss zu geben und zu erwähnen, ob und gegebenenfalls welche Beträge gemäss Art. 264 Abs. 3 SchKG bei der Depositenanstalt hinterlegt sind. Die formellen Anforderungen sind in Art. 264 Abs. 1 SchKG aufgeführt. Danach ist der Schlussbericht stets schriftlich abzufassen und hat sämtliche Akten und Belege, mit Einschluss der Quittungen der Gläubiger für die Konkursdividenden zu enthalten. 1432

Hat eine Abtretung i.S.v. Art. 260 SchKG stattgefunden und ist anzunehmen, dass sich *kein* Überschuss für die Masse ergeben wird, so hat das Konkursamt dem Konkursgericht unter Einsendung der Akten einen Antrag darüber zu stellen, ob das Konkursverfahren sofort geschlossen werden soll oder ob mit dem Schluss des Verfahrens bis nach durchgeführter Geltendmachung des Anspruchs zuzuwarten ist (Art. 95 KOV). Letzteres ist v.a. dann angezeigt, wenn *illiquide Ansprüche* abgetreten wurden, welche bei Gutheissung im Rahmen des durch den Abtretungsgläubiger geführten Prozesses entsprechende Auswirkungen auf die Aktivmasse haben könnten. 1433

1434 Befindet das Gericht, dass das Konkursverfahren vollständig durchgeführt worden ist, so erklärt es dieses im sog. *Schlusserkenntnis* formell für geschlossen (Art. 268 Abs. 2 SchKG). Sollte die Geschäftsführung der Verwaltung dem Gericht zu Bemerkungen Anlass geben, so bringt es dieselben der Aufsichtsbehörde zur Kenntnis.

1435 Das Gericht teilt das Schlusserkenntnis dem Konkurs-, Betreibungs-, Grundbuch- und Handelsregisteramt mit (Art. 176 Abs. 1 Ziff. 3 SchKG; Art. 158 Abs. 1 lit. f HRegV). Das Konkursamt macht sodann den Schluss des Konkursverfahrens öffentlich bekannt (Art. 268 Abs. 4 SchKG).

3.10 Nachkonkurs

1436 Auch ein formell abgeschlossener Konkurs kann u.U. noch Nachwirkungen haben und in beschränktem Umfang wieder aufgenommen werden. Es ist dies der Fall des sog. *Nachkonkurses.* Dabei ist gleichgültig, ob der abgeschlossene Konkurs im ordentlichen oder summarischen Konkursverfahren erfolgte.

1437 Werden nach Schluss des Konkursverfahrens Vermögensstücke entdeckt, welche zur Konkursmasse gehörten, aber nicht zu derselben gezogen wurden, nimmt sie das Konkursamt in Besitz und besorgt ohne weitere Förmlichkeit die Verwertung und die Verteilung des Erlöses an die zu Verlust gekommenen Gläubiger nach deren Rangordnung (Art. 269 Abs. 1 SchKG).

1438 Die Durchführung eines Nachkonkurses setzt voraus:
- einen formell abgeschlossenen Konkurs;
- einen Antrag eines Konkursgläubigers oder Handeln der Konkursverwaltung von Amtes wegen;
- erst später entdeckte Aktiven des Gemeinschuldners.

   Anmerkung: Ein Nachkonkurs ist jedoch ausgeschlossen, wenn das Nichtauffinden von zur Masse gehörenden Gegenständen auf der Nachlässigkeit der Konkursverwaltung gründet. Für den hieraus resultierenden Schaden haftet der Kanton (Art. 5 SchKG).

1439 Gleichermassen ist mit hinterlegten Beträgen zu verfahren, die frei werden oder nach zehn Jahren nicht bezogen worden sind (Art. 269 Abs. 2 SchKG).

1440 Handelt es sich dagegen um einen *zweifelhaften Rechtsanspruch,* so darf das Konkursamt nicht einfach die Verwertung vornehmen. Es hat die Konkursgläubiger zu benachrichtigen, damit diese entscheiden können, ob der Anspruch für die Masse geltend gemacht oder nach Art. 260 SchKG einem Gläubiger abgetreten werden soll (Art. 269 Abs. 3 SchKG).

4. Summarisches Konkursverfahren

4.1 Grundsätzliches

Das summarische Verfahren – in der Praxis der Regelfall – wird durchgeführt, wenn 1441

- der *Erlös* des inventarisierten Vermögens zur Deckung der Kosten des ordentlichen Konkursverfahrens voraussichtlich *nicht ausreicht* oder
- die Verhältnisse *einfach* sind.

Liegt einer der genannten Tatbestände vor, beantragt das Konkursamt beim Konkursgericht das summarische Verfahren (Art. 231 Abs. 1 SchKG; Art. 39 Abs. 2 KOV). Gibt das Konkursgericht dem Antrag statt, so wird das summarische Verfahren durchgeführt, sofern nicht ein Gläubiger vor der Verteilung des Erlöses das ordentliche Verfahren verlangt und für die voraussichtlich ungedeckt bleibenden Kosten hinreichende Sicherheit leistet (Art. 231 Abs. 2 SchKG). 1442

Das summarische Konkursverfahren zeichnet sich durch folgende Elemente aus: 1443

- *Einfachheit,*
- *Raschheit,*
- weitgehende *Formlosigkeit*
- und vor allem auch *Kostenersparnis.*

4.2 Ablauf

Das summarische Verfahren wird *grundsätzlich* nach *den Regeln des ordentlichen Verfahrens* durchgeführt (Art. 231 Abs. 3 SchKG). Zur Vereinfachung des Verfahrens trägt vor allem bei, dass 1444

- es sich zur Hauptsache in den Händen der *Konkursverwaltung* befindet[1046] und

  Anmerkung: Die Einsetzung einer ausseramtlichen Konkursverwaltung im Rahmen des summarischen Konkursverfahrens zieht gemäss bundesgerichtlicher Rechtsprechung die Nichtigkeit nach sich.[1047]

- *Gläubigerversammlungen* in der Regel nicht vorgesehen sind bzw. nur aufgrund besonderer Umstände einberufen werden (Art. 231 Abs. 3 Ziff. 1 SchKG).

Anders als im ordentlichen Konkursverfahren hat das Konkursamt im summarischen Verfahren keine Spezialanzeigen zu erlassen (Art. 40 Abs. 2 KOV e contrario).[1048] 1445

[1046] BGer v. 12.5.2003, 7B.27/2003 E. 4.1; BGer v. 10.3.2006, 7B.10/2006 E. 1.2.1.
[1047] BGE 121 III 142, E. 2.
[1048] BGer v. 29.1.2008, 5C.54/2007 E. 2.3.1.

§ 7 Betreibung auf Konkurs

1446 Eine weitere Besonderheit liegt darin, dass die *Verwertung bereits nach Ablauf der Eingabefrist* jederzeit stattfinden kann. Das Konkursamt hat dabei die *Interessen der Gläubiger* bestmöglich zu wahren. Im Übrigen ist es aber in der Wahl der Verwertungsart frei (Art. 231 Abs. 3 Ziff. 2 SchKG). Zu *beachten* hat es nur die folgenden *Schranken*:

- Pfandgegenstände dürfen nur mit Zustimmung der Pfandgläubiger freihändig verkauft werden (Art. 256 Abs. 2 SchKG);
- Beim Freihandverkauf von Vermögensgegenständen von bedeutendem Wert sowie von Grundstücken muss den Gläubigern Gelegenheit gegeben werden, ein höheres Angebot zu machen (Art. 256 Abs. 3 SchKG);
- Grundstücke dürfen erst verwertet werden, wenn das Lastenverzeichnis erstellt und rechtskräftig ist;
- Anfechtungsansprüche dürfen weder versteigert noch sonst wie veräussert werden (Art. 256 Abs. 4 SchKG).

1447 Eine weitere Besonderheit des summarischen Verfahrens liegt darin, dass das *Inventar erst zusammen mit dem Kollokationsplan aufgelegt wird* (Art. 231 Abs. 3 Ziff. 3 SchKG). Schliesslich braucht die *Verteilungsliste* im summarischen Verfahren nicht aufgelegt zu werden (Art. 231 Abs. 3 Ziff. 4 SchKG).

§ 8 Arrest

I. Begriff

Wie bereits die Terminologie vermuten lässt, geht es beim Arrest – bildlich ausgedrückt – um die *Festnahme* von Vermögenswerten des Schuldners.

1448

Anmerkung: Vom Vermögensarrest, bei dem nur Vermögenswerte betroffen sind, kann der Personalarrest (der sog. *Schuldverhaft*), bei dem der Schuldner selbst in Arrest genommen wird, unterschieden werden. Der Personalarrest wurde in der Schweiz im 19. Jahrhundert abgeschafft (vgl. Art. 59 Abs. 3 aBV).

II. Zweck

Der Zweck des Arrestes besteht in der *vorläufigen Sicherung gefährdeter Gläubigerrechte* im Hinblick auf eine spätere Zwangsvollstreckung. Er gilt – da die Arrestlegung ohne Anhörung der Gegenpartei erfolgt und die Arrestvoraussetzungen vom Arrestgläubiger lediglich glaubhaft gemacht werden müssen – als *superprovisorische* Massnahme (Art. 272 Abs. 1 SchKG).[1049] Will der Arrestgläubiger den Arrest aufrechterhalten, muss er binnen kurzer Frist die Betreibung bzw. eine gerichtliche Klage gegen den Schuldner anheben (sog. Prosequierung [Art. 279 SchKG]).

1449

Anmerkung: Prosequieren bedeutet etwas verfolgen, vorantreiben.

Anmerkung: Der Sicherung gefährdeter Gläubigerrechte dienen auch die provisorische Pfändung (Art. 83 Abs. 1 SchKG) sowie das Güterverzeichnis (Art. 162 ff. SchKG).

Durch den Arrest soll das Vollstreckungssubstrat für eine bereits hängige oder erst zukünftige Betreibung durch Beschränkung des Verfügungsrechts des Schuldners gesichert werden. Wie die Pfändung und der Konkurs führt auch der Arrest zu einer amtlichen Beschlagnahme von Vermögenswerten des Schuldners.

1450

Nicht zu verwechseln ist der Arrest mit den *einstweiligen Verfügungen* des Zivilprozessrechts: Die Vollstreckung von Geldforderungen kann immer nur durch einen Arrest gesichert werden, nie durch eine einstweilige Verfügung des Zivilprozessrechts. Nach Art. 269 lit. a ZPO bleiben die Bestimmungen des SchKG über sichernde Massnahmen bei der Vollstreckung von Geldforderungen explizit vorbehalten.

1451

1049 BGer v. 17.4.2009, 5A_39/2009 E. 1.2; BGer v. 11.11.2010, 5A_697/2010 E. 1.2.

Anmerkung: Vom Arrest als Sicherungsmassnahme ist die Leistung einer Geldzahlung als vorsorgliche Leistungsmassnahme (Art. 262 lit. e ZPO) zu unterscheiden. Grundsätzlich sind vorsorgliche Geldleistungen unzulässig, da die Gegenpartei für die Rückforderung einem Inkassorisiko ausgesetzt wird. Das Gesetz sieht jedoch einige Fälle vor, in denen eine vorsorgliche Geldleistung ausnahmsweise zulässig ist, sofern damit ein drohender Nachteil abgewendet werden kann. Dies ist etwa dann der Fall, wenn eine Unterhaltsklage zusammen mit einer Vaterschaftsklage eingereicht wurde und die Vaterschaft glaubhaft gemacht worden ist (Art. 303 Abs. 2 lit. b ZPO).

1452 Für die vorläufige Sicherung öffentlich-rechtlicher Forderungen sieht die Spezialgesetzgebung mitunter weitere Massnahmen vor.

Beispiel: Die sich auf Art. 169 DBG stützende Sicherungsverfügung soll die Zahlung der direkten Bundessteuer in den Fällen vorab provisorisch gewährleisten, in denen diese als gefährdet erscheint. Diese Verfügung dient als Arrestbefehl im Sinne des SchKG (Art. 170 DBG). Die kantonale Steuerverwaltung muss somit nicht zuerst den Richter anzurufen, sondern kann sich direkt an das Betreibungsamt richten. Analoge Bestimmungen finden sich auch im MWSTG, im VStG, im ZG, in der SVAV und im StG.

III. Voraussetzungen

1453 Die Verarrestierung von Vermögenswerten des Schuldners setzt in *materieller* Hinsicht dreierlei voraus:

– eine *Arrestforderung;*
– einen *Arrestgrund;*
– einen *Arrestgegenstand.*

1454 Eine *formelle* Voraussetzung ist, dass es dem Gläubiger gelingt, dem Richter das Vorliegen der materiellen Arrestvoraussetzungen *glaubhaft* zu machen (Art. 272 SchKG).

A. Arrestforderung

1455 Um als *Arresttitel* zu gelten, muss die Forderung folgenden Anforderungen genügen:

– *Erstens* muss die Forderung auf eine *Geldzahlung* oder *Sicherheitsleistung* gerichtet sein und sich auf dem Weg der Zwangsvollstreckung durchsetzen lassen.
– *Zweitens* darf die Forderung *nicht durch ein Pfand gesichert* sein (Art. 271 Abs. 1 SchKG), wobei mit Pfand nicht bloss die Realsicherheiten i.S.v. Art. 37 SchKG, sondern auch andere Sicherheiten wie Bürgschaften, (Bank-)Garantien, Schuldübernahmen, Sicherungsübereignungen etc. gemeint sind. Weil das Vollstreckungssubstrat durch ein Pfand bereits gesichert ist, bedarf der Gläubiger keiner zusätzlichen Sicherung in Form des Arrestes.

– *Drittens* muss die Forderung grundsätzlich *fällig* sein (Art. 271 Abs. 1 SchKG). Zukünftige Forderungen sind von einer Arrestlegung ausgeschlossen. In zwei Fällen kann der Arrest allerdings auch für eine nicht fällige Forderung verlangt werden, nämlich dann, wenn der Schuldner keinen festen Wohnsitz hat oder sich unredlich verhält (Art. 271 Abs. 2 i.V.m. Abs. 1 Ziff. 1 und 2 SchKG). In diesen Fällen wird durch die Arrestlegung zugleich die Fälligkeit bewirkt.

B. Arrestgründe

Arrest kann nur dann verfügt werden, wenn einer der in Art. 271 Abs. 1 Ziff. 1–6 SchKG *abschliessend* aufgezählten Tatbestände vorliegt: 1456

– *Ziff. 1:* Der Schuldner hat *keinen festen Wohnsitz,* und zwar weder in der Schweiz noch im Ausland.[1050] Für den Begriff des Wohnsitzes ist grundsätzlich auf Art. 23 ff. ZGB abzustellen. Bei internationalen Sachverhalten gilt der Wohnsitzbegriff nach Art. 20 Abs. 1 lit. a IPRG.

   Beispiel: Zirkusartisten oder fahrendes Volk.

– *Ziff. 2:* Der Schuldner verhält sich *unredlich,* indem er sich entweder durch Flucht, durch hierfür getroffene Anstalten oder durch böswilliges Beiseiteschaffen seiner Vermögenswerte seinen Verbindlichkeiten zu entziehen versucht.[1051] Es handelt sich hier um einen Gefährdungstatbestand, für dessen Erfüllung objektive, äussere Umstände und unlautere Absichten erforderlich sind. Der Begriff der *Flucht* ist weit zu fassen; es genügt bereits das verdächtige Sich-Entfernen. Auch das *Beiseiteschaffen* ist weit auszulegen. Darunter lässt sich praktisch jedes Verhalten subsumieren, das dem Gläubiger den Zugriff auf die Vermögenswerte des Schuldners in irgendeiner Form verunmöglicht. Allein die Möglichkeit, dass der Schuldner im Zeitpunkt der späteren Vollstreckung vermögenslos sein könnte, begründet jedoch noch keinen Sicherstellungsanspruch.

   Anmerkung: Die in Ziff. 2 genannten Tatbestände entsprechen denjenigen der Konkurseröffnung ohne vorgängige Betreibung gemäss Art. 190 Abs. 1 Ziff. 1 SchKG.

   Beispiel: Der Schuldner schafft Vermögensgegenstände ins Ausland.

– *Ziff. 3:* Hier wird der sog *Taschenarrest* behandelt. Ist der Schuldner auf der *Durchreise* begriffen oder gehört er zu jenen Personen, welche *Messen* und *Märkte* besuchen, können mit Arrest Forderungen gesichert werden, die ihrer Natur nach *sofort* zu erfüllen sind.

   Beispiel: Verarrestierung von Vermögenswerten eines Touristen, der seine Zechschulden nicht bezahlt hat.

1050 BGer v. 9.8.2010, 5A_306/2010 E. 6.1; BGer v. 17.11.2005, 5P.296/2005 E. 3.1.
1051 BGer v. 9.8.2010, 5A_306/2010 E. 6.2.

– *Ziff. 4:* Arrest kann gelegt werden, wenn der Schuldner über *keinen (Wohn-) Sitz in der Schweiz* verfügt, aber *einen (Wohn-)Sitz im Ausland* hat. Für diesen Arrestgrund hat sich in der Rechtsprechung der Begriff *Ausländerarrest* eingebürgert, obwohl nicht etwa auf die Nationalität des Schuldners, sondern auf seinen (Wohn-)Sitz im Ausland abzustellen ist. Von diesem Arrestgrund können sowohl natürliche als auch juristische Personen betroffen sein. Ein Ausländerarrest ist jedoch ausgeschlossen, wenn der im Ausland wohnhafte Schuldner in der Schweiz an einem besonderen Betreibungsort (z.B. am Ort seiner inländischen Geschäftsniederlassung [Art. 50 SchKG]) betrieben werden kann.

Anmerkung: Der Ausländerarrest ist *subsidiär* zu den übrigen Arrestgründen. D. h., dass er nur dann bewilligt wird, wenn kein anderer Arrestgrund gegeben ist. Es handelt sich somit beim Ausländerarrest um einen blossen Auffangtatbestand für diejenigen Fälle, die nicht unter einen der anderen Arrestgründe subsumiert werden können. Damit soll vor allem klargestellt werden, dass bei gegebenen Voraussetzungen gegen einen im Ausland domizilierten Schuldner auch die anderen Arrestgründe angerufen werden können bzw. sollen. Darüber hinaus wird verlangt, dass die Arrestforderung *alternativ*[1052] entweder auf einer *Schuldanerkennung* i.S.v. Art. 82 Abs. 1 SchKG beruht oder aber einen *genügenden Bezug* zur Schweiz aufweist. Die Konkretisierung letzterer Voraussetzung wird bewusst der Praxis überlassen, welche darüber zu befinden hat, in welchen Fällen diesem Erfordernis Genüge getan ist. Entwickelt wurde der Begriff des genügenden Bezugs ursprünglich im Zusammenhang mit der Verarrestierung von Vermögenswerten fremder Staaten.

Beispiele eines genügenden Bezugs:
- Erfüllungsort in der Schweiz;[1053]
- Vertragsabschluss in der Schweiz;
- Zuständigkeit schweizerischer Gerichte;
- Anwendbarkeit von schweizerischem Recht, welches durch relevante Anknüpfungspunkte ermittelt wird (dies allerdings bloss als sich im weitesten Sinn aus der Forderung ergebender Anhaltspunkt);
- Wohnsitz des Gläubigers in der Schweiz, falls er mit der Forderung zusammenhängt (dies ist nicht der Fall, wenn die Forderung dem Gläubiger bloss zum Inkasso abgetreten wurde) und nicht in rechtsmissbräuchlicher Weise nachträglich geschaffen worden ist;[1054]
- Geschäftstätigkeit in der Schweiz;
- Honorarforderungen aus anwaltlicher Vertretung in einem schweizerischen Prozess.[1055]

[1052] BGer v. 20.1.2011, 5A_501/2010 E. 2.3.2; BGE 135 III 608 E. 4.3 (Pra 99 [2010] Nr. 63).
[1053] BGE 123 III 494.
[1054] BGer v. 8.10.2008, 5A_438/2008 E. 2.3.
[1055] BGer v. 26.6.2007, 5A_150/2007.

Beispiele eines ungenügenden Bezugs:
- Schweizer Nationalität der Parteien;
- Belegenheit von Vermögenswerten in der Schweiz;
- Erfüllung der Forderung in Schweizer Währung.

Anmerkung: Im Zuge der Revision des LugÜ von 2007 wurde Ziff. 6 von Art. 271 Abs. 1 SchKG neu eingeführt. Darin wird als neuer Arrestgrund das Vorliegen eines definitiven Rechtsöffnungstitels genannt. Der Hinweis in Ziff. 4 auf vollstreckbare gerichtliche Entscheide ist dadurch überflüssig geworden; entsprechend konnte der Satzteil «oder auf einem vollstreckbaren gerichtlichen Urteil» in Ziff. 4 gestrichen werden. Liegt ein vollstreckbarer gerichtlicher Entscheid vor, so ist also neu der Arrestgrund von Ziff. 6 gegeben. Die weiteren Voraussetzungen in Ziff. 4 – insbesondere der Inlandsbezug – müssen diesfalls nicht mehr geprüft werden.

- *Ziff. 5:* Arrest kann verfügt werden, sofern der Gläubiger gegen den Schuldner einen *provisorischen* oder *definitiven Verlustschein* besitzt. In Betracht kommen die Verlustscheine gemäss Art. 115[1056], Art. 149[1057] und Art. 265[1058] SchKG, nicht aber der Pfandausfallschein nach Art. 158 SchKG.
- *Ziff. 6:* Besitzt der Gläubiger einen *definitiven Rechtsöffnungstitel,* so kann er ebenfalls die Verarrestierung von Schuldnervermögen verlangen. Als definitive Rechtsöffnungstitel in diesem Sinne gelten:

    - vollstreckbare *schweizerische Entscheide;*

        Anmerkung: Als Arresttitel in diesem Sinne gelten nicht nur Gerichtsentscheide, sondern auch gerichtliche Vergleiche und Schuldanerkennungen, Schiedsgerichtsurteile und Entscheide von Verwaltungsbehörden.

    - vollstreckbare *Lugano-Entscheide;*

        Anmerkung: Hierunter sind Entscheide zu verstehen, die in einem Vertragsstaat des LugÜ ergangen sind und nach den Anerkennungsvoraussetzungen dieses Übereinkommens in der Schweiz zu vollstrecken sind. Wird gestützt auf einen solchen Entscheid Arrestlegung verlangt, so entscheidet das Arrestgericht gleichsam über dessen Vollstreckbarkeit, auch wenn der Gläubiger kein entsprechendes Rechtsbegehren gestellt hat (Art. 271 Abs. 3 SchKG).

    - alle übrigen vollstreckbaren *ausländischen Entscheide.*

        Anmerkung: Diese Auffassung ist umstritten. Ein Teil der Lehre vertritt die Ansicht, dass ausländische Entscheide *ausserhalb des Anwendungsbereichs des LugÜ* nicht unter Ziff. 6 fallen, weil der Gesetzgeber bei dieser Bestimmung lediglich die Umsetzung des revLugÜ im Sinn hatte und entsprechend in Abs. 3 von Art. 271 SchKG bloss die Vollstreckbarerklärung von Lugano-Entscheiden gemeint war. Dem kann entgegengehalten werden, dass der Wortlaut von Ziff. 6 den Anwendungsbereich nicht auf Lugano-Entscheide einschränkt und in der Botschaft zum revLugÜ explizit aus-

---

1056 Rz. 899 f.
1057 Rz. 901 ff.
1058 Rz. 1418 ff.

geführt wird, dass Ziff. 6 grundsätzlich auch auf ausländische Entscheide ausserhalb des Anwendungsbereichs des LugÜ anwendbar ist (BBl 2009 1777, 1821). Dass in Abs. 3 von Art. 271 SchKG lediglich von Lugano-Entscheiden die Rede ist, ist dadurch zu erklären, dass Ziff. 6 überhaupt bloss wegen der Umsetzung des revLugÜ entstanden ist, welches in Art. 47 Ziff. 1 vorsieht, dass der Antragsteller einstweilige Massnahmen nach dem Recht des Vollstreckungsstaates auch *ohne selbständiges Exequaturverfahren* verlangen kann. Da sich der Arrestschuldner nach Vorgabe des LugÜ einzig mit der Beschwerde nach Art. 43 LugÜ gegen die Vollstreckbarerklärung wehren kann, darf das Arrestgericht die Frage nach der Vollstreckbarkeit des Lugano-Entscheids *nicht bloss vorfrageweise überprüfen*. Es hat auch dann, wenn der Arrestgläubiger kein entsprechendes Begehren stellt, *mit Rechtskraftwirkung* über die Vollstreckbarkeit zu entscheiden. Bei ausländischen Entscheiden ausserhalb des Anwendungsbereichs des LugÜ wird die Vollstreckbarkeit im Arrestverfahren hingegen lediglich *inzident* geprüft, es sei denn, dass der Gläubiger im Arrestgesuch zugleich ein Rechtsbegehren stellt, in welchem er die Vollstreckbarerklärung des ausländischen Entscheids verlangt. Bei inzidenter Prüfung der Vollstreckbarkeit kommt dem Entscheid des Arrestgerichts in dieser Hinsicht *keine Rechtskraftwirkung* zu.

C. Arrestgegenstand

1457 Wie die Arrestforderung und der Arrestgrund muss auch der zu verarrestierende Gegenstand bestimmte Voraussetzungen erfüllen.

1458 So können – dem Sicherungszweck des Arrests entsprechend – nur jene Vermögenswerte des Schuldners verarrestiert werden, die auch pfändbar[1059] sind; d.h., dass sie einen Geldwert aufweisen und verwertbar sein müssen.

Beispiel: Nicht verwertbar sind z.B. die Kompetenzstücke im Sinne von Art. 92 SchKG.

1459 Es muss sich – als Ausfluss des Territorialitätsprinzips – um in der Schweiz belegene Vermögensstücke handeln, die rechtlich und nicht bloss wirtschaftlich dem Schuldner zustehen. Dabei spielt es keine Rolle, ob sich diese Gegenstände beim Schuldner oder einem Dritten befinden, solange sie dem Schuldner gehören.[1060] Ausgangspunkt für die Beurteilung, ob ein Vermögensstück dem Schuldner gehört, bildet der Besitz (Art. 930 Abs. 1 ZGB).[1061] Nur ausnahmsweise ist der Zugriff auf Vermögenswerte, die nicht dem Schuldner gehören, zulässig. Dies ist dann der Fall, wenn der Schuldner seine Vermögenswerte rechtsmissbräuchlich einer von ihm beherrschten Gesellschaft überträgt (sog. *Durchgriff*) oder wenn Vermögenswerte auf fremden Namen lauten, aber für Rechnung des Arrestschuldners gehalten werden.[1062]

[1059] Rz. 615 ff.
[1060] BGer v. 11.4.2008, 5A_147/2008 E. 3.3.
[1061] BGer v. 9.8.2010, 5A_306/2010 E. 7.2.
[1062] BGer v. 10.9.2009, 5A_225/2009 E. 4.1.

Infrage kommen dabei sowohl körperliche Gegenstände wie auch Forderungen und andere Rechte, insbesondere Bankgarantien, nicht aber Akkreditive.[1063] 1460

Die Verarrestierung erfolgt entweder am Betreibungsort oder am Ort, wo sich die Vermögensgegenstände befinden (Art. 272 Abs. 1 SchKG). In beiden Fällen kommt dem Arrestbefehl schweizweite Wirkung zu. Bei nicht in Wertpapieren verkörperten Forderungen wird – notabene wie bei der Pfändung – der Wohnsitz des Forderungsgläubigers als Ort der belegenen Sache angenommen; hat der Forderungsgläubiger Wohnsitz im Ausland, so gilt aus Praktikabilitätsgründen der Wohnsitz des Drittschuldners in der Schweiz als Ort der Belegenheit. 1461

D. Verfahren

Beim Arrest handelt es sich zwar bloss um eine provisorische Sicherungsmassnahme; gleichwohl hat er für den Schuldner einschneidende Wirkungen und muss daher in einem *gerichtlichen Verfahren* angeordnet werden. Der eigentliche Arrestvollzug obliegt dann dem Betreibungsamt. 1462

1. Arrestbegehren

Der Gläubiger, der Vermögenswerte des Schuldners verarrestieren lassen will, muss sich mit einem i.d.R. schriftlichen Arrestbegehren an das Gericht wenden (Art. 272 Abs. 1 SchKG; Art. 252 Abs. 2 ZPO). In dringenden Fällen kann das Arrestbegehren auch mündlich beim Gericht zu Protokoll gegeben werden (Art. 252 Abs. 2 ZPO). 1463

Im Arrestbegehren hat der Gläubiger dem Arrestgericht glaubhaft zu machen, dass die Voraussetzungen für eine Arrestlegung erfüllt sind.[1064] Er muss dartun, dass seine Forderung besteht, ein Arrestgrund vorliegt und verarrestierbare Vermögensgegenstände des Schuldners vorhanden sind. Will der Gläubiger gegen mehrere Schuldner vorgehen, so hat er grundsätzlich gegen jeden einzelnen einen Arrestbefehl zu erwirken, der sich auf Aktiven bezieht, die dem jeweiligen Schuldner gehören.[1065] Ausnahmsweise kann der Gläubiger aber nur mit einem Arrestbefehl gegen mehrere Schuldner vorgehen, nämlich dann, wenn der fragliche Vermögenswert im *Gesamteigentum* derselben steht.[1066] 1464

Der Gläubiger muss im Arrestbegehren die zu verarrestierenden Gegenstände genau *bezeichnen* und deren Standort angeben. Ist eine individualisierende Bezeichnung der einzelnen Gegenstände nicht möglich, so genügt eine allgemeine *gattungsmässige* Umschreibung, sofern wenigstens der Standort und der Gewahr- 1465

1063 BGE 117 III 76 E. 7 (Pra 82 [1993] Nr. 232); 113 III 26 E. 3.
1064 BGer v. 2.2.2011, 5A_712/2010 E. 3.
1065 BGer v. 2.2.2011, 5A_712/2010 E. 3.1.1; BGE 80 III 91.
1066 BGer v. 2.2.2011, 5A_712/2010 E. 3.1.1.

samsinhaber glaubhaft dargetan werden können. Andernfalls liegt ein Begehren für einen verpönten *Sucharrest* vor, auf das der Richter nicht eintreten darf.[1067]

> *Beispiel:* So könnte beispielsweise die Verarrestierung des Inhalts des bei der Bank X gemieteten Schrankfachs verlangt werden, nicht aber die Verarrestierung sämtlicher dem Schuldner bei der Bank X zustehenden Vermögenswerte. Letzteres würde auf einen missbräuchlichen Sucharrest hinauslaufen.

2. Glaubhaftmachen

1466 Der Arrestrichter erlässt den Arrestbefehl aufgrund einer *summarischen Prüfung* der Vorbringen des Gläubigers. Dieser hat die Arrestvoraussetzungen lediglich *glaubhaft* zu machen (Art. 272 SchKG).

1467 Die Anforderungen an die Glaubhaftmachung werden vom Gesetz nicht umschrieben. Dem *Ermessen* des Arrestgerichts kommt deshalb eine massgebliche Bedeutung zu. Das Arrestgericht stützt sich grundsätzlich auf die gleichen Grundsätze, wie sie auf dem Gebiet der provisorischen Rechtsöffnung und des summarischen Verfahrens im Zivilprozess gelten. Nach bundesgerichtlicher Rechtsprechung gilt eine Tatsache dann als glaubhaft gemacht, wenn das Gericht sie aufgrund einer plausiblen Darlegung des Gläubigers für *wahrscheinlich* hält. Dabei sind an die Wahrscheinlichkeit keine überhöhten Anforderungen zu stellen. Der Wahrscheinlichkeitsnachweis ist erbracht, wenn das Gericht aufgrund der ihm vorgelegten Elemente den Eindruck gewinnt, dass der behauptete Sachverhalt wirklich vorliegt, ohne ausschliessen zu müssen, dass es sich auch anders verhalten haben könnte.[1068]

3. Arrestbewilligung

1468 Zuständig für die Arrestbewilligung ist das Gericht am Betreibungsort oder das Gericht am Ort, wo sich die Vermögensgegenstände des Schuldners befinden (Art. 272 Abs. 1 SchKG). Dem Arrestbefehl kommen *schweizweite Wirkungen* zu. Wenn nun der Gläubiger gleichzeitig *mehrere* örtlich zuständige Gerichte anruft, so haben diese die Grundsätze der *Litispendenz* (Art. 62 ff. ZPO) zu beachten. Das zuerst angerufene Gericht ist allein dafür zuständig, über sämtliche sich in der Schweiz befindliche Vermögenswerte des Schuldners den Arrest zu verhängen.

1469 Die sachliche Zuständigkeit richtet sich nach den einschlägigen Bestimmungen des kantonalen Rechts (vgl. auch Art. 3 f. ZPO und Art. 23 SchKG), i.d.R. nach den Gerichtsorganisationsgesetzen oder den kantonalen Einführungsgesetzen zum SchKG.

[1067] BGE 130 III 579 E. 2.1.
[1068] BGer v. 11.6.2010, 5A_46/2010 E. 3.2; BGer v. 20.1.2011, 5A_501/2010 E. 2.2; BGer v. 9.8.2007, 5A_301/2007 E. 2.1; BGer v. 11.4.2008, 5A_147/2008 E. 3.3; BGer v. 30.6.2009, 5A_817/2008 E. 6.1.

III. Voraussetzungen

Der Arrestrichter entscheidet im summarischen Verfahren[1069] über das Arrestgesuch (Art. 251 lit. a ZPO). Da es sich beim Arrest um eine *überfallartige Massnahme* handeln soll, wird der Schuldner im Stadium der Arrestbewilligung *nicht angehört*. D.h., es erfolgt nur eine einseitige Prüfung des Arrestgesuchs aufgrund der Darstellung des Gläubigers. Erachtet das Gericht die Darstellung des Gläubigers als glaubhaft, so bewilligt es den Arrest und erlässt den Arrestbefehl zum Vollzug an das Betreibungsamt. Von diesem Entscheid erlangt der Schuldner erst *nach dem Vollzug des Arrestes* Kenntnis.[1070] Dieses Vorgehen soll den Schuldner *überraschen* und so verhindern, dass er weitere Anstalten treffen kann, um die Flucht zu ergreifen oder dem Gläubiger Vermögenswerte zu entziehen. 1470

Verweigert das Gericht die Arrestbewilligung, so wird dies dem Arrestschuldner *nicht mitgeteilt*.[1071] 1471

Die Kosten des Arrestbewilligungsverfahrens bestimmen sich nach dem Streitwert (Art. 48 GebV SchKG). Vom Arrestgläubiger kann ein Vorschuss verlangt werden (Art. 98 ZPO). 1472

4. Arrestbefehl

Der Arrestbefehl wird vom Gericht erlassen und hierauf dem Betreibungsbeamten oder einem anderen Angestellten des Betreibungsamtes zum Vollzug zugestellt (Art. 274 Abs. 1 SchKG). 1473

Der Arrestbefehl muss sämtliche Angaben enthalten, die notwendig sind, um einen Arrest vollziehen und allenfalls anfechten zu können (Art. 274 Abs. 2 SchKG). Dies sind: 1474

- die Namen und Adressen des Gläubigers und des Schuldners (Ziff. 1);
- die Angabe der Forderung, für welche Arrest gelegt wird (Ziff. 2);
- die Angabe des Arrestgrunds (Ziff. 3);
- die Angabe der mit Arrest zu belegenden Gegenstände (Ziff. 4);
- der Hinweis auf die Schadenersatzpflicht des Gläubigers und auf die ihm gegebenenfalls auferlegte Sicherheitsleistung (Ziff. 5).

5. Arrestvollzug

Mit Blick auf den Arrestvollzug erklärt Art. 275 SchKG, dass Art. 91–109 SchKG sinngemäss anwendbar sind. Beim Arrestvollzug sind jedoch einige Besonderheiten zu beachten: 1475

- Der Arrestvollzug wird *nicht angekündigt*.

[1069] Rz. 89.
[1070] BGer v. 2.2.2011, 5A_712/2010 E. 1.4.
[1071] BGer v. 2.2.2011, 5A_712/2010 E. 1.4.

§ 8 Arrest

> *Anmerkung:* Art. 275 SchKG verweist *bewusst nicht* auf Art. 90 SchKG (Pfändungsankündigung).

– Der Arrestbefehl ist *sofort* zu vollziehen, auch während eines Betreibungsstillstandes (Art. 56 SchKG).
– Nur die *im Arrestbefehl bezeichneten* Gegenstände dürfen verarrestiert werden. Ein über den Arrestbefehl hinausgehender Arrestvollzug von Vermögenswerten ist ausgeschlossen.
– Die Arrestgegenstände werden dem Schuldner *zur freien Verfügung* überlassen, sofern er *Sicherheit leistet,* dass im Falle der Pfändung oder der Konkurseröffnung die Arrestgegenstände oder an ihrer Stelle andere Vermögensstücke von gleichem Wert vorhanden sein werden (Art. 277 SchKG).

1476 Über den Arrestvollzug wird eine Arresturkunde verfasst. Der mit dem Vollzug betraute Beamte bescheinigt hierfür auf der Rückseite des Arrestbefehls die Vornahme des Arrestes mit Angabe der Arrestgegenstände und ihrer Schätzung. In der Folge übermittelt er die Arresturkunde sogleich dem Betreibungsamt (Art. 276 Abs. 1 SchKG). Dieses stellt dem Gläubiger und dem Schuldner sofort eine Abschrift der Arresturkunde zu und benachrichtigt Dritte, die durch den Arrest in ihren Rechten betroffen werden (Art. 276 Abs. 2 SchKG). Von diesem Zeitpunkt an läuft die Frist zur Anfechtung des Arrestes durch Beschwerde oder Einsprache sowie zur Prosequierung des Arrestes (Art. 278 und 279 SchKG).[1072]

6. Arrestwirkungen

6.1 *Für den Schuldner*

1477 Für den Schuldner hat der Arrest die gleichen Wirkungen wie eine *Pfändung.* Er ist verpflichtet, dem *Arrestvollzug beizuwohnen* und den *Belegenheitsort der Arrestgegenstände* anzugeben. Im Unterschied zum Pfändungsverfahren trifft den Schuldner jedoch keine generelle Auskunftspflicht über sein Vermögen; er hat lediglich über jene Vermögenswerte Auskunft zu geben, die im Arrestbefehl aufgeführt sind.[1073] Er ist ferner bei Straffolge (Art. 169 StGB) dazu verpflichtet, sich jeder vom Betreibungsbeamten nicht bewilligten Verfügung über die Arrestgegenstände zu enthalten (Art. 275 i.V.m. Art. 96 SchKG).

1478 Das Betreibungsamt ist berechtigt, die Gegenstände in amtliche Verwahrung zu nehmen oder sie einem Dritten zu übergeben. Es kann sie jedoch auch dem Arrestschuldner zur freien Verfügung überlassen, sofern dieser eine entsprechende Sicherheit durch Hinterlegung, Solidarbürgschaft oder eine andere gleichwertige Sicherheit leistet (Art. 277 SchKG).

[1072] BGE 135 III 232 E. 2.4.
[1073] BGer v. 31.7.2003, 7B.142/2003 E. 2.2.

6.2 Für den Gläubiger

Durch den Arrest sichert sich der Gläubiger Vollstreckungssubstrat für eine bereits hängige oder eine erst bevorstehende Betreibung. Der Arrest verhilft dem Gläubiger in einem nachfolgenden Zwangsvollstreckungsverfahren jedoch *nicht zu einem Vorrecht* auf Befriedigung aus dem Erlös der Arrestgegenstände; alle anderen mit ihm konkurrierenden Gläubiger haben das gleiche Recht darauf.

1479

Der Arrest räumt dem Gläubiger zwei *Privilegien* ein:

1480

– Werden Arrestgegenstände nach Ausstellung des Arrestbefehls von einem anderen Gläubiger gepfändet, bevor der Arrestgläubiger selber das Pfändungsbegehren stellen kann, so nimmt dieser von Gesetzes wegen *provisorisch* an der Pfändung teil (Art. 281 Abs. 1 SchKG).
– Ferner darf der Arrestgläubiger die vom Arrest herrührenden Kosten (der Bewilligung und des Vollzugs) aus dem Erlös der Arrestgegenstände *vorwegnehmen* (Art. 281 Abs. 2 SchKG).

6.3 Für einen Dritten

Dritte sind wie bei der Pfändung zur Auskunft verpflichtet. Diesbezüglich besteht aber eine Besonderheit. Der Dritte, der Gewahrsam an den Arrestgegenständen ausübt, ist erst mit Ablauf der Einsprachefrist von Art. 278 SchKG oder, falls Einsprache erhoben worden ist, erst mit dem Eintritt der Rechtskraft des Einspracheentscheides zur Auskunft verpflichtet.[1074] Darüber hinaus haben Drittschuldner und Drittgewahrsamsinhaber die mit dem Arrest verbundene Zahlungs- und Verfügungssperre zu beachten. Allfällige Verrechnungsmöglichkeiten Dritter werden nach der bundesgerichtlichen Rechtsprechung hiervon allerdings nicht berührt.[1075]

1481

Dritte, die an Arrestgegenständen eigene vorgehende Rechte geltend machen wollen, müssen diese rechtzeitig anmelden. Kraft des Verweises in Art. 275 SchKG kommt diesfalls das Widerspruchsverfahren gemäss Art. 106 ff. SchKG zur Anwendung. Die Geltendmachung der Drittansprachen ist an keine formelle Frist gebunden; sie können angemeldet werden, solange der Erlös des gepfändeten Gegenstandes noch nicht verteilt ist (Art. 106 Abs. 2 SchKG). Gemäss bundesgerichtlicher Rechtsprechung sind die Rechte Dritter an gepfändeten oder verarrestierten Gegenständen entsprechend dem Grundsatz von Treu und Glauben innert nützlicher Frist geltend zu machen, ansonsten sie verwirken. Der Gläubiger soll frühzeitig wissen, dass seine Rechte im Betreibungsverfahren berührt sein könnten. Auf diese Weise soll er sich unnötige Kosten für die Fortsetzung des Vollstre-

1482

1074 BGer v. 17.1.2011, 5A_672/2010 E. 3.2; BGer v. 12.1.2010, 5A_761/2009 E. 3; BGE 125 III 391 E. 2.d.bb (Pra 89 [2000] Nr. 87).
1075 BGer v. 1.9.2006, 7B.99/2006 E. 3.1; BGE 100 III 79 E. 4.

ckungsverfahrens ersparen und gegebenenfalls einen neuen Arrest oder eine Ergänzungspfändung erwirken können.[1076]

7. Arrestprosequierung

1483 Da der Arrest nur *vorsorglichen* Charakter hat, muss er vom Gläubiger – sofern dieser *nicht bereits vor dem Arrestverfahren* eine Betreibung eingeleitet oder eine Klage anhängig gemacht hat – innert bestimmter Fristen *prosequiert* werden (Art. 279 Abs. 1 SchKG). Dies bedeutet in diesem Zusammenhang nichts anderes, als dass der Gläubiger seine Forderung auf dem Vollstreckungsweg verfolgen muss, ansonsten der Arrest dahinfällt (Art. 280 Ziff. 1 SchKG).

1484 Die Prosequierung (oder Prosekution) erfolgt entweder mit *Klage* und anschliessender Betreibung oder *direkt mit Betreibung*. Sie ist jeweils innert zehn Tagen seit der Zustellung der Arresturkunde einzuleiten und weiterzuführen. Wird diese Frist nicht eingehalten, so fällt der Arrest dahin (Art. 280 Ziff. 1 SchKG). Für die Berechnung und Wahrung dieser Frist ist Art. 31 SchKG i.V.m. Art. 142 Abs. 1 ZPO bzw. i.V.m. Art. 143 ZPO einschlägig.[1077]

1485 Für im Ausland wohnhafte Schuldner besteht die Möglichkeit einer Verlängerung der Frist (Art. 33 Abs. 2 SchKG).

7.1 Prosekution mittels Betreibung

1486 Hat der Gläubiger die Betreibung nicht schon vor der Bewilligung des Arrestes eingeleitet, muss er dies *innert zehn Tagen* nach Zustellung der Arresturkunde tun (Art. 279 Abs. 1 SchKG).

1487 Erklärt der Schuldner in der Prosekutionsbetreibung *Rechtsvorschlag,* muss der Gläubiger binnen weiterer zehn Tage seit dessen Mitteilung Rechtsöffnung verlangen oder die Klage auf Anerkennung seiner Forderung erheben (Art. 279 Abs. 2 SchKG).

1488 Wird das Rechtsöffnungsbegehren *abgewiesen,* muss der Gläubiger die Klage auf Anerkennung seiner Forderung wiederum innert zehn Tagen nach Eröffnung des Entscheides einreichen (Art. 279 Abs. 2 SchKG). Die *endgültige* Abweisung der Klage bewirkt – wie der Rückzug der Betreibung – das Dahinfallen des Arrestes (Art. 280 SchKG). «Endgültig» im Sinne dieser Bestimmung bedeutet rechtskräftig[1078] und vollstreckbar.

1489 Hat der Schuldner *keinen Rechtsvorschlag* erhoben oder ist dieser *definitiv beseitigt* worden, muss der Gläubiger innert 20 Tagen das Fortsetzungsbegehren stel-

---

[1076] BGer v. 31.1.2007, 5C.209/2006 E. 4.1; BGE 120 III 123 E. 2a; 114 III 92 E. 1.a.
[1077] Rz. 200 ff.
[1078] Rz. 2.

len, wenn er den Arrestbeschlag aufrechterhalten will (Art. 279 Abs. 3 SchKG). Je nach der Person des Schuldners wird die Betreibung auf dem Weg der Pfändung oder des Konkurses fortgesetzt.

7.2 Prosekution mittels gerichtlicher Klage

Der Arrest kann auch mittels gerichtlicher Klage prosequiert werden. Die Frist hierzu beträgt ebenfalls *zehn Tage.* Wird die Klage *gutgeheissen,* muss der Gläubiger binnen zehn Tagen seit Eröffnung des rechtskräftigen Entscheids die Prosekutionsbetreibung anheben und jeweils innert zehn Tagen fortführen. 1490

Die direkte Klageprosequierung ist dann in Erwägung zu ziehen, wenn der Gläubiger über *keinen Rechtsöffnungstitel* verfügt und davon auszugehen ist, dass der Arrestschuldner die vermeintliche Forderung des Gläubigers *bestreiten* wird. 1491

7.3 Prosekutionsort

Gemäss Art. 52 SchKG kann für eine Forderung, welche unter Arrest gelegt worden ist, die Betreibung wahlweise am ordentlichen Betreibungsort oder am Arrestort eingeleitet werden.[1079] Da dem Arrestbefehl schweizweite Wirkungen zukommen, braucht die Betreibung nur an einem Ort eingeleitet zu werden. Zwecks örtlicher Konzentration der Verfahren und Vermeidung widersprüchlicher Entscheide im Rechtsöffnungsverfahren ist die Betreibung jedoch vorzugsweise an jenem Ort einzuleiten, der zum Sprengel des Gerichts gehört, welches den Arrestbefehl erlassen hat. 1492

Für die Prosekutionsklage gelten bei Binnensachverhalten die Bestimmungen der ZPO (Art. 9 ff. ZPO). Der Gerichtsstand bestimmt sich dabei nach der Art des materiellen Anspruchs, welcher der Klage zugrunde liegt; sonst gilt der ordentliche Gerichtsstand des Sitzes oder Wohnsitzes des Beklagten. 1493

Im internationalen Verhältnis sind Art. 4 IPRG und Art. 3 Ziff. 2 LugÜ zu beachten. Im Anwendungsbereich des IPRG kommt der Arrestort nur als subsidiärer Gerichtsstand in Betracht; d.h., dass der Arrestort nur dann Gerichtsstand sein kann, wenn das IPRG keine andere Zuständigkeit vorsieht. Im Anwendungsbereich des LugÜ ist der Arrestort als Gerichtsstand exorbitant; d.h., dass die Anrufung des Gerichtsstandes des Arrestortes ausgeschlossen ist. 1494

7.4 Sonderfall: Prosekution bei hängiger Forderungsklage im Ausland

Gemäss Art. 279 Abs. 4 SchKG muss der Gläubiger, sofern er seine Forderung *ohne vorgängige Betreibung* gerichtlich eingeklagt hat, innert zehn Tagen nach Eröffnung des Entscheids die Betreibung einleiten. Ist das Betreibungsbegehren da- 1495

[1079] BGE 77 III 128 E. 2; 88 III 59 E. 4.

gegen eingereicht worden, nachdem der Gläubiger eine Klage *im Ausland* eingeleitet hat, so hat der Gläubiger gemäss bundesgerichtlicher Rechtsprechung *innert zehn Tagen nach Eröffnung des ausländischen Entscheides* die Rechtsöffnung zu verlangen; andernfalls fällt der Arrest mangels Prosekution dahin.[1080]

8. Rechtsbehelfe gegen den Arrestbefehl

1496 Da der Arrestbefehl ohne Ankündigung ergeht, erhalten der Schuldner und allfällig betroffene Dritte erst beim Arrestvollzug davon Kenntnis. Sie können sich dann mit folgenden Mitteln zur Wehr setzen:

– Einsprache gegen den Arrestbefehl (Art. 278 SchKG);
– betreibungsrechtliche Beschwerde gegen den Arrestvollzug (Art. 17 SchKG);
– Widerspruchsverfahren nach Art. 106 ff. SchKG, wenn vorgehende Rechte an den Arrestgegenständen beansprucht werden.

8.1 Einsprache

1497 Die Einsprache soll den vom Arrest Betroffenen *nachträglich* rechtliches Gehör gewähren. *Legitimiert* zur Einsprache ist, wer durch den Arrest *in seinen Rechten betroffen* ist (Art. 278 Abs. 1 SchKG). Das ist in erster Linie der Arrestschuldner; aber auch Dritte sind zur Einsprache legitimiert, insbesondere dann, wenn sie eigene Rechte an den Arrestgegenständen geltend machen.

Anmerkung: Der Drittverwahrer von Arrestgegenständen ist ebenfalls zur Beschwerde legitimiert, da er durch den Arrest in seinen Rechten tangiert wird. Nicht legitimiert ist dagegen der Drittschuldner, für den sich der Arrest nur dahingehend auswirkt, dass er nicht mehr mit befreiender Wirkung an den Arrestschuldner leisten kann.

1498 Nicht zur Einsprache legitimiert ist der Arrestgläubiger, dessen Arrestbegehren abgewiesen wurde. Ihm steht das ausserordentliche Rechtsmittel der Beschwerde gemäss Art. 319 lit. b Ziff. 1 i.V.m. Art. 309 lit. b Ziff. 6 ZPO zur Verfügung.

1499 Mit der Einsprache können sämtliche Einwände geltend gemacht werden, die sich gegen die Bewilligung des Arrestes richten.

Beispiele: Fehlende Prozessvoraussetzungen, Vorliegen einer Pfandsicherheit, fehlende Arrestvoraussetzungen[1081], Noven.

1500 Die Einsprache ist *innert zehn Tagen* seit Kenntnis der Anordnung des Arrests beim Arrestgericht, das den Arrest angeordnet hat, zu erheben (Art. 278 Abs. 1 SchKG). Ihr kommt *keine aufschiebende Wirkung* zu, d.h., dass der Arrest bis zur Erledigung der Einsprache bestehen bleibt (Art. 278 Abs. 4 SchKG). Während des

---

1080 BGE 135 III 551 E. 2 (Pra 99 [2010] Nr. 54).
1081 BGer v. 11.10.2010, 5A_409/2010 E. 3.1.

Einspracheverfahrens stehen die Prosekutionsfristen still (Art. 279 Abs. 5 Ziff. 1 SchKG).

Das Arrestgericht gibt den Beteiligten *Gelegenheit zur Stellungnahme* und entscheidet dann ohne Verzug *im summarischen Verfahren* (Art. 278 Abs. 2 SchKG i.V.m. Art. 251 lit. a ZPO). Erscheinen ihm die Arrestvoraussetzungen nach wie vor als erfüllt, weist es die Einsprache ab und bestätigt den Arrest. Andernfalls wird die Einsprache gutgeheissen und der Arrest aufgehoben oder teilweise abgeändert (z.B. durch Freigabe bestimmter Arrestgegenstände). Die Spruchgebühren des Einspracheentscheides sind grundsätzlich streitwertabhängig (Art. 48 GebV SchKG). Nach bundesgerichtlicher Rechtsprechung können bei der Berechnung der Spruchgebühr aber auch andere Kostenelemente berücksichtigt werden, so z.B. ein über- oder unterdurchschnittlicher gerichtlicher Aufwand, die besondere Art des Streitfalles, die Art der Prozessführung der Parteien oder die Vermögensverhältnisse des Kostenpflichtigen (vgl. auch Art. 107 Abs. 1 lit. f ZPO).[1082]

1501

Der Einspracheentscheid kann innert zehn Tagen mit *Beschwerde* nach Art. 319 lit. b Ziff. 1 i.V.m. Art. 309 lit. b Ziff. 6 ZPO an die obere kantonale Instanz weitergezogen werden. Der Weiterziehung kommt kein Suspensiveffekt zu. Während des Beschwerdeverfahrens stehen die Prosekutionsfristen still. Neue Tatsachen können geltend gemacht werden.

1502

Der Entscheid der oberen Gerichtsinstanz stellt einen *letztinstanzlichen kantonalen Endentscheid* i.S.v. Art. 90 BGG dar,[1083] der mit Beschwerde ans Bundesgericht weitergezogen werden kann, sofern der massgebliche Streitwert von CHF 30 000.00 erreicht wird oder sich eine Rechtsfrage von grundsätzlicher Bedeutung stellt (vgl. Art. 72 Abs. 2 lit. a i.V.m. Art. 74 Abs. 1 bzw. Art. 74 Abs. 2 lit. a BGG).

1503

8.2 Betreibungsrechtliche Beschwerde

Mit der Beschwerde nach Art. 17 SchKG[1084] können *Fehler des Betreibungsamtes beim Arrestvollzug* gerügt werden.

1504

Beispiel: Der Arrestschuldner kann rügen, dass ein im Arrestbefehl nicht aufgeführter Gegenstand oder ein unpfändbarer Gegenstand verarrestiert worden seien.

8.3 Widerspruchsverfahren

Beim Arrest ist wie bei der Pfändung das *Widerspruchsverfahren*[1085] nach Art. 106 ff. SchKG einzuleiten, wenn der Schuldner oder ein Dritter an einem

1505

1082 BGer v. 10.9.2009, 5A_225/2009 E. 3.2.
1083 BGer v. 9.8.2007, 5A_301/2007 E. 1.
1084 Rz. 147 ff.
1085 Rz. 735 ff.

der verarrestierten Gegenstände Rechte geltend macht, die dem Vollstreckungsanspruch des Arrestgläubigers vorgehen.[1086] Dem Dritten steht jedoch auch die Möglichkeit offen, sich mit der *Einsprache nach Art. 278 SchKG* gegen den Arrestbefehl oder mit der *Beschwerde nach Art. 17 SchKG* gegen den Arrestvollzug zur Wehr zu setzen. Wenn er in einem dieser Verfahren obsiegt, erübrigt sich die Durchführung des Widerspruchsverfahrens.

1506 Gelingt es dem Dritten jedoch nicht, die von ihm beanspruchten Gegenstände mittels Einsprache oder Beschwerde freizubekommen, oder hat er von diesen Möglichkeiten nicht fristgerecht Gebrauch gemacht, bleibt ihm nur noch der Weg über das Widerspruchsverfahren. Meldet er seinen Anspruch aber nicht innert angemessener Frist an, wird die Verwirkung seines Widerspruchsrechts angenommen.

8.4 Schadenersatzklage

1507 Der Gläubiger haftet sowohl dem Schuldner als auch dem Dritten für den aus einem ungerechtfertigten Arrest erwachsenen *Schaden* (Art. 273 Abs. 1 SchKG). *Ungerechtfertigt* ist ein Arrest insbesondere dann, wenn sich herausstellt, dass keine eintreibbare Forderung oder kein Arrestgrund bestanden hat.

> *Beispiel:* Das Auto von Kunstmaler S wurde verarrestiert. Hiergegen erhob S fristgerecht Einsprache. Diese wurde gutgeheissen und der Arrest aufgehoben. Da S nach dem Arrestvollzug seine Bilder jeweils per Taxi an seine Kundschaft ausliefern musste, klagte er gegen den Arrestgläubiger auf Bezahlung des aus dem Arrest erwachsenen Schadens.

1508 Bei dieser Haftung handelt es sich um eine *Kausalhaftung,* d.h., es ist kein Verschulden seitens des Arrestgläubigers erforderlich, um die Haftung zu begründen.

1509 Der Schaden muss in einem Kausalzusammenhang mit dem Arrest stehen. Dies ist dann der Fall, wenn der Schaden daraus resultiert, dass der Schuldner nicht mehr über die verarrestierten Vermögenswerte verfügen kann. Der Schaden besteht aus der Differenz des Ertrages, welchen der Schuldner mit den Vermögenswerten bei freier Verfügbarkeit erzielt hätte, und dem gegenwärtigen Vermögenszustand.

1510 Die *Bemessung* der Ersatzpflicht richtet sich nach den obligationenrechtlichen Bestimmungen. Der Schadenersatzanspruch ist deliktischer oder deliktsähnlicher Natur und verjährt analog Art. 60 OR innert einem Jahr seit Dahinfallen des Arrestes.[1087] Absolut tritt die Verjährung nach 10 Jahren ein.

1511 Im Hinblick auf eine allfällige Schadenersatzpflicht kann der Gläubiger zu einer *Sicherheitsleistung* verpflichtet werden (Art. 273 Abs. 1 SchKG). Diese kann ihm

---

1086 BGer v. 11.11.2010, 5A_697/2010 E. 3.
1087 BGE 64 III 107 E. 2.

bereits im Arrestbefehl auferlegt werden; die Sicherheit kann aber auch erst nachträglich verfügt oder allenfalls noch erhöht werden. Zu beachten ist, dass ein Arrest, falls die Angaben des Arrestgläubigers unglaubwürdig sind, selbst dann nicht zu bewilligen ist, wenn Sicherheit geleistet wird.[1088] M.a.W. ändert die Leistung einer Sicherheit nichts daran, dass für die Bewilligung des Arrestgesuchs die Voraussetzungen von Art. 272 Abs. 1 Ziff. 1–3 SchKG gegeben sein müssen.

Es handelt sich bei der Schadenersatzklage um eine rein materiellrechtliche Klage, die je nach Streitwert entweder im ordentlichen oder im vereinfachten Verfahren gemäss ZPO[1089] zu beurteilen ist. Sie kann wahlweise beim Richter am Wohnsitz des Beklagten oder am Arrestort eingereicht werden (Art. 273 Abs. 2 SchKG). Der Kläger trägt die *Beweislast* für den Schaden, die Widerrechtlichkeit sowie den Kausalzusammenhang zwischen Arrest und Schaden. Gegen den letztinstanzlichen kantonalen Entscheid ist die Beschwerde in Zivilsachen möglich; hierfür muss i.d.R. die Streitwertgrenze von CHF 30 000.00 erreicht werden (Art. 74 Abs. 1 lit. a BGG). 1512

8.5 *Exkurs: Schutzschrift*

Art. 270 ZPO gibt dem Arrestschuldner die Möglichkeit, seinen Standpunkt *vorsorglich* in einer sog. *Schutzschrift* darzulegen, wenn er Grund zur Annahme hat, dass gegen ihn ohne vorgängige Anhörung die Anordnung eines Arrests beantragt wird. Das Gericht ist verpflichtet, die Schutzschrift während sechs Monaten zu beachten, wenn eine Arrestlegung verlangt wird (Art. 270 Abs. 3 ZPO). Über die Schutzschrift wird die mutmasslich gesuchstellende Partei *nicht unterrichtet.* Erst im Falle der Einleitung eines entsprechenden Verfahrens um Arrestbewilligung bringt das Gericht die Schutzschrift der gesuchstellenden Partei zur Kenntnis (Art. 270 Abs. 2 ZPO). 1513

Beispiel: In der Annahme, dass G in Kürze ein Gesuch um Arrestbewilligung stellen werde, reicht S beim Gericht des Ortes, wo sich sein Grundstück befindet, eine Schutzschrift unter Beilage der vor Kurzem abgeschlossenen Stundungsvereinbarung ein. Als Begründung gibt S an, dass er während rund sieben Monaten ausser Landes weilen werde und in Anbetracht der persönlichen Probleme mit G trotz Stundung der fraglichen Forderung damit rechne, dass dieser innerhalb des nächsten Halbjahres ein Gesuch um Arrestbewilligung einreichen werde. Nachdem S tatsächlich die Schweiz verlassen hatte, stellte G prompt ein Gesuch um Erteilung der Arrestbewilligung über das Grundstück des S. Das Arrestgericht wies das Gesuch mit der Begründung ab, dass gar keine fällige Arrestforderung bestehe.

Dritte sind ebenfalls zur Hinterlegung einer Schutzschrift legitimiert, sofern sie durch einen Arrest gegen den Arrestschuldner in ihren eigenen Rechten betroffen wären.

[1088] BGer v. 1.9.2009, 5A_261/2009 E. 1.4.2.
[1089] Rz. 86 f. und 88.

§ 9 Besondere Bestimmungen bei Trustverhältnissen

I. Allgemeines

Angesichts der jahrelangen qualifikationsrechtlichen Probleme mit dem Rechtsinstitut des Common Law *Trust* hat die Schweiz das Haager Übereinkommen vom 1.7.1985 «Über das auf Trusts anzuwendende Recht und über ihre Anerkennung» (HTÜ) ratifiziert. Das HTÜ ist am 1.7.2007 in Kraft getreten ist. Auf den gleichen Zeitpunkt hat der Bundesrat die *flankierenden Anpassungen des SchKG* in Kraft gesetzt. Diese bezwecken die Umsetzung der im Trustrecht vorgesehenen Trennung zwischen dem Trustvermögen und dem Vermögen des Trustee im schweizerischen Zwangsvollstreckungsrecht sowie die Regelung des Verfahrens für eine Vollstreckung in das Trustvermögen (Art. 284a und Art. 284b SchKG).

1514

Anmerkung: Das IPRG erhielt im Zuge seiner Anpassung an das HTÜ das Kapitel 9a. Dieses trat – wie Art. 284a und Art. 284b SchKG – am 1.7.2007 in Kraft. Ziel der neuen Bestimmungen des IPRG ist einerseits, das nötige Zusammenspiel zwischen dem Übereinkommen und dem IPRG zu gewährleisten, und andererseits die Themenbereiche zu ergänzen, welche das Übereinkommen nicht regelt.

II. Begriff

Der Begriff des Trusts wird durch Art. 149a IPRG i.V.m. Art. 2 Abs. 1 HTÜ definiert. Gemäss dieser Definition handelt es sich beim Trust um die von einer Person, dem Begründer *(Settlor),* durch Rechtsgeschäft unter Lebenden oder für den Todesfall geschaffenen Rechtsbeziehungen, in welcher *Vermögen* zugunsten eines Begünstigten *(Beneficiary)* oder für einen bestimmten Zweck der *Aufsicht eines Trustees* unterstellt wird. Der Trust ist somit ein einseitiges Rechtsgeschäft, mit welchem ein bestimmtes Vermögen zur Verwaltung, Verwendung oder Verfügung im Sinne der Trustbestimmungen vom Settlor auf den Trustee übertragen wird (Art. 2 Abs. 2 lit. c HTÜ). Das Vermögen lautet nach der Errichtung des Trusts zwar auf den Namen des Trustees – dieser ist demnach der rechtliche Alleineigentümer – es bleibt aber ein *Sondervermögen,* das *nicht* mit dem persönlichen Vermögen des Trustees verschmilzt (Art. 2 Abs. 2 lit. a und b sowie Art. 11 Abs. 2 und 3 HTÜ). Rechtspersönlichkeit kommt dem Trust jedoch *nicht* zu, d.h.

1515

es wird ihm keinerlei Rechtsfähigkeit und damit auch keine Vermögensfähigkeit zugestanden. Dafür ist der Trustee in Bezug auf das Trustvermögen prozessfähig.

Anmerkung: Da der Trust keine juristische Person oder Gesellschaft, sondern ein verselbständigtes Sondervermögen ohne Rechts- und Vermögensfähigkeit darstellt, wird auch nicht der Trust selbst, sondern der Trustee als Eigentümer eines Grundstücks im Grundbuch eingetragen. Aus diesen Gründen unterliegt auch die Einbringung eines in der Schweiz gelegenen Grundstücks in das Vermögen eines ausländischen Trusts nicht der Bewilligungspflicht gem. BewG, wenn der Trustee und der Beneficiary Schweizer Bürger sind.[1090]

1516 Der Begünstigte hat keine dinglichen Rechte am Trustvermögen; er gilt insbesondere auch nicht als dessen Eigentümer. Er verfügt einzig über *obligationenrechtliche Ansprüche gegen den Trustee* und *auf das Trustvermögen*. Die dingliche Berechtigung verbleibt allein beim Trustee.

1517 Neben den genannten Personen wird in den Trustbestimmungen oft auch ein sog. *Protector* bestimmt. Diesem fällt die Aufgabe zu, die Tätigkeit des Trustees zu überwachen.

III. Passive Betreibungsfähigkeit

1518 Die Zwangsvollstreckung für Schulden, für die das Trustvermögen haftet – sei es, weil es vom Trustee direkt verpflichtet worden ist, oder sei es, weil die betreffende Schuld von ihrer Natur her dem Trustvermögen anhaftet – richtet sich *gegen den Trust*. Formell betrachtet steht das Trustvermögen allerdings *im Eigentum des Trustees*. Aufgrund dessen kommt ihm die passive Betreibungsfähigkeit zu, d.h., dass das Betreibungsverfahren gegen den oder die Trustees – als Vertreter des Trusts – einzuleiten ist (Art. 284a Abs. 1 SchKG).

1519 Die Betreibung für Schulden eines Trustvermögens wird – unter Vorbehalt der Betreibung auf Pfandverwertung und von Art. 43 SchKG – auf *Konkurs* fortgesetzt (Art. 284a Abs. 3 SchKG).

IV. Betreibungsort

1520 Art. 284a Abs. 2 SchKG geht Art. 46 SchKG – soweit eine Betreibung auf *Konkurs* beabsichtigt ist – als *lex specialis* vor. Die Betreibung für Schulden eines Trustvermögens erfolgt demnach *am Sitz des Trusts.* Als solcher gilt gemäss Art. 21 Abs. 3 IPRG der in den Bestimmungen des Trusts schriftlich oder in anderer Form durch Text nachweisbar bezeichnete Ort seiner Verwaltung; fehlt eine solche Bezeichnung, so gilt als Sitz der Ort seiner tatsächlichen Verwaltung.

1090 BGer v. 15.1.2010, 2C_409/2009 E. 3.4 f.

Wird der Trust hingegen wegen einer Forderung betrieben, für die der Konkurs *ausgeschlossen* ist (Art. 43 SchKG) oder die *pfandrechtlich* (Art. 151 ff. SchKG) gesichert ist, so kann die Betreibung entweder entsprechend Art. 284a Abs. 2 SchKG am Sitz des Trusts oder an einem besonderen Betreibungsort (d.h. am Spezialdomizil [Art. 50 Abs. 2 SchKG], am Lageort des Pfandes [Art. 51 SchKG] oder am Arrestort [Art. 52 SchKG]) eingeleitet werden.

1521

V. Ausscheidung des Trustvermögens aus dem Vermögen des Trustee

Art. 284a Abs. 3 Satz 2 SchKG stellt sicher, dass *bloss das Trustvermögen* als Sondervermögen haftet. Zwar ist der Trustee *formell* Eigentümer des Sondervermögens; der Bestand des Trusts als Sondervermögen wäre allerdings nicht garantiert, wenn neben den Vermögenswerten des Trusts auch jene des Trustees angetastet würden. Deshalb verpflichtet Art. 11 Abs. 3 lit. a und b HTÜ die Vertragsstaaten – als Folge der Anerkennung des Rechtsinstituts des Trusts – zur Aussonderung des Trustvermögens im Falle der Zwangsvollstreckung.

1522

Der Trustee ist grundsätzlich dazu verpflichtet, das Trustvermögen von seinem eigenen Vermögen getrennt zu halten. Ist im Einzelfall strittig, *ob ein Vermögenswert dem Trust oder dem Trustee gehört,* so findet, soweit die Betreibung gegen den Trust auf *Konkurs* fortgesetzt wird, die Regelung von Art. 242 SchKG über die Aussonderung und Admassierung analog Anwendung. In Fällen, in welchen bloss eine Betreibung auf *Pfändung* möglich ist, sind dagegen die Bestimmungen über das Widerspruchsverfahren (Art. 106 ff. SchKG) analog heranzuziehen.

1523

VI. Konkurs eines Trustee

Art. 39 SchKG wird durch Art. 284b SchKG erweitert. Danach wird – unter Vorbehalt der Betreibung auf Pfandverwertung und von Art. 43 SchKG – die Betreibung *gegen einen Trustee* auf dem Weg der *Konkursbetreibung* fortgesetzt. Das *Trustvermögen* wird nach Abzug der Ansprüche des Trustees aus der Konkursmasse *ausgeschieden*.

1524

Die Konkursverwaltung hat im Falle des Konkurses eines Trustees die sich aus Büchern und Registern ergebenden Rechte des Trusts (vgl. Art. 149d Abs. 1 IPRG) *von Amtes wegen* zu beachten, ohne deren Richtigkeit zu überprüfen. Eine allfällige Prüfung obliegt dem örtlich und sachlich zuständigen Gericht. Erachtet die Konkursverwaltung die Voraussetzungen der Ausscheidung als nicht erfüllt, setzt sie Frist zur Klage auf Aussonderung nach Art. 242 Abs. 2 SchKG. Wer zur Aussonderungsklage *aktivlegitimiert* ist, entscheidet grundsätzlich das auf den Trust anwendbare ausländische Recht. Die Aktivlegitimation des Trustees ist mit Blick

1525

auf den offensichtlichen Interessenkonflikt zu verneinen. I.d.R. werden deshalb die Begünstigten oder allfällige Co-Trustees aktivlegitimiert sein.

§ 10 Anfechtung

I. Wesen

Wie der Arrest dient die *Anfechtung* gemäss Art. 285 ff. SchKG dem *Schutz der Gläubigerinteressen*. Während der Arrest noch vorhandenes Schuldnervermögen sichern soll, *bezweckt* die Anfechtung, Vermögenswerte, über welche der Schuldner *bereits verfügt* hat, wieder der Vollstreckung zuzuführen. Mit der Anfechtung soll m.a.W. der *frühere Vermögensstand* des Schuldners *wiederhergestellt* werden, indem vom Schuldner entäusserte Vermögenswerte wiederbeschafft werden.[1091]

1526

Anmerkung: Die Anfechtung nach Art. 285 ff. SchKG wird auch *paulianische Anfechtung* genannt. Dies deshalb, weil ihr Ursprung in der *actio pauliana* des römischen Rechts liegt.

Durch die Anfechtung wird die zivilrechtliche Gültigkeit des angefochtenen Rechtsgeschäfts jedoch *nicht* beseitigt. Ihre Wirkungen sind nur betreibungsrechtlicher Natur; die angefochtene Rechtshandlung wird insoweit unbeachtlich gemacht, als die Gläubiger zu Verlust gekommen sind.[1092]

1527

Die erfolgreiche Geltendmachung der Anfechtung führt indirekt zu einem Eingriff in die Rechte Dritter, da diesen Vermögenswerte entzogen werden, die ihnen zivilrechtlich zustehen. Ein derartiger Eingriff ist nur dann gerechtfertigt, wenn das Schuldnervermögen nicht zur Deckung aller Forderungen ausreicht. Dieser Umstand macht die Anfechtung zu einem *subsidiären Rechtsbehelf*.

1528

II. Anfechtungstatbestände

Gegenstand der Anfechtungsklage können nur *vermögensmindernde Rechtshandlungen* sein, welche der Schuldner *vor der Pfändung* bzw. *vor der Konkurseröffnung* vorgenommen hat, also in einem Zeitpunkt, in welchem er über sein Vermögen noch frei verfügen konnte.

1529

Anmerkung: Nach einem neuen Art. 285 Abs. 3 E-SchKG sollen allerdings Rechtshandlungen nicht anfechtbar sein, die während einer Nachlassstundung stattgefunden haben, sofern sie

---

1091 BGer v. 9.3.2011, 5A_437/2010 E. 4.1; BGE 136 III 247 E. 2; BGer v. 24.2.2010, 5A_750/2008 E. 2; BGer v. 26.5.2009, 5A_34/2009 E. 2; BGE 132 III 489 E. 3.3.
1092 BGE 136 III 341 E. 3; BGer v. 31.3.2009, 4A_502/2008 E. 3.2; BGE 134 III 52 E. 1.3.3.

von einem Nachlassgericht oder von einem Gläubigerausschuss (Art. 295a E-SchKG) genehmigt worden sind.

1530 Nach diesem Zeitpunkt vorgenommene Rechtshandlungen sind dagegen nicht anfechtbar, da der Schuldner über Vermögenswerte, die dem Pfändungs- bzw. Konkursbeschlag unterliegen, ohnehin nicht mehr rechtsgültig verfügen kann. D.h., dass es in einem solchen Fall der Anfechtung als Werkzeug der Rückführung nicht bedarf, da der Schuldner kein Eigentum übertragen konnte und die Vermögenswerte somit – unter Vorbehalt des gutgläubigen Erwerbs durch einen Dritten – herausverlangt werden können (vgl. Art. 96, Art. 204 und Art. 319 SchKG)[1093].

1531 Die Anfechtung von Vermögensverfügungen des Schuldners ist sowohl in zeitlicher als auch in sachlicher Hinsicht begrenzt.

1532 *In zeitlicher Hinsicht* ist die Anfechtung auf den Zeitraum begrenzt, innert welchem von Gesetzes wegen der Verdacht besteht, dass der Schuldner seinen wirtschaftlichen Ruin voraussehe und seine Gläubiger schädigen oder zumindest einzelne von ihnen bevorzugen wolle. Diese Frist wird als sog. *Verdachtsperiode (période suspecte)* bezeichnet und umfasst den Zeitraum eines Jahres vor der Pfändung oder Konkurseröffnung; bei der sog. Absichtsanfechtung beträgt die Verdachtsperiode sogar fünf Jahre.[1094]

1533 Bei der Berechnung der Verdachtsperioden werden gemäss Art. 288a SchKG *nicht mitberechnet*:

– die Dauer eines vorausgegangenen Nachlassverfahrens (Ziff. 1);

Anmerkung: Art. 288a Ziff. 1 E-SchKG sieht neu vor, dass bereits die Dauer einer vorausgegangenen Nachlassstundung nicht mitberechnet wird.

– die Dauer eines Konkursaufschubs nach Art. 725a, Art. 764, Art. 817 (recte: Art. 820) oder Art. 903 OR (Ziff. 2);

Anmerkung: Im Zuge der Revision des Sanierungsrechts soll Art. 288a Ziff. 2 ersatzlos gestrichen werden. Dies deshalb, weil der Konkursaufschub neu im Nachlassverfahrensrecht geregelt wird.

– bei der konkursamtlichen Liquidation einer Erbschaft die Zeit zwischen dem Todestag und der Anordnung der Liquidation (Ziff. 3);
– die Dauer der vorausgegangenen Betreibung (Ziff. 4).

1534 *In sachlicher Hinsicht* sind die anfechtbaren Rechtshandlungen im Interesse des Geschäftsverkehrs *abschliessend* in Art. 286 ff. SchKG aufgezählt. Zu unterscheiden sind drei verschiedene Tatbestandsgruppen:

– die Schenkungsanfechtung (Art. 286 SchKG),

1093 Rz. 702 ff., 1171 ff. und 1700.
1094 BGE 131 III 327 E. 5; 129 III 239 E. 3.2.1.

- die Überschuldungsanfechtung (Art. 287 SchKG) sowie
- die Absichtsanfechtung (Art. 288 SchKG).

A. Schenkungsanfechtung

Mit der *Schenkungspauliana* können alle *Schenkungen* und *unentgeltlichen Verfügungen* des Schuldners, welche dieser innerhalb des letzten Jahres vor der Pfändung oder Konkurseröffnung vorgenommen hat, angefochten werden (Art. 286 Abs. 1 SchKG). Hiervon ausgenommen sind übliche Gelegenheitsgeschenke. 1535

Noch nicht vollzogene Schenkungen bedürfen dagegen nicht der Anfechtung; durch die Ausstellung eines Verlustscheins bzw. die Konkurseröffnung wird jedes Schenkungsversprechen von Gesetzes wegen aufgehoben (Art. 250 Abs. 2 OR). 1536

Auch Rechtsgeschäfte, bei denen der Schuldner eine Gegenleistung erhalten hat, die zu seiner eigenen Leistung in einem Missverhältnis steht (sog. *gemischte Schenkungen*), unterliegen der Anfechtung (Art. 286 Abs. 2 Ziff. 1 SchKG). 1537

Schenkungen werden Rechtsgeschäfte gleichgestellt, durch die der Schuldner für sich oder einen Dritten eine *Leibrente,* ein *Pfrund,* eine *Nutzniessung* oder ein *Wohnrecht* erworben hat (Art. 286 Abs. 2 Ziff. 2 SchKG). Diesfalls liegt an sich kein Schenkungselement vor; die Anfechtbarkeit gründet jedoch darauf, dass die entsprechenden Vermögenswerte einer späteren Zwangsvollstreckung entzogen werden. 1538

Massgebend für die Anfechtung sind *ausschliesslich* die *objektiven Umstände* der Schenkung oder der ihr gleichgestellten Rechtshandlungen; auf den guten Glauben und die Absichten der Beteiligten kommt es hingegen *nicht* an.[1095] Nicht von Belang ist auch die Erkennbarkeit des Missverhältnisses von Leistung und Gegenleistung.[1096] 1539

Anmerkung: Mit der Revision des Sanierungsrechts soll Art. 286 SchKG mit einem Abs. 3 ergänzt werden. Dieser sieht eine Beweislastumkehr hinsichtlich des Verhältnisses zwischen Leistung und Gegenleistung vor, falls die Handlung zugunsten einer dem Schuldner nahestehenden Person erfolgte; d.h., dass künftig die begünstige Person zu beweisen hat, dass das Verhältnis zwischen Leistung und Gegenleistung in keinem Missverhältnis steht. Im Sinne dieser Bestimmung gelten auch Gesellschaften eines Konzerns als nahestehende Personen (Art. 663e OR).

B. Überschuldungsanfechtung

Die sog. *Überschuldungs- bzw. Deckungspauliana* richtet sich gegen Rechtshandlungen des Schuldners, die dieser zu einem Zeitpunkt vorgenommen hat, in wel- 1540

[1095] BGer v. 28.1.2009, 5A_557/2008 E. 3; BGE 130 III 235 E. 2.1.1.
[1096] BGE 95 III 47 E. 2.

chem er bereits *überschuldet* gewesen ist, und durch welche *einzelne Gläubiger* gegenüber den anderen Gläubigern *bevorzugt* wurden (Art. 287 Abs. 1 SchKG). Vorausgesetzt wird auch hier, dass die betreffende Rechtshandlung innert einem Jahr vor der Pfändung oder Konkurseröffnung erfolgt ist.

1541 Eine *Überschuldung* liegt vor, wenn die Gesamtheit der Passiven die Gesamtheit der *pfändbaren* Aktiven übersteigt. Diese objektiven Tatbestandselemente sind vom Anfechtenden zu beweisen (Art. 8 ZGB). Dem Begünstigten steht jedoch der Entlastungsbeweis offen. Er hat dabei nachzuweisen, dass er die Überschuldung des Schuldners nicht gekannt hat und auch nicht hätte kennen müssen (Art. 287 Abs. 2 SchKG).

1542 Gemäss Art. 287 Abs. 1 SchKG sind folgende Rechtshandlungen des Schuldners anfechtbar:

– die *nachträgliche Bestellung von Sicherheiten* für bereits bestehende Verbindlichkeiten, zu deren Sicherstellung der Schuldner nicht schon früher verpflichtet war (Art. 287 Abs. 1 Ziff. 1 SchKG).

   Beispiel: Der Schuldner bestellt nachträglich ein Pfandrecht für eine bereits bestehende Schuldverpflichtung.

– die Tilgung einer Geldschuld *auf ungewohnte Weise,* d.h. nicht durch Bargeld oder mit anderen üblichen Zahlungsmitteln (Art. 287 Abs. 1 Ziff. 2 SchKG).

   Beispiel: Der Schuldner tilgt eine Geldschuld durch Abtretung einer Forderung an Zahlungs statt oder durch Hingabe einer Sache.

– die Bezahlung einer *noch nicht fälligen Schuld* (Art. 287 Abs. 1 Ziff. 3 SchKG).

1543 Per 1. Januar 2010 wurde Art. 287 Abs. 3 SchKG in Kraft gesetzt, wonach die Überschuldungsanfechtung ausgeschlossen ist, wenn Effekten, Bucheffekten oder andere an einem repräsentativen Markt gehandelte Finanzinstrumente als Sicherheit bestellt wurden und der Schuldner sich bereits früher

– verpflichtet hat, die Sicherheit bei Änderungen im Wert der Sicherheit oder im Betrag der gesicherten Verbindlichkeit aufzustocken (Ziff. 1) oder

– das Recht einräumen liess, eine Sicherheit durch eine Sicherheit gleichen Werts zu ersetzen (Ziff. 2).

C. Absichtsanfechtung

1544 Die sog. *Deliktspauliana* ist – zumindest in Bezug auf die anfechtbaren Rechtshandlungen – als *Generalklausel* formuliert. Im Vergleich zur Schenkungs- und Überschuldungspauliana ist sie deshalb auch an strengere Voraussetzungen gebunden und damit am schwierigsten durchzusetzen.

Mit der Deliktspauliana können alle Rechtshandlungen angefochten werden, welche der Schuldner innerhalb der letzten *fünf* Jahre vor der Pfändung oder Konkurseröffnung in der *dem andern Teile erkennbaren Absicht* vorgenommen hat, seine Gläubiger zu benachteiligen oder einzelne Gläubiger zum Nachteil anderer zu begünstigen (Art. 288 SchKG).

1545

Voraussetzung der Deliktspauliana ist zunächst das Vorliegen einer *Gläubigerschädigung*. Diese liegt in der Beeinträchtigung der Exekutionsrechte eines Gläubigers, indem dessen Befriedigung im Rahmen der General- oder Spezialexekution oder dessen Stellung im Vollstreckungsverfahren wegen der Bevorzugung eines anderen Gläubigers oder eines Dritten beeinträchtigt wird.[1097] Ob die betreffende Rechtshandlung auf die Schädigung nur eines, mehrerer oder aller Gläubiger abzielt, spielt keine Rolle. Der Eintritt einer Schädigung wird zugunsten des Anfechtenden *vermutet;* dem Anfechtungsgegner steht aber der Beweis offen, dass die angefochtene Handlung im konkreten Fall keine Schädigung bewirkt habe.[1098]

1546

Weiter wird aufseiten des Schuldners eine *Benachteiligungs- bzw. Begünstigungsabsicht* und aufseiten des Begünstigten die *Erkennbarkeit* dieser Absicht vorausgesetzt. Hinsichtlich der Schädigungsabsicht des Schuldners reicht Eventualdolus aus; dieser gilt als erstellt, wenn der Schuldner voraussehen konnte und musste, dass seine Rechtshandlung als natürliche Folge die Gläubiger benachteiligt oder einzelne unter ihnen zum Nachteil der andern bevorzugt.[1099] Die Erkennbarkeit aufseiten des Begünstigten ist dann gegeben, wenn dieser bei Anwendung der nach den Umständen gebotenen und zumutbaren Sorgfalt und Aufmerksamkeit hätte erkennen können und müssen, dass als Folge der angefochtenen Handlung möglicherweise eine Gläubigerschädigung eintritt. Dadurch wird aber *keine* unbeschränkte Erkundigungspflicht aufgestellt. Im Allgemeinen braucht sich niemand darum zu kümmern, ob durch ein Rechtsgeschäft *die Gläubiger seines Vertragspartners* geschädigt werden oder nicht. Lediglich wenn deutliche Anzeichen für eine Gläubigerbegünstigung bzw. -benachteiligung bestehen, darf vom Begünstigten eine sorgfältige Prüfung verlangt werden.[1100]

1547

Bei der Deliktspauliana hat der Anfechtungskläger sämtliche objektiven und subjektiven Tatbestandsmerkmale nachzuweisen (Art. 8 ZGB).[1101]

1548

Anmerkung: Im Zuge der laufenden Revision des Sanierungsrechts soll Art. 288 Abs. 2 SchKG neu eingeführt werden. Dieser sieht eine Beweislastumkehr für das Nichtvorliegen der Er-

---

[1097] BGE 137 III 268 E. 4.1; BGer v. 3.8.2010, 5A_358/2008 E. 2.1; BGE 136 III 247 E. 3; BGer v. 28.9.2009, 5A_116/2009 E. 4; BGer v. 28.5.2009, 5A_420/2008 E. 2; BGE 135 III 265 E. 2.
[1098] BGE 137 III 268 E. 4.1; BGE 99 III 27 E. 3.
[1099] BGE 137 III 268 E. 4.2; BGer v. 3.8.2010, 5A_358/2009 E. 2.2; BGer v. 11.6.2010, 5A_567/2009 E. 4.1.
[1100] BGer v. 3.8.2010, 5A_358/2009 E. 2.3; BGer v. 11.6.2010, 5A_567/2009 E. 5.1; 135 III 265 E. 2; BGE 134 III 452 E. 4.2.
[1101] BGE 137 III 268 E. 4; BGer v. 11.6.2010, 5A_567/2009 E. 3.1.

kennbarkeit der Benachteiligungsabsicht aufseiten des Schuldners *zulasten der beklagten Partei* vor. Dies allerdings nur unter der Voraussetzung, dass die Handlung zugunsten einer dem Schuldner nahestehenden Person vorgenommen wurde. Im Sinne dieser Bestimmung gelten die Gesellschaften eines Konzerns als nahestehende Personen (Art. 663e OR).

D. Exkurs: Anfechtung bei Gleichwertigkeit der Leistungen

1549 Eine Handlung kann auch dann anfechtbar sein, wenn die Leistung des Schuldners und die Gegenleistung an sich *gleichwertig* sind. Dies ist insbesondere dann der Fall, wenn der Schuldner kurz vor dem Pfändungsvollzug oder der Konkurseröffnung mit seinem Restvermögen einzelne Verbindlichkeiten tilgt. Hierdurch werden diese Gläubiger gegenüber den anderen bevorzugt, weil sie im Gegensatz zu diesen für ihre Forderungen volle Deckung erhalten.[1102] Die Gutheissung der Anfechtungsklage setzt allerdings voraus, dass auch die restlichen Tatbestandsvoraussetzungen von Art. 288 SchKG erfüllt sind.

Beispiel: Am Vorabend der Konkurseröffnung zahlte S im Wissen darum, dass über ihn der Konkurs eröffnet würde, seinem langjährigen Anwalt A sämtliche diesem zustehenden Forderungen aus der Mandatsführung. Nachdem die Konkursverwaltung davon Kenntnis erlangte, erhob sie erfolgreich Anfechtungsklage gegen A.

1550 Eine Anfechtung ist jedoch ausgeschlossen, wenn durch die Tilgung einer Forderung lediglich nachrangige Gläubiger benachteiligt werden, da diese die Privilegierung dieser Forderung auch im Konkurs des Schuldners dulden müssten.

Beispiel: Eine Woche vor der Konkurseröffnung bezahlt S, Inhaber eines Malergeschäfts, seinem einzigen Angestellten A den fälligen Lohn aus. Gläubiger G, dessen Forderung im Konkurs des S in der dritten Klasse kolloziert worden ist, erhält eine Konkursdividende, die bloss 25% der ursprünglichen Forderung ausmacht. Rechtsanwalt R rät G in der Folge von einer Anfechtungsklage ab. Da die Forderung von A im Konkurs des S ohnehin privilegiert gewesen wäre, mangelt es G an einem Rechtsschutzinteresse.

III. Legitimation

1551 Die Regelung der *Legitimation* bringt deutlich zum Ausdruck, dass die Anfechtung erst dann in Betracht kommt, wenn anzunehmen ist, dass das vorhandene Schuldnervermögen zur Befriedigung der Gläubiger nicht ausreichen wird.

1552 Die Aktivlegitimation ist unterschiedlich geregelt, je nachdem, ob die Anfechtung in der Spezialexekution oder in der Generalexekution geltend gemacht wird:

[1102] BGer v. 11.7.2010, 5A_567/2009 E. 3.1; BGE 136 III 247 E. 3; 135 III 276 E. 6.1.2 (Pra 98 [2009] Nr. 112).

- In der *Spezialexekution* ist zur Anfechtung legitimiert, wer einen provisorischen oder definitiven *Pfändungsverlustschein*[1103] erhalten hat (Art. 285 Abs. 2 Ziff. 1 SchKG). Demgegenüber bescheinigt der Pfandausfallschein[1104] (Art. 158 SchKG) nicht den Verlust des Gläubigers bei der Vollstreckung, sondern nur die ungenügende Pfanddeckung. Deshalb ist der Inhaber eines Pfandausfallscheins nicht zur Anfechtung berechtigt.

    Anmerkung: Gründet die Legitimation zur Anfechtungsklage auf einem provisorischen Pfändungsverlustschein, so darf die Verwertung des Anfechtungsobjekts erst dann erfolgen, wenn in der hängigen Betreibung ein definitiver Verlustschein ausgestellt worden ist.[1105]

- Im *Konkurs* stehen Anfechtungsansprüche der *Konkursmasse* zu (Art. 200 SchKG). Deshalb ist ausschliesslich die *Konkursverwaltung* befugt, namens der Masse Anfechtungsklage zu erheben (Art. 285 Abs. 2 Ziff. 2 SchKG). Ein Konkursgläubiger ist nur dann aktivlegitimiert, wenn ihm der Anfechtungsanspruch nach Art. 260 SchKG *abgetreten*[1106] wird.

    Anmerkung: Gemäss Art. 256 Abs. 4 SchKG dürfen Anfechtungsansprüche weder versteigert noch sonst wie veräussert werden. Eine Verwertung i.S.v. Art. 260 Abs. 3 SchKG (bzw. Art. 325 i.V.m. Art. 260 Abs. 3 SchKG im Falle eines Nachlassvertrags mit Vermögensabtretung) ist ausgeschlossen.

Die *Passivlegitimation* ist in Art. 290 SchKG geregelt. Demnach sind im Anfechtungsprozess in erster Linie diejenigen Personen passivlegitimiert, die mit dem Schuldner die anfechtbaren Rechtsgeschäfte abgeschlossen haben oder von diesem in anfechtbarer Weise begünstigt worden sind. In zweiter Linie sind deren Gesamtnachfolger (insbesondere Erben, gleichgültig, ob sie gut- oder bösgläubig sind) sowie bösgläubige Dritte passivlegitimiert.

1553

Anmerkung: Unter den Begriff des bösgläubigen Dritten fällt nur der Singularsukzessor des Vertragspartners bzw. Begünstigten des Schuldners. Dieser ist bösgläubig, sofern er von den die Anfechtbarkeit begründenden Umständen wusste oder zumindest hätte wissen müssen.[1107] Massgebend ist jeweils der Zeitpunkt der Singularsukzession.[1108]

Beispiel: Passivlegitimiert ist der Käufer, der einen Gegenstand im Wissen darum erwirbt, dass dieser vom Schuldner eine Woche vor dem Pfändungsvollzug an seine Nichte verschenkt wurde.

Dagegen richtet sich die Anfechtungsklage *nie gegen gutgläubige Dritte* (Art. 290 Satz 2 SchKG).

1554

1103 Rz. 898 ff.
1104 Rz. 961 ff.
1105 BGE 115 III 138 E. 2.c.
1106 Rz. 1397 ff.
1107 BGE 130 III 235 E. 6.1.1.
1108 BGE 135 III 513 E. 7.1.

§ 10 Anfechtung

1555 Veräusserungen von *unpfändbaren Vermögenswerten* (vgl. Art. 92 SchKG)[1109] sind *nicht anfechtbar,* da sie nicht zu einer Schädigung der Gläubiger führen. Diese Gegenstände sind von der Vollstreckung ausgenommen.

IV. Verfahren

1556 Die Anfechtung ist entweder mittels *Klage* oder *Einrede*[1110] geltend zu machen.

1557 Bei der *Anfechtungsklage* handelt es sich um eine *betreibungsrechtliche Klage mit Reflexwirkung auf das materielle Recht.*[1111] Eine erfolgreiche Anfechtung hat keine Wirkung auf die zivilrechtliche Gültigkeit des angefochtenen Rechtsgeschäfts; es hat lediglich die Rückführung der Vermögenswerte zur Konkursmasse oder, im Falle der Spezialexekution, die Rückgabe derselben an das Betreibungsamt zur Folge.

1558 Örtlich zuständig zur Beurteilung der Anfechtungsklage ist das Gericht am schweizerischen Wohnsitz des Beklagten. Hat dieser keinen Wohnsitz in der Schweiz, so kann die Klage beim Gericht am Ort der Pfändung oder des Konkurses eingereicht werden (Art. 289 SchKG).

1559 Der Prozess wird je nach Streitwert im ordentlichen oder vereinfachten Verfahren nach ZPO[1112] durchgeführt. Der Streitwert bemisst sich nach dem Betrag, den die erfolgreiche Anfechtung dem Kläger einbringen könnte.

Beispiel: Gläubiger G erhält nach Abschluss der Verwertung einen definitiven Verlustschein in Höhe von CHF 20 000.00. In der Folge bringt er in Erfahrung, dass Schuldner S seiner Nichte N vor der Pfändung sein Auto mit einem Verkehrswert von CHF 40 000.00 geschenkt hat. Hierauf erhebt G Anfechtungsklage gegen N auf Rückgabe des Autos. Obschon der Verkehrswert des Fahrzeugs die Verlustscheinforderung übersteigt, beläuft sich der Streitwert auf die Höhe der Verlustscheinforderung, d.h. auf CHF 20 000.00. Im Falle des Konkurses bemisst sich der Streitwert dagegen anhand des vollen Werts des der Masse entzogenen Vermögenswertes. Im Konkurs würde sich der Streitwert in diesem Beispiel auf CHF 40 000.00 belaufen.

1560 Die Anfechtung kann auch *einredeweise* als Abwehr gegen eine entsprechende Klage des Anfechtungsgegners (z.B. Kollokations-, Aussonderungsklage etc.) geltend gemacht werden.

Beispiel: S verkauft K kurz vor dem Konkurs eine Stradivari-Geige. Der Marktwert der Geige beläuft sich auf CHF 1 000 000.00, der zwischen S und K vereinbarte Kaufpreis beträgt dagegen bloss CHF 30 000.00. K zeigt sich in der Folge damit einverstanden, S die Geige für ein Konzert im Zürcher Opernhaus auszuleihen. Nachdem über S der Konkurs eröffnet

---

1109 Rz. 615 ff.
1110 BGE 114 III 110 E. 3.b.
1111 BGer v. 5.1.2005, 5P.242/2004 E. 3; BGE 130 III 672 E. 3.2.
1112 Rz. 86 f. und 88.

worden ist, erhebt K Aussonderungsklage, um die Geige wieder in seinen Besitz zu bringen. Hierauf macht die Konkursverwaltung einredeweise die paulianische Anfechtung gegen das vorgenommene Rechtsgeschäft geltend.

Das Anfechtungsrecht ist befristet, und zwar auf zwei Jahre seit Zustellung des Pfändungsverlustscheins oder Konkurseröffnung (Art. 292 SchKG). Der Ablauf dieser Frist hat Verwirkung des Anspruchs zur Folge. 1561

Anmerkung: Die gleiche Frist gilt gemäss bundesgerichtlicher Rechtsprechung entgegen dem Wortlaut von Art. 331 SchKG auch im Falle der Bestätigung eines Nachlassvertrages mit Vermögensabtretung.[1113]

Anmerkung: Im Rahmen der laufenden Revision des Sanierungsrechts ist vorgesehen, dass das Anfechtungsrecht nicht mehr verwirkt, sondern verjährt (vgl. Art. 292 E-SchKG). Überdies soll eine neue Ziff. 3 eingeführt werden, wonach das Anfechtungsrecht nach Ablauf von zwei Jahren seit Bestätigung des Nachlassvertrages mit Vermögensabtretung verjährt.

V. Wirkungen

A. Grundsätzliches

Eine erfolgreiche Anfechtungsklage hat ausschliesslich vollstreckungsrechtliche Wirkungen: Das Gericht entscheidet nur darüber, ob und in welchem Umfang ein Vermögenswert den Gläubigern durch eine anfechtbare Rechtshandlung des Schuldners entzogen worden ist und deshalb der Vollstreckung zugeführt werden kann. 1562

Mit der Gutheissung der Anfechtungsklage wird das ursprüngliche Vollstreckungssubstrat, so wie es sich ohne die angefochtene Handlung präsentiert hätte, wiederhergestellt. Dies geschieht jedoch immer nur so weit, als es zur Befriedigung der Gläubiger – im Konkurs sämtlicher Gläubiger, in der Spezialexekution dagegen bloss des anfechtenden Pfändungsgläubigers – erforderlich ist. 1563

Der im Anfechtungsprozess ergangene Entscheid zeitigt keine materiellrechtlichen Wirkungen. Die angefochtenen Rechtshandlungen sind zivilrechtlich weiterhin gültig, sodass dem Beklagten trotz der erfolgreichen Anfechtung die Rechtsträgerschaft an der erworbenen Sache bzw. der Forderung oder einem anderen Recht verbleibt. Der Anfechtungsanspruch ist *bloss obligatorischer, nicht dinglicher Natur*. 1564

Beispiel: Ist ein Grundstück von der Anfechtung betroffen, so bleibt der Beklagte gleichwohl als Eigentümer im Grundbuch eingetragen; er hat jedoch die Pfändung bzw. Admassierung und die anschliessende Verwertung des Grundstücks zu dulden.

1113 BGE 134 III 273.

§ 10 Anfechtung

1565 Der Entscheid hat jedoch insofern eine Reflexwirkung auf das materielle Recht, als der Beklagte, der zur Rückgabe des Vermögenswertes (in der Praxis durch die Beschlagnahme, d.h. Pfändung bzw. Admassierung) verpflichtet wird (Art. 291 Abs. 1 SchKG), mit der anschliessenden Verwertung *sein Recht an der Sache verliert.*

1566 Aufgrund dieser Reflexwirkung unterliegt der letztinstanzliche kantonale Entscheid (bei gegebenem Streitwert) der Beschwerde in Zivilsachen an das Bundesgericht.

1567 Soweit die Vermögenswerte noch vorhanden sind, müssen sie *in natura* zurückgegeben werden, und zwar mitsamt den zivilen und natürlichen Früchten. In Abweichung von den besitzrechtlichen Regeln sind die Früchte selbst bei gutgläubigem Nutzen und Gebrauch des betreffenden Gegenstands durch den Beklagten zurückzuerstatten.[1114]

1568 Der Beklagte haftet für die verschuldete Wertminderung bzw. den verschuldeten Untergang der Sache, jedoch grundsätzlich nicht für zufälligen Wertverlust bzw. Untergang. Vorbehalten bleibt die Regelung von Art. 103 OR, wonach der Beklagte, der sich im Verzug befindet, für Zufall haftet.[1115]

1569 Wo eine Restitution in natura nicht mehr möglich ist, hat der Beklagte gemäss den allgemeinen Regeln von Art. 97 ff. OR *Wertersatz* zu leisten.[1116] Von dieser Ersatzpflicht könnte er sich lediglich durch den Nachweis befreien, dass ihn an der Unmöglichkeit der Rückerstattung kein Verschulden trifft. Da der Anfechtungskläger in der Regel keine Kenntnis darüber hat, ob der Dritte tatsächlich noch im Besitz des fraglichen Vermögenswertes ist, empfiehlt es sich, neben dem Hauptbegehren ein Eventualbegehren auf Wertersatz zu stellen.

1570 Einzig der *gutgläubige Empfänger einer Schenkung* ist von dieser umfassenden Restitutionspflicht teilweise befreit. Er ist nur bis zum Betrag der bei ihm noch vorhandenen Bereicherung zur Rückerstattung verpflichtet (Art. 291 Abs. 3 SchKG).

1571 Wenn der Beklagte für die angefochtene Rechtshandlung eine *Gegenleistung* erbracht hat (z.B. bei einer gemischten Schenkung), so hat er Anspruch darauf, dass ihm diese zurückerstattet wird, soweit sie sich noch in den Händen des Schuldners befindet oder dieser durch sie bereichert ist (Art. 291 Abs. 1 Satz 2 SchKG). Darüber hinaus kann ein Anspruch nur als Forderung gegen den Schuldner persönlich geltend gemacht werden.

1572 Im Konkurs des Schuldners hat der Beklagte in erster Linie Anspruch auf Rückerstattung der in der Konkursmasse noch vorhandenen Gegenleistung und kann gegebenenfalls deren Aussonderung verlangen.

[1114] BGE 98 III 44 E. 3.
[1115] BGer v. 16.4.2007, 5C.219/2006 E. 4.2.
[1116] BGE 135 III 513 E. 9.1; 132 III 489 E. 3.3.

Beispiel: Vor der Konkurseröffnung kauft S seinem Onkel D einen Wagen mit einem Verkehrswert von CHF 25 000.00 für CHF 50 000.00 ab. Im Anfechtungsverfahren wird D zur Rückerstattung des Geldbetrages verurteilt. Hierauf strengt D eine Aussonderungsklage an, mit welcher er die Herausgabe des Wagens verlangt. Das Gericht heisst die Klage gut.

Wenn seine Gegenleistung nicht mehr effektiv vorhanden ist, so hat der Beklagte Anspruch auf Herausgabe der noch vorhandenen Bereicherung. Der Herausgabeanspruch auf die Sache oder die Bereicherung ist eine *Masseverbindlichkeit*. 1573

Beispiel: Wenn S den Wagen vor der Konkurseröffnung gegen ein Motorrad getauscht hat, so bezieht sich der Rückerstattungsanspruch auf das Motorrad.

Eine allfällige Ersatzforderung (sofern nichts mehr von der Gegenleistung des Beklagten vorhanden ist) richtet sich gegen den Schuldner persönlich. Sie ist als *Konkursforderung* einzugeben. 1574

Beispiel: Drei Monate vor der Konkurseröffnung verkauft S dem D seinen Maserati im Wert von CHF 100 000.00 für CHF 30 000.00. Die Konkursverwaltung stellt unmittelbar nach der Konkurseröffnung fest, dass S mit Ausnahme eines Bankguthabens in Höhe von CHF 10 000.00 über kein Vermögen mehr verfügt. Nach erfolgreicher Anfechtung und Admassierung des Maseratis erhält D CHF 10 000.00 direkt aus der Konkursmasse. Hinsichtlich des restlichen Kaufpreises über CHF 20 000.00 wird D darauf verwiesen, diese als Konkursforderung einzugeben.

In der Spezialexekution hat der Beklagte seine Gegenansprüche immer *gegenüber dem Schuldner* geltend zu machen. 1575

Besteht die anfechtbare Rechtshandlung in der Tilgung einer Forderung des Beklagten, so lebt dieselbe mit der Rückerstattung des Empfangenen wieder auf (Art. 291 Abs. 2 SchKG). 1576

Im Konkurs wird die wiederauflebende Forderung zur Konkursforderung; sie ist *von Amtes wegen als bedingte Forderung* bis zum gerichtlichen Entscheid über den Anfechtungsanspruch zu kollozieren (Art. 59 Abs. 2 KOV). Mit der darauf entfallenden Konkursdividende kann der Anfechtungsbeklagte die ihm nach Art. 291 Abs. 1 SchKG obliegende Rückerstattung der Zahlung *verrechnen*. 1577

In der Pfändungsbetreibung kann die wiederauflebende Forderung durch Pfändungsanschluss geltend gemacht werden; allerdings müssen hierzu auch die weiteren Voraussetzungen von Art. 110 f. SchKG gegeben sein. In welchem Masse auch Nebenrechte der durch die anfechtbare Rechtshandlung getilgten Forderung wieder aufleben, ist umstritten. Gemäss bundesgerichtlicher Rechtsprechung ist ein Wiederaufleben von Bürgschaften jedenfalls dann anzunehmen, wenn der Bürge von der anfechtbaren Tilgung gewusst oder sie sogar gefördert hat.[1117] 1578

1117 BGE 64 III 147 E. 2; 61 III 49.

B. Verwertung des Gegenstandes

1579 Nachdem der fragliche Vermögensgegenstand zurückgegeben wurde, schreitet entweder die Konkursverwaltung oder das Betreibungsamt zur Verwertung.

1580 Im Konkurs erhält der Anfechtungsgegner regelmässig das für den Gegenstand Geleistete zurück. Der Erlös des zur Masse gezogenen Gegenstandes wird an die Konkursgläubiger verteilt.

1581 In der Spezialexekution dagegen erfährt zunächst der Anfechtungsgläubiger Deckung, soweit der Erlös hierfür ausreicht. Der Anfechtungsgegner hat sich seinerseits für seine allenfalls erbrachte Gegenleistung an den Schuldner zu halten.

1582 Resultiert jedoch über die Verlustscheinforderung des anfechtenden Gläubigers hinaus ein Überschuss aus der Verwertung des zurückgezogenen Gegenstandes, fällt dieser wieder dem Anfechtungsgegner zu. Dies ergibt sich aus der Tatsache, dass es sich bei der paulianischen Anfechtung ja bloss um einen Rechtsbehelf des Vollstreckungsrechts handelt, der keine Wirkungen auf das materielle Recht hat. Es ist allfälligen weiteren Verlustscheingläubigern jedoch unbenommen, ihrerseits eine Anfechtungsklage gegen den Anfechtungsgegner einzureichen.

§ 11 Nachlassverfahren

I. Grundsätzliches

Das Nachlassvertragsrecht definiert sich in der schweizerischen Rechtsordnung als das *eigentliche Kerninstrument des Sanierungsrechts*. Diesem vorgeschaltet ist die sog. *Nachlassstundung*, welche den Zweck verfolgt, einen weitgehenden «Waffenstillstand» zwischen dem Schuldner und seinen Gläubigern zu bewirken.

Seinem Ziel entsprechend, das schuldnerische Vermögen bestmöglich zu erhalten, liegt das Sanierungsrecht regelmässig im Interesse:

- des *Schuldners,* der vor einer Zwangsvollstreckung bewahrt werden soll;
- der *Gläubiger,* denen durch den Nachlass oft ein besseres Ergebnis zuteil wird als bei der Zwangsexekution;
- der *Allgemeinheit,* welche volkswirtschaftliche Interessen an der Erhaltung sanierungsfähiger Unternehmungen und damit der Erhaltung von Arbeitsplätzen hat.

Der *Grund* für die Einleitung des Nachlassverfahrens ist in der Regel eine *Insolvenz* des Schuldners. Diese manifestiert sich dadurch, dass der Schuldner seinen Zahlungsverpflichtungen mangels Liquidität nicht mehr nachkommt und/oder überschuldet ist.

Anmerkung: Eine Überschuldung liegt *pro memoria* dann vor, wenn das Fremdkapital des Schuldners durch seine Aktiven nicht mehr gedeckt ist.[1118]

Damit der Schuldensanierung Erfolg beschieden ist, bedarf es jedoch eines Entgegenkommens *aller Gläubiger* in der Form des Nachlassvertrages, welcher entweder auf privatautonomer Basis oder in einem formellen Verfahren zustande kommt.[1119]

Das Nachlassverfahrensrecht bildet zurzeit Gegenstand einer Revision, bei welcher es darum geht, die bestehenden Schwächen zu eliminieren. Eines der Leitziele der Revision ist die Erleichterung des Zugangs zur Nachlassstundung. So soll diese neu nicht mehr zwingend in einen Nachlassvertrag oder einen Konkurs münden, sondern vermehrt auch *bloss zu reinen Stundungszwecken* einge-

---

1118 Rz. 1111.
1119 Rz. 1655 ff.

setzt werden können. Des Weiteren soll auch der aktienrechtliche Konkursaufschub aufgehoben und in das Nachlassverfahrensrecht integriert werden, sodass dieser nicht bloss einer AG, Kommandit-AG, GmbH oder Genossenschaft, sondern gleichsam allen Unternehmungsformen zugute kommen kann. In der Folge wird ausblickend auf die entsprechenden Neuerungen eingegangen.

II. Sanierungsrechtliche Normen

1588 Sanierungsrechtliche Normen finden sich sowohl im Vollstreckungsrecht als auch im materiellen Recht. In Zusammenhang mit Letzterem sind insbesondere zu nennen:

– *Art. 725 Abs. 1 OR,* wonach der VR unverzüglich eine GV (sog. Sanierungsversammlung) einberuft und dieser Sanierungsmassnahmen (z.B. die Auflösung von Reserven, eine Kapitalerhöhung oder eine Kapitalherabsetzung) beantragt, sofern die letzte Jahresbilanz einen Kapitalverlust aufzeigt;

   Anmerkung: Die aktienrechtlichen Bestimmungen finden auch auf die Kommanditaktiengesellschaft (Art. 764 OR), die GmbH (Art. 820 Abs. 2 OR) und die Genossenschaft (Art. 903 OR) Anwendung.

– *Art. 725 Abs. 2 OR,* wonach der VR bei begründeter Besorgnis einer Überschuldung eine Zwischenbilanz zu erstellen und diese einem zugelassenen Revisor zur Prüfung vorzulegen hat.

   Anmerkung: Die Zwischenbilanz ist zunächst *zu Fortführungswerten* zu erstellen, d.h., dass die Bilanz so aufgestellt wird, *als ob* die Gesellschaft *weitergeführt* würde. Die Aktiven der Gesellschaft dienen hier *weiterhin* der Leistungserstellung (Anlagevermögen) oder werden im Vertrieb regulär umgesetzt. Ergibt sich aus der Zwischenbilanz zu Fortführungswerten eine Überschuldung, muss eine Zwischenbilanz *zu Veräusserungswerten* erstellt werden. Mit der Bilanzierung zu Veräusserungswerten ist gemeint, dass alle Aktiven zum objektiv zu erwartenden Verwertungserlös unter Berücksichtigung der wahrscheinlichen Liquidationsart zu bewerten sind. Ergibt sich aus der Zwischenbilanz, dass die Forderungen der Gläubiger *weder zu Fortführungs- noch zu Veräusserungswerten* gedeckt sind, hat der VR den Richter zu benachrichtigen, es sei denn, dass Gesellschaftsgläubiger im Ausmass der Unterdeckung im Rang hinter alle anderen Gesellschaftsgläubiger zurücktreten. Dieser sog. *Rangrücktritt* hat mindestens im Umfang der Unterdeckung zu Fortführungswerten zu erfolgen, wenn das Unternehmen trotz Überschuldung fortgeführt wird. Sofern das Unternehmen nicht fortgesetzt wird, muss der Rangrücktritt mindestens im Ausmass der Unterdeckung zu Veräusserungswerten erfolgen.

– *Art. 725a OR,* wonach das Gericht auf die Benachrichtigung des VR hin den Konkurs eröffnet.[1120]

[1120] Rz. 1114 ff.

Anmerkung: Auf Antrag des VR oder eines Gläubigers kann das Gericht den Konkurs aufschieben, wenn Aussicht auf Sanierung besteht. Diesfalls trifft es Massnahmen zur Erhaltung des Vermögens; es verfügt insbesondere eine Begrenzung der Verfügungs- und Vertretungsmacht des VR sowie eine regelmässige Berichterstattungspflicht über die getroffenen Sanierungsmassnahmen.

Auf die sanierungsrechtlichen Vorschriften gemäss Art. 173a[1121], 191[1122] und 265[1123] SchKG wurde bereits eingegangen. Diesbezüglich ist auf die entsprechenden Ausführungen zu verweisen. Daneben finden sich auch in weiteren Erlassen des Bundes besondere Regeln zum Sanierungsrecht, so z.B. im VZEG oder SchGG. 1589

III. Nachlassstundung

A. Arten

Bei den Nachlassverträgen können verschiedene Arten unterschieden werden. Die Unterscheidung erfolgt anhand der Form, des Inhalts und dem Zeitpunkt der Entstehung des Nachlassvertrags. 1590

Nach der Form seiner *Entstehung* unterscheidet man zwischen 1591

– einem *aussergerichtlichen* Nachlassvertrag und

  Anmerkung: Hierbei handelt es sich um ein rein privatrechtliches Gebilde, welches auf einer Summe von Erlassverträgen i.S.v. Art. 115 OR gründet.

– einem *gerichtlichen* Nachlassvertrag.

  Anmerkung: Diese Art des Nachlassvertrages ist in Art. 293 ff. SchKG geregelt. Seiner Natur entsprechend qualifiziert sich der gerichtliche Nachlassvertrag als ein zwangsvollstreckungsrechtliches Institut. Sein Zustandekommen setzt die Durchführung eines gesetzlichen Verfahrens voraus, in welchem der Schuldner mit Zustimmung seiner Gläubiger sowie unter Mitwirkung und Aufsicht des Gerichts seine Schulden auf eine für alle Gläubiger verbindliche Weise tilgen kann.

Der *gerichtliche* Nachlassvertrag lässt sich seinem *Inhalt* nach unterteilen in 1592

– den *ordentlichen* Nachlassvertrag (Art. 314 ff. SchKG) und

  Anmerkung: Der ordentliche Nachlassvertrag hat einen Stundungsvergleich oder einen Prozentvergleich (auch Dividendenvergleich) zum Inhalt. Beim Stundungsvergleich offeriert der Schuldner seinen Gläubigern vollständige Tilgung nach einem bestimmten, zeitlich festgelegten Plan. Beim Prozentvergleich wird dagegen vereinbart, dass der

---

1121 Rz. 1032.
1122 Rz. 1102 ff.
1123 Rz. 1421 ff.

Schuldner bloss noch einen Teil der offenen Forderungen tilgen muss; die Restforderungen der Gläubiger werden dem Schuldner erlassen.[1124]

- den Nachlassvertrag mit Vermögensabtretung (sog. Liquidationsvergleich, vgl. Art. 317 ff. SchKG).

   Anmerkung: Beim Nachlassvertrag mit Vermögensabtretung wird sämtliches schuldnerisches Vermögen – oder zumindest ein Teil davon – den Gläubigern mit dem Ziel der Verwertung zur Verfügung gestellt (vgl. Art. 317 Abs. 1 SchKG). Die Gläubiger können sich aus dem Verwertungserlös Befriedigung verschaffen. Hier nähert sich der Liquidationsvergleich stark dem Konkurs an.

1593 Nach dem *Zeitpunkt seines Zustandekommens* unterscheidet das Gesetz

- den Nachlassvertrag mit vorangehender Nachlassstundung (Art. 293 ff. SchKG).

   Anmerkung: Regelmässig wird das Nachlassverfahren vor der Konkurseröffnung eingeleitet. Es dient nicht zuletzt dazu, den Konkurs zu vermeiden.

- den Nachlassvertrag im Konkurs.

   Anmerkung: Wie im Zusammenhang mit dem Konkursverfahren erörtert, kann der Schuldner auch nach erfolgter Konkurseröffnung einen Nachlassvertrag vorschlagen. Dieser Vorschlag muss allerdings nach Treu und Glauben *ernst gemeint* sein. Über einen solchen Vorschlag kann gemäss Art. 238 Abs. 2 SchKG bereits die erste Gläubigerversammlung einen Beschluss fassen. Die Verhandlung über den vorgeschlagenen Nachlassvertrag findet jedoch erst im Rahmen der zweiten Gläubigerversammlung statt (Art. 332 Abs. 1 SchKG).

B. Legitimation

1594 Das Nachlassverfahren wird grundsätzlich durch ein Gesuch in Gang gesetzt. Zur Gesuchstellung legitimiert sind:

- der *Schuldner* (Art. 293 Abs. 1 SchKG) und
- der *Gläubiger* (Art. 293 Abs. 2 SchKG).

1595 Ein Gläubiger ist allerdings nur dann zur Gesuchstellung legitimiert, wenn er auch zur Stellung des Konkursbegehrens berechtigt wäre. Dies setzt i.d.R. voraus, dass der Gläubiger das Einleitungsverfahren durchlaufen hat. Legitimiert ist jedoch auch ein Gläubiger, welcher sich auf eine materielle Konkursvoraussetzung i.S.v. Art. 190 SchKG[1125] stützen kann.

1596 Ein Nachlassverfahren ist *von Amtes wegen* zu eröffnen, wenn Anhaltspunkte für das Zustandekommen eines Nachlassvertrages bestehen (Art. 173a SchKG). Das Konkursgericht hat in einem solchen Fall seinen Entscheid auszusetzen und die

---

[1124] BGE 110 III 40 E. 2.b (Pra 73 [1984] Nr. 164).
[1125] Rz. 1090 ff.

Akten dem Nachlassgericht zu überweisen. Faktisch kommt dies einem Konkursaufschub nach Art. 725a OR gleich.

C. Gesuch um Nachlassstundung

Die Form des Gesuchs richtet sich nach der ZPO. Das Nachlassstundungsgesuch wird – wie das Konkursbegehren – entweder schriftlich oder elektronisch beim Nachlassgericht zu Protokoll gegeben (Art. 130 ZPO). In einfachen oder dringenden Fällen kann das Gesuch auch mündlich gestellt werden (Art. 252 Abs. 2 ZPO).[1126]

1597

Stellt der *Schuldner* das Gesuch um Nachlassstundung, hat er darin die *Gründe* aufzuführen, derentwegen er die Nachlassstundung beantragt und einen Nachlassvertrag anstrebt. Ein besonderer Insolvenzgrund braucht nicht vorzuliegen; es genügt, wenn der Schuldner in seinem Gesuch angibt, dass er seinen Verpflichtungen nicht mehr nachkommen kann und/oder dass er überschuldet ist, sodass eine Stundung der Forderungen oder ein teilweiser Forderungsverzicht der Gläubiger notwendig werden. Der Schuldner hat seine *gegenwärtige finanzielle Lage* liquide zu belegen und darzutun, weshalb davon auszugehen ist, dass der in Aussicht genommene Nachlassvertrag von der notwendigen Gläubigermehrheit *angenommen* wird. In Art. 293 Abs. 1 SchKG sind die Unterlagen aufgezählt, welche der Schuldner seinem Gesuch beizulegen hat. Sie sollen dem Nachlassgericht ermöglichen, die Vermögens- und Ertragslage bzw. die Einkommenssituation des Schuldners zu beurteilen. Im Einzelnen sind dies

1598

– der Entwurf eines Nachlassvertrages,
– eine Bilanz und eine Betriebsrechnung oder andere Unterlagen, aus denen die Vermögens-, Ertrags- oder Einkommenslage ersichtlich ist, sowie

   Anmerkung: Die Bilanz eignet sich als Beweis für die Darstellung der tatsächlichen Vermögenslage.[1127]

– ein Verzeichnis der Geschäftsbücher des Schuldners, sofern dieser verpflichtet ist, solche zu führen (Art. 957 OR).

   Anmerkung: De lege ferenda werden eine aktuelle Bilanz, eine Erfolgsrechnung und eine Liquiditätsplanung oder entsprechende Unterlagen, aus denen die derzeitige und künftige Vermögens-, Ertrags- oder Einkommenslage des Schuldners ersichtlich ist, sowie ein provisorischer Sanierungsplan verlangt. Es fällt auf, dass der Schuldner nicht mehr gehalten ist, auch einen Entwurf eines Nachlassvertrages beizulegen, was ihm eine vorgängige Absprache mit den Gläubigern erspart.

   Beispiel: Bei der Kollektivgesellschaft S & Co handelt es sich um ein Unternehmen, welches spezielle Getriebe-Schaltungen für die Automobilindustrie entwickelt. Da im Zuge der globa-

---

[1126] Rz. 1615.
[1127] BGE 114 IV 32 E. 2.b.

len Finanzkrise der Hauptabnehmer der Getriebe-Schaltungen nahe an die Insolvenz gedrängt wird und deshalb den Sukzessivliefervertrag mit der S & Co bis auf Weiteres sistiert, hat auch die S & Co Liquiditätsengpässe zu beklagen. In Anbetracht der Tatsache, dass die innovative S & Co bestrebt ist, mit anderen Produkten den Markteintritt in die Medizinalbranche zu wagen, beantragt sie unter Beilage der in Art. 293 Abs. 1 SchKG aufgeführten Unterlagen sowie eines Businessplans die Nachlassstundung. Das Nachlassgericht gibt aufgrund der günstigen Zukunftsprognosen dem Begehren statt und bewilligt die Nachlassstundung.

1599 Soweit ein *Gläubiger* das Gesuch um Nachlassstundung stellt, muss dieses nicht den gleichen inhaltlichen Anforderungen genügen, wie jenes des Schuldners. Dies ergibt sich aus dem Umstand, dass der gesuchstellende Gläubiger regelmässig keine detaillierte Kenntnis der Verhältnisse des Schuldners hat.

1600 Einem *missbräuchlich* eingeleiteten Gesuch ist nicht stattzugeben.[1128]

D. Zuständigkeit

1601 Die sachliche Zuständigkeit für die Beurteilung der anbegehrten Nachlassstundung richtet sich nach den einschlägigen Bestimmungen des kantonalen Rechts (Art. 3 f. ZPO).

1602 Die örtliche Zuständigkeit richtet sich nach Art. 46 SchKG.[1129] Das Gesuch ist folglich am Wohnsitz bzw. Sitz des Schuldners oder des Erblassers zu stellen.

IV. Bewilligung der Nachlassstundung (sog. Bewilligungsverfahren)

A. Einleitung des Verfahrens

1603 Das Bewilligungsverfahren wird i.d.R. durch ein begründetes Gesuch des Schuldners oder eines Gläubigers beim zuständigen Nachlassgericht eingeleitet;[1130] allenfalls wird es von Amtes wegen nach Art. 173a Abs. 2 SchKG in Gang gesetzt.

B. Massnahmen des Nachlassgerichts

1604 Nach Eingang des Gesuchs um Nachlassstundung oder nach Aussetzung des Konkurserkenntnisses trifft das Nachlassgericht *ex officio* unverzüglich die zur Erhaltung des schuldnerischen Vermögens notwendigen Anordnungen (Art. 293 Abs. 3 Satz 1 SchKG).

1128 BGE 120 III 94 E. 2 (Pra 83 [1994] Nr. 281).
1129 BGE 98 III 37 E. 2.
1130 BGE 128 V 15 E. 3.a (Pra 92 [2003] Nr. 78).

In Fällen, in welchen das Gericht als Nachlassgericht amtet, hat es den Sachverhalt *von Amtes wegen* festzustellen. Es gilt insofern – wie im Konkursverfahren – die *beschränkte Untersuchungsmaxime* (Art. 255 lit. a ZPO), d.h., dass das Gericht die Verfahrensbeteiligten (v.a. den Schuldner) zur Mitwirkung anhalten kann.[1131]

1605

Da bis zum Entscheid über die Gewährung der Nachlassstundung eine erhebliche lange Zeit verstreichen kann, muss das Gericht vermögenserhaltende Massnahmen anordnen. In Betracht kommen etwa Verfügungsverbote, Sperrung von Konten des Schuldners oder auch eine Inventaraufnahme. Solche vorsorglichen Massnahmen können auch *superprovisorisch,* d.h. ohne vorgängige Anhörung des Schuldners, angeordnet werden. Dies sieht Art. 265 ZPO ausdrücklich vor.

1606

C. Provisorische Nachlassstundung im Besonderen

Die *provisorische Nachlassstundung* ist die *umfassendste* provisorische Massnahme. Das Nachlassgericht kann dem Schuldner in einem begründeten Fall die provisorische Nachlassstundung für höchstens zwei Monate bewilligen (Art. 293 Abs. 3 SchKG). Der Entscheid über die provisorische Nachlassstundung liegt im *gerichtlichen Ermessen.*

1607

Anmerkung: De lege ferenda soll der definitiven Stundung stets eine provisorische Stundung vorausgehen (Art. 293a Abs. 1 Satz 1 und Art. 294 E-SchKG). Die Gesamtdauer der provisorischen Nachlassstundung darf nicht länger sein als vier Monate (Art. 293a Abs. 2 E-SchKG).

Da ein rasches Einsetzen der Stundungswirkungen für die Fortführung einer Unternehmung essenziell ist, sollte bei Sanierungsgesuchen von Unternehmen stets von einem begründeten Fall ausgegangen und die Nachlassstundung provisorisch bewilligt werden. Von einem begründeten Fall ist schliesslich auch dann auszugehen, wenn sich dem Nachlassgericht die Sachlage aus den eingereichten Unterlagen als *zu wenig klar* darstellt, was regelmässig dann zutrifft, wenn das Verfahren nicht durch den Schuldner selbst eingeleitet wird.

1608

Mit der Anordnung der provisorischen Nachlassstundung ist ein *provisorischer Sachwalter*[1132] einzusetzen, welcher mit der Prüfung der Vermögens-, Ertrags- oder Einkommenslage des Schuldners und der Aussicht auf Sanierung gerichtlich beauftragt wird (Art. 293 Abs. 3 Satz 2 SchKG).

1609

In zeitlicher Hinsicht kann die provisorische Nachlassstundung nach Art. 293 Abs. 3 Satz 2 SchKG für die Dauer von höchstens zwei Monaten bewilligt werden, wobei eine Verlängerung dieser Maximalfrist ausgeschlossen ist. Infolgedessen fallen die Wirkungen der provisorischen Nachlassstundung mit Ablauf der angesetzten Frist *eo ipso* dahin.

1610

1131 BGE 59 III 32 E. 3.
1132 Rz. 1620 ff.

Anmerkung: Neu wird das Nachlassgericht für den Fall, dass offensichtlich keine Aussicht auf Sanierung oder Bestätigung eines Nachlassvertrages besteht, über die Möglichkeit verfügen, den Konkurs von Amtes wegen zu eröffnen (Art. 293a Abs. 3 E-SchKG).

1611 Die Wirkungen der provisorischen Nachlassstundung sind dieselben wie bei der definitiven Stundung, soweit dies die öffentliche Bekanntmachung[1133] und die Anmerkung im Grundbuch (Art. 296 i.V.m. Art. 293 Abs. 4 SchKG), die Rechte der Gläubiger (Art. 297 SchKG) und die Verfügungsfähigkeit des Schuldners (Art. 298 SchKG) betrifft (vgl. Art. 293 Abs. 4 SchKG).[1134]

Anmerkung: In Art. 293c Abs. 1 E-SchKG soll klargestellt werden, dass die provisorische Stundung die gleichen Wirkungen hat wie die definitive Stundung. Im Übrigen kann die öffentliche Bekanntmachung der provisorischen Stundung in begründeten Fällen bis zu deren Beendigung unterbleiben, falls ein begründeter Fall vorliegt. Dies setzt allerdings voraus, dass ein entsprechender Antrag gestellt wird und dass der Schutz Dritter gewahrt ist (Art. 293c Abs. 2 E-SchKG).

D. Verhandlung vor dem Nachlassgericht

1612 Art. 294 SchKG regelt das gerichtliche Verfahren zur Bewilligung der Nachlassstundung. Bei Vorliegen eines Gesuchs um Nachlassstundung oder in den Fällen, in denen das Gericht provisorische Massnahmen angeordnet hat, lädt es den Schuldner und gegebenenfalls auch den antragstellenden Gläubiger zur *Verhandlung* vor (Art. 294 Abs. 1 Satz 1 SchKG).

1613 Das Gericht kann auch andere Gläubiger anhören oder vom Schuldner die Vorlage einer detaillierten Bilanz und einer Betriebsrechnung oder entsprechender Unterlagen sowie das Verzeichnis seiner Bücher verlangen (Art. 294 Abs. 1 Satz 2 SchKG). Selbst ohne entsprechenden Antrag eines Gläubigers ist das Gericht gehalten, die Gläubiger anzuhören; andernfalls kann wohl kaum eine Beurteilung über die Aussicht des Abschlusses eines Nachlassvertrages erfolgen. Die Anhörung dient dem Gericht zur Beschaffung der *Entscheidgrundlagen.*

1614 Liegen auch nach der Verhandlung noch nicht sämtliche Entscheidgrundlagen vor, sind aber die Aussichten für ein Zustandekommen eines Nachlassvertrages glaubhaft gemacht, darf das Gericht ein Nachlassgesuch nicht einfach abweisen, sondern es ist dem Schuldner die provisorische Nachlassstundung[1135] zu gewähren, sofern dies nicht schon zuvor geschehen ist.

Beispiel: Gläubiger A, welcher zur Stellung des Konkursbegehrens legitimiert wäre, reicht ein Gesuch um Eröffnung des Nachlassverfahrens beim zuständigen Gericht ein. In seiner Begründung gibt er an, dass er und die beiden anderen bekannten Gläubiger B und C der Ansicht seien, dass die Bauunternehmung S GmbH trotz momentaner Zahlungsschwie-

---

[1133] BGE 131 V 454 E. 6.1.2.
[1134] Rz. 1631 ff.
[1135] Rz. 1607 ff.

rigkeiten in der Lage sei, den Turnaround zu schaffen. Dies deshalb, weil sich S seinem Vernehmen nach in Vertragsverhandlungen bezüglich einer grossangelegten Überbauung befände. Nach Eingang des Gesuchs lädt das Nachlassgericht die Parteien unverzüglich zur Verhandlung vor. S bestätigt die Ausführungen von A, vergisst jedoch Dokumente zur Belegung seiner Vermögenslage an den Verhandlungstermin mitzubringen. Das Nachlassgericht bewilligt in Anbetracht der reellen Sanierungsaussichten die provisorische Nachlassstundung für die Dauer einer Woche.

E. Verfahren

Das Nachlassgericht entscheidet im summarischen Verfahren (Art. 251 lit. a ZPO).[1136] Es ist gehalten, den Entscheid möglichst rasch zu fällen, sobald es über die erforderlichen Unterlagen verfügt. Es hat sich gemäss Art. 294 Abs. 2 SchKG bei seiner Entscheidung

1615

- auf die Vermögens- und Ertragslage bzw. Einkommenslage des Schuldners sowie
- auf die Aussicht der Gläubigerzustimmung zu einem Nachlassvertrag abzustützen.[1137]

Das Gericht muss bei seiner Entscheidung aber nicht bloss die eben genannten Kriterien berücksichtigen. Es kann auch andere Umstände für die Entscheidfindung heranziehen, z.B. vom Schuldner vorgenommene anfechtbare Handlungen nach Art. 285 ff. SchKG oder die Erhaltung von Arbeitsplätzen.

1616

F. Entscheid über das Gesuch um Nachlassstundung

Kommt das Gericht zum Schluss, *dass keine Aussicht auf Sanierung besteht,* hat es das Gesuch *abzuweisen.* Dies ist insbesondere dann der Fall,

1617

- wenn die Anhörung der Gläubiger[1138] zeigt, dass das für den Nachlassvertrag notwendige Quorum voraussichtlich nicht erreicht wird,
- wenn bereits im Zeitpunkt der Bewilligungsverhandlung erstellt ist, dass die Forderungen der privilegierten Gläubiger nicht gedeckt sind oder
- wenn die übrigen Voraussetzungen, die in Art. 306 SchKG für eine spätere Bestätigung des Nachlassvertrages verlangt werden, offensichtlich nicht erfüllt sind.

Gelangt das Gericht zum Schluss, *dass die Möglichkeit einer Sanierung besteht,* fällt es den sog. *Bewilligungsentscheid,* gewährt die Nachlassstundung für vier bis sechs Monate und ernennt einen oder mehrere Sachwalter (Art. 295 Abs. 1 SchKG).

1618

1136 Rz. 89.
1137 BGE 87 III 33 E. 3.
1138 Rz. 1612 f.

§ 11 Nachlassverfahren

1619 Wird die Nachlassstundung bewilligt, ist sie i.S.v. Art. 35 SchKG öffentlich bekannt zu machen[1139] und dem Betreibungsamt sowie dem Grundbuchamt unverzüglich mitzuteilen. Die Anmerkung, dass dem Schuldner Nachlassstundung gewährt worden ist, ist spätestens zwei Tage nach der Bewilligung im Grundbuch einzutragen (Art. 296 SchKG). Die öffentliche Bekanntmachung verfolgt den Zweck, Gläubiger und Dritten gleich zu behandeln, da die Wirkungen der Nachlassstundung bereits mit dem Datum des Bewilligungsentscheides eintreten.

Anmerkung: Nach Art. 295a E-SchKG wird es neu ins gerichtliche Ermessen gestellt sein, bereits während der Nachlassstundung neben dem Sachwalter zusätzlich einen Gläubigerausschuss zu ernennen. Dies setzt allerdings qualifizierte Umstände voraus, massgebend wird v.a. die Komplexität des Falles sein.

G. Sachwalter

1620 Der *Sachwalter* muss *nicht zwingend* ein Beamter sein. So können neben Betreibungs- und Konkursbeamten auch Anwälte, Notare oder Treuhänder als Sachwalter ernannt werden. Dessen ungeachtet nimmt der Sachwalter eine öffentlich-rechtliche Stellung ein (vgl. Art. 295 Abs. 3 SchKG).[1140] Er amtet als atypisches Organ.[1141] Seine Anordnungen unterliegen deshalb grundsätzlich der betreibungsrechtlichen Beschwerde nach Art. 17 ff. SchKG.[1142]

Beispiel: Mit Entscheid vom 2.11.2011 gewährte das Nachlassgericht des Kantons X der S eine Nachlassstundung von sechs Monaten und setzte – wie von S beantragt – Rechtsanwalt R als Sachwalter ein. Nach seiner Amtsübernahme erteilte R gewisse Weisungen, welche bei Gläubiger G auf Widerstand stiessen und dazu führten, dass G mit betreibungsrechtlicher Beschwerde an die Aufsichtsbehörde gelangte. Begründet wurde die Beschwerde im Wesentlichen damit, dass es R an der nötigen Unabhängigkeit mangle, weil er bereits vor Bewilligung der Nachlassstundung Anwalt von S gewesen sei. Die Aufsichtsbehörde enthob R in der Folge seines Amtes, da er tatsächlich bereits vor der Bewilligung der Nachlassstundung mehrmals für S tätig gewesen war.

1621 Der Sachwalter *führt das Nachlassverfahren während der Stundungsphase*. In dieser Stellung hat er die Interessen des Schuldners und jene der Gläubiger *gleichermassen* zu wahren.[1143] Die Anforderungen an die Fähigkeiten des Sachwalters hängen wesentlich von der Struktur sowie der Komplexität des Einzelfalles ab. So muss der Sachwalter nicht bloss in der Lage sein, das Nachlassverfahren nach den gesetzlichen Bestimmungen zu leiten und durchzuführen, vielmehr hat er auch unternehmerische Fähigkeiten und Erfahrungen mitzubringen.

1139 Rz. 375 f.
1140 BGer v. 27.6.2005, 7B.57/2005 E. 2.1; BGE 94 III 55 E. 2.
1141 Rz. 109.
1142 BGE 129 III 94 E. 3; Rz. 147 ff.
1143 BGer v. 27.6.2005, 7B.57/2005 E. 3.3; BGer v. 22.12.2003, C.235/03 E. 3.2; BGE 103 Ia 76 E. 4.b; 94 III 55 E. 2.

IV. Bewilligung der Nachlassstundung (sog. Bewilligungsverfahren)

Das Gesetz überträgt dem Sachwalter folgende Aufgaben (Art. 295 Abs. 2 SchKG):[1144]   1622

- Überwachung der Handlungen des Schuldners (lit. a);
- Überwachung der Geschäftätigkeit des Schuldners (lit. b i.V.m. Art. 298 Abs. 1 SchKG);
- Inventaraufnahme und Schätzung sämtlicher Vermögensbestandteile (lit. b i.V.m. Art. 299 Abs. 1 SchKG);
- Schuldenruf unter Androhung der fehlenden Stimmberechtigung im Unterlassungsfall (lit. b i.V.m. Art. 300 Abs. 1 SchKG);
- Einberufung und Durchführung der Gläubigerversammlung (lit. b i.V.m. Art. 301 und 302 SchKG);
- Erstellung des Sachwalterberichts (lit. b i.V.m. Art. 304 SchKG);
- Information der Gläubiger über den Verlauf der Stundung mittels Zwischenberichten auf Anordnung des Nachlassgerichts (lit. c).

Anmerkung: Neu soll dem Sachwalter nach Art. 295 Abs. 2 lit. a E-SchKG auch die Aufgabe zukommen, einen Nachlassvertrag zu entwerfen, sofern dies erforderlich ist.

Diese Aufgaben dienen v.a. der Vorbereitung des eigentlichen *Annahmeverfahrens,* in welchem dann die Gläubiger zu den Vergleichsangeboten des Schuldners Stellung beziehen können.[1145]   1623

Das Nachlassgericht kann dem Sachwalter *weitere Aufgaben* übertragen. Zu denken ist hier etwa an Geschäftsführungs- und Vertretungsbefugnisse. Es ist dem Sachwalter jedoch untersagt, Guthaben des Schuldners einzuziehen bzw. Gelder desselben an sich abliefern zu lassen.[1146]   1624

Anmerkung: Dem Nachlassgericht wird de lege ferenda ausdrücklich die Kompetenz übertragen, dem Sachwalter weitere Aufgaben zuweisen zu können (Art. 295 Abs. 2 E-SchKG).

Das Gericht darf die Nachlassstundung für vier bis sechs Monate bewilligen (Art. 295 Abs. 1 SchKG). Während dieser Zeit sollte es dem Sachwalter möglich sein, die notwendigen Grundlagen (Inventar und Verzeichnis der Forderungseingaben aufgrund des Schuldenrufs) für den Abschluss eines Nachlassvertrages vorzubereiten, die Gläubigerversammlung durchzuführen und dem Nachlassgericht den Sachwalterbericht gemäss Art. 304 SchKG einzureichen. Der Sachwalterbericht gibt Auskunft über den Verlauf der Stundung und die Feststellungen zur Vermögenslage, der Verwertbarkeit der Aktiven und zur Entwicklung der Vermögens- und Ertragslage bzw. – für den Fall, dass der Nachlassschuldner eine natürliche Person ist – für die Einkommenslage des Schuldners.   1625

1144 BGer v. 15.7.2008, 5A_132/2008 E. 2.4; BGE 128 V 15 E. 3.a (Pra 92 [2003] Nr. 78).
1145 Rz. 1655 ff.
1146 BGE 60 III 183, 187 f.

§ 11 Nachlassverfahren

1626 Auf begründetes Gesuch des Sachwalters hin darf die Nachlassstundung auf maximal zwölf Monate verlängert werden; beim Vorliegen eines besonders komplexen Falles sieht das Gesetz ausnahmsweise sogar eine Verlängerung auf 24 Monate vor (Art. 295 Abs. 4 SchKG). Soll die Nachlassstundung länger als zwölf Monate dauern, sind die Gläubiger anzuhören (Art. 295 Abs. 4 SchKG). Diese Anhörung muss vom Nachlassgericht vorgenommen werden; eine Delegation an den Sachwalter ist unzulässig.

Anmerkung: Die Dauer der Nachlassstundung verlängert sich um die Dauer einer provisorischen Nachlassstundung[1147] sowie eines gerichtlichen Verfahrens zur Bestätigung des Nachlassvertrages[1148].[1149]

H. Weiterzug des Entscheides über das Gesuch um Nachlassstundung

1627 Nach Art. 294 Abs. 3 SchKG können der Schuldner und der gesuchstellende Gläubiger den Entscheid des Nachlassgerichts binnen zehn Tagen nach der Eröffnung mit Beschwerde nach Art. 319 ff. ZPO anfechten. Soweit der Entscheid die Ernennung des Sachwalters betrifft, kann ihn auch jeder andere Gläubiger weiterziehen (Art. 294 Abs. 4 SchKG).

Anmerkung: Gemäss dem neuen Art. 293d E-SchKG sollen die Bewilligung der provisorischen Stundung und die Einsetzung des provisorischen Sachwalters nicht anfechtbar sein.

1628 Der zweitinstanzliche kantonale Entscheid kann unabhängig vom Streitwert mittels Beschwerde in Zivilsachen ans Bundesgericht weitergezogen werden (Art. 74 Abs. 2 lit. d BGG).

I. Kosten des Nachlassverfahrens

1629 Für die Kosten des Nachlassverfahrens ist auf die GebV SchKG zu verweisen. Einschlägig hierfür ist Art. 54 ff. GebV SchKG. Zu vermerken ist, dass die gesuchstellende Partei die Kosten vorzuschiessen oder zumindest sicherzustellen hat.

1630 Das Honorar für den Sachwalter wird durch das Nachlassgericht aufgrund der Schwierigkeit und der Bedeutung der Sache, des Umfangs der Bemühungen, des Zeitaufwands sowie der Auslagen festgesetzt (Art. 55 Abs. 3 GebV SchKG). Bei den Kosten handelt es sich – in Analogie zu jenen in Zusammenhang mit einem Konkurs – um Verfahrenskosten, welche anlässlich der Bestätigung eines ordentlichen Nachlassvertrages *sicherzustellen* bzw. in einem nachfolgenden Nachlassvertrag mit Vermögensabtretung oder Konkurs als *Masseverbindlichkeiten* gelten.

1147 Rz. 1607 ff.
1148 Rz. 1686.
1149 BGE 134 III 273 E. 4.3.2.

J. Wirkungen der Nachlassstundung

1. Grundsätzliches

Da das Zustandekommen eines Nachlassvertrages regelmässig eine gewisse Zeit in Anspruch nimmt, soll zwischen dem Schuldner und seinen Gläubigern während diesem Zeitraum weitgehend «Waffenstillstand» herrschen.[1150] Diesem Zweck dient die Nachlassstundung; sie ermöglicht dem Schuldner, die zur Ausarbeitung des Nachlassvertrags notwendigen Schritte zu unternehmen.[1151] Als (provisorische) vorsorgliche Massnahme[1152] weist die Nachlassstundung einerseits Wirkungen auf die Rechte der Gläubiger (Art. 297 SchKG) und andererseits auf die Verfügungsbefugnis des Schuldners auf (Art. 298 SchKG).

1631

Die Wirkungen der Nachlassstundung hinsichtlich der Rechte der Gläubiger beginnen nicht erst mit der Publikation derselben, sondern bereits im Zeitpunkt des Bewilligungsentscheids.

1632

2. Auf die Rechte der Gläubiger

Während der Stundung ist die Einleitung oder Fortsetzung einer Betreibung gegen den Schuldner *grundsätzlich unzulässig* (Art. 297 Abs. 1 SchKG). Im Gegenzug stehen dafür die Verjährungs- und Verwirkungsfristen still (Art. 297 Abs. 1 SchKG).

1633

Wird trotz des Betreibungsverbots eine Betreibung gegen den Schuldner eingeleitet oder fortgesetzt, so hat dies nach bundesgerichtlicher Rechtsprechung die *Nichtigkeit* der Betreibung zur Folge.[1153] Hier gilt es jedoch zu beachten, dass die Betreibung erst mit der Zustellung des Zahlungsbefehls beginnt (Art. 38 Abs. 2 SchKG); in der Einreichung eines Betreibungsbegehrens kann deshalb nicht die Einleitung einer Betreibung erblickt werden. Das während einer hängigen Nachlassstundung gestellte Betreibungsbegehren ist vom Betreibungsamt zu protokollieren und gegebenenfalls nach dem Wegfall der Stundung zu vollziehen.[1154] Es obliegt m.a.W. den Gläubigern, während der Dauer einer bewilligten Nachlassstundung ihre Rechte wahrzunehmen; so sind sie gehalten, ein Fortsetzungsbegehren zu stellen, um die sechsmonatige Frist von Art. 40 Abs. 1 SchKG zu wahren.[1155]

1634

Kraft des Verweises von Art. 297 Abs. 1 SchKG auf Art. 199 Abs. 2 SchKG werden bereits gepfändete Barbeträge, beim Betreibungsamt bezahlte Beträge bei der For-

1635

1150 BGE 135 III 430 E. 1.2 (Pra 99 [2010] Nr. 32).
1151 BGE 135 III 430 E. 1.2 (Pra 99 [2010] Nr. 32); 128 V 15 E. 3.a (Pra 92 [2003] Nr. 78).
1152 BGE 131 V 454 E. 6.2.
1153 BGE 102 III 109 E. 1 und 2.
1154 BGE 129 III 395 E. 2.2.
1155 BGE 122 III 204 E. 4.

derungs- und Einkommenspfändung sowie der Erlös bereits verwerteter Vermögensstücke in Anwendung der genannten Bestimmung *verteilt*.

1636 *Ausnahmen* vom Betreibungsverbot während der Nachlassstundung sieht Art. 297 Abs. 2 SchKG vor für:

- die Betreibung auf Pfändung *für die Forderungen der ersten Klasse* i.S.v. Art. 219 Abs. 4 SchKG (Ziff. 1);[1156]
- die Betreibung auf Pfandverwertung *für grundpfandgesicherte Forderungen*, wobei die Verwertung des Grundpfandes jedoch ausgeschlossen bleibt (Ziff. 2).

1637 Neben den Verjährungs- und Verwirkungsfristen werden auch die Verdachtsperioden in Zusammenhang mit Anfechtungsklagen[1157] gehemmt (Art. 288a Ziff. 1 SchKG). Die übrigen vollstreckungsrechtlichen Fristen bleiben dagegen von dieser Hemmwirkung unberührt.

1638 Mit der Bewilligung der Nachlassstundung hört der Zinslauf für alle nicht pfandgesicherten Forderungen auf, sofern der Nachlassvertrag nichts anderes bestimmt (Art. 297 Abs. 3 SchKG). Demgegenüber hat die Nachlassstundung keinerlei Auswirkungen auf die Fälligkeiten der Forderungen; Art. 297 Abs. 3 SchKG kommen somit nicht die gleichen Wirkungen zu wie Art. 208 SchKG[1158] im Konkursfall.

1639 Die Bestimmungen bezüglich der absoluten bzw. beschränkten Verrechnungsverbote[1159] gelten gleichsam im Nachlassverfahren (Art. 297 Abs. 4 SchKG).

Anmerkung: Die Revision des Sanierungsrechts sieht keine Änderung dieser Regelung vor. Zu beachten ist aber, dass neu mit Ausnahme von dringlichen Fällen sämtliche Zivilprozesse und Verwaltungsverfahren, welche sich auf Nachlassforderungen beziehen, sistiert werden (Art. 297 Abs. 5 E-SchKG). Darüber hinaus gilt Art. 211 Abs. 1 SchKG, d.h. die Umwandlung von Realforderungen in Geldforderungen von entsprechendem Wert, gleichsam nach erfolgter Nachlassstundung (Art. 297 Abs. 9 E-SchKG).

3. Auf die Verfügungsbefugnis des Schuldners

3.1 *Grundsätzliches*

1640 Die mit der Nachlassstundung einhergehende Beschränkung der Verfügungsbefugnis des Schuldners kann die rechtsbegründenden Beziehungen zwischen Schuldner und Dritten beschlagen. Aus diesem Grund entfaltet die Nachlassstundung ihre Wirkungen in dieser Hinsicht – anders als hinsichtlich der Rechte der Gläubiger – erst mit der *öffentlichen Publikation*.

[1156] BGer v. 31.8.2009, 5A_461/2009 E. 2.1; Rz. 1250 ff.
[1157] Rz. 1526 ff.
[1158] Rz. 1196 ff.
[1159] Rz. 1222 f.

Kernpunkt des Nachlassvertragsrechts ist, dass der Schuldner – anders als im Konkurs – grundsätzlich seine *Geschäftstätigkeit weiterführen* kann.[1160] Er wird jedoch insofern in seinem Handeln eingeschränkt, als er unter der *Aufsicht* des Sachwalters steht.[1161]

1641

Bestimmte Handlungen des Schuldners werden jedoch vom Gesetz verboten. Das Verbot gilt allerdings *nicht absolut,* sondern steht unter dem *Ermächtigungsvorbehalt* des Nachlassgerichts oder des Sachwalters.

1642

3.2 Erlaubte Handlungen

Gemäss Art. 298 Abs. 1 SchKG ist der Schuldner *grundsätzlich befugt,* über sein Vermögen zu verfügen und das Geschäft weiterzuführen.[1162] Er darf alle Geschäfte bzw. Rechtshandlungen vornehmen, die zum Geschäftsbetrieb gehören. Hierbei steht er allerdings unter der *Aufsicht* des Sachwalters. Dieser wacht aber vorderhand bloss darüber, dass der Schuldner keine Dispositionen trifft, welche sich für die Gläubiger nachteilig auswirken könnten.

1643

3.3 Gesetzlich verbotene Handlungen

Von Gesetzes wegen verboten sind die in Art. 298 Abs. 2 SchKG *abschliessend* aufgezählten Rechtshandlungen.[1163] Erfasst wird dabei nicht nur das eigentliche Verfügungsgeschäft, sondern ebenso das Verpflichtungsgeschäft. Verbotene Rechtshandlungen sind

1644

– die Veräusserung von Anlagevermögen,

Anmerkung: Anlagevermögen ist Vermögen, welches langfristig für eine bestimmte Geschäftstätigkeit eingesetzt wird. Ob ein Aktivum Anlagevermögen darstellt oder nicht, hängt davon ab, ob dieses tatsächlich oder zukünftig der Geschäftstätigkeit des Schuldners dient.

Beispiel: Der Nachlassschuldner S betreibt eine Metzgerei. Fünf Jahre vor Bewilligung der Nachlassstundung erwarb er einen kleinen Imbissstand, mit welchem er an gewissen Festivitäten seine Wurstwaren feilbot. Bereits nach einem Jahr stellte er die Festwirtschaft ein, da sie nicht gewinnbringend war. Danach stand der Imbisswagen während Jahren ungebraucht im Hof der Metzgerei. In Anbetracht der Tatsache, dass dieser Imbissstand seit Jahren nicht mehr eingesetzt wurde, handelt es sich hierbei – trotz grundsätzlicher Qualifikation als Anlagevermögen – nicht um einen Vermögensgegenstand, der unter die fragliche Bestimmung zu subsumieren ist.

1160 BGer v. 22.12.2003, C.235/03 E. 3.1.
1161 BGer v. 15.7.2008, 5A_132/2008 E. 2.4; BGE 129 III 395 E. 3.4; 125 III 154 E. 3.b.
1162 BGE 137 II 136 E. 3.2; 135 III 430 E. 1.2.
1163 BGer v. 29.6.2006, H.172/05 E. 5.2.1.

- die Bestellung von Pfändern,
- das Eingehen von Bürgschaften sowie
- unentgeltliche Verfügungen.

Anmerkung: De lege ferenda werden neu die Rechte gutgläubiger Dritter gemäss Art. 298 Abs. 3 E-SchKG vorbehalten.

3.4 Ermächtigung zur Vornahme verbotener Handlungen durch das Nachlassgericht

1645 Die Verbote von Art. 298 Abs. 2 SchKG gelten jedoch nicht absolut. Verbotene Rechtshandlungen des Schuldners stehen vielmehr unter dem *Ermächtigungsvorbehalt* des Nachlassgerichts. Eine Ermächtigung fällt dann in Betracht, wenn ein entsprechender *Antrag* des Schuldners oder des Sachwalters vorliegt und die Vornahme der Handlung für die Weiterführung des Geschäftes *erforderlich* ist. Bei seinem Entscheid hat das Nachlassgericht *primär* die Interessen der Gläubiger zu berücksichtigen.

3.5 Ermächtigung des Sachwalters

1646 Das Nachlassgericht kann über das gesetzliche Verfügungsverbot hinaus *anordnen,* dass gewisse Rechtshandlungen des Schuldners *nur unter der Mitwirkung* des Sachwalters erfolgen dürfen. Es kann den Sachwalter sogar dazu ermächtigen, die Geschäftsführung anstelle des Nachlassschuldners zu übernehmen. Solche gerichtlichen Anordnungen bedürfen allerdings eines Eintrages in das Handelsregister (vgl. Art. 160 Abs. 3 lit. c HRegV).

3.6 Folgen der Ermächtigung bzw. fehlender Ermächtigung

1647 Mit der unbedingten Zustimmung des Nachlassgerichts zur Vornahme eines Rechtsgeschäfts wird dieses *auch vollstreckungsrechtlich* voll wirksam; die Gläubiger verlieren dadurch die Möglichkeit, sich auf die Unwirksamkeit zu berufen.

1648 Verpflichtungen, die der Schuldner bzw. der Sachwalter während der Nachlassstundung im Rahmen der ihm zustehenden oder gerichtlich erteilten Verfügungs- bzw. Vertretungsbefugnis eingeht, werden nach Abschluss eines Liquidationsvergleichs (oder allenfalls in einem späteren Konkurs) zu *Masseverbindlichkeiten* (Art. 310 Abs. 2 SchKG).[1164]

1649 Falls der Nachlassschuldner trotz fehlender Zustimmung seitens des Gerichts oder des Sachwalters dem Vorbehalt unterliegende Rechtshandlungen vornimmt, bleiben diese *vollstreckungsrechtlich unbeachtlich*. Die veräusserten Gegenstände können m.a.W. – wie im Konkurs nach Art. 204 SchKG – bedingungslos wieder

---

1164 BGE 126 III 294 E. 1.b; Rz. 1409.

zurückgeholt werden. Die Rechtshandlung bleibt *zivilrechtlich* jedoch *wirksam*. Hieraus folgt, dass sich bloss die Nachlassgläubiger auf die Unwirksamkeit berufen können.

Den Sachwalter trifft im Falle der Vornahme einer verbotenen Rechtshandlung durch den Schuldner eine Anzeigepflicht. Er hat das Nachlassgericht über die Widerhandlung des Schuldners zu unterrichten. Das Gesetz gibt dem Nachlassgericht in einem solchen Fall verschiedene Sanktionsmöglichkeiten (Art. 298 Abs. 3 SchKG): 1650

– Es kann dem Schuldner die Verfügungsmacht über sein Vermögen entziehen und anstelle des Schuldners den Sachwalter oder einen Dritten mit der Geschäftsführung beauftragen.
– Es kann die Nachlassstundung widerrufen, wenn die Voraussetzungen für die Fortdauer der Nachlassstundung nicht mehr gegeben sind; diesfalls sind die Gläubiger und der Schuldner allerdings vorgängig anzuhören.

Bei der Anwendung der gesetzlichen Sanktionsmöglichkeiten ist jedoch die Verhältnismässigkeit zu beachten. Ein Widerruf ist nur dann in Erwägung zu ziehen, wenn die Verfehlungen des Nachlassschuldners insgesamt sehr schwer wiegen. 1651

4. Widerruf der Nachlassstundung

Abgesehen von der Widerrufsmöglichkeit aufgrund verbotener Eigenmacht des Nachlassschuldners kann das Nachlassgericht die Nachlassstundung – auf Antrag des Sachwalters – widerrufen, wenn 1652

– dies zur Erhaltung des schuldnerischen Vermögens erforderlich ist oder

   Anmerkung: Dies ist insbesondere dann der Fall, wenn durch die Fortführung des Geschäfts ein Vermögensverlust einhergeht, der durch einen im Nachlassverfahren voraussichtlich höheren Verwertungserlös der Aktiven nicht aufgefangen werden kann.

– der Nachlassvertrag offensichtlich nicht zustande kommen wird.

   Anmerkung: Dies steht z.B. dann infrage, wenn Gläubiger mit hohen Forderungen bereits früher kundgetan haben, dass sie einem Nachlassvertrag auf keinen Fall zustimmen werden und demnach das erforderliche Quorum nicht erreicht werden kann (vgl. Art. 305 SchKG).[1165]

Die Wirkungen des Widerrufs richten sich nach Art. 309 SchKG. 1653

Auch der Widerrufsentscheid unterliegt der Beschwerde nach der ZPO (Art. 309 lit. b Ziff. 6 i.V.m. Art. 319 lit. a ZPO). 1654

[1165] BGE 128 V 15 E. 3.a (Pra 92 [2003] Nr. 78).

V. Nachlassvertrag im Allgemeinen

A. Grundsätzliches

1655 Auf die Vorbereitungshandlungen des Sachwalters folgt das sog. *Annahmeverfahren*.[1166] Es setzt voraus, dass ein Schuldenruf durchgeführt worden ist, bei welchem die Gläubiger binnen 20 Tagen seit der öffentlichen Bekanntmachung ihre Forderungen einzugeben haben (Art. 300 Abs. 1 SchKG). Den bekannten Gläubigern stellt der Sachwalter je ein Exemplar der Bekanntmachung durch uneingeschriebenen Brief zu (Art. 300 Abs. 1 SchKG). Der Schuldenruf verfolgt den Zweck, Klarheit über die Passivmasse zu erhalten. Er erfolgt unter der Androhung, dass die Gläubiger im Unterlassungsfall bei der Verhandlung über den Nachlassvertrag *ihr Stimmrecht verlieren* (Art. 300 Abs. 1 SchKG).[1167] Zu den eingegebenen Forderungen wird sodann – wie im Konkurs gemäss Art. 244 SchKG – die Erklärung des Schuldners eingeholt (Art. 300 Abs. 2 SchKG).

Anmerkung: Die Eingabefrist beträgt de lege ferenda einen Monat (Art. 300 Abs. 1 E-SchKG).

1656 Hat der Schuldner eine Forderung in Bestand oder Umfang bestritten, so ist der betroffene Gläubiger dazu gehalten, nach der Bestätigung des Nachlassvertrages innert 20 Tagen einen *Forderungsprozess* im ordentlichen oder im vereinfachten Verfahren[1168] anzustrengen. Das Schlichtungsverfahren entfällt von Gesetzes wegen (Art. 198 lit. h ZPO). Im Unterlassungsfall geht er der Sicherstellung seiner Dividende verlustig (Art. 315 Abs. 1 SchKG). Den auf die bestrittene Forderung entfallenden Betrag hat der Schuldner auf Anordnung des Nachlassrichters bis zur Erledigung des Prozesses bei der Depositenanstalt zu hinterlegen (Art. 315 Abs. 2 SchKG). Die gerichtliche Anordnung der Hinterlegung des bestrittenen Betrages bei der Depositenanstalt kann auch erst nach der fristgerechten Klageeinreichung erfolgen.[1169]

Beispiel: S baut das Haus von G. Ein Jahr nach der Abnahme stellt G fest, dass der Wintergarten von einem Schimmelpilz befallen ist. Nach erfolgtem Schuldenruf durch Sachwalter W gibt G eine Forderung aus Minderung i.S.v. Art. 368 Abs. 2 OR ein. S bestreitet die eingegebene Forderung vehement, da das Werk seiner Meinung nach mängelfrei sei. Nach erfolgter Bestätigung des Nachlassvertrages setzt das Nachlassgericht G eine 20-tägige Frist zur Klageeinreichung. Nach erfolgter Klageeinreichung ordnet es an, dass die geltend gemachte Forderung aus Minderung bei der Depositenanstalt zu hinterlegen sei.

1657 Die Gläubigerversammlung wird erst dann einberufen, wenn ein *verhandlungsreifer Entwurf* des Nachlassvertrages nach den Bestimmungen über den ordentlichen

---

[1166] Rz. 1658 ff.
[1167] BGer v. 2.12.2010, 5A_768/2010 E. 4.1.
[1168] Rz. 86 f. und 88.
[1169] BGer v. 9.5.2003, 5P.124/2003 E. 3.2.

Nachlassvertrag[1170] (Art. 314–316 SchKG) oder den Nachlassvertrag mit Vermögensabtretung[1171] (Art. 317–331 SchKG) erstellt ist (Art. 301 Abs. 1 SchKG).

B. Annahmeverfahren

1. Grundsätzliches

Dem Annahmeverfahren nach Art. 305 SchKG ist eine *Gläubigerversammlung* unter der Leitung des Sachwalters vorgeschaltet. Deren Stellenwert ist allerdings ein anderer als derjenigen im Konkurs; bei der Gläubigerversammlung im Nachlassverfahren handelt es sich nicht um ein Vollstreckungsorgan, da diese nicht in der Lage ist, irgendwelche Beschlüsse zu fassen. Sie dient einzig der *Meinungsbildung* im Hinblick auf die spätere individuelle Stellungnahme der Gläubiger zum Entwurf des Nachlassvertrages. 1658

Zu diesem Zweck erstattet der Sachwalter den Gläubigern Bericht über die Vermögens-, Ertrags oder Einkommenslage des Schuldners (Art. 302 Abs. 1 SchKG). In seiner Funktion als unabhängiger Interessenvertreter der Gläubiger und des Schuldners hat er den Bericht in transparenter Weise vorzutragen.[1172] 1659

Der Schuldner ist gehalten, der Versammlung beizuwohnen, wobei seine Abwesenheit die Durchführung der Gläubigerversammlung nicht ausschliesst (Art. 302 Abs. 2 SchKG). 1660

An der Gläubigerversammlung muss ein schriftlicher Entwurf über den Nachlassvertrag vorliegen. Fehlt es an diesem Erfordernis, so kann auf dem Beschwerdeweg nach Art. 17 SchKG eine *Wiederholung* der Gläubigerversammlung verlangt werden. 1661

Art. 305 SchKG verkörpert das *vertragliche Element* des Nachlassvertrages. Seine Annahme setzt ein gewisses gesetzlich vorgesehenes Quorum voraus. Der Nachlassvertrag ist angenommen, wenn ihm bis zum Bestätigungsentscheid[1173] die Mehrheit der Gläubiger, die zugleich mindestens zwei Drittel des Gesamtbetrages der Forderungen vertreten, oder ein Viertel der Gläubiger, die aber mindestens drei Viertel des Gesamtbetrages der Forderungen vertreten, zugestimmt hat (Art. 305 Abs. 1 SchKG). Hierbei handelt es sich um alternative Stimmquoren, d.h., dass nur eines davon erreicht werden muss, damit der Nachlassvertrag zustande kommt. 1662

1170 Rz. 1689 ff.
1171 Rz. 1696 ff.
1172 Rz. 1621.
1173 Rz. 1672 ff.

1663 Die verspätete Forderungseingabe hat den Verlust des Stimmrechts zur Folge (Art. 300 Abs. 1 SchKG). Der verspätete Gläubiger verliert allerdings bloss sein Stimmrecht, nicht seine übrigen Gläubigerrechte.

> *Beispiel:* Nach dem Schuldenruf durch den Sachwalter melden zehn Gläubiger ihre Forderungen an. Der Gesamtbetrag macht CHF 100 000.00 aus. Nach Ablauf der 20-tägigen Frist meldet sich G und gibt seine Forderung in Höhe von CHF 30 000.00 verspätet ein. Angesichts der Verspätung wird G bei der Berechnung des massgeblichen Stimmquorums nicht mehr berücksichtigt.

1664 Gemäss Art. 305 Abs. 2 SchKG werden die privilegierten Gläubiger (i.S.v. Art. 219 Abs. 4 SchKG) und der Ehegatte bzw. eingetragene Partner des Schuldners weder für ihre Person noch für ihre Forderung mitgerechnet. Pfandgesicherte Forderungen werden gemäss derselben Bestimmung nur für denjenigen Betrag mitgerechnet, der nach der Schätzung des Sachwalters ungedeckt bleibt.

1665 Wird eine bedingte Forderung, eine Forderung mit ungewisser Verfallszeit (eine sog. betagte Forderung) oder eine bestrittene Forderung eingegeben, so liegt es im Ermessen des Gerichts, ob und zu welchem Betrag diese hinsichtlich des für die Annahme des Nachlassvertrags erforderlichen Quorums mitgezählt wird oder nicht (Art. 305 Abs. 3 SchKG). Nach bundesgerichtlicher Rechtsprechung werden bestrittene Forderungen – unabhängig davon, ob sie Gegenstand eines hängigen Prozesses sind oder nicht – bei der Abstimmung berücksichtigt, sobald sie *glaubhaft* gemacht sind.[1174]

2. Zeitpunkt und Form der Stimmabgabe der Nachlassgläubiger

1666 Dass im Rahmen der Gläubigerversammlung kein Beschluss über den Entwurf des Nachlassvertrages gefällt wird, zeigt sich daran, dass der Nachlassvertrag *bis zum erstinstanzlichen Bestätigungsentscheid* des Nachlassgerichts angenommen werden kann (Art. 305 Abs. 1 SchKG).

1667 Die Stimmabgabe hat grundsätzlich *ausdrücklich* und *schriftlich* zu erfolgen, was unter Hinweis auf Art. 302 Abs. 3 SchKG implizit dem Gesetz zu entnehmen ist. In begründeten Fällen kann es sich allerdings aufdrängen, die Stimmabgabe direkt an der Gläubigerversammlung elektronisch zu erfassen. Dieses Vorgehen ist insbesondere bei Grosskonzernen mit einer kaum überschaubaren Gläubigeranzahl angezeigt.

1668 Es ist dem stimmenden Gläubiger bis zum Bestätigungsentscheid unbenommen, die einmal abgegebene Stimme – sei es eine Zustimmung oder sei es eine Ablehnung des Nachlassvertrages – *zu widerrufen.*

[1174] BGE 135 III 321 E. 3.2 (Pra 98 [2009] Nr. 124).

3. Gläubigerrechte bei Annahme und bei Ablehnung des Nachlassvertrages

Im Rahmen des Annahmeverfahrens können die Gläubiger den Nachlassvertrag entweder *ablehnen* oder *annehmen.* 1669

Bei Ablehnung des Nachlassvertrages *wahren* sie ihre Rechte gegenüber Mitschuldnern, Bürgen oder Gewährspflichtigen. Das Gesetz verweist in diesem Zusammenhang auf Art. 216 SchKG (Art. 303 Abs. 1 SchKG).[1175] 1670

Im Falle der Annahme des Nachlassvertrages wahrt der Gläubiger die vorgenannten Rechte *nur dann,* wenn er einem allfälligen Mitschuldner, Bürgen oder Gewährspflichtigen mindestens zehn Tage vor der Gläubigerversammlung deren Ort und Zeit mitteilt und ihm die Abtretung seiner Forderung gegen Zahlung anbietet (Art. 303 Abs. 2 SchKG). 1671

C. Bestätigungsverfahren

Damit das Nachlassgericht über die *Bestätigung* des Nachlassvertrages befinden kann, unterbreitet ihm der Sachwalter vor Ablauf der Stundung alle hierfür relevanten Aktenstücke; zudem orientiert er im Sachwalterbericht[1176] über bereits erfolgte Zustimmungen und gibt eine Empfehlung für den Entscheid ab (Art. 304 Abs. 1 SchKG). Der Sachwalterbericht bildet die Grundlage des Entscheids des Nachlassgerichts. 1672

Nachdem das Nachlassgericht in den Besitz der relevanten Akten gelangt ist, hat es den Nachlassvertrag in einer öffentlich bekannt zu machenden *Bestätigungsverhandlung* auf sein Zustandekommen und seine Rechtmässigkeit zu überprüfen. Es gilt einerseits die sog. Untersuchungsmaxime (Art. 255 lit. a ZPO), nach welcher das Nachlassgericht den Sachverhalt *von Amtes wegen* festzustellen hat, und andererseits die Offizialmaxime, nach welcher den Gläubigern die Dispositionsmöglichkeit über den Streitgegenstand entzogen ist. Das Gericht entscheidet m.a.W. *ohne Bindung* an die Parteianträge. 1673

Art. 306 Abs. 2 SchKG nennt die *Voraussetzungen* für den Bestätigungsentscheid: 1674

– *Angemessenheit* des schuldnerischen Angebotes (Ziff. 1);
– beim Nachlassvertrag mit Vermögensabtretung[1177] *ein höheres Angebot* als im Konkurs (Ziff. 1bis);
– *Sicherstellung* des Vollzugs des Nachlassvertrages, der vollständigen Befriedigung der angemeldeten privilegierten Gläubiger sowie Erfüllung der während

---

[1175] Rz. 1230 ff.
[1176] Rz. 1625.
[1177] Rz. 1696 ff.

der Stundung mit Zustimmung des Sachwalters eingegangenen Verbindlichkeiten, insbesondere auch des Sachwalterhonorars (Ziff. 2).

Sind diese Voraussetzungen erfüllt, haben die Beteiligten einen *Anspruch* auf Bestätigung des Nachlassvertrages.[1178]

1675 Zu beachten ist jedoch, dass Art. 306 Abs. 3 SchKG dem Nachlassgericht immerhin die Möglichkeit gibt, im Interesse der Gläubiger auf Antrag oder *ex officio* einzelne Bestimmungen des Nachlassvertrages abzuändern, aufzuheben oder zu ergänzen.

1676 Der Sachentscheid des Nachlassgerichts lautet entweder auf Bestätigung oder auf Ablehnung des Nachlassvertrages. Den Entscheid hat das Gericht *beförderlich* zu fällen, nach Möglichkeit gleich an der Verhandlung selbst (Art. 304 Abs. 2 SchKG).

1677 Sobald der Entscheid rechtskräftig ist, wird er i.S.v. Art. 35 SchKG öffentlich bekannt gemacht und dem Betreibungsamt sowie dem Grundbuchamt mitgeteilt. Hat der Schuldner einen Nachlassvertrag mit Vermögensabtretung erwirkt, wird dies auch dem Handelsregisteramt mitgeteilt (Art. 308 Abs. 1 SchKG; Art. 161 HRegV).

D. Wirkungen des Entscheids über den Nachlassvertrag

1678 Der rechtskräftige[1179] gerichtliche Entscheid schliesst das Nachlassverfahren in jedem Falle ab. Die Nachlassstundung, welche bis zu diesem Zeitpunkt andauert, verliert mit der Publikation des rechtskräftigen Entscheids ihre Wirkungen (Art. 308 Abs. 2 SchKG). Der Sachentscheid des Nachlassgerichts lautet entweder

– auf *Ablehnung* des Nachlassvertrages (Art. 309 SchKG) oder
– auf *Bestätigung* des Nachlassvertrages (Art. 310 ff. SchKG).

1679 Beim *ablehnenden Entscheid* ist es sämtlichen Gläubigern gestattet, ihre Forderungen wieder auf dem Weg der Zwangsvollstreckung geltend zu machen. Zudem gibt der abweisende Entscheid des Nachlassgerichts den Gläubigern die Möglichkeit, das Konkursbegehren *ohne vorgängige Betreibung* nach Art. 190 Abs. 1 Ziff. 3 SchKG zu stellen. Der abweisende Entscheid bewirkt somit eine materielle Konkursvoraussetzung[1180].

Anmerkung: Neu wird das Nachlassgericht mit der Ablehnung den Konkurs von Amtes wegen eröffnen (Art. 309 E-SchKG). Dies wird jedoch nicht uno actu, sondern erst nach unbe-

---

1178 BGer v. 29.10.2003, 5P.164/2003 E. 4.1.
1179 Rz. 2.
1180 Rz. 1095.

nutztem Ablauf der Rechtsmittelfrist bzw. Abschluss des Rechtsmittelverfahrens hinsichtlich der Ablehnung des Nachlassvertrages erfolgen.

Mit dem rechtskräftigen *Bestätigungsentscheid* wird auch der Nachlassvertrag rechtskräftig. Da Entscheide des Nachlassgerichts bloss mit Beschwerde gemäss Art. 319 ff. ZPO angefochten werden können und es sich dabei um ein ausserordentliches Rechtsmittel handelt, fällt die formelle mit der materiellen Rechtskraft zusammen.[1181] 1680

Der bestätigte Nachlassvertrag ist für sämtliche Nachlassgläubiger verbindlich (Art. 310 Abs. 1 SchKG). Die Allgemeinverbindlichkeit besteht ungeachtet dessen, ob die Nachlassgläubiger dem Nachlassvertrag zugestimmt haben oder sie überhaupt am Verfahren partizipiert haben (Zwangsvergleich); auch säumige Gläubiger oder solche, die ihre Forderung überhaupt nicht angemeldet haben, sind dem Nachlassvertrag unterworfen.[1182] Die Verbindlichkeit erstreckt sich allerdings nicht auf Gläubiger, die von vornherein nicht dem Nachlassvertrag unterstehen und nicht als Nachlassgläubiger betrachtet werden können. Dies betrifft zum einen Pfandgläubiger bis zur Höhe des durch das Pfand gedeckten Anspruchs und zum anderen privilegierte Gläubiger, die ihre Ansprüche eingegeben und nicht auf ihr Sicherstellungsrecht verzichtet haben.[1183] 1681

Die Bestätigung bewirkt das *Dahinfallen* aller vor der Stundung eingeleiteten Betreibungen mit Ausnahme der Betreibungen auf Pfandverwertung (Art. 311 SchKG). Das Gleiche gilt für allfällige Arreste. Die Regelung von Art. 199 Abs. 2 SchKG ist sinngemäss anwendbar (Art. 311 SchKG). Mit dem Zustandekommen eines Nachlassvertrags wird zudem auch ein zuvor eröffneter Konkurs widerrufen (Art. 195 Abs. 1 Ziff. 3 SchKG). 1682

Für die *nicht dem Nachlassvertrag unterliegenden Verbindlichkeiten* unterliegt der Schuldner aber *keinem Betreibungsverbot*.[1184] 1683

Schliesslich wirkt sich der bestätigte Nachlassvertrag auch auf das materielle Recht aus. Jedes Versprechen, durch welches der Schuldner einem Gläubiger mehr zusichert, als diesem gemäss Nachlassvertrag zusteht, ist nichtig i.S.v. Art. 20 OR. 1684

Die Wirkungen der Bestätigung eines Nachlassvertrages mit Vermögensabtretung[1185] richten sich nach Art. 319 SchKG. 1685

[1181] Rz. 100.
[1182] BGer v. 19.4.2005, H.128/01 E. 5.3.1.
[1183] BGE 130 V 526 E. 2.
[1184] BGer v. 19.4.2005, H.128/01 E. 5.3.2.
[1185] Rz. 1696 ff.

E. Weiterzug

1686 Der Entscheid über den Nachlassvertrag kann mit Beschwerde nach der ZPO angefochten werden (Art. 307 SchKG).[1186] Der Entscheid der kantonalen Rechtsmittelinstanz unterliegt – unabhängig vom Streitwert – der Beschwerde in Zivilsachen gemäss Art. 74 Abs. 2 lit. d BGG.[1187]

Anmerkung: De lege ferenda soll der Beschwerde nach der ZPO gegen den Entscheid über den Nachlassvertrag ausnahmsweise von Gesetzes wegen aufschiebende Wirkung zukommen, soweit die Rechtsmittelinstanz nichts anderes verfügt (Art. 307 Abs. 2 E-SchKG).

F. Widerruf des Nachlassvertrages

1687 Jeder Gläubiger kann beim Nachlassgericht den *Widerruf* eines auf unredliche Weise zustande gekommenen Nachlassvertrages verlangen (Art. 313 Abs. 1 SchKG). Voraussetzung ist, dass die unredliche Verhaltensweise des Schuldners (z.B. Betrug) *kausal* für das Zustandekommen des Nachlassvertrages war.[1188] Der Widerruf hat das *Dahinfallen* des ganzen Nachlassvertrages im Zeitpunkt der Publikation des Widerrufsentscheides[1189] mit Wirkung *ex tunc* zur Folge.

Beispiel: S setzt den G unter psychischen Druck, indem er ihm androht, eine Hetzkampagne gegen ihn einzuleiten, wenn er dem Nachlassvertrag nicht zustimmt.

G. Exkurs: Pfandstundung im Besonderen

1688 Art. 306a SchKG regelt die *Einstellung der Verwertung von Grundpfändern*. Mit dem Entscheid über die Nachlassstundung fällt – zumindest während deren Dauer – auch die Möglichkeit dahin, das Grundpfand *zu verwerten* (Art. 297 Abs. 2 Ziff. 2 SchKG). Ist der Nachlassvertrag in Rechtskraft erwachsen, ist es dem Grundpfandgläubiger jedoch unbenommen, unmittelbar danach das Verwertungsbegehren zu stellen. Dies kann für den Nachlassschuldner existenzbedrohend sein, insbesondere dann, wenn die Verwertung seiner Geschäftsliegenschaft infrage steht. Um dies zu vermeiden, kann das Nachlassgericht auf begründetes Gesuch hin die sog. *Pfandstundung* bewilligen.

Beispiel: S führt eine Anwaltskanzlei. Die Büroräumlichkeiten befinden sich in seiner Geschäftsliegenschaft, welche er Jahre zuvor von seinem Onkel geerbt hat. Zur Finanzierung seines exzessiven Lebensunterhaltes belehnt er die Geschäftsliegenschaft mit einer Hypothek. Als er die geschuldeten Hypothekarzinsen nicht mehr bezahlen kann, leitet die Bank G die Betreibung auf Pfandverwertung gegen S ein. Hierauf stellt S ein Gesuch um Nachlassstundung, welches bewilligt wird und die Stundungswirkungen nach Art. 297 SchKG

1186 Rz. 96 ff.
1187 Rz. 105.
1188 BGer v. 29.10.2003, 5P.164/2003 E. 2.2.1.
1189 BGE 130 III 380 E. 3.2.

nach sich zieht. Nachdem das Nachlassgericht den Nachlassvertrag bestätigt hat, verlangt S die Pfandstundung i.S.v. Art. 306a SchKG. Sein Gesuch begründet er damit, dass im Falle der Verwertung der Geschäftsliegenschaft auch die Möglichkeit einer Sanierung ausser Betracht falle, da sich schliesslich seine Büroräumlichkeiten darin befänden. Das Gericht weist das Gesuch um Pfandstundung mit der Begründung ab, dass S seine Tätigkeit als Anwalt auch in seiner Privatwohnung ausüben könne.

VI. Ordentlicher Nachlassvertrag

Wie der Nachlassvertrag mit Vermögensabtretung[1190] und der Nachlassvertrag im Konkurs[1191] stellt der ordentliche Nachlassvertrag (Art. 314–316 SchKG) einen *gerichtlichen* Nachlassvertrag dar. Zwar wirken bei seiner Entstehung Schuldner, Gläubiger, Sachwalter und Nachlassgericht zusammen; dies ändert jedoch nichts daran, dass er, obgleich als Vertrag bezeichnet, nicht Privat-, sondern öffentlichem Recht untersteht. Da der Nachlassvertrag gerichtlicher Bestätigung bedarf, ist er als Hoheitsakt zu qualifizieren. Dieser Qualifikation entspricht auch, dass der Nachlassvertrag durch die Bestätigung des Nachlassgerichts für alle Gläubiger, selbst für jene, die dem Nachlassvertrag nicht zugestimmt haben, verbindlich wird. Seiner Natur nach ist der Nachlassvertrag ein Surrogat der Zwangsvollstreckung.

1689

Art. 314 SchKG regelt den Mindestinhalt des ordentlichen Nachlassvertrages.[1192] Es kann entweder ein Dividenden- oder ein Stundungsvergleich vereinbart werden.[1193] In der Praxis kommt allerdings vielfach eine Kombination beider Möglichkeiten vor. Zudem müssen auch die Vollzugsmodalitäten im ordentlichen Nachlassvertrag festgelegt werden.

1690

Der ordentliche Nachlassvertrag hat schliesslich auch Bestimmungen über die Sicherstellung der Verpflichtungen des Schuldners aus dem Vertrag zu enthalten. Der Entscheid über die Art der Sicherstellung steht im Ermessen des Nachlassgerichts. Zur Sicherstellung fallen u.a. Barhinterlagen oder Bankgarantien in Betracht. Daneben wird die Möglichkeit vorgesehen, dass im Falle illiquider Aktiven eine Vollzugsperson eingesetzt wird, welche die Befugnis erhält, diese zu verwalten und zu liquidieren. Unzureichend wäre die Sicherstellung allerdings dann, wenn sie bloss einen Teil der Verpflichtungen des Schuldners aus dem Nachlassvertrag decken würde.

1691

Sicherzustellen sind die Nachlassdividenden auf sämtlichen angemeldeten Forderungen, die dem Nachlassvertrag unterliegen, unabhängig davon, ob sie rechtzeitig oder nach Art. 300 SchKG verspätet eingegeben wurden.

1692

1190 Rz. 1696 ff.
1191 Rz. 1712 ff.
1192 BGE 129 III 284 E. 3.2.
1193 Rz. 1592.

1693 Der Vollzug des Nachlassvertrages obliegt grundsätzlich dem Schuldner. Gemäss Art. 314 Abs. 2 SchKG können jedoch die Überwachungs-, Geschäftsführungs- und Liquidationsbefugnisse auch dem bzw. den ehemaligen Sachwaltern oder Dritten übertragen werden. Auch diese Personen nehmen ihr durch das Gericht übertragenes Amt in öffentlich-rechtlicher Stellung wahr; sie sind zu den atypischen Organen[1194] zu zählen.

1694 Für den Fall, dass der Nachlassvertrag einem Gläubiger gegenüber nicht erfüllt wird, kann dieser beim Nachlassgericht *für seine Forderung* die Aufhebung des Nachlassvertrages verlangen, ohne seine Rechte daraus zu verlieren (Art. 316 Abs. 1 SchKG). Der Gläubiger hat den Nachweis für die Nichterfüllung zu erbringen. Dieser Nachweis ist dann erbracht, wenn der Gläubiger den Nachlassschuldner mindestens einmal *gemahnt* hat.[1195]

1695 Mit dem gutheissenden Entscheid des Nachlassgerichts über das Aufhebungsbegehren lebt die Forderung des Gläubigers wieder auf. Die Aufhebung des Nachlassvertrages stellt im Gegensatz zu derjenigen des Widerrufs eine *individuelle Massnahme* dar. Ihrem individuellen Charakter entsprechend kommt die Sanktion der Aufhebung demzufolge bloss beim ordentlichen Nachlassvertrag in Betracht. Beim nachfolgend zu behandelnden Nachlassvertrag mit Vermögensabtretung hingegen fallen die Vermögenswerte des Schuldners in die Nachlassmasse, was letztlich dazu führt, dass mit dem Bestätigungsentscheid auch der Liquidationsvergleich – betreffend die Leistung des Nachlassschuldners – erfüllt ist.

VII. Nachlassvertrag mit Vermögensabtretung

A. Grundsätzliches

1696 Durch den Nachlassvertrag mit Vermögensabtretung kann den Gläubigern das *Verfügungsrecht* über das gesamte oder zumindest über einen Teil des schuldnerischen Vermögens verschafft oder dieses Recht einem Dritten ganz oder teilweise *abgetreten* werden (Art. 317 Abs. 1 SchKG). Mit der Bestätigung des Nachlassvertrages mit Vermögensabtretung ist das vom Nachlassvertrag erfasste Vermögen abzutreten bzw. zu liquidieren.[1196] Die übertragenen Werte bilden gleich wie im Konkurs ein verselbständigtes Schuldnervermögen, die sog. *Nachlassmasse*.

1697 In der Praxis kommt allerdings auch die Übertragung der Aktiven auf eine sog. Auffanggesellschaft vor. In diesem Fall wird durch die von der Gläubigerversammlung gewählten *Liquidatoren* eine neue Gesellschaft gegründet. Nach der Grün-

---

[1194] Rz. 109.
[1195] BGE 110 III 40 E. 2.b (Pra 73 [1984] Nr. 164).
[1196] BGE 137 II 136 E. 3.2.

dung erhalten die Gläubiger im Verhältnis der anerkannten Forderungen Beteiligungsrechte an dieser Auffanggesellschaft.

Beispiel: Nachdem die in verschiedenen Feldern tätige Grossunternehmung S AG eine Nachlassstundung erwirken konnte, beriefen die zuständigen Sachwalter eine Gläubigerversammlung ein, an welcher ein Nachlassvertrag mit Vermögensabtretung vorgeschlagen wurde. Im Rahmen der Versammlung zeigten die Sachwalter auf, dass v.a. der Chemiebereich, welcher Generika herstelle, floriere. Der Nachlassvertrag mit Vermögensabtretung sah denn auch vor, dass dieser geschlossene Betriebsteil auf eine Auffanggesellschaft übertragen werden sollte, an welcher die Gläubiger im Verhältnis zu ihren Forderungen Anteile als Gegenwert erhalten würden.

Art. 318 SchKG äussert sich zum Inhalt des Nachlassvertrages mit Vermögensabtretung. Die Aufzählung in Abs. 1 ist *nicht abschliessend.* Der Nachlassvertrag hat aber insbesondere Bestimmungen zu enthalten über 1698

– den Verzicht der Gläubiger auf den bei der Liquidation oder durch Verwertungserlös nicht gedeckten Forderungsbetrag oder die genaue Ordnung des Nachforderungsrechts (Abs. 1 Ziff. 1);
– die Bezeichnung der Liquidatoren und der Mitglieder des Gläubigerausschusses (Abs. 1 Ziff. 2);
– die Art und Weise der Liquidation (Abs. 1 Ziff. 3);
– die Festlegung der Publikationsorgane (Abs. 1 Ziff. 4).

Zusätzlich können z.B. eine Kapitalherabsetzung, besondere Regelungen über die Behandlung von Kleingläubigern, nachlassvertragliche Zinsenregelungen (vgl. Art. 297 Abs. 3 SchKG) in den Nachlassvertrag mit Vermögensabtretung aufgenommen werden. 1699

Die Wirkungen eines Bestätigungsentscheides durch das Nachlassgericht sind in Art. 319 SchKG geregelt. Mit der Rechtskraft des Bestätigungsentscheides verliert der Schuldner sein Verfügungsrecht und seine Zeichnungsberechtigung (Art. 319 Abs. 1 SchKG). Ferner wird die Bestätigung des Nachlassvertrages mit Vermögensabtretung im Handelsregister mit dem Firmenzusatz «*in Nachlassliquidation*» nach aussen hin kenntlich gemacht (Art. 319 Abs. 1 SchKG; Art. 161 Abs. 3 lit. b HRegV). Die Liquidatoren werden namentlich im Handelsregister aufgeführt (Art. 161 Abs. 3 lit. c HRegV). Ihnen obliegt es, die Nachlassmasse vor Gericht zu vertreten (Art. 319 Abs. 4 Satz 1 SchKG). 1700

Da auch beim Nachlassvertrag mit Vermögensabtretung Drittrechte tangiert sein können – z.B., wenn der Nachlassschuldner im Besitz von Gegenständen eines Dritten ist –, findet sich in Art. 319 Abs. 4 SchKG ein Verweis auf *Art. 242 SchKG*. Die Regeln über die Aussonderung und die Admassierung finden demnach sinngemäss Anwendung.[1197] 1701

1197 Rz. 1268 ff. und 1284 ff.

Beispiel: Nachdem das Nachlassgericht den Nachlassvertrag mit Vermögensabtretung genehmigt hatte, meldete sich D bei den Liquidatoren. Er behauptete, dass das teure Rosenthal-Geschirrset, welches sich mittlerweile in der Nachlassmasse befand, ihm gehöre. Die Liquidatoren hielten diesen Aussonderungsanspruch für unbegründet und setzten dem D eine Frist von 20 Tagen zur Erhebung der Aussonderungsklage.

B. Liquidation des Vermögens

1. Liquidationsorgane

1702 Die Liquidation des schuldnerischen Vermögens obliegt den sog. *Liquidationsorganen*. Als solche amten zunächst die *Liquidatoren,* deren Aufgaben mit denjenigen der Konkursverwaltung[1198] vergleichbar sind. Ihr Amt nehmen die Liquidatoren in öffentlich-rechtlicher Stellung als atypische Organe[1199] wahr. Die Gläubigerversammlung kann den oder die bisherigen Sachwalter als Liquidatoren einsetzen (vgl. Art. 317 Abs. 2 Satz 2 SchKG).

1703 Als weiteres Liquidationsorgan gilt beim Nachlassvertrag mit Vermögensabtretung der *Gläubigerausschuss,* dessen Aufgabe primär in der *Aufsicht* über die Liquidatoren liegt. Anders als im Konkurs (vgl. Art. 237 Abs. 3 SchKG) ist die Wahl des Gläubigerausschusses zwingend.[1200]

1704 Der Gläubigerausschuss nimmt im Rahmen seiner Aufsichtstätigkeit insbesondere eine *Rechtspflegefunktion* wahr. Gegen die Anordnungen der Liquidatoren über die Verwertung von Aktiven kann binnen zehn Tagen seit Kenntnisnahme beim Gläubigerausschuss Einsprache erhoben werden; erst der Entscheid des Gläubigerausschusses kann dann mit betreibungsrechtlicher Beschwerde bei der kantonalen Aufsichtsbehörde angefochten werden (Art. 320 Abs. 2 SchKG).

1705 Neben diesen gesetzlich vorgesehenen Aufgaben richten sich die weiteren Befugnisse nach den Bestimmungen im Nachlassvertrag.

2. Liquidationsverfahren

1706 Das Liquidationsverfahren wird grundsätzlich *wie ein Konkurs* abgewickelt. Allerdings ist die Ausgestaltung der Liquidation im Nachlassverfahren weitaus flexibler. Die Art und Weise der Liquidation bestimmt sich nach dem Nachlassvertrag, soweit sie nicht im Gesetz gesondert geregelt ist (Art. 318 Abs. 1 Ziff. 3 SchKG).

1707 Die Liquidatoren sind für die Bereinigung der Aktiven, d.h. für Aussonderung und Admassierung besorgt (vgl. Art. 319 Abs. 4 SchKG). Im Weiteren haben die Liquidatoren auch das Kollokationsverfahren durchzuführen; Art. 321 Abs. 2 SchKG

1198 Rz. 1343 f.
1199 Rz. 109.
1200 Rz. 1339 ff.

verweist hierfür auf die Vorschriften im Konkursrecht.[1201] Bei der Erstellung des Kollokationsplans wird auf die Feststellungen während der Nachlassstundung abgestellt; ein nochmaliger Schuldenruf findet nicht statt (Art. 321 Abs. 1 SchKG).

Im Rahmen des Liquidationsverfahrens prüfen die Liquidatoren auch, ob der Schuldner vor der Bestätigung des Nachlassvertrages allenfalls *anfechtbare Rechtshandlungen* i.S.v. Art. 285 ff. SchKG vorgenommen hat (Art. 331 SchKG). Für die Berechnung der massgeblichen Fristen (d.h. sowohl der Verdachts- als auch der Verwirkungsfristen nach Art. 286–288 bzw. Art. 292 SchKG) ist anstelle der Pfändung oder der Konkurseröffnung die Bewilligung der Nachlassstundung oder des Konkursaufschubs – falls ein solcher der Nachlassstundung vorausgegangen ist – massgebend (Art. 331 Abs. 2 SchKG).[1202] 1708

Anmerkung: Gemäss den Revisionsarbeiten zum Sanierungsrecht wird sich der Ausdruck «Bewilligung der Nachlassstundung» lediglich auf die Berechnung der Fristen von Art. 286–288 SchKG beziehen (Art. 331 Abs. 2 E-SchKG).

3. Verwertung

Die Liquidatoren bestimmen im Einverständnis mit dem Gläubigerausschuss die Art und den Zeitpunkt der Verwertung (Art. 322 Abs. 2 SchKG). In dieser Vorschrift zeigt sich die Flexibilität des Verwertungsverfahrens im Rahmen des Nachlassverfahrens im Gegensatz zum Konkurs. Die Verwertungsarten sind allerdings *dieselben* wie jene, die bereits im Zusammenhang mit der Pfändung und dem Konkurs behandelt wurden. Infrage kommen demnach die öffentliche Versteigerung[1203], der Freihandverkauf[1204] sowie die Abtretung von Rechtsansprüchen der Nachlassmasse i.S.v. Art. 260 SchKG[1205] (vgl. Art. 322 Abs. 1 und Art. 325 SchKG). 1709

Anmerkung: Die grundsätzlichen Anordnungen der Liquidatoren über die Art und den Zeitpunkt der Verwertung können Gläubiger und Schuldner direkt bei den kantonalen Aufsichtsbehörden mit betreibungsrechtlicher Beschwerde i.S.v. Art. 17 SchKG anfechten.[1206]

In Art. 323 f. SchKG finden sich für die Verwertung von Grund- und Faustpfändern Sonderregeln. Obschon diese nicht Gegenstand des Nachlassvertrages bilden, können sie u.U. trotzdem im Rahmen des Liquidationsvergleiches verwertet werden. 1710

– *Grundpfänder* können durch die Liquidatoren verwertet werden, wenn der Grundpfandgläubiger keine eigene Betreibung auf Pfandverwertung eingelei-

---

1201 BGer v. 31.5.2010, 9C_997/2009 E. 8.2; Rz. 1356 ff.
1202 A.M. BGE 134 III 273 E. 4.6.
1203 Rz. 833 ff. und 1388 ff.
1204 Rz. 840 ff. und 1394 ff.
1205 Rz. 1397 ff.
1206 BGE 85 III 175 E. 1.

tet hat. Im Falle der öffentlichen Versteigerung gelten kraft des Verweises in Art. 323 SchKG die Bestimmungen über die Grundstücksverwertung. Grundpfänder können grundsätzlich auch freihändig veräussert werden. Dies setzt aber die Zustimmung der Pfandgläubiger voraus, deren Pfandforderungen durch den Erlös nicht gedeckt werden. Eine Zustimmung ist dann nicht erforderlich, wenn das Grundstück Bestandteil des Vermögens bildet, welches einem Dritten abgetreten wird. Durch die Abtretung des Grundstückes als Vermögensbestandteil der Nachlassmasse werden die Rechte der Grundpfandgläubiger nicht tangiert. Dies ergibt sich bereits aus Art. 305 Abs. 2 SchKG.

Beispiel: Der Bestätigungsentscheid über den Nachlassvertrag mit Vermögensabtretung erging am 8.12.2011. Darin wurde vorgesehen, Teile des Vermögens und damit auch das grundpfandbelastete Grundstück auf eine Auffanggesellschaft zu übertragen. Da die Schätzung des Sachwalters zeigte, dass die pfandgesicherten Forderungen allesamt gedeckt sind, wurden die Stimmen der Grundpfandgläubiger nicht mitgezählt.

– *Faustpfandgläubiger* sind grundsätzlich nicht verpflichtet, ihr Pfand an die Liquidatoren abzuliefern (Art. 324 Abs. 1 Satz 1 SchKG). Diese Bestimmung steht einer freiwilligen Ablieferung allerdings nicht entgegen. Sofern es das Interesse der Nachlassmasse erfordert, können die Liquidatoren dem Pfandgläubiger eine Frist von mindestens sechs Monaten ansetzen, innert welcher er das Pfand selbständig verwerten muss; gleichzeitig fordern sie ihn auf, das Pfand nach unbenutztem Ablauf der Frist abzuliefern, und weisen ihn unter Androhung der Straffolge von Art. 324 Ziff. 4 StGB darauf hin, dass sein Vorzugsrecht erlischt, wenn er das Pfand ohne Rechtfertigung nicht abliefert (Art. 324 Abs. 2 SchKG).

4. Verteilung

1711 Die *Verteilung* richtet sich weitgehend nach den Regeln im Konkurs.[1207] Die Liquidatoren haben eine Verteilungsliste (Art. 326 SchKG) und eine Schlussrechnung (Art. 328 SchKG) zu erstellen. Es ist insbesondere Folgendes zu beachten:

– *Vor der Vornahme von Abschlagszahlungen* haben die Liquidatoren jeweils eine Verteilungsliste zu erstellen (Art. 326 Abs. 1 SchKG);
– die Zahlung der Schlussdividende erfolgt *nur gegen Quittung und Herausgabe des Forderungstitels* (Art. 264 Abs. 2 und Art. 150 SchKG analog);
– *Verlustscheine werden keine ausgestellt*; sofern allerdings im Nachlassvertrag das Nachforderungsrecht i.S.v. Art. 318 Abs. 1 Ziff. 1 SchKG vorbehalten wurde, stellen die Liquidatoren sog. *Ausfallbescheinigungen* aus;
– die Pfandgläubiger, welche nach erfolgter Verwertung des Pfandes, einen *Pfandausfallschein* erhalten, *nehmen im Umfang ihres Ausfalles an der Verteilung teil* (vgl. Art. 327 SchKG);

[1207] Rz. 1406 ff.

- *Beträge,* welche *nicht* innert der von den Liquidatoren festzusetzenden Frist *erhoben werden,* sind bei der Depositenanstalt *zu hinterlegen;* diese sind sodann nach Ablauf von zehn Jahren vom Konkursamt nach Massgabe von Art. 269 SchKG zu verteilen (Art. 329 SchKG);
- wird die Liquidation beendet, melden die Liquidatoren nach Art. 161 Abs. 4 HRegV die *Löschung* der Rechtseinheit beim Handelsregisteramt an.

VIII. Nachlassvertrag im Konkurs

Normalerweise wird das Nachlassverfahren *vor* der Konkurseröffnung in Gang gesetzt. Sein Zweck liegt ja insbesondere auch in der Abwendung des Konkurses. Es wäre allerdings nicht sachgerecht, würde dem Schuldner die Sanierungsmöglichkeit versagt, nur weil der Konkurs über ihn bereits eröffnet worden ist. Oftmals verzichten Schuldner aus irgendwelchen Gründen auf ein Gesuch um Nachlassstundung, obwohl bei ihnen an sich die Aussicht auf Sanierung vorhanden wäre.

1712

Diesem Umstand trägt Art. 332 SchKG Rechnung. Der Schuldner ist *trotz Konkurseröffnung* berechtigt, den Gläubigern einen Nachlassvertrag vorzuschlagen. Sobald ein entsprechender Vorschlag vorliegt, ist die Konkursverwaltung gehalten, diesen zuhanden der Gläubigerversammlung zu begutachten. Eine Verhandlung über denselben findet frühestens in der zweiten Gläubigerversammlung statt. Dies ergibt sich auch aus der Tatsache, dass nur die zweite Gläubigerversammlung über unbeschränkte Befugnisse verfügt (Art. 253 Abs. 2 SchKG).

1713

Hinsichtlich des Verfahrens verweist Art. 332 Abs. 2 SchKG auf die allgemeinen Bestimmungen über das Nachlassverfahren; anstelle des Sachwalters amtet die Konkursverwaltung.

1714

§ 12 Einvernehmliche private Schuldenbereinigung

I. Grundsätzliches

Das Nachlassverfahren steht zwar auch dem «kleinen Schuldner» offen; die starre und zuweilen aufwendige Ausgestaltung hat jedoch zur Folge, dass es regelmässig nur für Kapitalgesellschaften oder Genossenschaften infrage kommt. In Anbetracht dessen wurde im Zuge der Revision von 1994 anlässlich der parlamentarischen Beratungen das Institut der *einvernehmlichen privaten Schuldenbereinigung* eingeführt. Ihr Anwendungsbereich erstreckt sich bloss auf den nicht der Konkursbetreibung unterliegenden Schuldner (Art. 333 Abs. 1 SchKG).

1715

In Gang gesetzt wird die einvernehmliche private Schuldenbereinigung grundsätzlich auf die gleiche Art wie das Nachlassverfahren, d.h. mittels eines Gesuchs des Schuldners unter Darlegung seiner Einkommens- und Vermögensverhältnisse (Art. 333 Abs. 2 SchKG).[1208] Das Antragsrecht steht jedoch anders als im Nachlassverfahren bloss dem Schuldner zu.

1716

II. Verfahren

Wie im Nachlassverfahren entscheidet das Nachlassgericht im summarischen Verfahren über das Gesuch des Schuldners (Art. 251 lit. a ZPO). Die einvernehmliche private Schuldenbereinigung kann aber auch durch das Konkursgericht bewilligt werden, nachdem der Schuldner eine Insolvenzerklärung[1209] i.S.v. Art. 191 SchKG abgegeben hat.

1717

Das Gericht heisst das Gesuch gut, wenn

1718

– die Schuldenbereinigung *nicht von vornherein ausgeschlossen* ist und
– die *Verfahrenskosten sichergestellt* sind (Art. 334 Abs. 1 SchKG).

Mit der Gutheissung des Gesuches gewährt das Nachlassgericht die Stundung für die Dauer von höchstens drei Monaten und ernennt einen *Sachwalter*. Der Sach-

1719

1208 Rz. 1594 ff.
1209 BGE 123 III 402 E. 3.a.aa; Rz. 1102 ff.

walter verfügt über ein Antragsrecht auf Erstreckung. Die Maximalfrist liegt bei sechs Monaten (Art. 334 Abs. 2 Satz 1 SchKG).

III. Sachwalter

1720 Anders als in der ordentlichen Nachlassstundung nimmt die Person des Sachwalters *keine amtliche Funktion* wahr. Vielmehr amtet sie als *Begleiter* des Schuldners und unterstützt diesen bei seinen Bemühungen, einen Bereinigungsvorschlag zu erarbeiten (Art. 335 SchKG).

IV. Wirkungen des Entscheides

1721 Die Wirkungen der bewilligten Stundung sind im Allgemeinen dieselben wie bei der ordentlichen Nachlassstundung.[1210] Es sind allerdings folgende Unterschiede zu beachten:

– Im Gegensatz zum Entscheid über die ordentliche Nachlassstundung wird die Verfügungsbefugnis des Schuldners *in keiner Weise* eingeschränkt.
– Der Schuldner kann während der Stundung nur für *periodische familienrechtliche Unterhalts- und Unterstützungsbeiträge* betrieben werden (Art. 334 Abs. 3 SchKG); das Betreibungsverbot im Rahmen der einvernehmlichen privaten Schuldenbereinigung geht somit weiter als jenes nach bewilligter Nachlassstundung (vgl. Art. 297 Abs. 2 SchKG).[1211]

V. Bereinigungsvorschlag des Schuldners

1722 Hinsichtlich des Inhalts des Bereinigungsvorschlags kann der Schuldner seinen Gläubigern einen Dividendenvergleich, einen Stundungsvergleich oder andere Zahlungs- oder Zinserleichterungen anbieten. Die Verhandlung mit den Gläubigern über den Vorschlag obliegt dem Sachwalter (Art. 335 Abs. 2 SchKG).

1723 Sofern die private Schuldenbereinigung zustande kommt, kann das Nachlassgericht den Sachwalter mit der Überwachung der Erfüllung durch den Schuldner betrauen (Art. 335 Abs. 3 SchKG).

1210 Rz. 1631 ff.
1211 Rz. 1636.

VI. Folgen

Da bloss eine *einvernehmliche Lösung* angestrebt wird, wirkt sich die Schuldenbereinigung – welche ihrer Natur nach einen aussergerichtlichen Vergleich darstellt – auf ablehnende Gläubiger *nicht* aus; die Vereinbarung gilt bloss für diejenigen Gläubiger, die dem Vorschlag auch tatsächlich zugestimmt haben.

1724

Misslingt die einvernehmliche Schuldenbereinigung, so hat der Schuldner nach wie vor die Möglichkeit, ein Gesuch um ordentliche Nachlassstundung zu stellen (Art. 293 ff. SchKG) oder eine Insolvenzerklärung (Art. 191 SchKG) abzugeben.

1725

§ 13 Notstundung

Der zwölfte Titel des SchKG hat die sog. *Notstundung* zum Gegenstand. Eingang in das Gesetz fand dieses Institut im Jahre 1924.

Wie dem Titel zu entnehmen ist, handelt es sich bei der Notstundung um eine *ausserordentliche Entlastungsmassnahme,* die für Notzeiten bereitgehalten wird.

Die Anwendbarkeit dieser Bestimmungen setzt einen Beschluss der Kantonsregierungen und die (konstitutive) Zustimmung des Bundesrates voraus (Art. 337 ff. SchKG).

Ausserordentliche Verhältnisse i.S.v. Art. 337 SchKG wären etwa Krieg, eine andauernde Wirtschaftskrise oder Naturkatastrophen. Es kann somit von Glück gesprochen werden, dass diese Vorschriften bis anhin noch nie zur Anwendung gelangten.

Sachregister

Die Ziffern verweisen auf die im Buch verwendeten Randziffern.

A

Aberkennungsklage 551 f.

Abschlagszahlungen
- in der Betreibung auf Pfändung 882
- im Konkursverfahren 1413 ff.
- bei Nachlassvertrag mit Vermögensabtretung 1711
- bei Verwertungsaufschub 810 ff.

Absichtsanfechtung 1544 ff.

Abtretung
- bei Nachlassvertrag mit Vermögensabtretung 1709
- von Rechtsansprüchen der Konkursmasse 1397 ff.

actio pauliana siehe Anfechtung

Admassierung 1267, 1284 ff.

Anerkennungsklage
- allgemein 523 ff.
- im Arrestverfahren 1484, 1488, 1490 f.
- in der Wechselbetreibung 518, 523 ff., 1081, 1083, 1085

Anfechtung
- allgemein 1526 ff.
- Absichtsanfechtung 1544 ff.
- Legitimation 1551 ff.
- Schenkungsanfechtung 1535 ff.
- Überschuldungsanfechtung 1540 ff.
- Verdachtsperiode 1532 f.
- Verfahren 1556 ff.
- Verwirkung 1561
- Wirkungen 1562 ff.

Anhebung der Betreibung 440 ff.

Annuitäten 225, 228, 319

Anschlusspfändung
- allgemein 763 ff.
- Anschlussfrist 771, 775, 777
- Anschlussklage 784 ff.

Anwartschaften 615

Anwesenheitspflicht des Schuldners in der Betreibung auf Pfändung 607

Arrest
- allgemein 1448 ff.
- Befehl 1475 f.
- Begehren 1463 ff.
- Bewilligung 1468 ff.
- Dahinfallen des Arrestes 1488
- Einsprache 1497 ff.
- Prosequierung 1483 ff.
- Urkunde 1476
- Verfahren 1462 ff.
- Vollzug 1475 f.
- Voraussetzungen 1453 ff.
- Wirkungen des Arrestes 1477 ff.

Aufbewahrung von Geld oder Wertsachen 727, 1313

Aufhebung der Betreibung 553 ff.

Aufsichtsbehörde
- allgemein 74 ff.
- Aufgaben 76
- Haftung der Kantone für widerrechtliche Amtshandlungen 118 ff.
- Oberaufsicht 77

Ausnahmen von der Konkursbetreibung 224 f.

Aussonderung 1268 ff.

Ausstand 69 ff.

Auswechslungsrecht des Gläubigers 634, 884

B

Bankenkonkurs 1035

Beiratschaft 353

Beistandschaft 353

439

beneficium excussionis realis 231 ff., 521, 908, 970, 992

Bereinigungsvorschlag 1722 f.

Berufung nach ZPO 91 ff.

Beschwerde nach SchKG
- allgemein 147 ff.
- Abgrenzung zu anderen Rechtsbehelfen 158
- Anfechtungsobjekt 159 ff.
- Beschwerdefristen 179 ff.
- Beschwerdegründe 166 ff.
- Beschwerdelegitimation 176 ff.
- Beschwerdeverfahren 182 ff.
- Rechtsverweigerung oder Rechtsverzögerung 166, 171 ff.
- Suspensiveffekt 157
- Weiterziehung ans Bundesgericht 183, 191 ff.
- Wiedererwägung 184

Beschwerde nach ZPO 96 ff.

Beschwerde ans Bundesgericht 105

Bestimmung des Konkursverfahrens 1314 ff.

Betreibung
- Einleitungsverfahren 43, 432 ff.
- Fortsetzungsverfahren 44
- ordentliche Konkursbetreibung 54, 242 ff., 988 ff.
- auf Pfändung 49, 223 ff., 586 ff.
- auf Pfandverwertung 50 f., 226 ff., 905 ff.
- Wechselbetreibung 55, 248 f., 1060 ff.

Betreibungsämter
- allgemein 56 ff.
- Betreibungskreise 58, 61

Betreibungsbeamte
- allgemein 63 ff.
- Ausstandspflicht 69 ff.
- Disziplinarmassnahmen 111 ff.
- Haftung der Kantone für widerrechtliche Amtshandlungen 118 ff.
- Leitung der Betreibungs- und Konkursämter 61
- verbotene Rechtsgeschäfte 72

Betreibungsbegehren
- allgemein 440 ff.
- Bescheinigung 448
- Form 444 ff.
- Inhalt 449 ff.
- Wirkungen 452 ff.

Betreibungsferien 338 f.

Betreibungskosten 357 ff.

Betreibungsort
- allgemein 250 ff.
- des Aufenthaltes 284 ff.
- des Arrestes 320 ff.
- der Erbschaft 289 ff.
- der gelegenen Sache 313 ff.
- der Gemeinderschaften 278
- der Geschäftsniederlassung 299 ff.
- Grundsatz der Einheit des Konkurses 257, 1152
- Konkursort bei flüchtigem Schuldner 325 f.
- ordentlicher Betreibungsort 267 ff.
- ordentlicher Betreibungsort natürlicher Personen 268 ff.
- ordentlicher Betreibungsort juristischer Personen 276 f.
- des Spezialdomizils 306 ff.
- der Stockwerkeigentümerschaft 279
- des Trustvermögens 280
- bei Wohnsitzwechsel 258 ff.

Betrügerischer Konkurs 1300

Beweismittel
- freie Würdigung durch die Aufsichtsbehörde 188
- in der Rückforderungsklage 568
- Vorlage der Beweismittel bei der Eingabe anlässlich des Schuldenrufs 1326
- Vorlage der Beweismittel nach Zustellung des Zahlungsbefehls 472 ff.

Bewilligung
- des Arrestes 1468 ff.
- der Nachlassstundung 1603 ff.
- des nachträglichen Rechtsvorschlags 508 ff.
- der Notstundung 1728

- des Rechtsvorschlages bei Bestreitung neuen Vermögens 1424
- des Rechtsvorschlages in der Wechselbetreibung 1080 f.

Bös- oder mutwillige Prozessführung 186

Bundesgericht 105

Bundesrat
- Erlass des Gebührentarifs 357
- Oberaufsicht 31, 77
- Verordnungskompetenz 32
- Weisungskompetenz 76
- Zustimmung zum allgemeinen Rechtsstillstand 341
- Zustimmung zur Notstundung 1728

Bürgen
- des früheren Ersteigerers 838, 876
- des Schuldners 135, 1326, 1670

Bürgschaften
- Forderungen aus Bürgschaften des Konkursiten 1227 ff.
- im Nachlassverfahren 1644, 1671

Büro der Gläubigerversammlung 1330 f.

Busse
- Ausnahme von der Konkursbetreibung 225
- für bös- oder mutwillige Prozessführung 186

D

Dahinfallen
- des Arrestes 1488
- der Betreibung infolge Konkurseröffnung 1182 ff.
- der Betreibung infolge Nachlassvertragsbestätigung 1682
- der Betreibung bei ungenügenden Steigerungsangeboten 822
- des Pfändungsbeschlags bei nachträglichem Rechtsvorschlag 513
- des privilegierten Pfändungsanschlusses 787
- des Verwertungsaufschubes 813

- der Wirkungen der Nachlassstundung 1678

Deckungsprinzip 822 ff.

Depositenanstalten
- als Hilfsorgan 106 f.
- Hinterlegung bei Depositenanstalten 727, 817, 885, 1201, 1313, 1412, 1656, 1711

Disziplinarmassnahmen gegen Betreibungs- und Konkursbeamte 76, 111 ff.

Doppelaufruf 828 ff.

Drittansprüche
- in der Betreibung auf Pfändung 735 ff.
- Drittpfandeigentümer 354
- Erlös aus fremden Sachen 1272
- im Konkurs 1264, 1308 f.

E

Edelmetall
- Freihandverkauf zum Substanzwert 842
- Verwahrung 727

Ehegatte
- Ausstandspflicht des Beamten 69 ff.
- Betreibung bei Gütergemeinschaft 354, 463
- Forderungen gegen den Ehegatten 697
- Nachlassvertrag 1664
- privilegierter Pfändungsanschluss 776 ff.
- Rechtsstillstand im Todesfall 342
- Zahlungsbefehl und Rechtsvorschlag im Pfandverwertungsverfahren 354, 463

Eigentumsvorbehalt im Konkurs 1186

Eingabefrist für die Gläubiger im Konkurs 1326

Einheimsen der Früchte 733

Einheit des Konkurses 257, 1152

Einkommenspfändung
- allgemein 643 ff.
- Dauer 644

- Ermittlung des beschränkt pfändbaren Einkommens 662 ff.
- Revision 644, 663

Einleitungsverfahren siehe Betreibung

Einrede fehlenden Vermögens 496, 1421 ff.

Einsichtsrecht
- allgemein 129 ff.
- Ausschluss 137 ff.
- Gegenstand 136
- Interessennachweis 131 f.
- Legitimation 133 ff.

Einsprache
- gegen Anordnungen der Liquidatoren im Nachlassvertrag mit Vermögensabtretung 1704
- gegen den Arrestbefehl 1497 ff.

Einstellung der Betreibung
- nach Art. 85 bzw. 85a SchKG 553 ff.
- Aussetzung des Konkursentscheides 1031 ff.
- bei Notstundung 1726 ff.
- infolge Rechtsvorschlags 502
- vorläufige Einstellung bei nachträglichem Rechtsvorschlag 512

Einstellung des Konkursverfahrens mangels Aktiven
- allgemein 1319 ff.
- ausgeschlagene Erbschaft 1323
- juristische Personen 1323

Einstellung der Verwertung
- bei Nachlassvertrag im Konkurs 1335
- von Grundpfändern 1688

Einstellung der Zahlungen im kaufmännischen Verkehr 436, 1096 f.

Einstellung von Zivilprozessen und Verwaltungsverfahren wegen Konkurseröffnung 1177 ff., 1401

Eintrittsrecht der Konkursmasse 1216 ff.

Einvernehmliche private Schuldenbereinigung
- allgemein 1715 ff.
- Antrag 1716

- Bereinigungsvorschlag 1722 f.
- Folgen 1724 f.
- Sachwalter 1720
- Verfahren 1717 ff.
- Wirkungen der Stundung 1721

Einwendungen gegen die definitive Rechtsöffnung 539

Elterliche Sorge
- Konkursprivileg für Forderungen aus elterlicher Sorge 1257
- Schuldner unter elterlicher Sorge 353, 405, 463, 738

Erbschaften
- Betreibungsbegehren 451
- Betreibungsort 289 ff.
- Konkurseinstellung mangels Aktiven 1323
- Konkurseröffnung 1121 ff.
- Konkurswiderruf 1128 ff.
- Pfändung 731 ff.
- Rechtsstillstand 342
- Schuldenruf 1326
- Verjährung der Verlustscheinforderung gegenüber Erben 904
- Verwertung 850 ff.
- Zustellung von Betreibungsurkunden 295, 413, 451

Ergänzungspfändung 719 f.

Erklärung des Schuldners
- zu den Konkursforderungen 1351
- zum Konkursinventar 1310
- im Nachlassverfahren 1655

Erlös aus fremden Sachen 1272

Erlöschen der Betreibung
- bei Unterlassung des Fortsetzungsbegehrens 581
- bei Unterlassung des Konkursbegehrens 1018 f., 1086
- bei Unterlassung des Pfandverwertungsbegehrens 583, 939
- bei Unterlassung des Verwertungsbegehrens 799
- durch Zeitablauf 581

Ersatzgegenstände 634, 884

Erträgnisse 733, 945
Erwahrung der Konkursforderungen 1345 ff.

F

Fahrnis
- Pfändungsreihenfolge 687 f.
- Verwertung 832, 256 ff.

Fälligkeit der Schulden bei Konkurseröffnung 1196 ff., 1221

Familienwohnung 354, 451, 463, 842, 921, 924 f., 935, 943

Faustpfand
- Begriff 916
- Betreibung auf Pfandverwertung 905 ff.
- Betreibungsort der gelegenen Sache 313 ff.
- Verwertung im Konkurs 1248
- Verwertung bei Nachlassvertrag mit Vermögensabtretung 1710

Feststellung
- der Konkursmasse 1295 ff.
- neuen Vermögens 1421 ff.
- des Nichtbestehens oder der Stundung einer Schuld 553 ff.
- der Nichtigkeit von Verfügungen 254
- des Pfandrechts 933
- des Retentionsrechts 985
- des Vorranges des Pfandrechts 828

Flucht des Schuldners
- als Arrestgrund 1456
- als Grund für Konkurseröffnung ohne vorgängige Betreibung 1095
- Konkursort 325 f.

Forderungen
- abgewiesene 1354 f.
- bedingte 1200 ff., 1412, 1432, 1665
- bestrittene 833, 892 ff., 1367 ff., 1400, 1418, 1656, 1665
- aus Bürgschaften des Schuldners 1227 ff.
- gegen Ehegatten oder eingetragene Partner 697

- Eingabe 1326, 1655
- Einzug 729, 1343
- Erwahrung 1345 ff.
- Forderungsüberweisung 843 ff.
- nicht eingegebene 1419
- nicht auf Geldleistung lautende 1214
- aus öffentlichem Recht 225
- pfandgesicherte 226 ff., 905 ff., 1246 ff., 1710
- von Pfandleihanstalten 27
- Pfändung gewöhnlicher Forderungen 728
- privilegierte 1250 ff., 1664, 1674
- Urkunde 451, 1417, 1711
- Verjährung 904, 1418
- Verrechnung 1219 ff., 1639
- Verwertung 833 ff.
- von Amtes wegen aufgenommene Forderungen 1348
- Wirkungen des Konkurses 1165 ff., 1186 ff.
- Zahlung an den Schuldner 1175 f.

Fortsetzung
- der Betreibung 573 ff.
- der Betreibung ohne neuen Zahlungsbefehl 470, 904, 965
- des Gewerbes oder Handels des Konkursiten 1335
- schwebender Prozesse 1335

Fortsetzungsbegehren 575 ff.

Fortsetzungsverfahren siehe Betreibung

Freies Vermögen 353, 738

Freihandverkauf
- Beschwerde 841, 880
- in der Betreibung auf Pfändung 840 ff.
- im Konkursverfahren 1394 ff.
- bei Nachlassvertrag mit Vermögensabtretung 1709
- im Pfandverwertungsverfahren 944

Fremdwährung 18, 451, 1208

Fristen
- allgemein 195 ff.
- Änderung 197
- Bedenkfristen 209

443

Sachregister

- Berechnung 200 f.
- Betreibungsferien 338 f.
- Einhaltung 200, 202 ff.
- Ordnungsfristen 206 f.
- Rechtsstillstand 340 ff.
- Verjährungsfristen 211 f.
- Verlängerung 198 f.
- Verwirkungsfristen 210, 213
- Verzicht auf Geltendmachung der Nichteinhaltung 197
- Wiederherstellung 214 ff., 507
- Zustandsfristen 208

Früchte
- in der Betreibung auf Pfändung 660 f., 814
- Einheimsen 733

Führung der amtlichen Protokolle und Register 129

G

Gebühren 357, 471

Gegenstand der Schuldbetreibung 17 ff.

Geld 727, 1313

Gemeinden 22, 24

Gemeinderschaften 267, 278, 699

Gemeinschaftsrechte 731 ff.

Genehmigung
- von Kollokationsplan und Lastenverzeichnis durch den Gläubigerausschuss 1341, 1360
- von Rechnungen und Vergleichen durch den Gläubigerausschuss 1340

Generalexekution 45, 52 ff.

Genugtuung für widerrechtliche Amtshandlungen 120

Gerichtsbehörden
- Bezeichnung durch die Kantone 36
- Haftung der Kantone für widerrechtliche Amtshandlungen 118 ff.

Gerichtsstand
- Aberkennungsklage 551
- Anfechtungsklage 1558

- Arrest 1468
- Aufhebung oder Einstellung der Betreibung 553
- Aussonderungsklage 1278 ff.
- Bewilligung des nachträglichen Rechtsvorschlages 509
- Klage betreffend neuen Vermögens 1428
- Kollokationsklage 894, 1372
- Konkurs 993, 1023
- Lastenbereinigungsklage 871
- Rechtsöffnung 532
- Rückforderungsklage 571
- Schadenersatzklage 1512
- Widerspruchsklage 760

Geschäftsbücher des Schuldners 133, 1313, 1598

Geschäftsniederlassung 299 ff.

Geschlossene Zeiten 335 ff.

Gesellschaften
- Betreibungsart 244 ff.
- Konkurseröffnung ohne vorgängige Betreibung 434 ff., 1090 ff.
- ordentlicher Betreibungsort 276 f.
- Pfändung und Verwertung von Anteilsrechten 731 ff., 850 ff.
- Verrechnung im Konkurs 1219 ff.
- Zustellung von Betreibungsurkunden 408 ff.

Gewerbe oder Handel des Konkursiten 1335

Gläubigerausschuss
- im Konkurs 1339 ff.
- beim Nachlassvertrag mit Vermögensabtretung 1703 f.

Gläubigerversammlung
- erste Gläubigerversammlung im Konkurs 1328 ff.
- im Nachlassverfahren 1658 ff.
- im Nachlassvertrag mit Vermögensabtretung 1702
- im summarischen Konkursverfahren 1444
- weitere Gläubigerversammlungen im Konkurs 1384

– zweite Gläubigerversammlung im Konkurs 1381 ff.

Gläubigerwechsel 508 ff.

Gleichzeitiger Konkurs über mehrere Mitverpflichtete 1230 ff.

Grundbuch
– Einträge im Grundbuch 750 ff., 869, 1267, 1348
– Löschung von Lasten im Grundbuch 947
– Mitteilung gerichtlicher Entscheide 1054 ff.
– Vormerkung im Grundbuch 730, 934 f.

Grundlast
– Ausschluss Betreibung auf Pfändung oder auf Konkurs 965, 1250
– Begriff 915
– Doppelaufruf 830
– Überbindungsprinzip 826

Grundpfand
– allgemein 911 ff.
– Einstellung der Verwertung im Nachlassverfahren 1688
– Lastenverzeichnis und Lastenbereinigung 870 f.
– in der Versteigerung 872 ff.
– Verwertung bei Nachlassvertrag mit Vermögensabtretung 1710
– Wirkungen der Konkurseröffnung 1197

Grundpfandgesicherte Forderungen
– Betreibung auf Pfandverwertung 50 f., 226 ff., 905 ff.
– Betreibungsort 319
– Früchte und Erträgnisse 733, 945
– Rangordnung der Gläubiger 1246 ff.

Grundpfandverschreibung 912

Grundstücke
– Familienwohnung 354, 451, 463, 842, 921, 924 f., 935, 943
– Gerichtsstand für Widerspruchsklage 760
– Sicherungsmassnahmen 730
– verpfändete Grundstücke bei Nachlassvertrag mit Vermögensabtretung 1710

– Verwaltung 928, 940

Grundstücksverwertung
– in der Betreibung auf Pfändung 854 ff.
– im Pfandverwertungsverfahren 943 ff.
– im Konkurs 1380 ff.

Gült 914

Gütergemeinschaft 89, 354, 451, 463

Gütertrennung 89, 1058

Güterverzeichnis
– Anordnung 550, 1006 ff.
– bei Rechtsstillstand 1011
– Vollzug 1010 f.
– in der Wechselbetreibung 1011
– Wirkungen 1012 ff.

H

Haftung
– für Arrestschaden 1507 ff.
– für die Betreibungskosten 358
– der Kantone für widerrechtliche Amtshandlungen 118 ff.
– für die Konkurskosten 1022

Handelsamtsblatt 376

Handelsregister
– Betreibungsbegehren 451
– Einfluss auf Betreibungsort 276 f.
– Konkursbetreibung 244 ff., 990
– Mitteilungen ans Handelsregister 1054 ff.
– Wirkungsdauer des Eintrages 245, 990

Hausgenossen des Schuldners
– Mitwirkungspflicht im Konkurs 1302
– Rechtsstillstand beim Tod eines Hausgenossen 342
– Zustellung von Betreibungsurkunden 397 ff.

Herausgabe der Forderungsurkunde an den Schuldner 1417, 1711

Herausgabepflicht im Konkurs 1300

Hinterlegung
– des Anteils am Verwertungsergebnis der provisorischen Pfändung 817, 885

445

– auf bestrittene Forderungen entfallender Beträge im Nachlassverfahren 1656
– nachträgliche Verteilung hinterlegter Beträge 1439
– nicht bezogener Beträge 1201, 1412, 1711
– des Wechselbetrages in der Wechselbetreibung 1083
– von Wertsachen 727, 1313

I

Inhalt des Zahlungsbefehls 458, 923, 1069 ff.

Insolvenzerklärung 1102 ff.

Inventar im Konkursverfahren
– allgemein 1296 ff.
– Auskunfts- und Herausgabepflicht 1300
– Drittansprüche 1264 ff.
– Erklärung des Schuldners 1310
– Kompetenzstücke 1305
– Mitwirkungspflicht des Schuldners 1299 ff.
– Orientierung der Gläubigerversammlung 1335
– Schätzung 1305
– Sicherungsmassnahmen 1313
– summarisches Konkursverfahren 1447

Inventar im Nachlassverfahren 1622

J

Juristische Personen
– Betreibungsort 276 f.
– Einstellung des Konkursverfahrens mangels Aktiven 1323
– Zustellung von Betreibungsurkunden 408 ff.

K

Kantone
– Anordnung des allgemeinen Rechtsstillstandes 341
– Anordnung der Notstundung 1728
– Ausführungsbestimmungen zum SchKG 34 ff.
– Bestimmung der Betreibungs- und Konkurskreise 58
– Bezeichnung der Aufsichtsbehörden 74
– Bezeichnung der Depositenanstalten 37
– Bezeichnung der richterlichen Behörden 36
– Haftung für widerrechtliche Amtshandlungen 118 ff.
– Regelung der gewerbsmässigen Vertretung 355 f.
– Regelung der öffentlichrechtlichen Folgen der fruchtlosen Pfändung und des Konkurses 904
– Regelung des Verfahrens vor kantonalen Aufsichtsbehörden 182 ff.
– Übertragung von Aktiven nach Einstellung des Konkursverfahrens mangels Aktiven 1323
– Zustellung der Betreibungsurkunden 378 ff.
– Zwangsvollstreckung gegen Kantone 22 f.

Kauf bzw. Verkauf von fremden Sachen im Konkurs 1272

Kind
– privilegierter Pfändungsanschluss 778 f.
– als Schuldner 353

Klage
– Aberkennungsklage 551 f.
– Anerkennungsklage 523 ff.
– Anfechtungsklage 1556 ff.
– Anschlussklage 784 ff.
– Arrestprosequierungsklage 1484 ff.
– auf Aufhebung oder Einstellung der Betreibung 553 ff.
– zur Aufhebung des Nachlassvertrages 1694 f.
– Aussonderungs- und Admassierungsklage 1278 ff., 1284 ff., 1701
– auf Bestreitung oder Feststellung neuen Vermögens 1428 ff.
– Bewilligung des nachträglichen Rechtsvorschlags 508 ff.

- Einsprache gegen den Arrestbefehl 1497 ff.
- auf Feststellung des Pfandrechts 933
- auf Feststellung des Retentionsrechts 985
- auf Feststellung des Vorranges des Pfandrechts 828
- zur Geltendmachung einer bestrittenen Forderung im Nachlassvertrag 1656
- Kollokationsklage 892 ff., 1362 ff.
- Lastenbereinigungsklage 871
- negative Feststellungsklage 560 ff.
- Rechtsöffnung 522, 529 ff.
- Rückforderungsklage 566 ff.
- auf Rückschaffung von Retentionsgegenständen 981
- Schadenersatzklage 118 ff., 1507 ff.
- Subsidiarität der Beschwerde 158
- Widerspruchsklage 753 ff.

Klagerückzug im Arrestverfahren 1488

Kollektiv- und Kommanditgesellschaft
- Konkurs von Kollektiv- und Kommanditgesellschaften 1236 ff.
- Konkursfähigkeit 244 ff.

Kollokation
- Anfechtung des Kollokationsplans 892 ff., 1367 ff.
- in der Betreibung auf Pfändung 888 ff.
- in der Betreibung auf Pfandverwertung 959
- im Konkursverfahren 1356 ff.
- bei Nachlassvertrag mit Vermögensabtretung 1707

Kollokationsklage 892 ff., 1362 ff.

Kompetenzstücke
- Auswechslungsrecht des Gläubigers 634
- in der Betreibung auf Pfändung 621 ff.
- im Konkursverfahren 1305
- spezialgesetzliche Bestimmungen 638

Konkurs
- Grundsatz der Einheit 257, 1152
- von Kollektiv- und Kommanditgesellschaften 1236 ff.
- über Mitverpflichtete 1230 ff.

- ohne vorgängige Betreibung 434 ff., 1090 ff.
- Rangordnung der Gläubiger 1244 ff.

Konkursämter
- allgemein 56 ff.
- Konkurskreise 58, 61

Konkursamtliche Liquidation von Erbschaften 1121 ff., 1138 f.

Konkursandrohung 998 ff.

Konkursbeamte
- allgemein 63 ff.
- Ausstandspflicht 69 ff.
- Disziplinarmassnahmen 111 ff.
- Haftung der Kantone für widerrechtliche Amtshandlungen 118 ff.
- Leitung der Konkursämter 61
- verbotene Rechtsgeschäfte 72

Konkursbegehren
- allgemein 1016 ff.
- Abweisung 1028 ff.
- Aussetzung des Konkursentscheides 1031 ff.
- Frist 1018 f., 1086 f.
- Rückzug 1020 f.
- Verfahren bei Banken 1035
- vorsorgliche Anordnungen 1022, 1040, 1101
- bei Wechselbetreibung 1086 f.

Konkursbetreibung
- Anwendbarkeit 54 f., 244 ff.
- Betreibungsort 250 ff.
- Konkurseröffnung ohne vorgängige Betreibung 434 ff., 1090 ff.
- ordentliche Konkursbetreibung 997 ff.
- Wechselbetreibung 1060 ff.
- Wirkung des Handelsregistereintrags 245, 990

Konkurseingaben
- bei ausgeschlagener Erbschaft 1326
- Erklärung des Konkursiten 1351
- Erwahrung und Kollokation 1345 ff., 1356 ff.
- nach fehlgeschlagenem Nachlassverfahren 1326

447

- nicht eingegebene Konkursforderungen 1419
- Prüfung 1350 ff.
- Schuldenruf 1326
- im summarischen Konkursverfahren 1446
- verspätete Konkurseingaben 1365

Konkursentscheid
- allgemein 1023 ff.
- Abweisung des Begehrens 1028 ff.
- Aussetzung 1031 ff.
- Gutheissung des Begehrens 1036 f.
- Weiterziehung 1038 ff.

Konkurseröffnung
- allgemein 1052 ff.
- Anmerkung im Grundbuch 1056
- Mitteilung 1054 f.
- Wirkungen 1057 ff.
- Zeitpunkt 1052

Konkurseröffnung ohne vorgängige Betreibung
- allgemein 434 ff., 1090 ff.
- auf Antrag des Gläubigers 435 f., 1094 ff.
- auf Antrag des Schuldners 437 f., 1102 ff.
- auf behördliche Anordnung 439, 1121 ff.

Konkursforderungen siehe Konkurseingaben

Konkursit
- Auskunfts- und Herausgabepflicht 1300
- Betreibungen gegen den Konkursiten 1183 ff.
- Erklärungen des Konkursiten 1310, 1351 f.
- Fortsetzung des Gewerbes oder Handels 1335
- Mitverpflichtungen 1227 ff.
- Mitwirkungspflicht 1299 ff.
- Unterhaltsanspruch 1299
- Verfügungsunfähigkeit 1171 ff.
- Vertragsverhältnisse 1186 ff., 1216 ff.
- Vorschlag Nachlassvertrag 1001, 1335, 1593

Konkursmasse
- allgemein 1147 ff.
- Abtretung von Rechtsansprüchen an Gläubiger 1397 ff.
- Anfechtungsansprüche 1164, 1226, 1400, 1446, 1552
- Aussonderung und Admassierung 1264 ff.
- Erhaltung 1343
- Erlös aus fremden Sachen 1272
- Feststellung und Inventaraufnahme 1295 ff.
- gepfändete und arrestierte Vermögenswerte 1164, 1185
- Massakosten 1192
- nachträglich entdeckte Vermögenswerte 1436 ff.
- Pfandgegenstände 1164
- Rücknahmerecht des Verkäufers 1272
- Verfügungsunfähigkeit des Schuldners 1171 ff.
- Vertretung vor Gericht 1343
- Verwaltung 1343
- Verwertung 1343, 1380 ff.

Konkursort bei flüchtigem Schuldner 325 f.

Konkursschluss 1431 ff.

Konkursverfahren
- allgemein 1289 ff.
- Einstellung 1319 ff.
- Eröffnung 1023 ff., 1036 f., 1052
- Feststellung der Masse 1295 ff.
- Frist für die Durchführung 1291
- Gläubigerversammlungen 1328 ff., 1380 ff., 1384
- Güterverzeichnis 1004 ff.
- Inventaraufnahme 1296 ff.
- Kompetenzstücke 1305
- Konkursandrohung 998 ff.
- Konkursentscheid 1023 ff.
- Konkursverhandlung 1022
- Kosten 1022, 1192, 1409 f.
- Schlussbericht 1431 f.
- Schlussverfügung 1434
- Schuldenruf 1326

– Sicherungsmassnahmen 1313
– Verlustschein siehe Konkursverlustschein
– Verteilung 1406 ff.
– Verwertung 1343, 1380 ff.
– Wirkungen der Konkurseröffnung 1057 ff.

Konkursverlustschein 1418 ff.

Konkursverwaltung
– allgemein 1343 f.
– ausseramtliche Konkursverwaltung 1335
– Aussonderung und Admassierung 1264 ff.
– Erfüllung von Verpflichtungen des Schuldners 1216 ff.
– Erwahrung der Forderungen und Kollokation 1345 ff., 1356 ff.
– Forderungseinzug und Notverkauf 1343, 1380, 1394
– Legitimation zur paulianischen Anfechtung 1552
– bei Nachlassvertrag im Konkurs 1141, 1713
– Verwertung und Verteilung 1380 ff., 1406 ff.
– Vorlage des Schlussberichts 1431 f.
– Wahl 1335

Kosten
– des Arrestes 1480
– der Aufbewahrung und des Unterhalts gepfändeter Vermögensstücke 725
– des Beschwerdeverfahrens 186 f.
– der Betreibung 357 ff.
– des Konkursverfahrens 1022, 1192, 1409 f.
– durch verspätete Konkurseingaben verursachte Kosten 1326
– Vorabdeckung bei der Verteilung 884, 953, 1409 f.

L

Lastenbereinigung bzw. Lastenverzeichnis
– in der Betreibung auf Pfändung 870 f.
– in der Betreibung auf Pfandverwertung 943
– im Konkursverfahren 1359 ff.

Leibrenten
– allgemein 658 f.
– Anfechtung 1538
– Unpfändbarkeit des Stammrechts 659
– Zulassung der Forderungen im Konkurs 1191

Liquidation von ausgeschlagenen oder überschuldeten Erbschaften 1121 ff.

Lohnforderungen 1253

M

Massaverbindlichkeiten 1192, 1409

Miete und Pacht
– in der Betreibung auf Pfändung 730
– im Pfandverwertungsverfahren 927 f.
– Retention 966 ff.

Mitbetriebene 354

Mitschuldner
– im Konkursverfahren 1230 ff., 1326
– im Nachlassverfahren 1671
– Zahlungsbefehl 463

Mitteilung(en)
– der Betreibungs- und Konkursämter 367 ff.
– der gerichtlichen Entscheide 1054 ff.
– des Rechtsvorschlages an den Gläubiger 499

Mitverpflichtungen des Konkursiten 1227 ff.

Mitwirkungspflicht
– in der Betreibung auf Pfändung 607 ff.
– Dritter 608, 1302
– im Konkursverfahren 1300
– im Nachlassverfahren 1660

449

N

Nachkonkurs 1436 ff.

Nachlassentscheid 1672 ff., 1678 ff.

Nachlassgericht
- Bekanntmachung der Verhandlung 1673
- Bestätigung des Nachlassvertrags 1672 ff.
- Bewilligung der Nachlassstundung 1618
- Bezeichnung durch die Kantone 36
- Widerruf der Nachlassstundung 1652 ff.
- Widerruf des Nachlassvertrags 1687

Nachlassgesuch 1594 ff.

Nachlassmasse 351, 1696 ff.

Nachlassstundung
- allgemein 1583 ff.
- Aussetzung des Konkursentscheides 1032, 1119, 1596
- Bewilligung 1603 ff.
- Gerichtsentscheid 1617 ff.
- Gerichtsverhandlung 1612 ff.
- Gesuch 1594 ff.
- öffentliche Bekanntmachung 1619
- provisorische Nachlassstundung 1607 ff.
- Rechte gegen Mitverpflichtete 1670 f.
- Sachwalterbericht 1625, 1672
- Verfahren 1603 ff.
- Verlängerung 1626
- vorsorgliche Massnahmen 1604 ff.
- Weiterziehung des Bewilligungsentscheids 1627 f.
- Widerruf 1652 ff.
- Wirkungen 1631 ff.

Nachlassverfahren 1583 ff.

Nachlassvertrag
- Annahmeverfahren 1658 ff.
- Bestätigungsverfahren 1672 ff.
- im Konkurs 712 ff.
- ordentlicher Nachlassvertrag 1689 ff.
- Pfandstundung 1688
- Weiterziehung 1686
- Widerruf 1687
- Wirkungen 1678 ff.

Nachlassvertrag mit Vermögensabtretung
- allgemein 1696 ff.
- Liquidationsorgane 1702 ff.
- Liquidationsverfahren 1706 ff.
- Verteilung 1711
- Verwertung 1709 f.

Nachpfändung 721 f., 790

Nachträglicher Rechtsvorschlag 508 ff.

Negative Feststellungsklage 560 ff.

Neu entdeckte Vermögenswerte 722

Neues Vermögen 1423 ff.

Nichtigkeit
- der Betreibung und ihre Wirkung auf das Akteneinsichtsrecht 138
- von Nebenversprechen beim Nachlassvertrag 1684
- von Rechtsgeschäften der Beamten und Angestellten 72
- von Verfügungen der Ämter 254, 1031
- von Verfügungen des Schuldners 704, 1171 ff., 1644 ff.
- von vertraglichen Friständerungen 197

Niederlassung siehe Geschäftsniederlassung

Notbedarf 643 ff.

Notstundung
- allgemein 1726 ff.
- Aussetzung des Konkursentscheides 1032
- Bewilligung 1728
- Wirkungen 343

Notverkauf
- in der Betreibung auf Pfändung 807 f.
- im Konkursverfahren 1343, 1394

Nutzniessungen
- paulianische Anfechtung 1538
- Pfändung 654 ff., 731 ff.
- Verwertung 850 ff.

O

Oberaufsicht des Bundesrates 31, 77

Öffentliche Bekanntmachung
- allgemein 375 ff.
- der Abänderung des Kollokationsplanes 1365
- der Anträge der Konkursverwaltung 1385
- der Auflage des Kollokationsplanes 1363
- der Bestätigung des Nachlassvertrages 1677
- der Bewilligung der Nachlassstundung 1619
- der Einstellung mangels Aktiven 1320
- der Konkurseröffnung 1324
- des Konkurswiderrufes 1143
- des Schlusses des Konkursverfahrens 1435
- des Schuldenrufes 1326, 1655
- der Versteigerung 835, 866, 1389
- anstelle der Zustellung von Betreibungsurkunden 377, 419 f.

Öffentliche Urkunde
- als provisorischer Rechtsöffnungstitel 543
- vollstreckbare öffentliche Urkunde als definitiver Rechtsöffnungstitel 538

Öffentlichrechtliche Ansprüche
- Ausnahme von der Konkursbetreibung 225
- Rechtsöffnung 538

Öffentlichrechtliche Folgen der fruchtlosen Pfändung und des Konkurses 904

Ordentliche Konkursbetreibung 54, 242 ff., 988 ff.

Organisation
- der Betreibungs- und Konkursämter 56 ff.
- der Betreibungs- und Konkurskreise 58, 61

P

Paulianische Anfechtung
- allgemein 1526 ff.
- Absichtsanfechtung 1544 ff.
- Legitimation 1551 ff.
- Schenkungsanfechtung 1535 ff.
- Überschuldungsanfechtung 1540 ff.
- Verdachtsperiode 1532 f.
- Verfahren 1556 ff.
- Verwirkung 1561
- Wirkungen 1562 ff.

Pfand 909 ff.

Pfandausfallschein siehe Pfandverwertung

Pfändbarkeit 615 ff.

Pfandgesicherte Forderungen
- Betreibung auf Pfandverwertung 50 f., 905 ff.
- Betreibungsbegehren 451
- Fälligkeit im Konkurs 1196 f.
- Zinsenlauf im Konkurs 1211
- Rang im Konkurs 1246 ff.
- im Nachlassverfahren 1682

Pfandleihanstalt 27

Pfändung
- allgemein 589 ff.
- absolute Unpfändbarkeit 621 ff.
- Ankündigung 598 ff.
- beschränkt pfändbares Einkommen 643 ff.
- Gegenstand der Pfändung 615 ff.
- Mitwirkungspflicht 607 ff.
- Pfändung neu entdeckter Vermögenswerte 722
- Reihenfolge der Pfändung 684 ff.
- Schätzung 716 f.
- Sicherungsmassnahmen 723 ff.
- Umfang der Pfändung 715 ff.
- Urkunde 612 ff.
- Verlustschein siehe Pfändungsverlustschein
- Vollzug 607 ff.
- Wirkungen der Pfändung 700 ff.
- Zeitpunkt 596 f.

Sachregister

– Zuständigkeit 589 ff.
Pfändungsbetrug 607
Pfändungsverlustschein 898 ff.
Pfandverwertung
– allgemein 50 f., 226 ff., 905 ff.
– beneficium excussionis realis 231 ff.
– Betreibungsbegehren 919 ff.
– Betreibungsort der gelegenen Sache 313 ff.
– während der Nachlassstundung 1636
– bei Nachlassvertrag 1682
– bei Nachlassvertrag mit Vermögensabtretung 1710
– Pfandausfallschein 961 ff.
– Rechtsvorschlag 929 ff.
– Retentionsprosequierung 969
– Verteilung 953 ff.
– Verwertung 943 ff.
– Zahlungsbefehl 923 ff.
Pfrund 778, 1538
Polizei 390, 607, 1299, 1303, 979
Privatkonkurs 1102 ff.
Privilegierte Forderungen
– im Konkurs 1250 ff.
– im Nachlassverfahren 1664, 1674
Prosequierung
– Arrest 1483 ff.
– Retention 969
Provisorische Nachlassstundung 1607 ff.
Provisorische Pfändung
– bei Arrest 694, 772, 1480
– bei Bestreitung eines Pfändungsanschlusses 784
– Hinterlegung des Anteils am Verwertungsergebnis 817, 885
– nach provisorischer Rechtsöffnung 550
– Verwertung 815
– Verwertungsbegehren 794
Provisorischer Sachwalter 1609
Provisorischer Verlustschein 899 f.
Prozesse und Verwaltungsverfahren 1177 ff., 1335, 1340

Prozessgewinn 849, 1375 f., 1404
Prozesskosten 475
Prüfung der eingegebenen Konkursforderungen 1345 ff.

R

Rangordnung der Konkursforderungen 1250 ff.
Rechtshilfe siehe Requisition
Rechtsöffnung
– allgemein 522, 529 ff.
– definitive 536 ff.
– provisorische 543 ff.
Rechtsöffnungstitel
– definitive 538
– provisorische 543
Rechtsstillstand 340 ff.
Rechtsvorschlag
– allgemein 476 ff.
– Begründung 493 ff.
– Bescheinigung 487
– Beseitigung 522 ff.
– Form 483 ff.
– Frist 491 f.
– Legitimation 488 ff.
– Mitteilung an den Gläubiger 499 ff.
– nachträglicher 508 ff.
– Verhältnis zu anderen Rechtsbehelfen 520 f.
– verspäteter 506 f.
– in der Wechselbetreibung 515 ff.
– Wirkungen 502 ff.
Reihenfolge der Pfändung 684 ff.
Requisition 264 ff.
Retention
– allgemein 966 ff.
– Fehlen einer anderweitigen Sicherheit 975 f.
– Retentionsforderung 972
– Retentionsgegenstand 973 f., 979
– Retentionsverfahren 977 ff.
– Retentionsverzeichnis 969 ff., 982

Revision nach ZPO 101 ff.
Rückforderungsklage 566 ff.
Rückgriff
- des Kantons bei widerrechtlichen Amtshandlungen 120
- der Konkursmassen gegeneinander 1232
- unter Mitverpflichteten im Konkurs 1235

Rückzug
- der Betreibung 138, 1488
- des Konkursbegehrens 1020 f.
- der Konkurseingaben 1131
- des Verwertungsbegehrens 799

S

Sachverständige 716
Sachwalter
- in der einvernehmlichen privaten Schuldenbereinigung 1720
- Haftung der Kantone für widerrechtliche Amtshandlungen 118 ff.
- im Nachlassverfahren 1620
- provisorischer Sachwalter 1609

Schadenersatz 118 ff., 1507 ff.
Schätzung
- der Arrestgegenstände 1476
- der gepfändeten Sachen 716 f.
- von Grundstücken 867, 871, 1391
- im Konkursinventar 1305
- im Nachlassinventar 1622, 1664

Schenkung 1535 ff., 1644
Schenkungsanfechtung 1535 ff.
Schiedsvertrag 1340
Schluss des Konkursverfahrens
- allgemein 1431 ff.
- Einstellung mangels Aktiven 1319 ff.
- Mitteilung 1054 ff.
- Schlussverfügung des Konkursgerichtes 1434

Schlussbericht 1431 f.

Schlussrechnung
- im Konkursverfahren 1406, 1408
- bei Nachlassvertrag mit Vermögensabtretung 1711

Schonzeiten
- geschlossene Zeiten 335 ff.
- Betreibungsferien 338 f.
- Rechtsstillstand 340 ff.

Schuldanerkennung
- Schuldanerkennung als Rechtsöffnungstitel 543 ff.
- Konkursverlustschein als Schuldanerkennung 1351 f., 1418
- Pfandausfallschein als Schuldanerkennung 547, 965
- Pfändungsverlustschein als Schuldanerkennung 547, 904

Schuldbetreibung
- Betreibungsarten 45 ff.
- Gegenstand 17 ff.

Schuldbrief 913
Schuldenruf
- im Konkurs 1326
- im Nachlassverfahren 1655

Schuldner
- im Ausland 299 ff., 306 ff., 418 ff.
- unter Beistandschaft 353
- unter elterlicher Sorge oder Vormundschaft 353, 405, 463, 738
- ohne festen Wohnsitz 284 ff., 1456
- flüchtiger Schuldner 325 f., 435, 1095, 1456
- schwerkranker Schuldner 342
- überschuldeter Schuldner 1540 ff.
- mit unbekanntem Wohnsitz 377, 418 ff.
- verhafteter Schuldner 342
- verstorbener Schuldner 342
- mit Verwaltungsbeirat 353

Sicherheitsleistung
- im Betreibungsverfahren 225, 356, 1138, 1216, 1320, 1442, 1474, 1475, 1511, 1674, 1693
- als Gegenstand der Betreibung 19

Sachregister

Sicherungsmassnahmen
- Aufnahme des Güterverzeichnisses 1004 ff.
- im Konkursverfahren 1004 ff., 1313, 1343
- im Nachlassverfahren 1604 ff., 1693
- im Pfändungsverfahren 723 ff.
- Retentionsrecht bei Miete und Pacht 966 ff.
- vorzeitige Verwertung 807 f., 859, 1343, 1394
- in der Wechselbetreibung nach Verweigerung des Rechtsvorschlages 1011

Sitz als Betreibungsort 276

Spezialanzeigen
- in der Betreibung auf Pfändung 646, 730, 731 ff., 835, 869, 871, 891
- im Konkursverfahren 1022, 1177, 1326, 1363, 1391, 1406
- an Mieter und Pächter 730, 927
- im Nachlassverfahren 1382, 1619, 1655
- im Pfandverwertungsverfahren 927, 934, 942

Spezialexekution 45, 47 ff.

Steigerungsbedingungen
- in der Betreibung auf Pfändung 860 ff.
- im Konkursverfahren 1390
- im Pfandverwertungsverfahren 947

Stellvertretung von Betreibungs- und Konkursbeamten 61, 69

Steuern
- Ausnahme von der Konkursbetreibung 225
- Steuerverfügungen als Rechtsöffnungstitel 538

Stiftungen
- Betreibungsort 277
- Konkursfähigkeit 244

Stillstand von Fristen 581, 779, 798, 939, 998, 1086, 1180, 1500, 1502, 1633, 1721

Stockwerkeigentum 279

Stundung
- bei der einvernehmlichen privaten Schuldenbereinigung 1719, 1721
- der Schuld 539, 553 ff., 1028 f., 1080
- des Steigerungspreises 837, 865, 876

Subsidiarität der Beschwerde 158

Summarisches Konkursverfahren 1441 ff.

Summarisches Verfahren
- allgemein 89
- Anordnung der Gütertrennung 89, 1058
- Anordnung der konkursamtlichen Liquidation 1126
- Anordnung des summarischen Konkursverfahrens 1316 f.
- Arrestbewilligung 1470
- Aufhebung des ordentlichen Nachlassvertrages 1694 f.
- Aufhebung des Rechtsstillstandes wegen Militär- oder Schutzdienstes 342
- Bestätigung oder Ablehnung des Nachlassvertrages 1672 ff.
- Einstellung oder Aufhebung der Betreibung 556 ff.
- Einstellung der konkursamtlichen Liquidation 1128
- Einstellung des Konkursverfahrens mangels Aktiven 1316 f.
- Entscheid zur Nachlassstundung 1617 ff.
- Entscheid über das Vorliegen neuen Vermögens 1428
- Konkurseröffnung 1023
- nachträglicher Rechtsvorschlag 512
- Rechtsöffnung 533
- Rechtsvorschlag in der Wechselbetreibung 516
- Schlussverfügung im Konkurs 1434
- Verlängerung und Widerruf der Nachlassstundung 1626, 1652 ff.
- vorsorgliche Massnahmen 550, 1006, 1011, 1022,
- Widerruf des Konkurses 1128 ff.
- Widerruf des Nachlassvertrages 1687

T

Teilzahlungen von Mitverpflichteten im Konkurs 1233 ff.

Tilgung der Schuld
- als Einwendung 539, 1028 f.
- als Grund für Aufhebung der Betreibung 553 ff.
- als Grund für Rechtsvorschlag in der Wechselbetreibung 1080
- durch Zahlung an das Betreibungsamt 67

Todesfall
- Rechtsstillstand wegen des Todes des Schuldners 342
- Rechtsstillstand wegen des Todes nahe stehender Personen 342

Trust 1514 ff.

U

Überbindungsprinzip 826 f.

Überschuldungsanfechtung 1540 ff.

Überschuldungsanzeige 1110 ff.

Überweisung von Forderungen an Gläubiger 843 ff.

Umfang der Pfändung 715 ff.

Umwandlung von Forderungen 1212 ff.

Unangemessenheit als Beschwerdegrund 166, 169 f.

Unentgeltliche Rechtspflege 360 ff.

Unentgeltliche Verfügungen des Schuldners 1535 ff., 1644

Ungehorsam
- Dritter 608, 1302, 1304, 1326, 1710
- des Schuldners 607, 1299 ff.

Ungültigkeit von Verfügungen 353, 661, 704, 1171 ff., 1649

Unmöglichkeit der Zustellung von Betreibungsurkunden 377, 419 f.

Unredliche Handlungen
- als Arrestgrund 1456
- als Grund für Konkurseröffnung ohne vorgängige Betreibung 435, 1095

Unterhalt
- gepfändeter Vermögensstücke 725
- des Schuldners 643 ff., 1012, 1299

Unterhalts- und Unterstützungsbeiträge
- Ausnahme von der Konkursbetreibung 225
- beschränkte Pfändbarkeit 651 ff.
- Konkursprivileg 1256
- während der Nachlassstundung 1636
- während der Stundung in der einvernehmlichen privaten Schuldenbereinigung 1721

Unverzinslichkeit der Verlustscheinforderung 904, 1418

Urkundenbeweis
- Aufhebung oder Einstellung der Betreibung 556
- Einwendung gegen Konkurseröffnung 1028 f.
- Einwendung gegen Rechtsöffnung 539
- Rechtsvorschlag in der Wechselbetreibung 1080
- Weiterziehung des Konkursentscheides 1047

Urteil als Rechtsöffnungstitel 536 f.

V

Verbesserung schriftlicher Eingaben 449, 937

Verbotene Rechtsgeschäfte von Beamten und Angestellten 72

Verdachtsfristen der paulianischen Anfechtung 1532 f.

Verein 244

Verfahren vor kantonalen Aufsichtsbehörden 182 ff.

Verfügungsunfähigkeit bzw. -beschränkung des Schuldners
- in der Betreibung auf Pfändung 701 ff.
- im Konkursverfahren 1171 ff.

Sachregister

- bei Nachlassstundung 1640 ff.
- bei Nachlassvertrag mit Vermögensabtretung 1700

Vergleich
- Kompetenz des Gläubigerausschusses im Konkurs 1340
- als Rechtsöffnungstitel 538

Verheimlichen oder Fortschaffen
- von Retentionsgegenständen 979
- von Vermögenswerten 435, 1095, 1456

Verjährung
- der durch Verlustschein verurkundeten Forderungen 904, 1418
- als Einwendung gegen die Rechtsöffnung 539
- des Schadenersatzanspruches für widerrechtliche Amtshandlungen 126
- Stillstand der Fristen 1180, 1633

Verlängerung
- von Fristen 198 f., 347, 1291
- der Nachlassstundung 1626
- der Stundung in der einvernehmlichen privaten Schuldenbereinigung 1719 ff.
- des Verwertungsaufschubes 812

Verlustschein
- Anfechtungsrecht 900, 904
- als Arrestgrund 1456
- in der Betreibung auf Pfändung 898 ff.
- im Konkurs 1418 ff.

Verlustscheinforderung
- Unverzinslichkeit 904, 1418
- Verjährung 904, 1418

Vermögenswerte
- absolut bzw. beschränkt unpfändbare Vermögenswerte 621 ff., 643 ff.
- Anfall vor Schluss des Konkursverfahrens 1158
- gepfändete und verarrestierte Vermögenswerte als Bestandteil der Konkursmasse 1164
- nachträgliche Entdeckung 722, 1436 ff.
- ohne genügenden Gantwert 615
- von hohem Wert 634

Verordnungskompetenz des Bundesrates 32

Verrechnung
- im Konkurs 1219 ff.
- im Nachlassverfahren 1639

Versiegelung 1313

Versteigerung
- in der Betreibung auf Pfändung 833 ff., 856 ff.
- im Konkursverfahren 1388 ff.
- im Nachlassverfahren mit Vermögensabtretung 1709 f.
- im Pfandverwertungsverfahren 944 ff.

Verteilung
- in der Betreibung auf Pfändung 881 ff.
- im Konkursverfahren 1406 ff.
- beim Nachlassvertrag mit Vermögensabtretung 1711
- im Pfandverwertungsverfahren 953 ff.

Vertragsverhältnisse des Konkursiten
- Auflösung 1186 f.
- Erfüllung durch Konkursverwaltung 1216 ff.
- Derivativgeschäfte 1218
- Rücktrittsrecht des Verkäufers 1271
- Rücknahmerecht des Verkäufers 1272

Vertretung
- von Betreibungs- und Konkursbeamten 61, 69
- gewillkürte Vertretung 355 f.

Verwahrung
- in der Betreibung auf Pfändung 727
- im Konkursverfahren 1313

Verwaltung der Konkursmasse 1327 ff.

Verwaltungsverfahren
- Einstellung wegen Konkurseröffnung 1180
- Wiederaufnahme 1335, 1340

Verwaltungsverfügungen und -entscheide als Rechtsöffnungstitel 538

Verwertung
- beschlagnahmter Gegenstände 27
- in der Betreibung auf Pfändung 789 ff.

456

- Einstellung 815, 1335, 1688
- im Konkursverfahren 1380 ff.
- bei Nachlassvertrag mit Vermögensabtretung 1709 f.
- im Pfandverwertungsverfahren 943 ff.
- vorzeitige 807 f., 859, 1343, 1394

Verwertungsaufschub 810 ff.

Verwertungsbegehren
- in der Betreibung auf Pfändung 793 ff.
- im Pfandverwertungsverfahren 938 ff.

Verwertungsfrist
- in der Betreibung auf Pfändung 797 ff.
- im Pfandverwertungsverfahren 939

Verwertungsgrundsätze 819 ff.

Verwirkung
- des Anfechtungsrechts 1561, 1708
- des Anspruchs des Drittansprechers 755, 1278
- der Einrede fehlenden neuen Vermögens 496

Verzicht auf die Verwertung 816

Völkerrechtliche Verträge
- Einwendungen gegen die Rechtsöffnung 539
- Vorbehalt 28, 418, 761
- Zustellung der Betreibungsurkunden im Ausland 418 ff.

Vollzug der Pfändung 607 ff.

Vorbehalt
- besonderer Bestimmungen 27
- besonderer Vollstreckungsverfahren 22 ff.
- des Völkerrechts und des IPRG 28, 418, 761

Vormundschaft
- Betreibungsfähigkeit 353
- Betreibungsort 272
- privilegierte Anschlusspfändung 778
- Zustellung von Betreibungsurkunden 405, 463

Vorrang des Pfandrechts 828

Vorrecht am Erlös aus fremden Sachen 1272

Vorschuss
- für Aufbewahrung und Unterhalt gepfändeter Vermögensstücke 725
- der Betreibungskosten 358
- bei Konkurseröffnung ohne vorgängige Betreibung 1105
- der Konkurskosten 1022
- bei verspäteten Konkurseingaben 1326

Vorsorgliche Massnahmen
- nach Konkursbegehren 1022, 1040
- im Nachlassverfahren 1604 ff.
- in der Wechselbetreibung nach Verweigerung des Rechtsvorschlages 1011

W

Wahldomizil 306 ff.

Wahlrecht bei grundpfandgesicherten Zinsen und Annuitäten 228

Wechselbetreibung
- allgemein 1060 ff.
- Betreibungsbegehren 1062 ff.
- Konkursbegehren 1086 f.
- Konkurserkenntnis 1088 f.
- Rechtsvorschlag 1073 ff.
- Zahlungsbefehl 1068 ff.

Weisungskompetenz des Bundesrates 76

Wertpapiere
- Betreibungsort der gelegenen Sache 317 f.
- Freihandverkauf 842, 1394
- Pfändung 591, 687 f.
- Verwertung im Konkurs 1343
- Verwahrung 727, 1313

Wertsachen
- Aufbewahrung 727, 1313
- Verwahrung 727, 1313

Wertvolle Kompetenzstücke 634

Widerruf
- der Anzeige an Mieter und Pächter 933
- des Konkurses 1128 ff.
- der Nachlassstundung 1652 ff.
- des Nachlassvertrages 1687

Widerspruchsverfahren
- bei Allein- oder Mitgewahrsam des Dritten 756
- bei ausschliesslichem Gewahrsam des Schuldners 753 ff.
- in der Betreibung auf Pfändung 735 ff.
- im Pfandverwertungs-, Arrest und Retentionsverfahren 744

Widerspruchsprozess
- allgemein 758 ff.
- Gerichtsstand 760

Wiedererwägung einer angefochtenen Verfügung 184

Wiederherstellung von Fristen 214 ff., 507

Wirkungen
- der Anfechtungsklage 1562 ff.
- der Betreibungsferien auf den Fristenlauf 345 ff.
- des Güterverzeichnisses 1012 ff.
- der Konkurseröffnung 1057 ff.
- der Nachlassstundung 1631 ff.
- des Nachlassvertrages 1678 ff.
- des Nachlassvertrages mit Vermögensabtretung 1700
- der Pfändung 700 ff.
- der provisorischen Rechtsöffnung 550
- des Rechtsvorschlages 502 ff.
- der Stundung in der einvernehmlichen privaten Schuldenbereinigung 1721
- des Verwertungsbegehrens in der Betreibung auf Pfändung 802 ff.

Wirkungsdauer des Handelsregistereintrags 245, 990

Wohnsitz des Schuldners
- im Ausland 299 ff., 306 ff., 418 ff.
- Arrestgrund 1456
- Flucht 325 f.
- ordentlicher Betreibungsort 267 ff.
- Vorladung und Einvernahme des Schuldners bei der Konkurseröffnung ohne vorgängige Betreibung 1100

Wohnung des Schuldners 354, 451, 463, 921, 1299

Z

Zahlung
- auf andere Weise als durch Barschaft oder übliche Zahlungsmittel 1542
- an das Betreibungsamt 67
- an den Konkursiten 1175 f.
- einer nicht verfallenen Schuld 1542
- des Steigerungspreises 837 f., 865, 876

Zahlungsbefehl
- allgemein 456 ff.
- Ausfertigung 459 ff.
- in der Betreibung auf Pfandverwertung 923 ff.
- Inhalt 458
- in der Wechselbetreibung 1068 ff.
- Zustellung 464 ff.

Zahlungseinstellung im kaufmännischen Verkehr 436, 1096 f.

Zahlungsmodus bei Versteigerung
- von Fahrnis 837 f.
- von Grundstücken 876

Zahlungsverzug des Ersteigerers 838, 876

Zinsen
- der betriebenen Forderungen 885
- grundpfandgesicherte Zinsen 228
- Unverzinslichkeit der Verlustscheinforderungen 904, 1418

Zinsenlauf
- im Konkurs 1211
- während der Nachlassstundung 1638

Zirkularbeschluss 1385

Zivilprozess
- zur Beseitigung des Rechtsvorschlags 523 ff.
- Einstellung wegen Konkurseröffnung 1177 ff.
- Fortführung 1335, 1340

Zugehör 831, 915

Zuschlag
- in der Betreibung auf Pfändung 836 ff., 874
- im Konkurs 1392

Zustellung
- der Arresturkunde 1476
- von Betreibungsurkunden 378 ff.
- Konkursandrohung 381
- der Pfändungsurkunde 381
- des Zahlungsbefehls 464 ff.

Zwangsvollstreckung gegen ausländische Staaten und Zentralbanken 637

Zwangsvollstreckung gegen Gemeinden, Bezirke und Kantone 22 ff.

Zwischenzins 1199